再啟蒙的年代

為理性、科學、人文主義和進步辯護

Enlightenment Now

The Case for Reason, Science, Humanism, and Progress

By Steven Pinker

｜作者簡介｜

史迪芬・平克 Steven Pinker

一九五四年出生於加拿大蒙特婁的猶太社區，一九七六年取得麥基爾大學（McGill University）實驗心理學學士。畢業後搬至麻州劍橋，一九七九年取得哈佛博士學位，於麻省理工學院做博士後研究。現職哈佛大學心理學系教授，語言和心智研究世界權威，公認為繼杭士基之後的語言學天才，世界語言學與心智科學的領導人物。

作為實驗心理學專家，平克主要研究在視覺認知、心理語言學與社會關係。獲得無數研究與教學獎項，至今出版過十多本書，包括：*Visual Cognition*, 1986、*Connections and Symbols*, 1988、*Learnability and Cognition: The Acquisition of Argument Structure*, 1989、*Lexical and Conceptual Semantics*, 1991、*The Language Instinct*, 1994、*How the Mind Works*, 1997、*Words and Rules: The Ingredients of Language*, 1999、*The Blank Slate: The Modern Denial of Human Nature*, 2002、*The Stuff of Thought: Language as a Window into Human Nature*, 2007、*The Better Angels of Our Nature: Why Violence Has Declined*, 2011、*Language, Cognition, and Human Nature: Selected Articles*, 2013、*The Sense of Style: The Thinking Person's Guide to Writing in the 21st Century*, 2014。

經常為《紐約時報》、《衛報》等媒體撰寫專欄文章，也是美國國家科學院院士，二度入圍普立茲獎決選名單，《外交政策》評選為「年度百大公共知識分子」，以及《時代雜誌》「世界百大影響人物」。

｜譯者簡介｜

陳岳辰

師大翻譯研究所畢業，現任專業口筆譯者、大學兼任講師，並參與多款軟體及遊戲中文化專案。譯作有：《死亡之門》、《御劍士傳奇》、《非理性時代：天使微積分》、《非理性時代：渾沌帝國》、《非理性時代：上帝之影》、《無名之書》、《我無罪》、《無罪的罪人》、《原罪》、《把他們關起來，然後呢？》、《誘惑者的日記》、《法國人如何思考》、《別因渴望你沒有的，糟蹋你已經擁有的》、《其實你沒有你想的那麼善良》等書。

各界讚譽

了不起的作品……條分縷晰、知識淵博，雄辯滔滔擁護理性的人文主義。

——《紐約時報》書評

這個世界正變得越來越好，就算感覺不總是如此。很高興我們有像史迪芬．平克這樣優秀的思想家，幫助我們看清全貌。這本書不是平克唯一的好書。它是我歷來最愛的一本書。

——比爾．蓋茲 Bill Gates

史迪芬．平克擁有純淨清澈的智慧、弘深的知識以及對人的關懷。

——理察．道金斯 Richard Dawkins

平克具備智性上的誠實與勇氣，是我們重建對話與團結所需的典範。

——大衛．布魯克斯 David Brooks

假如過去一年對你來說不好過的話，那就看看平克這本吸引人的新書，為你打打氣。

——《華盛頓郵報》*The Washington Post*

這本書是一種明證，超凡入聖又動人，眾所期待。

——《基督科學箴言報》*Christian Science Monitor*

對於理性與科學既熱切又具說服力的辯護……提醒我們在很大程度上，進步是對我們極為適切與重要的價值所帶來的結果。

——《費城詢問報》*The Philadelphia Inquirer*

對科學的嚴謹辯護及客觀分析，駁斥敗壞政治的部落主義、黨派偏見和假新聞。

——《舊金山紀事報》*San Francisco Chronicle*

平克充分論據從啟蒙時代以降，進步即是歷史的主流。

——《科學人》*Scientific American*

證明理性、知識與好奇心的價值，無出其左右。

——《波士頓環球報》*The Boston Globe*

對民主與人文主義體制的有力辯護，平克點出種種改變，主張理性、科學、人文主義可以解決我們所面臨的問題。

——《亞特蘭大憲法報》*Atlanta Journal-Constitution*

平克主張我們有各種理由對二十一世紀的生活抱持樂觀……為進步辯護，從而激起深刻的思考與完善的論述。

——《書單雜誌》*Booklist*

平克力抗批評、權威、居心叵測的哲學家和民粹主義政客而為進步的理念辯護，他證明了自啟蒙時代以來人類已經走了多遠……在這個充滿反烏托邦修辭的時代，平克對人類進步的冷靜、清醒與嚴謹的論點振聾發聵且珍貴。

——《出版人週刊》*Publishers Weekly*

無可挑剔的寫作，充滿來自神經科學和其他學科的有趣花絮……作者檢視啟蒙理念對我們生活的各式影響，那是先人們會羨慕的進步，即便是落在我們黑暗與悲觀的日常。

——《科克斯書評》*Kirkus Review*

令人佩服的一本書。

——《金融時報》*Financial Times*

平克以對現代性價值精湛的辯護駁斥進步恐懼症。

——《泰晤士高等教育期刊》*Times Higher Education*

平克提出的圖表和數據資料值得有志之士引以為鑑。本書結論極具張力與啟發性，正如平克向來的主張。

——《科羅拉多泉公報》*Colorado Springs Gazette*

專文推薦

啓蒙運動的關照與不及

朱敬一

史迪芬・平克是哈佛大學心理學系的教授，認知與語言學習的權威。但是他寫的這本《再啟蒙的年代：為理性、科學、人文主義和進步辯護》（*Enlightenment Now: The Case for Reason, Science, Humanities, and Progress*），卻與心理學或是語言學無關。這算是一本解說、闡釋「啟蒙運動」的通識教育書籍，內容龐雜廣泛。如果你原本對啟蒙運動有概念，這本書幫你整理複習；如果你原本對啟蒙運動沒什麼概念，這本書幫你理解綜彙。

作者撰書的背景大概是有鑑於當下的一些悲觀論。有些人感慨最近十幾年來民粹主義當道、恐怖分子橫行、世界貧富不均惡化、中國對新疆與西藏近乎種族清洗、全球暖化迄無解方、熱帶雨林縮減、種族主義者當選國家領導人……這些負面衝擊使不少人產生懷疑：過去幾百年科學進步、人文提升、工業革命、民主推展等等令我們自豪的努力，是不是有點「白搞」了？我們的社會真的是在進步嗎？平克的著作就是要回應以上的懷疑。

這樣的懷疑論其實並不新穎；早在兩千多年前，老子在《道德經》裡就有一般性的論述：「絕聖棄智，民利百倍……民多智慧，而邪事滋起……古之善為道者，非以明民，將以愚之。民之難治，以其智多。故以智治國，國之賊，不以智治國，國之福。」余英時先生把這樣的論述歸為「反智論」。如果要用這本書的文字描述，老子的說法就是「反啟蒙」論。

所謂啟蒙，就是尊重「知識」。這個知識從哪裡來？從理性、邏輯、思辨、證據、檢證等科學方法，逐步累積而來。這樣的科學思辨範圍有沒有極限呢？沒有！在人文主義、人本主義的思想帶領下，啟蒙思潮歡迎科學理性衝撞任何傳統的禁忌，包括宗教、神祉等等。

平克教授指出，如果比較當下與啟蒙運動未曾開展的幾百年前，我們就會發現一大堆事例肯定啟蒙的成就。與百年前相比，今日全球各地的嬰兒死亡率、產婦死亡率、平均壽命、每日獲取熱量、每人平均財富、凶殺案比例、戰爭死亡人數、生存威脅、平權指標等等，不論從哪個判準來看，現在都遠勝於以往。而這些，差不多都是啟蒙運動的成果。啟蒙尊重人本，而且善用各種知識與推理改善人所居住的環境，其結果當然就是前述種種「人本幸福指標」的改善。

平克的論述證據客觀而充分，撰寫語氣幽默，對讀者有相當的感染力與說服力。這是否表示老子所說「民多智慧，而邪事滋起」必然一無是處呢？恐怕有人會有不同的看法。「邪事」從何而來呢？一般而言，歹事歹念經常源於當事人的相對挫折，或是難以在既存制度下出頭的「積怨」，於是透過某種偷搶拐騙的手段，去達成某些壓抑在心底的目標。我想從思辨的角度，分析「積怨」的本質，提出一個不同於平克的思考。

平克所比較的數據（諸如嬰兒死亡率、每人平均財富），都是拿現在與幾百年前相比。但是當我們詢問一個人「心中是否有積怨」時，我相信他不大會比較當下與三百年前。今日的父母親極少面對「嬰兒早夭」的風險與悲痛，但是有誰會因此而感謝盤尼西林發明人、牛痘發明人？又有幾個人會想到這是「啟蒙運動、科技研發」的成就之一？人既然不會如此今古相比，當然就不會有什麼「活在今天好幸福，我要好好珍惜」的想像。

相反的，人通常是與當下周遭比較，有時候就形成一種強烈的相對剝奪感。年輕大學畢業生感慨：他們父母親那一代「可以靠勤奮而闖出名堂」的環境，好像不復存在；這是一種世代失落感。巴菲特的女傭感慨：她的平均稅率竟然高於億萬富豪老闆；這是一種制度不公平的被剝奪感。薪水階級厭惡政府永遠在討好資本家；這是階級不平等感。新疆維吾爾族厭惡中國控制的集中營式管理；那是種族之間的被欺壓感。

所以簡言之，啟蒙運動絕對能夠提升整體的、平均的生活環境與生活水準，但是這種跨越時空的平均生活水準改善，關照不到當下時點的壓迫與被壓迫。即使人文主義想要弭平性別、種族、國家、同性戀／異性戀等跨群體之間的歧視，但是在同一個群體之內，卻永遠還是有壓迫與被壓迫的關係。說得強烈一點：壓迫與被壓迫的關係、優勝劣敗的競爭、人生勝利組與魯蛇的對照，不是平均生活水準提升與否的問題。它幾乎是啟蒙運動關照不及的小角落。畢竟，「魯蛇」二字絕對只是同輩比較的結論，與數百年來歷史有什麼變化完全沒有干係。

我以上的評論並不是要否定啟蒙運動的成效，也不是反對平克教授的觀點，而是要解釋：平克教授的古今數據比較，只能涵括部分歷史面向，但不是全部。你如果問我：「願意活在現在，還是活在一百年前？」我的答案絕對是「現在」。這就是古今數據比較的結論：不論從哪個角度看，現代社會都比一百年前「好太多了」。但是如果你問我：現代人民與一千年前的人民，何者的生活比較幸福，這恐怕就沒有標準答案了；因為幸福與否涉及當代一群人之間的比較。如果續問：「願意活在一百年前，還是願意活在（可能已然全球暖化、氣候極端、小島滅頂的）一百年後？」我就更難回答了。啟蒙運動所激發的理性科學思潮，是否有「產生問題後及時自我修復」的機能，恐怕是要打個大問號的。全球暖化似乎是啟蒙運動的副產品，科學理性有修復它的機制嗎？平克教授對此頗為樂觀，我的樂觀度大概要開個根號。

司馬遷描述的學術成就是「究天人之際，通古今之變，成一家之言」。能夠成為哈佛大學講座教授、美國國家科學院院士，平克的論述著作絕對已然成一家之言。但是關於啟蒙運動的未來影響，這是個天人之際、古今之變的題材。誰能到那個境界，就不是凡夫俗子如我者所能判斷的了。

本文作者為中央研究院院士、特聘研究員

專文推薦

平克的反擊

高涌泉

二〇一六年底，從未任過公職的富商唐納．川普出眾人意料之外，打敗了美國前國務卿希拉蕊．柯林頓，當選美國總統。這件事震撼了美國、震撼了全世界。川普喊得最響的競選口號是「讓美國再次偉大」（Make America Great Again），這意味著美國正在走下坡，不再像過去那麼強大。這個政治口號顯然獲得很多美國人的認同，川普才得以入主白宮。其實這種「國家正在走下坡」的感受，不是美國人獨有的，世界各地也有不少人有著類似的悲觀心態。

本書作者知名心理學家史迪芬．平克堅信，世界越來越糟的說法是一個大錯特錯的迷思，反而認為從大時間尺度來看，世界其實穩定的在進步。這個讓川普受益的迷思有悠久的歷史，遠的不說，在當下，憤怒的民粹主義者與基本教義派等川普迷固然是鼓吹者，讓平克大不以為然的是部分主流知識界竟然也在推波助瀾。所以他覺得必須挺身而出，力挽狂瀾。平克自認對於狂熱的川迷無能為力，但是他希望起碼能夠說服那些還在乎論證的人（例如會看TED演講的人），所以在「予豈好辯哉，予不得已也」的心情下寫了這本書。

平克對於啟蒙運動有很高的評價，認為啟蒙思想為當代文明打下了基礎，為進步提供了最重要的養分。他相信要破除有害的悲觀迷思，應該從重新召喚啟蒙思想下手。什麼是啟蒙思想？他以為有幾大要素：理性、科學、人文主義與對於進步的信念。這些大家耳熟能詳的理念絕非理所當然之事，每一件都得來不易，若非如此，十六世紀的哥白尼就不必在臨死之際方敢發表主張日心說的《天體運行論》，十七世紀的羅馬教廷也不用將伽利略送上宗教法庭。但這些啟蒙理念面對當前威權主義、部落主義的驚人聲勢，顯得有些蒼白。平克發聲捍衛啟蒙理念，值得大家的支持。

平克在書中用了大量篇幅，以圖表、以數據旁徵博引，證明世界和過往相比其實有大幅進步：人類預期壽命增加、兒童死亡率下降、產婦死亡率下降、營養不良人口下降、世紀生產總值大幅提升、赤貧人口大幅下降等等。即便是大家批評的貧富差距問題，平克也論證了「世界整體而言貧富不均正在縮小」。這些討論扎扎實實地破除了「走下坡」的迷思。

任何事情無論用意多善良，都可能有負面效果。啟蒙運動的好處是明顯的，但是仍有其陰影。例如，一旦我們全然正面地看待理性與科學，就可能以「理性化程度」與「科學化程度」來區分文明，這便可能滋生出帝國主義與種族主義；另外也有人擔心科學剝奪了人類的自由與尊嚴等等。這類批評有其道理，但已被廣泛討論或反駁。

我覺得真正要掛在心上的，是啟蒙哲學家大衛・休謨（David Hume）的警句：「理性是，也應當是熱情的奴隸。」（Reason is, and ought only to be the slave of the passions.）平克很清楚「單靠科學不足以帶來進步」，例如科學「能給我們疫苗也能給我們生化武器」，不帶價值判斷的科學絕對可能帶來災害。平克希望用人文主義來化解這個問題，所以他引用了哲學家史賓諾沙（Baruch Spinoza）的名言：「遵奉理性的人，對待他人與對待自己沒有兩樣。」但是我懷疑這是否就已足夠。例如，當前人類面臨最嚴重的問題是全球暖化，這可是涉及文明存續之大事，人文主義可以幫我們脫困嗎？如果平克所描述的人類進步，最終竟然導致人類的大衰敗，不就太諷刺了嗎？

本文作者為台灣大學物理學系教授

目錄

尊奉理性就是己所欲施於人。

——巴魯赫・史賓諾沙 Baruch Spinoza

不被自然法則禁止的事，具備正確知識必能達成。

——大衛・多伊奇 David Deutsch

序

第三個千禧年的第二個十年後半，出書探討進步思潮及其歷史源流似乎不是很妥當，畢竟書寫期間我自己國家的領導階層都將當前世道描述得特別晦暗：「母親與孩童陷於匱乏……教育制度剝奪了莘莘學子的理解……罪犯、黑道、毒品戕害社會大眾。」還主張我們面臨「持續擴大轉移」的「全面戰爭」，並且將種種夢魘歸罪於「全球權力結構」腐蝕「基督信仰最核心的靈性與道德根基」。（原注1）

在接下來的章節中，我想指出對這個世界抱持消極論調實為錯誤，不只是小錯，而是大錯特錯、地平論等級的錯、錯得不可能更錯。然而，本書並非刻意針對美國第四十五屆總統及其顧問團隊，構思緣起先於川普宣布參選的多年之前。我希望本書在川普執政結束後仍有恆久的價值。更何況川普的競選主軸呼應許多知識分子或普羅大眾不分左右派皆有的論點，其中包括對未來局勢態度悲觀、對現代體制冷嘲熱諷、認為除宗教之外再沒有崇高價值。我希望呈現另一種理解世界的思維，奠基於事實，受理性、科學、人文主義、進步的啟蒙理念所啟發。我希望彰顯啟蒙的理念經得起時間考驗，在此時此刻尤其意義重大。

社會學家羅伯特・莫頓（Robert Merton）認為可以將共有性（Communalism）、普遍性（Universalism）、無私利性（Disinterestedness）、有系統的懷疑精神（Organized Skepticism）四者合稱 CUDOS[1]，是一種科學倫理的榮譽。（原注 2）榮譽確實也要歸於許多科學家秉持共有的精神與我分享資料，迅速且完整回應我的各種提問。首先要感謝「化世界為數據」（Our World in Data）網站站主麥克斯・羅瑟（Max Roser），他慷慨陳述見解，對本書第二部關於進步的討論裨益良多。也感謝「人類進步」（HumanProgress）網站主筆馬里安・涂琵（Marian Tupy）以及蓋普曼德基金會（Gapminder）創辦人奧拉・羅斯林和漢斯・羅斯林（Ola and Hans Rosling），他們對人類現況提供寶貴洞察。漢斯彷彿一盞明燈，可惜於二〇一七年過世了，理性、科學、人文主義、進步的追隨者都深感遺憾。

也趁此機會對我叨擾過的其他資料科學家、資料保存機構表達謝意，包括：Karlyn Bowman, Daniel Cox (PRRI), Tamar Epner (Social Progress Index), Christopher Fariss, Chelsea Follett (HumanProgress), Andrew Gelman, Yair Ghitza, April Ingram (Science Heroes), Jill Janocha (Bureau of Labor Statistics), Gayle Kelch (US Fire Administration/FEMA), Alaina Kolosh (National Safety Council), Kalev Leetaru (Global Database of Events, Language, and Tone), Monty Marshall (Polity Project), Bruce Meyer, Branko Milanovi (World Bank), Robert Muggah (Homicide Monitor), Pippa Norris (World Values Survey), Thomas Olshanski (US Fire Administration/FEMA), Amy Pearce (Science Heroes), Mark Perry,

Therese Pettersson (Uppsala Conflict Data Program), Leandro Prados de la Escosura, Stephen Radelet, Auke Rijpma (OECD Clio Infra), Hannah Ritchie (Our World in Data), Seth Stephens- Davidowitz (Google Trends), James X. Sullivan, Sam Taub (Uppsala Conflict Data Program), Kyla Thomas, Jennifer Truman (Bureau of Justice Statistics), Jean Twenge, Bas van Leeuwen (OECD Clio Infra), Carlos Vilalta, Christian Welzel (World Values Survey), Justin Wolfers, and Billy Woodward (Science Heroes)。

此外，大衛·多伊奇、雷貝嘉·戈爾茨坦（Rebecca Newberger Goldstein）、凱文·凱利（Kevin Kelly）、約翰·穆勒（John Mueller）、羅斯琳·平克（Roslyn Pinker）、麥斯·羅瑟（Max Roser）以及布魯斯·施奈爾（Bruce Schneier）讀過全書初稿並提供寶貴意見。其他讀過個別章節並予以評論的專家包括：Scott Aronson, Leda Cosmides, Jeremy England, Paul Ewald, Joshua Goldstein, A. C. Grayling, Joshua Greene, Cesar Hidalgo, Jodie Jackson, Lawrence Krauss, Branko Milanovi Robert Muggah, Jason Nemirow, Matthew Nock, Ted Nordhaus, Anthony Pagden, Robert Pinker, Susan Pinker, Stephen Radelet, Peter Scoblic, Martin Seligman, Michael Shellenberger, Christian Welzel。

還有為我解答疑問或提供建議的朋友同事們：Charleen Adams, Rosalind Arden, Andrew Balmford, Nicolas Baumard, Brian Boutwell, Stewart Brand, David Byrne, Richard Dawkins, Daniel Dennett, Gregg Easterbrook, Emily Rose Eastop, Nils Petter Gleditsch, Jennifer Jacquet, Barry Latzer,

1 譯按：CUDOS與kudos同音，kudos即「榮譽」之意。

Mark Lilla, Karen Long, Andrew Mack, Michael McCullough, Heiner Rindermann, Jim Rossi, Scott Sagan, Sally Satel, Michael Shermer。特別感謝哈佛大學同僚Mahzarin Banaji, Merce Crosas, James Engell, Daniel Gilbert, Richard McNally, Kathryn Sikkink, Lawrence Summers。

我亦得力於瑞亞·霍華德（Rhea Howard）與露茲·羅培茲（Luz Lopez）不畏艱難取得各種資料並分析統整，李基福（Keehup Yong）進行多次迴歸分析。拉凡尼·蘇比亞（Ilavenil Subbiah）為本書設計俐落圖表，也對內容和形式提供建議，在此一併感謝。

十分感激編輯溫蒂·沃夫（Wendy Wolf）、湯瑪斯·潘（Thomas Penn），以及我的出版經紀約翰·布洛克曼（John Brockman），三人在專案過程中多次給予指引鼓勵。凱特亞·瑞斯（Katya Rice）已是第八次為我審稿，每次我都獲益匪淺。

最後特別向家人致意：Roslyn, Susan, Martin, Eva, Carl, Eric, Robert, Kris, Jack, David, Yael, Solomon, Danielle，最重要的自然是亦師亦友也一起追求啟蒙理想的Rebecca。

第一部
啟蒙

十八世紀的民智、對人類苦難事實的清楚理解、對人性的明確期待之於全世界，如同道德的淨身沐浴。

——懷海德 Alfred North Whitehead

幾十年來我常針對語言、心智和人性等等主題發表公開演講，也因此碰上不少稀奇古怪的提問。最好的語言是什麼？貝類有沒有意識？什麼時候才能把心智上傳到網際網路？肥胖算不算是一種暴力形式？

在一次演講裡，我向大家解釋目前學界的共識是，所謂的心靈生活是由大腦組織的活動所構成。臺下一位女學生忽然舉手，說出了我遇過最值得深思的問題：

「我為什麼應該活下去？」

她語氣誠懇，聽得出沒有自殺傾向也並非故意嘲諷，而是真心感到好奇——既然尖端科學推翻傳統信仰中靈魂不滅的概念，我們如何為人生找到意義和目的？面對提問，我向來的態度是沒有「笨問題」，於是出乎那位學生與滿場聽眾的意料，其實最意外的是我自己，我擠出了一個勉強可以過得了關的答案。印象中（既屬印象就代表可能經過記憶扭曲美化和事後諸葛），我的回答是：

妳提出這個問題的行為，就代表妳想為自己的信念尋找理由。換言之，妳決定以理性來發掘和判斷對自己重要的究竟是什麼。活下去的理由很多！

身為具有知覺的人類，妳可以綻放潛能，可以經由學習討論精進自身的理性思維，也可以透過科學瞭解自然界，還可以藉由人文藝術對人類生活有更進一步的洞察。妳可以將精力用在追求各種愉悅和滿足，先人們就是這麼做才能夠興旺繁衍，生出現在的我們。妳更可以好好欣賞自然與文化世界的繽紛美麗。生命綿延不絕數十億年，妳是後繼者之一，妳可以促進傳承。然後妳具有同情心，也就是說妳懂得喜愛、尊重與幫助他人，懂得表達善意，可以與家人朋友同事建立互惠幸福的關係。

同時，由於理性，妳明白上述種種並不專屬妳一人，妳有責任讓別人也享有這些。妳可以著手改善生活、醫療、知識、自由、生產、安全、和平與美，從而增進他人的福祉。歷史告訴我們：同情他人，致力改善社會，人類會因此進步。進步可以在妳手中延續。

解釋生命的意義可不是認知科學教授的日常工作，相關領域的專業知識還有很多局限，我對自己的智慧也沒那麼大的把握，所以對於學生的問題我不敢大放厥詞。然而我明白自己只是一個管道，功用是傳遞兩百多年前已然成形、此時此刻人類最為需要的信念與價值：**啟蒙理念**。

啟蒙思想相信人能夠運用理性和同情心來增進全人類的福祉。乍看之下理所當然，甚至是陳腔濫調。但我之所以出書，就因為事實並非如此。現在比過去任何時候都需要有人出面為理性、科學、人文主義和進步好好辯護。啟蒙造就的一切，大家已經習以為常：我們預期新生兒都能健健康康活到八十歲以上，市場裡就該堆滿食物，水龍頭一轉便有乾淨的水流出來，馬桶一沖排泄物會自動消失，許多麻煩的感染只要服藥就會痊癒，男孩不會被強迫上戰場，女孩外出不用太擔心人身安全，批判當權者不必入獄或遭到槍殺，整個世界的知識與文化收得進口袋任人讀取。實際上這些都是人類的成就，並非宇宙平白無故的餽贈。想必不少讀者以及曾居住在較不幸地區的人都還記得：戰爭、匱乏、疾病、文盲、暴虐其實更貼近所謂「自然」狀態。如果意識到社會有退回原始的可能性，就會明白輕忽啟蒙的文明成就有多危險。

自從女學生那麼一問，多年下來我常覺得有必要重新發揚啟蒙理念（也可以稱之為人文主義、開放社會、世界自由主義或古典自由主義）。一方面類似問題三不五時出現在我的信箱裡（「平克教授，有人根據您的著作和講課內容而認為自己只是居住於時空中的原子堆積、智能有限的機器，起源於自私的基因。請問針對這樣的人您有什麼建議？」）；另一方面，不瞭解人類文明的進步程度會導致比存在焦慮（existential angst）更嚴重的問題，也就是開始嘲弄始於啟蒙時代、旨在維護進步的各種制度，譬如自由民主以及國際合作等等都淪為批判、甚至是返祖運動推翻的目標。

啟蒙理念是人類理性的結晶，但它們總是與人性的其他部分拉鋸著，包括忠於部族、服從權威、異想思維[1]、認為有惡人才招致不幸之類。二十一世紀第二個十年裡，世界吹起一股政治浪潮，許多人認為國家遭惡黨拖累陷入絕境，若要振興別無他法，必須推舉強硬的領袖撥亂反正才能使國家「再次偉大」。可是堅決反對這種浪潮的人卻時常說著相同的敘事，主張現代社會制度失靈、生活各層面的危機益發嚴重——也就是說，正反雙方莫名其妙達成共識，認為將既存體制打掉重練會讓世界變得更好。反而鮮少有人樂觀相信，在進步背景下，按部就班解決問題才是良策。

如果你還不認為啟蒙人文主義需要大力維護，可以參考伊斯蘭激進運動分析專家希拉茲．馬赫（Shiraz Maher）的意見。「西方世界不敢說出自己的價值觀，不敢擁戴古典自由主義，」他說：「我們對它們沒把握，掛在嘴邊也就不安心。」相比之下，伊斯蘭國組織「非常清楚自己代表什麼」，那種確切感反倒散發「不可思議的魅力」。別懷疑這番話，畢竟人家可曾經是伊斯蘭聖戰組織「解放黨」（Hizb ut-Tahrir）的地區領袖。（原注1）

回顧一九六〇年的自由理念，在經歷他們最大的考驗後不久，經濟學家弗里德里希．海耶克（Friedrich Hayek）表示：「若要將舊時代真理留在人心，必須以後世的語言及概念重述。」[2]（「人心」這個措詞恰好證明了他自己的論點。）「曾經最有效的詞語也會隨著時間逐漸失去效力而不再明確，即使背後觀念如往常真實、點出的問題依舊存在，用以表達的文字力道卻不如往昔。」（原注2）

於是我試圖透過本書，以二十一世紀的語言及概念重新倡議啟蒙。首先經由現代科學建立理解人類現狀的框架，探討我們是誰、來自何處、面對什麼挑戰、應當如何因應。書中絕大部分內容致力捍衛啟蒙理念，方式當然力求符合二十一世紀的風格：以資料為本，

1 譯按：magical thinking，指認為不相關、甚或不存在的原因能導致實質的結果。不同社會科學領域對於異想思維的定義略有不同，一般而言，法術儀式或坊間「意念影響現實」的說法都屬於此類。

2 譯按：此處「人心」原文為men's minds，有潛在、過時的性別意識，導致作者後面括號的補充。

提出證據證明啟蒙方案並非痴心妄想。事實上它已經奏效，只是這段壯闊史詩鮮少被提及。由於啟蒙的勝利沒人讚頌，其理念如理性、科學、人文主義等等也逐漸失寵，不再是無庸贅言的共識，被當今知識分子輕忽質疑、甚至鄙棄。我認為只要願意仔細瞭解，就能發現啟蒙理念崇高且令人振奮，足以成為我們活著的理由。

第一章 勇於求知！

若說啟蒙思想家有所共識，想必是人類應致力以理性的標準去理解所處世界。

何謂「啟蒙」？康德於一七八四年發表文章，標題即提出同樣疑問。而他的答案是，啟蒙包括「人類擺脫自我招致的不成熟」、因「怠惰和膽怯」而屈從於宗教和政治威權制定的「教條和常規」。（原注1）他疾呼啟蒙的箴言為「勇於求知！」（Sapere aude），基本條件則是思想與言論自由。「一個世代不應聯手阻斷後世增長洞見知識、改正自身錯誤的機會，那是踐踏人性。人性前進的方向就在各種進步當中。」（原注2）

陳述同樣觀念的二十一世紀文字，或許能以大衛．多伊奇的啟蒙辯護《無窮的開始》（*The Beginning of Infinity*）為範例，他主張只要人類勇於求知，無論科學、政治、道德，所有領域都能有所進展：

> 樂觀一點看（根據我提倡的思路），可以提出這樣的理論：所有失敗，或說所有的「惡」，都源於知識不足……人類不可避免會遭遇問題，因為我們永遠無法掌握所有知識。有些問題特別困難，但不該將困難誤判為無法解決。只要是問題就可以解決，每種惡都是一個待解決的問題。樂觀的文明會保持開放態度，不畏懼創新，奠基於批判的傳統。這種文明不斷改良自身體制，體制則反映知識的精髓：如何覺察與糾正錯誤。（原注3）

啟蒙時代又是什麼？（原注4）沒有標準答案，因為這個得名於康德文章的時代，不像奧運有開幕閉幕儀式能分得清清楚楚，啟蒙宗旨也不是誓約或信條具備明確規範。一般來說，啟蒙時代是指十八世紀後三分之二，然而實際上能追溯到十七世紀就開始的科學革命、理性時代，也與十九世紀前半古典自由主義全盛期重疊。科學探索從各個層面挑戰傳統思維，有感於宗教戰爭的殺戮，人和想法的流動性提升，於是啟蒙時期的思想家試圖對人類境況找出全新的理解。啟蒙時期百家爭鳴，有些論點相互衝突，但四個主軸貫穿其間，分別為：理性、科學、人文主義、進步。

理性與科學

為首者是理性。理性無可動搖。一旦你開始探究生存的意義（探討其他問題也一樣），只要你認為你的答案合理、正當或真實，其他人也應當相信，那麼你便是忠於理性，願意讓自身信念接受客觀的標準檢驗。（原注5）若說啟蒙思想家有所共識，想必是人類應致力以理性的標準去理解所處世界，而非依靠會產生謬妄的事物，如信仰、教條、天啟、權威、魅力、玄學、占卜、異象、直覺或者是對神聖文本的人為解讀。

基於理性，多數啟蒙思想家否定宗教所宣稱的：有一位具備人類性格的神持續關注人類世界。（原注6）運用理性便會發現神蹟故事充滿疑點，各種聖書的作者亦為凡人，自然現象的發生與人類福祉毫無關聯，不同文化的神靈彼此相斥，但極有可能全部只是想像之物。（孟德斯鳩說：「如果三角形有自己的神，想必祂也會有三個邊。」）即便如此，並非所有啟蒙思想家都是無神論者。有些屬於自然神論（相對於一神論和有神論），認為所謂的神造好世界之後便退去，任世界依自然法則自行發展。此外也有泛神論者，對他們而言

「神」同義於自然規律。也有極少數的人依舊相信經書中那位制律法、行奇蹟、派兒子來到人間的上帝。

啟蒙思想強調理性，但並未提出人類具備完美理性這般不切實際的說法。然而目前許多著述內容將兩種概念混為一談。歷史告訴我們事實相距甚遠。康德、史賓諾沙、湯瑪斯・霍布斯、大衛・休謨以及亞當・斯密等思想家探索人類心理，但他們都清楚指出不理性的情緒和缺陷確實存在，並相信唯有點出問題癥結才有可能將之克服。之所以提倡積極運用理性，就是因為我們習以為常的思考模式不夠理性。

由此導出第二項理念，也就是科學。科學以精進的理性解釋世界，然而當種種科學發現成了現代常識後，大家反而難以體會科學革命為何堪稱革命。歷史學家大衛・伍頓（David Wootton）提醒我們，在一六〇〇年工業革命前夕，一位受過教育的英格蘭紳士會有如下想法：

> 他相信女巫有能力召喚風暴導致沉船……他相信有狼人，只是英格蘭恰巧沒有，去比利時就會遇上……他相信真的曾經有個喀耳刻（Circe）將奧德修斯的船員都變成豬[1]，也相信稻草堆自己就能生出老鼠。他相信那時代有人會魔法……他沒見過獨角獸，但看過牠的角。
>
> 這位紳士認為遭到謀殺的遺體若感應到凶手靠近就會流血。他知道世界上有種特別的藥膏，抹在刀子上的話，砍出的傷口會神奇癒合。在他看來植物的形狀、顏色和質地都是

藥性的線索，因為自然界是上帝的設計，用意就是讓人類解讀。他始終相信有辦法將卑金屬轉化為黃金，卻又不相信世上有人能掌握那門奧祕。他相信自然厭惡真空，彩虹是上帝留下的標誌，掃把星是邪惡的預兆，懂得解夢就能預測未來。當然，他相信地球是靜止不動的，太陽和群星繞著地球旋轉，正好二十四小時一圈。（原注7）

過了一又三分之一個世紀，那位英格蘭紳士的後代已經不相信上述那些事情。這種改變不只是脫離無知，也是脫離恐懼。社會學家勞勃・史考特（Robert Scott）提到中世紀歐洲人「相信外力控制日常生活，導致集體妄想」：

> 雲雨、雷鳴、閃電、狂風、日月蝕、寒流、熱浪、乾旱、地震等等全部都是上帝不悅的跡象和訊號，於是「恐懼的妖魔」住進人類生活所有層面。大海變成魔鬼的領域，森林則讓猛獸、鬼怪、女巫、惡魔和真實存在的盜匪占據……天黑後世界更是充滿各式凶兆，像是流星、彗星、隕石、月蝕及野生動物的嗥哮等等。（原注8）

看在啟蒙思想家眼中，脫離無知和迷信凸顯了所謂的傳統智慧錯得多離譜，科學方法，包括懷疑論、可謬論、公開辯論以及實證檢驗，才是獲取可靠知識的模範。

1 譯按：荷馬史詩《奧德賽》情節。

可靠知識包含對人類自身的理解。啟蒙思想家如孟德斯鳩、休謨、斯密、康德、孔多塞侯爵（Nicolas de Condorcet）、狄德羅（Denis Diderot）、達朗貝爾（Jean-Baptiste d'Alembert）、羅素（Jean-Jacques Rousseau）、維柯（Giambattista Vico）對很多事情都沒有共識，卻一致認為必須打造「人的科學」。他們相信人性具有普遍的本質，而且可以透過科學加以研究。因此這些思想家在很多學門尚未正名前的幾百年就投身其中。（原注9）他們有的成了認知神經學者，從大腦的物理機制去解釋思維、情緒和精神疾病；有的研究演化心理學，分析生命的自然特徵並找出「隱藏在我們體內」的動物本能；有的則是社會心理學家，告訴大家人類如何因道德凝聚、因自私分裂，以及短視近利如何糟蹋原本立意良善的計畫；也有人醉心文化人類學，從旅人和探險家留下的記述挖掘出世界各地不同社會間有何共通處又有什麼不同習俗。

人文主義與進步理念

人性有共通之處這一點帶出第三個主題：人文主義。理性與啟蒙時代的思想家認為有必要盡速建立世俗化的道德基礎，因為先前好幾個世紀都籠罩在宗教屠殺的陰影下：十字軍、宗教法庭、獵巫、歐洲宗教戰爭。他們創造的道德基礎就是人文主義，特點是個人福祉優先於部落、種族、國家和宗教，原因在於**知覺**屬於個人而非群體，實際感受悲喜苦樂的是一個個活生生的人。無論是訴求讓最多人得到最大幸福或呼籲社會以人為本，思想家們都主張道德考量的重點應放在造成一個個體幸或不幸的共同因素。

所幸人性本就呼應思想家的呼籲。我們都有**同情心**，在思想家口中稱之為善或慈悲或憐憫。只要同情心存在，其循環便能自家庭擴張到部族，再從部族擴張至全人類，尤其當理性驅使我們認識到自身或所屬族群與其他世人皆平等時（原注10），走上世界主義、接受世界公民身分是必然結果。（原注11）

基於人道感受，啟蒙思想家不僅譴責因宗教而生的暴力，也希望消弭所處時代世俗社會的殘酷風俗，包括蓄奴和專制、因竊盜與盜獵之類微罪而判死，以及暴虐刑罰如鞭刑、截肢、刺刑、剖腹、死亡輪、綁木樁燒死等等。由於啟蒙時代終結了之前千年世人習以為常的野蠻習俗，有時也稱為人道的革命。（原注12）

若廢除奴隸制和殘酷刑罰還不叫做進步的話，恐怕根本沒有所謂的進步了。由此衍生啟蒙的第四個理念：透過科學增進對世界的瞭解，透過理性與世界主義擴展同情心涵蓋的範圍，人類便能在智識和道德上皆有所進展，不會囿於當前的苦難和非理性，也無需試圖逆轉時空尋求失落的黃金年代。

注意別將啟蒙的進步思想與十九世紀浪漫主義的思潮搞混了。浪漫主義思潮相信神祕力量、法律、辯證、奮鬥、開展潛能、宿命、人類世紀、進化動力等種種因素能夠將人類推向烏托邦。（原注13）正如康德所說的「增長知識、改正錯誤」，結合理性與人文主義的啟蒙做法更加樸實，只要我們持續關注法律和習俗現況，經過實驗改良、去蕪存菁，便能逐步打造出美好的世界。科學本身就經歷理論與實驗的反覆循環，縱使稍有挫折、甚至倒退，整體依舊奔流不息，可見進步絕非妄想。

進步理念也不應與二十世紀為了技術官僚或政策制定者方便而興起的社會再造運動混為一談。政治研究者詹姆士・史考特（James Scott）稱之為「獨裁式高度現代主義」（Authoritarian High Modernism）（原注14），漫無章法追求美感、自然、傳統、社會親密度，也因此否定人性的存在。（原注15）現代主義者以為能夠「乾乾淨淨的開始」，用公路、大廈、廣場與野獸派建築物取代充滿活力的社區。「人類將會重生」且「與整體達成和諧秩序」是他們秉持的論點。（原注16）這類發展有時也被冠以**進步**之名，但實際上很諷刺：不受人文主義指引的「進步」根本不能稱之為進步。

啟蒙不是要重塑人性，啟蒙所謂的進步重點是放在我們建立的制度和體系，例如政府、法律、學校、市場、國際組織等等，這些才是適合運用理性服務人類的領域。

基於這種思維，政府並非上天派來的統治者，其存在也不等同於「社會」本身，更不是國家、宗教、種族的靈魂中樞。政府是人類的創造物，建立在共識和社會契約上，功能為協調統整人民生活以增進大眾福祉，減少自私自利的行為。每個人都有私心，但放縱私心的結果是所有人都受害。啟蒙最著名的產物就是《獨立宣言》，其中提到為了保障生命、自由與追求幸福的權利，人類才建立了政府，而政府的正當權力必須經過被治理者的同意。

政府有施加懲罰的權力。孟德斯鳩、切薩雷・貝卡里亞（Cesare Beccaria）以及美國開國元老皆重思政府懲罰人民這件事。（原注17）他們認為刑罰不該成為天理的代名詞，目的應當是勸阻反社會行為，只是獎懲結構的一環，造成的痛苦若比罪行還嚴重則本末倒置。也就是說罪罰應該相當，符合比例原則，刑罰並非替天行道，而是希望犯行止於微罪，避免傷害繼續擴大。撇開「罪有應得」的傳統觀念不說，嚴刑峻法導致觀者麻木不仁、社會趨向暴戾，就效果而言並未勝過適度但切實執行的懲治。

啟蒙也對何謂繁榮做出第一次理性分析，出發點不是財富如何分配，而是財富一開始是怎麼出現的。(原注18) 觀察法國、荷蘭及蘇格蘭以後，亞當·斯密指出，許多有用的東西並非農民或工匠自己埋頭苦幹就做得出來，必須透過專業網絡合作，每個成員學習將一項技術達到最高效率，結合與交換彼此的創意、技藝、勞力才能夠實現。他曾經舉了一個很有名的例子：做別針的工人如果全憑己力，一天最多就做一根別針出來，但換成工坊「一個人搬鐵絲、一個人敲平、一個人裁切、一個人組裝、一個人磨尖」的話，平均每天每人能做出將近五千枚。[2]

專業分工的前提在於市場容許專業人士交換貨物與服務。亞當·斯密認為經濟活動就是互助合作（更貼近現代的語言表達是「正和遊戲」〔positive-sum game〕）：對每個人而言，得到的都比付出的多。透過自主交換，幫助別人就是幫助自己。他還提到：「我們能從屠夫、釀酒者與烘焙師傅手裡得到餐點，靠的不是他們大發慈悲，而是他們也追求自身利益。我們不必訴諸人性光輝，只要求對方顧好自己。」這番說法不代表人類都是或者應

2 譯按：《國富論》原文是單人時「『說不定』一天連一枚針也製造不出來」，而多人合作時「如果勤勉努力，一日可以製針十二磅，每磅以四千枚計，十個工人每日就製造四萬八千枚，一人一日為四千八百枚」。

該只顧自己不顧別人，歷史上比斯密更關注人類同情心的學者不多。他想表達的其實很簡單：在市場中人們傾向優先顧及自身和家人，但這種傾向仍能結出對社會整體有利的果。

資源交換不只讓社會更富裕，還會更穩定，因為在有效的市場裡，買東西的成本比偷東西的成本來得低，其他人活著比死了對你更有價值。（超過一世紀以後，經濟學家路德維希·馮·米塞斯〔Ludwig von Mises〕則說了：「要是裁縫師對烘焙師發動戰爭，以後就得自己烤麵包。」）包括孟德斯鳩、康德、伏爾泰、狄德羅、德聖皮耶（Abbé de Saint-Pierre）在內的許多啟蒙思想家都認同**善意商業**（*doux commerce*）的理念。（原注19）美國開國元勛喬治·華盛頓、詹姆斯·麥迪遜、尤其是亞歷山大·漢密爾頓，也為新國家設立了能夠培育善意商業的典章制度。

應運而生的另一個啟蒙理念是和平。本來人類歷史上戰爭就太多，多得彷彿除非救主降臨否則永無止境。然而時至今日，我們不再視戰爭為天罰只能忍受與感慨，更不是追求榮耀與功績的競賽。現在的戰爭是必須減少、總有一天要完全消弭的務實問題。康德在《論永久和平》中陳述了幾種避免領導者將國家捲入戰亂的辦法：（原注20）從國際貿易開始，搭配代議共和（其實就是大家口中的民主制度）、相互透明、將反征伐和反干預內政視為常態、遷徙自由，最後是不同國家構成聯邦裁決爭端。

儘管上面提到許多知名人物和思想哲學，但本書不是用來讚頌他們的。啟蒙思想家們就只是生活在十八世紀的人，也會有種族和性別歧視、反猶太、蓄奴或私鬥。他們擔憂的很多事情在現代人看來莫名其妙，同樣出了一堆餿主意之後好不容易才撈出一兩個佳作。

更重要的則是他們生得太早，來不及領略現代社會的新認知。

不過他們絕對同意一點：如果以理性為重，自然明白思想是否完善與思想家本人的性格沒有直接關係。另外，真正相信進步的人反而不敢宣稱自己看得透澈、想得明白。關於人類和進步，有些事情我們知道而這些思想家們不知道，但他們論述的價值不因此減損。我認為這類主題包括：熵、演化、資訊。

第二章 熵、演化、資訊

透過知識獲取能量是人類抗熵的一帖妙藥，提升獲取能量的效率也開展了人類命運。

想瞭解人類的境況，第一個必須具備的新認知是「熵」（entropy），也就是失序的程度。熵的概念源自十九世紀的物理研究，後來由路德維希．波茲曼（Ludwig Boltzmann）做出目前的定義。(原注1) 熱力學第二定律指出，孤立系統（不與環境互動的系統）的熵不會減少。（第一定律為能量守恆，第三定律則指出無法達到絕對零度。）封閉的系統無可避免會變得越來越缺乏結構和組織，也越來越不容易產生有意義和有用的結果，最後化為失去特徵、低溫同質的單調狀態並維持下去。

原始版本的熱力學第二定律還提到：可以做功的能量以溫度差的形式在兩個物體之間傳遞時，必從高溫處流向低溫處。（英國歌唱喜劇二人組夫蘭達斯與史旺〔Flanders & Swann〕曾經用歌詞來詮釋：「你沒辦法要熱量從冷的跑去熱的，試試看，但你會失望的。」）所以一杯咖啡若沒放在加熱盤上註定會涼掉；蒸汽機用完煤炭後一側冷卻就再也壓不動活塞，因為另一側加熱過的蒸汽和空氣會用力回推。

熱量並非隱形流體，而是移動分子帶有的能量，兩個物體的溫度差距與兩邊分子的平均速度有關，瞭解這個道理以後，更通用且更適於統計的熵定義與第二定律就此誕生。我們按照透過顯微鏡才能分辨的系統狀態來定義秩序（以熱能的例子而言，就是各種可能的速度、兩個物體所有分子的可能位置）。概觀而言，這些狀態裡有用處的（例如一個物體比較熱，亦即它的分子均速比另一個物體來得快）只占全部可能性的一小部分，失序無用的狀態（沒有溫度差、兩邊均速一樣）反而占大多數。根據可能性法則推導，無論是局部的隨機擾動或是來自外部的衝擊，都會促使系統趨向失序和無效——原因並非自然傾向失序，而是相比之下失序的排列組合本來就比秩序多太多。譬如蓋好沙堡擺著不管隔天就會消失，經過風、浪、海鷗、小孩碰觸之後它自然會變成其他形狀，可能演變的樣子簡直無窮無盡，其中形似城堡者微乎其微。第二定律演進至此便是能用於統計的版本，之後不再局限於溫度差，也可解釋秩序的消散，所以我常稱之為「熵定律」。

熵和人類事務有何關聯？各種物質組合的可能結果是天文數字，但能引導出生命與幸福的秩序排列少之又少。分子恰好以某種形式堆積起來才構成人體，人體又靠其他巧合得以存續：正好有那幾種養分、正好有那幾種材料可以做成衣物建築及工具。地球上絕大多數物質經過排列組合之後對我們沒有實質用處，但它們的變動若欠缺人類介入通常只是更不利於生存。很多俗諺肯定了熵定律，像「世事無常」、「鐵鏽永不眠」、「天有不測風雲」、「只要能出錯，必定會出錯」以及「隨便哪個混蛋都能搞倒穀倉，但要蓋穀倉就非得找木匠」（出自德州議員薩姆・雷本〔Sam Rayburn〕）。

科學家發現熱力學第二定律不僅能解釋日常生活種種，也是我們理解宇宙和自身定位的基礎觀念。一九二八年，物理學家亞瑟・愛丁頓（Arthur Eddington）寫道：

> 熵不斷增加這條定律……我認為在自然法則中也有至高無上的地位。如果有人聲稱解釋宇宙的新理論與馬克士威方程式（Maxwell's equations）相互矛盾，那算馬克士威方程式倒霉。就算它與觀察結果矛盾，都還可以質疑實驗團隊，畢竟人犯錯不是新鮮事。然而若你的理論與熱力學第二定律不合，我覺得就沒希望了，只能帶著恥辱被埋葬。（原注2）

一九五九年科學家兼小說家斯諾（C. P. Snow）在劍橋大學瑞德講座的內容以《兩種文化與科學變革》（*The Two Cultures and the Scientific Revolution*）為名出版，他提到那個時代的不列顛人竟還是輕蔑科學：

> 很多次我與一些人聚會，根據傳統標準來說他們受過高等教育，卻特別愛譏諷科學家是沒讀過書的人。有一兩次我被激怒了，於是問他們之中有幾個能清楚解釋熱力學第二定律？結果能的人很少，而且他們態度一貫負面。然而我問的問題不過就是「你讀過莎士比亞嗎？」的科學版本而已。（原注3）

化學家彼得・阿特金斯（Peter Atkins）的著作《推動宇宙的四條法則》（*Four Laws That Drive the Universe*），書名就暗指熱力學第二定律。更近期一點，演化心理學家約翰・托比（John Tooby）、勒達・科斯米德斯（Leda Cosmides）、克拉克・貝瑞特（Clark Barrett）不久前針對心智的科學基礎發表論文，標題為〈熱力學第二定律即心理學第一定律〉。（原注4）

為何如此推崇熱力學第二定律？跳脫人類視野的話，第二定律揭示宇宙的命運與生命、心智及人類奮鬥的終極意義：運用能量和知識抵抗熵，在混亂中開拓有益的秩序。回到人類自身來看則有更明確的理由，但在此之前必須先討論另外兩個基礎觀念。

生命努力維護和發展自己

乍看之下，熵定律似乎只呈現歷史陰暗面，還指向消極未來。宇宙始於大霹靂這種低熵狀態，能量濃度高得我們難以想像。但之後一切走下坡，宇宙逐漸稀釋、直到現在仍未停止，變成了分子平均且稀疏分布的廣闊空間，彷彿一鍋稀粥。當然，現實中我們看見的宇宙並非糊成一團什麼都無法分辨，還是找得出星系、星體、乃至於山川雲雪和繽紛多彩的生物，人類也在其中。

宇宙之所以能充滿各式各樣有趣的事物，原因之一是名為「自組織」（self-organization）的過程，導致一定範圍內出現了秩序。（原注5）能量進入系統，系統內的熵值提高於是能量消散，但在這個變化裡能夠產生秩序與十分美妙的排列組合，例如球體、螺旋、星暴、漩渦、漣漪、晶體、碎形等等。我們覺得這些排列組合很美麗未必是巧合，美感很可能不僅僅是觀者的主觀判斷。大腦對美的反應或許呼應催生自然萬物的反熵規律。

但還有一種自然秩序需要解釋，它不是物理世界中優雅的對稱或節奏，而是出現在生物世界的實用設計。生物都有器官，各種異質性又形狀奇特的器官發揮功能才能維持有機體的存活（存活也代表持續汲取能量抵抗熵）。（原注6）

通常會以眼睛為例闡述這個概念，但這裡改用我心中第二名的感覺器官。人類耳朵裡有具彈性的鼓膜，能夠因微弱的氣流變化產生振動，振動經由聽小骨的槓桿作用擴大，再經由活塞作用被壓入內耳的液體（而內耳就這麼剛好貼附在顱骨內側），在內耳隧道裡延伸的錐狀薄膜將振動波形轉為諧波，一群具有小觸手的細胞隨薄膜前後擺動，同時將諧波以電流脈衝的形式射向腦部。人類目前無法解釋為什麼它們以如此不可思議的方式組合，唯一可以肯定的是這樣的組合形式讓大腦可以接收到聲音。即便外耳看起來只是一塊肉，而且上下前後不對稱、充滿凹凸起伏，但這樣的形狀正好能對應傳來的聲波，幫助大腦判斷聲源在上或下、前或後。

生命體充滿這類不可思議的細胞排列，眼睛耳朵心臟腸胃等等器官為何出現都難以解釋。一八五九年達爾文和華萊士（Alfred Russel Wallace）提出論述之前，理所當然世人認為生命出自神性設計。我想這就是為什麼很多啟蒙思想家依舊懷抱自然神論，而不是直接投向無神論。然而，達爾文和華萊士的研究成果使造物主的存在成為非必要，一旦物理與化學過程中發生自組織現象並孕育出能繁殖的個體，特定排列組合就會一代傳一代，呈指數爆炸增加。不同的繁殖系會為了繁衍而競爭資源；再者，熵定律確保了繁殖過程絕對無法盡善盡美必定會出錯。雖然多數突變造成性能降低（熵的表現），但偶爾運氣好也會出現更有繁殖優勢的個體，其後代同樣能在競爭中勝出。隨著世代更迭，增進穩定度和繁殖力的「錯誤」不斷累積，於是系統——也就是我們口中的生命體——看似從最初就為了未來的生存繁衍而打造，實際上卻只是保存了一連串有利於在過去存活和繁殖的錯誤。

反過來說，創造論者常常以熱力學第二定律來申論生物演化、秩序隨時間增加是物理上的不可能。不過他們總是漏掉定律裡的幾個字：封閉系統。生命體是開放系統，從陽光、食物、海底熱泉等等獲取能量才得以在自身和巢穴開拓暫時的一隅秩序，同時還得將廢氣與廢物排放到環境中，因此世界整體的熵依舊不斷增加。生命體運用能量對抗熵的進逼、維持自身完整，是**自我保存**（*conatus*）的現代詮釋，史賓諾沙將之定義為「努力維護和發展自己」，成為啟蒙時代數種解釋生命和心智的理論基礎。（原注7）

必定要從環境中汲取能量導致生命體之間上演一齣齣悲劇。植物主要依靠太陽能，少數生物從海床裂縫噴出的液體裡取得需要的化學物質，而大部分動物成為剝削者：吞食其他動植物，奪取它們辛苦儲存的能量。同樣的，病毒、細菌或其他病原體與寄生生物則在宿主體內進行同樣的工程。除了果實，我們稱為「食物」的每樣東西都是其他生命體的身體器官或能量倉庫，不過被吃掉的生物絕大多數也透過同樣模式生存。自然就是戰爭，而人類特別留意的是軍備競賽。掠食者的武器包括外殼、脊椎、利爪、尖角、毒素、偽裝、飛行和自衛，植物也發展出荊棘與硬皮、在組織內生成刺激物或毒性。為了破解敵人的防禦，動物進一步強化自身，例如肉食者倚靠速度、力量或優異的視力，草食者則有獨特的牙齒構造與能夠化解毒素的肝臟。

資訊、運算、控制

現在來到第三個重點：資訊。（原注8）資訊可以被視作是熵的減少，也是從隨機、無意義的混沌中形成秩序結構的元素之一。（原注9）想像有隻猴子或一個打字員隨便敲打鍵盤，或者廣播頻道之間的白噪音，抑或開啟壞損檔案以後滿螢幕的色塊。這些訊號可以有幾十兆、幾百兆以上的組合結果，但多數不具內容可言。再想像有個電波能控制上面提到的裝置，將字幕、音波、像素重新排列為某種事物的樣貌，或許是《獨立宣言》，或許是歌曲 *Hey Jude* 的開頭，又或許是一隻戴著墨鏡的貓。在我們的描述裡，這個電波傳遞了《獨立宣言》、歌曲或者貓的**資訊**。（原注10）

訊號是否含有資訊取決於觀察時的篩選標準。如果我們覺得猴子打了什麼亂碼很重要，或者想要分辨這段噪音與下一段噪音的差異，還是試圖理解檔案壞掉之後的像素排列模式，那麼原本無意義的場景也同樣含有資訊。從這種角度來看，所謂有趣有用的東西反而資訊含量**較低**，因為觀察一部分（例如讀到「問」）就能預測後續（代表後面是「題」），這根本不需要電波告訴我們。但是一般狀況下，亂數排列的東西多數沒有意義，人類只想找出裡面少部分能與生活連結的片段。換作這種角度來看，貓的圖片比漫無章法的色塊堆積含有更多資訊，因為要從大量無秩序中找到有意義的排列組合需要更多訊息作為參照。當我們說宇宙有其秩序而非全然混沌，就是從這種角度表達宇宙蘊含的資訊。有些物理學家認為資訊的地位等同物質和能量，是構成宇宙的基本要素。（原注11）

資訊也會隨演化而累積在基因組裡。生命體是由蛋白質構成，蛋白質中氨基酸的序列對應DNA分子中基質的序列。這些序列來自生命體的祖先——由於序列的巧合，祖先得到了能夠獲取能量、成長繁衍的特定結構。

動物在生命過程中也會透過神經系統累積資訊。耳朵將聲音轉換為神經訊號的這個過程裡，最重要的兩個物理現象就是空氣震動和離子通透。所幸兩者相互呼應，神經活動也就能夠傳遞外界的聲音訊息到動物的大腦內。神經活動中，一開始資訊由電流傳導轉為化學能，經過連接不同神經元的突觸時又會由化學能轉為電能。種種物理轉換之中，始終得到保存的就是資訊。

二十世紀理論神經科學最重要的突破在於發現神經元網絡不僅保存訊息，還能加以轉換，研究這些轉換模式就能解釋腦為什麼具有**智能**。兩個輸入神經元（input neuron）連結到一個輸出神經元（output neuron），三者啟動的規律對應到**和**、**或**、**非**的邏輯關係，也會根據現有資料做出統計決策。換言之，神經網路具有處理和運算資訊的能力，只要邏輯和統計迴路組成了夠大的網路（加上數十億神經元[1]，幸好顱內空間塞得下），大腦就有辦法運作複雜的機能，亦即智能的必備條件。腦可以將感覺器官傳送的資訊轉換為其他形式，除了反映主宰世界的法則，也能做出實用的推理及預測。（原注12）腦內的資訊足夠精準地對應於所處世界的狀態，根據真實的前提進行推理，並得出真實的意義，這就是人類所謂的知識。（原注13）舉例而言，一個人知道知更鳥是什麼就代表看見那種鳥會想到「知更鳥」這個詞，並且推斷出春天最容易找到這種鳥類，牠們會掘土找蟲吃。

回到演化，腦部依循基因組內的資訊成長，也能夠針對感官得到的資訊做運算，並且根據得出的結論安排行為，達成取能抗熵的目標。例如動物的腦神經裡可以建立「遇上呱呱叫的就追，遇上大聲狂吠的就逃」這樣一套規則。

1 譯按：目前估計成人大腦約有一千億神經元。

無論追或逃都不僅僅是肌肉收縮，重點在於背後的**動機**。依據不同情境，追逐過程可能包含奔跑、攀爬、跳躍、突襲等等，目的是為了提高捕捉到獵物的機會。逃亡則可能包括躲藏、靜止、繞道等等。由此又帶出了二十世紀產生的一個嶄新概念「模控學」（cybernetics），其核心為回饋與控制，解釋一個實體系統如何符合目的論，也就是以達成特定目標為導向。目標導向的系統必須能夠感應自身和環境的狀態、定義目標狀態（它「想要」什麼和「企圖爭取」什麼）、計算當前狀態和目標狀態的差距，最後則需要一整套標示出正常效果為何的行動備案。一個系統若會試圖減少現狀與目標的差距，就具備目的論的特性（如果世界按照系統預測發展，系統最終就會達成目標）。這個原則得自自然選擇中的動態平衡，比方說人體會藉由顫抖和流汗調整體溫，而人類理解這一點以後便製造出恆溫系統、自動定速、乃至於會下棋的程式、有自主能力的機器人之類的數位系統。

資訊、運算、控制這幾項原則搭起橋梁，連接因與果的物理世界，以及知識、智能與動機的心智世界。思想改變世界並不只是想像譬喻，也是腦部物理結構的事實。啟蒙思想家捕捉到蛛絲馬跡，發現思想有可能是物質排列的結果，並且以蠟的凹痕、弦的震動、船的波浪來比喻。還有如霍布斯等人提出「推理只是推算」，此處**推算**（reckoning）取古語字面意義等於「計算」（calculation）。然而在資訊和運算的概念獲得闡述之前，人類認同身心二元論或覺得心智來自非物質的靈魂並不奇怪（就像演化概念尚未發揚光大的年代，創造論和宇宙出自造物主的說法也十分普及）。我想這是很多啟蒙思想家擁抱自然神論的另一個理由。

可是手機是不是真的「知道」主人最常聯絡的對象、GPS是不是真的「找」出回家最快的路線、掃地機器人是不是真的「努力」清掃地板呢？會質疑這些很正常，不過隨著資訊處理技術越來越成熟，系統反映的世界狀態越來越複雜，設定的目標層級越來越細緻，為達成目標而採取的行動越來越多樣化而難以預測——這時候還堅稱它們不具備思考能力，恐怕要落入人類沙文主義的窠臼。（至於資訊和運算是否能夠解釋知識、智能、意義、甚至**意識**為何物將會在最後一章做探討。）

目前我們仍然以人類自身作為人工智慧的評價標準。人類之所以獨特就是因為先人們將資源用於發展大腦，於是大腦能夠從這個世界收集更多資訊、以更加複雜的方式理解世界，然後採取各式各樣的行動達成目標。他們致力於提升認知利基，也可稱為文化利基和狩獵採集利基。（原注14）此後他們展開新的適應，包括建立心智模型，預測嘗試新事物時的反應，而且學會相互合作、藉團隊力量完成獨自一人無法達成的目標，最後則是利用語言協調行動、匯聚經驗果實形成技能與常模等等，最終衍生出所謂的文化。（原注15）這項資源投資使得早期人類得以攻破大量動植物的防衛機制，收穫充足能量之後繼續發展腦部、得到更多知識技術，也就等同再度增加能量的獲取。坦尚尼亞的哈匝族（Hadza）直至現代仍維持狩獵採集的生活形態，他們保留大量古人的生活方式，所身處的生態系統是現代人類演化的起點。經過大量研究發現，他們的部落成員每天從超過八百八十個物種得到三千大卡的熱量。（原注16）這種飲食來自許多聰明獨特的覓食方法，例如用毒箭擊殺大型動物、煙熏蜂巢逼迫蜂群離開後奪取蜂蜜，以及烹調肉類和塊莖以提高營養價值。

透過知識獲取能量是人類抗熵的一帖妙藥，提升獲取能量的效率也等於開展人類的命運。一萬年前農業問世了，栽培植物、畜養動物能提供數倍於以往的熱量，社會終於出現一批人無需投入狩獵採集，漸漸他們有餘裕用於寫作、思考、累積想法。大約公元前五百年，也就是哲學家卡爾．雅斯培（Karl Jaspers）所謂的軸心世紀（Axial Age），好幾個位於不同地理位置的文化歷經轉變。在此之前，儀式與獻祭的意義僅在於消弭災難，到了這時候卻發展出提倡無私、提升靈性的哲學和宗教。（原注17）在中國是道教和儒家思想，印度出現印度教、佛教、耆那教，波斯有瑣羅亞斯德教，猶太人進入第二聖殿階段，希臘也在幾世紀內接連孕育出經典哲學和戲劇。（孔子、佛陀、畢達哥拉斯、埃斯庫羅斯和最後幾位希伯來先知幾乎是同一時期。）近來一組跨學科研究團隊找出這個巧合的成因（原注18），幕後並非某種靈性光輝降臨地球，答案反倒平凡無奇：能量獲取。軸心世紀的農業和經濟發展造就極巨大的能量，每人每天消耗的食料、飼料、燃料、原料換算起來高達兩萬大卡。將更多能量納為己用的文明開始建造大城市，設置學者和僧侶階級，社會目標從短期存續轉向長期和諧。兩千年後貝托爾特．布萊希特（Bertolt Brecht）便寫下一句：先有溫飽，才有倫理。（原注19）

工業革命之後，人類從煤炭、石油、水力中取得更多能量，得以自貧困、疾病、飢餓、文盲、早夭中展開所謂的「大逃亡」。最初是在西方世界發生，逐漸擴展到世界其他地區（第五章到第八章有更多討論）。而人類福祉的下一次大躍進，亦即終結極度貧困、普遍越來越富裕以及隨之而來的各種道德效益，將有賴於科技進展為我們帶來更便宜且環境成本更低的能源（見第十章）。

人性裡藏著改善自身的種子

熵、演化、資訊三個概念貫穿人類的進步歷程，從先天的困境到我們如何追尋更好的存在都含括在內。

從這三個概念可以提煉的第一個智慧是：**不幸未必代表有人犯錯**。科學革命最主要、或許也是最重大的突破，就是駁斥「意志無所不在」這種直觀想法。原始且普遍的認知是萬事萬物的存在皆有理由，因此意外、疾病、饑荒、貧窮等等禍事之所以發生必然是某種力量有**意圖**的結果。如果找得到人背黑鍋，那麼就處罰他或要求賠償；如果找不到罪人則可歸咎最方便找到的種族或宗教弱勢，然後處以私刑、甚至屠戮。前面幾種對象都找不到的話，還可以說是女巫搞鬼，然後燒死或溺死她們。要是連女巫也沒得怪罪，古人只好聲稱是天上那群神喜歡虐待人類，我們無法懲罰神，但能透過祈禱和獻祭請祂們收手。再來還有不具形象的力量，譬如業、命運、神諭、天道等多種說法，為「萬事萬物必有因」的定見背書。

伽利略、牛頓、拉普拉斯將道德式宇宙替換為時鐘式宇宙[2]，主張各種事物和現象是由當下的條件生成，並非為了未來的某種目的而存在。（原注20）人的心裡有目標是正常的，

2 譯按：以零件組裝而成並符合機械運作模式的時鐘來比喻宇宙。

但認為自然的運作機制與人心相同則是種錯覺，太多事件的發生與否根本不是為了造成人類的苦或樂。

來自科學革命和啟蒙運動的洞見在人類發現熵以後得到深化。宇宙不在乎人類有何欲求，或者說它與我們作對才是常態，帶來麻煩的排列組合遠遠多過有益的一小部分。房會塌，船會沉，馬蹄鐵不夠也能導致打敗仗。

對冷漠宇宙的覺察在理解演化之後又更加深刻。掠食者、寄生蟲、病原體無時無刻不想吞噬人類，害蟲、食腐動物也會參與爭奪。我們或許因此難過，但牠們不知道也不介意。

就像貧窮其實無須解釋。由熵和演化主導的世界裡，人類的原始狀態是一無所有，物質不會自己形成衣物與建築，其他生物竭盡所能避免成為我們的食物。亞當．斯密指出，真正需要解釋的反而是財富。可惜即便現在很少人認為意外和疾病背後是惡意作祟，針對貧窮的探討卻仍常聚焦於罪魁禍首是誰。

上述觀念並不代表自然界毫無惡意，從演化角度來看反而應該說自然界充滿惡意。天擇就是基因彼此競爭，勝者才能創造下個世代。一個物種能延續到今時今日代表其祖先在求偶、覓食及其他方面取得優勢並將對手擠出歷史舞臺。然而也不能因此認為生物本性就是掠奪；現代演化理論解釋了自私的基因為何也能產出不自私的生命體，只不過相對來說慷慨仍屬罕見。人類和身體中的細胞、群體生物中的單一個體不同，每個人都有獨一無二的基因，血脈中累積與組合了世世代代成功抗熵的變異。每個人因為基因差異而有不同品味和需求，結果就引發了爭端。家人、配偶、朋友、以至於盟邦及社會都為了自己的利益時時衝突，表現的形式為關係緊繃、言語爭辯或發展為暴力行為。熵定律還帶來另一項啟示：像有機體這樣複雜的系統其實很容易癱瘓，順利運作的前提是許許多多狀態同時成立。往頭上砸塊石頭、伸手掐住脖子、射出毒箭命中都能減少競爭對手。對使用語言的生命體而言，以暴力作為**威脅**常常足以逼迫對方屈服於壓迫和剝削。

因演化而來的重擔尚未結束：我們先天的認知、情緒和道德能力停留在以生存繁殖為重心的古代情境，不是人人都發展到能夠對應現代社會的程度。當然我們已經超越原始人，但演化以世代為單位，人類大腦顯然追不上科技與制度的發展速度。我們習慣運用的認知能力在傳統社會運作順暢，放在當前社會卻會衍生諸多問題。

人類剛出生時並不會讀書寫字與算數，量化世界的方式是「一、二、很多很多」然後瞎猜一通。（原注21）人類直覺認為每個東西都具有超脫物理學和生物學的無形本質，透過交感巫術[3]或其他玄妙手法就能加以操控，於是相信相似的物體或彼此曾接觸過的物體能夠跨越時空限制互相影響（回想一下科學革命前英格蘭的士紳們是怎麼想的）。（原注22）他們認為言語和思想轉變為祈禱和詛咒的形式就能影響真實世界，同時又嚴重低估巧合的發生機率。（原注23）人們習慣以偏概全，特別是以自身經驗、成見作為推論依據，認定一個族群的所有成員都該具有相同的特徵。人們還經常將相關性錯認為因果關係，將所有事情混在

3 譯按：sympathetic magic，指相信行為和結果之間存在超自然且神奇的感應。

一起做出非黑即白的二元判斷，把抽象視為是實體。人類不是天生的科學家，而是天生的律師或政客，擅長揀選對自己有利的證據捍衛立場，矛盾的部分則輕鬆略過。(原注24) 人類還時常對自己的知識、理解、正直、能力和運氣做出過高的評價。(原注25)

人類的道德感也可能與自身福祉相違背。(原注26) 許多人妖魔化他們不認同的對象，視不同意見為愚蠢或不老實，遭遇不幸時認為別人得負責，並習慣以道德為立足點譴責對手煽動群眾。(原注27) 譴責理由或許是對方傷害他人，也可能是不尊重習俗、質疑當權者、損害部族團結、涉及當時視為不潔的性行為或飲食模式。此外，暴力不違反道德，反而是道德的表現——綜觀歷史，以正義之名殺人比起因利慾薰心殺人更為普遍。(原注28)

但人類並非只有劣根性。認知的兩個特點可以突破這些局限。(原注29) 首先，我們具備抽象思考的能力，某物在某地的概念可以轉換為某個實體在某個狀態，例如**鹿從池塘跑到丘陵**延伸出**小孩從生病到健康**。某個主體施加力量的行為可以運用到其他因果關係，像是**她使力把門打開**延伸為**她使力讓麗莎配合**或者**她盡力讓自己保持禮貌**。藉由這種思考方式，人類可以賦予變數價值並判斷因果，否則也就無法建構理論及法則。抽象化不被局限在思考的要素，加入更複雜的程序就會形成譬喻和類比，於是熱量可以是種流體、訊息可以是個容器[4]、社會就像家庭、責任等於束縛。

另一項可以作為墊腳石的認知能力，是組合與遞迴（recursion）。人類的心智能夠組合的基本概念多到爆炸，事物、地點、路徑、行為者、原因、目標等等都可以放進命題裡。不只是命題，我們還能思考命題的命題、命題的命題的命題。舉例而言：「身體有體液」、「疾病是身體體液不平衡的結果」、「我不相信疾病是身體體液不平衡這個理論」。

更進一步，因為人類有語言，於是想法不是只能在單一個體的腦袋裡得到抽象化與進行組合，也能夠在思想者的群體中彙整交流。湯瑪斯・傑佛遜曾經用一個類比解釋語言的力量：「我將思想傳授他人，他人之所得無損我之所有；猶如一人向我借火點燭，光亮與其同在，我也不因此身處黑暗。」（原注30）語言作為最初的分享渠道在人類發明書寫以後更形強大（後世繼續藉由印刷、教育普及、電子媒體等等延續語言工程）。隨著人口增長、混合、集中於城市，思想家的溝通網絡不斷擴張，滿足生存需求以後剩餘的能量越來越多被用於思考和交談。

於是大型緊密的群體成形，接著尋求在維護成員利益的前提下管理內部事務。每個人都覺得自己想的才正確，然而各自表達意見以後自然會發現矛盾對立，也意識到不可能有誰在任何事情上都不會犯錯。此外，想證明自己論點無誤很可能與另一種欲望矛盾：希望知道真相。對真相的渴求之於旁觀者尤其重要，也就是不在乎何者勝出的人。為求能從激烈的爭辯中找出真理，社群著手制定規則，例如說話要有憑有據，可以指出別人說法的漏

---

4 譯按：container，延伸指網路封包的概念。

洞但不准強迫意見相左者噤聲。若再加上讓這世界驗證真偽，這套規則就成為科學。只要規則正確，即便社群並非全由完全理性的思想家組成，依舊能孕育出理性思考。（原注31）

眾人一起思考也會提升道德層次。討論人們該如何對待彼此時，只要參與的人夠多，自然會得出幾個大方向。假使一開頭就說：「我可以打你們殺你們、搶劫你們奴役你們，但你們不可以這樣對我或與我同一陣線的人。」這樣的主張想必無法得到對方或第三方的認可，畢竟除了你我他的分別之外沒有說出其他道理。（原注32）然而若說：「我可以打你們殺你們、搶劫你們奴役你們，你們也可以這樣對我們。」這樣的主張同樣不太可能被採用。雖然形式上平等了，可是互相傷害帶來的好處遠小於壞處。（這也是熵定律的一種表現：造成傷害不僅比較容易，影響也比較大。）最後聰明的人就會協調出社會契約，讓所有人進入互不侵犯還鼓勵互助的正和遊戲。

縱使人性有諸多缺陷，卻也藏著改善自身的種子，而開花結果的前提是將個人利益導入公眾福祉並化作規範和制度。規範應包括言論自由、反暴力、互助合作、世界主義、人權，同時承認人類會犯錯。制度面則需要科學、教育、媒體、民主政府、國際組織與市場。這些規範和制度是啟蒙最重要的結晶則並非巧合。

第三章 反啟蒙

我們最大的敵人不應該是政敵……

最嚴重的是無知——缺乏足夠知識就沒辦法解決眼前的問題。

誰會反對理性、科學、人文主義與進步這些個悅耳動聽找不出缺點的詞彙？它們等同於現代性設施的意義——學校、醫院、慈善機構、新聞媒體、民主政府、國際組織都名列其中。這些理念居然還需要有人為其辯護？

絕對需要。自一九六〇年代起，大眾對現代體制的信任度不斷下降，以至於到了二十一世紀第二個十年演變成民粹運動的興起，公然否定了啟蒙理念。（原注1）反對者只要部落制度不要世界主義，喜歡獨裁而非民主，不尊敬知識反而輕視研究者，不期望美好未來卻懷念昔日的質樸。這種種反應絕非二十一世紀的政治民粹主義所獨有（第二十章與二十三章會深入研究這股風潮），也不一定是來自草根、代表不學無術者的憤怒。蔑視理性、科學、人文主義、進步其實在精英知識分子與藝術文化圈裡由來已久。

對啟蒙工程很常見的批評是：它來自西方世界，無法套用於不同風俗民情。但這種說法是錯上加錯。首先，所有思想見解當然都有出處來源，誕生於何處與其好壞並不相關。啟蒙思想的確很大一部分在十八世紀歐美得到最清楚的闡述並發揮最大影響力，可是其內容基於理性和人性，只要可以運用理性的人類都能實踐才對。因此事實是，歷史上很多非西方文化也提出了啟蒙理念。（原注2）

不過對於所謂啟蒙引領西方國家的這個說法，我的反應是：果真如此就好了！事實上啟蒙很快就遭到反啟蒙的挑戰，西方世界也因此紛歧至今。（原注3）

世人甫踏入光明，立刻聽到黑暗昏昧也沒什麼不好這種論調，勸他們不必勇於求知，該再給舊日的教條規範一次機會，人性註定的未來並非進步而是倒退。

壓抑啟蒙理念的運動中，特別強勢的一支是浪漫主義。盧梭、約翰．赫爾德（Johann Herder）、弗里德里希．謝林（Friedrich Schelling）等人否定理性能自外於情緒、個人能自外於整個社會文化，也不認為人要為自身行為尋找理由、價值超越時空限制，以及和平繁榮就是人類想要的目的。在浪漫主義觀點下，人是巨大有機體的一部分，這個有機體可以是文化、種族、國家、宗教、精神、乃至於歷史演進，人該做的事情是積極與自身所屬的群體產生連結。至高無上的善並非解決問題，而是勇敢地奮鬥。暴力是大自然的一環，若要消除暴力只能奪走生命體的活力。「只有三種人值得尊敬，」夏爾．波特萊爾（Charles Baudelaire）這麼說：「僧侶、戰士和詩人，各司理解、殺戮與創作。」

各種反啟蒙思想

乍看有點瘋狂，但即便到了二十一世紀，反啟蒙思想依舊吸引驚人數量的文化精英，衍生出很多知識運動。依靠集體理性增進福祉與減少苦痛的主張，在這群人眼中是愚鈍、天真、軟弱與固執。接下來我將會介紹他們常用來取代理性、科學、人文主義、進步的選擇；在其他各章節會屢次提到，第三部則會深入分析。

最顯而易見的是宗教信仰。既然名為信仰，就代表不需要什麼一清二楚的理由也會相信，而相信超自然實體的存在從定義上就和理性相互矛盾。宗教也時常和人文主義有所衝突，因為教義會將某些道德價值看得比人類福祉更重要，比方說接受救主、尊奉經典、執行儀式並且不觸犯禁忌、勸說他人加入與服從，不接受則會遭到懲罰或妖魔化。另一項與人文主義扞格之處是宗教認為**靈魂比生命**重要，這個觀點沒有大家以為的正向：相信來世的弦外之音，是現在的健康和幸福沒什麼大不了的，反正俗世生活只是永恆之中微乎其微的片段，還有說服別人接受救贖是幫助他們、為了信仰而壯烈成仁是人生最美好的結果。宗教和科學之間格格不入的地方就更不用說了，爭辯自古至今沒有罷休，從伽利略到猴子審判[1]、再到幹細胞和天氣變遷研究都是例子。

另一種反啟蒙思想則認為，人都是一個超有機體（superorganism）裡可以捨棄的細胞。所謂超有機體就是指部落、宗教、民族與種族、社會階級和國家。持這種觀點的人認為，至善是榮耀群體而非照顧成員的福祉。最明顯的例子是國族主義，其中的超有機體為民族國家，也就是成立了政府的國族群體。國族主義和人文主義兩相衝突表現在病態的愛國口號上，像是 *Dulce et decorum est pro patria mori*（為國捐軀，美好榮譽）以及「懷抱燦爛信念、與死亡和勝利相依偎即是幸福」。（原注4）相比之下，約翰·甘迺迪的名言「別問國家能為你做什麼，問你自己能為國家做什麼」雖然沒那麼極端，仍清楚呈現出兩種立場的差距。

不要混淆國族主義和公民價值、公眾精神、社會責任、文化尊嚴等概念。人類具有社會性，個體過得好或壞取決於擴及整個群體的合作與和諧。「國家」作為生活在同一片土地上的人所接受的隱形社會契約，就好比是社區的管委會，是增進成員福利的主要管道。個人為了眾人的利益而犧牲自己的利益當然很值得欽佩，但如果為了具有魅力的領袖、一塊方形的布（國旗[1]）或地圖上的色塊分布就逼每個人犧牲小我，則是另外一回事。為了領土、勢力、國家統一或復興而擁抱死亡，絕對談不上美好和榮譽。

宗教和國族主義是政治保守派的典型訴求，直到現在仍影響所屬國家幾十億人的命運。很多左派友人得知我想針對理性和人文主義寫書都很振奮，覺得又多了一項武器能與右派抗衡。但實際上不久前左派還同情混雜在馬克思解放運動中的國族主義。目前也有許多左派擁戴操作身分認同的政客和所謂社會正義戰士（social justice warrior），他們主張社會在種族、階級、性別這些方面都是零和競爭，為了追求地位平等應當淡化個人權益的重要性。

宗教亦然，政治光譜的兩端都有聲援者，就連不願為字面教義背書的作者也可能為宗教做出激烈辯護，排斥科學理性與道德討論相關（他們絕大部分看來甚至不知道世上有種東西叫做人文主義）。（原注5）這派人士堅稱只有宗教能夠回答對人類而言什麼才是最重要的。又或者將人分成兩等，聲稱懂得思考的少數人或許無需宗教也具有道德觀，但一般人必須接受宗教的指導。另一派觀點則說，即使全人類擺脫宗教會得到好結果，但那也只是空想，他們嘲諷啟蒙理念，聲稱宗教已經是人性的一部分，絕對會持續存在。第二十三章將會檢視這幾種論調。

左派還傾向認同另一種實體的地位可以凌駕人類福祉，那就是生態系統。同屬浪漫主

1譯按：一九二五年美國田納西州立法禁止教師教授演化論而導致的一連串法庭審判。

義的綠色運動不將人類獲取能量的種種行為定義為抗熵，反倒視為對大自然的嚴重罪行，其惡果就是資源戰爭、空氣和水汙染，以及足以終結文明的氣候變化，而人類只能懺悔並縮減技術和經濟層面的成長，回歸所謂淳樸自然的生活模式。的確，接觸足夠的資訊以後便無法否認人類活動對自然系統造成的傷害，也明白如果不努力修正會導致大災難。然而，關鍵在於高度複雜、高度科技化的進步社會，面對環境問題是否註定無計可施。第十章會探討人文主義下的環保主義，內涵不那麼浪漫主義而是貼近啟蒙思想，也有人稱為環境現代主義（ecomodernism）或者環保務實主義（ecopragmatism）。（原注6）

左派與右派的政治思想現在更像是世俗版的宗教，組織追隨者、提供神聖信念的教義手冊、魔鬼學觀念深植信徒心中、對理念毫無質疑並懷抱美好想像。第二十一章將分析政治意識形態對理性和科學的損害（原注7），主要表現在干擾判斷、提倡原始部落心態、受影響者無法從健全的角度思考如何改善世界。我們最大的敵人不應該是政敵，而是熵、演化（以疫病及人性缺陷的形式），最嚴重的則是無知——缺乏足夠知識就沒辦法解決眼前的問題。

上述兩種反啟蒙運動橫跨左右兩派，過去將近兩世紀裡也有非常多作家聲稱現代文明非但沒帶來進步，反而導致人類社會衰敗、瀕臨崩潰。阿瑟．赫曼（Arthur Herman）在他的著作《西方歷史中的沒落觀》（*The Idea of Decline in Western History*），整理了兩百年來有心人士針對種族、文化、政治、環保提出的警語，但若按照他們的標準，人類社會早該分崩離析。（原注8）

沒落論與對科學的不屑

人類沒落論（declinism）的另一種形態是哀嘆發展科技彷彿神話故事中的普羅米修斯。（原注9）從諸神那裡得到了火，人類也就得到毀滅自身的能力，更不用說我們還研究出核武、奈米科技、網路與生化攻擊、人工智慧，以及其他各式各樣威脅社會存續的技術（請見第十九章）。縱使科技文明逃得過一夕毀滅的厄運，也只會陷入暴力和貧富不均的惡性循環。新世界充滿恐怖活動、無人機、血汗工廠、黑道、走私、難民、不平等、網路霸凌、性侵害、仇恨犯罪等等，是個人間煉獄。

另一種沒落論調把焦點放在反向思考，認為現代文明的問題不在於生活會漸漸變得嚴峻又危險，反倒是過分舒適安全。這一派批評者認為衛生、和平、繁榮使大眾看不見生命真正的重點，科技資本主義保持世俗安逸的同時造就了原子化社會[2]、從眾行為、消費主義、物質主義、他人導向[3]、無所依歸、生活慣例化等等，以至於人的靈魂遊蕩在空虛中。在如此荒唐的存在下，我們承受疏離、焦慮、失範[4]、冷漠、不良信念、倦怠、萎靡和極度厭惡，成為「空洞的人，吃著無味餐點，在荒蕪大地上等待果陀」。（原注10）（第十七和十八章將檢驗這些說法是否成立。）文明處於衰敗覆滅的陰影下，冷冰冰的理性或軟怯

2 譯按：社會學的原子化意指個體孤獨、道德薄弱、人際疏離、社會失序等等。
3 譯按：other-directed，意指價值觀和行為由外界給予或指揮而非自己決定。
4 譯按：anomie，指因傳統價值與社會規範遭削弱和破壞，導致社會成員價值觀瓦解的無序狀態。

怯的人文主義無法帶來真正的解放，必須寄希望於更真實、英雄、完整、神聖、充滿活力的在己存有[5]和權力意志。如果無法想像這種神聖英雄主義的內涵是什麼，請參考尼采，畢竟「權力意志」（will to power）是他創造的詞彙。尼采頌揚高貴血統的暴力，譬如「金髮條頓猛獸」、日本武士、維京人、荷馬史詩英雄等等，「冷酷殘暴，不具情感良知，摧毀一切、血染萬物。」（原注11）（最後一章會探討這種道德觀。）

赫曼指出：知識分子和作家自認預見未來文明的崩潰，接下來通常會有兩種反應。對歷史悲觀的人恐懼衰敗，也感慨人類無力回天。對文化悲觀的人則表現出「令人毛骨悚然的沾沾自喜」，主張現代性[6]已經徹底破產，無法改善必須直接超越，從廢墟中升起的新秩序將取得優勢地位。

最後一種反動則譴責啟蒙人文主義擁抱科學。此處再次沿用斯諾的用詞，將許多文學界知識分子和文化界評論者的世界觀稱為「第二文化」，以便與科學為主的「第一文化」做區隔。（原注12）斯諾非難隔絕兩種文化的鐵幕，主張應更積極將科學融入知識分子的生活中，原因不僅僅是科學「就其智識深度、複雜度與清晰度，在人類心智的集體成果中最為美妙」（原注13），他更認為科學知識本身就是一種道德要件，因為透過科學治療疾病、消除饑荒、解救嬰兒和母親、協助女性控制生育等等，就是從全球規模降低苦痛。

現在看來或許覺得斯諾是先見之明，然而一九六二年時文學評論家利維斯（F. R. Leavis）對他大肆抨擊，連《旁觀者》（*The Spectator*）雜誌都得先請斯諾同意不提出誹謗告訴才敢刊登文章。（原注14）利維斯指稱斯諾「絲毫沒有智性上的鑑別力……題材粗俗令人尷尬」，也鄙視他的價值觀裡「以『生活水準』為最高指標、最終方向」（原注15）。利維斯提議，「接納偉大文學作品才能找到內心深處真正的信念。我們的目標、最終極的目標究竟是什麼？人類為何生存？這些問題與答案才是我認為具有宗教深度的思想與情感。」（可是一旦將「思想與情感的深度」擴展到貧困國家的女性，會發現她們希望的不過是平安生產，而這願望只能仰賴生活水準提升，而且類似的同情能延伸到幾千萬、幾億人身上。這麼一想，就不禁懷疑為什麼「接納偉大文學」的道德價值會高過「提升生活水準」，更適合作為「內心真正的信念」——甚至應該質疑他提出的替代方案怎麼能成立。）

本書第二十二章呈現了利維斯的觀點確實廣泛存在於現今的第二文化內。很多知識分子與評論者不屑科學，認為科學唯一的功能就是解決世俗問題。他們在字裡行間透露出精英藝術才是唯一的道德制高點，尋求真理的方法不是假設和求證，而是從局限於自身的學識與閱讀材料中直接做出宣告。這種路線的刊物三不五時詆毀「科學主義」，認為科學進入人文、政治與藝術領域是一種侵犯。還有許多大專院校並不視科學為追求真理的途徑，而只是另一種「敘事方式」，甚至將其當作迷思看待。科學常被視為種族主義、帝國主義、世界大戰和大屠殺的罪魁禍首，也有人指控科學剝奪了生命的魅力、人類的自由與尊嚴。

5 譯按：being-in-itself，指客體、軀體、物質的、沒有運用意識的存有。

6 譯按：modernity，指現代社會的性質與特徵，各領域定義不盡相同。經濟上常討論的主題是市場經濟、計畫經濟以及兩者的混合，社會學則認為內涵包括工業化、都市化、世俗化、普遍參與以及高度結構分殊性等等。

也就是說，啟蒙的人文主義無法取悅大眾，以知識增進人類福祉即是至善這種觀念讓很多人冷感。對宇宙、星球、生命、大腦更進一步的解釋呢？等科學家使用魔法，我們就會相信！解救幾十億人的性命、消除疾病和饑荒呢？無聊。將同情心擴展到全人類？還不夠吧，為什麼不是**物理定律**直接照顧我們？長壽、健康、知識、美、自由、愛呢？生命不應該局限於這些東西！

然而，最讓他們反胃的終究是「進步」這個概念。即使認為以知識增進福祉是個好理論的人，也時常堅稱實務上無法達成。每天新聞都印證了這種嘲弄：世界充滿分裂、苦難，是個絕望的泥沼。啟蒙都過了兩百五十年了，如果人類並沒有比黑暗時代的先民過得更好，想為理性、科學、人文主義辯護自然也徒勞無功。因此接下來，我們就來分析人類的進步程度。

第二部

進步

如果你們得從歷史中挑選一個時間點出生，事前無法得知出生之後是什麼身分，也就是不知道家庭是貧是富、在哪個國家、是什麼性別，必須全然盲目地做出選擇，你們應該會選擇「現在」。

——歐巴馬 Barack Obama

第四章
進步恐懼症

令人吃驚的是：世界各種福祉指標都有長足進步。
更令人吃驚則是：沒什麼人知道世界在進步。

知識分子不喜歡進步。說自己崇尚進步的知識分子更是厭惡進步。但請注意：他們並非厭惡進步帶來的**成果**，這些專家學者、評論者以及他們所訴求的**主流階層**，可都習慣電腦而不是筆墨，沒有麻醉的話也絕對不肯動手術。真正讓議論階級[1]人士咬牙切齒的是進步這個概念，也就是啟蒙運動以降相信透過知識可以改善人類生活的理念。

為了表達輕蔑，他們發展出很大一套詞語庫。如果你認為知識可以用來解決問題，那麼你是對「過時迷信」和「虛假承諾」的「盲信」，這是一種「準宗教信仰」，所謂「必然進步」與「邁步向前」都是「迷思」，是「啦啦隊長」在宣揚「美國俗氣的『沒有不可能』主義」，只會「關在象牙塔」裡給「矽谷」和「商業」喝彩。你是「輝格史」[2]的信奉者、「樂觀得天真」、符合「波麗安娜行為」[3]，當然也可以稱為「潘格羅士」（Pangloss），也就是伏爾泰《憨第德》裡那位哲學家的現代版，傻傻以為「這是最美好的世界，一切都在最好的狀態」[4]。

實際上潘格羅士教授應當是悲觀主義者。而現代的樂觀主義者相信，這世界可以比現在**好得多**。伏爾泰的本意也不是諷刺啟蒙思想裡的進步概念，而是針對站在對立面的宗教思想「神義論」（theodicy）。神義論試圖解釋人世苦難，得出的解答是神別無選擇必須容許瘟疫和大屠殺的存在，因為失去這些痛苦的世界就形上學而言無法實現。

即使撇開種種貶抑，世界正在變好而且可以越來越好這種觀念，在很久以前就不受知識階層喜愛。阿瑟・赫曼的著作《西方歷史中的沒落觀》指出，宣揚文明末日的先知才是人文教育課程的明星陣容，包括尼采、叔本華（Arthur Schopenhauer）、海德格（Martin

Heidegger）、阿多諾（Theodor Adorno）、班雅明（Walter Benjamin）、馬爾庫塞（Herbert Marcuse）、沙特（Jean-Paul Sartre）、法農（Frantz Fanon）、傅柯（Michel Foucault）、薩伊德（Edward Said）、韋斯特（Cornel West）以及一群環保悲觀主義者。（原注1）調查了二十世紀末的知識圈後，赫曼感慨啟蒙人文主義的「積極倡議者」，也就是相信「社會衝突與問題由人類製造亦可由人類解決」的人，比例呈現「大幅衰退」。《進步概念史》（*History of the Idea of Progress*）一書中，作者羅伯特・尼斯貝特（Robert Nisbet）附和上述看法：「十九世紀只有極少數知識分子對西方世界的進步抱持懷疑論。到了二十世紀最後的二十五年裡，不只多數知識分子懷疑進步，應該說整個西方世界幾億人口都懷疑進步。」（原注2）

沒錯，並非以智識為業的人才覺得世界局勢墜入谷底，就連一般人仔細思考以後也有同感。很久以前心理學家就發現，多數人會美化自己的生活狀態，覺得自己比較不容易碰上離婚、裁員、意外、疾病、犯罪等等。可是只要將問題從個人**生活**轉化至**社會整體**，大家忽然從波麗安娜搖身一變成了小熊維尼的驢子朋友。[5]

1 譯按：chattering class，指喜歡議論政治、自詡關心社會且受過高等教育的都市中產階級，特別是有政治、媒體、學術人脈的一群人。

2 譯按：Whig history，一個歷史學派，認為人類文明從落後到先進、從愚昧到啟蒙是不可逆的過程。學派得名輝格黨（Whig），英國自由黨的前身。

3 譯按：根據美國小說家愛蓮娜・波特的《少女波麗安娜》（*Pollyanna*）小說原型提出，指一般人潛意識會認同對自己的正面描述，但意識層面又傾向消極。波麗安娜效應就是潛意識裡偏向積極樂觀的現象。

4 譯按：原文"all is for the best in the best of all possible worlds"，影射德國哲學家萊布尼茲（Gottfried Wilhelm Leibniz）。萊布尼茲的神學主張為神憑藉至善創造出我們所在的世界，是「眾多可能的世界中最好的一個」。

5 譯按：其性格特別悲觀陰沉、自卑消極。

研究大眾意見的學者將這種現象稱為「樂觀偏誤」（Optimism Gap）。（原注3）近二十年來的民調呈現同樣趨勢：無論大環境好壞，詢問歐洲人是否認為**自身**經濟狀況在隔年會好轉，多半會得到肯定答案，然而若詢問**國家**經濟狀況隔年會不會好轉，則只會得到更多的否定。（原注4）極高比例的不列顛人認為移民、青少年懷孕、亂丟垃圾、失業、犯罪、報復性行為、藥物濫用是英國當前的社會問題，卻不認為自己居住的社區受到這些問題影響。（原注5）環境議題也一樣，大眾認為社區的情況比國家整體好，國家的情況又比世界全局好。（原注6）自一九九二到二〇一五年，美國的犯罪率幾乎年年大幅下降，可是民調顯示美國民眾認為犯罪問題越來越嚴重。（原注7）二〇一五年末針對十一個已開發國家進行調查，多數人表示「世界情勢越來越糟糕」。過去四十年裡，大部分美國人通常都說自己的國家「走錯了路」。（原注8）

他們的想法究竟對不對？應該感到悲觀嗎？世界局勢是否像旋轉霓虹燈不斷下旋？大眾做此感想的原因不難理解：每天新聞都充斥著戰爭、恐怖分子、犯罪、汙染、不平等、藥物濫用、社會壓迫等等。而且不只是頭條，對頁社論[6]與長篇報導也一樣。雜誌封面大刺刺警告我們提防迫近的無政府狀態、瘟疫和流行病、經濟崩潰與其他各式各樣的「危機」（農業、健康、退休、福利、能源、赤字），讀者麻木之後，還硬是加上兩個贅字升格為「重大危機」。

越聳動越吸引人

無論世界局勢是否真的越來越糟，新聞就其本質自然會營造出那種氛圍。所謂新聞，就是報導「發生的事件」而不是「沒發生的事件」。我們不會看到記者對著攝影鏡頭說「記者在戰爭尚未爆發的國家報導」，他們一開始就沒理由前往沒被轟炸的都市、沒發生槍擊案的校園。換句話說，只要種種壞事沒從地表絕跡，新聞就只能一直告訴大家哪兒又出了什麼壞事，尤其這年代幾十億支手機掀起了追蹤犯罪和戰況的全民運動。

再看看所有發生的事件裡，雖然有正面也有負面消息，揭露的時程卻明顯有別。新聞並非「歷史的初稿」，性質比較接近運動賽事，會按照場次進行轉播與評論，焦點放在明確的事件，關心的範圍是前次報導之後到當下這段期間（早期的單位是一天，現在幾秒就能產出一則報導）。（原注9）壞事可以發生得很快，好事通常沒辦法一天內完成，因此就算好事有什麼進度也往往錯過新聞更新的時程。和平研究學者約翰·加爾通（John Galtung）點破了這個現象：倘若報紙每隔五十年才印一次，值得報導的就不是名人八卦和政治醜聞，而會著重在重要趨勢，如預期壽命的增加。（原注10）

新聞基於其特性而扭曲大眾的世界觀，這個思考盲點正是心理學家阿摩司·特沃斯基（Amos Tversky）和丹尼爾·康納曼（Daniel Kahneman）所謂的「可得性捷思法」（availability

6譯按：歐美報紙裡由部外人士撰寫的時事評論。社論通常由編輯部成員執筆但不署名，對頁社論則請外人撰文且通常署名。

heuristic）：一般人在估計某件事或某類事件的發生機率時，判斷基礎是它們「多容易在腦海浮現」。（原注11）這種思考模式在生活許多層面確實很重要。普通狀況下事件越常發生就會在記憶留下越強烈的痕跡；反過來說，記憶越強烈就代表事件越容易發生。舉例而言，猜想都市中鴿子遠多於黃鸝鳥基本上沒錯，雖然你根據的是實際看見的次數而不是鳥類普查。但大腦搜尋引擎將某個結果擺在很前面並非只有「頻率高」這麼一個原因，也可能因為時間較近、意象鮮明、血腥、獨特或特別使人不適——在這種情況下，多數人就會高估實際發生的機會。比方說：英語裡K開頭的單詞和K是第三個字母的單詞何者多？多數人以為是前者，事實上K在第三個字母的單詞（ankle, ask, awkward, bake, cake, make, take……）數量差不多有三倍之多，只是我們思考時習慣著重第一音節，於是keep, kind, kill, kid, king這些詞會先跳進腦袋。

可得性捷思法是人類在推理時常見的偏誤成因，於是醫學院一年級學生將所有疹子視為外來病的症狀，度假遊客因為讀到鯊魚咬人事件或看過《大白鯊》系列電影而完全不敢下水。（原注12）墜機幾乎一定會上新聞，但奪走人命多得多的車禍卻不然，理所當然不少人有飛行恐懼，卻很少聽到乘車恐懼。還有很多人覺得龍捲風（每年美國約五十人因龍捲風喪命）相對於氣喘是更常見的死因（每年約有四千美國人死於氣喘），恐怕也是源於龍捲風在電視出現比較多。

不難發現可得性捷思法加上新聞媒體的「越聳動越吸引人」策略，如何營造出社會大眾對世界的絕望感。為新聞進行分類的媒體學者以及負責挑選與呈現報導文章的編輯都證實，篩選時負面新聞因為貼近當下而具有優勢。（原注13）如此一來，悲觀主義者只要抓著社論和評論版面就立於不敗之地：將一週內地球上發生的慘劇羅列出來，任誰看了都會相信人類文明面對前所未有的危機。

負面新聞造成的效應也是負面的。大量閱聽這些新聞的人並未因此得到豐富資訊，反而失去正常判斷力。他們擔心犯罪，但實際上犯罪率連年降低。嚴重時他們的感受會徹底與現實脫節：二〇一六年的調查發現，極高比例的美國人持續追蹤ISIS相關報導，高達百分之七十七認為，「活動於敘利亞和伊拉克的伊斯蘭國組織軍隊對美國的存續造成嚴重威脅。」明明這句描述幾乎可說是妄想了。（原注14）接收這些資訊之後，觀點消極一點也不令人意外，而近期文獻研究指出，其後果是「對風險的錯誤認知、焦慮、情緒低落、習得性失助[7]、對他人的輕蔑和敵意、敏感度降低，部分案例……徹底避免新聞」。（原注15）他們也傾向宿命論，會說出：「我幹嘛投票？反正又沒用？」或者「捐錢又如何，下星期不過換別的小孩餓死而已」。（原注16）

意識到新聞慣性與認知偏差會造成負面影響，我們又該如何正確分析世界的現況呢？答案就是**計算**。算算看暴力受害者相對於倖存者的比例是多少？生病的人有多少、挨餓的人有多少、受到壓迫的人有多少、不識字的人有多少、不快樂的人又有多少？這些數字增加或減少？儘管量化思維乍聽之下很「宅」，實際上卻是最符合道德價值的方向，因為這

7 譯按：learned helplessness，指因經驗而形成的無助感和消極情緒。

麼思考的時候，確實賦予每個人同等價值，而不是給最靠近我們或最上鏡頭的人特殊待遇，而且這麼做還更有可能找出苦難的根源以及解決辦法。

我在二〇一一年出版了《人性中的良善天使：暴力如何從我們的世界中逐漸消失》（*The Better Angels of Our Nature: Why Violence Has Declined*），書中有上百幅圖表佐證暴力及其造成的影響已經隨著歷史演進越來越少。為了強調這個趨勢在不同時間發生、背後有不同原因，我還給它們取了名字。「和平的進程」（Pacification Process）階段，政治體有效控制各自疆域，因聚落互鬥而死亡的人數減少五倍。「文明的進程」（Civilizing Process）是現代歐洲的初期，他殺和各種暴力犯罪因為法治深化和自制的規範而降低四十倍之多。「人文主義革命」其實就是啟蒙時期對抗酷刑、奴隸制度、宗教迫害。二次大戰後，超級強權和已開發國家普遍不再興戰，歷史學家稱此綏靖態勢為「長和平」（Long Peace）。美蘇冷戰結束後則進入「新和平」（New Peace）階段，內戰、種族滅絕、獨裁壓迫都明顯減少。最後，自一九五〇年代起世界掀起「人權革命」浪潮，公民、女性、孩童、同性戀、乃至於動物權都開始得到保障。

上述趨勢很少受到熟悉數字的專家質疑。舉例而言，犯罪史學家同意他殺率自中世紀以來大幅降低，國際關係學者的共識也認為一九四五年之後大型戰爭減少。可是對世上很多人來說，這種說法難以置信。（原注17）

質疑進步的對話

以前我認為只要丟出幾張圖，橫軸是時代、縱軸是死亡人數或其他暴力受害的計算單位，一條從左上往右下滑落的曲線就足以治療先入為主的偏誤，說服大眾相信至少在這個議題上世界真的有進步。可惜事實不然，我發現大家內心對進步概念的質疑和抗拒根深柢固，不是單純的數據問題。的確，資料都無法完美反映現實，對數字準確度和代表性的懷疑都屬合理。但反對的內容透露出質疑數據的另一個原因，單純只是沒有做好心理準備，無法接受人類生活進步的這種**可能性**。此外，很多人缺乏判斷進步是否成立的概念工具，遇上狀況好轉的證據時大腦就當機。下面是我與質疑者之間常見的對話：

■**意思是說，暴力從歷史起點開始就線性下降？真是厲害呀！**

不對，我從來沒說過「線性」兩個字。任何人類行為如果會隨時間呈現穩定下降趨勢，一年復一年、十年復十年、世紀復世紀，都可說是驚天動地。甚至趨勢能始終一致，也就是只會下降或持平，下降之後絕對不會再上升（提問者大概就是這麼以為），基本上都會是學術界的大突破。但真實的歷史曲線是高岸深谷起伏不定，偶爾還會重重跌跤，例子包括兩次世界大戰、一九六〇中期到一九九〇初期西方國家的犯罪加劇、一九六〇和七〇年代裡開發中國家解殖以後的內戰潮。所謂進步，在暴力問題方面是趨勢波動的重合，可能急墜、偏移，從短期攀升回到基準線。進步不是一直線，因為解決問題的辦法會有副作用，（原注18）但新的問題也會得到解決，所以進步趨勢會延續。

值得一提的是，社會學資料充滿變動也成為新聞媒體強化負面印象的工具。只要忽略所有指標下降的年份僅在上升時做報導（畢竟是「新聞」），閱聽人自然得到生活越來越糟糕的印象，即便實際上整體來看明明是一步步好轉。二〇一六年前半《紐約時報》就用了這種手法三次，分別針對自殺人數、壽命和車禍死亡人數。

■既然暴力指標沒有持續下降，代表只是循環，現在處於低點日後必定會回升。

也不對，長時間的變化數字可以是單純的**統計**，其中有難以預測的波動，但不必然呈**現週期趨勢**，也就是說不一定會像鐘擺在兩個極端間擺盪。雖然任何時間點都可能出現反升，卻不等於可能性會隨著時間不斷提高。（不少投資人押注在「經濟週期」上結果大賠，但其實震盪本來就沒有明確規律，這得歸咎「經濟週期」這個用詞不當。）當逆轉的頻率和強度降低、甚至歸零時，進步當然就成立。

■怎麼能說暴力事件減少了呢？難道你沒看到今天早上還有校園槍擊（或恐怖分子炸彈攻擊、城市遭到轟炸、足球場暴動、酒吧持刀傷人事件等）的新聞嗎？

減少和消失是兩回事。（「x>y」和「y＝0」顯然不同。）一個現象減少了很多，未必就徹底絕跡。換句話說，「當前社會的暴力事件有多少」和「暴力在歷史進程中減少的幅度」，**兩者其實不相干**。如果要回答上面那個問題，唯一辦法就是比較現在與過去的暴力程度，而回顧過去地球上的暴力氾濫程度，必然會找到多不勝數的例子，即便記憶不鮮明也並非來自當日頭條。

■暴力下降的數字看起來漂亮，但當自己成為受害者的話就一點意義也沒有。

沒錯，不過數字的意義是我們**成為**受害者的機率變低了。如果數字沒有下降，世上千千萬萬目前沒受害的人或許就過著不同人生，所以不可能沒意義。

■**所以我們什麼也不必做，暴力會自然而然消失**？

這種風涼話毫無邏輯可言。一堆髒衣服不見了並非它們自然消失，而是有人拿去洗了。每當某種類型的暴力事件降低，背後勢必有社會、文化或其他層面的實質原因。倘若能維持對應的條件，暴力問題就會維持當前水準或繼續減少。但若沒有維持那些條件，問題又會回來。因此找出暴力減少的原因很重要，知道原因才能加以強化，確保暴力持續下降。

■**暴力減少的說法太天真、太理想化，是浪漫主義、過於感性，沒能面對現實的輝格派、波麗安娜、潘格羅士，只是活在烏托邦裡**。

不對，看著顯示暴力減少的數據說「暴力減少了」，這是描述事實。看著顯示暴力減少的數據說「暴力增加了」，才是活在幻想中。至於根本不看數據直接說「暴力增加了」，代表沒有思考。

針對浪漫主義的指控，我也頗有信心加以回應。我的著作裡就有非常不浪漫、不烏托邦的《心靈白板論：現代社會如何否定人性》（*The Blank Slate: The Modern Denial of Human Nature*）。我在書中主張人類因演化而具有先天的負面動機，包括貪婪、慾望、支配、復仇心態、自我欺騙等等，但我也相信人類能學會同情，能反思自己遭遇的困境，可以創造和分享新的見解——也就是林肯口中人性裡的良善天使。唯有正視現實，我們才能知道在這個時空裡天使能戰勝魔鬼到何種程度。

■你怎麼能預測暴力會持續降低？要是明天爆發戰爭，你的理論就不攻自破。

說某些類型的暴力已經降低並不是理論，而是對事實的觀察描述。的確，「過去一段時間是事實」不代表趨勢會永遠延續下去，就像投資廣告也會附上警語說先前表現不保證未來收益。

■既然如此，那些圖表與分析有何意義？科學理論不就是為了做出可驗證的預測嗎？

科學理論是針對**實驗**做預測，實驗中的因果變項受到控制。地球有七十億人在網路上散播各種訊息，加以變化無常的氣候、資源和環境，沒有理論能夠對龐雜的世界整體進行預測。宣稱不可控的世界會走向某個固定未來，又不解釋往後每個事件的成因，這不是預測，叫做**預言**。大衛．多伊奇說過：「知識創造最主要的限制就在於不能做預言。人類無法說出尚未出現的想法和它們造成的影響。這個限制不只合乎知識會無限增加的道理，也是知識能夠無限增長而導致的必然。」(原注19)

但人類沒有預言能力當然不代表我們可以因此對事實視而不見。人類福祉的某一個指標改善，代表整體來說事態朝著正面而非負面走。至於進步是否能夠持續則取決於我們是否理解現象背後的推力為何、這些推力能夠存在多長時間。每個趨勢的條件不同，有些像摩爾定律（積體電路上可容納的電晶體約兩年增加一倍）增加了大眾信心（但依舊非絕對），相信人類創造力的果實能夠累積、進步會延續；有些則像股票市場，能夠預測短期波動而非長期收益；也有一些在統計分布上呈現「厚尾」（thick-tail）態勢，極端狀況機率極低但不能排除(原注20)；最後則是完全週期性或毫無章法的類型。第十九章和二十一章將討論如何在充滿不確定性的世界裡運用理性做預測，現在應該掌握的大方向是：正面趨勢指向（而非證明）我們可能在某些方面做對了，下一步是仔細檢視並予以增強。

縱使每個反對都被推翻，我還是常常看到對方陣營絞盡腦汁要擠出一個說法來指責現實世界絕對沒有數據資料呈現的那麼美好。被逼急的時候，還會改採語意邏輯攻勢：

網路小白算不算一種暴力？露天採礦算不算一種暴力？不平等算不算一種暴力？汙染算不算一種暴力？貧窮算不算一種暴力？消費主義算不算一種暴力？離婚算不算一種暴力？廣告算不算一種暴力？用數據分析暴力算不算一種暴力？

隱喻是很棒的修辭技巧，但在評估人類現狀上是個很差的工具。道德推理必須遵守比例原則，有人在推特上口出惡言和奴隸交易、種族屠殺不可能相提並論。再來也要考慮修辭和現實的分別，衝進強暴處理中心[8]要求工作人員說明他們對強暴的問題有何對策，既無助於受害者也無助於環境改善。最後，改善世界需要理解問題的因果關係。原始道德觀將各種壞事堆起來怪到某個倒霉鬼頭上，但其實各種我們想根絕的「壞事」彼此之間未必有多大相關。（許多問題都來自熵和演化。）戰爭、犯罪、汙染、貧困、疾病、不文明的共同點少之又少，想改變需要的不是文字遊戲，而是一個一個分開來好好討論研究。

8 譯按：rape crisis center，美國處理性侵害事件的單位。

認知偏差與悲觀主義

提出各種人類進步指標的過程中，我遭遇上述種種反對意見。這些對**良善天使**的懷疑使我相信可得性捷思法並非大眾不信任進步的唯一原因，連媒體對負面新聞的偏愛也不能完全歸咎於追求收視率和點擊率等等。進步恐懼症應該有更深層的心理根源。

其中最深的因素是成見，簡之就是很有名的那句「壞比好更強大」。（原注21）特沃斯基的一系列思想實驗掌握了概念精髓（原注22）：你能夠想像自己比現在感受更好到多好？而你能想像自己比現在感受更**糟**到多糟？對於前者，多數人能夠想像的程度是雀躍、眼睛發亮，但碰上後者，想像力往往會探不到底。正負感受並不對等，因為生命本身就不對等（熵定律的延伸）。一天裡可以發生多少讓人過得更好的事情？一天中又能發生多少讓人感覺更**糟**的事情？同樣道理，說到好事多數人會想像意外之財、事事順心，相比之下慘事是無窮無盡的。更何況我們根本不需要依賴想像力，心理學文獻已經證明人類對失去的恐懼勝過對收穫的期待，執著於挫折而非沉溺於好運，被批評時受的創傷比被讚美時得到的鼓舞更強烈。（身為心理語言學家我不得不補充一點：英語裡表達負面情緒的單詞比正面情緒多得多。）（原注23）

然而，負面偏好也有例外，其一就在我們的自傳式記憶上。雖然人類會將好事壞事都記住，但壞事帶有的負面色彩會隨時間褪色，發生在自己身上的尤其如此。（原注24）人類大腦具有先天的懷舊感，記憶裡的傷痕會被時間治癒。另外兩種導致大眾認為今不如昔的誤解來自：我們容易將成人社會和為人父母的重擔解釋為世界不再單純，也常常將自身能力的退化詮釋成時代的衰退。(原注25) 專欄作家富蘭克林．皮爾斯．亞當斯（Franklin Pierce Adams）指出：「昔日之所以美好，最大原因就是記性不好。」

知識界應當致力破除認知偏差，可惜目前看來卻是積極培養偏差。對於先入為主的治療手段就是量化思考。但文學學者史蒂文．康納（Steven Connor）卻指出，「藝術與人文領域毫無例外的共識，是畏懼數字入侵。」(原注26) 這種「理念性而非偶發性的數學盲」，導致很多作家看見現在有戰爭、過去也有戰爭，便做出「一切從未改變」的結論——卻看不出幾場戰爭殺死幾千人和數十場戰爭殺死數百萬人的兩個年代差距甚大，也因此沒能感受到一個長期、漸進、有系統的進步過程。

知識圈也沒有針對負面偏好做好準備。事實上人類偏重壞事的傾向形成一個市場，專家名嘴靠點出大眾本來沒注意的壞消息牟利。實驗顯示相較於讚揚，抨擊性的書評更令讀者認同其專業度，或許同樣心態也適用於社會評論者。(原注27) 諷刺音樂的創作者湯姆．萊雷（Tom Lehrer）就說過：「挑最壞的情節做預測，大家就會叫你先知。」歷史上，希伯來先知將他們對社會的批判與發生的災難編織在一起，至少從那時候開始，悲觀主義就和道德嚴肅性劃上等號。於是現代記者也相信強調負面新聞才是善盡守門人、扒糞人、吹哨人的義務，帶領大眾走出舒適圈。知識分子也不例外，因為他們發現只要反覆提起尚未解決的問題、聲稱那是社會病態的產物，就能得到大眾尊敬。

反之亦然。財經作家摩根．豪澤爾（Morgan Housel）觀察到：悲觀論調者的口吻會讓人覺得是有益的，樂觀主義者說話卻被當做是推銷。（原注28）每次有人提供解決問題的方案，評論者就會跳出來警告那不是萬靈丹、特效藥、無法一勞永逸和一體適用，只是治標不治本，靠科技處理問題不但沒辦法化解問題的根源，反而會引發意料不到的副作用或惡果。仔細思考就會察覺一個道理：原本就沒有萬靈丹，什麼做法當然都有副作用（有利有弊），一味聽信上述常見修辭不啻排除任何事態都有好轉的可能性。（原注29）

知識分子之所以抱持悲觀主義，還有個原因是將其當做武器運用。現代社會由政治、產業、金融、技術、軍事等不同知識圈精英所構成，各自推動社會運作的同時也競爭勢力地位。指責現代社會是一種壓制對手的方式——讓學術界自覺優於商界、商界自覺優於政界等等。一六五一年霍布斯就說過：「追逐名譽會導致以古非今，因為我們不鬥爭死人，只鬥爭活人。」

當然，悲觀主義並非全無意義。社會同情心擴張以後，大眾注意到過去太過粗心而沒察覺到的傷害，比方現在大家都覺得敘利亞內戰真是人道慘劇，但前面幾十年的中國內戰、印度分裂、韓戰等等造成的死傷與流離失所更多，卻沒得到同樣的關注。我小時候，霸凌被視為是男孩子該有的行為，誰能想像到有一天美國總統居然開口要大家重視霸凌造成的陰影；二〇一一年歐巴馬就這麼做了。不過越是在乎人道，大眾就越容易將身邊出現的各種傷害誤判為世界越來越糟的跡象，但真相是我們的標準越來越高。

負面陳述不加收斂會造成意料外的結果，近來已有媒體人點出相關問題。二〇一六年美國總統大選之後，《紐約時報》作家大衛·伯恩斯坦（David Bornstein）和蒂娜·羅森堡

（Tina Rosenberg）反思媒體在這個驚人結果裡究竟扮演什麼角色：

川普得利於普遍存在於社會、尤其幾乎存在於美國所有新聞業的想法——「嚴肅的新聞」就該指出「什麼地方出了問題」……幾十年來新聞報導聚焦在社會問題和看似無法解決的病態現象，結果成為川普散播不滿和絕望情緒的良田……影響之一是現在很多美國人無法想像、接受或相信漸進的體制變革能成立，反而倒向所謂的大破大立、浴火重生。（原注30）

伯恩斯坦和羅森堡兩人不怪罪一般認為的元凶（有線電視、社群平臺、深夜節目等等），而是追溯到越戰和水門案時期出現的潮流：自那時起，社會不再一味吹捧元首，反而希望制衡元首權力。然而潮流發展過度後演變為什麼都批判，只要是美國公家機關就活該被罵。

既然進步恐懼症的根源在人性，前面提到恐懼症患者越來越多會不會也只是可得性捷思法造成的錯覺。如同本書後面大量使用的驗證法，在此我直接提供客觀標準。資料學家卡爾夫·萊塔魯（Kalev Leetaru）透過名為「文本情感分析」（sentiment mining）的方法進行研究，研究標的是一九四五到二〇〇五年間《紐約時報》的所有文章，以及一九七九到二〇一〇年間一百三十個國家的外電報導和廣播資料檔案。所謂文本情感分析是計算文章以及脈絡中諸如「好」、「棒」、「糟糕」、「可怕」等等正面和負面表述的數量，以判斷整體的情感調性。統計結果如圖4-1所示。撇開因為大事件造成的震盪起伏，仍能看到新聞報導越來越消極悲觀是確實存在的趨勢。《紐約時報》從一九六〇年代初期到一九七〇年代早期漸漸陰暗鬱悶，八〇和九〇年代稍微回溫（但就好轉一點點），之後一路往下惡化。世界其他地區的新聞產出呈現同樣趨勢，自七〇年代晚期到現在都越來越負面。

之前幾十年世界真的不斷走下坡嗎？記住左圖。後面幾章將開始分析人類的現況。

進步是什麼？或許有人認為這個問題太主觀、需要視文化脈絡而定，所以永遠沒有正確答案。但事實上，它是個相對容易的問題。大部分人都同意活著比死掉好，健康比生病好，飽足比飢餓好，充裕比困窘好，和平比戰爭好，安全比危險好，自由比暴政好，平等比偏見和歧視好，教育普及比文盲好，知識比無知好，聰明比腦袋不靈光好，幸福比苦難好，有機會與家人朋友相處或享受文化和自然比乏味工作好。

這些都可以測量，如果測量結果是隨時間而增加，就代表進步。

可想而知，每個人對清單內容會有不同見解。上述價值觀著重人文主義，排除了譬如救贖、恩典、聖潔、英雄、榮譽、名聲、真摯等等屬於宗教、浪漫主義、貴族領域強調的德性。然而多數人應該會同意評估總得有個起點。歌頌抽象價值觀很簡單，不過多數人還是優先考量生活、健康、安全、讀書識字、維持溫飽和娛樂刺激，畢竟沒有這些基礎無法進一步討論。既然你能讀這本書，代表你還沒死，應該也沒挨餓受凍、赤貧垂危、活在恐懼奴役中，更不會是文盲，也就是說沒道理否定上述基本價值，更不應該拒絕其他人也有資格擁有這份幸福。

正好全世界各國其實也對何謂進步價值有了共識。公元兩千年，聯合國一百八十九個會員國加上超過二十個國際組織都同意，希望能在二〇一五年達到八項「千年發展目標」（Millennium Development Goals），內容與上面提到的十分吻合。（原注31）

令人吃驚的是：**世界各種福祉指標都有長足進步**。更令人吃驚則是：**沒什麼人知道世界在進步**。

有關人類進步的資料雖然很難在主流新聞媒體或知識性論壇找到，卻也沒

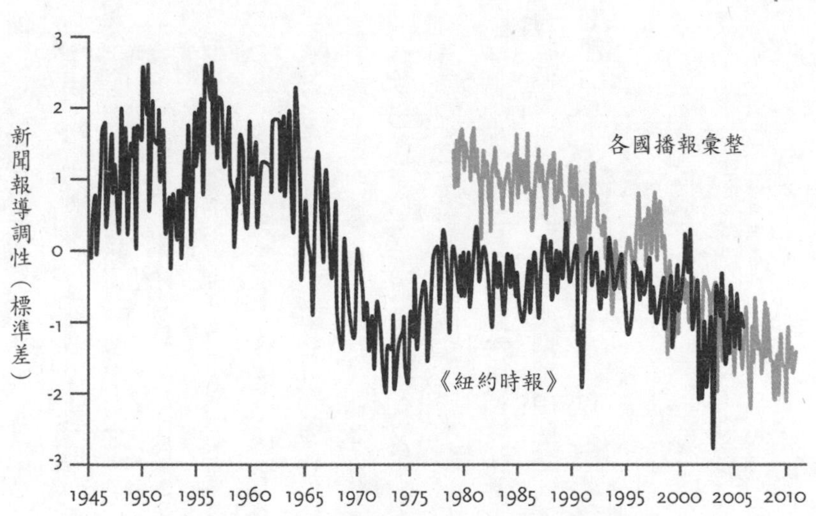

圖 4-1：一九四五到二〇一〇年間的新聞調性

來源：Leetaru 2011. Plotted by month, beginning in January.

那麼隱密，而且並非枯燥乏味的文字報告，而是透過網頁呈現得美觀清晰，其中佼佼者有麥克斯・羅瑟的「化世界為數據」、馬里安・涂琵「人類進步」網站，以及漢斯・羅斯林的蓋普曼德基金會。進步成果也以精美書籍傳達，有些還出自諾貝爾獎得主之手，從書名就寫滿進步的痕跡：*Progress, The Progress Paradox, Infinite Progress, The Infinite Resource, The Rational Optimist, The Case for Rational Optimism, Utopia for Realists, Mass Flourishing, Abundance, The Improving State of the World, Getting Better, The End of Doom, The Moral Arc, The Big Ratchet, The Great Escape, The Great Surge, The Great Convergence* 等等都是。（原注32）（這些書都沒有得到大獎，反而同期有四本關於種族屠殺、三本關於恐怖主義、兩本關於癌症、兩本關於種族主義以及一本關於物種滅絕的書，得到普立茲的非文學類獎項。）喜歡清單式文體的人也能在近年找到「五條沒人報導的大好新聞」、「二〇一三是人類歷史最棒年份的五個原因」、「世界沒有看起來那麼壞的七個原因」、「二十六張表格和地圖告訴你為什麼世界越來越好」、「世界變好的四十個例子」，還有我個人最喜歡的「五十個理由解釋我們身在歷史上最棒的年代」。讓我們來看看有些什麼理由。

第五章 生命

不能永遠持續的事情，可以持續得比你想像的久很多很多。

維持存活是生命體最主要的驅力，人類運用聰明才智與意志盡全力抵抗死亡。希伯來聖經的上帝諭示：「你要揀選生命，使你和你的後裔都得存活。」狄倫・湯瑪斯（Dylan Thomas）的詩句也說：「忿怒吧，忿怒抗拒垂死的光。」能夠延長生命就是最大幸福。

你對現代人的平均年齡有概念嗎？要注意，開發中國家人口特別多的地區有許多早夭、飢餓、疾病的問題會拉低全球平均數，尤其新生兒死亡等於一大堆零加入總和裡。

二〇一五年的答案是七十一點四歲。（原注1）跟各位的猜測不知道接不接近？漢斯・羅斯林近來做的調查發現，不到四分之一的瑞典人可以猜到平均壽命有這麼高。他針對壽命、識字率、貧窮的問題向多國民眾進行調查，研究代號定為「無知計畫」（Ignorance Project）。該調查採用黑猩猩圖樣作為標誌，根據他本人的說法：「如果把各選項都寫在香蕉上，找來動物園的黑猩猩作答，分數都會比現在這些受訪者好看。」[1] 這些受訪者包括公衛領域的學生和教授，他們不是無知，而是悲觀得無以復加。（原注2）

圖5-1裡，麥克斯・羅瑟彙整幾個世紀的預期壽命資料以呈現歷史趨勢。曲線開端是十八世紀中期，歐美兩大洲的預期壽命僅三十五歲。先前兩百二十五年也有文獻可以查找，基本上差不多。（原注3）若放大到全球，預期壽命降低為二十九。人類歷史上有大半時間的預期壽命都位在這個區間。狩獵採集年代的預期壽命為三十二歲半，農業發展初期因飲食中澱粉比例高、牲口和群居導致傳染病，壽命反而下降了。青銅器時代壽命回到三十出頭，接著幾千年沒有重大變化，只隨著年代和地區小幅度振盪。（原注4）這個階段可以稱為馬爾薩斯時代（Malthusian Era），即使農業和衛生有進步也會因為人口膨脹而抵消。以

「時代」名之其實有點好笑，畢竟占了人類物種史的百分之九十九點九。

命運大逃亡

但自十九世紀開始，套用經濟學家安格斯・迪頓（Angus Deaton）的用語來表達：人類從世代相傳的貧窮、疾病、早夭中展開「大逃亡」[2]。預期壽命提高，到了二十世紀攀升更快，目前依舊沒看到放慢跡象。經濟史學家約翰・諾伯格（Johan Norberg）指出思考盲點：「一般人覺得自己隨

1 譯按：亦即受訪者傾向選擇最偏離事實的答案，從其餘答案裡面亂選也能得到更高分。

2 譯按：其著作之中譯本為《財富大逃亡：健康、財富與不平等的起源》（*The Great Escape: Health, Wealth, and the Origins of Inequality*）。

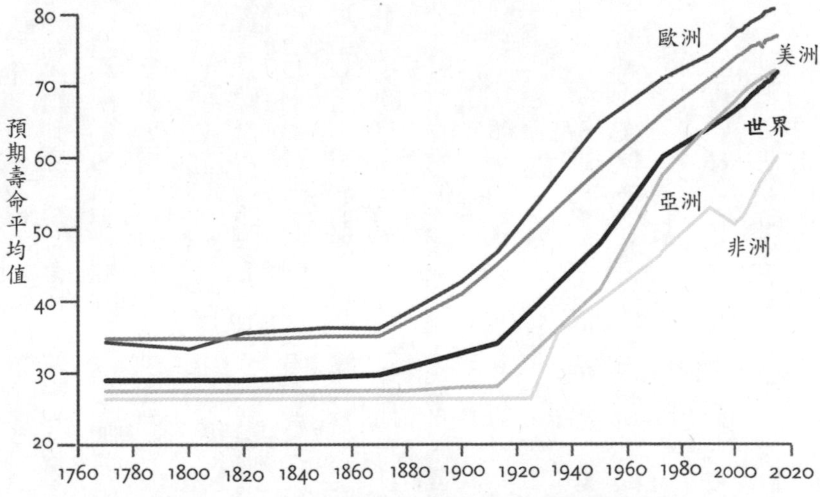

圖 5-1：一七七一至二〇一五年間的預期壽命

來源：*Our World in Data*, Roser 2016n, based on data from Riley 2005 for the years before 2000 and from the World Health Organization and the World Bank for the subsequent years. Updated with data provided by Max Roser.

老化而一年一年更接近死亡，但實際上在二十世紀，每個人每多一歲，卻只向死亡靠近七個月而已。」更令人興奮的是，長壽這項祝福適用於全人類，包括最貧困的國家，他們的腳步甚至比富裕國家更快。「二〇〇三到一三年間，肯亞人的預期壽命增加將近十年，」諾伯格在文章中提到：「活了、愛了、掙扎了整整十年，肯亞人平均來說剩餘的壽命完全沒有減少。大家都長了十歲，卻不因此距離死亡更近。」（原注5）

就結論來說，大逃亡初期較富有的國家一馬當先拉開距離，但隨後就被追上。一八〇〇年，地球上沒有任何國家的預期壽命超過四十，但到了一九五〇年，歐美已經來到六十上下，亞非兩洲還在追趕，接著亞洲展現出兩倍速率、非洲也有一點五倍。現在出生在非洲的嬰兒，預期壽命也有美洲一九五〇年時或歐洲一九三〇年時的程度，而且若不是殺出愛滋病這個程咬金還可以更高；一九九〇年代抗逆轉錄病毒藥物尚未問世，愛滋病大大提高了死亡率。

非洲的愛滋病防治工作提醒我們：進步並非一蹴可幾，能夠摧枯拉朽、無視時空限制讓每個人活得更好。能辦到那種事情的是魔法，可惜進步靠的不是魔法，而是解決問題。問題的產生是必然，某些情況下特定時空範圍內的人會承受較大挫折。非洲愛滋問題是一個例子，西班牙流感也是：一九一八至一九兩年很多青年患病死亡，到了二十一世紀初還有很多中年、未上大學、非拉丁裔的美國白人感染，兩次都導致預期壽命降低。（原注6）然而問題都被解決了，既然西方社會其他人口群體的預期壽命持續增加，代表西班牙流感同樣有了解決手段。

平均壽命成長最多的情況就是降低嬰幼兒的死亡率，一方面他們身體還很脆弱，另一方面兒童死亡和六十歲老人死亡自然是前者更能拉低平均值。圖5-2呈現啟蒙時代以後五個國家的兒童死亡率，一定程度反應出所屬大陸的情況。

縱軸數字代表未滿五歲就夭折的比例，可以看到即便十九世紀瑞典名列世上最富裕國家，沒能慶祝五歲生日的孩童仍占**三分之一**至**四分之一**，某幾年甚至接近半數。若以歷史而言這才是常態，狩獵採集為主的社會有兩成新生兒在滿週歲前死亡，半數無法活至成年。（原注7）二十世紀前曲線起伏極大並非數據不精準，而是反映出生命充滿變數：傳染病、戰爭或者饑荒隨時將死神引至家門前。上流階

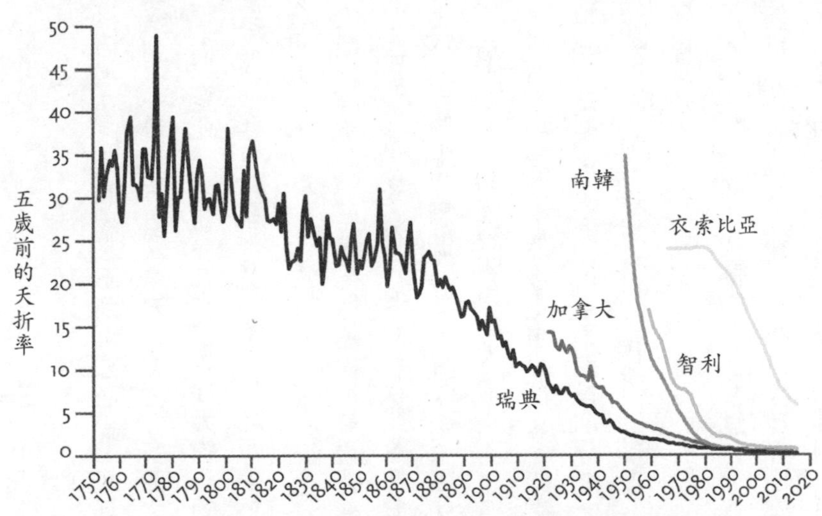

圖5-2：一七五一至二〇一三年間的兒童死亡率

來源：*Our World in Data*, Roser 2016a, based on data from the UN Child Mortality estimates, http:// www.childmortality.org/, and the Human Mortality Database, http://www.mortality.org/

層亦無法倖免：達爾文有兩個孩子出生不久便死亡，心愛的女兒安妮也才十歲就離開人世。

後來轉機出現，兒童夭折率一下掉了百倍，在已開發國家不到百分之一，而且下墜趨勢全球各地皆然。迪頓在二〇一三年就觀察到：「目前所有國家的兒童死亡率都比一九五〇年要低。」（原注8）撒哈拉以南的非洲內陸，兒童死亡率在一九六〇年代大約為兩成五，到了二〇一五年只剩下不到一成，放大到全球則從百分之十八降至百分之四——還是太高，但只要全球公衛持續改進，數字必定會更低。

留意數字背後的兩個事實。首先，從人口統計來看，兒童死得越少，雙親就越無須擔心兒女全部夭折的慘況，於是越不傾向無止境地生小孩。有人擔心挽救兒童性命會出現「人口爆炸」的副作用（一九六〇到七〇年代很紅的生態恐慌論點，有人甚至因此呼籲應降低開發中國家的衛生保健），然而兒童死亡率降低的結果證明是杞人憂天。（原注9）

再者是個人層面。失去兒女何其哀慟，想像那種感受，然後重複百萬次。如果一切維持十五年前的樣子，單單去年就會再多死掉四百萬個孩童，一百萬不過是四分之一而已。還可以重複兩百多個百萬次，因為從兒童死亡率開始下降到現在也有兩百多年了。圖5-2呈現的人類福祉進步幅度大到我們的腦袋難以感知。

還有一種大自然的殘酷也被人類克服了，卻沒得到多少人的讚賞，那就是分娩時母親死亡的機率。希伯來聖經的神不改其慈悲對世界第一位女性說：「我必多多加增妳懷胎的苦楚；妳生產兒女必多受苦楚。」不久前女性分娩的死亡率還在百分之一徘徊，而一百年前美國女性懷孕生產的死亡率就像現在罹患乳癌一樣高。（原注10）圖5-3是一七五一年之後的產婦死亡率變化圖，數據來自四個不同地區的國家。

十八世紀晚期，產婦死亡率在歐洲從百分之一點二降低到萬分之四，進步幅度是三百倍。這樣的趨勢也在其他國家顯現，最為窮困的國家亦不例外，而且死亡率降得更猛，縱然因較晚開始而時間較短。就全世界來看，短短二十五年間產婦死亡率砍半，目前約為百分之零點二，接近一九四一年的瑞典。（原注11）

有人會開始猜想圖5-1的壽命增加是否僅僅來自兒童夭折率降低，也就是說我們未必真的活得比較久，只是挽救了大量的嬰幼兒？何況十九世紀前預期壽命才三十歲左右並不代表每

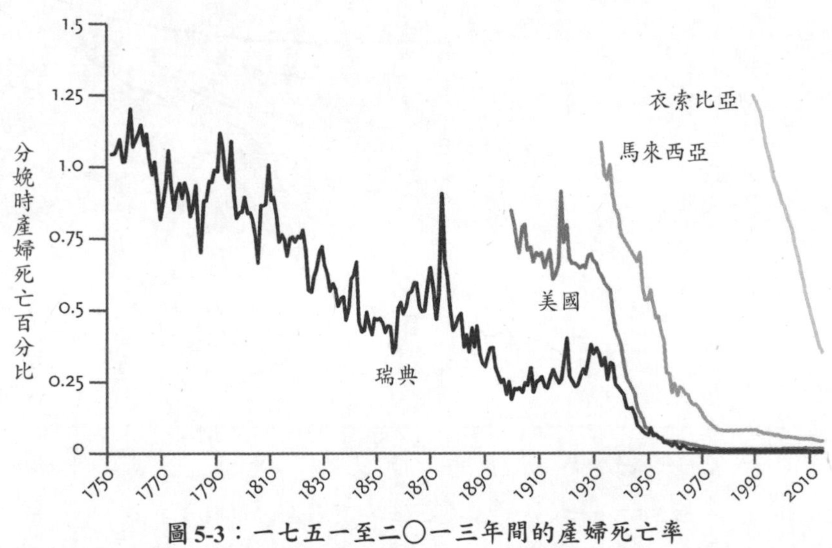

圖5-3：一七五一至二〇一三年間的產婦死亡率

來源：*Our World in Data*, Roser 2016p, based partly on data from Claudia Hanson of *Gapminder*, https://www.gapminder.org/data/documentation/gd010/.

個人一到三十歲生日就莫名暴斃。孩童死亡會拉低平均數字與高齡者相互抵消，否則怎麼每個社會都有耆老。聖經的那個時代，據說人類壽命是「三個二十年加上一個十年」，公元前三九九年蘇格拉底確實在那個歲數走到人生盡頭，而且並非自然死亡，死因是毒酒。大部分狩獵採集的部落裡也能看到很多高齡七、八十歲的人。儘管哈匝族女性從出生到死亡的預期壽命只有三十二歲半，一旦活到四十五反而很有機會再多活二十一年。(原注12)

現在歷經分娩與童年考驗的人究竟有沒有比以前活得長？答案是有，而且長很多。圖 5-4 是過去三百年英國人在出生時、一歲至七十歲的不同階段的預期壽命。

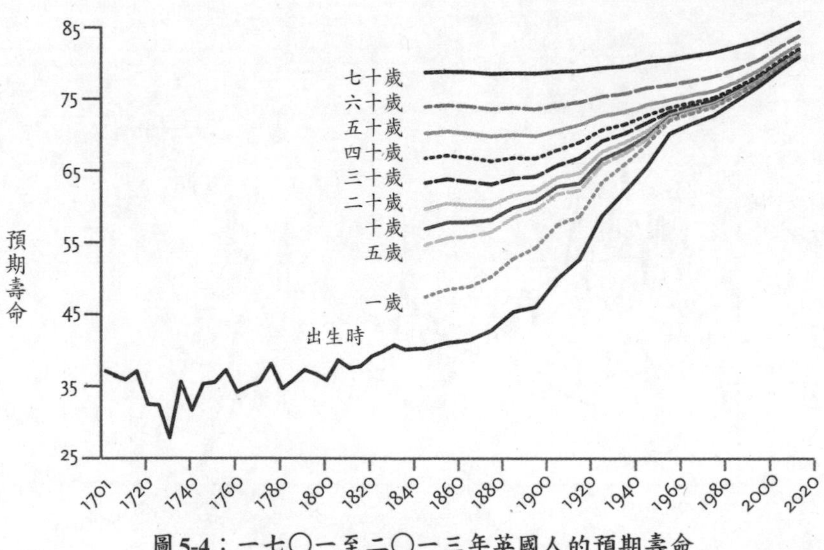

圖 5-4：一七〇一至二〇一三年英國人的預期壽命

來源：*Our World in Data*, Roser 2016n. Data before 1845 are for England and Wales and come from OECD Clio Infra, van Zanden et al. 2014. Data from 1845 on are for mid-decade years only, and come from the *Human Mortality Database*, http://www.mortality.org/.

奇點或薛西弗斯？

無論你目前幾歲，相較於之前幾十年、甚至幾百年同年紀的人來說，你都能享有更長的壽命。一八四五年時，英國的新生兒熬過危機四伏的人生第一年以後，預估能活到四十七歲，但一九〇五年時變成五十七歲，一九五五年再提高到七十二歲，二〇一一年預估已經到八十一歲。同樣的，一八四五年時，三十歲的人可以預想往後三十三年該怎麼過，到了一九〇五年則是三十六年，一九五五增加到四十三年，二〇一一則要再多打算五十二年。如果蘇格拉底是在一九〇五年被無罪開釋的話，他就可以再活九年，拖到一九五五就再多活十年，事發在二〇一一的話他多了十六年壽命。八十歲老人也一樣，一八四五年的八十歲老人家平均還能多活五年，二〇一一年的八十歲老人家則還能多活九年。

同樣趨勢在世界各地都能看到，只是數字（截至目前）可能較小。舉例來說，一九五〇年時人們預期衣索比亞的十歲孩子能活到四十四歲，可是現在同樣是衣索比亞的十歲孩子，預期壽命卻延長到六十一。經濟學家史蒂文．拉德萊特（Steven Radelet）指出：「過去幾十年來，全球貧窮階層在醫療保健方面的進步，無論強度或廣度都在人類歷史成就上名列前茅。很少看到全世界這麼多人在基礎福祉方面有如此長足的進步。可惜很少人注意到這種變化。」（原注13）

而且不必擔心，多出來的壽命並非賴在搖椅上度過。理所當然，壽命越長身為老年人的時間也越久，生理退化無可避免，不過能夠抵抗生命終結的身體也更能抵禦疾病、創傷、損耗這些相對較輕微的變化。壽命延長，活力也一樣，只是幅度不同。全球疾病負擔（Global Burden of Disease）是個充滿雄心壯志的研究計畫，希望測量的不僅限於兩百九十一種疾病或失能造成的死亡，也希望知道傷病者失去多少年健康生活，計算起點從病況影響到生活品質開始。統計結果發現，回到一九九〇年，預期壽命六十四歲半之中有五十六點八年算是所謂**健康**生活；二〇一〇年則至少已開發國家人口的預期壽命增加了四點七年，其中的三點八年屬於健康生活。（原注14）數據顯示出現代公民光是健康人生這一段就比先人的健康與不健康加總起來還要長。很多人對老年最大的恐懼是失智，可是另一項驚喜是，研究發現公元兩千年到二〇一二年間，六十五歲以上美國人的失智發病率降低四分之一，平均確診年齡從八十點七歲提高到八十二點四歲。（原注15）

好消息還沒完。圖5-4的線條並不是由兩個命運女神編織、計量，然後某一天註定由第三位女神出手剪斷。它們根據的只是當前的環境和條件，同時假設醫學知識停在現況。這個假設基本上也沒人會信，只是沒人能預測醫學會如何進步，所以別無他法。換句話說，幾乎可以肯定所有人的壽命都會繼續延長，可能比現在看見的縱軸數字多得多。

不過無論如何都會有人有意見。二〇〇一年喬治·布希以美國總統的身分召開生物倫理委員會，目的竟是要解決壽命延長且更健康所帶來的隱憂。（原注16）委員會主席是兼具醫師與公共知識分子身分的利昂·卡斯（Leon Kass），他制定政策的方向是「意圖延長自身的青春歲月是種幼稚自戀的奢望，與致力於保障後世的理念不相容」，且認為多出來的那些歲數不具活下去的價值。（他提問：「職業網球選手的比賽時數會隨壽命等比延長百分之二十五嗎？」）然而，對於生命有沒有價值這個問題，大部分人應該希望自己決定，即便他所謂「生命因為死亡才有了重量」的說法成立，也必須認清一點：長壽和永生不能劃上等號。（原注17）只是專家預測的預期壽命上限反覆被突破（平均而言在數據提出五年後就會被推翻），就有人懷疑到最後壽命是否會突破極限，人類完全掙脫生死的束縛。（原注18）但就算往後的年代變成是幾百歲人瑞無法接受九十幾歲年輕人的新文化，那真的輪得到我們擔心、這麼早就要開始下禁令嗎？

矽谷有群具遠見的人試圖使世人之間更靠近。（原注19）他們出資設立研究機構對抗死亡，計畫不是將一項項疾病慢慢消除，而是透過逆向工程解析人類老化，然後將我們的細胞硬體升級到沒有老化這個缺陷的最新版本，期望增加的壽命長度是五十年、一百年、以至於一千年。發明家雷蒙德·庫茲威爾（Raymond Kurzweil）二〇〇六年的暢銷書《奇點迫近》（*The Singularity Is Near*）推測，我們只要能撐到二〇四五年就有機會永生，主因是基因和奈米科技的進展（譬如利用巡迴於血液中的奈米機器人從內部修補身體）以及人工智慧（不只能達成上述精密工作，還能無上限地遞迴改良自身智能）。

不過喜歡讀醫學新聞或有疑病心理的讀者，對於長生不老這種事情會有非常不同的觀點。人類的確在這方面不斷進步，例如過去二十五年裡，每年癌症死亡率都降低約一個百分點，光是美國就因此有上百萬人得救。（原注20）只是我們也常常在實驗中發現，以為是奇蹟的新藥居然和安慰劑相差無幾、許多治療手段的副作用比疾病本身還嚴重、起初受到吹捧的保健效果經過整合分析就被踢爆等等。現代的醫藥進展與其說是奇點，或許該比喻為薛西弗斯[3]。

既然沒人能預知未來，也就沒有人能肯定科學家真的能消滅老死。從熵的理論來看不太可能達成，衰老內建於人類基因組的所有層面，天擇保留的不是壽命最長而是年輕時活力最旺盛的基因。之所以如此演變，原因在於生死所需的時間不對稱：因無法預防的事故死亡的機率永不為零，所謂事故包括雷擊、土石流等等，這些現象使長壽基因在演化中失去保存價值。想要達成長生不老，生物學家必須修改不知多少萬的基因和分子通道，而且為了延長壽命而做的小更動都可能引發未知後果。（原注21）

縱使有朝一日人類真的就生物硬體的層面達到了完美，也不代表能抵禦熵。物理學家彼得．霍夫曼（Peter Hoffman）指出：「在生命中，生物學和物理學打得不共戴天。」許多分子不斷和人體細胞衝撞，抵抗熵、矯正錯誤與修補損傷的功能也得承受攻擊，抑制傷害的系統被削弱以後，崩潰的可能性指數成長，就算生物科學打造出防禦癌症和器官衰竭的機制也遲早會被攻破。（原注22）

在我看來，最能總結人類數千年來與死亡鬥爭的一句話，是史坦定律（Stein's Law）：「不能永遠持續的事情就不會永遠持續。」可是要加上戴維斯的推論（Davies's Corollary）作為補充：「不能永遠持續的事情，可以持續得比你想像的久很多很多。」

3 譯按：Sisyphus，希臘神話中遭到懲罰的巨人，必須將巨石推上山頂，但巨石很快會滾回谷底。用以比喻徒勞無功卻永無止境的事情。此處「奇點」與「薛西弗斯」在英文中是押頭韻的文字遊戲。

第六章
健康

許多想法實行起來代價不高，事後回顧也覺得理所當然，卻實實在在救了百萬千萬條性命。

我們該如何解釋自十八世紀末以來人類生命獲得越來越多保障？時間是一個線索，安格斯・迪頓在《財富大逃亡》[1]一書中提到：「自從啟蒙運動以來人類反抗權威，開始運用理性改善生活也確實得到成效，幾乎無需懷疑他們能在對抗死亡的戰場上繼續獲得勝利。」（原注1）上一章提到的長壽好比是戰利品，得自被我們擊敗的敵人，如疾病、饑荒、戰爭、他殺、意外。而本章和下章將看看這幾個戰場的實際狀況。

漫長歷史上對人類威脅最大的死亡勢力是傳染病。演化造成無數微小且快速繁殖的有機體以我們的身體為食，藉由昆蟲、蠕蟲、排泄物等途徑在不同人體間移動擴散。流行病爆發可以殺死數百萬人、毀滅文明，造成慘絕人寰的場面。隨便舉個例子：黃熱病（yellow fever）的名字源於病患痛苦死亡前身體會發黃，病毒則透過蚊子傳播。一八七八年孟菲斯的流行病文獻記載，病人「爬進扭曲變形的洞穴，遺體很久以後才因異味被人發現……（一位母親死亡後）屍體倒在床鋪上，地板滿布咖啡似的黑色嘔吐物……孩子們在地上打滾不停呻吟。」（原注2）

可不是有錢就能逃過一劫。一八三六年，世界首富納坦・羅特希爾德（Nathan Meyer Rothschild）感染膿腫死亡。權位同樣沒用，英國很多任君王死於痢疾、天花、肺炎、傷寒、結核、瘧疾。連美國總統也無法倖免，威廉・哈里森（William Henry Harrison）一八四一年就任後才三十一天就因感染性休克過世，詹姆斯・波爾克（James Polk）一八四九年卸任後僅僅三個月便不敵霍亂，稍微近期一點則是一九二四年卡爾文・柯立芝（Calvin Coolidge Jr.）在任期間，十六歲兒子打網球磨出水泡後傷口感染亡故。

人類是個充滿創意的物種，歷史上對抗疾病的怪異手段多不勝數，像祈禱、獻祭、放血、火罐、服用有毒金屬、順勢療法、乃至於在感染部位上面掐死母雞這種做法。幸好十八世紀後期疫苗技術問世，十九世紀學界接受菌源說（germ theory）以後發展得更快，人類和疾病的戰鬥局勢開始逆轉。我們懂得洗手的好處、如何正確接生、控制病媒蚊，更重要的是汙水下水道和自來水以氯消毒，種種做法挽救了數十億性命。二十世紀前都市裡也能看到成堆的糞便，周圍河流與湖泊明明滿布廢棄物，卻是民眾飲用與洗衣的水源。（原注3）起初有人認為疾病的源頭是瘴氣、臭氣，直到世界首位流行病學家約翰・斯諾（John Snow, 1813-1858）研判倫敦的霍亂比例居高不下，是因為抽水機位在汙水排放的下游。而曾經醫生本身就造成嚴重的公衛風險，因為他們穿著黑色大衣去驗屍、調查死亡現場，衣服上常有乾掉的血塊和膿汁，而且觸碰病人傷口前不知道要先洗手、用縫鈕扣的線給大家縫傷口，還好後來有伊格納茲・塞麥爾維斯（Ignaz Semmelweis, 1818-1865）以及約瑟夫・李斯特（Joseph Lister, 1827-1912）發明和推廣消毒清潔。之後各種消毒、麻醉、輸血技術終於使外科手術不僅僅是酷刑與煎熬，而是真正的治療過程，抗生素、抗毒素與各式各樣醫學突破成為防疫的強大助力。

1 譯按：「財富大逃亡」的概念是指「全球貧窮人口自一九八〇年開始減少，堪稱人類史上規模最大、速度最快的一次脫逃（脫貧）行動」而非財富下降。此處採用台灣版中譯本書名。

知識是關鍵

不知感恩或許排不進七宗罪，可是但丁說過這種罪人會墮落地獄第九圈。一九六〇年代後的知識分子們或許得去那邊觀光，因為大家早就忘了克服疾病的先人有誰。一開始並非如此，我小時候的兒童文學裡，醫學先驅如愛德華．詹納（Edward Jenner）、路易．巴斯德（Louis Pasteur）、約瑟夫．李斯特、弗雷德里克．班廷（Frederick Banting）、查爾斯．貝斯特（Charles Best）、威廉．奧斯勒（William Osler）、亞歷山大．弗萊明（Alexander Fleming）等人的傳記十分受歡迎。一九五五年四月十二日，一支科學團隊宣布約納斯．沙克（Jonas Salk）開發的脊髓灰質炎疫苗安全可用——每年害死成千上萬人，連小羅斯福總統都是患者，讓許多孩子患病之後就離不開鐵肺機的絕症有了疫苗。根據理查德．卡特（Richard Carter）針對疫苗寫下的史料，那天「很多人最初面面相覷，隨後瘋狂敲鐘、鳴喇叭、吹哨子、甚至以槍炮行禮……請假回家，學校也停課，大家開宴慶祝、擁抱孩子、上教堂，見了陌生人都露出微笑，很多恩怨就這麼一筆勾銷了。」（原注4）紐約市本來想為沙克舉辦一次慶祝遊行，但他本人婉拒。

各位多久沒想起卡爾．蘭德施泰納（Karl Landsteiner）了呢？可能很多人連他是誰都搞不清楚吧。但他發現血型這件事，拯救不只十億條人命。下表這些醫學英雄又如何？

彙整資料進行估算的研究人員經統計後表示，他們選出的一百多位科學家（截至目前為止）拯救了超過五十億的性命。（原注5）當然英雄主義的故事並不適合詮釋科學發展，現實中科學家是站在巨人肩膀上做研究，而且必須團隊合作、透過網路大量交流意見，沒做出成果的話就默默無聞。然而不管對象是科學家還是科學本身，對能夠改善生活的各種發現視若無睹，是評估現代人類生存狀態的重大盲點。

作為心理語言學家也曾經針對過去式出書，我可以從英語裡找出個人最喜歡的例子。（原注6）以下是取自維基百科頁面的一句話：

> **天花**是由 *Variola major* 以及 *Variola minor* 兩種病毒引起的傳染病，目前已經不存在。

沒錯，天花成為過去式了。這個疾病得名於患者皮膚、嘴和眼周長出的丘疹和水皰。歷史上因天花而死的人超過三億，

科學家姓名	醫學發現	估計拯救人數
Abel Wolman (1892-1982), Linn Enslow (1891-1957)	水的氯化消毒	一億七千七百萬
William Foege (1936-)	消滅天花的策略	一億三千一百萬
Maurice Hilleman (1919-2005)	八種疫苗	一億兩千九百萬
John Enders (1897-1985)	麻疹疫苗	一億兩千萬
Howard Florey (1898-1968)	盤尼西林	八千兩百萬
Gaston Ramon (1886-1963)	白喉和破傷風疫苗	六千萬
David Nalin (1941-)	口服補液治療法	五千四百萬
Paul Ehrlich (1854-1915)	白喉和破傷風抗毒素	四千兩百萬
Andreas Grüntzig (1939-1985)	血管再成形術	一千五百萬
Grace Eldering (1900-1988) , Pearl Kendrick (1890-1980)	百日咳疫苗	一千四百萬
Gertrude Elion (1918-1999)	合理藥物設計	五百萬

但這個疾病在二十世紀絕跡（一九七七年索馬利亞診斷出最後病例）。如此值得歌頌的成就幕後有許多功臣，我們至少應該想到一七九六年發現疫苗的愛德華．詹納（Edward Jenner），一九五九年大膽提倡消滅疾病的世界衛生組織，以及威廉．費格（William Foege）針對易受感染族群內特定對象進行接種的策略。經濟學家查爾斯．肯尼（Charles Kenny）在《漸入佳境》（*Getting Better*）一書中評論：

> 十年計畫的總金額……約在三百一十二萬美元之譜，換算起來疫區國家每人每天三毛二，需要經費大約等同於好萊塢電影總量的百分之五、一架B-2轟炸機的機翼，更不到代號「大挖掘」的波士頓道路改良計畫的一成。無論多讚嘆波士頓水景、隱形戰鬥機的外型，或是多喜歡《神鬼奇航》裡的綺拉奈特莉還是《金剛》裡的超級大猩猩，應該還是會覺得這個計畫很值得。（原注7）

我自己就住在波士頓河濱區域，也的確深表贊同。不過這份雄心壯志只是起個頭，若以維基百科做判斷會發現造成歷史上幾百萬、幾千萬農民和牧民饑荒的牛瘟也成為過去式。此外，四種曾經折磨開發中國家的問題也幾乎消失。約納斯．沙克沒能活著見證全球小兒麻痺症根除計畫開花結果：二〇一六年只有三個國家出現三十七例（阿富汗、巴基斯坦、奈及利亞），當時已經是歷史低點；到了二〇一七年仍持續下降。（原注8）麥地那龍線蟲（Guinea worm）可達三英尺長，人類被寄生後下肢會強烈腫脹疼痛，若為了緩解痛楚而泡水，水皰隨即破裂，成千上萬的幼蟲竄入水中，其他人的飲水也跟著被寄生；治療方式只有一種，就是花好幾天、甚至好幾週的時間慢慢從體內取出蟲體。但經過卡特中心三十年致力於教育和水資源管理，病例大幅減少，一九八六年二十一個國家總計三千五百萬人得此蟲病，到了二〇一六年只剩下三個國家二十五個病例（二〇一七年第一季僅剩一個國家三個病例）。（原注9）症狀聽來就不妙的象皮病、蟠尾絲蟲症、致盲性砂眼，預計到了二〇三〇年也將絕跡，其他病理學家積極觀察防治的還有麻疹、德國麻疹、雅司病（熱帶肉芽腫）、昏睡病（非洲人類錐蟲病）、鉤蟲感染。（原注10）（當這些疾病銷聲匿跡的時候，大家是否也會震驚無語，然後鳴鐘擊鼓相視微笑，甚至放下過去恩怨來慶祝？）

尚未接近絕跡的疾病也大幅下降。公元兩千年到二〇一五年間，瘧疾（以前世界上有一半人口死於瘧疾）導致的死亡人數已經降低六成。世界衛生組織計畫在二〇三〇年能再壓低九成，使三十五個國家不再受到瘧疾威脅。目前瘧疾仍舊在九十七個國家流行（事實上美國直到一九五一年才擺脫瘧疾）。（原注11）比爾與美琳達蓋茲基金會（The Bill & Melinda Gates Foundation）已經將根除瘧疾列為目標。（原注12）第五章提到過，一九九〇年代非洲愛滋病毒肆虐是人類壽命延長的一大阻力，後來十年裡形勢逆轉，加上全球兒童的死亡率減半，聯合國大受振奮於是二〇一六年決定努力嘗試使愛滋病在二〇三〇年消失（要注意這不等於根除愛滋病毒）。（原注13）圖6-1為兩千年到二〇一三年間兒童因五大致命傳染病死亡的驟降趨勢。總的來說，自一九九〇年開始控制傳染病以後，有超過一億名孩童得救。（原注14）

目標最遠大的計畫來自經濟學家迪恩・賈米森（Dean Jamison）和勞倫斯・薩默斯（Lawrence Summers）所率領的全球健康專家團隊，他們提出二〇三五年「全球健康大趨同」的願景圖，期望傳染病、分娩和早夭的比例能不分地區國家全部降低到目前狀態最好的中產國家的程度。（原注15）

歐美對抗傳染病的重大勝利令人為之振奮，但全球脫貧的進展更叫人吃驚。部分原因與經濟發展有關（請見第八章），畢竟世界越富裕自然就會越健康。另一方面是人類同情心的擴展啟發了比爾・蓋茲、吉米・卡特、比爾・柯林頓等人，讓他們的目光從家園的光鮮亮麗轉向遙遠大陸上的人們。就連小布希總統也一樣，對他嚴詞批評的人也會讚揚他對非洲的愛滋

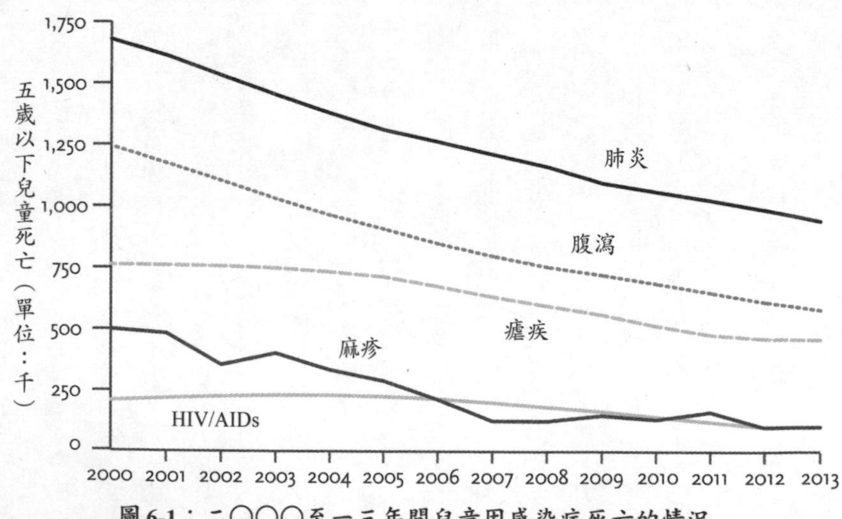

圖 6-1：二〇〇〇至一三年間兒童因感染病死亡的情況

來源：Child Health Epidemiology Reference Group of the World Health Organization, Liu et al. 2014, supplementary appendix.

病疫情進行防治工作拯救了數百萬性命。

不過最主要的貢獻來自於科學。「知識是關鍵，」迪頓說：「收入與福祉當然密切相關……但並不是人類幸福的最主要理由。」（原注16）科學成果並不局限在高科技藥物，如疫苗、抗生素、抗反轉錄病毒藥物、除寄生蟲藥丸等等，還包括**想法**——許多想法實行起來代價不高，事後回顧也覺得理所當然，卻實實在在救了百萬千萬條性命。例子非常多：水的煮沸、過濾與消毒，洗手，孕婦補充碘，哺乳和用襁褓裹住嬰兒，不在田園、街道、水道便溺，孩童睡眠時以浸泡過殺蟲劑的蚊帳加以保護，調配鹽、糖和清水製成治療痢疾的溶液等等。然而進步也會因不良思想而倒退，譬如塔利班和博科聖地[2]散播陰謀論聲稱穆斯林女孩接種疫苗會不孕、一部分富裕的美國運動分子也認為疫苗導致自閉症。迪頓提到世界上有些地區的居民至今仍未享有良好的醫療衛生，對他們而言，就連啟蒙最核心的觀念（知識使人類過得更好）都有如當頭棒喝，他們從沒想過只要改變直覺反應和風俗習慣就能改善生活。（原注17）

2 譯按：Boko Haram，奈及利亞的伊斯蘭教原教旨主義組織，歸順伊斯蘭國組織後稱為伊斯蘭國組織西非省。

第七章 營養

數字反映的是取得熱量對各階層都變得容易，社會底層亦不例外。

除了老化、生產、病原體，演化和熵對人類造成的另一個難題是：無止境追求能量。饑荒早就是人類境況的一環。舊約聖經記載埃及曾有七年饑荒，新約聖經將饑荒視為末日四騎士之一。直至十九世紀農作歉收還是會對人類造成嚴重衝擊，相對發達的地區也無法倖免。經濟史學家約翰・諾伯格聽家族長輩說過故事，背景是一八六八年冬季的瑞典：

> 那時母親常暗自哭泣。對一個做母親的人來說，無法餵飽挨餓的孩子是多難受的事。外頭有瘦得皮包骨的孩童在不同農場間徘徊想討點麵包屑。一天有三個那樣的孩子來到家門口，哭著乞討我們隨便給點能果腹的東西。母親眼眶泛淚，但還是心一橫說：雖然還有一點碎麵包，可是得給自己家人吃。反而我們幾個小孩看到那些陌生孩子可憐兮兮的眼神忍不住哭了起來，求媽媽把剩下的東西分些給他們。她很猶豫，最後同意了，那幾個孩子狼吞虎嚥以後又趕往距離我們家很遠的另一座農場。隔天有人發現他們死在兩座農場間的路上。（原注1）

史學家費爾南・布勞岱爾（Fernand Braudel）從文獻發現，現代化之前歐洲每隔幾十年就要受饑荒所苦（原注2），農民被逼急了會在作物成熟前搶收，甚至吃草或食人肉，或湧進城市乞討。即使沒有饑荒，大部分人的主要能量來源也只是麵包或稀粥，得到的卡路里並不高。經濟學家勞勃・福格（Robert Fogel）在《擺脫飢餓與夭折，一七〇〇到二一〇〇年》（*The Escape from Hunger and Premature Death, 1700 to 2100*）一書提到：「十八世紀初，法國一般人從飲食得到的熱量與一九六五年的盧安達差不多，那一年盧安達是地球上營養不良最嚴重的國家。」（原注3）即便沒有餓死，也可能缺乏勞動體力而導致貧窮。飢餓的歐洲人民曾經意淫過食物，比方說幻想倫敦近郊有一片樂土叫做柯根（Cockaigne），那裡樹頭結鬆餅、路面鋪滿糕點、烤好的豬走來走去背上還插好了刀子方便切開、水裡會跳出煮熟的魚到大家的腳邊。

現代人可說是已經住在柯根了，遭遇的問題不是熱量太低而是過剩。喜劇演員克里斯·洛克（Chris Rock）表示：「這是歷史上第一個窮人能是胖子的社會。」可是第一世界國家如往常不知感恩，社會評論者視肥胖為流行病，批判力道之強感覺針對饑荒才合理（但又比不上他們對肥胖羞辱、紙片人模特兒、飲食失調的深惡痛絕）。肥胖的確成為公衛問題，不過從歷史的角度來說，出現這問題算是好現象。

世界其他地方呢？許多西方人提起飢餓會聯想到非洲和亞洲，飢餓問題在這兩個地區確實有很長歷史。印度和中國以稻米為主食，田地用水仰賴難以預測的季風、不夠牢固的灌溉系統，而且得長距離運輸，因此特別容易生產不足。布勞岱爾轉述一六三〇至三一年間身在印度的荷蘭商人的經歷：

「村人、鎮民拋下家園，漫無目的遊蕩。狀態很明顯：雙眼深陷，嘴唇蒼白沾滿塵土，皮膚變得乾硬，骨頭形狀凸出，空肚子像個下垂的布袋……有人餓得哭號，也有人倒地垂死。」隨後可見人性的殘酷：拋棄妻小、賣掉子女、為求存活自己也簽下賣身契、不然就大家一起自刎……接下來，餓昏的人會剖開那些已死和瀕死的人，「拿他們內臟填自己肚子」。「一下子幾十萬人餓死，到處都是屍體，腐臭瀰漫無處可躲……在一個叫做蘇桑措（Susuntra）的村子裡……市集上直接有人拿出人肉叫賣。」（原注4）

解讀世界飢餓的狀況

近年來另一項很出色但鮮少人提及的進展，是開發中國家的人口迅速增加，同時能夠維持溫飽。中國尤其如此，十三億人平均每人每天能攝取三千一百大卡，按照美國政府公告標準，這個數字可以滿足活動量大的年輕男性。（原注5）印度的十億人口平均每天也有兩千四百大卡，足夠供給活動量大的年輕女性或中年男性。非洲地區則是兩千六百大卡，介於前兩者間。（原注6）圖7-1是熱量攝取分布，包含開發中和已開發國家，也與整個世界做對照，結果與前面其他表格相仿：十九世紀前全球狀態都不好，之後兩百年歐美突飛猛進，最近幾十年開發中國家已經迎頭趕上。

圖示為平均數字，倘若僅僅有錢人吃飽喝足拉高數字的話（也就是除了卡絲媽媽[1]其他人都沒變胖），就會造成指數的誤判。所幸數字反映的是取得熱量對各階層都變得容易，社會底層亦不例外。孩童營養攝取不足就會發育遲緩，之後一輩子的生病和死亡機率都會提高。圖7-2挑選具代表性且資料追溯時間最長的國家來呈現孩童發育受阻的比例，可以看到肯亞、孟加拉之類貧窮國家的數字仍然太高，但過去二十年已經砍半，哥倫比亞和中國不久前也是高比例但下降幅度更大。

圖7-3提供另一種解讀世界飢餓狀況的方式，顯示五個地區的開發中國家營養不良（一年以上食物攝取不足）的人口比例，以及整個開發中國家的比例。已開發國家沒放進統計是因為同期間營養不良比例低於百分之五，以統計學標準來看和零難以區別。儘管開發中國家百分之十三的人口營養不良還是過高，但總比四十五年前的百分之三十五好得多，更不用說全世界在一九四七年（未顯示在圖表內）的平均值是百分之五十。（原注7）

1 譯按：指卡絲・埃利奧特（Cass Elliot），美國歌手、演員，知名經歷是「媽媽與爸爸合唱團」成員，別名卡絲媽媽。「除了卡絲媽媽其他人都沒變胖」出自該合唱團歌詞。

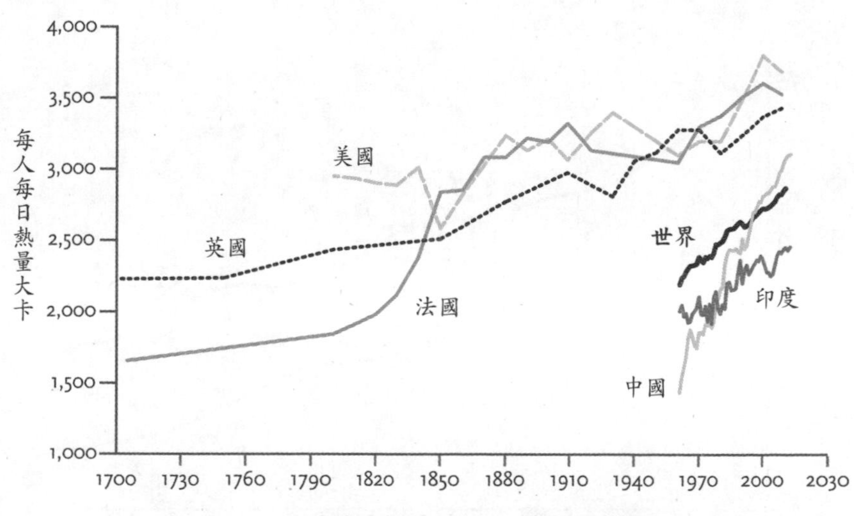

圖7-1：一七〇〇到二〇一三年各地的熱量攝取

來源：美英法：*Our World in Data*, Roser 2016d, based on data from Fogel 2004。中印、世界：Food and Agriculture Organization of the United Nations, http:// www.fao.org/faostat/en/#data

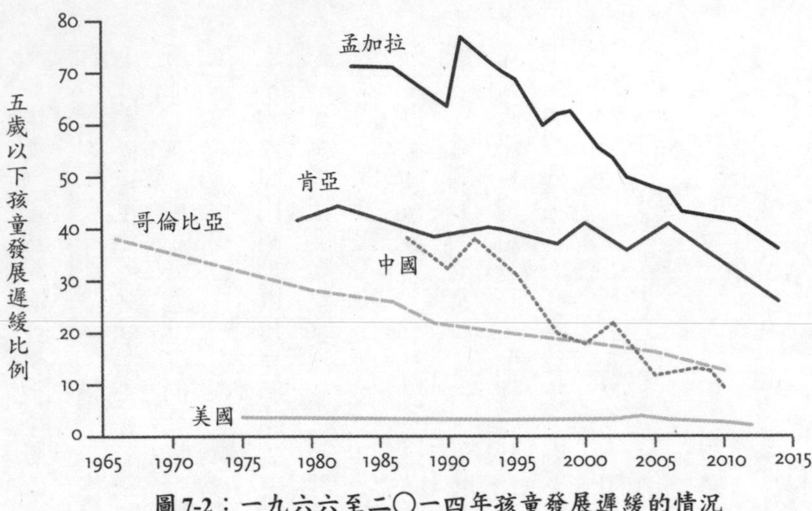

圖 7-2：一九六六至二〇一四年孩童發展遲緩的情況

來源：*Our World in Data*, Roser 2016j, based on data from the World Health Organization's Nutrition Landscape Information System, http://www.who.int/nutrition/nlis/en/.

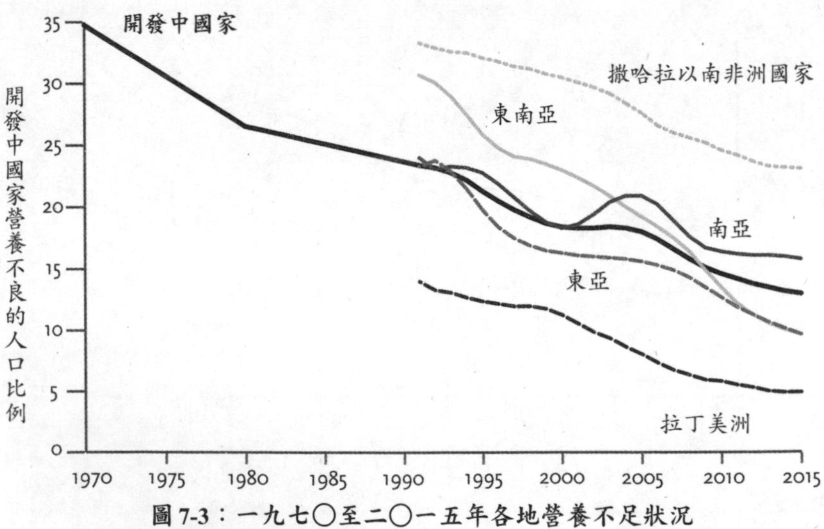

圖 7-3：一九七〇至二〇一五年各地營養不足狀況

來源：*Our World in Data*, Roser 2016j, based on data from the Food and Agriculture Organization 2014, also reported in http://www.fao.org/economic/ess/ess-fs/ess-fadata/en/.

要注意這裡的數字是比例，可是全世界在七十年裡增加足足五十億人，換言之要餵養的嘴巴總數明顯暴增，飢餓比例反而大幅下降。

慢性營養不良比例下降，造成大量人口死亡和發育不良（定義為低於預期體重兩個標準差）的災難性饑荒和夸休可爾症[2]（由於蛋白質不足導致腹部腫脹的兒童照片已經成為饑荒的標誌）也一樣。（原注8）圖7-4呈現過去一百五十年裡每十年因饑荒而死的人數占當時總人口的比例。

經濟學家斯蒂芬．戴維（Stephen Devereux）在兩千年發表的著作中，總結了二十世紀的世界有何進步：

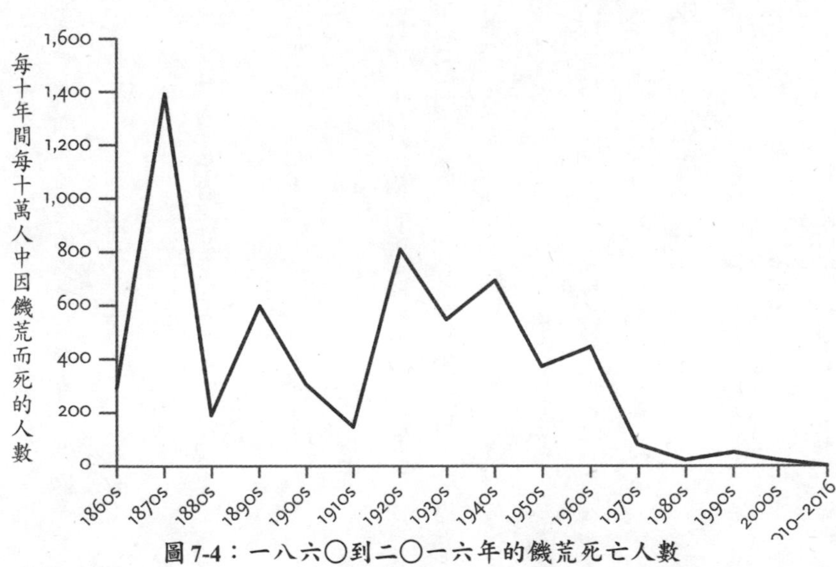

圖7-4：一八六〇到二〇一六年的饑荒死亡人數

來源：*Our World in Data*, Hasell & Roser 2017, based on data from Devereux 2000; Ó Gráda 2009; White 2011, and EM-DAT, *The International Disaster Database*, http://www.emdat.be/; and other sources. "Fam-ine" is defined as in Ó Gráda 2009.

2 譯按：kwashiorkor，即惡性營養不良、蛋白質缺乏症。

> 饑荒似乎已經不存在於非洲……亞洲和歐洲地區性的饑荒問題看來也成為歷史。中國、俄羅斯、印度、孟加拉擺脫了「饑荒之地」的惡名，一九七〇年代開始饑荒只發生在衣索比亞和蘇丹。
>
> 此外，農作歉收與饑荒之間的連結被打破。近年因乾旱或洪水出現的糧食危機都得到地方與國際充足的人道救援……
>
> 只要趨勢能持續，幾千萬人因為沒得吃而死亡的慘劇會在二十世紀劃下句點。（原注9）

截至目前為止，這樣的趨勢**確實**持續著。世界上還有人挨餓（包括已開發國家裡的窮人），像是二〇一一年東非、二〇一二年薩赫爾，還有二〇一六年南蘇丹、索馬利亞、奈及利亞與葉門也出現接近饑荒的狀態，可是已經不像前幾個世紀那樣一下子就餓死很多人。

光是這點就遠超過預期。一七九八年托馬斯．馬爾薩斯（Thomas Malthus）認為饑荒不但無可避免而且會越來越糟，因為「人口失控呈幾何繁衍，物資依舊只有算數級數的增加，對數字稍有認識就能意識到兩者差距有多大」。弦外之音是，餵養挨餓的人會導致更大災難，因為他們活下來以後會生更多小孩，也就等同於更多人挨餓。

不久前馬爾薩斯的思想才大復活過。威廉和保羅．佩達克兄弟（William and Paul Paddock）在一九六七年出版了《饑荒一九七五》（*Famine 1975*）；生物學家保羅．埃利希（Paul R. Ehrlich）在一九六八年寫了《人口炸彈》（*The Population Bomb*），書中提到「餵飽全人類的戰爭已經戰敗」，並預言一九八〇年代將會有六千五百萬美國人、四十億其他國家的人口餓死。同一時期，《紐約時報雜誌》將戰場上的「檢傷分類」概念介紹給讀者（所謂檢傷分類就是急救前先分辨還有救與確定沒救的傷患），還有哲學論辯主題探討救生艇即將翻覆的話，丟一人救眾人是否合乎道德。（原注10）埃利希與許多環保人士主張，停止對他們眼中窮途末路的國家再投入糧食救濟。（原注11）一九六八至八一年間，世界銀行總裁勞勃．麥納馬拉（Robert McNamara）也勸退各國不要補貼健康保險，「除非與人口控制息息相關，因為一般醫療院所只會降低死亡率，從而加速人口爆炸。」印度和中國實行的人口控制計畫（尤其中國的一胎化政策）逼迫女性結紮、墮胎、安裝導致劇痛和敗血症的子宮內避孕器。（原注12）

知識增加生產力

馬爾薩斯的計算方式哪裡有問題？從第一條曲線就可以發現，人口並非必然無止境以幾何級數增加，社會富裕了、嬰兒存活了之後，大眾會自動自發節育（參考圖10-1）。反過來說，饑荒其實無法長時間遏止人口增加，因為死亡集中在兒童與老年人，存活的青年、中年在局勢好轉時很快就會透過生育補充人口。（原注13）漢斯．羅斯林說過：「讓窮苦孩童死亡也無法阻止人口成長。」（原注14）

至於第二條曲線，我們會發現糧食供給其實**可以**呈幾何成長，方法是利用**知識**大幅增加單位土地的生產力。一萬年前農業誕生之後，人類就不斷透過基因工程改造動植物，揀選毒素最少、熱量最多、最方便培養與收穫的品種。玉米的野生祖先是一株長了幾顆硬種子的草，紅蘿蔔的祖先無論外觀和口感都和蒲公英的根沒兩樣，許多水果的祖先味道極其酸澀且硬得像石頭。聰明的農人還會改造灌溉耕種工具和有機肥料，但他們不知道得通知馬爾薩斯。

到了啟蒙時期和工業革命時代，人類真正掌握了如何使曲線向上。（原注15）強納森・史威夫特（Jonathan Swift）一七二六年的小說《格列佛遊記》，透過大人國國王提出道德價值：「能使玉米從一穗變兩穗、草葉從一片變兩片的人，才是有用的人，對國家民族的貢獻比所有政客加起來還多。」之後不久，如圖7-1所示，真的有了更多玉米穗，原因是所謂的英國農業革命。（原注16）他們發展出輪耕、改良犁地與播種的工具以後，又進行機械化，化石燃料取代了人類和動物勞力，十九世紀中期二十五人花費整天才能完成一噸稻子的收割與打穀，現在一個人駕駛聯合收割機才六分鐘就能完工。（原注17）

機器還解決了糧食生產的先天問題。種植櫛瓜的農人都知道八月盛產時產量過剩，結果是櫛瓜很快腐爛或被害蟲吃光。然而隨著鐵道、運河、貨車、倉庫與冷凍技術提升，產量的高峰低谷不再成為阻礙，價格資訊整合以後供需達成平衡。最驚人的進展發生在化工層面，大家在小學時學過人體由SPONCH[3]構成，其中的N（氮）是蛋白質、DNA、葉綠素和能量傳遞物質三磷酸腺苷的主要成分。空氣中其實就有很多氮，不過都是以兩個原子一組的形式存在（所以氮氣化學式是N_2），不易分解供植物運用。一九〇九年卡爾・博施（Carl Bosch）改良弗里茨・哈伯（Fritz Haber）發明的技術，利用甲烷和蒸汽從空氣中取出氮並轉化為可工業生產的肥料，自此人類不再像以前一樣得堆積大量鳥糞才有足夠的氮可以回復土壤肥力。他們兩位可說是二十世紀救了最多生命的科學家，受益人數高達二十七億。（原注18）

因此別再受到算數比率局限：過去一個世紀裡，每英畝土地的穀物產量大增，實際價格卻大減，達成的結果極其驚人。如果現在還得用沒有氮肥的技術種植作物，必須增加一個俄羅斯面積的農地才能得到同樣的產量。（原注19）一九〇一年，美國人平均一小時工資可以買到三夸脫牛奶，經過一世紀以後，同樣單位的錢能夠買到**十六**夸脫了。不只是牛奶，每小時工資能買到的其他種類食物也大幅增加：牛油從一磅變成五磅，雞蛋從一打變成十二打，豬肉片從兩磅變成五磅，麵粉從九磅變成了四十九磅。（原注20）

一九五〇和六〇年代又出現一位厲害的人類救星，叫做諾曼・布勞格（Norman Borlaug），他的聰明才智戰勝了演化，在開發中國家掀起綠色革命。（原注21）自然界的植物投入很多能量與養分強化自身的莖部，以求花葉高過周遭無論異種或同種的其他植物，就好比演唱會上狂熱的粉絲個個站起來，結果就是沒人真的看得更清楚。這是演化機制的結果，短視近利追求個體優勢而放棄群體利益，當然更不可能去照顧別的物種。從農夫的角度來看，小麥將能量耗費在莖部也不會增加可食用的部分，反倒在施肥以後花梗花序過重

3譯按：美國小學便利學童記憶使用的縮寫，分別代表元素中的硫、磷、氧、氮、碳、氫。

導致整株作物癱垮。布勞格為人類搶下演化主導權，從幾千株小麥的異交中找出莖稈最矮、產量最高、對莖銹病抵抗力最好又最不需要日照的基因。經過多年「使人心智扭曲的乏味做工」之後，布勞格培育出產量數倍於祖先的小麥（後來還有玉米和稻米）。這些優秀品種加上現代灌溉、施肥和管理技術，最初在墨西哥發威，後來是印度、巴基斯坦和其他饑荒問題嚴重的國家，他們幾乎一夜之間逆轉為糧食輸出國。這場「綠色革命」、「非洲最重要的祕密」還在繼續，延伸到高粱、小米、木薯和其他塊莖作物上。（原注22）

科學的美妙在於不原地踏步

綠色革命居功厥偉，地球人生產同額糧食所需的土地縮減為原本的三分之一不到。（原注23）換個方式陳述：一九六一到二〇〇九年，農地面積增加百分之十二，總產量卻是原來的四倍。（原注24）耕地增加有限卻產出更多更多食物，這樣一來不僅有助對抗饑荒，也對地球整體環境帶來正面效益。從人類眼光來看，田園風光很美好，但實際上農地壓縮森林草原製造出大片生態荒漠。而如今農地面積減少便可以看到溫帶森林逐漸回歸，這現象在第十章還會多加探討。（原注25）倘若農業效率在過去五十年來絲毫沒有增加，卻巴望保有現在的糧食產量，人類就必須將美國、加拿大、中國加起來的土地面積劃平劃為農業區。（原注26）根據環境科學家傑西．奧蘇貝（Jesse Ausubel）估計，目前人類或許已經達到農地面積的頂峰，也就是說未來都不需要再度擴大。（原注27）

與各種進步一樣，綠色革命開始不久後立刻被抨擊。論者說高科技農業消耗化石燃料與地下水、使用除草劑和殺蟲劑，各種舉措干擾了自給農業，而且既不天然又不環保，只是為了增加財團收益。但在我看來，綠色革命拯救超過十億人命、讓饑荒成為歷史名詞，相較之下上述代價並不算很大。更重要的是，這些代價不會一輩子伴隨人類，科學進步的美妙之處就在於它從不限制我們原地踏步，未來可以發展新技術取代舊技術，當然副作用也會跟著汰舊換新（這個動態過程會在第十章繼續討論）。

目前基因科技只需要幾天時間就能完成傳統農業花費上千年或者好幾年「使人心智扭曲的乏味做工」才能達成的目標。基因轉殖技術提高了作物產量、維生素含量、對乾旱和鹽分耐受度更強、抗病蟲害與腐壞，也就降低對土地、肥料和耕種的需求。數百份研究、各大醫療科學組織以及逾百位諾貝爾獎得主都為基因轉殖作物的安全性背書（並不意外，因為根本沒有所謂「非基因改良作物」的存在）。[原注28] 即便如此，傳統派的環保團體秉持生態作家斯圖爾特·布蘭特（Stewart Brand）所謂「對挨餓一貫的無謂態度」，繼續向基因轉殖農產品發起聖戰排拒到底，而且不只針對富裕國家的天然食品買家，也把發展中國家的農人當做目標。[原注29] 他們反對的理論基礎是看似神聖但實際上毫無意義的「天然」（naturalness）。為了維持他們心中所謂的天然，必須譴責「基因汙染」和「擾亂自然」，推廣「真正的食物」以及「符合生態的農業」。這群人抓住大眾對本質主義的原始直覺以及科學盲對汙染的恐懼。調查顯示，有將近一半民眾相信：一般番茄裡面「沒有基因」、基因改造的番茄裡面才有基因；人吃下基改食物以後，裡頭的基因有可能轉移到我們體內的基因組；如果將菠菜基因插入柳橙就能得到菠菜味的柳橙；還有八成的人希望法律強制「含有DNA」的食物必須貼標籤警告。（原注30）正如布蘭特所言：「環保運動搞錯了很多事情，我認為最本末倒置的就是反對基因工程。這麼做只是害更多人挨餓，同時妨礙科學發展、傷害環境，也奪走了相關工作者最重要的工具。」（原注31）

反對基因轉殖技術的主張之所以受到布蘭特強烈抨擊，原因之一在於：最能受惠的地區偏偏特別受到這股風潮影響。撒哈拉以南的非洲地區本來就土壤貧瘠降雨稀少，缺乏港灣與可供航行的河川，也始終沒有發展大規模的道路、鐵路、運河。（原注32）然而，所有耕種過的土地都一樣：地力有消耗殆盡之時。差別在於非洲土地不像世界上其他地方得到合成肥料的助益。如果運用基因轉殖技術，引進現有或針對非洲環境開發的品種，搭配現代免耕農業和滴灌等等手法，便能跳過第一次綠色革命中侵入性較強的階段，同時解決當地地力匱乏的問題。

農學技術很重要，然而糧食供給並不僅是農業問題。饑荒起因可以是食物供應不足，也可以是大眾經濟無法負擔、軍隊阻礙人民取得糧食，或者政府藏富於國而非藏富於民。（原注33）圖7-4的曲線顯示，戰勝饑荒的故事不只攸關農業效率。十九世紀的饑荒通常由乾旱或病害引起，不過被殖民的印度和非洲之所以狀況特別慘烈，另一個原因在於執政者對子民麻木不仁或政策拙劣，有時候是刻意剝奪人民福祉。（原注34）到了二十世紀初，殖民地政策才漸漸傾向解決糧食危機，配合農業發展終於開始控制住饑荒（原注35），可惜政治災難依舊時不時造成慘況。

二十世紀的大饑荒死了七千萬人，其中八成和共產政權強制集體化管理、懲罰性充公、極權式中央計畫有關。（原注36）例子包括俄國革命、俄國內戰和二次世界大戰後的蘇維埃、一九三二到三三年史達林時代的烏克蘭大饑荒（有觀點認為其實這是種族清洗）、一九五八到六一年毛澤東實行「大躍進」、一九七五到七九年柬埔寨波布宣稱的「紀元零年」，直到近期也有一九九〇年代末期北韓金正日的「苦行軍」。殖民時期之後，非洲與亞洲最早掌權的政府很高比例實行理念崇高但經濟面窒礙難行的政策，包括集體農業、限制進口以推動「自給自足」、壓低糧食價格，於是政治影響力強大的都市居民受惠，但農民卻苦不堪言。（原注37）這些地區後來很多都發生內戰，食物分配再次被打亂，交戰雙方也都習慣以飢餓作為武器，有時牽涉到冷戰幕後的勢力。

所幸從一九九〇年代起，世界上越來越多地方符合了富足的前提條件，解開豐收的祕密加上有基礎建設能夠運輸糧食之後，只要減少貧窮、戰爭與專制暴政，就能消除饑荒。所以接下來我們要看看人類針對這幾項災禍達成什麼進步。

第八章
財富

數據分析就會發現，經濟發展似乎真是人類福祉背後的一大推動力。

「貧窮沒有理由，」經濟學家彼得・鮑爾（Peter Bauer）如是說：「財富則有。」世界在熵和演化的支配下，沒有蛋糕鋪滿街道，也沒有煮熟的魚自己跳到你腳邊。即便現實如此簡單明瞭，許多人卻還是常以為財富來得理所當然。與其說歷史由贏家書寫，不如說由社會上有錢有閒又受過足夠教育的人來決定。經濟學家內森・羅森堡（Nathan Rosenberg）和法學家小貝澤爾（L. E. Birdzell Jr.）指出：「人類容易忘記其餘時代的苦難，部分原因在於文學、詩詞、傳奇、浪漫故事只歌頌活得好的人，遺忘了因貧困而沉默的多數。充滿苦難的年代還常常成為神話、大眾心目中牧歌風格的黃金時代。事實不然。」(原注1)

諾伯格根據布勞岱爾的著作來形容那個苦難的年代，當時對貧窮的定義很簡單：「能買麵包果腹撐過一天的人就不算窮。」

> 熱內亞[1]是個富裕都市，那裡的窮人每年冬天賣身在船廚當奴工。巴黎也有很窮的人，他們被鐵鏈拴在一塊兒，強迫擔任汙水溝的清道夫。英格蘭的窮人進入救濟院也得勞動才能獲得食宿，工時很長但沒有工資，有些人負責碾碎狗骨、馬骨或牛骨，名義上是當做肥料，然而一八四五年有人調查卻發現，很多乞丐會過去爭搶已經腐爛的骨渣，為的是吸一口剩下的骨髓。(原注2)

另一位歷史學者卡洛・席波拉（Carlo Cipolla）也提到：

工業革命之前的歐洲，衣服和布料是高級奢侈品，平民一輩子能負擔的次數很有限，甚至醫院行政的重點工作之一是確保往生者的衣物不會被竊取，好好移交給法定繼承人。瘟疫期間，沒收死者衣物加以燒毀是市鎮管理的難題，因為大家都等著別人死掉搶走衣服，結果當然造成疫情繼續擴散。（原注3）

現代社會探討創造財富時更容易失焦，因為很多人只注重財富如何分配。然而，這個討論的前提就假設了已經有值得進行分配的財富存在。經濟學家指出，這在思考上是所謂的總合謬誤（lump fallacy）或物質謬誤（physical fallacy），也就是認為自太始之初便有定量的財富存在，例如一定數量的黃金，而人類為其爭奪至今。（原注4）啟蒙時代集思廣益的結果之一，就是領悟**財富經創造而存在**。（原注5）創造財富主要通過知識與合作，也就是一群人將物質調整為正好可用的排列組合，將每個人的創意和勞務組合為成果。由此得到另一個突破性的推論就是：人類有能力創造更多財富。

財富經創造而存在

貧困的煎熬以及如何過渡到現代社會的富足，可以用簡單卻驚人的圖表來呈現。統計

1 譯按：Genova，義大利北部港口。

方式是將兩千年來的財富狀況轉換為統一標準「世界生產總值」（Gross World Product）並且以二〇一一年的國際元（International dollar）計價。（所謂國際元是指特定時間與美元有相同購買力的假設通貨單位，數字會依據通貨膨脹和購買力平價調整；購買力平價是呈現各地貨物與勞務價格不同的係數，例如在達卡剪髮比在倫敦剪髮便宜。）

圖8-1的人類財富史基本上是：平的、平的、平的……（重複幾千年）然後砰地大爆發。公元開始之後，頭一千年裡世人並未比耶穌時代富有多少[2]，要再過五百年收入才翻倍。有些地區衝得比較快，但趨勢未能持續和累積。十九世紀開始曲線忽然跳起來，一八二〇到一九〇〇年間世界收入增加為三倍，再過了五十多年又三倍。隨後兩個三倍分別只花了二十五年和三十三年。

從一八二〇工業革命以來，世界生產總值已經將近原本的百倍之多，與十八世紀啟蒙時代相比更是快兩百倍。針對經濟分配和成長的辯論，時常以切一塊餅和烤一個更大的餅做比喻（小布希總統比較特別一點，他想「把餅堆高」[3]）。如果一七〇〇年人類用標準九吋平底鍋烤餅，那麼現在的爐子直徑已經得超過十呎。試圖在現在這塊大餅上以微創手術切出極小的一塊，假設最寬的地方不過兩吋，那麼這一小塊的面積已經等同一七〇〇年的整塊餅。

事實上以世界生產總值為標準，低估了財富成長的幅度。（原注6）幾百年裡不同貨幣如英鎊和美元之間的價值兌換如何簡化為一條線？兩千年的一百美元與一八〇〇年的一百美元比較起來，究竟是多還是少？說穿了鈔票只是印有數字的紙張，價值高低端看人拿著鈔票在當下買得到什麼，這部分又受到通貨膨脹和貨幣升貶影響。想比較一八〇〇年和二〇〇〇年的一百美元，必須調查兩個不同年代的人各自花多少錢能買到同樣商品、同量食物、衣服、醫療、燃料等等。因此下圖8-1與之後其他圖表不採美元和英鎊計價，一律轉換為「二〇一一國際元」。

接下來的問題是，科技進展導致將市場視為一個大籃子的概念需要修正。首先，籃子裡的貨物品質隨時間提升了，一八〇〇年的「衣服」是不太防水的厚重油布斗篷，兩千年卻有

2 譯按：為求世俗化和中立，CE通常解釋為Common Era，也就是「公元」。然而西方社會仍時常理解為Christian Era（基督紀年）。目前考證認為耶穌基督並非出生於公元一年，較有可能是在公元前七年到前四年間。

3 譯按：小布希曾經口誤說出"making the pie higher"。

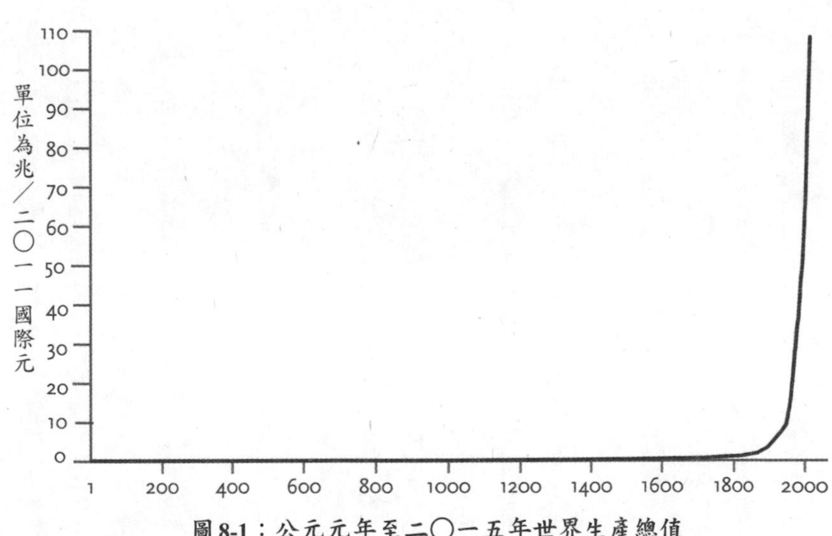

圖8-1：公元元年至二〇一五年世界生產總值

來源：*Our World in Data*, Roser 2016c, based on data from the World Bank and from Angus Maddison and Maddison Project 2014.

了輕量透氣的人造纖維拉鍊雨衣。一八〇〇年的「牙科治療」工具是老虎鉗與木製假牙，兩千年用的是麻醉藥和植牙。由此觀之會發現，兩千年購買衣服或牙科服務的三百美元與一八〇〇年購買同樣分量商品服務的十美元無法完全對等。

再者，科技不只改善既有的事物，也創造了全新的東西。一八〇〇年買電冰箱、唱片、腳踏車、手機、維基百科、孩子的照片、筆電、印表機、避孕藥、抗生素要多少錢？花多少錢也買不到！隨著商品越來越好、越來越多，要計算幾十年、以至於幾百年裡物質層面的人類幸福程度變化難如登天。

價格降低也會造成誤解。假設現在一臺電冰箱賣五百美元，難道給你五百元就能叫你從今以後都不使用冰箱嗎？當然不可能！亞當．斯密點出這種價值矛盾：某種重要商品大量生產之後，價格開始低於大眾真正願意付出的價格，這個落差稱為消費者剩餘（consumer surplus）。消費者剩餘隨時間呈爆炸性成長，已經無法有效統計。經濟學家率先承認了他們採用的種種指標量得出每樣東西的價格，卻測不出每樣東西的價值。（原注7）

然而，別認為以貨幣形式比較不同時空下的財富、通膨、購買力就完全沒意義——至少比什麼都不知道或者亂猜一通好得多，只不過得認清這個比較其實淡化了人類社會進步的幅度。假設今天一個人的錢包裡有二〇一一國際元一百元，他的富裕程度會遠超過兩百年前擁有相同金額的祖先。同樣的概念影響我們對於發展中國家（本章討論）的財富評估、對已開發國家的貧富不均如何理解（下一章），以及對未來經濟成長的預測（第二十章）。

啟蒙經濟

所謂「財富大逃亡」嚆矢為何？最明顯的原因是運用科學改善物質生活，結果成就了經濟史學家喬爾．莫克（Joel Mokyr）提出的「啟蒙經濟」（the enlightened economy）。（原注8）工業革命以後工廠有了機器，農業革命以後農田產量暴增，公共衛生革命普設基礎管線，這些變革創造出的衣服、工具、載具、書籍、家具、熱量、淨水等等資源，比前面一整個世紀所有工匠和農人生產的加起來還多。的確有許多早期的發明誕生於工坊裡不精理論的匠人之手，如蒸汽機、紡紗織布機、鑄造廠、磨坊等等，（原注9）但試誤法（trial and error）終究只是在無數可能性中摸索，虛耗太多時間在死胡同上，運用科學就能減少嘗試次數並提升成功機率。莫克指出：「一七五〇年之後，科技的知識基礎逐步擴大、更多新產品新技術問世，同時人類也更理解舊工具的機制原理，可以繼續修正、改造或組合，衍生出新的版本和新的用途。」（原注10）氣壓計是一六四三年的發明，它證明了氣壓存在，也催生出後來的蒸汽引擎，那時候的人還將其稱作「大氣引擎」。技術與科學之間的雙向交流例子還有化學搭配上電池這個發明以後就能合成肥料，基於病菌說而發明顯微鏡之後連帶飲水和醫護人員的雙手、儀器也不再沾染病原體。

應用科學家並沒有將種種工具收在自家實驗室或庫房內，願意將其創造力用於減輕人類日復一日的勞動與苦痛，之所以如此要歸功於另外兩項創新。

其一是交換貨物、服務與想法的**制度**，也是亞當．斯密特別點出的財富起源。經濟學家道格拉斯・諾斯（Douglass North）、約翰・瓦里斯（John Wallis）、貝瑞・溫格斯特（Barry Weingast）指出，對歷史上和現今的許多國家來說，最自然的運作模式是避免精英階層相互鬥爭和殘殺，因此給予土地、稅務、執照、特許、任免等等優勢，讓他們控制經濟體某個面向並獲取利益（經濟學上獨占資源帶來收益的觀點）。（原注11）然而，裙帶文化在十八世紀英格蘭敗下陣，取而代之的是**開放式**經濟體系，任何人都可以賣東西給其他所有人，交易受到法律、財產權、可強制執行的契約，以及如銀行、企業、政府等等制度保障，依循的是信託責任而非人際關係。如此一來，具有創業精神的人便可以將新產品引進市場，藉由降低成本和售價與其他商家競爭，先收錢但後出貨，投資於短時間看不到回報的設備與土地。現代人想要牛奶，理所當然覺得走進商店貨架上一定會有，而且牛奶不會經過稀釋、沒有摻入雜質，價格也會落在自己能夠負擔的範圍，只要到櫃檯刷卡付錢之後店主人就會讓客人離開，雙方素昧平生、或許往後永遠不會再見，沒有共同朋友意味著彼此信譽都得不到背書。你也可以去其他店家以同樣的方式購買到牛仔褲、電鑽、電腦、汽車，無數雙方毫無關係的交易構成便利的現代經濟，背後需要許許多多制度作為基礎才能順利運作。

除了科學與制度，第三個創新在於價值觀的改變，符合經濟歷史學者迪爾德蕾・麥克洛斯基（Deirdre McCloskey）所謂布爾喬亞的美德。（原注12）傳統的貴族、宗教或武人文化總是鄙視商業，將其貼上庸俗和貪腐的標籤。不過在十八世紀的英格蘭與荷蘭，商業搖身一變站上道德高點，伏爾泰等啟蒙哲人稱頌商業精神能夠解決很多宗派仇恨：

> 看看倫敦皇家交易所，比起多數法庭更加莊嚴，各國代表齊聚一堂謀求全人類福祉：猶太教徒、伊斯蘭教徒、天主教徒互通有無彷彿同信同修，只有破產才被斥為異端；長老會與重浸派交頭接耳，英格蘭國教會和貴格會彼此信賴，所有人都從中得到滿足。（原注13）

歷史學家羅伊．波特（Roy Porter）對這段文字的看法是：「哲人描繪了人感到滿足，而且還滿足於自己的滿足，彼此存在歧異卻又接受差異——這是對於至善（*summum bonum*）的新解，焦點從畏懼神轉移到自身的心靈狀態。換言之，啟蒙將人類的終極提問從『我如何得到救贖』轉化為更務實的『我如何得到幸福』，並且衍生出一套個人和社會可以實踐的做法。」（原注14）實踐的做法包括建立禮教和自制規範，以未來為導向不過分拘泥歷史，除了軍人、僧侶、宮廷人士之外，商人和發明家也獲得敬重。軍事天才拿破崙對英格蘭嗤之以鼻，形容其為「店小二民族」，但當時不列顛人的所得比法國人高出百分之八十三，攝取熱量也多了三分之一，當然滑鐵盧結果是什麼大家也都心知肚明。（原注15）

不列顛與荷蘭發起了財富大逃亡，之後不久其他地區也陸續跟進：日耳曼國家、北歐國家，以及英國在澳洲、紐西蘭、加拿大的殖民地，當然還有美國。一九〇五年，社會學家馬克斯．韋伯（Max Weber）提出只有歸化德國的猶太人才能想出的一套理論，指出資本主義建立在「新教倫理」上。話雖如此，歐洲一干天主教國家很快也擺脫了貧窮。從圖

8-2可以看到之後一連串財富大逃亡的現象，可想而知我們根本不需要將佛教、儒家思想、印度教或更普遍的「亞洲文化」、「拉丁美洲文化」一個個拿出來檢驗它們是否與動態市場經濟扞格。

財富大逃亡到財富大匯合

圖8-2非英國的部分呈現出人類繁榮故事的新篇章：二十世紀後半各貧困國家都展開自己的逃亡行動，財富大逃亡演進為財富大匯合。4（原注16）前不久還相當窮的國家，如南韓、臺灣、新加坡，都達到了舒適的財富水準（我前岳母是新加坡人，她說小時候一頓晚餐家人得把一顆雞蛋分四份）。一九九五年以來，一〇九個開發中國家裡有三十個的經濟成長率相當於每十八年所得就翻倍一

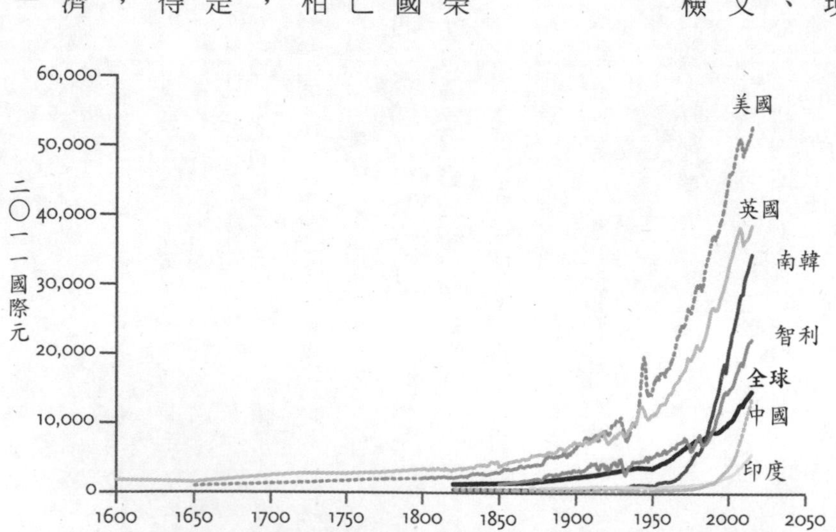

圖8-2：一六〇〇至二〇一五年人均國內生產總值

來源：*Our World in Data*, Roser 2016c, based on data from the World Bank and from Maddison Project 2014.

次，而且不集中於同一地區，有孟加拉、薩爾瓦多、衣索比亞、喬治亞、外蒙古、莫三比克、巴拿馬、盧安達、烏茲別克、越南等等。次之是四十個國家的成長率換算後約每三十五年所得會加倍，已經與美國歷來的成長率平起平坐。（原注17）二〇〇八年中國和印度的人均收入分別追上一九五〇、一九二〇的瑞典。數字本身已經令人讚嘆，但思考人均背後的人口數會更震撼：中國和印度分別有十三億和十二億人口。二〇〇八年世界總人口數約為六十七億，平均收入等同一九六四年的西歐人。而且不必擔心，原因並非富者更富（當然這個現象確實存在，下一章會加以探討），而是赤貧越來越少見，全世界都逐步邁入中產階級行列。（原注18）

統計學家奧拉·羅斯林（漢斯·羅斯林的兒子）以直方圖呈現全世界在三個不同歷史階段的所得分布狀況，頂點連結為曲線表示特定收入區間的人口比例（圖8-3）。（原注19）一八〇〇年，也就是工業革命之初，幾乎到處都是窮人，平均所得等同於目前非洲最貧窮的國家（大約每年五百國際元），地球上九成五人口的生活水準以今日角度看叫做「赤貧」（每日少於一點九元）。到了一九七五年，歐洲及其殖民分支完成財富大逃亡，被甩在後頭的其他地區只有他們的一成所得，位在較低的那側駝峰。（原注20）進入二十一世紀後，又變回單峰駝，而且駝峰向右移動，左側拉出長而低的線條，也就是說世界整體漸趨富裕和平等。（原注21）

4 譯按：Great Convergence。Convergence的經濟學概念是「貧窮地區發展更快，因此與富裕地區之間差距會逐漸縮小，兩者趨於一致」。Mahbubani書中則將此概念也擴大到價值觀、政府、文化等層面。

圖8-3左邊那塊需要獨立討論。圖8-4呈現世界上活在「赤貧」狀態的人口比例。赤貧很難有完全客觀的定義，但聯合國與世界銀行努力自開發中國家找出國家貧窮線，依據則是一般家庭餵飽所有人的底線。一九九六年這條線講起來很順口：「一人一天一元」，不過目前已經來到每人每天一點九國際元。（原注22）（定義越寬鬆則曲線越高越平滑但更快下降。）（原注23）要注意的不僅僅是曲線形狀，還有它降到多低——已經只剩一成。在兩百年內，赤貧人口從九成變為一成，其中一半降幅發生在過去三十五年。

世界的進步體現在兩個層面。首先，上述各種人口比例演變本身就符合道德判斷上的進步程度，符合約翰·羅爾斯（John Rawls）定義公正社

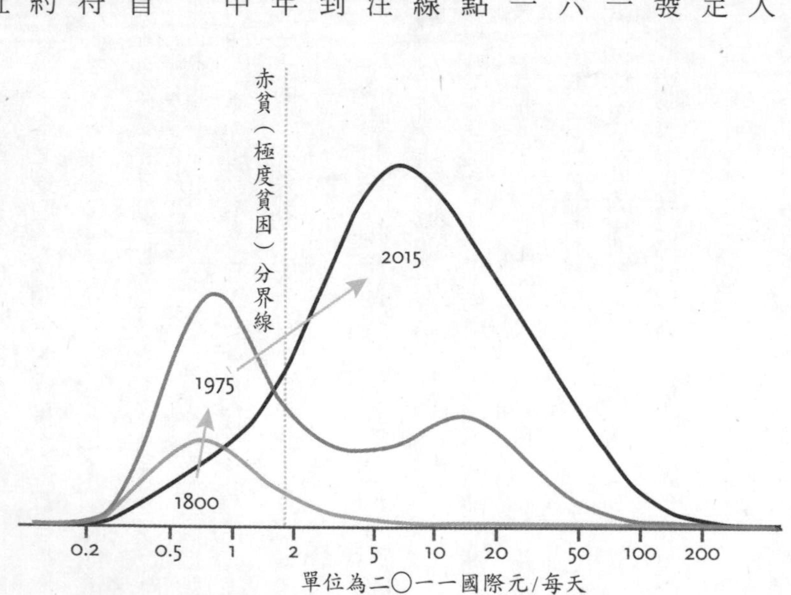

圖8-3：一八〇〇、一九七五、二〇一五年的世界所得分布

來源：*Gapminder*, via Ola Rosling, http://www.gapminder.org/tools/mountain.

會的思想實驗：在無法預測身家背景、能力地位的無知之幕下，你會同意成為這個社會的公民。（原注24）而一個長壽、健康、富足比例相對較高的社會，你當然更願意一試。另一方面，絕對值也很重要。長壽健康富足的人才能過得幸福，這樣的人口越多越好。再來，能抵抗熵、在演化中存活的人口增加了，顯示科學、市場、好的政府和其他現代體制確實發揮強大功能。看看圖8-5的色塊，底下那塊表示赤貧人口，上面更大那塊是脫離貧困的人口，兩相合計就是世界總人口。如圖所示，總人口從一九七〇年的三十七億暴增到二〇一五年的七十三億，同期間貧窮人數節節下降。（麥克斯．羅瑟指出：如果媒體想要認真報導世界演變，頭條標題應該會是：

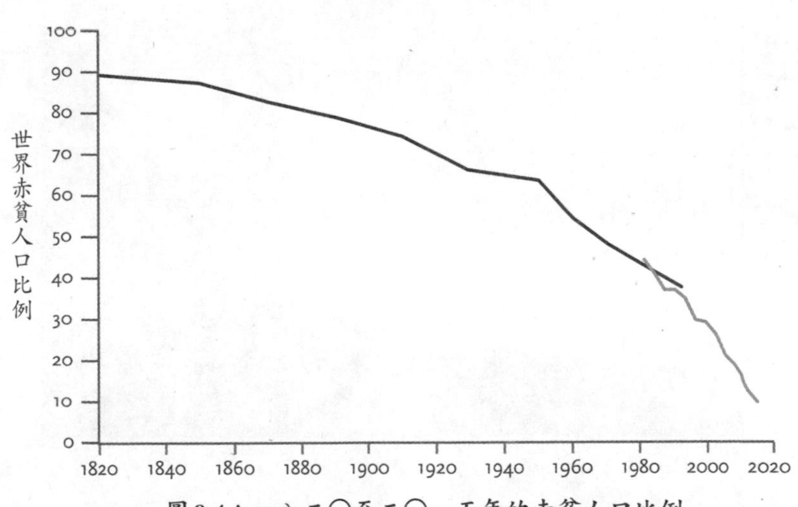

圖8-4：一八二〇至二〇一五年的赤貧人口比例

來源：*Our World in Data*, Roser & Ortiz-Ospina 2017, based on data from Bourguignon & Morrison 2002 (1820-1992)。為求與世界銀行一八九一至二〇一五的資料的通約性，將赤貧和貧窮平均。

「世界赤貧人口昨日減少十三萬七千人，二十五年來每日皆然。」）現在地球上的赤貧人口不只是相對比例減少了，絕對數字也下降，有六十六億人不受赤貧陰影籠罩。

史上令人吃驚的事件多半不是好事，但貧窮獲得改善的情況連樂觀主義者都嚇一跳。公元兩千年聯合國列出八項千年發展目標，起始點上溯到一九九〇年。（原注25）當時評論家不改尖酸語氣，認為聯合國的表現始終不理想，這些目標勢必淪為口號。想要以二十五年時間就讓全球貧窮比例減半，幫助十億人脫貧？可能嗎？但是他們沒料到最後不僅達成目標，還**比計畫提早五年達成**。研究世界發展的專家們跌破眼鏡難以置信。迪頓提到：「這應該是二次世界大戰以來最攸關人類福祉的事。」（原注26）

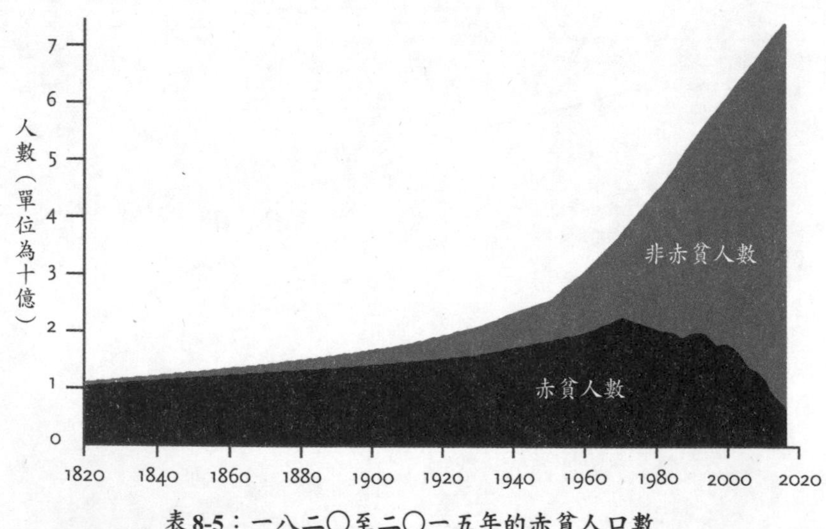

表8-5：一八二〇至二〇一五年的赤貧人口數

來源：*Our World in Data*, Roser & Ortiz-Ospina 2017, based on data from Bourguignon & Morrison 2002 (1820-1992) and the World Bank 2016g (1981-2015).

經濟學家小勞勃．盧卡斯（Robert Lucas Jr.）（與迪頓一樣得過諾貝爾獎）也說：「經濟快速發展對於人類福祉產生的效應太巨大了，鑽研下去幾乎沒辦法思考別的事情。」（原注27）

但我們不必停止思考別的事情。雖然推估歷史曲線的走向很危險，試試看又如何？推算圖8-4世界銀行的資料，會發現二〇二六年將掉到X軸以下（也就是貧窮比例為零）。聯合國在二〇一五年提出永續發展目標（接續千年發展目標）時還預留空間，設定二〇三〇年之前「消除所有地方所有人的極端貧窮」。（原注28）消除所有地方所有人的極端貧窮！希望我有生之年能夠見證。（畢竟連耶穌基督都沒那麼樂觀了。他曾經對懇求的人說：「總是有窮人與你們在一起。」）

當然那天還遙遠，畢竟現在仍有數億人活在赤貧中，要使貧窮歸零還有漫長的一段路要走，不是猜算數字就能解決。縱使印度、印尼之類國家的貧窮人口漸漸減少，最貧窮的國家，如剛果、海地、蘇丹這些地方，數字卻是增加的，而且會是最難跨越的障礙。（原注29）此外，達成現有目標就得訂立下一個目標，尤其脫離赤貧之後依舊是貧窮。之前解釋進步的概念時就提到，要辛苦過後才有成果，進步不是魔棒一揮變出來的。我之所以希望世人注意到種種進步，用意不在自吹自擂，而是要集思廣益找出進步關鍵，才能在對的地方施加更多力氣。既然看得見成效，就沒必要批評開發中國家已經無力回天，從而導致大眾漠不關心，以為投入再多資源都無法填滿無底洞。（原注30）

目前世界正走在哪條正軌上？與多數進步一樣，許多好事同時發生且彼此呼應，想指認最初的骨牌是哪張並不容易。有些批判很尖銳，聲稱現在看到的只是一次性成長、來自石油或其他商品價格提升，或者統計數據因為中國人口過多而得到灌水美化，然而經過檢視其實都不成立。拉德萊特等發展專家指出五個發展主因。（原注31）

「一九七六年，」拉德萊特在著作中提到，「毛澤東一個人以最戲劇化的方式改寫全球的貧窮狀態——他死了。」（原注32）財富大匯合不全然來自中國崛起，但中國龐大的人口數舉足輕重，當地進步的因素也能套用到其他地區。毛澤東亡故是財富大匯合三個主因的象徵事件。

第一個原因是**共產主義（以及高度侵入的社會主義）衰敗**。先前已經提過市場經濟可以將財富越滾越大，極權主義和計畫經濟反而造成匱乏、停滯，常常演變成饑荒。市場經濟一方面享受專業分工的效率、提供誘因使人生產有需求的商品及服務；另一方面需求和供給資訊經由價格機制傳播，解決統整協調幾億人這種官員再聰明也算不清楚的難題。（原注33）一九八〇年代起，集體化、中央管制、政府獨占、缺乏流動的官僚特許（在印度叫做「牌照制」）逐漸被開放經濟取而代之，其中包括中國在鄧小平主導下擁抱資本主義，蘇維埃解體且不再把持東歐，印度、巴西、越南等國的經濟也得到解放。

許多知識分子聽見有人為資本主義辯護就想朝對方吐口水，然而資本主義在經濟上的優勢明顯到無需數字佐證，從太空都能看得見：衛星照片上資本主義南韓一片明亮，共產主義北韓黯淡無光；既然幾乎沒有地理歷史與文化差距，結論當然就是兩種經濟體制創造財富的力道天差地遠。還有其他實驗組和對照組也得到同樣結論，比如鐵幕分割的東西德，還有羅伯·穆加比（Robert Mugabe）時期的辛巴威與波札那，烏戈·查維茲（Hugo

Chávez）和尼古拉斯·馬杜洛（Nicolás Maduro）主政下的委內瑞拉與智利；委內瑞拉一度是富裕產油國，現在竟然出現大規模饑荒、嚴重缺乏醫療資源。（原注34）值得補充的一點是市場經濟蓬勃、較為幸運的開發中國家，實際上並不符合右派美夢與左派惡夢的自由放任，而是在不同程度上投資了教育、公衛、基礎建設、農業和職業訓練，輔以社會保險、降低貧窮的計畫。（原注35）

拉德萊特對於財富大匯合提出的第二個解釋在於**領導**。毛澤東在中國實行的不僅是共產主義，他本人善變且浮誇，推動很多瘋狂的政策，著名的有大躍進（包括大規模人民公社、「大煉鋼鐵」[5]以及「大放衛星」[6]）和文化大革命（致使年輕一代成為惡霸，騷擾恫嚇師長、主管、富農後裔等等）。（原注36）一九七〇到九〇年代間，很多開發中國家受到這類狂人統治，他們的理念、宗教、部族思想極端，人格特質是偏執、自命不凡，增進人民福祉鮮少成為關注焦點。根據是否支持共產主義，狂人們被分為兩派，各自得到蘇維埃與美國的支持，理由在於「就算王八蛋，也是我們的王八蛋」。（原注37）一九九〇到兩千年之後民主制度越來越普遍（詳情見第十四章），領袖階層也漸趨作風穩健和人道思想。此處所說的領袖不限於曼德拉、艾奎諾、瑟利夫（Ellen Johnson Sirleaf）之類國家元首，也包含地區宗教、公民社會上為改善同胞生活不遺餘力的人。（原注38）

5 譯按：土法煉鋼。
6 譯按：各地競爭農產量導致普遍虛報。

大匯合的第三個理由是**冷戰結束**。許多據地為王的獨裁者因此垮臺，一九六〇年代起開發中國家紛紛獨立後就綿延不斷的內戰也失去燃料。內戰對人道和經濟都是重大傷害，摧毀廠房、爭奪資源、孩童無法就學、勞工無法工作還會遭到殺害。經濟學家保羅・克里爾（Paul Collier）說戰爭就是「逆向發展」，據他估計，一次典型的內戰會消耗國家五百億美元。（原注39）

第四個財富大匯合的理由則是**全球化**，特別是有了貨櫃船與噴射機、加上關稅和其他貿易壁壘解除之後，造成交易量大爆炸。古典經濟學和常識思考都認同擴大商業網路應當能使所有人平均而言過得更好，原因在於每個國家適合生產不同商品、提供不同服務，針對適合的項目可以生產得更有效率，供應給幾萬人和幾十億人的成本差距相對較小，同時買方在全球市場貨比三家找到好價格以後也可以購買更多。（但僅用常識思考會很難同意名為「比較優勢」的推論，在此原則下所有參與者提供自己所能生產最有效率的貨物與服務，平均就能達到更好的結果，**即使**買家自己生產所有貨物及服務都更有效率。）縱然「全球化」三個字被政治光譜上的許多頻段視為洪水猛獸，發展專家依舊同意對於窮人來說它是一絲光明。迪頓提到：「有人主張全球化是新自由主義的陰謀，犧牲多數利益來成就少數。假如這是事實，那麼陰謀已經徹底失敗，或者說陰謀起了意料之外的作用是救助超過十億人。要是每次意料之外都是這種結果，那就再好不過。」（原注40）

工業化帶來的好處

一如兩百年前的工業革命，開發中國家工業化之後遭遇新的問題：現代富裕國家裡的勞動環境過分苛刻，遭致猛烈譴責。十九世紀的浪漫運動部分起因就是回應「黑暗如魔鬼的工廠」（威廉・布萊克的形容），從那時候開始斯諾筆下第二文化的文藝界知識分子就把對工業的憎惡視為神聖不可侵犯的理念。（原注41）斯諾文章裡最能激怒對手利維斯的莫過下面這段：

> 大家體體面面地坐著、嘴上說物質條件不重要。其實也無妨，如果有人出於自身意志堅決抗拒工業化，要過《湖濱散記》那種生活也無所謂。但要是常常挨餓、眼睜睜看著襁褓中的兒女丟掉性命、覺得讀書識字是壞事、不介意壽命縮短二十年，我會很欽佩對方基於個人觀點表現出的厭惡居然強大至此。然而，如果這個人有一丁點兒想逼迫根本沒有選擇權的人接受那種命運，即便是間接地，恕我完全無法苟同。他們會如何選擇是明擺在眼前的事實：截至目前為止，每個得到機會的國家，窮人毫無例外第一時間衝進工廠，深怕工廠不再有職缺。（原注42）

前述資料已經印證了斯諾對於壽命和醫療的觀點，而他分析正在進行工業化的國家也很有道理：要評論窮人的苦難，彼時彼地他們究竟有什麼選擇才是判斷前提。五十年以後，經濟發展專家如拉德萊特附和這個論點，他指出：「現在我們認為是血汗工廠的勞動環境，通常比起血汗工廠的老祖先已經要好很多，看看以前農業的計日工就會明白。」

一九九〇年代我去印尼居住過一陣子，抵達時還對稻田生活存有美麗幻想，懷疑雨後春筍般的工廠職缺是種陷阱。可是待得越久就越明白農人實在太辛苦太勞累了，為了養家餬口一整天在大太陽底下彎腰駝背，努力耕田、除草、播種、插秧、驅散病蟲、最後要收割。站在水田裡除了遇上水蛭，也時時刻刻處於瘧疾、腦炎等等疾病威脅下。更不用說真的很熱，而且無處可躲。工廠開出每天兩美元的條件還是幾百幾千人排隊搶破頭不是沒有道理。（原注43）

工業化帶來的好處不只是物質條件提升，女性能夠就業是一種解放。潔爾希・佛雷（Chelsea Follett）（「人類進步」網站主編）在〈血汗工廠的女性主義面向〉（The Feminist Side of Sweatshops）一文提到，十九世紀起工廠給了女性一條逃離農村傳統性別角色的道路，結果當時部分男性就認為它「足以玷汙最純潔守婦道的女孩」。女性本身未必這麼想，一八四〇年在麻州洛厄爾市紡織廠內的工人寫道：

我們聚在一起……賺錢，設法用最快速度賺最多錢……新英格蘭這兒人人愛錢，如果因為嫌辛苦或有人看不順眼就禁止女人來做好賺錢的工作也未免太可笑。我們美國女孩兒

可是很獨立的，才不甩那一套。(原注44)

於是我們又看到工業革命的經驗能沿用到現在的開發中國家。全球婦女基金理事長卡薇塔・朗姆達斯（Kavita Ramdas）二〇〇一年說過，在印度村莊裡「女人只能任由丈夫和親戚使喚，不然就是打穀和唱歌，但搬到市鎮裡可以找工作、自己創業並且送小孩上學」。(原注45)孟加拉的一項調查分析顯示，女性進入成衣業工作（一九三〇年代我祖父母那一輩也是）之後工資提高、晚婚、兒女變少但教育程度提高。(原注46)再過一世代，貧民區就化為市郊社區，勞工也能成為中產階級。(原注47)

工業化的益處不必然得伴隨其殘酷面。想像如果歷史有一條分歧，工業革命之後更早採納了現代人的判斷標準，於是工廠不僱用童工，對成年人提供更好的勞動環境。而毫無疑問，現在就有開發中國家的工廠一方面提供就業機會並獲取利潤，另一方面也能給予勞工人道待遇。貿易協商、消費者抗議確實都改善了許多地區的勞動條件，而且隨著國家更富裕、更融入國際社會以後，自然而然會有所轉變（第十二章和十七章將回顧西方社會的勞動條件演變）。(原注48)所謂進步不是無法切割細項的是非題，人類並非一定要原封不動挪用過去的工業化、全球化歷程。既然是進步，目標就該放在解析社會進步的因素，最大化人類福祉，同時最小化承受的傷害。

財富大匯合最後的理由依舊是**科學**與**科技**，這也是許多分析指出最重要的因素。(原注49)人類生活越來越「便宜」，是好的那種。知識發達以後，每小時勞動相較以往能換取更多食物、醫療、教育、衣物、建材以及各式各樣必需品或奢侈品。現代人的食物和醫藥都變便宜了，小孩穿著便宜的塑膠涼鞋不必打赤腳，成人無論去做頭髮或者聚在一起看球賽，都能享受便宜的太陽能或其他供電。想要獲得保健、農務、經商方面的資訊就更棒了，不只是「便宜」，常常還免費。

現在地球上半數成年人擁有智慧手機，訂閱服務也多不勝數。世界上有些地區還缺乏道路、電纜線、郵政、報紙、銀行等等設施，生活在那裡手機不只是用來閒聊和看貓咪圖片，也是最主要的生財工具。透過手機可以轉帳、叫貨、追蹤天氣和市場動態、僱用計時工、搜尋保健或農作的相關知識，甚至能在上面完成初級教育。（原注50）經濟學家勞勃・詹森（Robert Jensen）一篇標題為〈個體與總體資訊「鯖」濟〉（The Micro and Mackerel Economics of Information）的文章，分析了南印度洋的漁業小戶利用手機增加收入同時降低地區魚價，做法是出海時先用手機查詢當天價格最好的市場。由於漁獲擺太久會壞掉，知道價格才能避免大老遠將魚送到供過於求的地方賣不掉，而別的港口卻是有錢還買不到。（原注51）原本完全市場只是經濟學教科書中的假想情境，但手機使得數千萬小農戶、小漁戶真正成為全知又理性的參與者。一項統計顯示，每支手機都為開發中國家的年度國內生產總值增加了三千美元。（原注52）

知識的正向力量改寫全球發展規則，於是發展專家對於國外援助也有了分歧意見。有些人認為資助腐敗的政府、與當地業者競爭造成的傷害多過好處（原注53），也有人提出近期數據主張好好分配援助能發揮巨大效果。（原注54）不過歧見針對的援助形式都局限在食物和金錢，主題若換作技術援助，專家們倒是一致贊同，不論是醫療、電子、作物多樣性、農業實務操作、貿易和公衛等等。（回到湯瑪士・傑佛遜說過的：「我將思想傳授他人，他人之所得無損我之所有。」）前面好幾次用人均國內生產總值當做指標，但其實知識的力量造成這個測量標準與我們真正的目標、也就是生活品質脫鉤。就算在圖8-2右下角標出屬於非洲的一條線，看起來也不會很特別，它還是會上揚，但不像歐洲、亞洲呈現指數爆炸趨勢。查爾斯・肯尼（Charles Kenny）則強調，非洲的實際進步幅度無法透過平緩線條來理解，因為醫療、壽命、教育都比以前普及太多。當然富裕國家的人民壽命還是更長（這種相關性稱為「普勒斯頓曲線」〔Preston curve〕，得名於注意到這個現象的經濟學家），但整體趨勢是，無論所得高低壽命都有所提升。（原注55）兩百年前最富裕的國家（荷蘭），預期壽命不過四十，其他國家也無法超過四十五，但現在地球上**最貧窮**的國家（中非共和國）的預期壽命達到五十四，而且**沒有任何國家低於四十五**。（原注56）

視國民所得為淺薄又過度物質主義的指標然後不屑一顧，何難之有？但它的的確確與各項人類福祉指標呈正相關，後面幾章還會反覆看到相同現象。人均國內生產總值與壽命、健康、營養的關聯最為明顯（原注57），稍微分析也能找到它與和平、自由、人權、寬容等道德價值有關。（原注58）國家越富有便越少和他國交戰（第十一章）、越少發生內戰（第十一章）、更趨向和保持民主（第十四章）、更尊重人權（第十四章，請注意這是平均而言，因為阿拉伯地區石油輸出國富裕的同時社會壓迫仍舊嚴重）。富裕國家的人民對「解放」或自由價值都更重視，如女權、言論自由、同性戀平權、參與式民主、環保（第十章與第十五章）。然後不意外的，國家越富有人民越幸福（第十八章），比較出乎意料的是國家越富有人民越聰明（第十六章）。（原注59）

每個國家都可以擺在「索馬利亞到瑞典的連續光譜」上檢視，一端是貧窮、暴力、壓抑、不幸福，另一端則是富裕、和平、自由、幸福。詮釋時相關性不等同於因果關係，其他因素如教育、地理環境、歷史和文化都必須納入考量。（原注60）然而，進行數據分析就會發現，經濟發展似乎真的是人類福祉背後的一大推動力。（原注61）學術界有個老梗：「精靈現身系務會議，答應實現系主任的願望，可以從金錢、名譽和智慧中選一個。系主任回答：『簡單，我是學者，一輩子求知，理所當然要智慧。』精靈揮揮手消失，留下一陣煙。霧散以後系主任埋首苦思，一分鐘過去，十分鐘過去，十五分鐘過去，終於有教授忍不住開口：『到底怎樣？』系主任這才嘀咕：『應該選金錢！』」

第九章

貧富差距

收入不均與人類進步並無矛盾，現代社會也沒有經歷所得暴跌、幾百年繁榮被逆轉的惡夢。

「所有人都會一起變富有嗎？」二十一世紀進入第二個十年，執著於經濟不平等問題的已開發國家自然提出這樣的疑問。教宗方濟各說不平等是「社會罪惡的根源」，歐巴馬說它是「這個世代最關鍵的挑戰」。二〇〇九到一六年間，《紐約時報》的報導裡**不平等**這個詞的出現頻率飆升十倍，來到每七十三個字就能看見一次。（原注1）新的社會共識是，最有錢的百分之一人口將幾十年的經濟成果全部收割走，其他人連持平都很困難，只能逐步沉淪。果真如此的話，前一章描述的財富爆炸似乎不值得慶祝，畢竟和人類整體福祉沒有多大關係。

貧富差距一直都是左派人士念茲在茲的議題，二〇〇七年經濟大衰退之後它的重要性更上層樓，點燃二〇一一年占領華爾街運動，促使二〇一六年自詡社會主義者的伯尼・桑德斯（Bernie Sanders）投入美國總統大選並高喊：「少數人擁有很多、大部分人卻只擁有一點點的國家，無論就道德面還是經濟面都無法存續。」（原注2）不過掀起革命浪潮之後他卻遭到反噬，結果是將川普拱上位。川普聲稱美國成了「第三世界國家」，他並不將勞動階級財富縮水歸咎給華爾街或前百分之一的人，而是找了移民和國際貿易開刀。政治光譜左右兩端對貧富不均忿忿不平的人原本各有不同理由，卻在這時候見獵心喜同仇敵愾起來。他們對現代經濟的不滿催生出近年來立場最為極端的美國總統。

經濟上的不平等真的造成多數人變窮嗎？西方國家的貧富不均在一九八〇年左右來到低點，之後的確逐步惡化，美國等英語系國家尤其明顯，拿最富有階層和其他人做比較更突顯嚴重程度。（原注3）研究貧富差距通常會採用吉尼係數（Gini coefficient）作為標準，係數介於零和一之間，零表示所有人的財富相同，一則表示一個人擁有全部財富而別人什麼也沒有。（所得分配最為平等的地方，如北歐國家，計算稅後所得與福利的話可以達到零點二五；分配嚴重不平等的國家，如南非，則約為零點七。）在美國，以市場所得（稅前且不考慮福利）計算吉尼係數的話，一九八四年是零點四四，到了二〇一二年變成零點五一。另一種衡量貧富差距的方式，是計算一定比例（分位數）的人口所得占總所得的分量；一九八〇年最富有的百分之一占總所得百分之八，到了二〇一五年已經達到百分之十八，同時最富有的千分之一占總所得的比例從百分之二提升到了百分之八。（原注4）

與貧富不均相關的現象很多，毫無疑問有些問題非常嚴重必須認真以待，否則後果是市場經濟失靈、科技發展與國際貿易停滯等等。然而，經濟不平等極其難分析（人口為一百萬的話，就有九十九萬九千九百九十九種不平等的可能性），也已經有非常多書籍著墨於此。我之所以開一章討論這個話題，主因在於反烏托邦話術打動太多人，接受那套說詞就會認為貧富不均代表現代性無法改善人類生活，可是從很多角度去檢視，都會發現這種想法並不正確。

貧富差距與人類進步

理解貧富不均與人類進步之間的關聯，第一步是認清所得分配並非人類福祉的基本要素，和前面幾章探討的健康、繁榮、知識、安全、和平有所不同。蘇維埃時代的老笑話可作為解釋：伊戈爾和波利斯都是一窮二白的農夫，小田地的產量養家活口都很辛苦，差別就是波利斯多了隻瘦巴巴的山羊。有天精靈現身在伊戈爾面前讓他許願，伊戈爾說：「讓波利斯的山羊死掉。」

笑話的啟示很簡單：願望實現的話兩個農夫之間更平等，但沒有人因此過得更好，充其量就是伊戈爾的嫉妒得到平息。哲學家哈利．法蘭克福（Harry Frankfurt）二〇一五年出版的《論不平等》（*On Inequality*）（原注5）對這點有詳細剖析，並指出從道德面來看差距本身不是問題，**貧窮**才是重點。只要人活得夠久、健康、能享樂且有目標，賺多少錢、房子多大、買了幾輛車都不是真正的道德問題。法蘭克福還提到：「從道德的角度來看，重要的並不是每個人擁有的都**一樣**，只要每個人擁有的都**足夠**就好。」（原注6）如果對貧富不均的觀點狹隘到只想殺死別人的山羊，而非思考如何增進自己擁有的，後果自然十分可怕。

將貧富不均和貧窮混為一談也是總合謬誤的結果——如果將財富視為獵物，牠的血肉有限，大家分著吃的話一個人多另一個人勢必少，於是進入零和遊戲。可是前面已經解釋過，財富並非有限資源，工業革命以後就呈現指數成長。（原注7）換句話說，有錢人越來越有錢，但窮人也越來越有錢。不過專家學者持續以總合謬誤為立論基礎，我只能猜想他們是為了有說服力而不是真的混淆了兩種概念。湯瑪斯．皮凱提（Thomas Piketty）二〇一四年暢銷書《二十一世紀資本論》（*Capital in the Twenty-First Century*）是抨擊貧富不均的神主牌，其中提到：「今日較貧困的一半人口和以前相比還是一樣窮，二〇一〇年只占總財富的百分之五，與一九一〇年時相差無幾。」（原注8）問題是今日的財富總量遠超過一九一〇年，因此貧窮的那一半人雖然占比不變卻比以前富裕很多，不可能「一樣窮」。

總合謬誤導致另一種更有害的思考模式，以為某些人變富有必然代表他們奪走本該屬於別人的部分。哲學家羅伯特．諾齊克（Robert Nozick）曾經提出有名的例子（原注9）解釋為什麼這種思考不正確，在此稍微改編為二十一世紀的版本：《哈利波特》作者J. K.羅琳是億萬富豪之一，該系列小說全球銷售破四億冊，改編的電影也有超過四億觀影人次。（原注10）假設十億人各自拿出十美元來換取《哈利波特》平裝本或電影票帶來的快樂，其中十分之一是羅琳女士收取的版稅，她因此成為億萬富翁，貧富不均也跟著惡化了。但事實上她讓人們過得更好而不是更差（這句話的意思並不表示「每個富人」都使大家過得更好）。而整個過程也不表示羅琳的收入是基於她的努力或才華，是散播文藝與歡樂所以正正當當，畢竟並沒有某個委員會出來評判她是否有資格賺到這樣多的錢。她的財富只是數十億讀者和觀眾自願掏錢出來享樂的副產品。

當然擔心貧窮之外，也有理由煩惱貧富不均。或許多數人和伊戈爾一樣，必須透過與同儕比較才會得到幸福感，絕對值是沒意義的。富人更富的時候其他人就覺得自己變窮；換言之，即使所有人的財富都增長了，貧富差距仍舊降低人類福祉。這是社會心理學上歷史悠久的想法，也換過好幾個名字，例如社會比較、參照團體、地位焦慮、相對剝奪等等。（原注11）可是這個觀點不能無限上綱。想像有個叫做希瑪的婦人，她不識字，住在貧窮國家的小村莊，兒女半數染病死亡，自己與認識的人大半只能活到五十歲。再想像莎莉，住在富裕國家，受過良好教育，曾經去過不同的城市與國家公園旅遊，照顧孩子長大後還可以活到八十歲，但一輩子都是社會的中下階層。莎莉看過世界上那麼多財富但知道與自己無緣，如果她因此意志消沉不覺得自己過得幸福，也是可以理解。說不定她的感受比希瑪還要糟糕，因為希瑪只要有一丁點兒好事就能謝天謝地。問題是，因此聲稱莎莉沒有過得比較好就太過分了。如果進一步主張說不要幫助希瑪的國家，因為要是之後她鄰人賺得更多，等於造成她更不快樂，這種說法實在太荒謬。（原注12）更何況這個思想實驗毫無意義，現實生活裡莎莉絕對比較快樂。以前有個理論認為大眾特別關注有錢人，會以他們為標準持續調整內在幸福指標，不論自己究竟過得如何；第十八章會證明比較富裕的人和居住在富裕國家的人（平均而言）比窮人、住在窮國的人來得幸福快樂。（原注13）

儘管人變更快樂了、國家變更富裕了，會不會因為周圍其他人終究更有錢，亦即貧富差距擴大，導致幸福感低落？流行病學家理查德．威爾金森（Richard Wilkinson）和凱特．皮克特（Kate Pickett）在其知名著作《精神層次》（*The Spirit Level*）中說，貧富不均嚴重的國家，他殺、入獄、青少年懷孕、嬰兒夭折、身心疾病、缺乏社會信任、肥胖、藥物濫用這些問題的比率都高。（原注14）他們認為**原因**就在於貧富差距，因為不公平的社會導致人民陷入贏者全拿一面倒的競爭裡，累積太多壓力以後就會生病和自我毀滅。

有人將精神層次理論戲稱為「左派萬有理論」[1]，但實際上所有從大量相關性直接跳到單一原因解釋的理論都會有很多問題。舉例而言，比起每個人生活中工作、愛情、社交等方面的競爭對手，目前並未發現J. K.羅琳或謝爾蓋．布林（Sergey Brin）[2]會讓我們更焦慮。更難解釋的是經濟較為平等的國家如瑞典和法國，與經濟傾斜嚴重的地方如巴西與南非，除了所得分配之外還有非常多不同點。前者較富裕、教育程度較高、政府效能較好、文化同質性也高。單純拿貧富不均與幸福感（或任何社會福祉）做比較，只能證明基於諸多理由住在丹麥比住在烏干達好，如此而已。威爾金森與皮克特的樣本限於已開發國家，但並非所有樣本都能找到一樣的相關性。[原注15]富裕但貧富不均的國家，如新加坡和香港，社會健康程度往往優於前共產東歐較貧窮也較平等的國家。

最強烈的一擊，是社會學家喬納森．克里（Jonathan Kelley）以及瑪萊亞．艾文斯（Mariah Evans）直接斬斷貧富不均和幸福之間的因果關係。他們研究六十八個社會裡的二十萬人，時間軸跨越三十年。[原注16]（第十八章會討論幸福感和生活滿意度如何測量。）他們的研究將已知會影響幸福程度的變因保持一致，如人均國內生產總值、年齡、性別、教育、婚姻、宗教參與等等，結果發現所謂貧富差距導致不幸福的理論「禁不起事實考驗」。財富不平等在開發中國家造成的竟然不是沮喪，反而是鼓勵——身處在較不均等的社會的人**更快樂**。作者推論嫉妒情緒、地位焦慮、相對剝奪感在貧窮且不平等的國家會被**希望感**給掩蓋，財富不平等象徵了機會，代表透過教育或其他管道能使自己或後代向上流動。至於開發中國家（撇開前共產國家），貧富不均沒有造成明顯差別。（在前共產國家，影響是兩面的：貧富不均對成長在共產時期的上一代造成負面影響，年輕一代卻無感或視為機會。）

1 譯按：萬有理論原為物理學界用詞，意指具有總括性、一致性、能夠解釋所有現象的物理理論框架。

2 譯按：Google創建人之一，名列富比士二〇一九年億萬富翁排行榜十四名，資產四九八億美元。

貧富不均對幸福感的影響還難以判斷，可是這種論調已經造成討論時的另一種概念混淆，也就是無法區別貧富不均等（inequality）和**不公平**（unfairness）的差異。以前許多心理學研究發現包含孩童在內，多數人認為意外之財應該由參與者平分，即使結果是每個人拿到的都變少。部分心理學家據此提出人類對不公平有先天的厭惡，明顯傾向平分財富。但心理學家克里斯提娜・施塔曼（Christina Starmans）、馬克・謝斯金（Mark Sheskin）、保羅・布倫（Paul Bloom）近期卻發表了〈為何大眾喜歡不公平的社會〉（Why people prefer unequal societies）一文，他們重新回顧文獻後發現其實人類偏好**不均**分配，無論實驗室環境或不同國家都一樣，前提是分配方式讓人覺得**公平**：特別努力、常支援別人的話就該多領獎金，甚至只要公正客觀的話樂透彩金也該歸於幸運得主。（原注17）「目前沒有任何證據顯示，」作者如是說：「兒童或成人對不均等有排斥傾向。」也就是說，當民眾認為身在功績社會[3]，就不會對貧富差距產生不滿；反之則會感到憤怒。由此觀之，貧富不均的存在本身未必那麼嚴重，但對貧富不均的原因的論述卻對大眾心理造成深刻影響。政治人物見縫插針煽動情緒的手段，就是指稱有人拿了不屬於自己的東西，像「福利女王」[4]、移民、其他國家、金融業和富人，有時候也與少數族裔扯上邊。（原注18）

除了影響個人心理，貧富不均也和多種社會功能失調相提並論，包括經濟停滯、財政動盪、世代不流動和政治上的權力尋租。這些都是需要嚴肅看待的議題，然而從相關性直接跳到因果關係就必須被質疑。（原注19）總而言之，我不認為抓著吉尼係數當做各式各樣社會現象的根源有太大意義，有問題就該一個一個去解決。比方說投資基礎建設和研究以避免經濟停滯、強化金融管制降低風險、教育和職業訓練更加普及也能促進經濟流動，以及財政改革和提高選舉透明度避免政治力的不當操作等等。金錢干預政治是特別惡劣的情況，所有政策都可能因此扭曲，但依舊不該將其和貧富不均混在一起討論——如果選務改革無法更上一層樓，政治人物無論如何還是受制於獻金最多的勢力，而他們占全國所得百分之二或百分之八並非問題癥結。（原注20）

綜上所述，貧富均等本身並非人類福祉的一種，也不應該與不公不義、貧困混為一談。接下來將焦點從貧富不均的道德意義轉向為何不均的程度會隨著時間改變。

絕對不均與相對不均

對於貧富不均的由來有一個極度簡化的說法，聲稱它是現代性的產物，因為人類最初根本沒有財富，大家一無所有自然平等。之後財富被創造出來了，所以開始有人拿得比較多、有人拿得比較少。在這個故事裡面貧富不均從零開始，隨著財富總量的增加而惡化。可惜這個故事很不精準。

狩獵採集的社會乍看之下極其平等，馬克思與恩格斯也因此構思出「原始共產主義」

3 譯按：meritocracy，指以個人能力或成就為基礎使精英分子能獲得領導地位的一種社會制度。
4 譯按：welfare queen，利用社會福利規定領取高額補助的人（許多案例為母親領取生育和撫育補貼），常帶貶義。

（primitive communism）。然而民族誌學者指出那是誤會。首先必須注意，目前還能找到的狩獵採集社會和古代人的生活模式已經有所差距，他們被迫遷居到窮鄉僻壤過著游牧生活而無法累積財富，畢竟時常遷徙不方便把東西帶走。再者，觀察環境較穩定的狩獵採集社會，比方說美洲西北太平洋沿岸的原住民，當地有充足的鮭魚、莓果、毛皮動物等等，結果他們的社會一點也不公平，發展出可蓄奴的世襲貴族制度、大量囤積奢侈品、舉辦誇富宴[5]。此外，游牧民族或許會分享肉類，理由是狩獵和運氣攸關，互通有無是為了自己抓不到東西時做準備；反過來說他們並不怎麼分享蔬果，因為採集基本上只是做苦工，如果連植物也無差別地共享等於鼓勵占人便宜。（原注21）由此可見一定程度的分配不均以及這樣的意識，存在於所有社會形態內。（原注22）近期研究發現狩獵採集社會裡的財富（房屋、船隻、狩獵和採集的收穫）「和原始共產主義相距甚遠」：吉尼係數達到零點三三，與美國二〇一二年的可支配收入情況相近。（原注23）

當社會開始大量製造財富之後又如何？**絕對**不均（最富者與最窮者的差距）增加幾乎是數學的必然性。既然沒有至高無上的權威能夠分配收入，勢必有些人能從新的機會裡得到較多，無論背後原因是幸運、技藝或努力，總之他們會拿到比例特別高的報酬。

相對不均（以吉尼係數或收入比例來衡量）的增加卻並非必然，只是機率很高。西蒙・庫茲涅茨（Simon Kuznets）提出著名假說：當國家變得富裕以後，一些人離開農村追求高薪，也有些人會留守窮苦村落，所以貧富不均開始顯現，可是隨後一定會捲起浪潮使所有人的處境都得到提升。換言之，越多人口進入現代經濟，就越能降低貧富不均，曲線

會呈倒U形。這個假設性的不均曲線就稱為庫茲涅茨曲線。（原注24）

上一章的圖表看得出來不同國家之間的貧富不均亦呈現庫茲涅茨曲線分布。工業革命以後歐洲國家逃離普遍性的窮困，將其他地區甩在後頭。迪頓指出：「世界要變好就會產生差異，逃離貧窮的同時製造了貧富不均。」（原注25）隨著全球化與創造財富的知識向外擴散，窮國在大匯合的風潮中迎頭趕上，於是亞洲國家的國內生產總值大爆發削弱了全球不均（圖8-2），世界收入分布從蝸牛變成雙峰駱駝再演進為單峰駱駝（圖8-3），赤貧人口的比例（圖8-4）和數量（圖8-5）也急遽下降。

為了確認貧窮國家發達的速度比富裕國家來得快，也就是全球貧富不均的問題確實得到改善，必須先設計一個測量標準：將國家視為個人來計算的**國際吉尼係數**。圖9-1顯示，在一八二〇年大家都窮的時代，國際吉尼係數還很低，僅僅零點一六。但到了有些窮、有些富的一九七〇年，係數飆高至零點五六，接著一如庫茲涅茨的預測，一九八〇年代進入高原期並開始下降。（原注26）可惜國際吉尼係數也有點誤導，在這種計算方式下，十億中國人與四百萬巴拿馬人的生活進步是同等價值。圖9-1另一條曲線是布蘭科·米拉諾維奇（Branko Milanovi）將各國人口比例加入後的結果，人口數對貧富不均的影響十分顯著。

即便如此，國際吉尼係數假設中國所有人的收入相同、美國所有人賺的都是平均收

5 譯按：potlatch，舉辦宴會透過送禮或毀壞財物的方式交換人情和建立威望，也有社會學家認為是一種財富重分配的途徑。

入，也就是低估了人類整體的不均。

而另一個**全球吉尼係數**以個人而非國家作為衡量標準，這在計算上非常困難，因為必須結合不同國家的收入資料，不過仍有兩項統計結果標示在圖9-2。線條高度不同是因為根據不同年份的購買力平價[6]進行調整，但從趨勢依舊看得出來庫茲涅茨曲線：工業革命之後全球貧富不均持續上升到大約一九八〇年，隨後開始下滑。國際和全球兩種吉尼係數顯示，儘管西方國家對貧富不均越來越焦慮，**世界整體而言貧富不均正在縮小**。繞了一大圈來證明人類在進步，重點還是得回到：貧富不均縮小的真正意義在於貧窮減少。

近年來大眾關注的其實是已開發國家內貧富不均的問題，如美英等

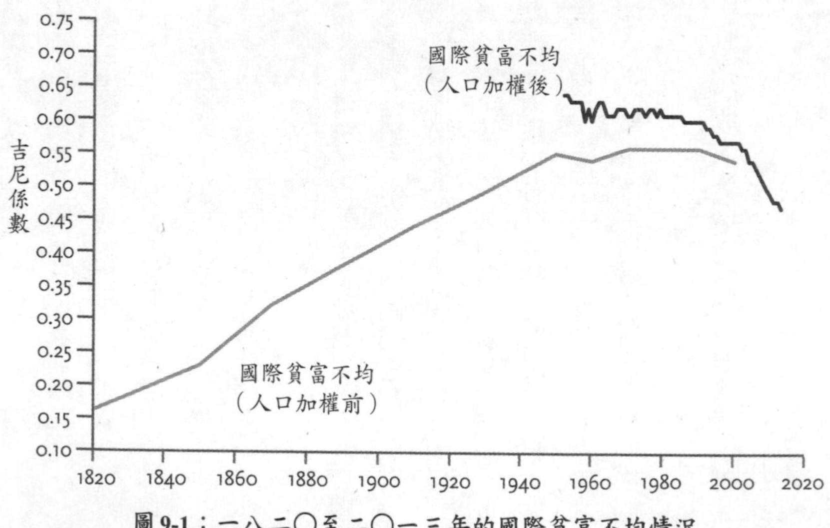

圖 9-1：一八二〇至二〇一三年的國際貧富不均情況

來源：國際不均：OECD Clio Infra Project, Moatsos et al. 2014; data are for market household income across countries。人口加權後：Milanovi 2012; data for 2012 and 2013 provided by Branko Milanovi , personal communication.

國。圖9-3呈現這些國家的長期態勢，直到最近都還能找到庫茲涅茨曲線。貧富不均在工業革命期間攀升、之後滑落，下降趨勢在十九世紀後期還很緩慢，但二十世紀中葉時幅度變大。只是自一九八〇開始，貧富不均出現明顯違反庫茲涅茨假說的反彈，必須加以分段討論。

十九世紀貧富不均的起落符合庫茲涅茨的理論，經濟擴張吸引大量人口進入都市，創造出具有專業技能並因此收入高的職業。二十世紀的下降趨勢被稱為大齊平（Great Leveling）或者大壓縮（Great Compression），背後理由較為突然。這波下降時間點與兩次世界大戰重

6 譯按：purchasing power parity，指根據各國不同的價格水準計算出貨幣間的等值係數，才能合理比較各國的國內生產總值。

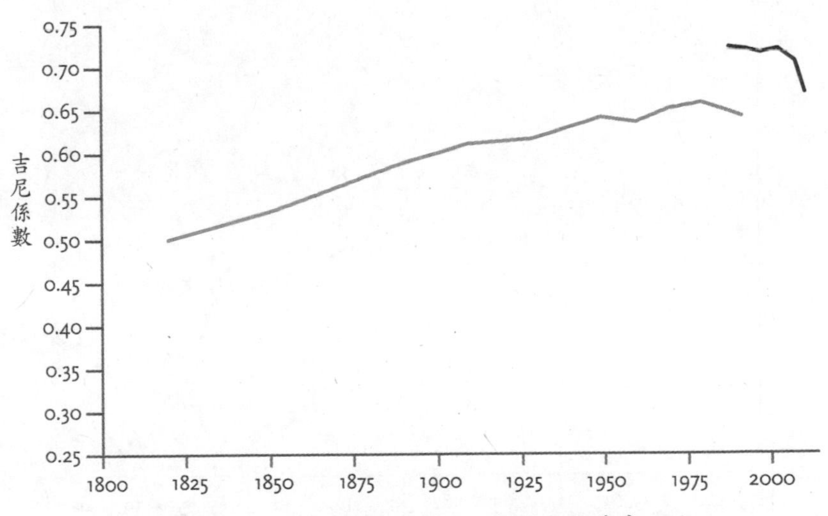

圖9-2：一八二〇至二〇一一年的全球貧富不均

來源：Milanovi 2016, fig. 3.1。左側曲線為每人可支配收入換算為一九九〇國際元，右側曲線單位則是二〇〇五國際元並整合每人可支配收入和消費。

疊並非巧合，大型戰爭最能發揮齊平收入的效應（原注27）：打戰摧毀創造財富的資本、債權人的資產經歷通貨膨脹、國家也會強迫富人承受更高稅率並將稅收分配給軍人和軍火製造業，軍火業發展以後勞力需求也跟著增加。

符合「伊戈爾與波利斯」這個老笑話的邏輯的財富平齊途徑有好幾種，戰爭只是其一。歷史學家華特·謝德爾（Walter Scheidel）提出的「平齊四騎士」[7]有大型戰爭、轉型革命、政府垮臺、致命疫病。四騎士不僅摧毀財富（共產革命連擁有財富的人都摧毀），也藉由害死大量勞工使倖存者的工資得到成長這種方式而降低財富不均。謝德爾語重心長地說：「重視經濟平等的同時，切記除了極少數罕見案例之外，伴隨經濟平等而來的都是苦痛。小心你自己許的願望。」（原注28）

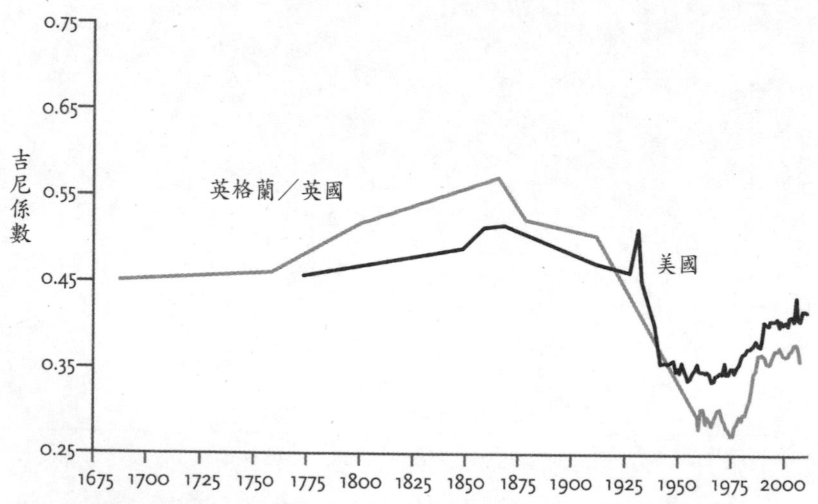

圖 9-3：一六八八至二〇一三年美國和英國的貧富不均狀況

來源：Milanovi 2016, fig. 2.1, disposable income per capita.

謝德爾的警告與長期歷史趨勢吻合。但其實現代社會已經有了減輕貧富不均的溫和手段。如前所述，市場經濟是國家解決貧窮問題最好的工具，然而無法有效幫助那些沒有東西能夠交易的人，包括太年輕、太年長、患病、不幸、技能或勞務不具足夠價值以致無法過好生活的人。（換個方式表示，就是市場經濟能最大化平均值，可是我們也要顧及變異數和變化幅度。）不過當社會同情心擴大到窮困階層（也算是一種未雨綢繆，沒人知道自己會不會忽然淪入窮困）就開始將匯聚的資源，多半是政府資金，用於救濟窮人。資源總得從哪裡取得，可能是企業和銷售的稅金、主權財富基金之類，但多數國家的財政來源主要還是分級徵收的所得稅，富人因為對失去財富有較高承受力所以被徵稅的比率也高，最終結果就是財富「重分配」。重分配這個名詞有其不恰當之處，雖說富人確實因此失去較多財富，但制度目標是拉起社會底層而不是降低頂層財富。

許多指責現代資本主義社會捨棄窮人的批評者，恐怕沒研究過資本主義之前的社會為窮人做的有多少。一方面就絕對數據來看以前社會能付出的本來就少，然而用相對比例來看，他們拿出的財富也不多，老實說是**少得多**。從文藝復興到二十世紀初期，歐洲國家僅僅拿出國內生產總值的百分之一點五用於救濟貧窮、推廣教育或其他社會移轉措施上，至於其他時代、其他地區，絕大部分恐怕什麼也沒做。（原注29）

另一個進步的例子有時稱為平等革命（Egalitarian Revolution）：現代社會將大量財富用在醫療、教育、養老、收入補貼等等方面。（原注30）圖9-4顯示社會支出在二十世紀中期快速

7 譯按：四騎士為新約聖經啟示錄內的末日使者，在此借用其概念。

攀升（美國起自一九三〇年代羅斯福新政，其他已開發國家則是二戰後開始提升福利），中位數已經達到國內生產總值的百分之二十二。（原注31）

社會支出的爆炸性成長也改寫了政府的使命，以往政府職責限於戰事和維安，現在也要養育人民。（原注32）轉變背後有幾項理由：社會支出能潛移默化民眾，使其不受共產或法西斯主義吸引；教育和公衛之類公共財對所有人有利而非只對直接受眾有好處；許多福利政策解決了人民無法或不會自己保障的情況（所以才有「社會安全網」這個說法）。此外，救濟有急需者符合現代的道德良知，大眾不再能接受賣火柴的小女孩在街上凍死、尚萬強為了不讓妹妹挨餓而行竊結果得進監牢、喬家人居然得在六十六號公路旁埋葬祖父[8]這類慘劇。

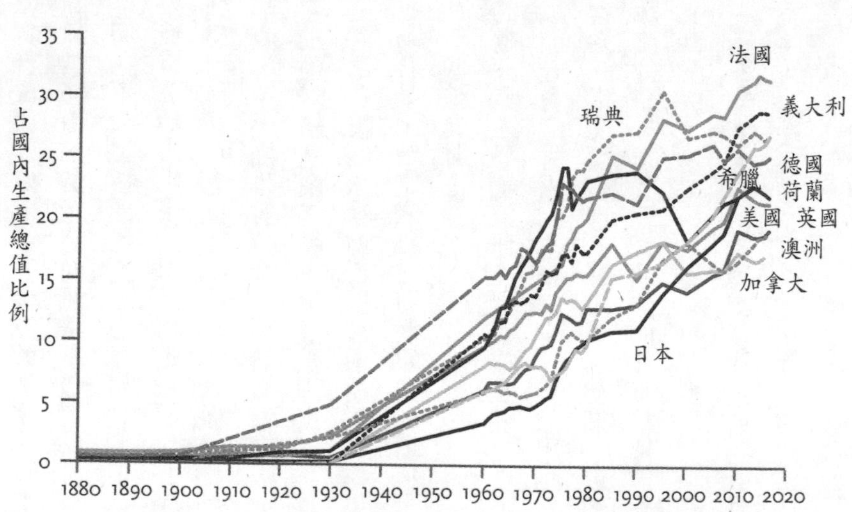

圖 9-4：一八八〇至二〇一六年OECD國家的社會支出

來源：*Our World in Data*, Ortiz-Ospina & Roser 2016b, based on data from Lindert 2004 and OECD 1985, 2014, 2017. OECD。包含35個民主國家及其市場經濟

如果大家將錢交給政府後又立刻拿回來（撇開公務員薪水不提）就無意義可言，所以社會支出的設計是財富較多的人供應資金幫助財富較少的人，這個系統便是大家常聽到的重分配原則、福利國家、社會民主、社會主義（社會主義這個用法不太對，自由市場的資本主義與任何社會支出都沒有衝突）。不論社會支出在設計之初是否**有意**降低貧富不均，其後都自然而然會有這個效果，所以一九三〇到七〇年代間社會支出的提升可以解釋吉尼係數的下降。

社會支出另外帶來一種不可思議的進步結果，之後幾章還會再提到。（原注33）我個人並不喜歡所謂歷史必然、宇宙力量、天理秩序之類的說法，但某些社會轉變彷彿真的冥冥之中自有安排，縱使反對者大張旗鼓最終還是難以抗衡。社會支出就是這樣一個例子。從前美國以抗拒重分配聞名，儘管保守派和自由派人士聲嘶力竭，結果還是將國內生產總值的百分之十九用在社會福利上，且數字逐年攀升。最近比較顯著的社福擴張有小布希時期的處方藥給付新方案，以及有名的歐巴馬健保。

實際上美國的社會支出比帳面上更高，許多醫療、退休、失能的補貼支出不經由政府而是透過資方實行。原本美國的社會支出在OECD國家中排名不過二十四，但公私兩部門加起來的話會竄到第二名，僅次於法國。（原注34）

民眾抗議所謂大政府，[9] 與高稅率，卻又**喜歡**社會支出。社會安全常被稱作美國政治的

8 譯按：出自電影《怒火之花》劇情。
9 譯按：指政府徵收社會資源、主導社會發展的規模程度越來越大，不同昔日主張政府管得越少越好。

地雷區，意思是誰敢亂動這一塊就準備下臺。據傳曾有憤怒的民眾進議會對民代說：「把政府的髒手拿開，別碰我的健保！」（此處指政府提供給老年人的健康保險。）（原注35）歐巴馬健保通過後共和黨簡直將推翻法案視為神聖使命，可是即使二〇一七年新總統都就任了也沒用，每波攻勢都被議會上的憤怒民意和害怕失去選票的議員們給擋下。加拿大人（除了曲棍球）有兩種全民消遣，一個是抱怨他們的健保，另一個是吹噓他們的健保。

今日的開發中國家則和一世紀前的已開發國家相同，對社會支出有較多限制。比方說印尼的社會支出是國內生產總值的百分之二，印度為百分之二點五，中國有百分之七。不過隨著國家變富裕，他們在社會支出上也會越慷慨，這個現象叫做華格納法則（Wagner's Law）。（原注36）一九八五到二〇一二年間，墨西哥的社會支出翻了五倍，巴西現在也有百分之十六。（原注37）目前看來華格納法則並非政府和官僚自負膨脹的警世故事，而是切切實實的進步表現。經濟學家艾斯克蘇拉（Leandro Prados de la Escosura）研究OECD國家於一八八〇到兩千年間的發展，他發現福利、健康、教育程度的複合指標與會員國用於社會移轉的國內生產總值比例高低有強烈相關性。（原注38）更不用說，自由意志主義者心目中的樂園，也就是沒有重大社會支出的已開發國家，目前數量為零。（原注39）

不過社會支出與社會福利之間的相關性並非永無止境，曲線在大約百分之二十五會趨於平緩，比例更高時甚至可能下滑。很多事情都是一體兩面，社會支出也一樣。當它發揮保險功能的同時亦製造了「道德風險」，也就是獲益人知道自己失敗無所謂，反正有人會出面救援，於是變得怠惰或有勇無謀。再者收支要能平衡，如果精算時出了錯或者局勢變動太大導致入不敷出則制度會崩潰。現實中的社會支出並不完全等同保險，而是保險、投資、慈善三者結合，而其是否成功取決於國民的社群意識，倘若補貼對象過度傾向外來移民或少數族裔會使同儕意識打折。（原注40）種種局限是社會支出的先天問題，也永遠會在政治圈造成爭議。然而即使沒人能指出「正確比例」是多少，社會移轉的好處大過成本支出的觀點已經透過所有已開發國家挪用大量財富於社會支出得到印證。

幾家歡樂幾家愁

若要為貧富不均的歷史回顧做總結，要再看看圖9-3的最後區間，也就是富裕國家的不均問題在一九八〇前後惡化。這種發展逐漸導致「除了最有錢的人之外大家越過越糟糕」的說法。庫茲涅茨假說認為貧富不均應該會達到低均衡，曲線回升的情況顯然不符；針對這個意料之外很多學者提出不同解釋。（原注41）戰爭對經濟競爭造成的限制可能不會在終戰後立刻消失，它會多持續一陣子，但最後局勢總是會回復正常，富人取得投資收益，加入贏者全拿的市場機制以後更是大量進帳。美國雷根總統與英國首相柴契爾夫人引領意識形態的轉變，減稅政策導致擴大社會支出的趨勢放慢，同時中下階層不容易累積財富。同一時期越來越多人維持單身或離婚，結婚之後也是雙薪家庭形態，家戶所得在帳面上增加是理所當然，但收入並沒有真的增加。電子產業引發「第二次工業革命」又符合庫茲涅茨假說的曲線上揚前提，市場需要高度專業的工作者，低教育程度的人屈居弱勢，甚至工作機會被機器取代。全球化經濟局勢下，中國、印度等地勞工以低價壓制了美國的競爭者，而美國企業如果沒有好好利用境外代工的機會也會在價格戰中落敗。最後市場巨大化的得利者是頂尖分析師、企業家、投資人、創作人。汽車工人被裁員，J. K.羅琳卻也成為億萬富豪。

過去三十年有兩股貧富不均的趨勢：全球層面上貧富不均得到改善，但富裕國家內的貧富不均卻惡化了。米拉諾維奇將兩者結合進行分析，製作成所謂大象圖（圖9-5），其中財富分布曲線將世界人口由最貧窮到最富有分為二十個區段，並統計一九八八（柏林圍牆倒塌前夕）至二〇〇八（大蕭條前夕）每個區段的人均實際收入的增減。

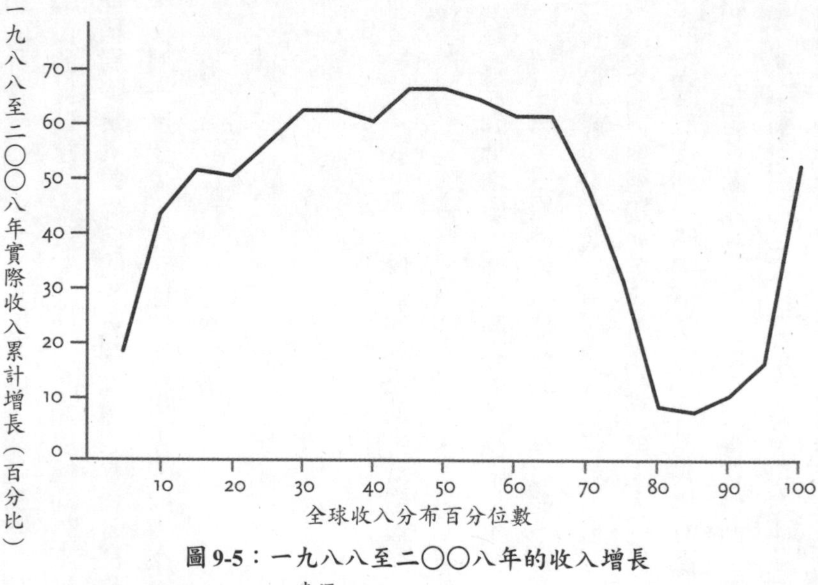

一九八八至二〇〇八年實際收入累計增長（百分比）
70
60
50
40
30
20
10
0
10 20 30 40 50 60 70 80 90 100
全球收入分布百分位數

圖9-5：一九八八至二〇〇八年的收入增長

來源：Milanovi 2016, fig. 1.3.

對全球化最老生常談的說法是「幾家歡樂幾家愁」，在大象圖上各自以峰谷呈現，結果顯示大多數人都是贏家。大象主體（軀幹和頭部）囊括全球約七成人口，屬於「茁壯的全球中產階級」，主要分布地區為亞洲。這個階層的人在統計期間實際所得的累計成長在四十到六十個百分點。最右側鼻孔位置是世界上最有錢的百分之一，他們的收入也同樣節節高升。象鼻稍微往左一點是次一級富人，占人口百分之四，狀況也不錯。繼續向左邊，大概是在全球分布中第八十五個百分點前後才出現所謂的「輸家」。他們是富裕社會裡的中產階級下層，累計成長不到十個百分點，也因此成為目前貧富不均焦慮的主要來源，也就是那些所謂「被掏空的中產階級」、川普的支持者、遭到全球化遺棄的人們。

我忍不住引用米拉諾維奇最有名的一隻大象，因為它生動展示出全球化效應（也可以和圖8-3的單、雙峰駱駝湊成動物園）。然而大象圖呈現的貧富不均超過實際程度，原因有二。其一是二〇〇八年金融危機沒被納入統計，而金融危機對世界財富發揮了奇妙的平衡作用。米拉諾維奇也指出，所謂經濟大衰退其實只是北大西洋國家衰退，世界最有錢的百分之一人口所得遭到削減，但其他地區的勞工收入都飆高（以中國來說所得變成兩倍）。危機過去三年後，曲線仍舊是大象形狀，可是鼻尖下降，背則提高兩倍。(原注42)

另一個造成大象輪廓變化的因素是個概念問題，在許多針對貧富不均的討論裡陰魂不散：大家口中的「最底層五分之一的人口」或者「最上層百分之一的人口」究竟是誰？大部分所得分布資料都是匿名統計，對象是統計學上的範圍而不是真實存在的個人。(原注43)我們可以說一九五〇年美國人的年齡中位數是三十，一九七〇年則是二十八，如果你的第一個反應是「哇，怎麼能變年輕兩歲？」，就代表觀念混淆：「中位數」是統計上的階層而不是特定個人。類似的情況很多，讀到「『二〇〇八年所得最高的百分之一』比起『一九八八年所得最高的百分之一』多賺了百分之五十」這句話，如果你下意識以為是同一群人的財富翻倍就代表還沒搞清楚，因為財富階層會流動，有人進入就有人離開，統計資料並不鎖定特定個人。

非匿名或者說縱向統計、追蹤同樣樣本的資料，多數國家尚未建制完成，所以米拉諾維奇只能採取次之的手段，鎖定某些國家的某些階層，希望避免一九八八年的印度窮人與二〇〇八年的加納窮人被放在一起比較的狀況。（原注44）統計之後還是得到大象圖，不過尾巴和背部較高，因為很多國家的窮苦人民已經脫離赤貧。同樣規律持續下去，但差距縮小不少：全球化拉起窮國底層與中產階級的同時也有益於富裕國家頂層階級，不過富裕國家中低階層得到的好處相對少了很多。

重要的是底層過著怎樣的生活

整理了貧富不均的發展歷史、瞭解幕後的推手之後，現在我們可以認真評判所謂過去三十年內貧富不均和世界局勢惡化、金字塔頂尖的人越來越有錢而其他絕大多數人越過越糟糕是否屬實。最富裕階層的確成長得比其他群體都好，恐怕也無法稱之為應得，然而聲稱其他人過得很差就言過其實，理由如下。

最顯而易見的是，這種說法與世界整體趨勢不符。人類絕大多數過得比以前更好，所以雙峰駱駝變成單峰駱駝、大象圖的線條看起來會是大象。赤貧比例大幅減少、甚至有可能絕跡，國際與全球不均係數也一再降低。沒錯，或許可以說是犧牲了美國的中下階層來換取其他地方窮人的發達，要是我身在美國政壇大概也不敢公開說這筆交易很划算。但若從世界公民的角度來思考人類整體的福祉，就必須承認這是筆還不錯的交易。

可是即便富裕國家的中低階層也有少量的所得成長，不應詮釋為生活水準的下降。談到貧富不均常有人拿現在和過去做比較，並且得出以前藍領工作收入高又有尊嚴，是因為自動化和全球化才淪落至此的結論。然而種種證據指出以古非今是個錯覺，以前勞工其實過得更辛苦，可參見深入調查報導（比方說邁克爾．哈靈頓〔Michael Harrington〕一九六二年出版的《另一個美國》）和寫實電影（像《岸上風雲》〔*On the Waterfront*〕、《藍領階級》〔*Blue Collar*〕、《礦工的女兒》〔*Coal Miner's Daughter*〕和《諾瑪蕊》〔*Norma Rae*〕等等）。歷史學家史蒂芬妮．昆茲（Stephanie Coontz）為了打破大眾對五〇年代的錯誤認知，整理了一些數據供參考：

> 整整四分之一的美國人民，也就是四千到五千萬人，在一九五〇年代中期過著貧困生活。由於當時沒有食物券或居住補貼等措施，窮困變得更難以承受。即使到了五〇年代末，還是有三分之一的美國孩童生活在貧窮線。一九五八年，六十五歲以上美國民眾有六成收入低於一千美元，遠不及現在中產階級的三千至一萬，同時大部分老年人沒有醫療保

險。一九五九年美國只有一般人能儲蓄，四分之一的人口完全沒有流動資產。就算範圍縮小到本地出生的白人家庭，也有三分之一單靠戶主一人的收入無法支撐。（原注45）

傳統說的經濟停滯如何解釋近幾十年生活水準的明顯改善？經濟學家指出，關於貧富不均的統計數據從四個面向上造成大眾對自己生活的錯覺，而且都和前面討論有關。

首先，要區分相對和絕對的富裕。不可能所有學童的成績都在平均以上，同樣的，最底層的五分之一人口所得比例沒有隨著世界進步提升並不代表經濟停滯。人過得好不好關鍵在於賺多少，而不是收入在社會的什麼階層。經濟學家史蒂芬·羅斯（Stephen Rose）最近一項研究區分美國人口的方式不是分位數而是預先設定好層級，「貧困」的定義是三人家庭收入在零到三萬美元（二〇一四年的幣值），「中產階級下層」則是三萬到五萬，以此類推。（原注46）結果發現採取絕對數字來觀察，美國社會一直都在成長。一九七九到二〇一四年間，窮人比例從百分之二十四掉到二十，中產階級下層也從二十四降至十七，連中產階級都縮水從三十二變成三十。消失的人去了哪兒？大多數爬到中產階級上層（收入在十萬到三十五萬美元間），比例從百分之十三擴大至三十；再不然是所謂上流社會，比例從零點一擴大到百分之二。中產階級被淘空是因為很多美國人變有錢，而貧富不均的確加劇，有錢人累積財富的速度比窮人、中產階級更快，但平均而言每個人都比以前更富裕。

第二個造成誤解的原因，是匿名和縱向數據的差異。假設美國經濟底層的五分之一人口在過去二十年裡所得沒有成長，這並不代表某位水電工在一九八八年和二〇〇八年的收入是一模一樣（或者提升幅度僅止於抵消生活成本增加）。年紀大、經驗多的人收入會增加，抑或是從低薪工作轉到高薪工作，也就是說這位水電工可能已經從最底層五分之一爬到中間那五分之一，比他年輕的人或者新移民遞補了空缺。社會流動的程度比想像來得大，近期的縱向研究發現半數美國人一生的工作時間中，至少有一年能進入所得排行最頂尖的一成裡，九分之一的人能夠擠進最前面百分之一（可惜多數人沒辦法維持太久）。（原注47）這或許也解釋了為什麼大眾進行財務評估會傾向樂觀（「我過得不錯，但大眾過得不好」的心態）：大部分美國人認為中產階級在這幾年裡生活水準下降，恐怕是因為自己的生活水準提高了。（原注48）

貧富不均沒有真的使低收入階層過得更差，第三個原因在於社會移轉發揮了抵消作用。儘管意識形態偏向個人主義，但美國還是實施很多重分配制度，累進所得稅率、低收入者有「隱藏的福利國家」[10]做後盾，包括失業保險、社會安全、聯邦醫療保險、低收入戶政府醫療補助、貧困家庭暫時救助金、食物券、以負所得稅形態間接增加收入的勞動所得稅扣抵等等。各種措施加總以後，美國的貧富不均大為下降，二〇一三年美國市場所得（不計算稅率和社會移轉）的吉尼係數高達零點五三，但可支配所得（扣除稅金和社會移

10譯按：一九九七年政治學者克里斯托弗．霍華德（Christopher Howard）出版《隱藏的福利國家：美國的稅金支出和社會政策》（*The Hidden Welfare State: Tax Expenditures and Social Policy in the United States*）。書中指出雖然一般不認為美國是福利國家，但美國社會實際的福利支出可以媲美許多標準福利國家，只不過這些支出主要形式為減稅。包含霍華德在內，部分學者對「隱藏福利國家」提出質疑，理由包括以此模式幫助弱勢族群可能強化社會偏見、未能有效排富等等。

轉）就降低為零點三八。(原注49) 美國尚未加入德國、芬蘭之流，這些國家的市場所得不均情況與美國接近，可是重分配措施更為大刀闊斧，吉尼係數降到零點三以下，而且避過了一九八〇年代後的貧富不均飆高趨勢。歐洲國家的高福利政策是否能長期維持、又是否適合美國還有待觀察，但所有已開發國家都朝福利國家方向前進，就算是隱藏式的福利也能緩和貧富不均。(原注50)

各種社會移轉手段不只降低貧富差距（成效尚有爭議），也增加非富人階層的所得（這部分效果明顯）。經濟學家蓋瑞．勃勒斯（Gary Burtless）分析發現，若將人口依據所得分為五個階層，一九七九到二〇一〇年間，最底下四個階層的所得提升比例分別為百分之四十九、三十七、三十六與四十五(原注51)，而且這個時段還不到經濟大衰退後遲來的復甦期。若觀察二〇一四到一六年，會發現薪資中位數躍升創歷史新高。(原注52)

然而更重要的終究是底層過著怎樣的生活。一直以來左派右派都對反貧窮方案有諸多批評，雷根總統的嘲弄頗為出名：「幾年前聯邦政府對貧窮宣戰，幾年後貧窮戰勝了。」但現實中貧窮明明被打敗了，社會學家克里斯多福．詹克斯（Christopher Jencks）計算發現，將隱藏福利納入、考量生活品質提升以及消費品價格降低，過去五十年來貧窮比例縮小的幅度超過七成五，二〇一三年為百分之四點八。(原注53) 另外三項分析得出同樣結論，其中經濟學家布魯斯．邁爾（Bruce Meyer）和詹姆斯．蘇利文（James Sullivan）提供的統計資料如左圖9-6所示，可以看見進程在大衰退時期停滯了，不過二〇一五、一六又繼續（不在圖示內），中產階級收入達到歷史高點，貧窮的比例也出現了自一九九九以後最大的跌幅。[原注54]另一個不為人知的成就是，最窮困的人，也就是無棲身之處的遊民人數，也在二〇〇七到一五年間減少將近三分之一，而且別忘記當時有大衰退從中作梗。[原注55]

圖9-6裡較低的線條突顯出為何貧富不均指標無法正確呈現富裕國家中低階層的進步狀況。[原注56]收入只是工具，最終必須轉換成民眾有需求、想要和喜愛的東西，也就是經濟學家口中冷冰冰的**消費**二字。如果對貧窮的定義從收入轉為消費，會發現從一九六〇到現在，美國貧窮比例降幅高達**九成**，自總人口百分之三十縮減為百分之三。兩股力量在促進貧

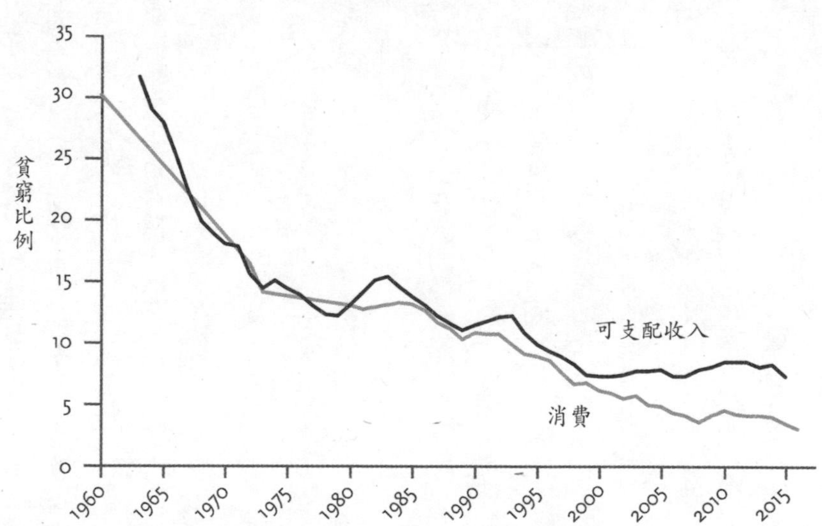

圖9-6：一九六〇至二〇一六年美國貧窮概況

來源：Meyer & Sullivan 2017。「可支配收入」為包含信用在內的「稅後收入」並以經過誤差修正的都市消費者物價指數調整，代表了兩成人兩孩童的家庭。「消費」資料取自勞工統計局消費者支出調查，項目包括食物、交通工具、電器、家具、衣物、珠寶、保險及其他開銷。「貧窮」依據一九八〇年美國人口普查定義以通膨修正。改變貧窮線錨點會得出數字不同但趨勢相同的結果，細節參照Meyer & Sullivan 2011, 2012, 2016。

富不均的同時，也在實質層面上降低了貧富差距。其一是全球化，雖然就收入而言它創造出贏輸，但消費面幾乎人人勝出。亞洲工廠、貨櫃船運、更有效率的銷售管道，使以往被歸類為奢侈品的貨物現在也能更加快速到達一般人手中。（二〇〇五年經濟學家賈森．弗曼〔Jason Furman〕估算認為，Walmart連鎖百貨每年為典型美國家庭節省兩千三百美元。）（原注57）另一股力量是科技，科技不斷革新收入的意義（就像第八章的價值討論）。無論通貨膨脹多嚴重，現在的一美元能夠買到的東西絕對遠比以前的一美元來得更多或更好，有很多現在能買到的東西過去根本不存在，譬如冰箱、電力、馬桶、疫苗、電話、避孕藥、機票之類，也有很多以前就有的東西得到改良，比方說現在連手機都可以進行多方通話，還不限制對談時間。

科技與全球化改造了所謂的窮人生活，至少在已開發國家非常明顯，刻板印象裡的貧困早已是過眼雲煙。現在的窮人可以和老闆一樣胖，穿著同樣的毛衣、球鞋、牛仔褲。以前他們被說是一無所有，可是二〇一一年美國貧窮線以下的家戶有九成五享受電力、自來水、抽水馬桶、冰箱、爐具、彩色電視。（原注58）（這些東西在一百五十年前就算羅斯柴爾德、阿斯特、范德比等等富豪家族再有錢也買不到。）他們超過半數購置了洗碗機，六成有電腦，三分之二有洗衣機，超過八成有空調、錄影機、行動電話。我自己成長在所謂經濟平等的黃金年代，當時號稱「有財富」的中產階級可沒這麼多好東西。結果現在大家反而認為最寶貴的資源是時間、自由、深度體驗等等，這個主題會在第十七章繼續討論。

雖然富者更富，但他們的生活卻沒有進步**那麼**多。股神巴菲特使用到的空調並不比一般人更多更好，從歷史角度來看，美國的窮人能享有空調就已經是不可思議的事情。一旦改採消費取代收入來計算吉尼係數，就會得到很淺很平的變化曲線。（原注59）因財富不均等而造成幸福感下降的問題，在美國人口的自陳式調查裡也真的下降了。（原注60）雖然我個人覺得慶祝壽命、健康和教育方面的吉尼係數下降很不妥（彷彿將最健康的人殺光、最聰明的學生趕出校園有益於人類似的），但其實下降背後的理由很正面：窮人生活的改善速度大過富人的生活進步。（原注61）

歷史趨勢朝向提高社會支出

承認已開發國家中下階層的生活在近幾十年內得到明顯改善，不代表否認二十一世紀全球經濟遭遇的重大難關。可支配收入增加了，但速率緩慢，而且導致消費需求縮水，有可能拖垮整個經濟體系。（原注62）特定人口族群（中年、教育程度較低、非都市地區的美國白人）生活處於瓶頸是事實也令人憂心，引發的問題包括藥物濫用（第十二章）和自殺（第十八章）比例都偏高。機器人技術繼續進步下去會導致數百萬人失去工作機會，美國常見的貨車司機也會因為自動車問世而被迫去搶辦公室助理、修車工人或接線生之類的工作。教育作為經濟主要推動力卻沒跟上現代經濟需求，（其他商品幾乎都變便宜的同時）大專以上的教育成本漲得過高，美國貧困地區的小學和中學辦學品質也嚴重低落。美國還有不少地區的稅率是遞減制，金錢能換取的政治影響力也太多。最棘手的問題或許是現代經濟給人產生錯誤印象，催生出更多盧德份子[11]和以鄰為壑政策[12]，長此以往不利於全人類。

無論如何，眼光只放在收入不均、一心緬懷二十世紀中葉貧富差距縮小，都不是正確方向。縱使吉尼係數或頂層收入持續走高，現代社會還是能夠持續進步，何況影響兩者的因素不會消失，所以恐怕的確會繼續提升。畢竟我們不能強迫美國人不買豐田非得買通用，也不可能因為J. K.羅琳成為億萬富豪就禁止孩童閱讀《哈利波特》，為了保住成衣業幾萬職缺就要提高衣服售價對數千萬貧困美國人並不合理。（原注63）長遠來說，為了賺錢餬口而困在枯燥乏味、異常危險的工作裡遲遲不讓機器接手也絕非人類之福。（原注64）

與其將全副心力擺在貧富不均這個現象，或許針對隨之而來的具體問題會更有建設性。（原注65）當務之急是提振經濟成長率，餅越大每個人分到的越多、能夠重分配的也越多。（原注66）過去一世紀的潮流加上當前的研究都發現，國家在將餅做大和重分配兩件事情上越來越舉足輕重。政府特別適合投資教育、基礎研究和基礎建設，提供醫療和退休福利（也就減輕社會服務對企業造成的壓力），補貼低薪者使其收入高於市場行情。補貼收入的做法可能造成數百萬民眾看似減薪，但社會整體財富卻有所增長。（原注67）

歷史趨勢朝向提高社會支出，下一步或許會是全民基本收入（universal basic income，或其近親負所得稅）。這個概念已經討論了幾十年，實行的日子也許就要來臨。（原注68）雖然瀰漫社會主義氛圍，但全民基本收入也得到右派經濟學家（如米爾頓・傅利曼〔Milton Friedman〕）、政治家（如尼克森總統）和州政府（如阿拉斯加）的支持，現在各派人士都在分析思考。實施全民基本收入絕對不容易（除了資金來源還要維持教育、工作、避險的動力），但潛力不容忽視，效率不彰的隱藏性社會福利可以變得清清楚楚、機器取代勞工也從危機變成轉機。原本機器人搶走的工作就不是人類特別樂在其中的類型，交給機器不僅提高產能、安全，又生出更多閒暇，好處由大眾共享。至於失範、失去生活意義這種問題有可能言過其實（看看實驗保障收入的地區），何況可以引入市場誘因小、機器人無法勝任的公共服務工作來彌補，對志工和其他形式的有效利他主義也充滿新機會。（原注69）即使淨效應在於降低貧富不均，卻也連帶提高所有人的生活水準，尤其造福經濟弱勢。

總結而言，收入不均本身與人類進步並無矛盾，現代社會也沒有經歷所得暴跌、幾百年繁榮被逆轉的惡夢。沒道理急著破壞機器人、鎖國孤立、倒向社會主義、甚至倒退回五〇年代。接下來我會試著將這個複雜議題長話短說。

貧富不均和貧窮不是同一件事，也不是人類福祉必須保障的基本層面。若與社會整體

11 譯按：十九世紀英國民間對抗工業革命、反對紡織工業化的行動稱為盧德運動。一七七九年織布工聶德．盧德（Ned Ludd）怒砸兩臺織布機，後人以訛傳訛變成盧德將軍或盧德王領導反抗工業化。現在盧德份子意指反對產業機械化、自動化的人。

12 譯按：beggar-thy-neighbor policies，指透過保護主義、貨幣貶值等手段將經濟困境轉嫁給其他國家。

福祉相比，解決貧富不均的重要性不應優先於提升整體財富。貧富不均的指標提高不全然是壞事，因為社會逃離全面性貧窮的同時註定產生貧富不均，而隨著社會找出新的財富來源，這種波動會反覆出現。貧富不均下降也並非一定都是好事，最有效的經濟平夷機制是疫病、大型戰爭、大改革和體制崩潰。

所以自啟蒙運動以來，歷史的長期趨勢都是所有人的財富持續增長。一方面生產更多，另一方面現代社會也將很高比例的財富用在造福較為不幸的階層。

全球化和科技提升拉拔了數十億人逃脫貧困，創造出全球性的中產階級，無論國際或全球的貧富不均係數都降低了，但同時它們特別偏愛會分析和創造的精英，金融衝擊也變得無遠弗屆。已開發國家社會低階層的財富增加相對有限，可是仍有成長，而且許多人會逐步流動到社會上層。社會底層的生活也得到改善，原因之一是社會支出，之二則是各種商品和服務品質提高售價卻下降。從某些方面來說，世界越來越貧富不均，但經過更多面向的觀察會發現人類整體過得比以前好上很多。

第十章
環境

對於氣候變遷人類不能盲目樂觀，但不代表不能有條件地樂觀。

進步能夠永續嗎？面對健康、財富、生活等方面的好消息，常見的反應是質疑它們無法持續多久。地球資源有限但人口不斷增加，連我們自己居住的地方都充滿汙染和廢棄物，種種惡行加速末日審判的來臨。就算人口過剩、資源耗竭和毒素汙染沒有毀滅我們，還有氣候變遷在後頭虎視眈眈。

如同前章探討貧富不均的情況，在此我不會假裝所有趨勢都正面、人類當前的問題不值一哂。但我試圖提供新的切入角度，有別於典型悲觀意見及其催生的激進主義和宿命論，我希望能以更具建設性的態度理解現況。最關鍵的差異在於我相信環境問題與其他問題一樣，只要人類具備正確知識就能加以解決。

誠然環境問題並非理所當然。就個人的角度來看，地球似乎無限大，自身行動起不了什麼作用。從科學的角度來看，就比較讓人不安。微觀層次顯示，汙染物釋放的毒素戕害了我們自己和我們喜愛及依賴的各種生物；宏觀層次下，一個個不起眼的舉動累積起來便造成了嚴重的生態浩劫。一九六〇年代的環保運動出自科學知識（生態學、公衛學、地球和大氣科學），對自然懷抱浪漫尊崇，結果是維護地球健康成為所有人類活動的第一優先。之後我們會提到環保運動的豐碩成果，影響程度之大堪稱另一種形式的人類進步。

諷刺的是，傳統的環保運動領域裡有許多聲音並不承認這種進步，甚至否定人類進步本身的價值。本章會呈現環保主義的新概念，保護空氣、水、物種、生態系統，同時奠基於啟蒙精神的積極而非浪漫主義的消極。

啟蒙環保主義的主張

一九七〇年代起，環保運動的主流連結到了準宗教的意識形態綠色主義（greenism），受到影響的運動人士非常多元，包括前美國副總統艾爾．高爾、「大學炸彈客」[1]、教宗方濟各等等。（原注1）在綠色的意識形態下，地球具有一個原始純淨的形象，是後來才遭到人類玷汙。二〇一五年方濟各在其第二道通諭《願上主受讚頌》（*Laudato si'*）說道：「我們共同的家園就像共享生命的姊妹……（她）發出哭喊，因為我們傷害了她。」敘事中提到傷害不斷惡化，「地球，我們的家園，越來越像是一團汙穢。」而且教宗認為根本原因就是啟蒙造成人類倒向理性、科學與進步：「科學與技術的進步不等於人性和歷史的進步。更好的未來要往別的方向尋覓。」意思是人類必須理解「事物之間被奇妙的關係串連」以及（當然了）「基督徒靈性體驗的價值」。除非藉由去成長（degrowth）、去工業化（deindustrialization）、排拒科學技術與進步這些偽神來進行懺悔，否則大自然必定會對人類發動最終審判。

綠色主義和許多末日論運動一樣摻雜了厭世思想，包括絲毫不在乎有人挨餓、妄想人口大量減少後的地球狀態，以及如納粹般將人類比喻為害蟲、病原、癌細胞。舉例而言，海洋守護者協會（Sea Shepherd Conservation Society）的保羅．沃森（Paul Watson）寫道：「我

1 譯按：希歐多爾．約翰．泰德．卡辛斯基（Theodore John "Ted" Kaczynski）。美國智慧犯罪者，聲稱為對抗現代科技而在各地以郵包或放置炸彈的手法造成三死二十三傷。

們必須大刀闊斧又有智慧地將人口減至十億以下……治療罹患癌症的身體需要激烈和侵入性的療法，所以治療感染人類這種病毒的生態圈也需要激進和侵略式的做法。」（原注2）

近年來出現另一種環保策略，提倡者包括約翰．阿薩夫．阿德傑耶（John Asafu-Adjaye）、傑西．奧蘇伯爾（Jesse Ausubel）、安德魯．巴爾福德（Andrew Balmford）、斯圖爾特．布蘭特、露絲．德弗里斯（Ruth DeFries）、南希．克諾爾頓（Nancy Knowlton）、泰德．諾德豪斯（Ted Nordhaus）、邁克爾．舒倫貝格爾（Michael Shellenberger）等等。新策略的名字很多，像是環保現代主義、環保實用主義、地球樂觀論、藍綠聯盟，其實也可以說是啟蒙環保主義或人文環保主義。（原注3）

環保現代派（ecomodernism）開宗明義就說：由於熱力學第二定律，一定程度的汙染無可避免。只要人類運用能量在身體或居住空間中創造出結構系統，勢必就得將增加的熵排放至別處，形式可能是廢棄物、汙染或其他失序狀態。人類這個物種向來擅長此道，也因此不同於其他哺乳類動物，從來沒辦法與環境和諧共存。原住民進入一個生態系內往往會將當地大型獵物趕盡殺絕，接著會焚燒和砍伐大片森林。（原注4）不足為外人道的祕密是，野生動物保護區只在當地原民人口自然萎縮或被強制遷出之後才會設置，美國的國家公園以及東非塞倫蓋提（Serengeti）都是同樣做法。（原注5）環保歷史學者威廉．克羅農（William Cronon）曾在著作中提到：「野生」的意思不是未開發的庇護所；它本身就是文明的產物。

人類展開耕作以後，對環境造成的干擾更加嚴重。根據古氣候學家威廉．羅迪曼

（William Ruddiman）推論，大約五千年前亞洲開始種植水稻，植物腐爛後釋放大量甲烷進入大氣，氣候因此改變。「一個很有力的證據是，」他指出：「鐵器時代、甚或追溯到石器時代末期，對地貌改變的人均影響程度遠超過現代社會。」（原注6）布蘭特也指出（見第七章），所謂「自然農法」（natural farming）根本自相矛盾，聽到「天然食物」的時候他也很想揭發：

> 從生態學家的角度來看，農業產品沒一個稱得上天然！明明就是鎖定一片複雜生態系統，硬生生裁切成四方形，土壤以上的東西全毀掉，然後想方設法加快世代交替速度！土被剷平、草被拔光，還不斷放水淹！田裡只容許單一作物，而且是體質早就壞了的作物，它們沒辦法自己生存！各種糧食作物經過數千年育種，都成了只會做一件事情的基因白痴！就是因為這些植物如此脆弱，所以才要馴化人類當它們永遠的保母！（原注7）

環保現代派的第二個論旨是，工業化對人類有益。（原注8）它餵飽了數十億人口、延長兩倍壽命、擊退赤貧並以機器取代身體勞動，於是更容易終結奴隸制度、解放女性、提供孩童教育（分別在第七章、第十五章和第十七章探討）。因為工業革命，人類可以在夜間讀書、居住在任何地方、冬暖夏涼、探索世界，人際接觸也擴大了不知道多少倍。汙染與動物棲地縮減的問題必須與工業化帶給人類的益處互相權衡，就像居家環境的塵土最適量是可以計算的。越純淨越好，但也不可能因此犧牲生命中其餘一切。

第三個主張是，造成人類和環境衝突的因素可以透過科技加以調解。取得更多卡路里與流明[2]、控制室溫、加速資訊與運輸的同時亦降低汙染程度，這些問題本身就是科技問題，也是目前全世界投入越來越研究的領域。經濟學家認為環保也有庫茲涅茨曲線，就像經濟成長與貧富不均的U形線條。每個國家在發展之初，成長必然優先於環境，等到富裕起來了，重心就會放在環境上。（原注9）如果大眾只負擔得起便宜電力，代價是霧霾也會硬著頭皮接受，但如果大家有錢了，同時負擔得起電力和潔淨空氣，當然就會那麼做。隨著科技進步，車輛、工廠、電廠造成的汙染會越來越少，潔淨空氣的成本也會跟著下降。

經濟成長對庫茲涅茨曲線的影響不僅是科技層面，還有價值觀。有些環保考量非常實際，例如居住城市的空汙以及綠地減少等等。然而有些憂慮太精神層次，比方說二五二五年黑犀牛的命運與屆時我們的子孫會過著怎樣的生活，這些問題就道德理念來說當然重要，但現在開始操心未免太奢侈。隨著社會益發富裕而大眾求的不只是溫飽時，價值觀自然會向上提升超越基本需求，關注範圍在時空上都會擴大。羅納德．英格爾哈特（Ronald Inglehart）與克里斯蒂．韋爾策爾（Christian Welzel）分析「世界價值觀調查」（World Values Survey）的資料發現，一般來說較具備寬容、平等、思想與言論自由這類解放價值的人，生活較為富裕、教育水準也較高，同時也就更積極參與環保行動，會對政府和企業施壓要求保護環境。（原注10）

環保悲觀主義的論調

環保悲觀主義者通常對上述幾點不屑一顧，認為「科技能夠拯救人類」只是一種迷信。事實正好相反，環保現代派提出了質疑：現狀是否會毀滅人類？知識水準是否會永遠停在當下程度？人類是否無法對周遭做出回應，只是機械化地重複目前的行為模式？事實上，認為人事物會停滯不前的偏狹觀點，導致了一次又一次落空的末世預言。

首先值得一提的就是「人口炸彈」（第七章已經討論過）已經解除了警報。各國的財富與教育程度提高之後，進入人口學上所謂的轉型期。（原注11）營養和醫療進步以後，死亡率下降造成人口膨脹，但無需慌張，約翰．諾伯格說得很好：人口快速增加不是因為窮國人民像兔子一樣拚命生，而是他們不會像蒼蠅那樣隨隨便便就死掉。總而言之，增加只是暫時的，出生率到達頂點後便下滑，背後至少有兩個原因。第一是父母不擔心小孩突然死亡的話，就不會大生特生；第二是女性教育程度提高以後，結婚和懷孕的時間都會推遲。圖10-1是世界人口成長率，一九六二年達到最高百分之二點一，二〇一〇年已經降至一點二，預估二〇五〇可能會滑落到零點五，二〇七〇趨近零，屆時人口數從持平漸趨減少。已開發地區如歐洲和日本的生育率降得最明顯，不過其他地區也可能出乎人口學家預測急遽下降。一般認為穆斯林社會最為抗拒西方國家經歷過的社會變動，青年震盪[3]的過程不

2 譯按：lumen，光束的單位。
3 譯按：youthquake，指年輕一代的行動引領了政治社會文化產生重大改變。

會停止，結果穆斯林國家在過去三十年內生育率卻降低四成，其中伊朗的降幅達百分之七十、孟加拉和其餘七個阿拉伯國家也有百分之六十。（原注12）

另一個自一九六〇年代起就不斷聽到的恫嚇，是地球資源會耗盡，但我們卻見證了資源就是不肯被用光。一九八〇年代過去了，沒發生幾千萬美國人、幾十億地球人等級的大饑荒。一九九二年也過去了，一九七二年暢銷書《成長的極限》（*The Limits to Growth*）[4]及其他類似觀點的預言也沒有成真，地球的鋁銅鉻金鎳錫鎢鋅依舊夠用。（一九八〇年保羅・埃爾利希〔Paul Ehrlich〕與朱利安・賽門〔Julian Simon〕打賭，

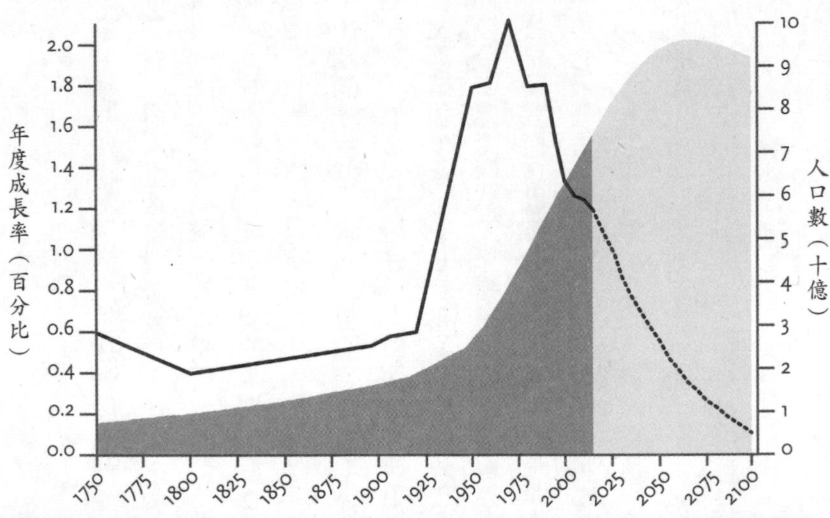

圖10-1：一七五〇至二〇一五年的人口與人口成長，以及至二一〇〇年的預估

來源：*Our World in Data*, Ortiz-Ospina & Roser 2016d. 1750-2015: United Nations Population Division and History Database of the Global Environment (HYDE), PBL Netherlands Environmental Assessment Agency (undated). Post-2015: International Institute for Applied Systems Analysis, Medium Projection (aggregate of country-specific estimates, taking education into account), Lutz, Butz, & Samir 2014.

聲稱這些金屬之中的五種在一九九〇之前會變得稀少且昂貴，結果全部賭輸。現在多數金屬和礦物比起一九六〇時更便宜。）（原注13）一九七〇年代至今，報章雜誌時不時將石油存量當做封面故事，插圖常是指針指向油槽全空。然而二〇一三年《大西洋期刊》終於以封面報導做出反撲，標題為「人類用不光石油」。

接著值得留意的是稀土，如釔、鈧、銪、鑭等等，讀者可能在化學教室牆壁上的週期表看見過這幾個字，又或者聽過元素歌。稀土元素在磁鐵、日光燈、螢幕、催化劑、雷射、電容、光學鏡片和其他許多高科技製程中都至關緊要。有人警告我們說，當它們的產量下降時，全世界可能面臨原料短缺，科技業會因此崩潰，甚至引發對中國的戰爭，因為中國的稀土產量占全球九成五。二十世紀晚期確實出現過銪礦危機，當時用於製造彩色電視和電腦螢幕陰極射線管的紅色螢光粉材料匱乏，社會分裂為貧富兩階層，一部分富人開始囤積已經做好的彩色電視，窮人雖然憤怒但也只能屈就黑白電視……沒聽過這段歷史？上述危機確實沒發生，原因之一就是陰極射線管後來就被普通元素即可製造的液晶技術取代。（原注14）現實世界裡，中國的確在二〇一〇年大砍稀土輸出（並非產量不足，而是以此作為地緣政治及商業談判的籌碼），結果其他國家就開始從自己的礦藏中挖掘稀土、回收工業廢料並重新設計產品，以求不再依賴稀土。（原注15）

4 譯按：該書造成的最大誤解是「一九九二年石油就會耗盡」，其預測建立在消耗指標持續增長且儲量不變（沒有新油田、既有油田的預估儲量也完全正確）等前提。一九九三與二〇〇四年還推出二十年和三十年後的更新版本。

資源短缺的末日預言一而再再而三落空，我們就得思考究竟是人類如同好萊塢電影主角總能大難不死，還是做出那些預言的思維模式有根本性的缺陷。缺陷是什麼前面已經點出很多次了。（原注16）人類運用資源的方式並非喝手搖飲料那樣子插了吸管就用力吸，直到聽見咕嚕聲才意識到裡面被抽乾。最容易取得的資源變少的話價格就會提升，社會也會開始節約、尋找尚未開發的產地、研究廉價又盛產的替代品。

或許應該說，人「需要資源」這個最初的認知就已經是個思考誤區。（原注17）人需要種植糧食、運輸遷徙、照明、展示資訊等等方式來改善生活，而人滿足這種種需求的途徑是**想法**（ideas）：透過公式、配方、技術、藍圖、演算法來操作物理世界達成目的。人類心智的遞迴組合能力足以產生無窮盡的想法，不會局限在土地裡特定類別的東西有多少存量。一個想法失靈了會有下一個遞補，這個機制不但不違背反而是遵守了可能性法則。大自然有什麼理由限制人類只能以特定一種方式滿足欲求？（原注18）

我必須承認上述觀點與當道的「永續」（sustainability）倫理看似牴觸。圖10-2是漫畫家蘭德爾．門羅（Randall Munroe）諷刺「永續」作為流行詞彙和神聖價值的荒謬之處。將永續性當做信條即假設資源消耗速度不會變化，一直攀升直到撞上天花板。換言之，人類必須找到可再生資源，讓補充與消耗的速率一致並永久維持下去。可是現實歷史裡，人類社會根本等不到舊資源耗竭，總是早早就採用更好的替代方案。所以有個比喻是：石器時代結束可不是因為地球的石頭被用光。換作能源亦然。「世人開始使用煤炭的時候，還有大量木柴和稻草沒燒完，」奧蘇伯爾指出：「石油興起的時候煤炭還剩很多，天然氣興起的時候石油也還剩很多。」（原注19）在最後一平方呎天然氣化作藍色火焰的很久之前，人類社會就開始使用碳排更低的燃料，這是非常可能的未來劇本。

糧食生產也呈指數增長（第七章已討論），可是種植方法沒一個是真正永續。《大棘輪：天災之下人類如何繁榮》（*The Big Ratchet: How Humanity Thrives in the Face of Natural Crisis*）作者地理學家露絲・德弗里斯將人類的發展歷程形容為「翻、砍、轉」：找到高效率生產方式之後人口向上翻升，一旦跟不上需求或起了副作用就砍掉現行

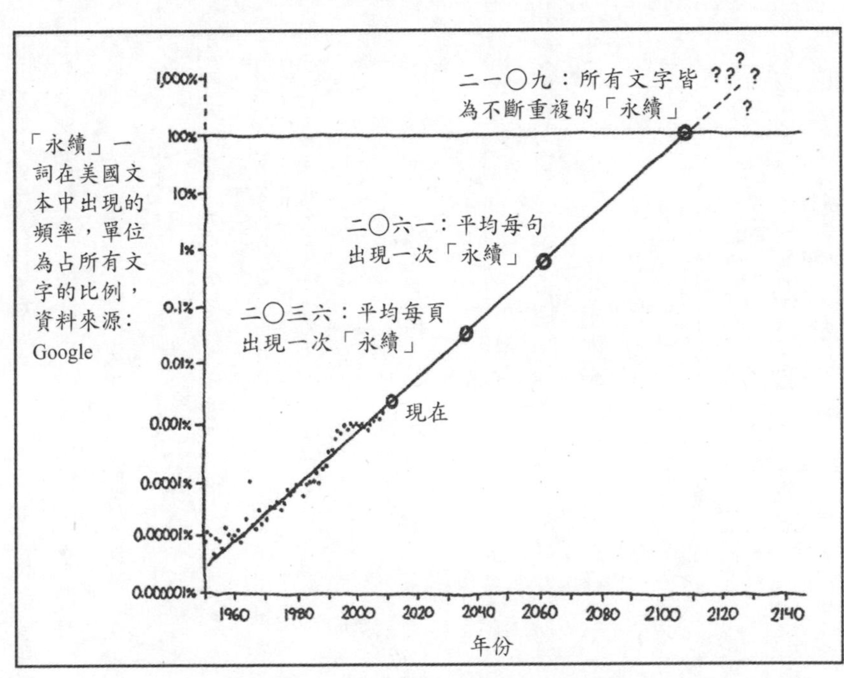

圖 10-2：一九五五到二一〇九年的永續

來源：Randall Munroe, XKCD, http://xkcd.com/1007/. Credit: Randall Munroe, xkcd.com.

體系，接著轉向新做法。於是過去的農民開發出刀耕火耨、倒夜香（人類糞便的委婉語）、輪耕、鳥糞肥、鉀硝肥、野牛骨粉肥、化學肥料、混種作物、農藥和綠色革命。（原注20）未來可能的轉變方向包括基因改良、水耕法、氣耕法、都市垂直農場、機器人耕作、人造肉、以GPS和生物感應器為基礎的人工智慧演算法、汙水回收能量與肥料、以豆腐為飼料的養殖漁業、還有其他許許多多未知可能性——端看人類創意能夠發揮到什麼地步。（原注21）雖然人類無法離開水這項資源，如果採取以色列式精準農業便能大幅降低水的使用量。等到非碳能源普及（之後會研究這個主題），海水淡化也就不再是問題。（原注22）

災難預言與實際表現

一九七〇年代綠色主義者預言的災難沒成真，他們口中不可能出現的逆轉**反而**成真。世界越來越富裕並且抵達環保曲線頂端，對自然的重視回升。（原注23）教宗方濟各所謂的「一大團汙穢」感覺是一九六五年的情境：煙囪不停吐出黑霾、廢水如瀑布奔騰、河面可以點火、大家開玩笑說紐約人不敢吸自己看不見的空氣。圖10-3顯示自一九七〇年美國成立環保署以來，五種空汙排放率降低近三分之二，同時期人口增加超過四成，大眾駕車的里程數約成長兩倍，財富也增加二點五倍，能源消耗持平，連碳排量都向下掉（這點之後會再提到）。下降趨勢反映出的不只是重工業轉移到開發中國家，因為最大宗的能源消耗來自運輸、暖氣、發電這些無法外包的項目；最主要的原因是效率提升和排放控制。圖裡所有曲線都駁斥了傳統綠色主義所說的只有反成長才能抑制汙染，以及傳統右翼聲稱環保會破壞經濟發展和降低生活水準。

許多正向變化根本肉眼可見，比方說城市越來越少籠罩在紫褐色的煙霧中，倫敦也不再是霧氣瀰漫——霧都的霧實際上是煤煙，卻因為印象派畫作、歌德風小說、蓋希文的歌曲以及風衣品牌成為經典形象。市區水路以前死氣沉沉，後來再度有魚、鳥、水生哺乳類、甚至人類也下去游泳，例子包括普吉特海灣、乞沙比克灣、波士頓港、伊利湖，以及哈德遜河、波托馬克河、芝加哥河、查爾斯河塞納河、萊茵河、泰晤士河（曾被迪斯雷利〔Disraeli〕描寫為「如同冥河湧出

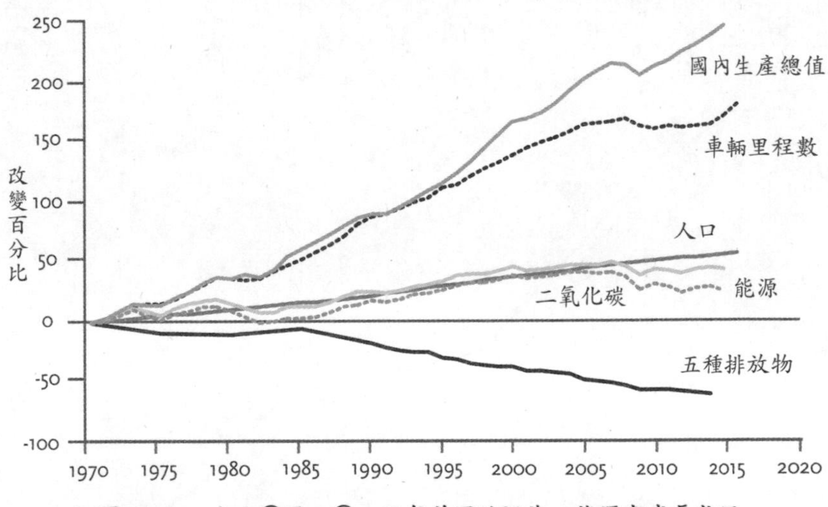

圖10-3：一九七〇至二〇一五年美國的汙染、能源與成長狀況

來源：美國環保署2016，其資料來源如下。國內生產總值：美國經濟分析局。車輛移動里程數：聯邦公路管理局。人口：美國人口普查局。能源消耗：美國能源部。二氧化碳排放量：美國溫室氣體統計報告。其他排放（一氧化碳、氮氧化物、十微米以下懸浮粒子、二氧化硫、揮發性有機化合物）：美國環保署網頁 https://www.epa.gov/air-emissions-inventories/air-pollutant-emissions-trends-data.

難以言喻且無法容忍的恐怖」)。郊區居民開始目擊狼群、狐狸、熊、山貓、獾、鹿、鶚、野火雞、白頭鷹等等出沒。農業效率提升了,所以健行者會在新英格蘭樹林裡忽然找到一堵石牆,代表農地漸漸回復溫帶森林的地貌。熱帶雨林遭到砍伐的速度依舊令人憂心,不過二十和二十一世紀之交已經減緩三分之二(圖10-4)。[原注24] 世界最大熱帶雨林亞馬遜河流域的開發速率在一九九五年達到巔峰,二〇〇四到一三年已經下滑八成。[原注25]

熱帶森林砍伐減緩的時間差反映出環保觀念從已開發國家擴散至世界其他地區。在環保方面,有個全世界進步程度的成績單名為環境績效指數(Environmental Performance Index, EPI),綜合了空氣、水、森林、漁業、農業、自然棲地等各項指

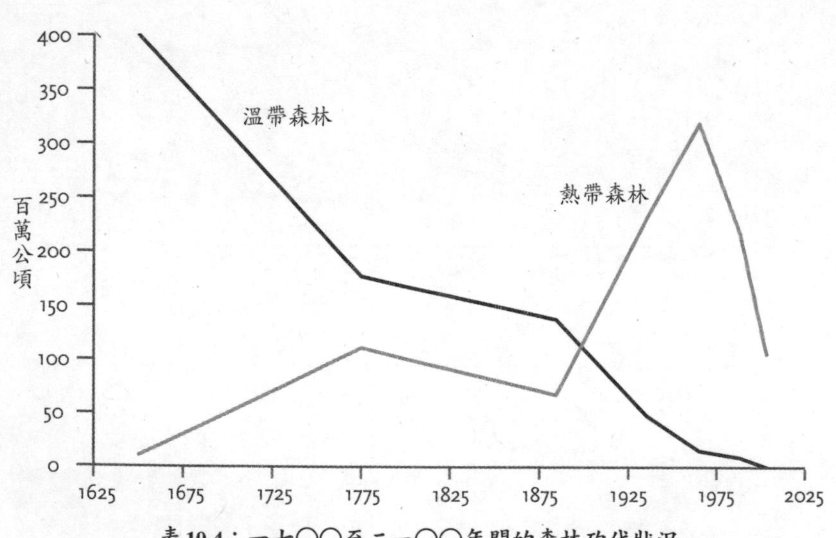

表10-4:一七〇〇至二一〇〇年間的森林砍伐狀況

來源:United Nations Food and Agriculture Organization 2012, p.9.

標，一百八十個國家歷經十年追蹤以後僅兩國沒有進步。（原注26）就結論來看，一般而言國家越富裕環境越乾淨，北歐國家環境品質最好，阿富汗、孟加拉以及數個撒哈拉以南的非洲國家情況最有待改善。貧窮國家面對的汙染裡有兩種特別致命，分別是飲用水不乾淨和室內炊煙。（原注27）過去十年這些窮國的財富提升也逐漸擺脫這兩種危害：全球人口裡飲用水遭到汙染的比例已經降低八分之五，吸入炊煙的比例也降低三分之一。（原注28）英迪拉・甘地（Indira Gandhi）曾說：「最大的汙染源就是貧窮。」（原注29）

人類破壞環境的縮影莫過於油輪漏油，秀麗沙灘因此被黑色毒泥覆蓋，海鳥羽毛、水獺與海豹毛皮也被玷汙。最惡名遠播的漏油事件在大眾集體記憶中留下難以磨滅的陰影，如一九六七年超級油輪托利谷號（Torrey Canyon）及一九八九年埃克森・瓦爾德茲號（Exxon Valdez）觸礁，然而很少人意識到石油海運的安全性其實進步神速。圖10-5為每年漏油事件的統計，從一九七三年超過一百件到二〇一六年只剩下五件（大規模漏油更從一九七八年三十二件降低到二〇一六年僅一件）。從圖裡我們還能看到漏油減少了，運送的石油增加了，兩條曲線的交叉印證環境保護與經濟成長並非水火不容。何況石油業自身的利益與環保目標完全一致，本就**應該**致力降低油輪意外：漏油事件代表了公關災難（尤其裂開的油輪船殼還印著公司名稱）、高額罰金，而且當然浪費了寶貴的石油。有趣之處在於石油公司大都做得很成功，因為科技也有學習曲線，風險隨時間和研究者針對最弱環節加以補強而得以降低（第十二章還會深入討論）。但社會大眾只記得災難事件，不會留意後續技術如何漸次提升。不同科技的進步有不同時程：二〇一〇年海上漏油事件來到歷史低點，卻發生了史上第三嚴重的靜態鑽油平臺漏油事件。墨西哥灣深水地平線鑽油平臺（Deepwater Horizon）漏油之後，在防噴器、結構設計、監督與汙染防堵方面都有了新的規範。（原注30）

另一方面，越來越多整片陸域與海域得到保護免於人類破壞。保育專家的共識是保護區仍然不足，但進展已經令人驚喜。圖10-6為全球國家公園、野生保育區及其他受保護區域的總量，從一九九〇年百分之八點二進步到二〇一四年百分之十四點八，達到美國面積的兩倍。海洋保護區也有所成長，同期間擴展了兩倍，全球已有超過百分之十二的海洋得到保護。

由於棲地得到保護加上各種針

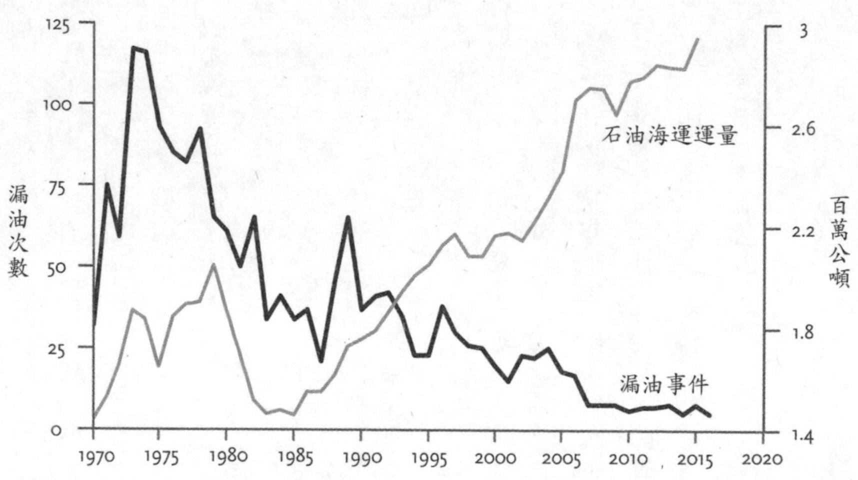

圖10-5：一九七〇至二〇一六年石油漏油狀況

來源：*Our World in Data*, Roser 2016r, based on data (updated) from the International Tanker Owners Pollution Federation, http://www.itopf.com/knowledge-resources/data-statistics/statistics/。所有這些漏油事件合計導致七公噸的石油損失。石油海運運量包括原油、石油產品和液壓油。

對性的保育措施，許多令人憐惜的物種不再瀕危，包括信天翁、禿鷹、海牛、大羚羊、大熊貓、犀牛、袋獾、老虎等等。生態學家斯圖亞特．皮姆（Stuart Pimm）表示滅絕比例已經降低達百分之七十五。（原注31）雖然目前還有很多物種處於危機，許多生態學家和古生物學家都認為，所謂人類會引發堪比二疊紀、白堊紀物種大滅絕的危機說法太言過其實。斯圖亞特．布蘭特指出：「野生保育問題需要無盡的努力，但常常將滅絕掛在嘴邊製造了大眾恐慌，好像自然界極度脆弱已經無藥可救。事實相去甚遠，自然界整體而言一如既往、甚至有可能更加活力蓬勃……運用那股活力正是保育工作成功的關鍵。」（原注32）

還有很多進步是全球合作的結果。一九六三年國際公約禁止在大氣層、太

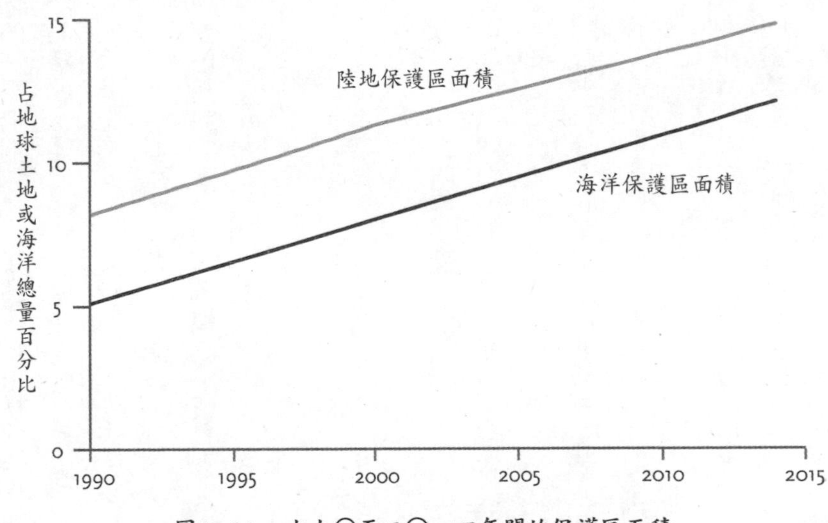

圖 10-6：一九九〇至二〇一四年間的保護區面積

來源：World Bank 2016h and 2017, based on data from the United Nations Environment Programme and the World Conservation Monitoring Centre, compiled by the World Resources Institute.

空和水下進行核武器試驗，預防最為人恐懼的汙染形態「輻射落塵」，這樣的合作也證明即使不存在世界政府但各國仍能在保護地球的議題上達成共識。之後全球合作處理了好幾項難題，一九八〇與九〇年代針對降低硫化物及其他形式的「長程跨國界空汙」排放達成協議，惡名昭彰的酸雨問題得到改善。（原注33）一九八七年一百九十七國簽署決議禁止使用氯氟烴，預期臭氧層破洞會在二十一世紀中期填補完成。（原注34）各種成果積累之後，更進一步開花結果為二〇一五年針對氣候變遷的巴黎協議。

價值觀、人權、大是大非

與其他方面的進步一樣，點出環境正在改善的報告時常要面對怒氣騰騰且非理性的質疑。其實環境品質指標的改善本來就**不等於**環境毫無問題、能夠自行好轉，或者人類只要樂觀其成便可。現在我們能有更潔淨的生存空間必須感謝前人透過論證、運動、立法、規範、協議與科技創新付出的努力。（原注35）我們必須在各方面保持得來不易的成果，也要致力避免不進則退（在川普任內尤其如此），持續設法解決棘手難題，像是海洋健康以及最多人探討的溫室氣體。

然而，基於許多理由應該讓道德劇[5]落幕才對。現代人類並非只會破壞掠奪的邪惡物種，也並非只有逆轉工業革命、放棄科技和回歸禁慾生活才能與自然和諧共存，否則便會加速末日降臨。我們應將環保視為社會問題：如何以製造最少汙染、干擾最少野生物種棲地為前提，過得安全、舒適又積極？人類無需妄自菲薄，從已有的進展來看我們應該繼續嘗試，同時也能從中找出推動環保進步的力量。

第一個關鍵是斷開產能和資源之間的對應關係，也就是以更少的物質能量達到更大的人類福祉。**密度**攸關緊要。（原注36）例如育種出蛋白質、熱量、纖維含量更高卻對田地、灌溉、肥料需求更低的作物，農業就能更加密集，還地於野生物種。（環保現代主義指出常見的盲點：有機農業需要更大面積的農田同時產量卻較低，完全談不上綠色與永續。）人類更往都市集中的話就能騰出更多鄉間社區，反而因為你的天花板就是我的地板而能減少通勤、建築、空調的資源消耗。若產業用林地也採取密集種植，木材產量可以達到天然森林的五至十倍，於是留下更多自然林地以及生活其中的各種動物。

過程還需要另一個地球之友的幫助，它的名字是物質減量（dematerialization）。科技進展使我們能夠以少得多（do more with less），譬如汽水鋁罐以前重達三盎司現在不到半盎司，手機與基地臺問世就不需要在各地鋪設電話線與電線桿。以位元取代原子的數位革命進一步將漸漸除去生活中的物質使用：一開始我收藏音樂作品的介質是好幾碼的乙烯基，後來變成幾立方吋的光碟片，現在連介質都看不到了只剩下MP3檔案。原本報紙川流不息地送到家，有了iPad以後就像築好了水壩。筆電儲存空間提升到兆位元組（TB），再也沒必要買一箱箱的紙張。從前生活裡四十多樣消費商品使用大量塑膠、金屬及紙張，現在都

5譯按：morality play，歐洲中世紀文學形式，藉由寓言呈現靈魂善惡的掙扎。

被手機給取代，包括電話機、答錄機、電話簿、相機、攝影機、錄音機、收音機、鬧鐘、計算機、字典、名片盒、日曆、地圖、手電筒、傳真機、羅盤，甚至是節拍器、戶外溫度計、乃至於水平儀。

數位科技衍生出共享經濟，劇烈地降低全世界的物質耗費。汽車、機具、臥室都不需要做大以免閒置。廣告分析師羅瑞．蘇瑟蘭（Rory Sutherland）指出，物質減量的另一個推手是人類對社會地位的評判標準轉變。（原注37）現代倫敦最貴的房地產物件看在維多利亞時代貴族眼裡一定擁擠得難以忍受，同時市中心還比市郊更新潮。社交媒體鼓勵年輕人展示自身經驗而非名車華服，潮流次文化下的個人品味透過啤酒、咖啡、音樂來突顯，海灘男孩[6]和《美國風情畫》[7]的年代已經結束，目前美國十八歲年輕人有半數沒有駕照。（原注38）

「石油頂峰」（Peak Oil）一詞在一九七〇年代能源危機時曾經流行過，意思是石油開採量已經達到極限。傑西．奧蘇貝指出基於人口轉型、密集化、物質減量的結果，人類社會或許也達到了孩童頂峰、農地頂峰、木材頂峰、紙張頂峰、車輛頂峰，或者乾脆說也許現在是「物料頂峰」：奧蘇貝觀察一百種商品發現其中三十六項於美國達到用量絕對值的頂峰，五十三項已經逐步下降（包括水、氮、電）；換言之，只有十一項還在成長。英國也進入物料頂峰階段，物質用量從二〇〇一年每人每年十五點一公噸，減少為二〇一三年每人每年十點三公噸。（原注39）

這些正面趨勢無須立法、強制、道德勸說，而是在大眾選擇如何生活時自然開展。然而不必無限上綱聲稱相關法律可以廢除——環境保護機構、能源使用規範、照顧瀕危物種、國家與國際間保障空氣和水源品質的法案都發揮了巨大作用。（原注40）從趨勢應該看到的是現代潮流並未將人類推向難以永續的資源浪費，反而科技、特別是資訊科技就其本質便造成人類發展和過分消耗物質資源兩者得以脫鉤。

我們不應輕易認定人類無可避免會毀滅環境，但也不能草率以為按照現在做法走下去就能挽回生存的自然空間。開明的環保主義必須面對現實，無論是好是壞，現在的一個現象毫無疑問令人憂心，那就是溫室氣體與地球氣候之間的關聯。（原注41）

燃燒木材、煤炭、石油、天然氣時，燃料中的碳與氧結合為二氧化碳並進入大氣。一部分二氧化碳溶於海水、經過化學反應與礦物結合，或者被光合作用的植物攝取，然而這些天然減碳機制追不上人類每年釋放到大氣層的三百八十億噸二氧化碳。石炭紀遺留的化石燃料化作煙霧之後，大氣層裡的二氧化碳濃度隨之提高，工業革命之前百萬分點濃度（ppm）僅兩百七十，現在已經高達四百。二氧化碳就像溫室中的玻璃能夠攔截地表輻射的熱量，於是地球平均氣溫逐漸提高，幅度已達攝氏零點八度（華氏一點四度）。二〇一六、一五、一四年分別是歷史紀錄上平均氣溫的前三名。大氣升溫的原因還包括能減碳的森林遭到砍伐、天然氣井洩漏甲烷（溫室作用更強）、永凍層融化，以及牲畜的飼料和排泄。倘若可反光的白色積冰積雪也被吸熱的黑色泥土和水域給取代、永凍層融化加速、更多水蒸氣（也是溫室氣體）進入大氣，惡性循環將就此失控。

6 譯按：Beach Boys，一九六一年成立於美國加州的搖滾樂團。
7 譯按：*American Graffiti*，一九七三年美國喜劇音樂片，喬治·盧卡斯導演初試啼聲之作。

若人類持續排放溫室氣體，預估二十一世紀末地球平均氣溫相較於工業化之前至少將提高攝氏一點五度（華氏二點七度），且有可能達到攝氏四度（華氏七點二度）以上。於是熱浪會更猛烈頻繁，濕熱地區洪水更多、乾燥地區乾旱也更多，暴風雨和颶風強度提升，溫帶地區農產量下降，更多物種和珊瑚礁瀕危滅絕（因為海水變暖變酸），陸冰融化和海水受熱膨脹之後海平面平均增高零點七到一點二公尺（二至四英尺）。（海平面從一八七〇年至今已經提高八英寸，升高速度似乎越來越快。）低地會因此慘遭淹沒，島國國土消失在海浪下，大片農地變得不適合耕種，數百萬人被迫遷徙。二十二世紀以後情況會越來越嚴重，理論上有可能導致墨西哥灣流改道（歐洲的氣候會變得像是西伯利亞）或南極冰層融解。人類能調適的範圍最多恐怕就是攝氏兩度以內，因此二〇一二世界銀行報告說道，氣溫提高攝氏四度「絕對不容發生」。(原注42)

為了將氣溫上升限制在攝氏兩度以下，最慢得在二十一世紀中葉之前將溫室氣體排放減半，進入二十二世紀時則要接近零。(原注43) 挑戰極其嚴峻，化石燃料目前占據全世界能源比例百分之八十六，幾乎所有客車、貨車、火車、飛機、船隻、牽引機、熔爐、工廠、發電廠都還在使用。(原注44) 人類從未遭遇如此苛刻的試煉。

對於氣候變化的標準反應通常不是加以否認，就是直指人類活動為元凶。根據科學基礎來質疑氣候變遷的人為因素假說沒有任何不對，尤其考量到對應的解決辦法同樣規模浩大。科學最大的美德在於任何假設都必須經過重重驗證，而「人為氣候變遷」（anthropogenic climate change）也成了有史以來受到最多質疑的論述，不過截至目前為止的幾次重大關卡——諸如全球氣溫是否已經停止上升，數字變化是否因為都市熱島效應影響測量，或者就算氣溫真的增加了原因會不會是太陽溫度提高——全部都經過驗證排除，於是許多原本的質疑者也被說服。[原注45]近期調查發現六萬九千四百零六位接受同儕審查的科學文獻作者裡，只有**四位**否定人為因素造成全球暖化，而且「經過同儕審查的文獻內找不到明確否定該假設的證據」。[原注46]

即便如此，美國政治右翼受到化石燃料利益團體的大力遊說，開始一場瘋狂又虛假的政治運動，目標是全盤否定溫室氣體造成地球暖化的論點。[原注47]為達成目的，他們推出陰謀論指稱科學界受到政治正確荼毒、意識形態掛帥，所以希望政府完全主導經濟。自認在學術界扮演「看門狗」角色不讓政治正確變成教條的我必須表示這種說法莫名其妙：自然科學家沒這麼多心機，何況證據擺在眼前。[原注48]（也正因為如此，各領域學者更有義務保護學術界的信譽，**不該**淪為政治工具。）

當然也有人以審慎態度對氣候變遷提出質疑，有時被稱作微暖派（lukewarmers）。微暖派接受主流科學，但強調其中正面的部分。[原注49]他們從各種可能性裡計算出溫度上升最慢的情況，指出最糟糕的失控循環其實只是假設，略高的氣溫和二氧化碳比例對於農作產量有幫助所以有失亦有得，並主張只要世界各國都能財富最大化（不受化石燃料禁令限制）反而更有本錢適應已經來臨的氣候變遷過程。可是經濟學家威廉·諾德豪斯（William Nordhaus）則說這是一把豪賭，他稱之為氣候賭場（Climate Casino）。[原注50]如果現況下氣候變遷有一半機率變壞，其中又有百分之五的機率是大災難，正常來說我們還是會為了並非註定發生的最糟情況做準備，就像大家會為房屋買保險、裝滅火器、不在車庫囤積汽油。對抗氣候變遷原本就是耗時幾十年的大工程，倘若過程真的發現氣溫、海平面、海水酸度都不上升了，屆時再收手並不會太遲。

極左人士對於氣候變遷的反應則彷彿迫不及待想要呼應極右的陰謀論指控。「氣候正義」（climate justice）運動因為二〇一四年記者娜歐米．克萊因（Naomi Klein）暢銷書《天翻地覆：資本主義與氣候危機》（*This Changes Everything: Capitalism vs. the Climate*）而蓬勃發展，參與者認為氣候變遷不只是氣候變遷，還是消滅自由市場、重建全球經濟與政治制度的大好機會。（原注51）於是環保政治造就了史上破天荒的超現實場景，克萊因居然與石油業大亨、否定氣候變遷團體背後的金主查爾斯．科赫（Charles Koch）與大衛．科赫（David Koch）兩兄弟攜手合作，為的是阻止二〇一六年華盛頓州公投結果有可能讓美國實行碳稅，即使絕大多數專家都表示碳稅是對抗氣候變遷的先決條件。（原注52）為什麼她要那麼做？只因為該法案「親右」、未能使「造成汙染的人付出代價，吐出不當利益彌補他們惡意造成的傷害」。二〇一五年克萊因接受訪問時甚至表示，她反對用量化方式分析氣候變遷：

> 我們沒辦法靠數豆子的方法獲得勝利，沒辦法在數豆子的人的主場上打敗他們。我們必須堅持的是價值觀、人權，還有大是大非。短時間內或許我們還有一些漂亮的數據可以拿出來用，但千萬不要被模糊焦點。真正觸動大眾心靈的是關於生命價值的論述。（原注53）

將量化分析說成「數豆子」不僅反智，也違反所謂的「價值觀、人權、大是大非」。真正在乎人類處境的話，就應該竭力避免氣候變遷導致有人無家可歸、挨餓受凍，提供他們能繼續健康快樂生活下去的環境。(原注54)我們的宇宙遵循自然物理法則而非靈性或魔法，所以「數豆子」有其必要。就連如何「觸動人心」這個層面也一樣：主張全球暖化的問題可以透過政策和技術的革新來解決，那麼大眾會更願意配合；只是不斷強調恐怖結果沒有意義。(原注55)

對於如何預防氣候變遷，另一種常見反應如下，我每隔一陣子就會收到類似郵件：

致平克教授：

我們得趕快針對全球暖化做點什麼才對。為什麼得過諾貝爾獎的科學家不集體簽署一份請願書？為什麼不敢說出事實，讓社會大眾明白政客都是豬頭，根本不在乎多少人死於水災和旱災？

您也可以召集朋友在網路上發起運動，每個人都可以在對抗全球暖化的戰爭裡做出實質犧牲。問題癥結就在於沒人願意犧牲，不是嗎？大家應該發誓非緊急情況絕不搭飛機，因為飛機耗費的燃料實在太多。還要發誓一週至少三天不吃肉，因為生產肉類的過程增加太多的碳。同時應該發誓永久拒買珠寶飾品，金銀的精煉也極其消耗能源。陶瓷工藝也一樣，窯燒燃燒太多碳，美術系的教授和學生必須接受事實，人類不能長此下去。

抱歉我又要數豆子了。縱使全地球人都放棄珠寶，對減少溫室氣體排放量的影響只是九牛一毛。排放量主要來自重工業（百分之二十九）、建築業（百分之十八）、交通運輸（百分之十五）、土地利用（百分之十五）以及供電（百分之十三）。（畜牧業占五點五，而且大部分是甲烷而非二氧化碳。航空業則占一點五。）[原注56] 當然，寫這封信的人之所以提出禁珠寶陶瓷，背後思維並非**效益**而是**犧牲**，她特別針對珠寶這種典型的奢侈品毫不意外。而我會以這封信作為例子也是希望能解釋大眾面對氣候變遷時的思考盲點。

首先是認知層面。大部分人沒辦法判斷規模尺度，也就是對於二氧化碳排放量是十萬、千萬、十億噸其實無法有效區別。[原注57] 同時也很難辨別程度、比率、加速、高階導數——影響二氧化碳排放**增加**的是什麼？影響排放**比率**的又是什麼？影響大氣中二氧化碳**含量**的是什麼？影響全球**氣溫**的又是什麼（即使二氧化碳水準維持不變，氣溫仍舊會上升）？雖說大家關切的只有最後一項，但若無法理解尺度和導數，就有可能制訂出毫無意義的政策還沾沾自喜。

另一個盲點是道德。第二章已經提過，人類的道德判斷方式未必真的合乎道德，很容易落入非人化（「政客都是豬頭」）與懲罰（「造成汙染的人要付出代價」）。此外，我們習慣認為揮霍是惡、刻苦是善，結果道德感會傾向認同無意義的犧牲行為。[原注58] 許多文化裡的人為了彰顯自己的美德會選擇禁食、守貞、克己、焚燒奢侈品、活物（有時是人）獻祭等等。根據我與心理學家傑森·尼米羅（Jason Nemirow）、麥克斯·克瑞斯諾（Max Krasnow）以及芮亞·郝沃（Rhea Howard）共同的研究發現，就連現代社會也一樣，大眾

習慣以對方放棄多少時間金錢來判斷其德性高低，卻不在乎他們犧牲的行為實際造福多少人。（原注59）

目前針對如何減緩氣候變遷有大量討論還聚焦在自發性的犧牲，例如回收、減少食物里程、隨手拔插頭等等。（我承認自己還為哈佛學生發起這類運動的海報入鏡過。）（原注60）可惜無論這些崇高舉動讓人感受多好，在我們面對的巨大難題之中終究影響有限。碳排放問題最棘手之處在於形成了經典的公共財賽局（public goods game），也稱為**公地悲劇**（Tragedy of the Commons）：每個人都會因為別人受苦而得利，結果就是大家都叫別人犧牲好讓自己占便宜，這麼一來下場就是每個人都受害。標準解法是一個具強制力的權威出面懲罰惡意占便宜的人。可是一個禁止陶瓷工藝的極權政府，恐怕也不會關注如何最大化公眾利益。我們也可以試著相信世人皆有公眾意識，幻想道德勸說之後大家會乖乖犧牲奉獻，不過將整個星球的命運賭在數十億人自動自發放棄自身利益實屬不智。最重要的是，若要將碳排放量減半、乃至於歸零，所需要的犧牲奉獻並不只是拋棄珠寶首飾，而是連電力、暖氣、混凝土、鋼鐵、紙張、旅遊、便宜的食物和衣物都要放棄。

氣候正義鬥士們妄想的是開發中國家會樂意這麼做，所以倡議所謂「永續發展」。泰德．諾德豪斯、邁克爾．舒倫貝格爾諷刺說所謂永續發展就是「亞馬遜雨林的農民和原住民合力撿栗子和莓果，賣給班傑利公司做成『雨林脆片』口味的冰淇淋」。（原注61）他們可以用太陽能板，發電量足夠點亮ＬＥＤ燈、給手機充電，然後就沒了。可想而知，居住在當地的人才不甩這一套，因為脫貧需要充裕的能源。人類進步網站的站主馬里安．涂琵指出，波札那和蒲隆地兩國在一九六二年同樣貧窮，年度人均所得僅七十美元，兩個國家排放的二氧化碳都不多。到了二〇一〇年，波札那人每年所得提升到七千六百五十美元，是依舊窮困的蒲隆地人的三十二倍，問題是二氧化碳排放量相較之下高達八十九倍。（原注62）

面對現實以後，氣候正義鬥士們的解決方案不是為貧窮國家增加財富，而是主張讓富裕國家變窮，例如回歸「勞力密集農業」（通常得到的回答是：您先請）。舒倫貝格爾與諾德豪斯強調所謂的進步政治已經偏離軌道，以前為鄉村供電、提高經濟發展是當務之急，現在「以民主之名拒絕窮困國家真正需要的東西，也就是便宜的電力，反而強迫他們接受不想要的，也就是不穩定且高價的能源」。（原注63）

經濟成長無論對富國或窮國都不可或缺，原因就在於財富是因應氣候變遷的必要工具。所幸因為全球福祉成長，人類已經比以前健康（第五、六章）、吃得飽（第七章）、愛好和平（第十一章）、對天災有更好的承受力（第十二章），也就是較能抵抗各種自然及人為的威脅：疫病不那麼容易大流行，一地歉收可以靠其他地方的豐收來彌補，地方衝突較少演變為戰爭，各種風暴、洪水、乾旱造成的損害比以前小。人類對抗氣候變遷的一個重要環節，就是確保抵抗力永遠領先暖化造成的危害。開發中國家一年比一年富裕的話，就有更多資源能夠興建防波堤和水壩、增進公共衛生、安置海平面上升後失去家園的人口。為此絕對不該讓這些國家處於能源匱乏的狀態——當然這不代表為了提高當地所得就該容許過度燃燒煤炭，從而將所有人拖下水。（原注64）

減碳與核能發展

所以我們究竟應該如何處理氣候變遷問題？答案是為所當為。我同意方濟各和氣候變遷鬥士們提到的一點：防止氣候變遷惡化是個道德議題，原因在於這牽扯到幾十億人性命，特別是世界上最窮的階層。可是道德議題與道德譴責是兩回事，通常道德譴責起不了多大效果。（教宗通諭起了反效果，原本意識到氣候變遷問題的保守天主教徒，關注程度反而降低了。）（原注65）妖魔化提供能源的石化業、大幅度犧牲生活品質都能達到自我滿足的目的，卻不代表真正能夠減緩氣候變遷的毀滅進程。

對氣候變遷更聰明的應對方式，是研究如何以最少的溫室氣體排放量取得最多的能源。可想而知又有人會認為現代社會絕對辦不到，他們相信藉著燃燒碳元素而茁壯的工業社會必然逐步走向滅亡。但這種宿命論觀點錯了，奧蘇貝提出了資料告訴大家，現代社會逐步減碳的過程漸收成效。

人類燃燒的材料多數為碳氫化合物，其構成就是碳元素和氫元素。燃燒是釋放能量並與氧結合為水（H_2O）以及二氧化碳（CO_2）。歷史最古老的碳氫燃料是乾燥木材，可燃燒的碳原子與氫原子比例大約十比一。（原注66）工業革命時期改用煤炭，平均的碳氫比成為二比一。（原注67）石油燃料如煤油的碳氫比例有可能達到一比二，天然氣主成分為甲烷（原注68），化學式是CH_4，比例為一比四。

工業國家在能源階梯上步步高升，從木材到煤炭、再到石油和天然氣（最後這個階段由於水力壓裂法的緣故，進入二十一世紀後加速前進），作為能源的碳氫比例持續下降，每單位能量所需燃燒的碳越來越少（一八五〇年每千兆焦耳需要三十公斤的碳，現在所需約為十五公斤）。（原注69）從圖10-7可以看見碳排放也呈現庫茲涅茨曲線：富裕國家如英美進入工業化以後，會先增加碳排以提高國內生產總值，然而到了一九五〇年代之後排放量就逐漸降低。中國印度也呈現同樣趨勢，分別在一九七〇年代和一九九〇年代中期達到高峰。（中國原本在一九五〇年代末就應該起飛，可惜毛澤東蠻幹推行土法煉鋼之類政策，導致排放量暴增但經濟產出卻是零。）以全世界來看，碳排強度已經持續降低達半

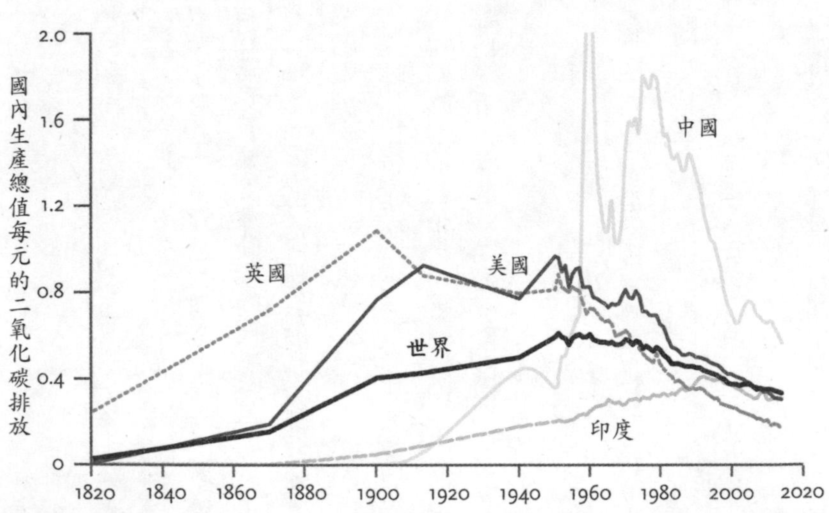

圖10-7：一八二〇至二〇一四年碳強度變化（國內生產總值每元的碳排量）

來源：Ritchie & Roser 2017, based on data from the Carbon Dioxide Information Analysis Center, http://cdiac.ornl.gov/trends/emis/tre_coun.html. GDP is in 2011 international dollars; for the years before 1990, GDP comes from Maddison Project 2014.

世紀。（原注70）

減碳是人類偏好的自然結果。「碳染黑了礦工的肺，汙染市區空氣，提高氣候變遷的威脅，」奧蘇貝解釋：「氫卻對環境沒有影響，燃燒後的產出是水。」（原注71）社會大眾希望能源密集而清潔，於是移居都市以後能接受的是電力和天然氣，而且要直接送到住處和廚房。有趣之處在於這種偏好導致世界來到煤炭頂峰、甚至是碳頂峰。圖10-8顯示全球碳排放在二〇一四、一五年進入高原期，但中國、歐盟與美國的排放量都有所改善。（一如圖10-3的美國，碳排到了高原期但財富持續提升：二〇一四到

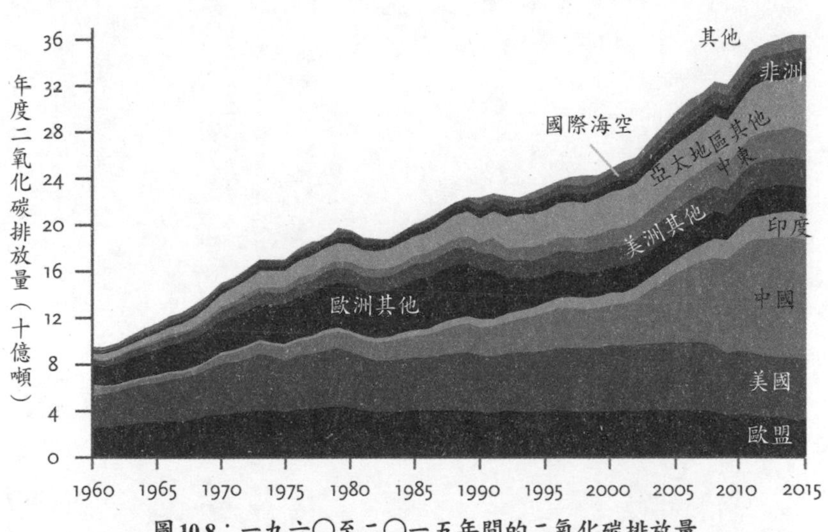

圖10-8：一九六〇至二〇一五年間的二氧化碳排放量

來源：*Our World in Data*, Ritchie & Roser 2017 and https://ourworldindata.org/grapher/annual -co2-emissions-by-region, based on data from the Carbon Dioxide Information Analysis Center, http:// cdiac.ornl.gov/CO2_Emission/, and Le Quéré et al. 2016。「國際海空」指航空和海洋運輸，對應原資料出處中的 "Bunker fuels"。「其他」指預估的全球二氧化碳排放量及地區及國家排放量總和的落差，對應原資料中的 "Statistical difference"。

一六年間，世界生產總值成長了百分之三。）（原注72）部分碳排消失的原因是風力和太陽能發電，但多數的情況，尤其美國，是因為我們以天然氣（CH_4）取代了煤炭（$C_{137}H_{97}O_9NS$）。

減碳的長期趨勢顯示出經濟成長並不直接等同燒碳。部分樂觀人士相信，只要趨勢能進入英文縮寫為「N2N」（Natural Gas to Nuclear Power）的下個階段，也就是從低碳天然氣轉為零碳核能，氣候變遷就能達成安全著陸。可惜只有最樂觀的人寄望於此，因為即便目前年度二氧化碳排放量持平在三百六十億公噸左右，對地球大氣而言還是太多了，而且尚未出現急轉直下、可免於惡果的跡象。減碳仍需要政策和科技方面再加把勁，衍生出的新概念稱為深度減碳（deep decarbonization）。（原注73）

深度減碳從碳定價開始。所謂碳定價就是對個人或企業收費，依據則是他們朝大氣傾倒了多少分量的碳。收費管道可以是稅金，也可以是國家之間的碳排額度。無論位在政治光譜何處的經濟學家都為碳定價背書，因為這個做法結合了政府和市場雙方的獨特優勢。（原注74）地球大氣不屬於任何人，因此沒理由容忍個人和企業為了自己利益而對環境造成傷害；傷害是一種負面結果，符合經濟學上所謂「負的外部性」（其意義等同於公共財賽局造成的集體成本，或者公地悲劇裡公地受到的損害）。只有政府可以徵收碳稅，碳稅將公眾成本「內化」，強制納稅人對每個會排碳的行為進行決策考量，等於數十億人根據自己的價值觀和價格資訊，共同研究怎麼做最能夠保護環境，這個機制一定比官員和專家在會議室內想破頭擠不出最佳方案來得更有效率，也更符合人性。陶藝家不再需要因為碳警察而藏起窯爐，他們可以透過縮短淋浴時間、週日不開車、以茄子取代牛肉等等個人的方式來愛護地球。家長不必煞費苦心計算尿布清洗取送服務與拋棄式尿布究竟何者排放更多碳，因為差別會直接透過價格呈現，價格優勢也會成為每間公司努力降低排放量的誘因。無碳能源與化石燃料終將平起平坐，先前化石燃料將廢棄物直接排放到大氣卻不必計算成本，往後對投資人和創業者而言，開發新能源更值得一試。沒有碳稅的前提下，化石燃料具有量多、好運送和能量密集的優勢，幾乎找不到競爭對手。

碳稅對窮人造成的衝擊無可避免成為左派關注焦點，但右派同樣對於資金為此得從私部門流入公部門感到反感。然而這些副作用可以透過營業、工資、所得等各種稅率與移轉來進行調節。（艾爾・高爾說：「賺的不多給，燒的才課稅。」〔Tax what you burn, not what you earn.〕）如果稅率一開始很低，後來隨時間可預測地急遽上升，大眾也能將增加幅度納入採購與投資的長期考量，越傾向低碳技術越無需負擔這部分稅額。（原注75）

深度減碳的第二個關鍵是傳統綠色運動不願面對的事實：核能是世界上最充裕也最可控的無碳能源。（原注76）雖然可再生能源，特別是太陽能與風力，近年來成本跌了非常多，在全球能源的占比中短短五年就翻漲三倍，但比重還是只有百分之一點五，而且成長有限。（原注77）風有停下來的時候，太陽每天要下山、還會被雲層遮蔽，但大眾時時刻刻、不分晴雨都需要能源。若有能夠大量儲藏可再生能源的電池，或許能解決部分問題，可惜足以支應大城市的技術不知道還要多少年才能完成。此外，風力和太陽能發電需要的土地面積非常大，違背了對環境友善的密集化原則。能源專家羅伯特・布萊斯（Robert Bryce）做了估計：根據目前全球能源消耗的成長趨勢來看，即使每年將一塊等同於德國面積的土地變成風力發電區，也只能使風力的占比持平。(原注78) 若要在二〇五〇年靠可再生能源滿足全世界的電力需求，必須在美國（含阿拉斯加）墨西哥、中美洲、加拿大居住區加總起來這麼大的土地面積裡擺滿風力發電機和太陽能板。(原注79)

相對而言，核能在密度方面的表現太過優異，畢竟 $E=mc^2$，所以一次核反應就能透過少量物質產生超大量能源（是光速的平方），而且比起挖煤炭、石油、天然氣，採掘鈾礦對地表的環境傷痕更小，還有核電廠所需土地面積是風力和太陽能的五百分之一。(原注80) 核能可以全天候運轉，也能連接電網針對有需要的地區集中供電。相較於太陽能、水力、生物質發電，核能的碳足跡更低，同時更為安全。核能歷史已有六十年，一九八六年車諾比事件的直接死亡者三十一人，主因是蘇維埃時期核電設計不良，暴露在核汙染的民眾每十萬人的罹癌死亡數比自然罹癌高出數千。(原注81) 之後還有兩次重大核事故，分別為一九七九年美國三哩島和二〇一一年日本福島，但都無人死亡。反觀化石燃料所造成的汙染，以及挖掘和運送過程的意外事故害許多人喪命，只是都沒有登上頭條新聞。與核能相比，每千瓦時的天然氣發電死亡人數是三十八倍，生物質是六十三倍，石油兩百四十三倍，煤炭更是三百八十七倍──每年恐怕達到上百萬人之譜。(原注82)

氣候科學家做出的估計越來越多，諾德豪斯與舒倫貝格爾總結後說道：「除了大幅增加核能，沒有任何可靠的手段能夠降低全球的碳排放量。核能是目前唯一能夠達到集中並大量發電的低碳技術。」(原注83) 數支專業研究團隊集結組成深度減碳尋路計畫（Deep Carbonization Pathways Project），為世界各國尋找降低碳排放量的辦法，以求達到控制氣溫升高在攝氏兩度以下的目標。根據他們計算，美國必須在二〇五〇年時達到百分之三十到六十的電力來自核能（與現今相比是一點五到三倍），這些電力必須取代化石燃料供應暖氣、車輛、煉鋼、製作混凝土和肥料的能源。（原注84）在另一種假設情境裡，甚至有可能需要將核能擴大為四倍才足夠應付。就全球而言，中國、俄羅斯等國家也一樣得大幅擴張核能比重。（原注85）

可惜的是，在人類應該擴大使用核能的時候，我們卻選擇了縮減。近幾年來美國有十一座核電反應爐已經關閉或計畫關閉，結果就是太陽能和風力占比提高了，但碳排放量根本沒有降低。以往仰賴核能供給大部分電力的德國也逐步關閉核電廠，而且以燒煤炭的火力發電取而代之，法國、日本似乎打算跟進。

為何西方國家會走偏？因為核能觸碰了幾個心理開關：大眾害怕中毒，害怕想像出來的大災難，無法信任自己不熟悉且是人造的東西。各種恐懼還被傳統綠色運動人士及其自稱「進步」的支持者不斷放大。（原注86）曾有評論者認為，真正該為全球暖化負責的人是杜比兄弟合唱團（Doobie Brothers）、邦妮．雷特（Bonnie Raitt）以及一九七九年發起核電歸零音樂會（*No Nukes* concert）的搖滾明星。（從音樂會結尾那首聖歌的歌詞就能看出端倪：「給我太陽的溫暖能量……把你們的核毒能源都帶走。」）（原注87）還有一種恐懼來自珍芳達（Jane Fonda）、麥克．道格拉斯（Michael Douglas）以及一九七九年電影《大特寫》[8]的製

8譯按：The China Syndrome，片名直譯為「中國症候群」。

作人，這部電影的名字和劇情有關：故事說核能反應爐的爐芯熔解之後，能量竟然貫穿地球從中國那邊開了大洞，還造成美國這裡不能住人的土地面積「和賓州一樣大」。好死不死，同一年三哩島事件的舞臺就是賓州中部，電影上映才兩週就碰上爐芯部分熔解，大眾的恐慌可想而知。此後核能兩個字就帶有放射性，和鈾燃料棒一樣高。

常有人說關於氣候變遷知道得越多就越害怕，然而針對核能則反過來，知道得越少才越害怕。（原注88）就像油輪、汽車、飛機、建築和工廠一樣，工程師從一次次事故和失誤中學習，核電廠的安全性會逐步提升，意外和汙染風險已經遠低於化石燃料。相關技術甚至也用來降低放射線的危害，因為燃燒煤炭產生的飛灰和煙氣也具有極高放射性。

此外，核能至今仍昂貴的主因是核電廠必須克服法規上的重重難關，競爭對手卻不受到同等限制。另一個值得注意的現象發生在美國，經過很長的中斷之後，終於又開始建設核電廠了，不過是交給私人公司負責，他們採用東拼西湊的古怪設計，未能跟上工程界的學習曲線，納入最好的結構、材質與建造工藝。瑞典、法國、南韓就不同，有十多座標準化核電廠，因此除了電力便宜，碳排還非常低。美國核能管理委員會前委員伊萬・塞林（Ivan Selin）說過：「法國有兩種反應爐和幾百種起司，美國有兩種起司和幾百種反應爐。」（原注89）

若要以核能成為減碳轉型的主角，勢必得突破第二代核電廠的輕水反應爐技術。（第一代是指一九五〇到六〇年代初的原型機。）接下來上線的有些屬於第三代，設計是根據第二代，但針對安全和效率做出修正，可惜成本與建造難度方面有太多毛病要解決。第四代反應爐已經有六個版本，而且建造過程不再繁瑣艱難，可以讓核電廠進入量產階段。（原注90）其中一種設計就像噴射機引擎，生產線提供零件之後經由貨櫃和鐵路運輸到目的地，還可以在城市外的近海上組裝，壽命結束除役就直接拖走。依據設計不同，第四代核反應爐能夠承受風暴和海嘯，所以「別擺我家後院」的異議不再成立，結構上能夠放在地底運轉、利用惰性氣體與無需加壓的熔鹽來冷卻，補充反應堆只需要倒入碎料而不必關機更換燃料棒，發電同時還能製造氫（最乾淨的燃料），或者無需外力或人工介入能夠在過熱時自動停機。有些類型的反應爐採用地球藏量豐富的釷作為燃料，其他雖然繼續採用鈾但來源非常多樣化，可以從海水、拆除的核武（兵器變農具的終極體現）、既存反應爐的廢棄物、甚至它們自己產出的廢料來提煉——最後這種形式是目前最接近永動機的概念，足夠供應全球好幾千年的電力。就連核融合（nuclear fusion）這種很久以前就被戲稱是「永遠再等三十年」的技術，現在看來也真的是三十年（內）就會問世。（原注91）

先進核能科技的好處還沒講完。多數針對氣候變遷的行動都需要政策改革（例如碳定價），然而這些政策始終有爭議，在最理想化的情境裡也有窒礙難行之處。相對而言，比化石燃料更便宜、密集又乾淨的能源類型很有賣點，不需要多大的政治角力與國際合作。（原注92）除了減緩氣候變遷，核能還有許多附加價值，像是開發中國家可以跳過能源升級過程，免受煤煙戕害而直接躍升到西方世界的生活水準。海水淡化需要大量電力，若能負擔的話，淡化海水可用於飲用和灌溉，減低對地表水源和水力發電的需求才能拆掉水壩，河川與湖泊海洋之間再度緊密連結，整個生態系跟著復甦。創造充足能源的團隊為世界帶來的福祉比歷史上的聖人、英雄、先知、烈士和諾貝爾獎得主加起來都還要多。

能源科技要有所突破，我們可以期待有抱負的發明家、積極投入的能源企業或者科技大亨提出野心勃勃的計畫；由各式各樣不同的人組成，更能兼具安全和必要的雄心壯志。（原注93）可是相關研發還是需要政府推動，因為有關全人類的公眾利益，對於私人公司而言終究風險太大回報太小。而且誠如布蘭特所言，政府必須在過程中扮演重要角色，因為「我們僱用政府官員的目的之一就是希望有人處理基礎建設，尤其是能源方面的基礎建設。這個領域需要不斷的立法、擔保、修正、規範、補貼、研究並對公私部門間的往來善盡監督之責。」（原注94）因此我們的監管環境應當更能處理二十一世紀面對的種種挑戰，而不是回到一九七〇年代對於科技與核能的恐懼。第四代核電技術蓄勢待發，卻屢遭政府以環保為由擋下而不見天日，至少美國目前就陷入這種困局。（原注95）中國、俄羅斯、印度、印尼飽受霧霾所苦又渴求能源，少了美國社會對核能的神經質與政治管道阻塞，很可能後來居上。

無論哪個國家超前、使用什麼燃料，深度減碳能否成功的關鍵在於科技進步到什麼程度。我們為何要以目前的知識為局限？深度減碳需要的突破不僅在於核能方面，也延伸到其他技術領域：儲存可再生間歇性能源的電池；如網際網路的智慧電網將不同來源的電力在不同時間分配給不同的用戶，諸如生產混凝土、肥料、鋼鐵這些工業製程可以改採電力並減碳，大卡車與飛機需要的密集可運輸能源以液態生物質取代；最後則是捕集和封存二氧化碳的方法。

對抗氣候變遷的工程

上述技術的最後一項很重要，道理十分簡單：縱使達成二〇五〇年溫室氣體減半、二〇七五年溫室氣體歸零的遠大目標，地球仍會繼續暖化、危機並未徹底解除，原因在於二氧化碳進入大氣之後就會停留很久的時間。停止溫室氣體的累積還不足夠，最後勢必要做到主動將之清除。

相關技術的基礎已有超過十億年歷史。植物的光合作用就是利用光能將二氧化碳（CO_2）與水（H_2O）結合，製造出醣（例如$C_6H_{12}O_6$）、纖維素（一連串$C_6H_{10}O_5$）、木質素（也是連續單位，如$C_{10}H_{14}O_4$），後兩者是多數木質部和莖的生物質結構。換言之，從空氣中移除二氧化碳最簡單的辦法就是盡可能增加會吸收碳的植物，做法是降低砍伐並鼓勵林地的再造與新造（造出原本沒有的森林）、回復耕地和毀壞的濕地原貌、重建海岸與海洋生物棲地。為減少植物腐爛後回到大氣中的碳，可考慮以木材或其他植物製品作為建材，或者將死亡植物的生物質加工為「生物炭」並埋入地下發揮改良土壤的效果。（原注96）

還有很多各式各樣碳捕集的想法，以現在科技水準來說尚處於摸索階段。比較假設性的方法已經進入地質工程領域，比方說在世界各地散布粉狀岩，隨著風化會吸收二氧化碳，增加雲和海的鹼性使更多二氧化碳溶於水，以及增加海水的鐵質以提高浮游生物的光合作用速率。（原注97）較有根據的提案則是從化石燃料廠房篩出二氧化碳塞進地殼下的節點與縫隙。（直接對大氣內百萬分點濃度達到四百的二氧化碳進行過濾，在理論面上可行，但實務上效率低到沒意義，除非電價因核能降到極低才值得考慮。）這類技術可以安裝在既存的工廠和發電廠，即使本身很耗能，但也去除掉原本供電設施造成的汙染（這就是所謂的「潔淨煤」）；也可以運用在將煤炭轉化為液態燃料的氣化廠，飛機與大貨車可能還是有需求。地球科學專家丹尼爾·施哈克（Daniel Schrag）指出氣化過程原本就要從氣體中分離出二氧化碳，所以將其隔絕以保護大氣層，所增加的成本不會太高，產出的液態燃料的碳足跡將小於石油。（原注98）更值得注意的是，如果將生物質也加進煤炭來源（包括草、農業廢棄物、伐木殘餘、都市垃圾，以後可能出現基因工程植物或藻類）便能達到零碳，若僅使用生物質，甚至會進入負碳排的境界。植物從大氣吸收二氧化碳，生物質（經由燃燒、發酵、氣化）轉換為能源時又利用碳捕集技術加以隔離，整個過程稱之為「生物能源結合碳捕集與封存」，是許多人心中逆轉氣候變遷的祕密武器。（原注99）

真能這麼順利嗎？路途充滿阻礙令人不安，包括世人對能源的需求不斷增加、化石燃料使用便利且基礎建設已經廣為設置、能源企業與右派政治團體試圖否認環境問題、傳統綠色運動和左派氣候正義鬥士對科技解決方案懷抱敵意，而碳排放本身又具備公地悲劇的特性。即便如此，預防氣候變遷依舊獲得重視，其中一個跡象從《時代雜誌》二〇一五年三週間的頭條便能察覺：「中國表現出對氣候變遷的重視」、「沃爾瑪、麥當勞和其他七十九企業聯手對抗全球暖化」、「美國民眾否認氣候變遷的比例來到歷史低點」。同時期的《紐約時報》報導：「民調顯示，對抗氣候變遷已是全球攻勢。」接受調查的四十一國裡只有一個（巴基斯坦）例外，其餘多數受訪者都希望能降低溫室氣體排放量，也有高達

百分之六十九的美國民眾持贊成意見。（原注100）

全球共識不是空穴來風，二〇一五年十二月有一百九十五國簽署了歷史文件，承諾齊心協力保持溫度上升「遠低於」攝氏兩度（目標設定在一點五度），每年撥出一千億美元用於協助開發中國家減緩氣候變遷（過去無法達成全球共識也就是卡在這一點）。（原注101）二〇一六年十月，協議在一百一十五個簽署國獲批准生效，其中多數提出完整方案說明如何在二〇二五年之前達成目標，並承諾每五年將對內容進行更新和升級。若沒有後續修訂，現行計畫顯然不夠好，期限內地球溫度還是會提高攝氏二點七度，公元兩千一百年時來到高危險的四度門檻的機率也只降低了七成五，不足以令世人安心。但各國政府還會繼續努力，加上科技進步與擴散，人類的勝算會持續增加，巴黎協議仍有很大希望。（原注102）

不過計畫在二〇一七年又受挫。川普將氣候變遷貶為「中國製造的騙局」，並揚言美國將自巴黎協議抽身。所幸退出時間（最早）也得等到二〇二〇年十一月，而且科技和經濟體系推動的減碳依舊持續，國家、都市、商業、科學等各界領袖也會針對氣候變遷提出新方案。同時其他國家都表示協議內容「不可逆」，有可能透過對美國出口施加碳稅或其他限制來逼迫美國守約。（原注103）

即便一帆風順，阻止氣候變遷依舊工程浩大，沒人能保證科技與政策能夠及時擋下全球暖化可能造成的劫難。為了保護環境，還有一種最後手段，那就是降低能夠傳遞到大氣層低處與地表的太陽輻射量。（原注104）派遣機隊在平流層噴灑硫酸鹽、碳酸鈣或特製奈米顆粒，形成的薄膜恰好足以反射太陽輻射，避免暖化威脅。（原注105）這種做法是仿造一九九一年菲律賓皮納土波火山（Mount Pinatubo）爆發所造成的影響，當時大量二氧化硫釋放到大氣層，後續兩年全球氣溫降低達到攝氏零點五度（約華氏一度）。另一種做法則是讓機隊在空中噴灑海水製成的細霧，海水蒸發以後鹽結晶滲入雲層被水蒸氣包圍，形成的微型水滴使雲朵更白，反射更多光線回到太空。兩種做法成本都不算太高，也不需要科技層面的重大突破，卻能夠快速降低全球氣溫。有專家提出其他操作大氣或海洋的方法，不過大部分相關研究還在萌芽階段。

氣候工程的點子聽起來彷彿出自瘋狂科學家之手，以前確實是個禁忌話題。評論者認為一旦啟動氣候工程，就像開啟了潘朵拉的盒子，會招來各種難以預料的劫難，例如降雨規律被擾亂、臭氧層受損等等，而且幅度擴及全球代表各地得到的結果不會一致，衍生的問題就是究竟誰有資格掌控地球溫度計。犧牲他國利益來降低自己境內的氣溫會引爆大戰。此外，倘若世人仰賴氣候工程變成習慣卻在往後逐漸失靈，在大氣碳含量已經過高的前提下，升溫速度恐怕超過人類適應力。再者，提出其他解決氣候危機的辦法有可能打開道德後門，引誘許多國家逃避減低碳排的責任。最後也得考慮大氣中二氧化碳溶解於水導致海洋逐漸酸化的問題。

綜合上述理由，有責任感的人都無法接受大家繼續排碳、妄想在同溫層抹上厚厚防曬就能脫困。不過二〇一三年物理學家大衛・凱思（David Keith）確實提出另一種見解：**適量**、**適度**、**適時**（moderate, responsive, temporary）的氣候工程方案。（原注106）其中「適量」指使用的硫酸鹽和碳酸鈣分量維持在降低暖化速度但並非完全抵消，之所以如此是因為小分量施行才容易避免意料外的後果。「適度」代表所有操作都要漸進、小心並嚴格監督，時時進行修正，若有必要則立刻喊停。「適時」的意思是整個計畫目的限制在為人類爭取喘息時間，利用得到的空檔設法根絕溫室氣體排放、讓大氣裡的二氧化碳含量回歸工業革命前的數值。針對有人擔憂地球過度依賴氣候工程會像藥物成癮難以戒斷，他的回答是：「人類真的直到二〇七五年都還想不出辦法每年從空氣裡抽走大概五十億噸的二氧化碳？我覺得不可能。」

儘管凱思在氣候工程的路上走得特別前面，倒也不必擔心他是被新技術沖昏頭。二〇一五年新聞工作者奧利佛．莫頓（Oliver Morton）出版《再造的星球：地球工程學能如何改變世界》（*The Planet Remade: How Geoengineering Could Change the World*），書中從歷史、政治與道德三方面探討氣候工程及其技術現況，資料顯示人類擾亂水、氮、碳的全球循環已經超過一世紀，現在才主張保存地球的原始狀態未免為時已晚。考量氣候變遷規模之大，很難相信我們能夠迅速俐落處理好，因此在終極解決方案問世之前，本就該認真研究如何為受影響的好幾億人口謀福利。為此莫頓設想了一些情境，即便人類沒有組成有效的全球治理機制，也能夠適量適時發動氣候工程計畫。學者丹．卡漢（Dan Kahan）則從法學角度說明提供氣候工程資訊對社會大眾不會造成道德危機，反而促使大眾**更加**關心氣候變遷議題，不因自身政治意識形態而產生偏見。（原注107）

縱使經歷了半世紀的恐慌，人類其實還未踏上生態自殺的不可逆之路。對於資源耗竭的恐懼、認為現代人類只會破壞無法保護環境，這些印象都來自誤解。開明的環保主義能夠認清人類必須運用能量才得以逃脫熵和演化所導致不可避免的困頓。我們該做的是從過程裡找到對地球、對生態傷害最低的方式。歷史證明現代、務實、基於人文的環保主義能夠成功，世界越富裕、科技越進步，我們就越能做到物質和碳的減量並提高生產密度，解放更多土地和物種。大眾有錢並受到良好教育後，也會更關心環境，思考如何保護環境，而且有能力負擔成本。很多地區正在改善中，面對已知的嚴峻考驗我們可以更有信心。

第一個考驗就是溫室氣體排放與其造成的氣候變遷。很多人問我覺得人類會跨越難關，還是大難終將臨頭。當然結局並非我說了算，但我私心相信人類可以通過考驗。這並非毫無根據的樂觀，經濟學家保羅．羅莫（Paul Romer）提出**無前提**和**有前提**兩種不同的樂觀思考。無前提的樂觀就像聖誕節早上等著禮物出現的孩童；有條件的樂觀則是一個小孩想蓋樹屋，心裡很清楚自己需要木材、釘子，還得說服朋友幫忙才會成功。（原注108）對於氣候變遷人類不能盲目樂觀，但不代表不能有條件地樂觀。我們現在不僅有能夠阻止傷害擴大的手段，而且我們可以繼續研究。相信問題能解決不等於相信問題會自動消失，解決問題的前提是匯聚現代社會的正面力量。帶領人類度過一次次危機的這股力量包括社會繁榮、規範得宜的市場、全球治理及對科學技術的投資。

第十一章
和平

戰爭可能只是人類得到啟蒙以後必須克服的另一道障礙，就像瘟疫、饑荒、貧窮。

當前進步潮流的深度是否足夠，會不會忽然中斷、甚或逆轉？暴力的歷史給了我們思考這些問題的機會。我在《人性中的良善天使》書中以證據說明二十一世紀第一個十年裡有關暴力的每一項客觀指標都下降。然而出版前評論者就提出警告，認為新書還來不及鋪貨形勢就會轉變。（當時許多人擔心伊朗與以色列或者美國之間會爆發戰爭，而且可能是核子戰爭。）二〇一一年出書之後又有一連串壞消息，更讓人覺得此論點不成立，比方說敘利亞內戰、伊斯蘭國組織四處為患、西歐遭受恐怖主義攻擊、東歐淪入獨裁者手中，連美國也有警察槍殺民眾的事件，而且西方世界掀起仇恨犯罪、種族和仇女的風潮。

可得性捷思法與消極偏見[1]使大眾很難相信暴力有可能消退，也讓人草率認定即便暴力曾經減少現在也已經捲土重來。接下來五章我會以數據檢驗近幾年的壞消息，並為幾種暴力類型製圖，歷史曲線會延伸至現在，並穿插《人性中的良善天使》一書出版時的數據點作為參照。（原注1）雖然七年時間在歷史上如過眼雲煙，仍可提供蛛絲馬跡讓讀者判斷究竟是該書正好幸運地選在相對和平的時期出版，抑或書中點出的大方向確實存在。我還會進一步從更深的歷史動力的角度解釋這些趨勢，以結合本書的進步主題。（同時也會介紹一些關於歷史動力的新觀念。）首先來看看規模最大的暴力形式：戰爭。

數量減少，心態改變

縱觀人類歷史，戰爭才是各國政府的日常消遣，和平反而是戰爭中間的短暫歇息。

（原注2）圖 11-1是過去五百年裡強權發動戰爭的時間比例。（所謂強權是指少數能夠將武力延伸到國土外的城邦或國家，他們彼此以同行相待，集體控制世界上絕大多數軍事資源。）（原注3）強權之間的武力鬥爭，包括世界大戰，是人類這個可悲物種所能想像到最激烈的毀滅與破壞形式，他們也要為多數的戰爭受害者負責。從圖表可以發現即便剛進入現代，強權國家同樣一直在戰爭，不過現在幾乎不打了。最後一次強權戰爭是美國和中國在韓國的土地上開打，距今超過六十年。

戰爭頻率的鋸齒狀線條最後驟降，背後隱藏了直至近來都背道而馳

1 譯按：negativity bias，指人傾向關注負面訊息，對負面消息留下深刻印象。

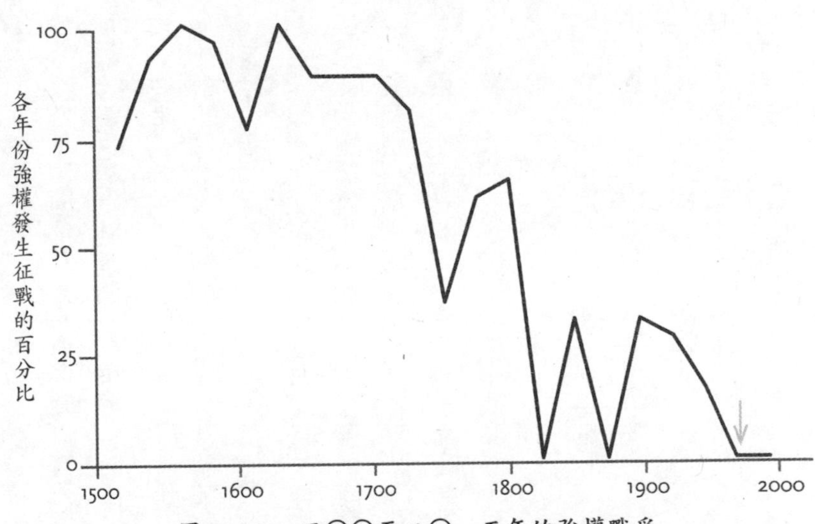

圖 11-1：一五〇〇至二〇一五年的強權戰爭

來源：Levy & Thompson 2011, updated for the 21st century. Percentage of years the great powers fought each other in wars, aggregated over 25-year periods, except for 2000-2015. The arrow points to 1975-1999, the last quarter-century plotted in fig. 5-12 of Pinker 2011.

的兩股趨勢。（原注4）過去四百五十年來強權參與的戰爭，持續的時間逐漸縮短、發生頻率也持續下降；但另一方面，軍隊人數、訓練、裝備不斷提升，真的開戰以後死傷更為慘重，以兩次世界大戰為巔峰。直到第二次世界大戰之後，戰爭的三種指標（頻率、時間、死傷）都降低了，進入所謂**長和平時期**（Long Peace）。

而且不只是強權停止互鬥。兩支穿著制服的軍隊代表兩個國家或勢力拿起武器廝殺的傳統戰爭也幾乎消失。（原注5）一九四五年以後不超過三次，一九八九年之後大半時間絕跡，二〇〇三年美國主導攻進伊拉克之後就確定沒有了，這也是二戰之後最長一段時期沒有國家之間的戰爭。（原注6）目前不同國家的軍隊仍會爆發小規模衝突，死傷可能數十人，而非歷史上全面戰爭下動輒幾百、幾千、最高波及數百萬人的慘況。長和平時期在二〇一一年以後也歷經考驗：亞美尼亞與亞塞拜然、俄羅斯與烏克蘭、南北韓都瀕臨開戰邊緣，然而最後雙方都退讓沒有越演越烈。這當然不代表大型戰爭的可能性徹底為零，只是機率變得極低，是各國（多半）竭力避免的場面。

戰爭在地理上也呈現萎縮的趨勢。二〇一六年哥倫比亞政府與遵奉馬克思主義的哥革武（FARC，哥倫比亞革命武裝力量人民軍）簽署最終停火協議，結束西半球最後一場因政治而起的冷戰遺毒武力衝突。與過去數十年相比，情勢有了很大轉變。（原注7）之前瓜地馬拉、薩爾瓦多、祕魯和哥倫比亞一樣都是左翼游擊部隊對抗以美國為後盾的當地政府，尼加拉瓜則相反（美國支持的反抗軍對抗左翼政權），大小戰鬥合計死亡人數超過六十五萬。（原注8）西半球和平了，其餘地區開始跟進，西歐幾世紀的血腥歷史在兩次世界大戰達完全沒有國家之間的戰爭。

到高潮後，接著是超過七十年的和平。東亞在二十世紀中葉的戰事包括日本侵略、中國內戰，韓戰和越戰更是奪走數百萬條人命。即使政治紛爭尚未停歇，目前東亞、東南亞可說完全沒有國家之間的戰爭。

現階段的戰事集中在奈及利亞到巴基斯坦之間，此地區人口占全球不到六分之一。戰事性質為內戰，根據烏普薩拉衝突資料計畫（UCDP）[2]的定義，是指一個政府與某個組織勢力之間每年造成至少一千軍民死亡的武裝衝突。從這裡能看到一些負面趨勢：冷戰結束以後內戰數量驟減，一九九〇年還有十四件，到了二〇〇七年只剩下四件。然而最近回升了，二〇一四、一五年各有十一件，二〇一六年有十二件。（原注9）大部分內戰的其中一方是激進派伊斯蘭組織（二〇一五年的十一件裡有八件，二〇一六的十二件裡有十件），若能排除這個因素則內戰數量根本不會增加。不意外的是，二〇一四、一五年另外兩次內戰也起於反啟蒙的意識形態：俄羅斯國族主義鼓動了分離勢力並得到普丁支持，於是在烏克蘭境內兩個省分與當地政府軍開戰。

持續的戰事中，最慘烈者發生在敘利亞，包含伊斯蘭和非伊斯蘭的多支反叛勢力得到俄羅斯與伊朗支援，為了擊退這些勢力巴沙爾·阿薩德（Bashar al-Assad）帶領國家一步步走入絕境。敘利亞內戰在二〇一六年造成二十五萬人死亡（保守估計），是圖11-2裡全球戰爭死亡比例衝高的最主要因素。（原注10）

2 譯按：Uppsala universitet，烏普薩拉大學為瑞典知名的綜合性大學。

但要注意，在近期的回升趨勢之前，已有長達六十年的相對和平。二次世界大戰最慘烈，每年每十萬人當中因戰爭死亡者就有三百人；之所以沒有納入圖表是因為放進去的話，後面所有年份的線條看起來會像是地毯上的小摺痕而已。如圖所示，戰後年代的戰爭死亡比例像雲霄飛車一路往下衝，韓戰的二十二人已經很高，一九六〇末期、七〇早期的越戰僅有九，八〇年代中期伊朗和伊拉克的戰爭才五，二〇〇一到一一這十年低於零點五，都快要觸地了。直到二〇一四年才爬回一點五，可取得資料的最後一年二〇一六是一

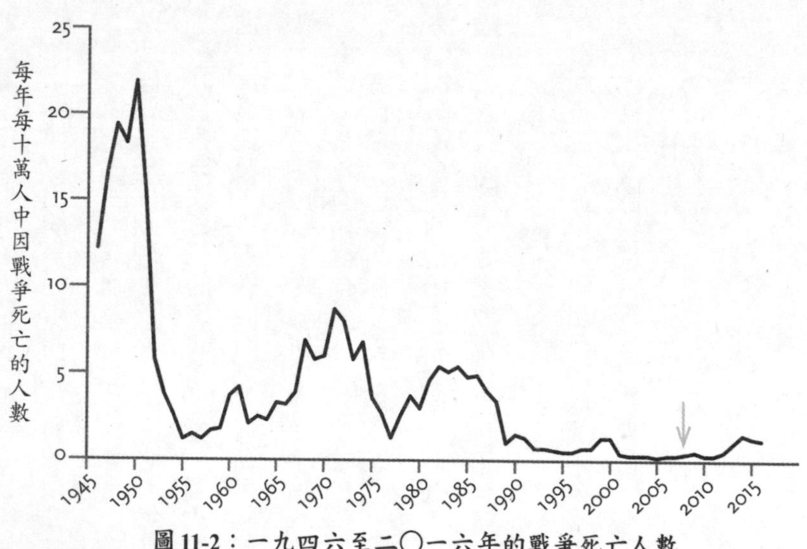

圖 11-2：一九四六至二〇一六年的戰爭死亡人數

來源：Adapted from Human Security Report Project 2007. For 1946-1988: *Peace Research Institute of Oslo Battle Deaths Dataset* 1946-2008, Lacina & Gleditsch 2005. For 1989-2015: *UCDP Battle-Related Deaths Dataset version 5.0*, Uppsala Conflict Data Program 2017, Melander, Pettersson, & Themnér 2016, updated with information from Therese Pettersson and Sam Taub of UCDP. World population figures: 1950-2016, US Census Bureau; 1946-1949, McEvedy & Jones 1978, with adjustments. The arrow points to 2008, the last year plotted in fig. 6-2 of Pinker 2011.

點二。

二〇一〇年代中期關注國際新聞的人很可能認為敘利亞內戰抵消了過去幾十年累積的和平進步。然而這種想法源於大眾忘記之前很多內戰在尚未鬧得沸沸揚揚前就在二〇〇九年之後落幕（包括安哥拉、查德、印度、伊朗、祕魯、斯里蘭卡），也忽略了以前其他內戰的喪亡多麼慘烈。印度支那戰爭（一九四六到五四，死亡五十萬）、印度（一九四六到四八，死亡一百萬）、中國（一九四六到五〇，死亡一百萬）、蘇丹（一九五六到七二，死亡五十萬；一九八三到二〇〇二，死亡一百萬）、烏干達（一九七一到七八，死亡五十萬）、衣索比亞（一九七四到九一，死亡七十五萬）、安哥拉（一九七五到二〇〇二，死亡一百萬），以及莫三比克（一九八一到九二，死亡五十萬）。（原注11）

敘利亞內戰爆發後難民流離失所、大量逃向歐洲的畫面太過怵目驚心，於是有人聲稱目前地球上難民數量遠超過往。這同樣是對歷史記憶模糊再加上可得性捷思法得出的錯誤結論。政治科學家喬舒亞．戈斯坦（Joshua Goldstein）指出，敘利亞難民約為四百萬人，可是一九七一年孟加拉獨立戰爭的流亡者高達一千萬，一九四七年印度分裂時一千四百萬人逃難，第二次世界大戰歐洲更有六千萬人無家可歸，何況當年全球總人口遠小於現在。對戰爭造成的苦難做量化並非因為麻木不仁、不同情眼前的受害者，而是出於對歷史上其他受害者的尊重，同時也確保政策制定的前提是對世界有清楚理解，尤其不要草率得出「世界陷於戰亂」這種危險的結論，進而意圖毀掉全球治理機制、返回被過度美化的冷戰對抗「穩定」局勢。「出問題的不是全世界，」戈斯坦說：「只是敘利亞……只要願意努

力、發揮智慧，過去〔其他地方〕終止戰亂的政策和做法，也能運用在南蘇丹、葉門、乃至於敘利亞。」(原注12)

沒有武裝的平民百姓遭到大量殺害的情況，不論是種族屠殺（genocide）、政府屠殺（democide）、單向暴力（one-sided violence）等等，都和戰爭同樣無情也時常互相交疊。根據歷史學家法蘭克．喬克（Frank Chalk）與柯特．喬納森（Kurt Jonassohn）的說法：「世界各地、歷史各階段都發生過種族屠殺。」(原注13)二次世界大戰期間希特勒、史達林、帝國日本以及各國對平民區的轟炸（其中還有兩次核子攻擊）奪走

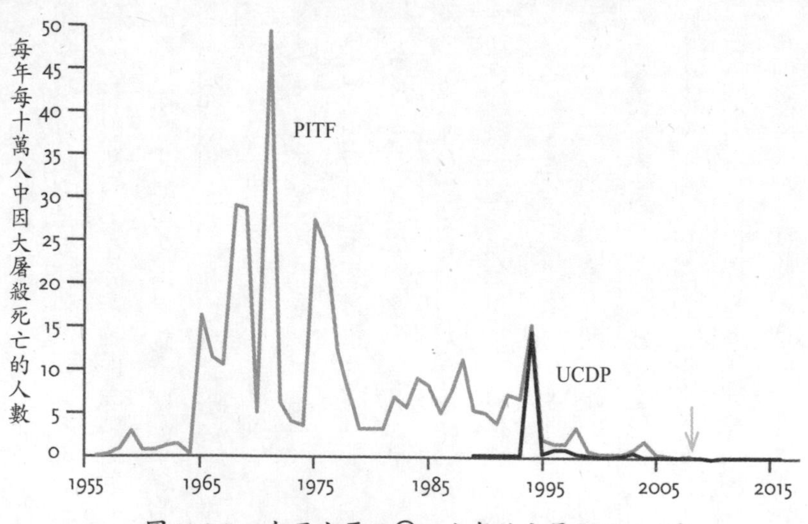

圖 11-3：一九五六至二〇一六年的大屠殺死亡人數

來源：PITF, 1955–2008: *Political Instability Task Force State Failure Problem Set*, 1955-2008, Marshall, Gurr, & Harff 2009; Center for Systemic Peace 2015. Calculations described in Pinker 2011, p. 338. UCDP, 1989-2016: *UCDP One-Sided Violence Dataset v. 2.5-2016,* Melander, Pettersson, & Themnér 2016; Uppsala Conflict Data Program 2017, "High fatality" estimates, updated with data provided by Sam Taub of UCDP, scaled by world population figures from US Census Bureau.The arrow points to 2008, the last year plotted in fig. 6-8 of Pinker 2011.

幾千萬條性命，巔峰時每年每十萬人內有三百五十人死亡。[原注14] 有人認為「人類沒從猶太大屠殺中學到教訓」，可是事實相反，世界大戰之後再也沒出現一九四〇年代那種血流成河的慘況。如圖11-3的兩組資料所示，因大屠殺而死亡的人數在戰後急遽下降。

圖裡曲線高峰對應的是印尼反共的「危險年代」（year of living dangerously）（一九六五到六六，死亡七十萬）、中國文化大革命（一九六六到七五，死亡六十萬）、蒲隆地圖西人對胡圖人（一九六五到七三，死亡十四萬）、孟加拉獨立戰爭（一九七一，死亡一百七十萬）、蘇丹南北衝突（一九五六到七二，死亡五十萬）、烏干達伊迪·阿敏政權（一九七二到七九，死亡十五萬）、柬埔寨波布政權（一九七五到七九，死亡兩百五十萬）、越南政敵鬥爭（一九六五到七五，死亡五十萬），較近期則有波士尼亞大屠殺（一九九二到九五，死亡二十二萬五千），盧安達大屠殺（一九九四年，死亡七十萬）以及達佛大屠殺（二〇〇三到〇八，死亡三十七萬三千）。[原注15] 二〇一四到一六年微乎其微的戰爭死亡人數增長造成很多人認為我們活在動亂年代，事件包括：至少四千五百位亞茲迪教徒（Yazidi）、天主基督教徒和什葉派信徒遭到伊斯蘭國組織殺害，「博科聖地」組織在奈及利亞、喀麥隆和查德也殺死五千人，中非共和國穆斯林和天主教組織民兵殺死一千七百五十人。[原注16] 無辜民眾遭到屠戮絕非可喜之事，但二十一世紀的戰爭死傷比起之前幾十年又減輕非常多。

當然，資料數字並無法直接詮釋為大戰爆發的可能性，畢竟能夠預估毀滅性戰爭發生機率如何演變的歷史資料太少了。[原注17] 歷史只有一次，想理解有限的數據資料就必須搭配戰爭生成的因素來分析。聯合國教科文組織的信念是「戰爭起自人心」，我們也的確能看到戰爭減少不僅反映在次數和傷亡上，在戰備方面同樣有跡可循：徵兵數量、武裝部隊規模、各國軍事支出占國內生產總值的比例等等在近幾十年裡一概下降。（原注18）更重要的則是社會大眾的心態已經改變。

有了安全，和平就得到強化

歷史如何演變至此？理性與啟蒙時代有帕斯卡、綏夫特、伏爾泰、塞繆爾・詹森、貴格會等對戰爭發出譴責，也有人針對如何減少或根絕戰爭提出實務做法，例如康德著名的《論永久和平》。（原注19）大眾曾經認為這些思想流傳之後，十八、十九世紀的強權戰爭減少、甚至出現幾段空窗期。（原注20）然而必須等到二次世界大戰以後，康德提出的和平措施才真正得到系統性實行。

第一章提過許多啟蒙思想家推廣善意商業的概念，理論上國際貿易能夠使戰爭成為不具吸引力的選項。事實也證明如此：戰後年代貿易占國內生產總值的比例飆升，量化分析發現其他因素不變下，注重貿易的國家較不願輕易開戰。（原注21）

啟蒙運動的另一個智慧結晶是：以民主政府為監督機制，約束被名利沖昏頭的領導者可能將國家拖進無意義的戰爭。起自一九七〇年代，一九八九年柏林圍牆倒塌後速度加快，越來越多國家採行民主制度（詳見第十四章）。所謂「沒有民主國家會互相開戰」這

種說法或許太誇大，但數據的確支持民主和平論，也就是實行民主制度的國家較不傾向武力鬥爭。(原注22)

「現實政治」[3]的概念也一定程度對長和平時期有所貢獻。美蘇雙方的軍隊具有毀滅世界的力量（即使排除核武），因此冷戰中大國對於上戰場必須再三斟酌。最後，出乎世人預料卻也值得欣慰的是——兩邊沒有開戰。(原注23)

而國際秩序最大的改變在於今日大家很少意識到卻付諸實行的一個觀念：**戰爭是違法行為**。歷史上絕大多數時間裡沒人這樣想。力量就是正義，戰爭是各種政策的延伸，勝者取得戰利品理所當然。因此一個國家有怨懟就想宣戰，侵占對方領土等於得到賠償，而且大家都認為吞併結果理當得到全世界承認。亞利桑那州、加州、科羅拉多州、內華達州、新墨西哥州、猶他州之所以屬於美國，是因為一八四六年美國基於債權直接攻占原屬於墨西哥的土地。同樣作為放到現在恐怕行不通，世界各國的共識是，除非自衛或得到聯合國安理會同意，否則不可隨便動用武力。國家和疆界應當永遠存續，侵略行為不會得到默許姑息，而是招來其他國家的聯合抵制。

法學家奧娜·海瑟薇（Oona Hathaway）和斯科特·夏皮羅（Scott Shapiro）認為長和平幕後的最大功臣就是「戰爭非法化」，這個概念是康德於一七九五年提出，一九二八年《巴黎非戰公約》（或稱作《凱洛格白里安公約》）是各國第一次試圖凝聚共識，然而真正

3 realpolitik，主張當政者以國家利益做為內政外交的最高考量，不應該受到個人感情、道德倫理、理想、甚至意識形態影響，一切為國家利益服務。

成功還是得等到一九四五年聯合國成立。此後侵略他國成為禁忌，有幾次確實招來軍事行動作為回應，例如一九九〇到九一年伊拉克侵略科威特便遭到國際聯軍的反制。更多時候這項禁令以慣例的形式存在，除了奉行「戰爭不是文明國家應有的行為」這個精神，也配合經濟和象徵性的制裁。各種懲罰措施發揮足夠作用，每個國家開始在乎自己的國際地位。這也是為什麼我們應該珍惜、強化國際社會的存在，特別是在民粹國族主義興起的此時此刻。（原注24）

既是慣例就難保沒有例外。不久前的二〇一四年，俄羅斯併吞克里米亞似乎印證某派觀點：除非真能組成「世界政府」，否則國際規範只是做做樣子，有實力的國家終究不會忌憚。針對這一點，海瑟薇與夏皮羅認為，一個國家內部的法律都未必能完全阻止違規停車、甚至殺人犯行，但不完美的法律還是比沒有法律來得好。根據兩人研究，《巴黎非戰公約》簽訂前一百年裡，世界上每年遭到大國併吞的土地達到**十一個克里米亞**的面積，而且多數就此定案。相對而言，一九二八年以後遭到併吞的土地幾乎都歸還給原本的國家，弗蘭克．凱洛格（Frank Kellogg）與阿里斯蒂德．白里安（Aristide Briand）（分別為前美國國務卿和前法國外交部長）終究是最後能露出笑容的人[4]。

海瑟薇與夏皮羅也指出，國家間的戰爭非法化有其負面影響。歐洲國家撤離殖民地以後留下虛弱的當地政府與模糊的國界線，沒有人能合理主張自己是正統繼承者，於是這些國家大半陷入內戰和暴力衝突。然而新的國際秩序卻阻止其他國家以武力壓制的方式帶來和平，導致了數年、乃至數十年幾近無政府的混亂狀態。

但無論如何，國與國的戰爭減少依然能作為進步的優良範例。至於造成的死亡人數比國家戰爭要少的內戰，一九八〇年代晚期以後同樣數量降低。(原注25)冷戰結束，各強權不如以往關切內戰中何方勝出，而是積極終止戰鬥，於是出力支援聯合國維持和平部隊或其他國際行動介入調停，許多案例中確實將情勢導向和平。(原注26)此外，國家富裕程度提升也較不容易發生內戰，政府能夠負擔醫療衛生、教育和警政系統以後，相較於反對勢力更能取得民眾支持，且有實力控制被軍閥、黑道、游擊隊（通常是同一批人）占據的邊疆地帶。(原注27)另一點值得注意的是，歷史上很多戰爭起源於恐懼：若不先發制人就會受制於人（在賽局理論中稱為安全困境或者霍布斯陷阱）。地區有了安全跡象，和平就自動得到強化；反之，戰爭具有傳染性。(原注28)這些因素也解釋了為何戰爭在地理上縮小了，以及為何全球多數地區進入和平狀態。

生命在大眾眼中變得寶貴

降低戰爭頻率的除了思想與政策，另一點在於價值觀。先前討論過的和平動力其實算是技術面：只有在人類真心追求和平時，那些機制才能為和平添加優勢。不過六〇年代的民歌與胡士托音樂節將和平思想深植西方人心中，彷彿成為天性的一環。此後軍事介入手

4 譯按：兩人皆致力於國際合作與和平。

段被視為不得已的選擇，目的是為了阻止暴力繼續蔓延。之前戰爭在世人心中有崇高地位，代表榮耀、亢奮、聖潔、陽剛、尊貴、英勇和無私，透過戰爭可以洗滌資產階級墮落之後的軟弱、自私、揮霍及縱慾。（原注29）

現在如果還有人認為殺人放火、摧毀道路橋梁農場住宅學校醫院等等的行為有什麼高尚本質，想必會被當做瘋子看待。問題是到了十九世紀的反啟蒙潮流裡，大家真的秉持那種信念，浪漫軍國主義不僅在戴著尖頂盔的軍官階層大受歡迎，甚至獲得藝術家和知識分子擁抱。托克維爾（Alexis de Tocqueville）說戰爭「擴大人心、提升人格」，埃米爾．左拉（Émile Zola）也視戰爭為「生命本身」，約翰．拉斯金（John Ruskin）稱其為「所有藝術的基礎……也是人性崇高的美德和才能」。（原注30）

浪漫軍國主義有時也與浪漫國族主義結合，彰顯一個民族的語言、文化、故土、種族組成，也就是血脈與土地的傳承，於是主張國家唯有在種族純粹且自主狀態下才能開拓命運。（原注31）似是而非的主張，像是暴力鬥爭是大自然生命力的展現（「染紅的爪與牙」）、人類進步的引擎（相對於啟蒙思想認為人類進步來自解決問題）成為他們的施力點，鬥爭被賦予價值，也呼應了黑格爾辯證法中歷史力量會帶來一個至高無上的民族國家：依照黑格爾所言，戰爭有其必要，「能夠保護國家免於社會僵化和凝滯」。（原注32）馬克思將這套觀念帶進經濟體系，預言經過階級之間的暴力抗爭才會達到共產主義烏托邦。（原注33）

不過浪漫軍國主義背後最大的推手其實是悲觀與衰落的論調，也就是知識分子看不慣一般人享受和平繁榮的生活。（原注34）文化悲觀論透過叔本華、尼采、雅各．布克哈特、齊美爾、一九一八至二三年間出版《西方的沒落》的作者斯賓格勒（Oswald Spengler）深植當年的德國，直至今日研究一次世界大戰的歷史學者仍尋思不解：英國與德國在許多層面非常相似，同屬西方世界、基督信仰、工業化、社會富足，怎麼最後選擇了無意義的流血衝突。理由錯綜複雜，但可以肯定的是與意識形態有關。亞瑟．赫爾曼（Arthur Herman）指出一次大戰之前，德國人「視自身獨立於歐洲或西方文明之外」（原注35），而且自詡是勇士，努力對抗自由、民主、商業這些自啟蒙以後在不列顛和美國共謀下不斷榨取西方世界生命力的邪惡思想。那時許多德國知識分子相信必須經歷災難才能浴火重生，結果不但真的有了災難，還出現更嚴重的第二次，直至此時戰爭中的浪漫終於褪色，和平成為所有西方國家與國際組織一致的目標。人類生命在大眾眼中變得寶貴，榮耀、名譽、出人頭地、男子氣概、英雄風采等等睪酮過剩的念頭不再那麼有魅力。

即使世界明明朝著和平斷斷續續邁步前進，卻還是有人無法接受，堅稱人性對於征伐的追求永不滿足。（甚至不只是人性，部分評論將人類男性的狂妄投射到所有智慧生物身上，因此警告我們不要尋找外星人，以免高等種族發現以後會過來奴役我們。）世界和平是個願景，是約翰．藍儂和小野洋子作詞作曲的靈感，但在現實世界中依舊被當做過度天真的傻話。

實際上戰爭可能只是人類得到啟蒙以後必須克服的另一道障礙，就像瘟疫、饑荒、貧窮一樣。征服別人短期看來很有吸引力；長期而言，無需付出暴力衝突的巨大成本就能得到所求才是理想，畢竟活在腥風血雨下的風險太大，自己能動武就難保別人不會先出手。

眼光放遠，世界上所有人都不想發動戰爭才對每個人都最有保障，而商業、民主、經濟成長、維和部隊、國際法與國際慣例都是打造世界和平的工具。

第十二章 安全

誰生誰死不是生命之書上無法更改的記載，人類可以靠知識與制度為自己提供保障。

人體十分脆弱，即使我們能攝取能量、維持運作、不受病原侵襲，依舊受制於「身體要承受的萬千苦痛」[1]。古人之於鱷魚或猛獸是容易取得的獵物，同時也無法抵抗蛇、蜘蛛、各種昆蟲、乃至於蝸牛和蛙類的毒性。食物也未必安全：魚、豆、草根、種子、蕈菇都可能有毒，爬上樹找果實或採蜂蜜還會違反牛頓萬有引力定律，運氣不好就以每秒九點八公尺的加速度朝地面栽下去。太過深入河川湖泊也會吸不到氧氣。玩火有時會自焚，玩技術也一樣；可以殺死動物的東西都能被抱持惡意的人拿來傷害自己同類。

現代很少有人被吃了，但每年仍有數以萬計的人遭蛇吻、許多人死於各式各樣事故。（原注1）以美國而言，意外是排名第四的死因，次於心臟病、癌症、呼吸道疾病。放眼世界則傷害事件造成的死亡占了所有死亡人數的一成，超過愛滋病、瘧疾與結核病三者總和；若合計死亡傷殘損失的壽命，傷害要為其中百分之十一負責。（原注2）人際暴力也不可輕忽，是美國、拉丁美洲和撒哈拉以南非洲地區年輕人面對的五大風險之一。（原注3）

長久以來人們便會思考什麼會造成危險以及如何事先預防。猶太宗教儀式中最牽動人心的一刻，或許是敬畏日開啟妥拉櫃[2]之前必須先吟誦一段禱詞：

新年抄寫、贖罪日封印……誰生、誰死，誰會活滿定數、誰會夭折亡故，誰死於水、誰又死於火，誰死於刀劍、誰又死於猛獸，誰餓死、誰渴死，誰受地震所苦、誰又受疫病所苦，誰被吊死、誰被石頭砸死……只有悔改、禱告、行善才能減輕罪孽。

可喜的是，現代人對於生死的知識已經超過抄經，預防傷亡的手段也比悔悟、祈禱、慈善來得可靠。人類智慧已經克服生命中的主要災害，禱文內的每一項都包括在內。現在是有史以來人類生命最安全的時代。

前面好幾章提到認知或道德偏見如何得出貴古賤今的結論，本章同樣會看到進步的痕跡如何遭到埋沒。重大事故對人類生命造成嚴重威脅，但降低傷亡數字並不是什麼討喜的工作，發明高速公路護欄的人並未因此得到諾貝爾獎，改良藥物標示設計的人同樣未獲表彰。即使不加歌頌表揚，人類還是享受著這些成果，各種意外死傷的人數不斷減低。

犯罪率與法治進展

死於刀劍。首先從他殺說起，這是最難根絕的傷害類型，因為不算是意外。除了兩次世界大戰，其他戰爭造成的死亡人數還低於他殺。(原注4)二〇一五年戰跡斑斑，但他殺人數和戰爭死亡人數相比約為四點五比一，其餘時間則是十比一或更高。他殺對生命的威脅在古時候更嚴重，中世紀歐洲君主會屠殺地方農奴，貴族及其部下彼此決鬥，郊外許多盜匪搶劫以後不會手下留情，一般民眾也可能在餐桌上一言不合就拿刀互捅。(原注5)

然而，歷史潮流有了新一波發展，德國社會學家諾博特・伊里亞思（Norbert Elias）稱

1 譯按：出自《哈姆雷特》第三幕，原文為the thousand natural shocks that flesh is heir to。

2 譯按：Torah ark，即會堂內的經卷櫃。

為文明化歷程（Civilizing Process）：西歐人從十四世紀開始選擇以較不暴力的手段來解決爭端。（原注6）伊里亞思將這種轉變歸功於中央集權的王國興起，土地不再被男爵、公爵等貴族切割碎裂，地方私鬥、野外打劫及采邑之間的爭鬥終於受到「王法」約束。十九世紀刑法體系出現，加上地方警察與更細緻的法庭運作，而且那幾個世紀裡歐洲各國已經發展出商業基礎建設，包括實質的道路與車輛以及金融面的貨幣及契約。良善商業發達，零和的土地爭奪轉型為正和的商品及服務交易，在法律和行政規範之下，每個人有其商業與職業上的義務，於是日常生活也從名聲至上、遭受批評必以暴力回應的硬漢文化，變成強調自尊自重、贏得地位的方式是展現合宜言行及自我克制。

歷史犯罪學家曼努爾・艾斯納（Manuel Eisner）針對歐洲的他殺事件收集資料，為伊里亞思一九三九年的說法提供了數據佐證。（原注7）（鎖定時間和地區以後，他殺率是最可靠的暴力指標，因為屍體很難遭到忽略，而他殺率與諸如搶劫、傷害、強姦等暴力犯罪都呈正相關。）艾斯納認為伊里亞思的理論方向正確，而且可以適用到歐洲以外地區。每當政府將邊境納入法治版圖、當地居民融入社會經濟以後，暴力犯罪就下降。圖12-1取用艾斯納的資料內英格蘭、荷蘭、義大利的數據並更新至二〇一二年；西歐其他國家的曲線十分雷同。此外，我加上法律秩序較晚建立的幾個美洲地區：殖民時期的新英格蘭、然後是「蠻荒西部」、再來是墨西哥。現在大家眼中的墨西哥也有嚴重暴力問題，不過以前更是猖獗。

介紹進步概念時我總強調趨勢可以向前也能倒退，暴力犯罪正是最佳印證。一九六〇年代多數西方民主國家的個人暴力大幅增加，抵消前面一世紀的進步幅度。（原注8）情況最嚴重的是美國，他殺率飆高二點五倍，無論一般大眾或政治圈都瀰漫（而且其來有自）對犯罪的恐懼。不過這一波倒退對於進步的本質發揮很好的說明功能。

在高犯罪率的幾十年內許多專家認為犯罪問題無解，他們將暴力視為美國社會既有的特性之一，若不先解決種族歧視、貧困、不平等就不會得到改善。這種看似很有深度實則不然的歷史悲觀論調，

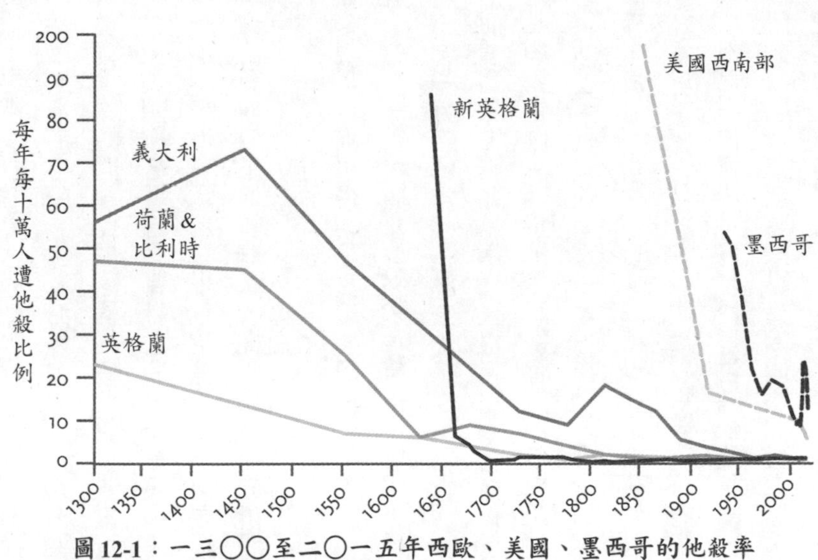

圖 12-1：一三〇〇至二〇一五年西歐、美國、墨西哥的他殺率

來源：England, Netherlands & Belgium, Italy, 1300-1994: Eisner 2003, plotted in fig. 3-3 of Pinker 2011. England, 2000-2014: UK Office for National Statistics. Italy and Netherlands, 2010-2012: United Nations Office on Drugs and Crime 2014. New England (New England, whites only, 1636-1790, and Vermont and New Hampshire, 1780-1890): Roth 2009, plotted in fig. 3-13 of Pinker 2011; 2006 and 2014 from FBI Uniform Crime Reports. Southwest US (Arizona, Nevada, and New Mexico), 1850 and 1914: Roth 2009, plotted in fig. 3-16 of Pinker 2011; 2006 and 2014 from FBI Uniform Crime Reports. Mexico: Carlos Vilalta, personal communication, originally from Instituto Nacional de Estadística y Geografía 2016 and Botello 2016, averaged over decades until 2010.

可以稱為根因論（root-causism）：主張所有社會問題都源於更深層的道德病態，除去根源的爛瘡才是唯一出路，沒什麼簡單的治療手段能夠發揮作用。（原注9）根因論的盲點不在於現實世界很單純，恰好相反：現實世界的問題比根因論的典型說法要複雜得多，重點放在道德勸誡而非以數據為本的時候尤其明顯。就是因為社會問題千絲萬縷，其實針對眼前可見的症狀去治標時，常比拚命想治本來得有意義，畢竟治標的話不需要慢慢抽絲剝繭挖掘出所謂根本原因，而且從實際做法有何效果便能測試各種假設進而分析問題根源，比起盲目判斷要來得可靠。

以一九六〇年代犯罪爆炸來說，目前可得的事實證據駁斥了根因論。那個年代公民權興起，種族主義快速衰退（第十五章），經濟正值繁榮，貧富不均和失業率之低足以讓現在許多人欽羨。（原注10）相比之下，一九三〇年代是經濟大恐慌，還實行吉姆克勞法[3]，每個月都有私刑致死的案例，然而整體暴力犯罪率卻直直落。根因論後來以出乎意料的方式退場：一九九二年開始美國他殺率宛如自由落體，然而當時貧富不均急劇上升，二〇〇七年進入經濟大衰退以後他殺率居然又下降（圖12-2）。（原注11）英國、加拿大等多數工業國家的他殺率在過去二十年裡同樣下滑。（相反的，委內瑞拉在查維茲到馬杜洛執政期間貧富不均得到改善，他殺率卻上升。）（原注12）針對全球的統計數據只有最新一個千禧年，而且其中許多國家是資料沙漠所以不得不做臆測，但整體呈現降低的趨勢，從兩千年時每十萬人裡有八點八人遭到他殺，降到二〇一二年為六點二。假如他殺率從十多年前就維持不變，現在地球上活蹦亂跳的人就會減少十八萬之多，全都是被別人殺死的。（原注13）

暴力犯罪是可以解決的問題。雖然全球的平均他殺率不大可能降低到如科威特（每年每十萬人裡僅零點四人遭到他殺）、冰島（零點三）或新加坡（零點二）那樣低，遑論達成零他殺率（原注14），但二〇一四年艾斯納與世界衛生組織商議後提出的新目標為三十年內降低五成他殺率。（原注15）乍聽之下似乎很烏托邦，但可行性並不低，主要根據為分析他殺之後得出的兩個事實結論。

首先會發現的就是：對國家與社會進行分層之後，他殺

3 譯按：Jim Crow laws，一八七六至一九六五年間美國南部及邊境各州對有色人種實行種族隔離法。

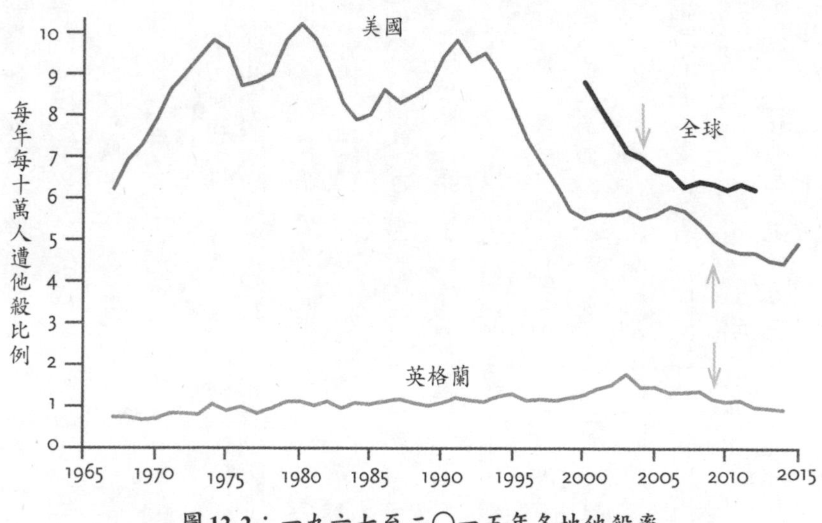

圖 12-2：一九六七至二〇一五年各地他殺率

來源：United States: *FBI Uniform Crime Reports*, https://ucr.fbi.gov/, and Federal Bureau of Investi-gation 2016. England (data include Wales): Office for National Statistics 2017. World, 2000: Krug et al. 2002. World, 2003-2011: United Nations Economic and Social Council 2014, fig. 1; the percentages were converted to homicide rates by setting the 2012 rate at 6.2, the estimate reported in United Nations Office on Drugs and Crime 2014, p. 12. The arrows point to the most recent years plotted in Pinker 2011 for the world (2004, fig. 3-9), US (2009, fig. 3-18), and England (2009, fig. 3-19).

率分布情況非常極端。最危險國家與最安全國家相比差距數百倍，例如宏都拉斯（每年每十萬人中有九十點四人遭他殺）、委內瑞拉（五十三點七）、薩爾瓦多（四十一點二）、牙買加（三十九點三）、賴索托（三十八）、南非（三十一）等等。（原注16）全世界有一半他殺事件發生在占全球人口僅一成的二十三個國家；有四分之一集中在四個國家，分別是巴西（二十五點二）、哥倫比亞（二十五點九）、墨西哥（十二點九）、委內瑞拉。（注意，此處指出的兩大命案區為拉丁美洲北部與撒哈拉以南非洲，和受到戰火蹂躪的奈及利亞到中東以及巴基斯坦的地理位置並不重疊。）分層越細差距就越大，若製成圖表會形成碎形幾何：單一國家內，他殺集中在特定幾個都市，例如委內瑞拉首都加拉加斯（Caracas，每十萬人中一百二十人遭他殺）以及聖佩德羅蘇拉（San Pedro Sula，位於宏都拉斯，一百八十七人）。再看單一都市，則他殺又集中在特定幾個社區，若專注於這幾個社區會發現命案大半出於同樣一群人之手。（原注17）以作者自己的家鄉波士頓為例，七成槍擊案集中於都市面積的百分之五，其中半數犯案者為占人口百分之一的年輕人。（原注18）

第二個支持三十年內可消除半數他殺的證據請見圖12-2：他殺率快速下降有其可能。他殺案件最多的富裕經濟體就是美國，可是美國在九年內他殺率減少將近一半，紐約市的降幅更接近七成五。（原注19）有暴力犯罪惡名的國家改善速度同樣快，包括俄羅斯（二〇〇四年時每十萬人他殺十九人，二〇一二年為九點二人）、南非（一九九五年六十人，二〇一二年三十一點二人）以及哥倫比亞（一九九一年七十九點三人，二〇一五年二十五點九人）。（原注20）世界上能提供可靠資料的八十八個國家中，有六十七國的他殺率在之前十五年裡持續降低。(原注21) 其中沒那麼幸運的（大部分在拉丁美洲）或許呈現增加趨勢，但亦能看出只要都市或地區的首長痛定思痛進行改革多半都會成功。(原注22) 圖12-1裡墨西哥在二〇〇七到一一年的治安惡化了（根源是組織犯罪），但二〇一四還是可以再次進步，尤其二〇一〇到一二年間，連惡名昭彰的華雷斯城也能減少九成他殺案。(原注23) 波哥大和麥德林用了二十年時間減少五分之四的他殺率，聖保羅與里約熱內盧的貧民區也降低三分之二。(原注24) 就連世界命案冠軍聖佩德羅蘇拉的他殺率也只用了兩年就減少百分之六十二。(原注25)

既然暴力犯罪的分布如此極端，事實又證明無論犯罪率多高都能迅速降低，接下來的計算應該很簡單才對：三十年裡減少五成他殺不僅做得到，其實還算很保守。(原注26) 這不是統計話術，量化分析的道德價值在於每一條性命都會具有同等價值，從最高的他殺率數字著手就是斬斷人類社會最大的悲劇。

分布極度傾斜的現象也為防治暴力犯罪點亮一盞明燈(原注27)：先別管什麼根因了，從看得見的症狀下手治療，針對暴力最猖獗的地區和群體削減犯罪誘因和機會才是正途。

當務之急是執法。霍布斯在理性時代就點破：暴力在無政府地區最氾濫。(原注28) 然而，原因並非人為刀俎我為魚肉，而是在缺乏治理的環境下暴力會複製繁衍。就算一開始只有少數不肖分子居住當地或偶爾露臉，其他居民必須採取高度攻擊性的言行才有辦法自衛，而且必須證明面對侵犯與掠奪時自己真的會不計代價全面反擊，才能真正達到嚇阻效果。這就是所謂的「霍布斯陷阱」，非常容易演變成團體互鬥或家族世仇，每個人都認為自己得和對手同樣凶殘才不會先趴下。於是在他殺之中，不分時空環境，最大的類別就是組織鬆散的年輕人為了地盤、名譽、復仇等等理由而自相殘殺。若有不受利益左右、唯一具備合法武力權的第三方勢力在場，其實很容易趁惡性循環尚未展開就加以斬斷，潛在罪犯顧忌刑罰而失去侵犯他人的動機，其他人察覺潛在罪犯消失之後也不再過度警戒。

從法治剛起步階段、也就是圖12-1左上角的曲線尖端開始，我們能看到即使原本暴力犯罪率極高，執法得當依舊發揮巨大功效。另一個跡象則是警方開始掃蕩犯罪後：搶劫案例增加，但民間協助執法也大為提高。(原注29) 但若執法不力則犯罪率也會飆升，如果人民判斷警政單位的無能或貪腐已經無藥可救、即使犯法也能毫髮無傷就會出現反效果。一九六〇年代的犯罪熱潮與此有關，嬰兒潮世代進入犯罪率較高的年齡層時，司法體系未能累積足夠實力加以因應。目前拉丁美洲高犯罪地區也是類似情況。(原注30) 反觀警政與刑罰的擴張（副作用是監禁率失控）在一九九〇年代大美洲圈犯罪率下降中扮演重要角色。(原注31)

艾斯納以一句話總結如何在三十年內將他殺率減半：「有效法律規範、執法正當性、保護受害者、妥速審判、適當懲罰、人道監獄，以上這些都是永續降低致命犯罪的關鍵。」(原注32) 用詞如**有效**、**正當性**、**妥速**、**適當**、**人道**，完全不同於典型右翼政客對罪犯的強硬觀點。理由在兩百年前就由切薩雷．貝卡里亞（Cesare Beccaria）解釋過。嚴刑峻法成本低而且可以滿足人民情感，但其實就效果來說一點也不出色，在蔑視法律的人眼裡像是倒霉才會碰上的意外——被捉了下場很慘，但這對他們而言就好比職業風險。相對的，如果每次犯罪都預期要付出代價，即便代價沒那麼慘烈也無妨，還是會成為他們行為抉擇時的考量基礎。

與執法同樣重要的是政府正當性，一方面人民尊重具正當性的公權力；另一方面他們在乎潛在犯罪者對公權力是否一樣重視。艾斯納與歷史學家蘭多夫．羅斯（Randolph Roth）發現在人民對社會和政府有所質疑的地區，犯罪率不斷升高長達數十年，像是美國內戰時期、一九六〇年代、後蘇維埃的俄羅斯都出現這種現象。（原注33）

近期也有許多學者研究犯罪防治手法的有效性，結論支持艾斯納的意見。其中值得一提的是社會學家湯瑪斯．艾布特（Thomas Abt）與克里斯多福．溫希普（Christopher Winship）收集兩千三百份學術論文進行整合分析，評估先前數十年人類採用過的各個政策、計畫、專案、行動、制度等等。（原注34）兩人的結論是，降低暴力犯罪最有效的策略就是**焦點嚇阻**（focused deterrence）：像「雷射般精確」瞄準犯罪猖獗或開始萌芽的地區，依照即時資訊判斷犯罪「熱點」。接著就是鎖定正在尋找獵物、鼓譟挑釁的個人或團體。焦點嚇阻必須傳達簡單而明確的訊息告知對方如何回應，例如「停火就能得到政府協助，不停火就會入獄」。傳達訊息、確實執行都需要其他社會成員的配合，如商家、宗教人士、教練、觀護人以及當事人親屬。

另一項經過驗證有效的做法是行為治療。此處所說的不是對犯罪者的童年遭遇進行精神分析，又或者如電影《發條橘子》（*A Clockwork Orange*）那般夾住人家眼瞼逼他們看影片看到嘔吐。行為治療是透過訓練戒除引起犯罪的慣性思考和行為。很多違法者是衝動行事，忽然發現有機會能夠偷竊、損毀就會下手，與別人一言不合就想打架，行動之前不會顧慮造成的長期影響。(原注35)這種心理層面的誘惑在接受自制策略教學以後會得到改善。另外一類常惹是生非的人思考偏向自戀或反社會，總認為只有自己說得對、所有人都該尊重他們、不同意就是一種侮辱，或者認知不到別人也有自己的感受和利益。這類型的思覺障礙恐怕無法「治癒」，但當事人仍能經由訓練來理解並克制自己。(原注36)自視過高的心態若放在強調榮譽的文化會更嚴重，不過只要接受諮商、從中學會憤怒管理與社交技巧便能加以緩解，適合提供給風險較高的年輕人或作為預防累犯的課程。

無論衝動性格是否獲得控制，只要提供瞬間滿足的機會從潛在犯罪者的生活中消失，自然而然就會減少他們犯罪的頻率。(原注37)汽車越來越難偷、房子越來越難侵入、取得與販售贓物的管道減少、行人身上都是信用卡而非現金、暗巷變得燈火通明還加裝監視器，想犯罪的人面對這些障礙並不一定會找到別的管道發洩那股衝動，很有可能在情緒過去以後就根本不會犯罪。消費性產品的售價降低也能幫助意志力薄弱的人跨越障礙更加守法：想想看現在還有誰會為了偷個收音機或鬧鐘就非法入侵民宅？

除了治理、衝動、機會的有無，另一個暴力犯罪的主要推手是走私。以違禁品為本業或娛樂的人，就算覺得自己遭到詐騙也不敢提出訴訟，被人恐嚇亦不敢尋求警方保護，能夠捍衛自身利益的方式只剩下暴力。一九二〇年代美國禁酒時期、一九八〇晚期加強取締古柯鹼，都出現過暴力犯罪升高的趨勢。現在的拉丁美洲與加勒比海國家同樣因為古柯鹼、海洛因、大麻走私引發暴力犯罪的氾濫。因毒品而起的暴力至今仍是難決的國際問題，或許持續推動的大麻、以至於其他藥物除罪化，能夠給相關產業離開地下社會的出路。與此同時艾布特和溫希普指出，「大動作取締毒品並未帶來反毒效益，通常只是增加了暴力犯罪」，反而「藥物法庭與治療一直以來都更加有效」。（原注38）

根據數字證據來看的話，註定會給那些滿足大眾想像的政策潑下滿頭冷水。有效政策清單裡面顯然不包括聲勢浩大的掃蕩貧民窟、槍枝回購、零容忍、野外生存[4]、三振出局法[5]、警方主導的反毒宣導，或者帶高風險年輕族群參觀監獄見識罪犯活在何種惡劣環境下的「恐嚇從善」法。對不看證據堅定主張的人而言，最失望的恐怕是槍枝管制效果十分薄弱，無論右派偏愛的攜帶槍枝權利法或左派喜愛的積極禁止與管制都沒造成明顯變化——只能說我們需要繼續研究，可惜政治與實務上有很多因素阻礙學者找出真相。（原注39）

交通風險的認知不足

在《人性中的良善天使》裡我便嘗試解釋暴力為何下降，也提出過去「人命不值錢」但隨時間會越來越有價值這個論點。不過由於定義模糊又難以測試且容易陷入思考迴圈，所以此處我原本把重點放在管制和商業機制上。可是交出原稿以後，個人經驗讓我重新思考：寫完一本大書我想犒賞自己，打算將老車換掉，去店裡物色的時候順手買了最新一期

4 譯按：指將罪犯或問題青少年群體帶往野外生活，希望透過求生活動和團體合作導正觀念。
5 譯按：美國聯邦與州層級法律，要求州法院對於重罪第三次累犯採用強制量刑準則大幅延長監禁時間。目前所有下限皆為二十五年有期徒刑，最高可達無期徒刑且在很長時間內不得假釋。

《人車誌》，一打開有篇文章標題是「數字裡的安全：交通死亡降至歷史新低」，附上的圖表十分眼熟——橫軸是事件，縱軸是死亡率，一條曲線從左上蜿蜒到右下。（原注40）一九五〇到二〇〇九年間，交通事故死亡率降低**六倍**。我意識到這也是暴力死亡的一種縮減，然而與治理、仇恨等等因素無關。許多因素的交互作用讓過去幾十年裡開車變得更安全，就好像人命變得更值錢了。社會富裕之後自然而然會將更多財富、創意與道德思考運用在拯救道路上移動的生命。

後來我還發現《人車誌》採用的數據很保守，如果從資料的起點一九二一年開始算，死亡率已經降低接近**二十四倍**之多。圖12-3呈現完整的時間曲線，但不要以為這些數字就是全部，因為每個死亡背後都有其他人殘廢、毀容、活在痛苦中。

雜誌附圖介紹了行車安全在科技、商業、政治、道德等等領域的里程碑。短期來看這些力量有時會打架，但長期下來則協力讓死亡率屢創新低。以道德層面為例，有時我們對行車事故大加撻伐，簡直視車廠為匪類。一九六五年律師拉爾夫．納德（Ralph Nader）出版了《時速多少都危險》（*Unsafe at Any Speed*）譴責相關產業忽視汽車設計的安全考量。沒過多久，美國國家公路交通安全管理局設置一系列規定要求所有車輛配備安全裝置。然而從圖表來看，死亡率下降的現象**先於**社會運動或立法出現，生產汽車的廠商有時走在買方與政府前面。雜誌圖裡有個標示指著一九五六說：「福特公司提供『生命防護』套餐⋯⋯包括安全帶、軟墊儀錶板、軟墊遮陽板、凹式方向盤，可避免駕駛人遭到衝撞時變成肉串，但銷售成績慘澹。」十年以後這些東西全成了標準配備。

一路往下的斜坡上是工程師、消費者、廠方和政府之間的拉鋸戰。途中不同時間點，防撞緩衝四輪雙回路制動系統、摺疊式方向盤柱、中央高位剎車燈、三點式安全帶、安全氣囊、車身動態穩定系統紛紛從實驗室進入展示間。另一方面，鄉間道路也開始實施分道、加裝反射鏡和欄杆、修正弧度或轉型為寬闊的州際道路。一九八〇年母親反酒駕組織（Mothers Against Drunk Driving）成立，遊說政府提高飲酒年齡限制、降低酒駕檢測的酒精濃度標準、給酒駕貼上汙名，否則當時流行文化將酒駕當做一種笑料處理（電影《北西北》〔*North by Northwest*〕和《二八佳人花公子》〔*Arthur*〕都是例子）。衝撞測試、交通執法、駕駛教育（意外的助力來自

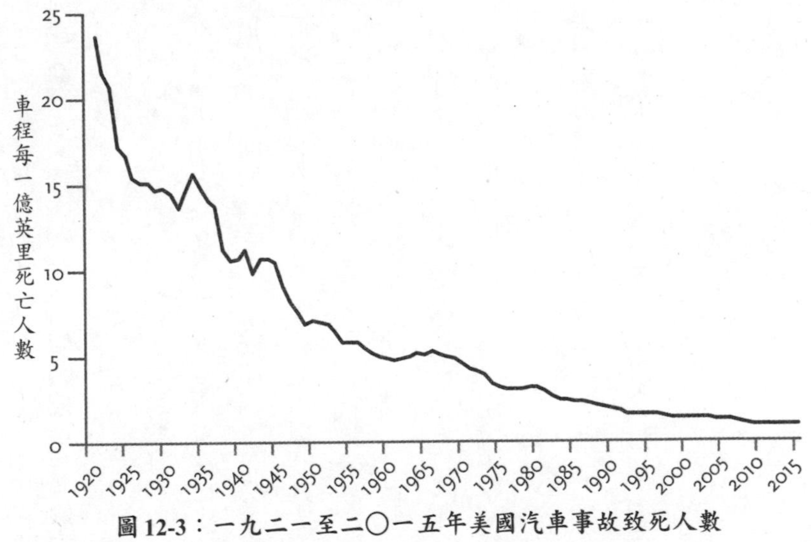

圖 12-3：一九二一至二〇一五年美國汽車事故致死人數

來源：National Highway Traffic Safety Administration, accessed from http://www.informedforlife .org/demos/FCKeditor/UserFiles/File/TRAFFICFATALITIES(1899-2005).pdf, http://www-fars.nhtsa .dot.gov/Main/index.aspx, and https://crashstats.nhtsa.dot.gov/Api/Public/ViewPublication/812384.

道路壅塞和經濟蕭條）救了無數人命，非常非常多條命：假如交通事故死亡率保持不變，自一九八〇到現在，要多出約六十五萬美國人受害。（原注41）這個數據還有一層意義在於，美國人的駕駛里程數每年不斷增加（一九二〇年是五百五十億英里，一九五〇是為四千五百八十億，一九八〇達到一兆五千億，二〇一三年突破三兆），大家或許是欣賞自然美景、參加孩子的足球賽、玩遍美國，又或者只是兜風散心逃避喧囂、週末夜裡找地方花錢等等。（原注42）駕駛里程的成長並沒有減損安全層面的進步：以人數比例（而不是里程）來計算的汽車事故死亡在一九三七年達到巔峰，十萬人內有三十人死亡，但一九七〇年代之後就持續下降，二〇一四年僅十點二人，是一九一七以來最低點。（原注43）

同樣的進步不只發生在美國，其他富裕國家亦然，如法國、澳洲。最注重安全的瑞典更不例外。（我後來也買了Volvo的車。）然而此處關鍵詞恐怕就是**富裕**。新興國家如印度、中國、巴西、奈及利亞的交通死亡率是美國的兩倍、瑞典的七倍。（原注44）看來錢或許真的能買到人命。

或許有人會質疑：如果沒發明汽車前大家過得更安全，那麼行車安全談不上是真正的進步。事實上汽車問世之前世界並沒有更安全。圖像收集家奧托．貝特曼（Otto Bettmann）描述過馬車年代的市區街道景象：

「想穿過百老匯……比划船穿越大西洋還難。」當時都市裡最危險的就是馬匹，牠們很少吃飽、情緒緊繃，馬夫瘋狂鞭笞毫不留情，「目無法紀、以破壞為樂，不停向前衝」。馬暴衝很常見，成千上萬人因此死亡。根據國家安全委員會的說法，馬匹造成的死亡率是現代汽車事故的十倍（這段話出於一九七四年，那時候車輛事故死亡率是現在的兩倍）。（原注45）

現在的洛杉磯道奇隊一開始其實是布魯克林道奇隊。道奇[6]這個名字就是因為當地人精於閃避橫衝直撞的車輛。（但也不是每個人都能練得一身好本領，我有個姑婆在一九一〇年代的華沙走在路上被車撞而身故。）除了駕駛和乘客，行人的生命也變得越來越值錢，燈號、天橋、法規更多，引擎蓋與保險桿上不再有銳利凸起的鍍鉻飾物殺行人個措手不及。根據圖12-4可以知道，現在走在美國街道上比一九二七年時安全六倍。

二〇一四年有將近五千名行人喪命，數字令人非常震驚（可是大家只注意到四十四人被恐怖分子殺死），卻遠比一九三七年有一萬五千五百人被輾斃來得好；當年人口不過現在的五分之二，車輛也少了很多。最大的好消息還在後頭，本書出版之後應該十年之內多數車輛就能由電腦行駛，不必依賴反應慢、注意力容易分散的人腦運作。等無人車成為常態，每年能有超過百萬人得救，成為繼抗生素之後人類生命的第二大救星。

討論對於交通風險的認知，有個老生常談就是很多人不怕開車卻怕搭飛機，但飛機明明比汽車安全很多。而且航空領域的領頭羊並不因此鬆懈，發生墜機之後會努力從黑盒子

6 譯按：原文為Dodger，直譯即「閃躲者」。

裡找出資訊，以穩健踏實的方式逐步打造更安全的空運。從圖12-5能看到一九七〇年乘客遇上墜機的機率已經低於百萬分之五，二〇一五年這個機率居然又縮小了一百倍。

天災人禍皆可預防

誰死於水、誰又死於火。汽車和飛機問世之前人類所處的環境裡也有許多威脅，社會學家勞勃．史考特（Robert Scott）描寫中世紀歐洲生活如下：「一四二一年十二月十四日，英格蘭名為索爾茲伯里的城市裡，一位名叫艾涅絲的十四歲少女被燒紅的叉子刺中軀幹，傷勢嚴重。」（據說她因為聖徒奧斯蒙的禱告而痊癒。）（原注46）這只是中世紀歐洲之所以「非

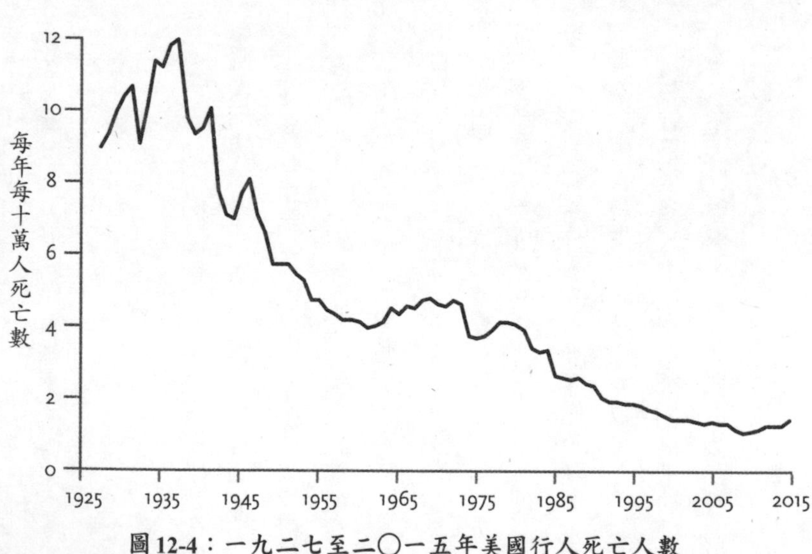

圖12-4：一九二七至二〇一五年美國行人死亡人數

來源：National Highway Traffic Safety Administration. For 1927-1984: Federal Highway Administration 2003. For 1985-1995: National Center for Statistics and Analysis 1995. For 1995-2005: National Center for Statistics and Analysis 2006. For 2005-2014: National Center for Statistics and Analysis 2016. For 2015: National Center for Statistics and Analysis 2017.

常危險」的例子之一，倘若父母外出工作嬰幼兒沒人照顧更是危機四伏。歷史學家卡蘿・洛克里夫（Carol Rawcliffe）解釋：

> 幽暗擁擠的空間裡，床和地板鋪的都是草，爐灶沒有任何防護閃著明火，這對好奇的嬰兒是個持續的威脅。即便玩耍時孩童也身處危機，因為周邊有池塘、農工業設備、堆積起來的木柴、沒人看管的船隻與滿載的貨車，這些都是法醫報告中兒童常見且令人難過的死因。（原注47）

《兒童及其生活的歷史與社會大百科》（*Encyclopedia of Children and Childhood in History and Society*）提到，「現代讀者會覺得喬叟《騎士的故事》

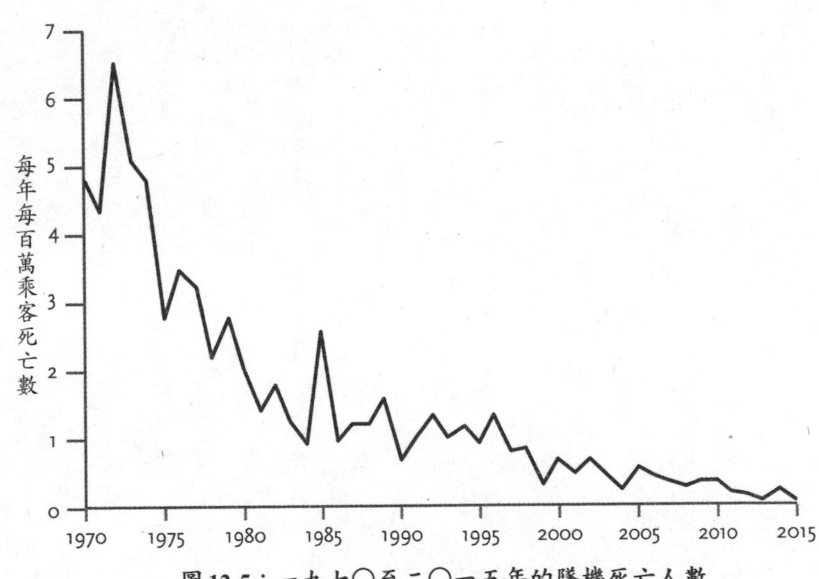

圖 12-5：一九七〇至二〇一五年的墜機死亡人數

來源：Aviation Safety Network 2017. Data on the number of passengers are from World Bank 2016b.

（*The Knight's Tale*）裡母豬吃掉小嬰兒是個令人頭皮發麻的橋段，但它明確反映出古時候動物對兒童造成多大的威脅。」（原注48）

成人未必過得比較安全。有個網站叫做「十六世紀英格蘭的日常生活與致命風險」（Everyday Life and Fatal Hazard in Sixteenth-Century England）（也有人稱它都鐸時代達爾文獎），[7]每個月更新歷史學家分析了以前的法醫報告後又找出什麼新鮮事。當時死因有吃了染病的鯖魚、想爬窗戶進屋結果卡在上頭、被泥炭塊壓死、用皮帶把水桶掛在肩膀結果因此窒息、為了獵鸕鶿衝向懸崖、殺豬時被自己的刀子捅死等等。（原注49）沒有人工照明，任何人只要入夜後出門都會冒著摔進水井、河流、陰溝、護城河、渠道、乃至於糞坑的危險。

現在大家不擔心孩子被母豬吃掉，但不代表所有危險都消失。除了車禍，最常見的意外死因是摔墜，再來是火災，第四名為中毒。之所以能夠排名也是因為流行病學家就像工程師面對墜機殘骸一樣認真，他們製表分析、留意各種細節，為變項進行不同分類，最後找出什麼事件害死最多人、怎麼做才能有效降低風險。（《國際疾病與相關健康問題統計分類》〔*International Classification of Diseases*〕中，光是與摔墜相關的代碼就多達一百五十三種，也列出三十九種排除法。）專家意見後來轉換為法律條文、建築法規、檢測項目並得到確實執行，於是世界比以前安全許多。一九三〇年代以後美國人摔墜死亡機率降低七十二個百分點，原因是有了欄杆、標示、窗柵、扶手、工作用吊掛帶、安全設計的地板與樓梯保護，加上環境安全常有人檢查。（所以後來摔墜死亡主要發生在年紀大身子骨弱的族群。）圖12-6呈現摔墜機率自己也墜了（原注50），一九〇三以後各種主要意外死因都大幅下降。

如圖所示，被禱詞放在一起的水火兩種死法，下降趨勢也幾乎同步，受害者數量已經減少超過九成。由於救生衣、救生員、水池護欄、對游泳與水中意外的知識宣導，加上大家瞭解到幼兒有可能在浴缸、馬桶、水桶裡溺斃於是多加留意，現在溺斃事件在美國已經算是很少見。

死在烈火和濃煙裡的人數還要更低。十九世紀都市設置了專業救火隊，目的是搶在小火災擴大到整個城市之前先設法撲滅。二十世紀中葉開始，消防隊不只去現場滅火，也積極設法預防。一九四二年波士頓椰林俱樂部大火導致四百九十二人死亡引發各界關注，媒體報導充斥悲慘畫面：消防員自烏煙瘴氣的房屋內抬出一動不動的遺體，其中不乏孩童。事件升高為全國性道德警報，連總統委員會發布的報告書都定為《美國正在燃燒》（*America Burning*）。（原注51）風行草偃的結果是如今隨處可見灑水裝置、煙霧偵測器、消防門、防火通道、滅火器，消防演習與耐燃建材成為規範，教育訓練還多了護林熊（Smokey the Bear）和消防犬小火花（Sparky the Fire Dog）這類吉祥物。煞費苦心的消防單位終於搞得自己沒工作，現在他們百分之九十六出勤是協助心臟病患或其他醫療急救，剩下的百分之四也只是小火災。（雖然照片很吸引人，但消防員其實並不幫忙從樹上救下小貓。）平均起來消防員每兩年才看見一次起火的建築物。（原注52）

7 譯按：「達爾文獎」為戲謔詞，意指得獎者因愚蠢或現代人覺得荒謬的方式死亡，也可說是因「致死基因」遭到天擇淘汰。

比火災還低的是瓦斯中毒死亡。一九四〇年代開始的一個大進步，是家戶用於烹飪或暖房的瓦斯從有毒煤氣改為無毒天然氣。再者，廚具和暖爐的設計和維護也更好，燃料不會燃燒不完全，也不再排放一氧化碳到室內。一九七〇年代後汽車都配備催化轉換器，原本目的是降低空氣汙染，但也順便避免車廂變成毒氣室。二十世紀裡大眾越來越明白在室內或不通風的地方運轉車輛、發電機、燃氣暖爐或者以木炭烤肉並非聰明的做法。

圖12-6裡很明顯有一個意外至今仍未被人類克服，分類名稱是「中毒（固態或液態）」。一九九〇年代家戶裡越來越多閘門、警報器、軟墊、護欄和警告標示，這項

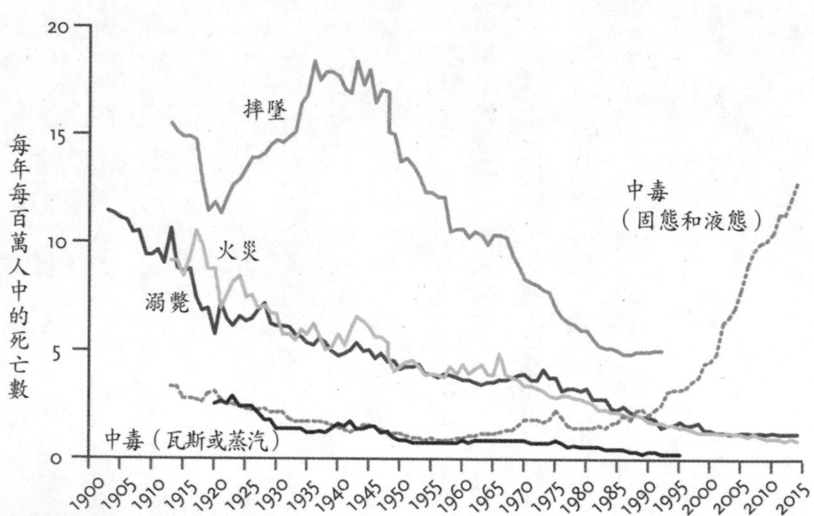

圖12-6：一九〇三至二〇一四年美國摔墜、火災、溺斃、中毒死亡人數

來源：National Safety Council 2016。火災、溺斃、中毒（固態和液態）相關資料以一九〇三至九八和一九九九到二〇一四兩組資料結合，一九九九到二〇一四的瓦斯與蒸汽中毒被合併至「中毒（固態和液態）」內。摔墜資料只列到一九九二是因為隔年發現統計問題（詳見原註50）。

意外機率大幅上升顯得很反常。起初我也不明白怎麼誤食蟑螂藥、漂白水的美國人會忽然暴增，後來才發覺意外中毒分類底下囊括了藥物過量。（這裡應該引用李歐納・柯恩〔Leonard Cohen〕根據贖罪日禱詞所寫的歌詞：「有人孤單滑跤，有人服下巴比妥酸鹽。」[8]）二〇一三年裡百分之九十八的「中毒」其實是毒品（百分之九十二）和酒精（百分之六），剩下幾乎都是氣體中毒（主要為一氧化碳）。家庭或職場使用的溶劑、清潔劑、殺蟲劑、打火機油等等占中毒死亡不到半個百分點，放在圖12-6會直接貼地板。（原注53）雖然仍有幼童亂拿水槽底下的東西嚐味道、中毒之後被緊急送往毒物管控中心，死亡案例已經非常少。

所以圖12-6唯一上升的線條並非人類克服環境危險的進步歷程遭受挫折，但當然代表在另一種危險、也就是藥物濫用的問題上表現不好。曲線上升的起點是一九六〇年代迷幻藥開始流行，再者是一九八〇年代霹靂古柯鹼成為毒品主流，二十一世紀則進入更為嚴重的鴉片類藥物成癮問題。一九九〇年代開始部分醫師過量開立合成鴉片類止痛劑，如羥二氫可待因酮、氫可酮、芬太尼等等，除了具有成癮性也是海洛因入門藥（gateway drugs）。無論合法或非法管道，過量使用鴉片類藥物演變為社會一大問題，每年超過四萬人因此死亡，所以意外死因裡「中毒」項目才飆高，居然超越了交通事故。（原注54）

藥物濫用和車禍、摔墜、火災、溺斃、吸入毒氣等問題的明確不同之處，在於人類不

8 譯按：巴比妥酸鹽類藥物屬於中樞神經鎮靜劑。

會對一氧化碳成癮、也不會一直尋找更高的階梯爬上去，機械式的安全防護能降低環境風險卻無法阻止鴉片類藥物流行。政界和公衛官員逐漸意識到問題嚴重程度並推出對應政策，包括監督處方箋內容、鼓勵使用安全的止痛藥、抵制甚至處罰無視後果推廣危險藥劑的藥廠、更多單位提供納洛酮作為解毒劑、對成癮者施以抗癮劑和認知行為療法。（原注55）目前已經稍微看得到成果：經由處方箋而使用鴉片類藥物過量的病例（無法擴及非法取得的海洛因和芬太尼）在二〇一〇達到巔峰，之後開始呈現下降趨勢。（原注56）

值得注意的是，鴉片類藥物濫用風潮主要源於用藥文化興盛的嬰兒潮世代來到中年。二〇一一年中毒死亡的主要年齡層約為五十，二〇〇三年則為四十出頭，一九九三年為三十後半，一九八三年是三十出頭，一九七三年則是二十多。（原注57）心算一下就會發現用藥致死者集中在一九五三到六三年間出生的世代。大眾關切現在青少年濫用藥物的情況，然而從數據來看相對無需憂慮，至少比之前世代有好轉。針對青少年、名為「注視未來」（Monitoring the Future）的大型縱向研究發現，現在中學生的酒精、香菸與毒品（排除大麻與電子菸）使用率是一九七六年開始統計以來的最低點。（原注58）

兼顧生產力和生命安全

經濟主力從製造業轉向服務業以後許多社會評論家開始緬懷昔日，覺得那個工廠林立、大家去礦坑和磨坊工作的年代很美好。原因恐怕是他們根本沒在那些地方勞動過。人類面對的致命危險除了前面羅列之外，工業職場上還有很多其他風險，因為基本上既然機器能夠鋸斷、壓碎、烤熟、裁切、壓扁、撕碎、砍劈各種原料，自然也就能對工人造成同等的傷害。一八九二年美國總統班傑明．哈瑞森（Benjamin Harrison）表示：「美國工人面對的生命危險與傷殘機率不下於戰場上的士兵。」貝特曼也根據所收集物品的時代所呈現的恐怖圖像與剪報發表感言：

據說那時候的礦工，「進礦坑就像進墳坑，不知何時會被活埋」……一身笨重裝備的礦工進入未設防護的礦井，斷手斷腳或死掉都不奇怪……相比現代馬戲團特技演員或測試飛行員，以前的鐵路剎車員生命更沒保障，他們的工作是聽見火車頭哨音就朝著疾馳的貨櫃車廂跳過去……同樣命在旦夕的……是鐵路車鉤工人，原始的鏈鉤設計隨時有可能切斷手掌和手指……而且那時候工人無論是被圓鋸截肢、被屋梁壓死、在礦坑被活埋、還是爬豎井摔下去，全都是自己「運氣差」。（原注59）

「運氣差」對僱主而言是很方便的開脫之詞，事實上對於死亡意外的宿命論調直到不久前都還是社會普遍觀念，許多人將事故形容為命運或上帝的旨意。（然而現在研究安全設計的工程師以及公衛領域研究員為了避免暗示運氣因素的存在，決定連**意外**這個詞都摒棄不用，改以**事故傷害**稱呼。）十八、十九世紀的安全措施與保險方案都只針對財產而非個人，即使工業革命以後傷亡人數的增加幅度令人無法忽視，依舊被視為「進步的代價」。這種反人文的觀點並不將「進步」定義為人類福祉的增進。以前火車站主管拒絕在載貨月臺裝設屋頂的理由竟然是「屋頂材料比人力還貴……工人就算少了一個，後面還有十幾個排隊搶著做」。（原注60）卓別林電影《摩登時代》（*Modern Times*）裡的生產線場景以及露西兒．鮑爾（Lucille Ball）《我愛露西》（*I Love Lucy*）的巧克力工廠，都將工業生產忽略人性的節奏表現得淋漓盡致。

直到十九世紀末期首次有工會組織之後，勞動環境終於轉變。記者開始調查，政府單位也收集數據計算人命折損。（原注61）貝特曼描述的鐵路工人悲歌不只有照片為證，一八九〇年代每年每十萬名鐵路工人就有高達八百五十二人因工作喪命，比率接近百分之一。直到一八九三年才出現法律強制規定所有貨車必須安裝氣動剎車及自動車鉤，也是聯邦法規首次針對職場安全進行補強。

安全觀念在二十世紀初所謂的進步年代裡擴及其他行業，背後功臣有改革派、工會、揭弊記者和厄普頓．辛克萊（Upton Sinclair）等作家。（原注62）效果最好的改變是援引自歐洲的修法：僱主責任與勞工賠償金成為規範一環。以前受傷的工人或死者家屬必須經過訴訟才能求償，打輸官司的案例很多；後來改為直接依照公式計算賠償數字。管理階層與勞工對新規定都樂見其成，因為成本較好預測，工人也會更配合各種規定。更重要的則是這種規定將勞資雙方的利益放在同一陣線，甚至連為賠償制度背書的保險公司與政府單位也在同條船上。於是企業設立安全委員會與安全部門、聘請安全工程師、採用保護措施，理由或許基於人道，或許是為了回應事故曝光後輿論的激烈批判，以及還要面對訴訟

和法律懲罰。圖12-7清楚呈現出成果。（原注63）

二〇一五年約五千人在職災中死亡，數字依舊太高，但比起一九二九年的兩萬人已經改善許多，尤其當年人口還不到現在五分之二。雖然頗大一部分因素在於勞動力從農場、工廠轉移到商店和辦公室，不過人類也證明了兼顧生產力和生命是能夠達成的工程目標。

再來看看**誰受地震所苦**？人們口中的「上帝旨意」，不論乾旱、洪水、野火、風暴、火山、雪崩、土石流、天坑、熱

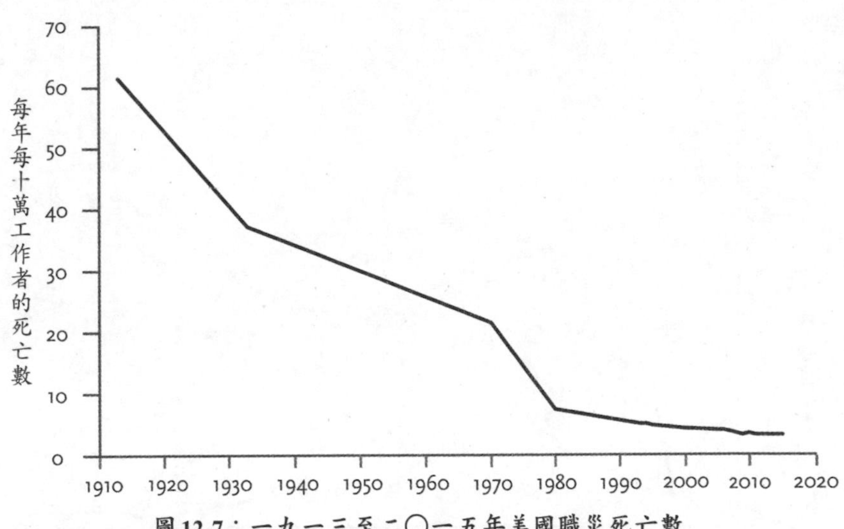

圖12-7：一九一三至二〇一五年美國職災死亡數

來源：數據取自數項不同研究資料，不完全能夠相互比較（詳見原註63）。For 1913, 1933, and 1980: Bureau of Labor Statistics, National Safety Council, and CDC National Institute for Occupational Safety and Health, respectively, cited in Centers for Disease Control 1999. For 1970: Occupational Safety and Health Administration, "Timeline of OSHA's 40 Year History," https:// www.osha.gov/osha40/timeline.html. For 1993-1994: Bureau of Labor Statistics, cited in Pegula & Janocha 2013. For 1995-2005: National Center for Health Statistics 2014, table 38. For 2006-2014: Bureau of Labor Statistics 2016a. The latter data were reported as deaths per full-time-equivalent workers and are multiplied by .95 for rough commensurability with the preceding years, based on the year 2007, when the Census of Fatal Occupation Injuries reported rates both per worker (3.8) and per FTE (4.0).

浪、寒流、隕石撞擊、地震，都是本質上無法控制的天災，人類難道能夠與之抗衡？從圖12-8來看，答案是肯定的。

一九一〇年代人類經歷世界大戰和流感肆虐，所幸同時期天災較少，不過諷刺的是天災死亡比例卻在當時達到高峰，之後迅速減少。原因並不是後來地球得到神助，地震、火山活動或隕石墜落變少，而是因為社會富裕、技術進步以後，對天災的防禦能力也提升。地震來襲時石材坍塌壓死人或者引發火災燒死人的事件越來越少。遲遲不下雨也有水庫先頂著；氣溫太高或太低可以躲進舒適的室溫下；河水氾濫、超出河岸時，飲用水也不會受到

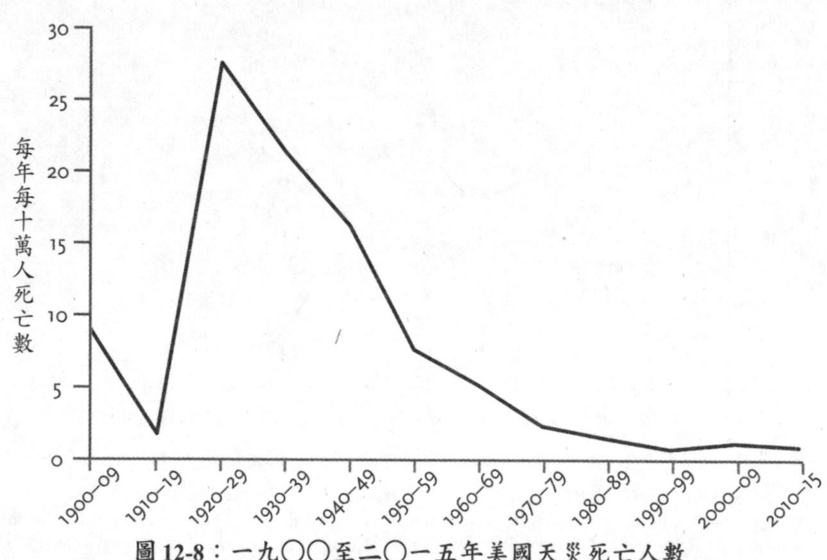

圖12-8：一九〇〇至二〇一五年美國天災死亡人數

來源：*Our World in Data,* Roser 2016q, based on data from EM-DAT, *The International Disaster Database*, www.emdat.be。此處天災為乾旱、地震、極端氣溫、洪水、撞擊、塊體崩移、風暴、火山活動、野火。（流行病則排除在外。）以十年為單位觀察會發現特定災害在某些期間獨占鰲頭：一九一〇、二〇、三〇、六〇年代都是乾旱，一九三〇與五〇年代水患嚴重，一九七〇、二〇〇〇、二〇一〇年代為地震。

生活或工業廢棄物汙染。水壩與防洪堤除了儲藏飲用及灌溉用水，設計與施工時原本就是防洪裝置。早期警報系統協助民眾撤離危險地區、搶在颶風登陸之前前往庇護所。地質學家還無法預測地震，但已經能預測火山爆發，為居住在環太平洋火山帶或其他高風險區域的人做好逃生準備。最後，社會越富足，救援與治癒傷患、重建家園的能力自然也越強大。

現在受天災威脅最大的是貧窮國家。二〇一〇年海地因為地震而死亡逾二十萬人，但同年稍晚智利發生更強地震卻只有五百人喪生。同樣的，颶風侵襲時海地失去的人民為多明尼加的十倍，兩個國家同處伊斯帕尼奧拉島（island of Hispaniola），只因為富裕程度不同結果也差異如此巨大。好消息是原本的窮國也逐漸發達並且變得更安全（只要經濟成長還領先氣候變遷）。低所得國家每年的天災死亡率在一九七〇年代為十萬分之零點七，目前降低到零點二，比一九七〇年代的中高所得國家還低了。與現在的高所得國家相比（從零點零九降低到零點零五）仍嫌太高，但足以證明無論貧富只要進步便能做到人定勝天。（原注64）

所謂上帝旨意的典型又如何？奧林帕斯山頂上宙斯的武器、天有不測風雲的最佳代表——橫空劈落的閃電對人類造成多大威脅？圖12-9是相關的歷史變遷。沒錯，因為都市化、天氣預報、安全教育、醫療技術、電力系統等因素，二十世紀以來遭到雷擊死亡的機率已經減少三十七倍。

人類克服日常生活的種種危險是特別不受重視的一種進步成果。（有些人讀了這本書的初稿之後大惑不解，覺得這章與所謂的進步根本沒關聯。）即使意外事故害死的人比最慘烈的戰爭還多，大眾很少從道德層面探討這個話題，只覺得意外難免。認真面對的話：飆車的快感是否值得以每年上百萬條性命、數千萬傷殘來交換？很少人會同意。但那就是社會大眾下意識的抉擇。我們從未將這個道德問題的答案設立為規範（原注65），多半要出一次大事之後才會有人提出道德呼籲、輿論群起撻伐，而且常常得等事件登上新聞版面並且有明確的怪罪對象（貪婪的業者、怠忽職守的官員等等）才會引起足夠注意。風

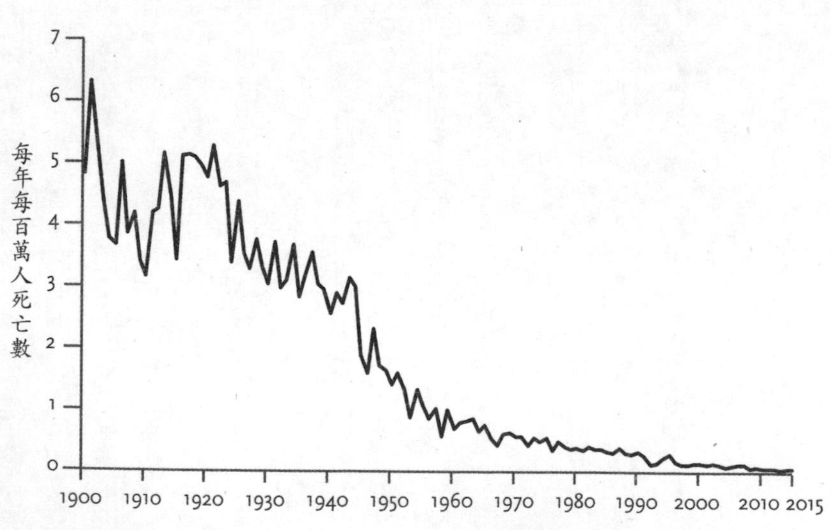

圖 12-9：一九〇〇至二〇一五年美國遭雷擊死亡的人數

來源：*Our World in Data,* Roser 2016q, based on data from National Oceanic and Atmospheric Administration, http://www.lightningsafety.noaa.gov/victims.shtml, and López & Holle 1998.

頭一過，討論熱潮散去之後回到原點，就看下下籤被誰抽走。

多數人不會將意外視為暴行（至少自己不是當事人的時候），也不會將安全方面的進展與道德做連結，甚至根本毫不關注這方面的事情。但事實上，安全牽涉的是幾百萬條人命、無數的傷病殘廢、大規模的人類苦痛，值得我們感恩和關切。相對來說，被貼上最多到標籤的是他殺，但結果亦然，他殺率大幅下降的理由與平日常見的論述沒有多大干係。

如同其他形式的進步，安全得到提升有英雄之助，但更多時候是許多人在背後默默推動：基層的社運人士、愛民如子的立法者、許許多多沒有留名的發明家、工程師、政策分析師、鑽研數字的專家。如果覺得警示很煩或規定太多，不妨想想少了相關科技自己會不會丟了四肢或性命。

安全帶、煙霧偵測器、警察的熱點巡邏很少進入啟蒙頌歌，實際上卻又最符合啟蒙精神。誰生誰死不是生命之書上無法更改的記載，人類可以靠知識與制度為自己提供保障。隨著智慧增長，生命價值也變得更珍貴。

第十三章
恐怖主義

恐怖主義代表的並非社會變得危險，而是社會早已相對安全。

在前一章寫下「目前是人類歷史上最安全的年代」這種句子，我就料想得到某些人會難以置信。最近幾年恐怖攻擊和瘋狂虐殺的新聞曝光率極高，除了讓世人惴惴不安，也營造出危機四伏的氛圍。二〇一六年多數美國人覺得恐怖主義是國家面對的最大問題，還表示很擔憂自身及家人受害、認為伊斯蘭國組織會威脅到美國存續。（原注1）這份恐懼不只浮現在民眾急著掛斷的民調電話裡，對於一路走來始終主張西方文明即將崩潰的文化悲觀主義者來說，更可謂求之不得的預兆。公開承認對於進步感到恐懼的政治哲學家約翰·葛雷（John Gray）將當代西歐形容為「暴力衝突的土地」、「和平與戰亂界線過度模糊」。（原注2）

不過這些老生常談都是假象。恐怖主義在種種危害中地位較特殊，因為它引起巨大的恐慌卻帶來相對小的傷亡。我不會將恐怖主義拿來作為進步範例，因為它不像疾病、飢餓、貧窮、戰爭、暴力犯罪、意外事故一樣找得出長期降低趨勢。可是我想提出證據證明恐怖主義在大眾評估進步程度時造成了錯覺；事實上它間接支持了社會確實在進步。

對葛雷而言，關於暴力的統計數據是「平安符」和「障眼法」。但從下面表格便能看出他為什麼需要靠這種措詞才能繼續無病呻吟。資料包含四種事件類別的死亡人數，分別是恐怖主義、戰爭、他殺、意外事故，最下面則是死亡總數，採用的是各項數據最新一年的統計結果（二〇一五或之前）。之所以不製圖是因為恐怖主義的部分連一個點都畫不出來。

美國、西歐、世界的變化對照

首先從美國看起。不難注意到二〇一五年因恐怖活動死亡的人數很少，其餘危險奪走那麼多人命卻鮮少、甚至完全無法引起大眾悲痛。（二〇一四年因恐怖活動死亡者更少，只有十九。）甚且統計給出的數字四十四是來自寬鬆定義，全球恐怖主義資料庫將仇恨犯罪與槍擊虐殺事件都列進「恐怖主義」的分類。對比之下，阿富汗與伊拉克的軍事交鋒造成的死亡人數很接近（二〇一五年為二十八人，二〇一四年為五十八人），但由於長期以來社會不在乎軍人性命，所以只能獲得小小一角的報導版面。再往下對照，二〇一五年美國人成為警方筆錄上他殺案死者的機率是恐攻

	美國	西歐	全球
恐怖主義	44	175	38,422
戰爭	28	5	97,496
他殺	15,696	3962	437,000
車禍意外	35,398	19,219	1,250,000
所有意外	136,053	126,482	5,000,000
總死亡人數	2,626,418	3,887,598	56,400,000

表13-1：恐怖主義、戰爭、他殺與意外事故的死亡統計

「西歐」的定義是根據全球恐怖主義資料庫（Global Terrorism Database），二〇一四年時包括二十四國，人口為四億一千八百十四萬五千九百九十七人（Statistics Times 2015）。

來源：恐怖主義（2015）: National Consortium for the Study of Terrorism and Responses to Terrorism 2016。戰爭，美國和西歐（含英國和北大西洋公約）（2015）: icasualties.org, http://icasualties.org。戰爭，全球（2015）：*UCDP Battle-Related Deaths Dataset,* Uppsala Conflict Data Program 2017。他殺，美國（2015）：Federal Bureau of Investigation 2016a。他殺，西歐和全球（2012或更近期）: United Nations Office on Drugs and Crime 2013. Data for Norway exclude the Utøya terrorist attack。車禍意外，所有意外，死亡總數，美國（2014）：Kochanek et al. 2016, table 10。車禍意外，西歐（2013）: World Health Organization 2016c。所有意外，西歐（2014或更近期）: World Health Organization 2015a。車禍意外和所有意外，全球（2012）: World Health Organization 2014。總死亡數，西歐（2012或更近期）: World Health Organization 2017a。總死亡數，全球（2015）: World Health Organization 2017c.

死亡的三百五十倍，車禍死亡機率是八百倍，遇上其他事故喪命的機率則高達三千倍。（意外事故中，一年致死人數超過四十四者通常是「雷擊」、「熱水燙傷」、「蜂螫」、「被狗之外的哺乳類動物咬傷」、「浴缸溺斃」以及「睡衣之外的衣物起火或熔化」。）（原注3）

恐怖主義在西歐造成的威脅比較高，主要是因為二〇一五年該地區發生多樁憾事，布魯塞爾機場、巴黎幾間夜店、尼斯的公眾慶典都遇上襲擊。（二〇一四年西歐僅五人死於恐怖主義。）不過恐怖主義占比較高也顯示歐洲在其他方面較為安全的現況：西歐人比美國人不嗜血（他殺率約為四分之一），也比較守交通規則所以不那麼容易橫死街頭。（原注4）即使種種因素凸顯了恐怖主義影響升高，二〇一五年西歐人遭到（已經相對很小的）他殺機率依舊是碰上恐怖攻擊的二十倍以上，死在車禍的機率也是一百倍，被輾死、毒死、燒死、悶死、或遇上其他意外死法的機率超過七百倍。

第三欄顯示西方世界對恐怖主義驚嚇不已的同時，其實我們已經比世界其他地方過得更好。儘管美國與西歐占全球約一成人口，二〇一五年兩地區的恐怖主義犧牲者人數只占全球大約半個百分點。原因並非恐怖活動在其他地方猖獗，而是恐怖主義就其定義自然與戰爭高度相關，但戰爭早已遠離美國和西歐。二〇〇一年的九一一事件以後，以往稱為暴動（insurgency）或游擊戰（guerrilla warfare）的事件全都被納入「恐怖主義」名下。（原注5）（不可思議的是，全球恐怖主義資料庫並未將越南過去五年裡死於戰爭的人數放到「恐怖主義」裡。）（原注6）就世界規模來看，絕大多數恐怖攻擊致死的案例發生在內戰地區（伊拉克八八三一人，阿富汗六二〇八人，奈及利亞五二八八人，敘利亞三九一六人，巴基斯坦一六〇六人，利比亞六八九人），其中多數也列入戰爭死亡人數，因為內戰時的「恐怖活動」就是戰爭罪——政府以外的團體刻意對平民發動攻擊。（排除六大內戰地區的話，二〇一五年的恐怖攻擊死亡人數為一一八八四。）二〇一五年是二十一世紀截至目前為止戰火最猛烈的一年，但縱使讓戰爭死亡者身兼恐怖攻擊受害者結果也一樣，相較之下，地球人死於他殺的機率是十一倍，死於車禍的機率是三十倍，死於其他事故的機率超過一百二十五倍。

撇開死亡人數不管，恐怖主義有沒有隨著時間擴張？這部分的歷史趨勢撲朔迷離，因為恐怖主義涵蓋的範圍可大可小，圖示曲線會因為資料是否包括戰爭、大規模謀殺（這又將搶劫或黑道火拚造成多人喪生也算進去）、乃至於表達政治不滿之後的自殺攻擊而產生劇烈變化。（舉例而言，全球恐怖主義資料庫納入一九九九年科倫拜校園槍擊案，但排除二〇一二年桑迪·胡克小學槍擊案。）此外，大規模屠殺在媒體上的視覺效果太聳動時會激發模仿犯罪，趨勢便會上升一陣子直到退燒。(原注7) 以美國為例，「槍手濫殺案件」（持槍在公眾場所傷人）數量自從公元兩千年開此就呈現上升趨勢，然而「大規模謀殺」（事件中死者在四人以上）在一九七六到二〇一一卻未呈現系統性變化，甚至是微微下降。(原注8) 圖13-1是「恐怖主義事件」的死亡率，有美國、西歐、世界三者的變化曲線做對照。

最明顯的自然是二〇〇一年美國加入九一一事件三千位受害者之後的暴增。除此之外，一九九五年奧克拉荷馬爆炸案（一百六十五位死者）也有看得見的增加，其餘年份的波動都微乎其微。（原注9）排除九一一和奧克拉荷馬事件的話，一九九〇年以來右翼極端分子殺死的美國人比伊斯蘭恐怖組織多一倍。（原注10）至於西歐，二〇一五之前有十年相對寧靜，而且二〇一五年本身也不是西歐經歷過最糟糕的情況：一九七〇和八〇年代馬克思主義者與分離主義團體，包括愛爾蘭共和軍以及巴斯克祖國和自由運動（Basque ETA movement），所引起的槍擊和爆炸造成更多傷亡。世界整體趨勢（排除主要戰亂區的死者，詳細情況已經在戰爭的章節探討過）顯示一九八〇和九〇年

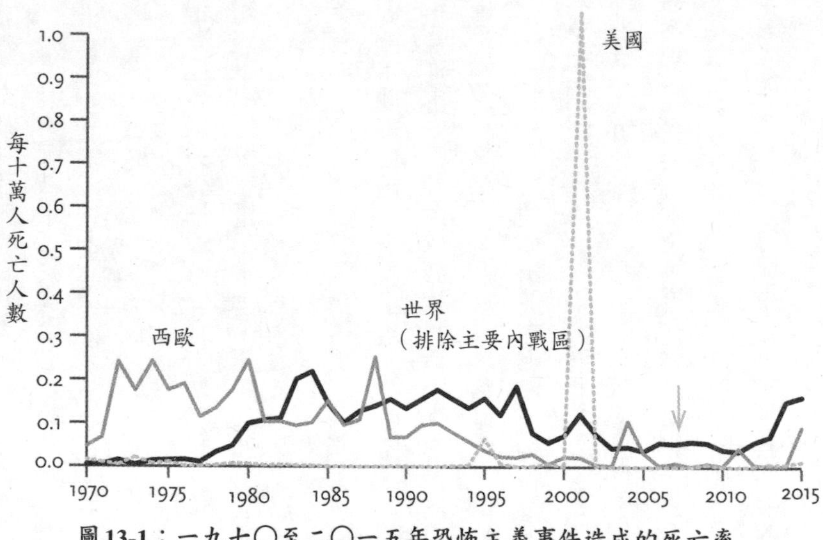

圖 13-1：一九七〇至二〇一五年恐怖主義事件造成的死亡率

來源：“Global Terrorism Database,” National Consortium for the Study of Terrorism and Responses to Terrorism 2016, https://www.start.umd.edu/gtd/. The rate for the world excludes deaths in Afghanistan after 2001, Iraq after 2003, Pakistan after 2004, Nigeria after 2009, Syria after 2011, and Libya after 2014. Population estimates for the world and Western Europe are from the European Union’s 2015 Revision of World Population Prospects (https://esa.un.org/unpd/wpp/); estimates for the United States are from US Census Bureau 2017. The vertical arrow points to 2007, the last year plotted in figs. 6–9, 6–10, and 6–11 in Pinker 2011.

代為頂峰期，冷戰結束後開始滑落，近年重新升高但還不及當時。總結來說，歷史趨勢和目前統計數字都違背了恐懼氛圍和世道危險的說法，尤其在西方社會更是如此。

憂懼是理性的表現嗎？

儘管恐怖主義造成的威脅與其他危險相比明明很小，引發的恐慌和歇斯底里卻特別強烈，原因在於恐怖活動最初便著眼於此。現代恐怖主義是媒體無所不在的副產品。（原注11）想要得到世界關注的個人或團體有個最簡單的辦法：殺害無辜民眾，最好是新聞閱聽者能夠自我投射的受害者。媒體也真的上鉤，對恐攻進行鋪天蓋地的報導，可得性偏誤機制啟動以後大眾活在恐懼中，然而這份恐懼與實際危險程度沒有邏輯相關。

而且恐懼不單單來自事件被過度凸顯。人類情緒對於意外或不幸的反應本來就小，對於惡意造成的悲劇則特別敏銳。（原注12）（我承認自己也一樣：由於常去倫敦，讀到羅素廣場有女子遭「恐攻」被刀刺死的新聞很不安，但得知牛津街一位藝術收藏家被巴士撞死卻沒太多感想。）「世界上有人想要殺死你」這個念頭特別令人不適，就演化來看是個合理現象。意外死因並沒有將**矛頭**指向你，也對你的反應沒有興趣，可是人類歹徒會想方設法算計你，目的就是要看到你難過與憤怒。（原注13）

既然恐怖分子並非不具自主意識的災害，而是有動機和目的的人類，在他們造成傷害很小的前提下，如此憂懼是**理性**的表現嗎？大眾對獨裁者處決異議分子感到震怒是合理的，雖然相對來說恐怖主義受害者或許更少，但差別在於暴政與人頭數無關，而是除去對當權者的威脅並對其他人民發揮殺雞儆猴的效果。而恐怖攻擊幾乎從定義上就是隨機殺人，作為社會威脅來分析也不能僅考慮當下的傷亡，還得分析無差別殺傷究竟意欲為何。

許多恐怖分子的目標很簡單，追求的只是知名度。亞當・蘭克福德（Adam Lankford）分析自殺攻擊恐怖分子、無差別槍擊犯、仇恨犯罪殺手的動機類別，對象包括思想偏激的個人、受恐怖組織徵召的人肉炸彈等等。（原注14）結果顯示凶手通常性格孤僻、成就不高，很大比例有未治癒的精神疾病，內心充滿憤恨，幻想能對人報復和受到社會重視。其中一些結合負面情感與伊斯蘭意識形態，也有一些以為自己追求的是某種閃耀而遠大的目標，例如「發動種族戰爭」或者「對聯邦政府、稅制、槍支管制法律進行革命」。奪走很多性命至少在他們眼裡是種出人頭地的機會，如果自身也化為一團火就連造成的惡果也無需背負。要是再加上某種意識形態聲稱「大屠殺是成就大我、能獲得進入天堂的資格」，就更加鼓勵他們追逐死後的英名。

其他恐怖分子則可能隸屬於軍事組織，目標在於引起世人注意他們的行動宗旨、要脅政府改變政策、激起極端情緒以爭取支持或趁亂得利，不然就是製造政府沒能力保護民眾的印象。在我們下結論說恐怖分子「威脅到美國存續」之前，應該先想想這些策略的效果有多大成效。（原注15）歷史學家尤瓦爾・赫拉利（Yuval Harari）指出恐怖主義其實是軍事行動的反面，因為軍事行動的目標才是試圖瓦解對手反擊和獲勝的能力。（原注16）舉例來說，一九四一年珍珠港事件後美國沒有任何艦隊能派往東南亞馳援；而如果當時日本採取恐怖行動以魚雷擊沉客輪，美國受到挑釁後一定會出動軍隊全面對抗。赫拉利強調恐怖分子處於弱勢，他們要的不是傷害，而是戲劇效果。九一一事件以後多數人腦海裡的印象並非蓋達組織攻擊五角大廈（這才是真正損傷了敵人的軍事總部、殺死指揮官與分析師），大眾記憶的是如圖騰般的世貿中心被摧毀，死了很多金融專家、會計師和平民百姓。

恐怖分子知道自己想達成什麼效果，可惜小規模暴力行動幾乎從來沒有真的實現那些構想。政治專家麥克斯・亞伯拉罕（Max Abrahms）、奧黛麗・克羅寧（Audrey Cronin）以及維吉尼亞・佩奇・福爾特納（Virginia Page Fortna）分別調查了自一九六〇年代起的數百起恐怖活動，發現下場不是被平定就是無疾而終銷聲匿跡。(原注17)大眾對恐怖主義的關注提升不代表世界越來越危險，事實正好相反：政治學者羅伯特・傑維斯（Robert Jervis）認為恐怖主義會被放在威脅清單最前面，「部分原因在於環境很安全，所以是個好現象。」(原注18)這代表國際戰爭變少、國內政治領域也不再以暴力解決爭端。赫拉利也指出中世紀社會許多階層如貴族、工會、城鎮、甚至教堂或修道院都需要僱用傭兵，必須依賴武力才能維護自身利益：「換作一一五〇年，幾個穆斯林極端分子在耶路撒冷殺了幾個平民，藉此要求十字軍撤離聖地，結果不但不恐怖反而會淪為笑柄。想被當回事至少要攻下一兩座有守備的城堡才行。」現代政府軍隊成為唯一合法武力，領土內的殺戮減少，反而給恐怖主義有了可乘之機：

政府總是強調不容忍境內出現政治暴力，因此恐怖行動自然也不能被容許。然而民眾太習慣零政治暴力的環境，恐怖行動的戲劇效果刺激了心理上對無政府狀態的恐懼，以為社會秩序會就此崩解。經過幾世紀的血腥鬥爭，人類爬出暴力的黑洞，現在驚覺黑洞陰魂不散、蟄伏多時就為了再次吞噬我們。幾次怵目驚心的慘劇以後大家開始想像自己已經跌進深淵。(原注19)

至於政府方面，保護人民不分時間地點免受政治暴力所苦是不可能的任務，於是也傾向採取戲劇化手段因應。恐怖主義最具威脅的效果發生在各國過度反應時，例子就是九一一事件之後，美國為首的聯軍直接進逼阿富汗和伊拉克。

其實國家面對恐怖主義可以運用自己最大的優勢：知識與分析，而且並不僅限於數據。最終極的目標放在保持數字極小化，方法則是控制大規模毀滅性武器（第十九章會詳述）。某些意識形態會合理化以暴力侵害平民的行為，包括好戰宗教、國族主義、馬克思主義等等，社會要以良善的價值與信仰體系與其抗衡（詳見第二十三章）。媒體也必須檢視自己在恐怖主義這場表演中扮演何種關鍵角色，並且拿捏報導分寸，內容聚焦在客觀存在的危險而不是提供更多病態誘因。（亞當．蘭克福德與社會學家埃里克．馬德費斯〔Erik Madfis〕針對無差別槍擊提出的政策建議是「不提姓名，不放影像，但不刪除事件其他資訊」，其根據為加拿大對未成年槍擊凶手實施的做法以及其他經過探討的媒體自律策略。）(原注20)此外，政府也可以針對恐怖主義網路和背後金流強化情報工作，並在恐怖攻擊之後鼓勵人民保持冷靜、不要打亂生活節奏；英國遭遇更大戰爭危難時也有海報如此提醒民眾。

長期來看恐怖活動只是小規模的暴力行為，也無法有效達成戰略目標，但確實造成地區性的傷害與恐懼。(原注21) 回顧剛進入二十世紀的無政府主義運動（許多爆炸與暗殺事件）和二十世紀後半馬克思主義和分離主義運動，我們都能看到同樣結果；而二十一世紀伊斯蘭國組織看來也註定走上同樣路線。恐怖主義造成的傷亡其實已經很低，或許我們沒辦法將數字壓到零，但我們可以記住：恐怖主義代表的並非社會變得危險，而是社會早已相對安全。

第十四章 民主

民主程度升高帶動人權提高，還是獨裁者透過民主機制的陷阱將其濫權藏在笑臉下？

大約五千年前這世界上開始有了政府組織，之後人類便不斷設法在無政府狀態的暴力與暴政統治的暴力之間找到生路。沒有政府或強大鄰邦時，不同部落之間常常陷入劫掠與鬥爭的反覆循環，過程中死亡率遠超過現代社會最動盪的時期。(原注1)早期政府能夠維持被治理者之間的和平共處，避免兩敗俱傷的內耗，但同時也實施恐怖統治，制度包括奴役、後宮成群、活人獻祭、未經公正審判的處決、戕害異議者與社會邊緣人。(原注2)(聖經裡就有很多例子。)專制暴政貫穿人類歷史不只因為當上暴君可能過得很爽快，也因為從人民的觀點來看，別的選擇通常更糟糕。自詡為死亡研究者的馬修．懷特(Matthew White)從兩千五百年的歷史中挑選出一百項最血腥的事件加以分析，掌握其中規律以後做出如下報告：

> 混亂比暴政更可怕。相較於威權統治，權力瓦解引發更多大規模的死亡。伊迪．阿敏、薩達姆．海珊這種獨裁者才寥寥數人，即使握有絕對權力也就奪走數十萬性命。然而俄羅斯混亂時期(十七世紀)、中國內戰(一九二六到三七、一九四五到四九)、墨西哥革命(一九一〇到二〇)，卻因為沒有勢力能夠控制局面導致好幾百萬人喪生。(原注3)

有些人認為所謂**民主**是指政府扮演穿針引線的角色，發揮的力度恰好阻止人民互鬥又不至於侵犯民眾。好的民主政府容許人民在安全中過自己想要的日子、無需恐懼無政府狀態、享受自由、不被暴政壓迫。單就這些理由民主已足以作為一大福祉，但好處不僅如此：民主帶來較高的經濟成長、減少戰爭和屠殺，在民主體制下人民健康與教育程度相對好，而且民主國家幾乎沒有饑荒。（原注4）如果全世界逐漸趨向民主，就是一種進步表現。

三波民主化浪潮

事實上，即便不能說是進程穩定，我們的世界也的確比以前更民主。政治學者山繆・杭廷頓（Samuel Huntington）將民主化的歷史進程分為三次潮流。（原注5）第一波湧現在十九世紀，美國成立民主政府，除了制定憲法也賦予人民監督政府的力量，這是巨大的啟蒙實驗，就結果來看功效十分正面。之後這個實驗經過各式調整在許多國家實行，主要以西歐為主，一九二二年達到巔峰有二十九個民主國。第一波浪潮因為法西斯主義興起而沒落，一九四二年只剩下十二個民主國。二次世界大戰後法西斯主義垮臺，許多殖民地從歐洲君主國獨立，捲起了第二波浪潮，一九六二年獲得普遍承認的民主國家數來到了三十六。然而此時歐洲民主國家依舊是夾心餅乾，東邊有蘇維埃，西邊有葡萄牙和西班牙的法西斯主義獨裁政權。終結第二波浪潮的代表事件為希臘與拉丁美洲落入軍政府，亞洲出現獨裁政權，共產黨接管了非洲、中東、東南亞。（原注6）一九七〇年代中期，民主的前景看來慘澹，西德總理威利・布蘭特（Willy Brandt）曾經感慨：「西歐恐怕只剩下二、三十年的民主光景，之後會失去動力與方向，遭到獨裁政權包圍淹沒。」美國議員與社會學家丹尼爾・派屈克・莫尼漢（Daniel Patrick Moynihan）附和這個說法，在文章中表示，「基於美國模式的自由民主越來越傾向回到十九世紀君主制，那只是過渡時期的政府形態，能在特定的時空環境下存續，某些特殊情境中甚至發揮很好的功能，但終究與未來無關。它是世界的昔日，而非前進方向。」（原注7）

不過喟嘆筆墨未乾，第三波民主化浪潮就襲捲而來，而且這回簡直是海嘯。南歐（一九七四年希臘、一九七五年西班牙、一九七六年葡萄牙）、拉美（包括一九八三年阿根廷、一九八五年巴西、一九九〇年智利）與亞洲（臺灣和菲律賓大約是一九八六年、南韓約在一九八七、印尼為一九九八）的軍閥或法西斯政府走入歷史。柏林圍牆在一九八九年倒下後，東歐也終於能成立民主政府；共產主義隨著蘇維埃在一九九一年崩潰後，俄羅斯與周邊國家開始轉型；部分非洲國家推翻了政治強人；主要位在加勒比海和大洋洲的最後一批殖民地也取得獨立，並選擇民主為其政府制度。一九八九年政治學者法蘭西斯・福山（Francis Fukuyama）在著名文章中提出自由民主是「歷史的終結」，原因並非往後再無歷史，而是指世人對最佳治理模式達成共識不再需要爭論。（原注8）

福山的用詞變成迷因[1]；在他發表後數十年裡，許多書籍和文章聲稱自然、科學、信仰、貧窮、理性、金錢、人類、律師、疾病、自由市場和性都即將走入「終結」。另一方面，福山也是很多評論主筆的好幫手，隨便出什麼壞事他們都會喜孜孜聲稱「歷史回歸」、民主會被穆斯林政教合一文化或者中國式威權資本主義給取代。民主體制似乎逐漸輸給波蘭和匈牙利的民粹主義、土耳其雷傑普・艾爾多安（Recep Erdogan）以及俄羅斯普丁這種獨攬大權的領導者（被視為蘇丹和沙皇再現）。歷史悲觀主義者依舊宛如幸災樂禍般主張第三波民主化「退潮了」、「進入衰退」、「被侵蝕」、「開始反轉」或者「已然崩潰」。（原注9）他們說民主化本來就是西方人強加自己的品味給全世界，現實裡威權主義在人類社會運作順暢得很。

近年的歷史發展難道真的顯示大眾樂於受到政府粗暴對待？對此可以提出兩項質疑。首先最簡單的是，如果一個國家根本不民主，我們如何得知當地人民真正的感受？即使他們內心極其渴求民主也無法勇敢表達，否則就會進監牢、甚至被槍斃。再者是頭條新聞會誤導大眾：報導政府鎮壓行動通常會比解放行動更吸睛，可得性認知偏誤引導我們忽視許多國家正逐步變得更民主。

一如往常，想確認世界究竟朝什麼方向前進的辦法是**量化**，而量化的前提是定義何謂「民主」。民主一詞被過度美化之後常常變得空泛，不過基本原則是任何國家的正式國號裡有民主兩個字通常代表她並不民主，例如朝鮮民主主義人民共和國（即北韓）或德意志民主共和國（東德）。詢問非民主國家人民對民主一詞的想法也沒意義，大約半數認為民主代表「政府無能時由軍方接管」或者「法律的最終解釋權在宗教領袖手中」。（原注10）交給專家評分也有類似問題：他們開出的條件包含過多正向特質，如「免於社經不平等的自由」或「免於戰爭的自由」。（原注11）還有一個棘手之處是，各國在民主的不同面向上表現並不總是一致，譬如言論自由、政治開放程度、對領導者的制衡等等有可能因為改朝換代而高

---

1 譯按：meme，也稱為「文化基因」等等，目前較公認定義是：想法、行為或風格從一個人到另一個人的傳播過程。

高低低，於是若要簡單二分為「民主」和「專制」，每年的評判結果都會不同，差異就出在分析者對門檻分數的主觀設定（以及分析者的標準可能會隨時間提高，這個現象後面還會討論）。（原注12）政體研究計畫（Polity Project）突破這些障礙的做法，是採用固定標準以及從負十分到正十分的系統來評價每個國家每一年的專制或民主程度，焦點主要放在人民表達政治好惡的能力、對官員權力的限制、對公民自由的保障。（原注13）從一八〇〇年之後世界經歷三波民主化浪潮，總分如圖14-1所示。

從圖示來看，第三波民主化浪潮距離結束還很遠，遑論已經退潮，最多只能說程度不及一九八九年柏林圍牆剛倒塌那段時間強勁。當時全球有

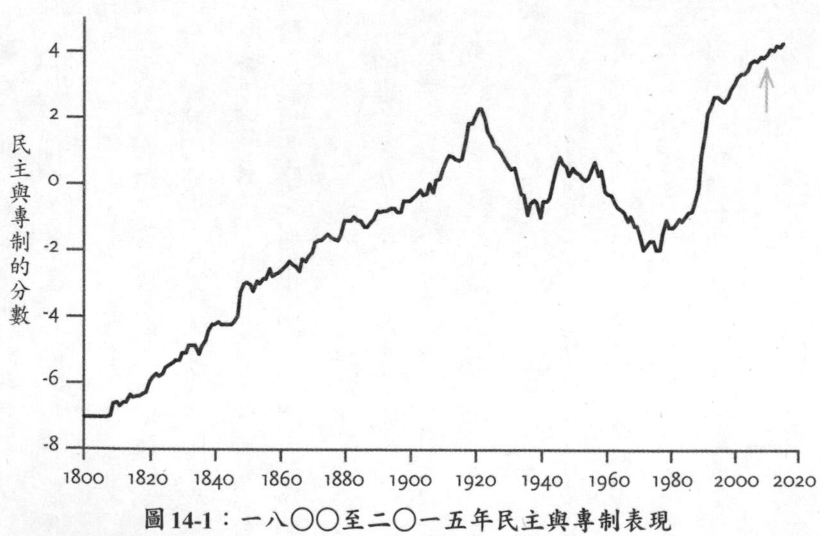

圖14-1：一八〇〇至二〇一五年民主與專制表現

來源：*HumanProgress*, http://humanprogress.org/f1/2560, based on *Polity IV Annual Time-Series, 1800–2015*, Marshall, Gurr, & Jaggers 2016。計分時採用人口大於五十萬的主權國家，負十為絕對專制，正十為絕對民主。箭頭對應二〇〇八年，也就是作者二〇一一著作裡的圖5-23最後一年。

五十二個民主國家（根據政體研究計畫的定義是民主分數六分以上者），而一九七一年時不過三十一國。一九九〇年代民主國家數量膨脹，第三次民主化浪潮延續到二十一世紀，換上「顏色革命」[2]這個新面貌，發生地點有克羅埃西亞（兩千年）、塞爾維亞（兩千年）、烏克蘭（二〇〇四）、吉爾吉斯（二〇〇五），二〇〇九年歐巴馬當選時全世界有八十七個民主國家。（原注14）某些人認為歐巴馬時期世界民主倒退，數字卻不這麼說，因為資料最後的二〇一五年，民主國家總數來到一百零三，那年諾貝爾和平獎得主是突尼西亞幾個社會組織形成的集團[3]，得獎原因是他們落實自二〇一一阿拉伯之春以來當地邁向民主的轉型過程。同期間緬甸和布吉納法索也民主化，包含奈及利亞和斯里蘭卡在內其餘五國同樣有正向發展。二〇一五年總共有一百零三個民主國家，涵蓋全球百分之五十六人口，若再將十七個民主分數大於專制分數的國家加進來，代表三分之二的人類生活在自由或者說相對自由的社會裡；相較之下，一九五〇年只有不到四成、一九〇〇年僅兩成、一八五〇年只有百分之七、一八一六年為百分之一。現在生活在不民主國家（其中二十個為完全專制，四十個是專制分數大於民主分數）的人有八成來自同一國家：中國。（原注15）

歷史沒有終結，但福山說得也沒錯：縱使有人惋惜民主不再，民主卻證明了自己的魅

2 譯按：color revolutions，指二十世紀八〇、九〇年代開始的一系列發生在中亞、東歐的革命，以非暴力方式進行的政權轉移。

3 譯按：指突尼西亞全國對話四方集團（National Dialogue Quartet），由「突尼西亞總工會」、「突尼西亞工業、貿易及手工業同盟」、「突尼西亞人權聯盟」、「突尼西亞律師協會」組成。

力遠超過那些人所能想像。(原注16)第一波民主化浪潮告終後,許多理論如雨後春筍般冒出來「解釋」為何民主在天主教文化、非西方國家、亞洲社會、穆斯林圈、窮人階層、種族多元國家不受歡迎,結果是一一遭到駁斥。的確,最穩定而高度民主化的體制比較有可能出現在富裕、人民教育程度高的地方(原注17),不過相對程度的民主已經在各地生根:拉丁美洲大半區域,種族特別複雜的印度,穆斯林為主的馬來西亞、印尼、尼日、科索沃,撒哈拉以南的非洲十四國(納米比亞、塞內加爾、貝南名列其中),以及像是尼泊爾、東帝汶、加勒比海周邊多數國家這些貧窮地區。(原注18)

就連仍屬專制的俄羅斯和中國雖然開放跡象依舊少,壓迫程度與史達林、布里茲涅夫、毛澤東年代也不可同日而語。(原注19)約翰·諾伯格對中國生活的描述是:「現在中國人民可以隨意遷徙、買房、就學、求職、創業、信教(不過必須是佛教、道教、回教、天主教、基督教其一),衣著打扮與結婚對象自己決定,公開同性戀身分不會被送去勞改,自由出國旅遊、甚至評論黨的政策(但依舊不能質疑其統治的正當性)。或許仍然『不自由』,但也不是以前那個程度的不自由。」(原注20)

民主不是一種深奧的政府形態

民主化浪潮為什麼一而再、再而三超越大家期待?

民主在發展的路途上確實遭遇倒退、逆轉、黑洞等等困境,於是許多人提出理論主張民主化之前必須滿足種種條件、通過重重考驗才能成功。（這種論述成為獨裁者的工具，用來告訴人民國家尚未做好準備，好比伍迪．艾倫電影《傻瓜大鬧香蕉城》裡革命領袖一取得權力就說：「這些人只是農夫，太無知了不具備投票資格。」）對民主過分崇高的想像又受到公民課堂塑造的形象加深：大家都覺得民主就是人人深思熟慮、著眼公眾利益，選出的賢與能一心只有為民服務。

按照這個標準，以前世界上沒有民主國家，現在還是沒有，將來恐怕一樣不會有。政治學者研究之後常常感到震驚：一般人的政治信念十分表面又自相矛盾，支持特定候選人的理由常常很薄弱。（原注21）多數選民不但不知道自己有什麼政策選項，連基礎事實資訊都未必能夠掌握，包括政府主要部門有哪些、美國在二次世界大戰與誰對敵、什麼國家曾經使用過核武。選民的態度會因為問題怎麼呈現而大幅翻轉：認為「福利」支出太高的同時覺得「濟貧」經費太少，主張政府可以「動用武力」卻不行「參與戰爭」。心裡對政策有定見，結果投票給立場相反的候選人已經不是怪事，而且說穿了投給誰不是很重要，因為政治人物當選後多半無視民意而是忠於所屬政黨。

選舉甚至無法反映選民對政府表現的評價。有些事件執政者的施力點很少，例如總體經濟動盪和恐怖攻擊，還有一些則根本無法預防，像旱災、水災、乃至於鯊魚咬人，但選民往往傾向懲罰性投票。許多政治研究者得到同樣結論：多數選民清楚認知到事實上自己在總投票人數中只是滄海一粟毫無影響力，寧可將精力放在工作、家庭、休閒，而不是花時間鑽研政治議題決定票落誰家。於是公民權成為自我表現的形式：大眾會靠向有共鳴、支持自己所屬族群的候選人。

換句話說，縱使大部分人想像選舉就是民主精神的終極表現，事實上它只是要求政府對人民負責的機制之一，而且未必每次都具有建設性。如果一場選舉的雙方都是專橫者，兩邊陣營就只是相互叫囂恫嚇，試圖阻止對方支持者去投票罷了。而獨裁者也能從選舉制度鑽漏洞，現在獨裁多了好幾種別稱：競爭式、選舉式、貪腐式、極權式、恩庇式獨裁政權。(原注22)（普丁控制的俄羅斯為其原型。）在位者運用國家資源騷擾反對勢力、成立假的對立政黨、藉由國家控制的媒體營造形象、操弄選舉規則與選民登記資格或者直接改變選舉。（雖然手段很多，恩庇式獨裁也並非堅不可摧，顏色革命就推翻了好幾個。）

既然選民或民選領袖無法維護民主理念，民主政府怎能運作至今，還被邱吉爾說是雖然很糟糕但比以往都好的制度？哲學家卡爾・波普（Karl Popper）在一九四五年的著作《開放社會及其敵人》（*The Open Society and Its Enemies*）裡主張我們不應將民主拿來回答「誰來統治」這個問題（答案自然是「人民」），而是以民主為工具達成不流血也可以汰換不良領導階層。(原注23) 政治學家約翰・穆勒將上述概念擴大，指出民主是將二分法的最終審判日轉換為每天累計的回饋，本質上就是賦予人民抱怨的權利：「民主之所以成立是因為大家同意不採用暴力手段替換領導人，交換代價就是領導人也得容許人民有可能透過其他途徑讓自己下臺。」(原注24) 他進一步解釋運作模式：

> 如果公民有抱怨、請願、組織動員、示威抗議、罷工或出走他國、公開發言及出版、

轉移資金、表達不信任、私下遊說的權利，政府會更願意回應抨擊或請求，也就是說無論有無選舉的時刻，都必須注意和回應人民的想法。（原注25）

女性投票權就是一個例子：就原本的定義，女性無法用投票來賦予自己投票權，但她們透過其他管道成功了。

民主制度的現實並不美好，與公民課學到的崇高理念相距甚遠，導致大眾一直活在幻滅中。約翰．加爾布雷斯（John Kenneth Galbraith）曾經建議想出書賺錢的人乾脆寫一本《美國民主危機》就好了。穆勒回顧歷史的結論是，「不平等、無共識、冷漠、無知在民主裡似乎並不奇怪而是常態，民主形式之所以美妙有很大一部分在於即便人民具有這些特徵依舊能運作——甚至應該說，其某些重要面向是基於這些特徵才得以成功。」（原注26）

從這種極簡化的概念來看，民主是一種不深奧也沒有苛刻條件的政府形態，主要前提在於政府有足夠能力抵擋無政府暴力，一方面不能讓人民受害，另一方面避免某個強人隨口說說自己能做得更好就讓民眾靠攏過去。（混亂比暴政更殘酷。）也因為這個理由，民主在極度貧困、政府軟弱的國家便難以站穩腳步，例子是撒哈拉以南非洲諸國，或者看看阿富汗和伊朗在美國為首的聯軍攻打之後變成什麼情況。政治學者史蒂文．萊維茨基（Steven Levitsky）和盧肯．威（Lucan Way）指出：「政府失靈會導致暴力與不穩定，幾乎不可能導向民主化。」（原注27）

觀念也很重要。民主要生根必須由具影響力的人物（尤其是能動用槍炮的那些人）開始，他們率先選擇民主而非神權、君權、恩庇殖民主義、無產階級獨裁（或所謂「革命先驅」），也不讓一個魅力型領袖大權在握代行人民意志，那麼一般人就會跟進。這一點能夠解釋民主化歷史的規律，例如平均教育程度較低、西方文化影響較弱（例如中亞國家）、政權起自意識形態引發的革命（如中國、古巴、伊朗、北韓、越南）的國家比較難提升民主程度。（原注28）相對的，越多民眾認為民主制度較好，民主觀念就越容易擴散，民主國家數量也會隨之增多。

人權保障增加

要有抱怨的自由，前提是政府不會懲罰抱怨者、抹煞他們的聲音。因此民主化的第一優先，是約束政府不濫用獨占的武力權來壓制不聽話的人民。

一九四八年《世界人權宣言》發布以後，有一連串的國際協議為政府暴力劃下禁區，尤其針對酷刑、法外處決、監禁異議分子，以及一九七四到八四年阿根廷軍政府時期出現的新動詞**被失蹤**（to disappear someone）。這些限制與選舉的意義不同，大部分選民如果沒有成為政府直接的目標，未必會感受到政府暴力的威脅。從實務層面來看，民主國家確實較為尊重人權（原注29），但世界上也有溫和的專制政府如新加坡，或者壓迫性的民主政府如巴基斯坦。這不免讓人疑惑：民主化真的是進步的一種形式嗎？民主程度升高會帶動人權提高，還是獨裁者透過選舉及其他民主機制的陷阱將其濫權藏在笑臉下？

美國國務院、國際特赦組織及其他團體，數十年來持續監控人權遭受侵害的情況。從一九七〇年代的數據看起，會以為各國政府壓迫人民的程度根本沒有改善，民主遍布、設置人權規範和國際法庭、成立許多監察組織似乎沒有成效。於是有人（右翼運動分子發出警訊，文化悲觀者則掩不住內心雀躍）逕行宣布人類進入「人權的終結」、「人權法律的黃昏」，理所當然現在是「後人權世界」。（原注30）

這是因為進步的軌跡總是被埋沒。人類的道德標準隨著時間提高，以往大家不在乎的傷害也引發了關注。另外，社會運動組織的策略就是不斷以「危機」作為口號，否則無法被重視（只是這種做法有時弄巧成拙，換來人們質疑數十年的活動難道只是一場空）。政治學家凱瑟琳・希欽克（Kathryn Sikkink）將這種現象描述為資訊悖論：人權監督團體努力調查政府侵害人權，目標越來越廣、定義越來越寬，於是抓到更多反人權事件是理所當然的結果——如果不以其他資訊平衡，大眾當然會被誤導，認為侵害人權的事件變得比以前多。（原注31）

為了解開這個死結，另一位政治學家克里斯托弗・法瑞斯（Christopher Fariss）建立數學模型將隨時間增強的監督強度納入考慮，重新估計世界上人權遭到侵害的情況。圖14-2包含他對一九四九到二〇一四年間四個國家和全球整體的評估。由於數據出自數學模型所以數字只是對照用，重點在於差異和趨勢。最上面那條線代表的自然是人權黃金標準，與其他人類福祉一樣落在斯堪地納維亞半島，這裡看到的是挪威，起步就很高、後來還不斷成長。南北韓表現相反，北韓起步低後續更低，南韓則走出冷戰時代的右翼獨裁體制向上提升。中國在文化大革命時期人權跌落谷底，毛澤東過世後才衝上來，一九八〇年代達到巔峰以後，又因為鎮壓天安門廣場抗議群眾的事件再下滑，不過仍比毛澤東時代好得多。最值得注意的是世界整體的走向：儘管一路風雨飄搖，人權得到的保障還是不斷增加。

等待死刑的死刑

現實中政府權力縮減的情況如何？人類進步裡特別清楚的一個指標，就在於國家能實行的終極暴力：蓄意殺害人民。

以前幾乎所有國家都實施死刑，有數百種罪名可以處死，罪犯死前會被人圍觀、拷打與羞辱。（原注32）（從耶

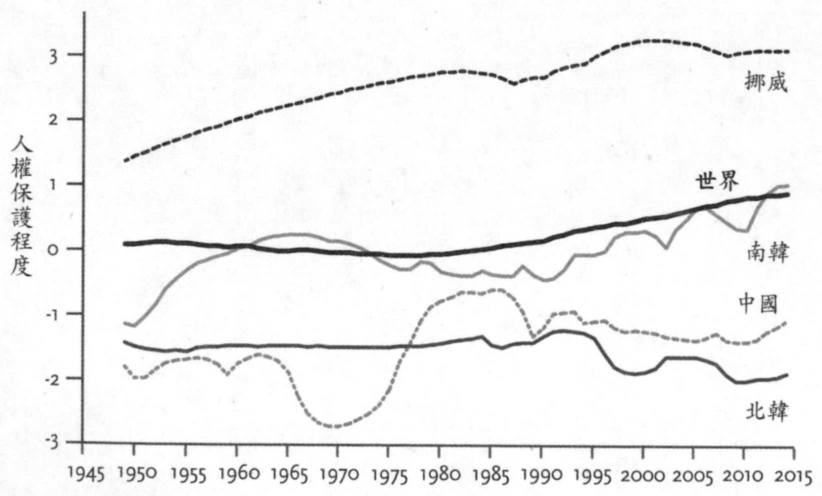

圖14-2：一九四九至二〇一四年的人權狀況

來源：*Our World in Data*, Roser 2016i。製圖所使用的衡量指標為Fariss 2014的發明，內容包括酷刑、法外處決、政治囚禁與失蹤。世界整體的中位數為零，單位是標準差。

穌和兩個小賊一起被釘死應當就能充分理解。）啟蒙運動以後，歐洲國家做出改變，除了最嚴重的犯罪之外不再處死：十九世紀中葉，英國可處死刑的罪名從兩百二十二項砍到只剩四項。同時雖然死刑無論如何都殘酷，這些國家還是尋求例如墜落式絞刑這種較為人道的手法。二次世界大戰以後的《世界人權宣言》開啟第二波人道革命，許多國家前仆後繼廢除死刑，目前歐洲僅剩白俄羅斯尚未跟進。

廢除死刑已經成為世界趨勢（見下圖14-3），今日在等死的是死刑自身。（原注33）過去三十年裡，每年都有二到三個國家廢除死刑，現在地球上只剩不到兩成國家還在執行死刑。（保有死刑條文的國家高達九十個，

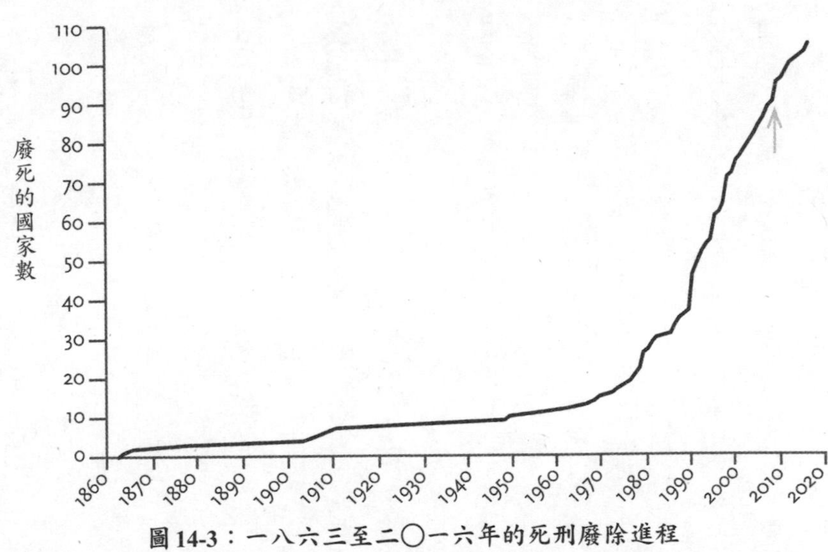

圖14-3：一八六三至二〇一六年的死刑廢除進程

來源："Capital Punishment by Country: Abolition Chronology," *Wikipedia*, retrieved Aug. 15, 2016。部分歐洲國家廢除死刑的時間較早，此處紀錄為其領地內完全廢死的時間點。箭頭為二〇〇八，Pinker 2011書中圖4-3。

不過多數已有近十年未執行過。）聯合國的死刑特別調查員克里斯托弗·海恩斯（Christopher Heyns）指出，倘若能維持這樣的速率（不代表他預測趨勢會如此），則二〇二六年死刑就從人類社會消失。（原注34）

還會大量處死人民的前五名國家，乍看之下不像同一個陣線：中國和伊朗（每年處死超過一千人以上）、巴基斯坦、沙烏地阿拉伯、美國。一如其他人類福祉指標（犯罪率、戰爭、健康、壽命、意外、教育），美國在富裕民主國家裡明顯落後，這個現象除了凸顯進步概念要從哲學論證到落實於實際生活，並不是一條好走的路，也呈現出前述兩種不同的民主想像會相互拉扯：其一是政府對人民施行暴力的權力極度受限；而另一種形式裡政府要負責執行多數人的意志。在死刑這方面，美國之所以特立獨行可以從**太**民主的角度來解釋。

法學家安德魯·哈梅爾（Andrew Hammel）爬梳歐洲廢除死刑的歷史，他指出其實縱觀古今中外絕大部分情況，人民認為死刑很合理：一命還一命，再公正不過。（原注35）從啟蒙時期才開始有人對死刑提出質疑。（原注36）一種論點主張即使人民委任國家施行暴力，也不能侵犯具有神聖地位的生命權；另一派則認為執法確實但降低懲罰會比死刑更具嚇阻效果。

這些觀念一開始只流通在哲學家、公共知識分子這個人數稀薄的階層，不過慢慢滲透到受過教育的社會上層，尤其得到醫師、律師、作家、記者這些擁護自由的職業所支持。不久以後廢死與其他進步理念包裹在一起，像是義務教育、公民投票權、勞工權益等等，並且籠罩在人權的神聖光環下，象徵了「我們選擇怎樣的社會，我們選擇成為怎樣的人」。一般民眾對廢死心存顧忌，但廢死派精英階級在歐洲得到最後勝利，原因是歐洲民主國家制定政策的基礎並非平民意見。他們的刑法是交給知名學者組成的委員會編寫，審核與通過的立法者也自視為自然貴族[4]，得到任命、負責執行的法官幾乎大半輩子服務於政府體系。過了幾十年，一般人察覺廢死沒有造成國家衰敗混亂，此時想要**重建**死刑反而需要凝聚大量民氣，民眾根本不覺得有其必要。

然而美國不同，是好是壞尚無定論，但其運作方式是政府由人民組成也為人民服務。除了少數聯邦法規定的罪行，如恐怖攻擊和叛亂，其他犯罪是否可判處死刑則交給各州政府決定，由接近當地選民的立法者投票表決。在許多州檢察官和法官也要通過選舉才能保住飯碗，南方各州還有歷史悠久的榮譽文化，有仇報仇在當地是公正的精神象徵。因此毫不意外，美國執行死刑的地區集中在南方少數幾州，主要是德州、喬治亞州、密蘇里州，甚至更仔細分析會發現其實是這幾州裡特定的幾個郡。（原注37）

不過美國也會受到歷史潮流洗禮，儘管死刑在民調中還是受到人民青睞（二〇一五年有百分之六十一的支持度）卻依舊慢慢退下舞臺。（原注38）過去十年內有七州廢除死刑，十六州暫緩執行，三十州在五年內沒有執行。即便德州也只有二〇一六年執行六例，兩千年時可是執行了四十例。圖14-4呈現死刑在美國穩定下降，最右側的趨勢代表有可能降低到

4 譯按：「世襲貴族」以血統作為權力轉移的基礎，「自然貴族」則透過教育體系和選舉制度取得地位。

零。而且和歐洲一樣，死刑從實務面絕跡以後大眾觀念也會跟上：二〇一六年美國民調對死刑的支持度跌落五成，是五十年以來第一回。（原注39）

為何美國在政治制度影響下還能夠逐步消除死刑？由此可以看到道德進步的另一種路徑。即使美國政治相較其他西方國家更趨於平民主義，至少並非古雅典的直接民主制（那個制度害死了蘇格拉底），但同情心和理性隨歷史演進而壯大，最支持死刑的群眾也漸漸對暴民、絞刑、公開處決等等場景感到排斥，於是提出實務上應當妥善照顧犯人，保護其尊嚴。要達成這個目的，死刑需要更複雜的器械，也需要專門技師來操作與維護。機器耗損以後，技師拒絕進行修復，使用上困難重重就只好拋棄。（原注40）

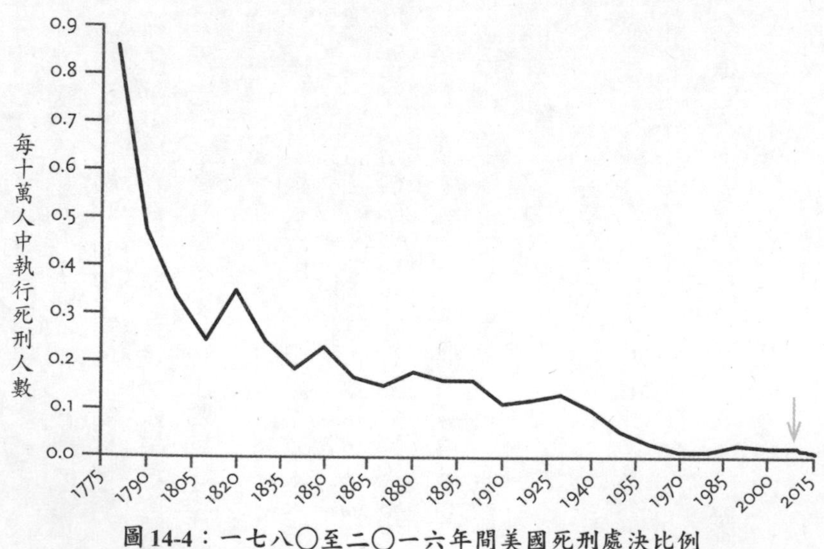

圖 14-4：一七八〇至二〇一六年間美國死刑處決比例

來源：Death Penalty Information Center 2017. Population estimates from US Census Bureau 2017. The arrow points to 2010, the last year plotted in fig. 4-4 of Pinker 2011.

美國的死刑與其說是廢除，不如說是逐漸報廢。如此演變的理由之一是鑑識科學的技術進步，尤其ＤＮＡ鑑定發達以後，幾乎能肯定曾有無辜者被處死，這樣的結果連最忠實的死刑支持者得知以後也內心不安。再者，奪人性命的做法古時有幾近凌虐的釘刑、剖腹等等，接著改為快速但畫面仍舊衝擊的絞刑、槍決、刀決，後來繼續改良為看不到工具的毒氣、電流和藥物注射，但到這個階段醫師不願擔任執行者，藥廠拒絕提供藥劑，見證人也對過程的事故或失誤餘悸猶存。第三個原因是取代死刑的終生監禁因為監獄在防逃獄、防暴動方面的水準提升，所以變得更可靠。第四個原因則是犯罪率下降很多（見第十二章），大眾不再認為嚴刑峻法是社會需要的處方。第五點，死刑被視為重大決定，不像過往草率迅速，現在需要的法律程序曠日費時，從裁判確定到執行之間的距離好比二次審判，常有大量審查和上訴，導致多數犯人根本等不到最後結果就命喪牢房。換個角度看，律師費用很貴，州政府花在這部分的經費是直接判處終生監禁的八倍。第六點，死刑顯現社會階級差異，窮人和黑人被告碰上死刑的機率明顯太高（「有錢判生、沒錢判死」[5]），就國家良知而言不應容忍。最後，社會不斷要求最高法院對充滿爭議的死刑問題做出說明，而他們的做法就是逐步、漸進取消死刑；近年來他們已經要求各州不得處決未成年人、精神疾患，不得對謀殺以外的罪名判處死刑，也差點就要否決意外頻生的注射死刑。法庭觀察家認為大法官最後勢必得直接回應死刑執行手段太過紛雜的問題，屆時將

5 譯按：原文為Those without the capital get the punishment，直譯是「沒有資本就受刑」，不過其中語帶雙關：死刑是capital punishment，而capital又有資本的意思。

援引「進化中正當行為標準」（evolving standard of decency）的觀念，直接宣布死刑違反美國憲法第八修正案：不得施予殘酷和異常的刑罰。

科學、制度、法律、社會各方面的力量都試圖抑制政府殺人，彷彿是種冥冥之中的引導，往正義的方向前進。但從凡人角度來看其實就是道德原則：「生命神聖，殺人可憎」的觀念在各階層各體系傳播開來，死刑少了來自各方的協力根本窒礙難行，只要相關的人與組織立場堅定反對到底，自然能逼迫國家放棄一命換一命的衝動性懲罰。過程崎嶇充滿險阻，效果可能累積很久才能爆發開來，但只要耐心等下去，一定會看到啟蒙思想改變世界。

第十五章 平權

平權不過是一灘停滯渾水上攪出的漩渦？抑或公理正義如大河泱泱從未停歇？

人類傾向將非我族類者視為工具或想要加以踢開。根據種族或信念而形成的結合會想要去宰制其他群體：男性想要控制女性的勞動、自由和性。（原注1）大眾對非常態的性行為感到不安，將之轉變為道德譴責。（原注2）這些現象就是所謂的種族歧視、性別歧視以及恐同，以不同強度普見於古今中外多數文化。消除歧視在所謂公民權和平權之中占有重要地位，這些權益擴張在歷史上的轉捩點，不論塞爾瑪遊行、塞內卡福爾斯會議、石牆事件，都是進步故事中精彩動人的篇章。（原注3）

少數民族、女性、同性戀的權益不斷演進，近年都可見新的里程碑。二〇一七年美國第一位非裔美國人總統任期結束，前一年蜜雪兒·歐巴馬在民主黨全國代表大會上生動地描繪了背後巨大的時代意義：「每天早上我在黑奴蓋的建築物裡醒來，看到兩個聰明可愛黑皮膚的女兒在白宮草坪上陪小狗玩。」歐巴馬的後繼者是主要政黨第一次推出女性總統候選人，距離美國女性得到投票權還不滿一世紀。若以普選得票率來看她原本應當勝出，可惜由於選舉人制度及那年選舉的各種紛紛擾擾，最後她與總統職位擦身而過。或許在很接近的平行時空中，二〇一六年十一月八日地球上影響力最強的三個國家（美國、英國、德國）都會是女性當家。（原注4）然後美國最高法院將同性性行為除罪[1]後沒有過太久，二〇一五年又裁定同性伴侶具有婚姻權。

但進步再次被隱匿了蹤跡，許多追求進步的人只著眼世界還存在什麼不公不義，忘記自己已經走了多遠。進步派的核心觀點，尤其在大學裡常聽到的是：人類還活在充滿種族、性別、性傾向歧視的社會。這種說法彷彿進步主義本身就是白費力氣，幾十年努力也沒做出什麼成果。

與進步恐懼症的其他形式相仿，對平權的否定受到聳動新聞頭條的推波助瀾。手無寸鐵的非裔公民遭警察槍殺的事件確實發生了幾次，甚至有人以手機錄下影片，經過媒體放大就形成警察都有種族歧視、會朝黑人男性無端開火的氛圍。運動員暴力攻擊妻子或女友、校園強姦案的消息鬧上媒體也一樣，忽然間彷彿所有女性受到暴力侵害的機率大幅增加。美國歷史上最凶殘的犯罪之一發生在二〇一六年，奧馬爾．馬丁（Omar Mateen）在奧蘭多一間同志夜店亂槍掃射，造成四十九人死亡、五十三人受傷。

進步不存在的想法又因為最近的世界局勢得到強化。二〇一六年被美國選舉人制度推上總統大位的不是希拉蕊．柯林頓，而是唐納．川普。川普在競選期間多次發表仇女、反拉丁裔、反穆斯林的汙衊言論，徹底悖離美國的政治常規，支持者受他激勵之後，言行展現的攻擊性更上一層樓。有些評論者擔憂川普勝選代表美國會走平權回頭路，又或者從一開始平權就沒有前進過。

本章目的就是要深度探討平權的潮流趨勢。究竟平權是假象、是一灘停滯渾水上攪出的漩渦罷了？或者它很容易改變方向，開始逆轉回頭？抑或公理正義如大河泱泱從未停歇？（原注5）最後我還要檢視最容易被侵害人權的群體，也就是孩童，看看他們又是什麼處境。

1 譯按：美國曾經以性悖軌法（sodomy law）將特定性行為定義為犯罪，不過二〇〇三之後幾乎全面廢止。

種族、性別、性傾向

讀到這裡的讀者應該已經明白從新聞頭條看歷史會有很多誤解，平權這方面近期受到抨擊其實亦是同樣情況。數據顯示數十年來警察槍殺平民的事件**減少**而非增加（不過現在發生的話會被拍攝下來，而以前不會）。三份獨立分析發現黑人嫌犯遭警方誤殺的機率並未超過白人嫌犯。（原注6）（美國警察濫開槍是個問題，但與種族議題沒有直接關聯。）至於接踵而至的強暴新聞其實無法用來判斷好壞：究竟真的是女性遭受暴力的頻率變高？還是社會對女性遭到侵犯更加重視？還有奧蘭多同志夜店大屠殺事件經過多次調查，至今仍無法確定犯罪動機是恐同、對伊斯蘭國組織的認同，又或者如一般無差別殺人的罪犯只是追求死後留名。

分析歷史較佳的切入點應該是人們的價值觀以及人口動態統計。皮尤研究中心二十五年來持續追蹤美國人對種族、性別、性傾向的看法，報告顯示相關態度呈現「重大改變」，人們越來越趨向包容與尊重，以往的偏見幾乎消散。（原注7）圖 15-1 就能看到這些變化，這三項只是具代表性的調查結果，其他很多類似研究都發現同樣趨勢。

其他調查都指向同樣的變化（原注8）：美國人漸趨包容，越年輕的世代越顯著。（原注9）之後還會討論到，人的價值觀通常不隨著年齡增長有巨大變化，千禧世代（一九八〇年以後出生）的偏見程度低於全國平均，足見這個國家將走向怎樣的未來。（原注10）

當然還有另一派看法會認為圖 15-1 並未反映真相，或許偏見沒有降低，只是社會對偏見的接受度降低了，於是面對民調的時候比較少人敢說出真實心聲。這個盲點確實困擾社會學家很長一段時間，但經濟學家大衛德維茲（Seth Stephens-Davidowitz）開發出態度指標，是目前最接近數位吐實藥（digital truth serum）的概念。（原注11）躲在螢幕和鍵盤後面是人們覺得最有隱私的時刻，大家將好奇、焦慮、帶著罪惡感的愉悅一股腦兒輸入Google搜尋，有些我們想像得到，有些完全超乎我們想像。（常見搜尋有「如何讓陽具變大」和「我的陰道有魚腥味」。）Google匯集了不同月份、地區使用者搜尋字串的大數據（但並未追蹤搜尋者身分），也有對應的分析工具。大衛德維茲發現**黑鬼**（nigger，通常與種族歧視笑話有關）一詞的搜尋熱度在

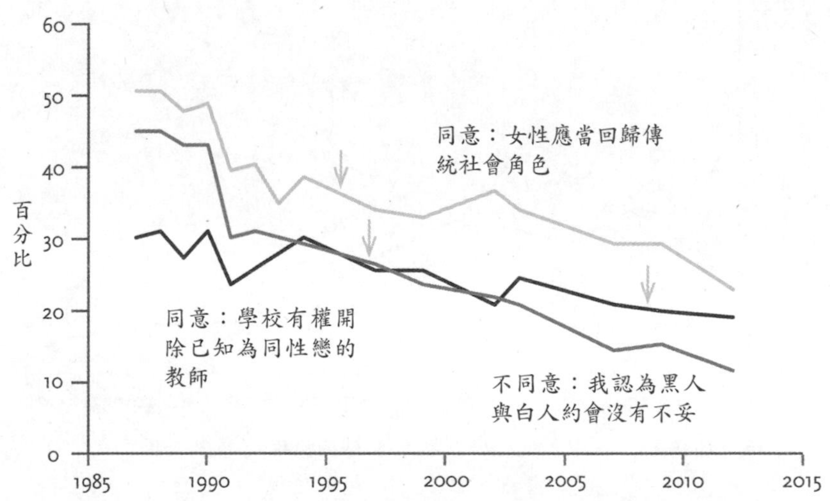

圖 15-1：一九八七至二〇一二年美國人在種族、性別、恐同的態度

來源：Pew Research Center 2012b. The arrows point to the most recent years plotted in Pinker 2011 for similar questions: Blacks, 1997 (fig. 7-7); Women, 1995 (fig. 7-11); Homosexuals, 2009 (fig. 7-24).

各地區都與其他種族偏見指標呈正相關，包括二〇〇八年歐巴馬得票數低於民主黨預期。（原注12）他認為搜尋資料可以呈現未受輿論干擾的心態，有助瞭解民眾私下種族歧視的實際強度。

我們可以藉此追蹤的不只是種族歧視，還有性別歧視和性傾向歧視。在我青春期的年代，有線電視或報紙漫畫還經常以「波蘭傻瓜」、「胸大無腦」、「娘娘腔」作為笑點，這些現在都已成為主流媒體的禁語。然而這些偏見笑話是遁入私密圈裡，還是真的大眾態度已然轉變？圖15-2就是統計結果，由曲線看來美國人並不只是表面上羞於承認偏見，私底下同樣不覺得那樣的歧視語

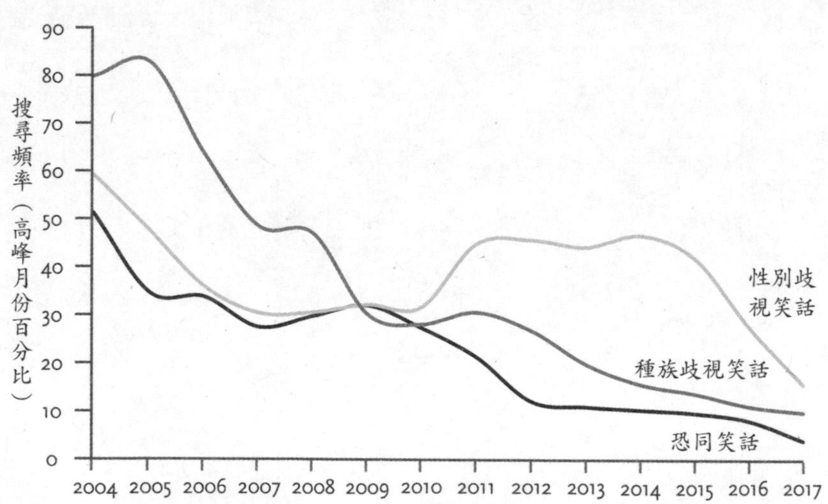

圖 15-2：二〇〇四至一七年美國人在網路搜尋中表現出的種族、性別、性傾向歧視

來源：Google Trends (www.google.com/trends), searches for “nigger jokes,” “bitch jokes,” and “fag jokes,” United States, 2004-2017, relative to total search volume. Data (accessed Jan. 22, 2017) are by month, expressed as a percentage of the peak month for each search term, then averaged over the months of each year, and smoothed.

言好笑。（原注13）此外許多人擔心川普上臺會反映、甚或擴大歧視，但數據在他競選的二〇一五至一六年、乃至於就職後二〇一七年初都持續下降。

大衛德維茲與我討論時特別談到圖示的曲線或許**低估**了偏見減弱的幅度，因為Google使用者也有改變的趨勢。在紀錄的起點二〇〇四年時，Google使用者以年輕都會族群為主，老年人與鄉村居民通常晚一點才會開始運用新科技；如果後者是搜尋歧視言論的可能族群，則要過幾年才會造成搜尋量的上升趨勢，從而偏見下降的速率會減緩。Google不記錄搜尋者的年齡和教育程度，但會記錄搜尋者來自何處。大衛德維茲證實我的懷疑：帶有歧視的搜尋確實有較高比例出自高齡和教育程度低的人口群體。與全國對比，退休民眾搜尋「黑鬼笑話」的機率為七倍高，搜尋「屁精笑話」（fag jokes）則多達三十倍。（他帶著歉意告訴我：「Google AdWords 沒辦法給出關於『蕩婦笑話』（bitch jokes）的資料。」）大衛德維茲也從AOL取得一大批搜尋資料，和Google的不同點是AOL會記錄個別使用者的搜尋內容（但當然不會得知身分），分析之後又發現種族歧視者應當真的在減少，因為會搜尋「黑鬼」的使用者也傾向搜尋年長者有興趣的議題，例如「社會安全」與「法蘭克辛納屈」，儘管有個例外是少部分青少年搜尋了人獸交、斬首、兒童色情之類不妥當的內容。撇開離經叛道的年輕人（這個族群始終存在），私下展現出的歧視隨著時間和世代交替而減少，懷有成見的長輩將舞臺讓給較無歧視心理的晚輩是必然結果。

然而世代交替之前，老一輩、教育程度較低（且主要為白人）的群體不會尊重主流文化對種族、性別、性傾向歧視主動過濾的習慣，很可能還嗤之以鼻說是「政治正確」。這樣的人現在依舊在網路上彼此取暖，集結於某些能煽動他們的人旗下。第二十章就會分析川普和其他西方國家裡右翼民粹主義者勝利的原因：並非長達一世紀的平權運動轉眼崩潰，而是一個滿腹怨氣卻又逐漸凋零、處在政治光譜極端的族群所發起的強力動員。

犯罪與女性地位

平權的進展不只反映在政治里程碑或意見領袖身上，也能從大眾生活的資料中直接看見。非裔美國人的貧窮率在一九六〇年為百分之五十五，二〇一一年為百分之二十七點六。（原注14）他們的預期壽命在一九〇〇年只有三十三歲（比白人少了十七點六年），二〇一五年達到七十五點六歲（和白人的差距縮小到三年以下）。（原注15）其實能活到六十五歲的非裔美國人會比同年紀的美國白人來得**更長壽**，可以活得更久。非裔美國人文盲比例從一九〇〇年的百分之四十五不斷降低，現在為零。（原注16）下一章還會提到種族對孩童就學的影響也大大下降，第十八章則會看到種族也不那麼影響生活是否幸福。（原注17）

過去非裔美國人遭到私刑、夜間被打劫是常態（剛進入二十世紀的時候，平均每週三次），二十世紀裡則逐漸下降，尤其一九九六年聯邦調查局整合仇恨犯罪報告以後更為明顯。數據如圖15-3；這些犯罪裡他殺占比很小，多數年份為一或零。（原注18）二〇一五年微幅上升（資料最後一年）不能歸咎於川普以及政客言論的影響，而是該年度暴力犯罪率本來就提高（見圖12-2），仇恨犯罪一直與整體犯罪率呈正比。（原注19）

圖15-3則可以看到針對亞洲人、猶太人、白人的仇恨犯罪全部都下降。縱使許多人聲稱美國興起仇視伊斯蘭的風氣，對穆斯林的仇恨犯罪唯一一次大波動是在九一一之後，其餘則是在伊斯蘭恐攻後會稍微起伏，比方說二〇一五年巴黎與加州聖貝納迪諾事件。（原注20）本書行文之際美國聯邦調查局尚未公開二〇一六年的資料，因此不應未審先判將仇恨犯罪的增加怪罪到川普及其支持者頭上。那種說法主要來自倡議團體，而他們募款成功的關鍵就在於激發民眾恐懼心理，所以他們並不援引客觀數據資料，宣傳主軸有些很明顯是捏造與偏激言論。（原注21）排除恐攻引發的效應以及整體犯罪率的影響，仇恨犯罪的趨勢是朝下發展。

女性地位也上升了。我小時候美國

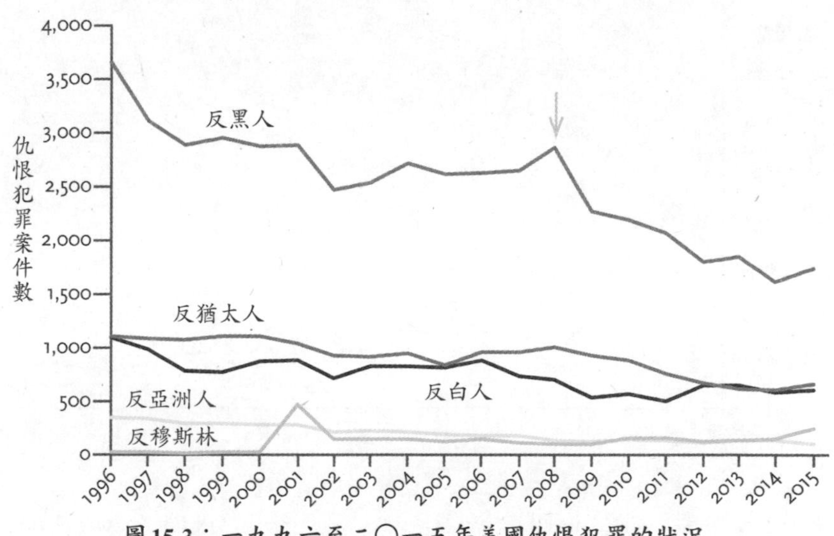

圖15-3：一九九六至二〇一五年美國仇恨犯罪的狀況

來源：Federal Bureau of Investigation 2016b. The arrow points to 2008, the last year plotted in fig.7-4 of Pinker 2011.

絕大多數地區的女性無法以個人名義申辦貸款與信用卡，想找工作也只能透過分類廣告打零工，同時不具對丈夫提出強姦告訴的權利。（原注22）現在女性占美國勞動力百分之四十七，就讀大學的比例不輸男性。（原注23）與其從警方資料來判斷女性遭受的暴力，不如從受害者訪查進行分析，可避免未報案或吃案等等誤差。研究結果發現妻子或女友遭到強暴、暴力對待的比例已經連續幾十年下滑，與昔日巔峰相比已經降至兩成五以下（圖15-4）。（原注24）即使這類犯罪還是過多，但至少可以安心的是長期的宣導與關懷並未淪為空談，而是創造出實質進步，所以持續下去能結出更棒的

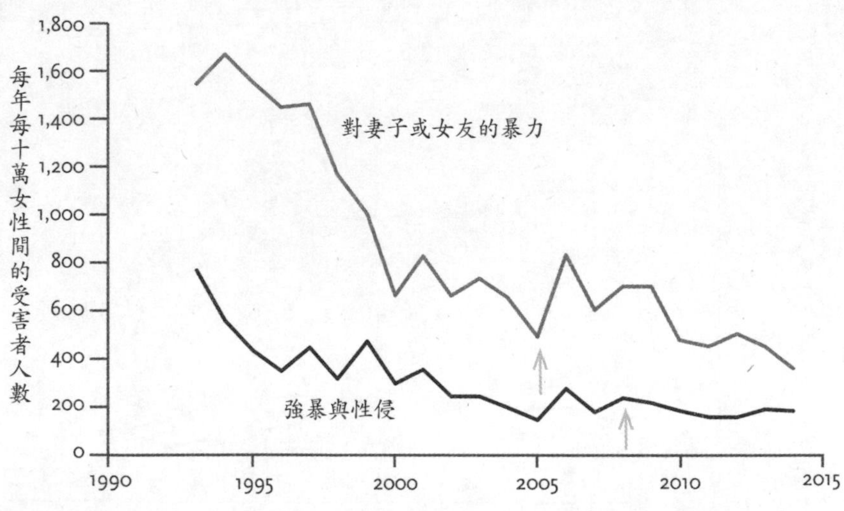

圖15-4：一九九三至二〇一四年美國的強暴與家暴狀況

來源：US Bureau of Justice Statistics, *National Crime Victimization Survey,* Victimization Analysis Tool, http://www.bjs.gov/index.cfm?ty=nvat, with additional data provided by Jennifer Truman of BJS. The gray line represents "Intimate partner violence" with female victims. The arrows point to 2005, the last year plotted in fig. 7-13, and 2008, the last year plotted in fig. 7-10, of Pinker 2011.

果實。

進步不會無中生有，然而種族、性別、性傾向的歧視之所以褪色並不只是社會運動造成。很多跡象指出這是現代化潮流的結果：都會裡人們摩肩擦踵，無論工作或生活都要與很多人互動相處，於是彼此的認同也提升了。（原注25）再者，這個時代的人事事講求正當性，不像過去可以用直覺、宗教、傳統風俗等等理由強逼他人，帶有歧視偏見的言行禁不住考驗。（原注26）種族隔離、投票限男性、同性戀入罪等等制度無法得到合理辯護：拿上個世代的理由出來無法服人。

上面兩種理由即便遭遇民粹式反撲最終也能勝出，就像民眾長年反對但各國仍逐步走向廢死（第十四章），進步有時就是走得曲折。無法成立或實行的想法不可能一直列為選項，總有一天連那些自詡能人所不能者也會放棄，屆時政治無論如何都得前進。因此近年美國社會不乏想走回頭路的政治運動，卻沒有人主張重建吉姆克勞法、收回女性投票權或者重新將同性戀入罪。

種族歧視式微不僅發生在西方，也是全球現象。一九五〇年世界上將近半數國家以法律限制少數或弱勢民族（美國亦不例外）。二〇〇三年只剩下不到兩成國家還有種族歧視制度，遠遠少於對弱勢族群提供支持、甚至優遇的國家。（原注27）世界公共輿論（World Public Opinion）二〇〇八年針對二十一個已開發和開發中國家進行大型調查，結果所有國家內絕大部分受訪者（平均約九成）都同意人不該因為種族和宗教的差異而遭到不同對待。（原注28）雖然西方知識分子自我撻伐特別嚴重，實際上非西方國家的寬容度較低，但即

便吊車尾的印度也有百分之五十九贊成種族平等、百分之七十六贊成宗教平等。（原注29）

女權同樣是全球性的進步。一九〇〇年只有紐西蘭開放女性投票，現在除了梵蒂岡之外，只要男人能投票女人就能投票。女性占世界勞動力的四成、各國議會成員的兩成。世界公共輿論研究和皮尤全球態度調查發現超過八成五的受訪者完全接受男女平等，比例最低的印度也有百分之六十，六個穆斯林為主的國家有百分之八十八，墨西哥與大英國協達到百分之九十八。（原注30）

一九九三年聯合國大會通過《消除對婦女的暴力行為宣言》，此後多數國家開始立法或推動社會意識以減少強暴、強迫婚姻、童婚、女陰殘割、名譽殺人[2]、家暴、戰時對女性的迫害等等。儘管部分措施起不了多大作用，長期趨勢還是能夠樂觀看待。全球一致的譴責雖然最初只是純粹的理念發聲，後來卻有效減少了奴役、決鬥、捕鯨、纏足、盜版、劫掠商船、生化攻擊、宗族隔離以及大氣層核試爆。（原注31）女陰殘割就是個例子：目前尚有二十九個非洲國家沒放棄這個習俗（非洲之外還有印尼、伊拉克、印度、巴基斯坦、葉門），但這些國家裡的多數人民其實認為不該持續下去，所以過去三十年實行比例降低了三分之一。（原注32）二〇一六年泛非議會（Pan-African Parliament）與聯合國人口基金共同背書對女陰殘割和童婚的禁令。（原注33）

同性戀權益是另一個時代變遷的觀念，以前幾乎每個國家都視其為犯罪。（原注34）最先提出兩個成人之間的合意行為不應受到旁人限制的，就是啟蒙時期的孟德斯鳩、伏爾泰、貝卡里亞和邊沁，隨後少數國家將同性戀除罪化，直到一九七〇年代同志運動興起之後數量大為增加。目前仍有超過七十個國家將同性戀列入犯罪（十一個伊斯蘭國家可判處死刑）、俄羅斯與部分非洲國家在同志權利領域呈現倒退，但在聯合國與各人權組織的努力之下，全球趨勢依舊趨向解放。（原注35）圖15-5的時間線可以看到過去六年裡又有八個國家將同性戀除罪化。

檢視歷史趨勢的意義

人類社會在消弭種族、性別、性傾向等等歧視的路上顛簸前行，卻也已經走了很長一段距

2 譯按：honour killing，為維護家族或族群名譽而「清理門戶」的殺人行為，受害者多為女性。

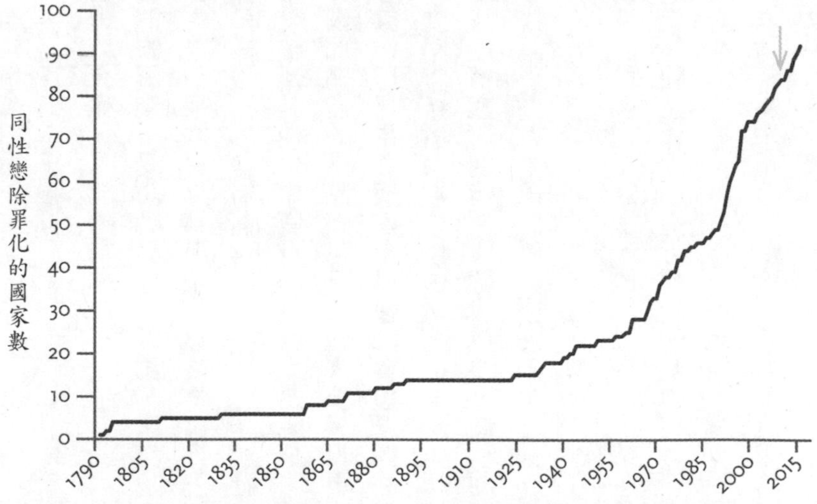

圖15-5：一七九一至二〇一六年間同性戀除罪化的進程

來源：Ottosson 2006, 2009. Dates for an additional sixteen countries were obtained from "LGBT Rights by Country or Territory," *Wikipedia*, retrieved July 31, 2016. Dates for an additional thirty-six countries that currently allow homosexuality are not listed in either source. The arrow points to 2009, the last year plotted in fig. 7-23 of Pinker 2011.

離。馬丁・路德・金恩曾經援引廢奴主義者希歐多爾・帕克（Theodore Parker）對正義弧線的比喻，帕克承認自己看不見終點但「透過良知便能感覺」。[3]不過有沒有更客觀的方式能判斷歷史弧線是否朝著正義前進？若方向正確，又為何彎曲？

檢視道德弧線的方式之一是世界價值觀調查，受訪者高達十五萬，來自包含九成地球人口的九十五個國家，時程長達數十年。政治學家克里斯蒂・韋爾策爾在《自由崛起》（*Freedom Rising*）書中提出現代化過程會激發「傾向解放的價值觀」。（原注36）社會從農業進入工業再轉型到資訊時代，公民對抵禦外敵及其他生命威脅的焦慮大為降低，於是更加積極表達理念並追求生命中的各種機會，因此關注的重點在自身及他人要獲得更大的自由。這個轉變過程符合馬斯洛的需求層次理論，確保生存與安全以後就會追求歸屬感、尊重及自我實現。（前面提過布萊希特類似的名言：「先有溫飽，才有倫理。」）大眾開始認為自由先於安全，多樣性優於單一性，自制好過權威，創造性比紀律重要，個別的獨特性質不該被群體埋沒。解放價值也可以稱為自由價值，源於自由（liberty）傳統上與解放（liberation）的意義重疊（但與政治上的左派無關）。

韋爾策爾開發一套計算方式將解放價值觀轉化為數字。他發現調查中某些項目的分數很大程度能從具有共同歷史與文化的種族、國家或地域進行預測。其中有與性別平等相關的（女性是否有工作權、可以擔任政治領袖、接受大學教育），與個人選擇相關的（是否能夠接受離婚、同性戀、墮胎），與政治話語權相關的（是否認為大眾有言論自由，在政府、社群、職場中都有發聲權利），以及與孩童教養相關的（鼓勵兒童服從、獨立、還是發揮想像力等等）。當然對應並不完全精準，尤其很多人對其他議題有共識卻在墮胎問題上嚴重分歧，不過仍能看出大致方向並對單一國家做出多種預測。

檢視價值觀的歷史變遷之前必須有個基本觀念：時間流逝並非日曆翻頁撕掉就算了。人會變老、死去，然後由下一代接棒，所有人類行為的世俗變動（從歷史或社會演變角度來看）之所以發生背後有三個原因。（原注37）首先，潮流是一種階段效果，與當時的風氣、時代精神和國家意識的起伏有關。再來是年齡層（或稱為壽命週期）的效果，人是會長大的，從啜泣的嬰兒、愛發牢騷的學生、無病呻吟的情人到凸肚法官等等[4]。由於國家的出生率會有起落，雖然各個世代的主流觀念可能不同，但計算時會是青年、中年、老年人口加總再平均。最後一個變數就是世代（或稱群體）效應，特定時期出生的人有可能一輩子帶著某種特徵直至生命結束，人口平均以後也會反映世代進場和退場造成什麼變化。時代、年齡、世代三種因素的影響無法完全獨立，畢竟時代推移也就是世代的老化，不過測量不同時代人口的表現特徵、區別不同群體的資料，便能合理推測三個因素分別造成什麼結果。

首先我們來觀察最發達國家的歷史演變，像是北美、西歐和日本。圖15-6顯示一個世紀的時間裡解放價值的進程，採用方式為成人的調查問卷（十八歲到八十五歲），對象為

3 譯按：帕克名言：「道德宇宙的弧線雖漫長，但終歸正義。」（The arc of the moral universe is long, but it bends towards justice.）

4 譯按：此處引用莎士比亞《皆大歡喜》裡對人類生命歷程的形容。

歷經兩個世代（一九八〇與二〇〇五）、可代表一八九五與一九八〇的兩個群體。（美國人口世代通常會區分為出生於一九〇〇到一九二四年間的「美軍世代」、一九二五到四五年間的「沉默世代」、一九四六到六四年間的「嬰兒潮世代」、一九六五到七九年間的「X世代」，以及一九八〇到二〇〇〇的「千禧世代」。）群體依據出生年份排列於橫軸，兩次不同年份的調查繪製為線條。（二〇一一到一四年的資料會擴展到一九九六前後出生的千禧世代，與二〇〇五年資料相仿。）

政壇紛紛擾擾，但從這張圖看見的歷史趨勢卻少有人提及：儘管許多人聲稱右翼復辟、白人憤怒等等，西方國家整體價值觀是穩定朝自由開放前進（之後會解釋為什麼這是某些人憤怒的理

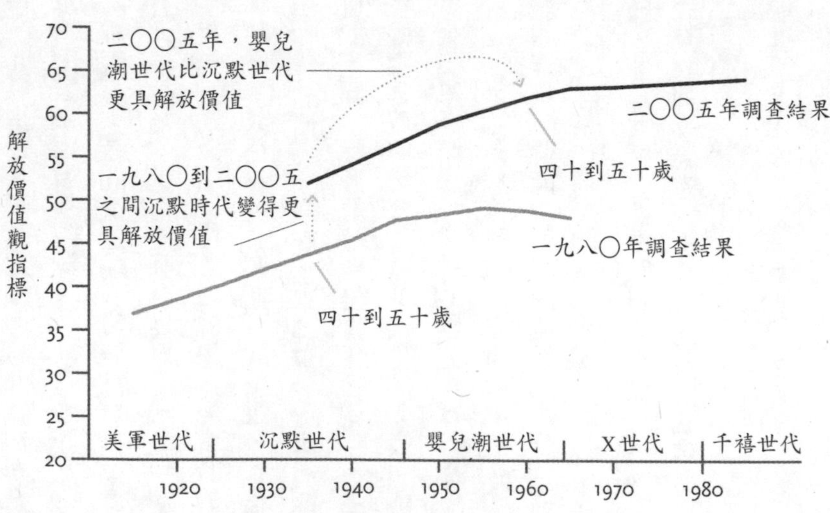

圖15-6：一九八〇至二〇〇五年已開發國家不同年代與世代的解放價值觀

來源：Welzel 2013, fig. 4.1。世界價值觀調查資料取自澳洲、加拿大、法國、西德、義大利、日本、荷蘭、挪威、瑞典、英國、美國（各國權重相等）。

由）。（原注38）二〇〇五年的曲線高於一九八〇年的曲線（所有人都隨時間變得更加自由開放），兩條曲線也都由左往右上升（兩個時代裡，年輕世代都比年長世代更認同解放價值），而且差距相當明顯：兩次調查相距的二十五年與每二十五年一次的世代交替都呈現約四分之三標準差的上升。（這個幅度也很少被關注：二〇一六年益普索〔Ipsos〕民調裡，幾乎所有已開發國家人民都覺得同胞在社會觀點上趨向保守，但事實不然。）（原注39）圖示的一大重點在於**沒有**年輕時崇尚自由、年老變得保守這種現象，否則兩條曲線就不該一上一下而會有疊合，同一世代群體的縱線也應該在二〇〇五年是低點而非高點。事實上年輕人的解放價值會一路到老，這點在第二十章思考進步的未來時還會詳細討論。（原注40）

圖15-6呈現的解放思潮趨勢主要鎖定開好車、喝好茶、吃健康料理的後工業革命西方國家，其他地區的人類又如何？韋爾策爾將參與世界價值觀調查的九十五國依據近似的歷史與文化分成十個區域，並根據壽命週期效應不存在回推解放價值觀的變化：由公元兩千年時六十歲長者的價值觀，加上四十年內所處國家整體價值觀的變化，可以推定一九六〇年二十歲人的想法。圖15-7為大約五十年內世界各地的解放價值觀趨勢，統計時結合了每個國家的時代氛圍變化（類似圖15-6兩曲線的落差）和世代輪替（各曲線的上升）。

文化區之間的差異大在意料之內，西歐的基督新教國家解放程度最高，如荷蘭、北歐、英國；美國與其他富裕英語系國家次之；再來是天主教與南歐；第四階是中歐前共產國家；下一層更保守的是拉丁美洲、工業化的東亞國家、前蘇維埃與南斯拉夫地區；南亞、東南亞、撒哈拉以南非洲國家更甚，世界上最不具解放思想的是信奉伊斯蘭教的中東地區。

相對來說令人訝異的則是**所有地區的人都越來越傾向解放思想**，而且程度頗高。目前保守壓抑的中東地區，其年輕人在這方面的價值觀與一九六〇年代初期最解放的西歐地區年輕人差不多。雖然所有文化圈都看得到時代氛圍與年齡因素能夠促進解放潮流，但某些地區如伊斯蘭中東最主要的推力還是世代交替，尤其在阿拉伯之春裡扮演重要角色。（原注41）

是否可以找出各文化區有所差異、但解放程度又與時並進的原因？許多

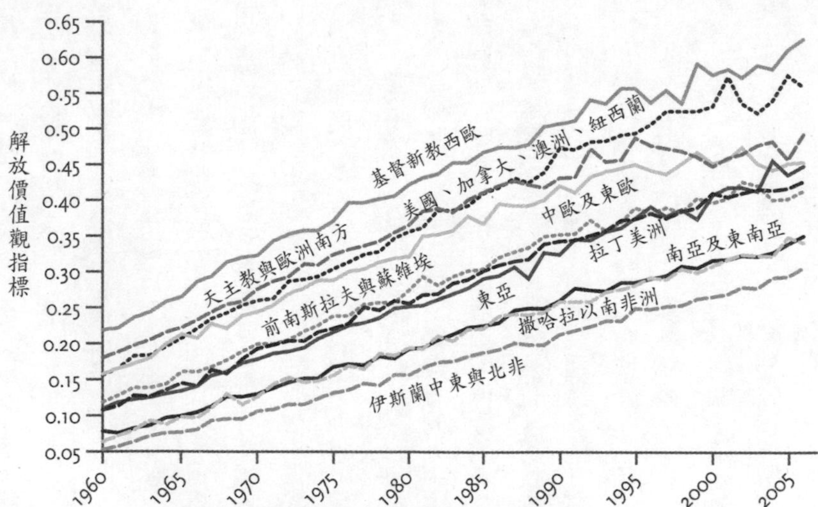

圖15-7：一九六〇至二〇〇六年各文化區的解放價值演變時程（推算）

來源：韋爾策爾（Welzel 2013, fig. 4.4）對世界價值觀調查進行的分析與資料更新。每個國家每年的估計數據為利用年齡、世代、受訪年份、特定時代氛圍進行假設推論的結果。分類標籤是根據韋爾策爾的「文化區」，並不代表地理範圍內所有國家。部分在本書中名稱有所更動：基督新教西歐國家等於韋爾策爾的「宗教改革後西方國家」（Reformed West），美國、加拿大、澳洲、紐西蘭等於「新西方國家」（New West），天主教與歐洲南方等於「舊西方國家」（Old West），中歐及東歐國家等於「回歸的西方國家」（Returned West），東亞等於「中華文明圈東方」（Sinic East），前南斯拉夫與蘇維埃等於「東正教東方」（Orthodox East），南亞及東南亞等於「印度文化圈東方」（Indic East）。各地區各國權重相等。

社會整體特質與解放價值觀有關，不過一如反覆遭遇的問題：許多因素彼此相關、糾纏難解，社會科學家想分辨相關性和因果關係非常困難。（原注42）繁榮程度（以人均國內生產總值計算）和解放價值觀相關，推測原因是生活健康又安全的時候，人才會想試圖解放社會。除此之外，數據顯示解放程度越高的社會，平均而言教育程度、都市化都比較高，生育和近親通婚率都較低，愛好和平民主，貪腐、犯罪、政變較低。（原注43）這些社會的經濟無論現在或過去都比較依賴商業網絡而不是大規模農業或石油採礦。

然而對於解放價值觀最具預測力的資料是世界銀行的知識指數（Knowledge Index），結合人均教育程度（成人識字率及中學、大學的入學率）、資訊接觸度（電話、電腦、網路使用程度）、科學與科技生產力（研究人員、專利、期刊發表等等）以及體制健全（法治與規範好壞、經濟是否開放）。（原注44）韋爾策爾分析發現知識指數對各國的解放價值觀有七成的解釋力，比國內生產總值更合適。（原注45）這項統計證據也證明了啟蒙理念：知識與健全的體制可以促進道德進步。

兒童權益

探討人權進步不可不提最容易受侵害的人類，也就是兒童。除了仰賴成人憐憫，他們很難捍衛自身權益。前面已經提過兒童的處境大有改善：一出生就沒媽媽、活不過五歲、餓得發育不良都已屬罕見。接著要看看除了自然界原有的阻礙，兒童又逃離了哪些人類造成的苦難——現在他們過得比以前更安全，也更有機會享受真正的童年。

兒童福祉也是媒體惹是生非的一例。原本該擔心的事情變少了，卻因為駭人聽聞的頭條消息而造成讀者恐慌。關於校園槍擊、綁票、霸凌、網路霸凌、性訊息、約會強暴、性與肢體暴力的報導太多，彷彿兒童活得越來越危險。但數據並不這麼認為，第十二章就提到現代青少年其實更少接觸成癮藥物。二〇一四年社會學家大衛・芬克爾（David Finkelhor）與其研究團隊檢視關於美國兒童暴力的文獻以後表示：「研究觸及的五十種暴力模式裡，二十七種大幅下降，其餘在二〇〇三至一一年間沒有明顯成長。下降最多的是身體侵害、霸凌、性侵害。」（原注46）其中三項顯示於圖15-8。

另一種降低的兒童暴力是體罰，包括摑巴掌和各式工具毆打、乃至於更粗暴的行為矯正手段。公元前七世紀就有「不打不成器」這種說法，於是家長和教師也習慣如此對待無法反擊的孩童。後來體罰在多項聯合國決議中被明文禁止，超過半數國家決定廢除，而美國再次成為先進民主國家的後段班，依舊容許兒童受到板打；即便如此，各種體罰形式也呈緩慢但穩定的降低趨勢。（原注47）

九歲的奧利弗・崔斯特在英國濟貧院內每天得從粗麻繩裡挑出足夠分量的麻絮[5]才有東西吃，雖然是小說情節但生動描繪了最常見的虐童模式：童工。除了狄更斯的小說，詩人白朗寧一八四三年的作品〈孩子們的哭聲〉（The Cry of the Children）和許多報導文學喚醒十九世紀讀者的良知，意識到那個年代有許許多多孩子被迫在極其惡劣的環境下勞動，譬如幼兒站在箱子上維修磨坊和礦坑、罐頭工廠裡殺傷力很強的器械、呼吸充斥棉絮煤灰的空氣、打瞌睡會被人朝臉上潑冰水、下工後累得食物還在嘴巴裡就昏過去。

但殘酷的童工生涯並非從維多利亞時代的工廠才開始。(原注48)古時候兒童就得幫忙農事和家務，也常常當傭人、做手工，很多時候是從能走路開始就得勞動。例如十七世紀時還有兒童被安排在廚房裡負責轉動插著大肉塊的叉子，鎮日與烈火之間只有一團濕禾草作為防護。(原注49)當年沒有人覺得童工叫做剝削，反而視為教育的一環，可以避免孩童閒散怠惰。

5 譯按：以前歐洲會回收麻絮作為填充材料。

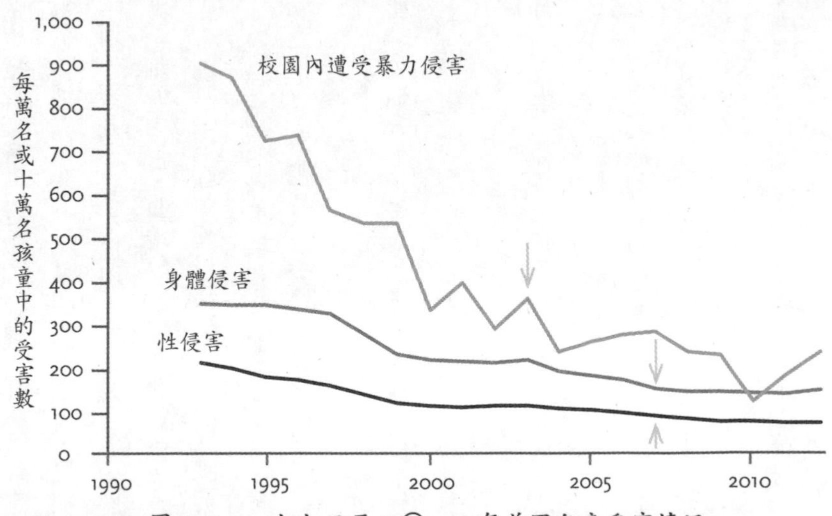

圖15-8：一九九三至二〇一二年美國兒童受害情況

來源：身體侵害與性侵害（主要是照顧者）：National Child Abuse and Neglect Data System, http://www.ndacan.cornell.edu/, analyzed by Finkelhor 2014; Finkelhor et al. 2014。校園暴力傷害：US Bureau of Justice Statistics, *National Crime Victimization Survey,* Victimization Analysis Tool, http://www.bjs.gov/index.cfm?ty=nvat。身體和性侵害比例為十八歲以下兒童每十萬人內受害數，暴力侵害則為十二至十七歲每萬名孩童中的受害數。箭頭處為二〇〇三和〇七，Pinker 2011 圖7-22、7-20列出的最後年份。

一六九三和一七六二年洛克與盧梭發表文章獲得迴響以後，社會重新定義何謂童年。(原注50)無憂無慮的童年生活終於被視為人權，玩樂本身就是一種學習，早期經驗會塑造成人的品格，成人品格則決定社會未來。十九、二十世紀之交，童年如經濟學家薇薇亞娜．澤利澤（Viviana Zelizer）所言被「神聖化」，兒童得到現在的定位：「經濟上無用，情感上無價。」(原注51)除了倡議團體，由於小家庭興起且富裕了，大眾同情心擴張，加以教育普及，西方社會開始拒絕童工。這股進步動力展現在一九二一年《成功農業》（*Successful Farming*）雜誌裡面的拖拉機廣告，標題為「讓孩子留在學校」：

春季農務繁忙，男孩們常得離開學校過去幫忙好幾個月。大人覺得不得已，但對孩子實在不公平！無法好好上課，等於輸在人生起跑點上。教育是這年代各行各業成功的關鍵，就連農業也不例外。

您是否也覺得自己當年沒有好好受教呢，那不是自己的選擇，但現在您能讓孩子享有真正的教育，體驗你錯過的一切。

只要有一臺凱斯煤油拖拉機，自己獨力完成的農務比一個大人、一個勤勞的小孩靠馬匹能做的還要多。投資凱斯拖拉機、犁地機、收割機，春天的工作不靠孩子停學也做得完。

讓孩子留在學校，他的位置由凱斯煤油拖拉機取代，是您絕對不會後悔的投資。(原注52)

在許多國家，對童工的致命一擊是立法實施義務教育，如此一來童工理所當然違法。圖15-9顯示英格蘭地區童工比例在一八五〇到一九一〇年間減半，一九一八年法律明訂童工為非法僱傭。美國亦呈現相同趨勢。

除了義大利，代表全球情況的兩條曲線也下降得特別劇烈。這兩組數據無法結合是因為年齡分組不同、對「兒童勞動」的定義也不同。即便如此卻呈現相同趨勢：下降。二〇一二年，世界上有百分之十六點七的兒童每週需要勞動一小時以上，百分之十點六處於對兒童不當的勞動條件（工時過

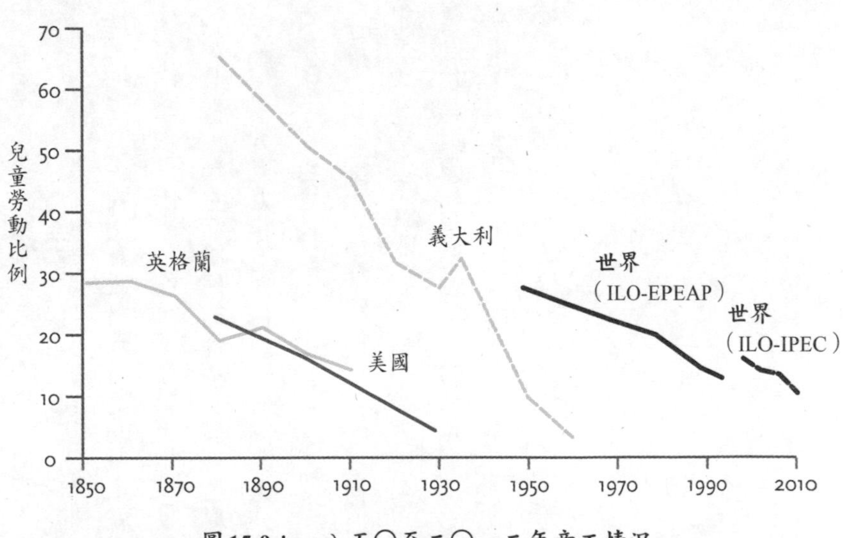

圖15-9：一八五〇至二〇一二年童工情況

來源：*Our World in Data,* Ortiz-Ospina & Roser 2016a, and the following。英格蘭：Percentage of children aged 10-14 recorded as working, Cunningham 1996。美國：Whaples 2005。義大利：Child work incidence, ages 10-14, Tonioli & Vecchi 2007。世界(International Labour Organization Programme on Estimates and Projections of the Economically Active Population)：Child Labor, ages 10-14, Basu 1999。世界(International Labour Organization International Programme on the Elimination of Child Labour): Child Labor, ages 5-17, International Labour Organization 2013。

長、年齡過低），百分之五點四從事危險工作——數字看起來很高，但跟十幾年前比已經減半。一直以來童工並不集中在製造業，而是農林漁業，且與國家貧窮有很大關係：國家越窮困，越高比例的孩童需要去工作。（原注53）工資提升或者政府補助兒童就學，童工率自然下降。換言之，父母是因為窮才不得已讓孩子出去工作，出發點不是貪婪。（原注54）

童工比例之所以下降，背後動力和其他人類生活條件的進步一樣，依靠的除了全球性的財富增加，還有人道團體的道德呼籲。一九九九年，一百八十個國家正式簽署了《禁止及消除最惡劣形態童工公約》（Worst Forms of Child Labour Convention），所謂「最惡劣形態」包括高風險勞動、以奴役和人口走私進行的剝削、債務奴役、賣淫、色情影像、毒品走私、上戰場。國際勞工組織原本希望二〇一六年就能終結上述惡劣童工的情況但沒能達成，不過國際聲浪依舊強勁。二〇一四年諾貝爾和平獎頒給致力消除童工的凱拉西．沙提雅提（Kailash Satyarthi）象徵意義濃厚，一九九九年的公約很大一部分要歸功於他。與沙提雅提一同得獎的是年輕女性受教權代言英雌馬拉拉．優素福扎伊（Malala Yousafzai），由此可見另一項社會進步指標就是知識普及。

第十六章 知識

對知識的追尋與其他人類福祉的差異在於沒有明確的終點。

人類的學名是*Homo sapiens*，意思是「智人」，也就是說我們這個物種會運用資訊來抵抗熵的侵蝕與演化造成的阻礙。各地人類都會搜集環境知識，包括動植物資訊以及加以馴化制伏的工具與武器，還會發展風俗文化以便與血親、盟友、敵人適當交流。語言、手勢、薪火相傳是累積與分享知識的傳統途徑。（原注1）

歷史上有些新技術導致知識累積的速度增加數倍、甚至呈指數成長，代表性例子有文字、印刷術與電子媒體。像超新星一樣爆炸的知識量不斷重新定義人類生活。對自身的理解、我們從何處來、宇宙如何運作、生命中何者為重都取決於人如何面對浩瀚無邊且持續擴大的知識藏量。還沒發明文字時期的獵戶、牧人、農民也是徹頭徹尾的人類，不過人類學家通常認為他們的關注焦點局限於當下、當地及物質層面。（原注2）瞭解自己的國家和歷史，認識古今中外的不同風俗與思想、舊文明的榮耀與衰敗，理解細胞與原子構成的微型宇宙以及天體與星系組成的大宇宙，明白數字、邏輯、規律這種抽象但確實的存在——知識帶領人類登上意識的更高層次。知識僅屬於腦部發達且有足夠歷史的人類物種。

人類社會藉由口耳相傳或師徒制度延續知識已經有悠長歷史。正式學校也早在千年前就出現；我小時候印象深刻的故事是《塔木德》說到公元一世紀時還年輕的希勒爾長老（Rabbi Hillel）負擔不起學費，爬到學校屋頂上面偷聽，有次差點凍死。不同時代的學校傳授的主題也不同，可能是實用技能，也可能是宗教或愛國思想。但到了啟蒙時代，知識擁有至高無上的地位，學校的功能也大大擴張。「社會進入現代，」教育理論家喬治・科奧茲（George Counts）說：「正式教育的重要性遠遠超過世上一切。以前世界上大多數社會裡學校地位不高，直接影響到的只是小部分人口，但現在學校無論縱向還是橫向都擴展開來，與政府、教會、家庭、財產同樣是社會最有力的制度。」（原注3）目前多數國家都視教育為國民義務，一九六六年聯合國一百七十會員國簽署的《經濟、社會及文化權利國際公約》也將教育視為基礎人權。（原注4）

教育改變心智的效用觸及生活每個層面，有些直接可見，有些需要細心觀察。最明顯的像是第六章已經介紹過衛生、營養、安全性行為方面的簡單知識就足以大幅度改善人類健康並延長壽命。另外，廣為人知的是識字與算數可謂現代社會中創造財富的基礎，想要在發展中的世界操持家務得能夠認字和計算否則無法處理日用品，高階職位需要對各式技術有更深度的理解運用。十九世紀第一批逃離貧窮並快速成長的國家，就是最積極教育兒童的國家。（原注5）

教育的功效

社會科學的各種議題都面對相關性不等於因果關係這個麻煩：是教育提升所以國家才變富裕，還是富裕國家才有錢提供更好的教育？釐清這個糾結必須掌握基礎事實：原因先於結果。如果研究裡其他因素不變，評估教育的時間點在前、評估財富狀況的時間點在後，就指向投資教育確實增加了國家財富。就目前研究結果來看，至少世俗、實用性質的教育確實有這個功效。西班牙人教育普及，但二十世紀前都是西方國家的經濟後段班，癥結點是當地教育系統受到天主教會把持，「一般孩童學到的只有傳道、教義問答與簡單勞務……科學、數學、政治經濟和世俗歷史被視作爭議話題，僅供受過訓練的神學家研究。」(原注6) 目前阿拉伯世界的經濟落後也有部分來自宗教干預。(原注7)

抽象層面上，教育帶來的不只是實用知識與經濟成長，還導向民主與和平的未來。(原注8) 由於教育的影響層面太廣，想從交互影響中找出正式教育與社會和諧之間的因果鏈並不容易。部分影響或許只是人口與經濟的變化：教育程度高的女性通常生育較少，所以下一個年輕世代的人數不會膨脹，而年輕世代與暴力問題較有關，於是教育間接發揮了作用。(原注9) 平均教育程度較高的國家一般而言也較為富裕，如第十一和十四章所言：富裕國家傾向和平與民主。

但還有一些因果關係證實了啟蒙價值。人接受教育之後改變非常多！首先是能夠擺脫迷信和偏見，譬如君權神授、以外貌認定非我族類其心必異。接著也會明白世界上還存在其他文化、與自己不同卻一樣行之有年的生活方式，沒有誰比較好誰比較壞。受教育以後會明白魅力型領袖可能帶領國家走向災難；自己的定見無論多強烈、多主流也有可能是誤解；世界上有好與不好的生活模式，不同的人、不同的文化或許也有值得學習之處。更重要的是我們能領悟到解決問題有暴力之外的辦法，對是否接受貴族統治、要不要投身殺戮征伐會有不同見解。種種智慧不是人類與生俱來，如果當權者刻意推廣信條、扭曲事實資訊、散布陰謀論等等，不啻以知識之名扼殺幫助人民認識真相的知識。

針對教育效果進行研究後，證實了人會因為教育得到啟蒙，降低對於種族、性別、外來者、同性戀的歧視，不再支持專制獨裁（原注10），也賦予想像力、獨立、言論自由更高價值。（原注11）受教育以後更可能參與投票、擔任志工、表達政治意見、參與工會政黨等等公民組織或其他宗教及社區組織。（原注12）經過教育，人更願意信任其他公民，不擔心只有自己遭到訛詐，契約、投資、法律之所以能成立都奠基於這項寶貴的社會資本。（原注13）

基於上述種種理由，發展教育——擴大教育第一線，也就是識字率——是人類進步的旗艦。教育與其他進步面向展現出類似的熟悉過程：啟蒙之前幾乎所有人都過得可悲，啟蒙之後才有少數幾國從惡劣處境抽身，而後其餘地區開始追趕，時至今日成果近乎隨處可見。圖16-1顯示十七世紀之前，識字在西歐是專屬於占人口不到八分之一的少數精英的特權。這種狀態持續到進入十九世紀，接著一百年裡識字率先翻倍、之後再一百年又成長四倍，現在地球人口有百分之八十三能夠識字。表面數字尚未完全反映出全球「去文盲化」的成果，因為約兩成的文盲人口以中老年為主，許多中東和北非國家裡六十五歲以上人口超過四分之三不識字，但十幾二十歲者不識字比例只有個位數。（原注14）二〇一〇年全球青年（十五至二十四歲）識字率為百分之九十一，和一九一〇年的美國相仿。（原注15）不出所料識字率最低是在最貧困、最飽受戰亂所苦的國家，比方說南蘇丹（百分之三十二）、中非共和國（百分之三十七）、阿富汗（百分之三十八）。（原注16）

要先識字才能朝後續教育走下去，圖16-2可以看到讓孩子就學是世界趨勢。（原注17）時間曲線顯示：一八二〇年超過八成世人未受教育，一九〇〇年西歐及英語圈國家大部分人接受過基礎教育，到了現在變成世人超過八成都曾受教。狀況較差的地區如撒哈拉以南非

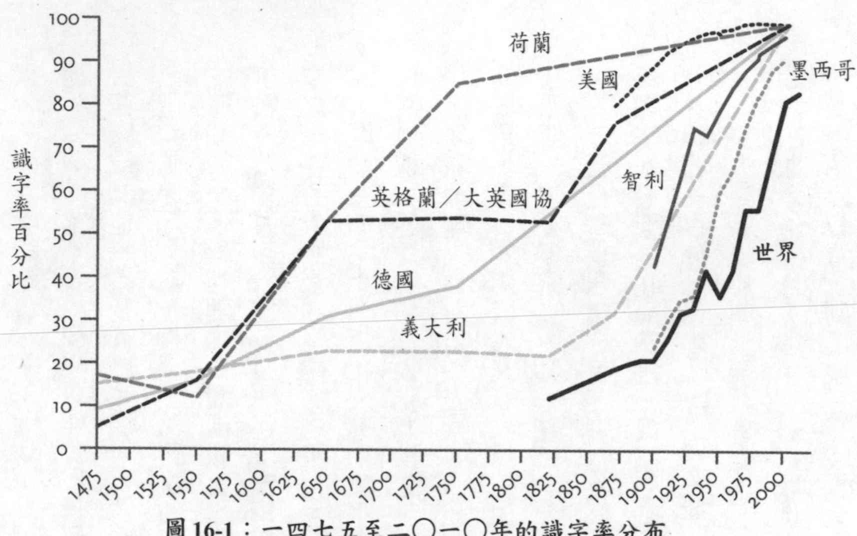

圖 16-1：一四七五至二〇一〇年的識字率分布

來源：*Our World in Data,* Roser & Ortiz-Ospina 2016b, including data from the following. Before 1800: Buringh & Van Zanden 2009. World: van Zanden et al. 2014. US: National Center for Education Statistics. After 2000: Central Intelligence Agency 2016.

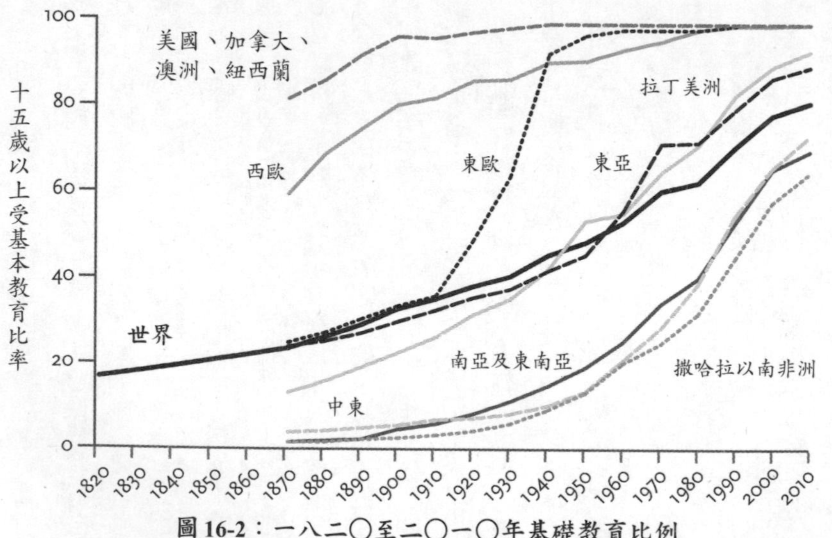

圖 16-2：一八二〇至二〇一〇年基礎教育比例

來源：*Our World in Data,* Roser & Nagdy 2016c, based on data from van Zanden et al. 2014。圖示為十五歲以上且至少受過一年教育者（年代越晚門檻越高），詳見 van Leeuwen & van Leewen-Li 2014, pp. 88-93。

洲國家的識字率已經接近一九八〇年全球平均、一九七〇的拉丁美洲、一九六〇年代的東亞、一九三〇的東歐或一八八〇的西歐。依據現行預測，本世紀中葉將只剩下五個國家會有超過五分之一人民沒受過教育，世紀末全球文盲率將為零。（原注18）

「著書多，沒有窮盡；讀書多，身體疲倦。」（原注19）對知識的追尋與其他人類福祉的差異在於沒有明確的終點。戰爭、疾病等等指數的最終目標就是零，營養、識字率之類最終目標是達到百分之百，然而知識自身會不斷增加，經濟體系對知識技術的依賴也飛快提升。（原注20）全球識字率與基礎教育漸漸逼近數字上限，然而每個國家的教育年限、高等教育、大專院校的研究生教育持續成長，一九二〇年美國十四到十七歲青少年只有百分之二十八上中學，一九三〇年比例增加一半，二〇一一年八成青少年高中畢業，其中七成繼續升學。（原注21）一九四〇年不到百分之五的美國人取得學士證書，二〇一五年學士以上占總人口三分之一。（原注22）圖 16-3 以幾個國家為樣本呈現教育長度的變化，近期就是歷史高峰，獅子山共和國為四年，美國則達到十三年（部分學院）。有研究預測本世紀結束時地球超過九成人口接受過中等教育，四成上過大學。（原注23）由於受教影響生育率，教育程度增加是本世紀晚期地球人口將從高峰開始下降的主因（見前圖 10-1）。

各國的正式教育長度沒有齊一化趨勢，不過知識散布途徑革新讓差異變得不重要。目前大部分知識不是收藏於圖書館而是放在網路上（且絕大部分免費），只要有智慧手機就可以參與線上大型公開課程（massive open online courses, MOOCs）和其他遠距學習模式。

教育方面的其他差距也逐漸縮小。一九九八到二〇一〇年間美國低收入戶、拉丁裔、非裔孩童入學準備度大幅增加，可能原因是學齡前教育補助擴大，且相較以往即使是貧困家庭現在也有更多書本、會使用電腦及網路，加上父母有較多時間與孩子互動。（原注24）

更具意義的是，女性不得受教這種最嚴重的性別歧視已成過去。之所以值得大書特書不僅因為女性占人口半數、她們受教等於專業人力倍增，也因為推動搖籃的手就是統治世界的手[1]。女性接受教育之後生理狀況更好，子女較少也較健康，個人與國家的生產力都跟著提升。（原注25）西方國家花了好幾百年終於明白與其只教育有罣丸的一半人口，其實教育全民效益更高。圖16-4裡英格蘭的曲線顯示當地女性要到一八八五年才與男性有同等識字率。不過全世界很快追上並且彌補了失落的光陰，一九七五

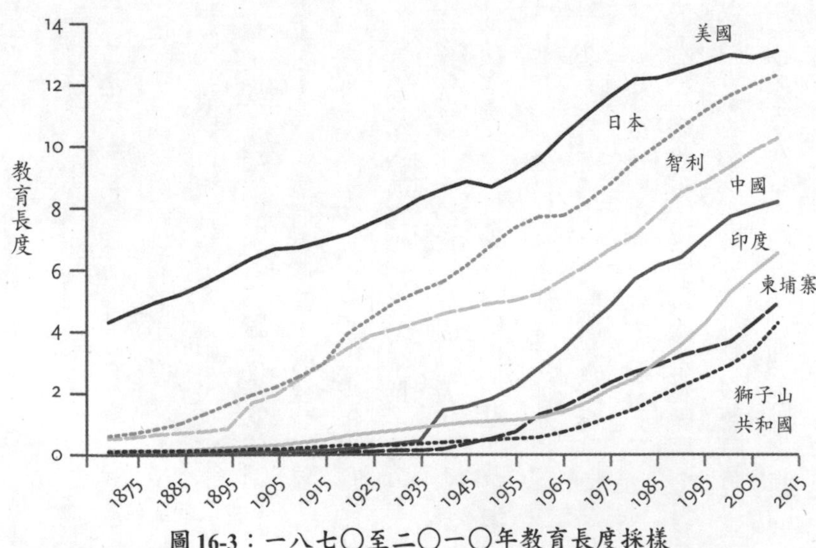

圖16-3：一八七〇至二〇一〇年教育長度採樣

來源：Our World in Data, Roser & Ortiz-Ospina 2016a, based on data from Lee & Lee 2016. Data are for the population aged 15-64.

年還只有三分之二女孩與男孩一起讀書，到了二〇一四兩性受教數字不再有差異，聯合國也宣布成功消除各級教育中的性別差距，達成二〇一五訂立的千年發展目標之一。（原注26）

另外兩條曲線意義不言可喻：識字率性別不平等最嚴重的國家是阿富汗，而阿富汗不僅在各項人類發展指標都幾乎墊底（整體識字率在二〇一一年僅零點五二），一九九六至二〇〇一年受到伊斯蘭基本教義派塔利班組織控制下還產生各種問題，其一就是女性不能就學。塔利班後來依舊對阿富汗有巨大影響力，也控制臨近的巴基斯坦部分區域，持續威嚇年輕女性不得受教。二〇〇九年，馬拉

1 譯按：此為詩人威廉·羅斯·華萊士（William Wallace Campbell）的作品名。

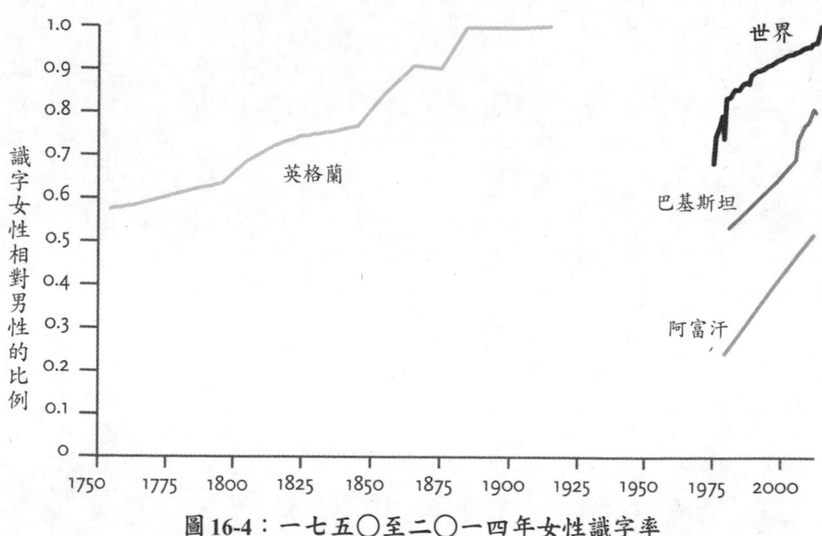

圖 16-4：一七五〇至二〇一四年女性識字率

來源：英格蘭（全成人）：Clark 2007, p.179。世界、巴基斯坦、阿富汗（十五到二十四歲）：*HumanProgress,* http://www.humanprogress.org/f1/2101, based on data from UNESCO Institute for Statistics, summarized in WB 2016f. 全世界資料取樣略有不同，包含其他國家及其他年分平均。

拉・優素福扎伊十二歲，家族在巴基斯坦斯瓦特縣經營多間學校，曾經公開倡議女性受教權。二〇一二年十月九日是歷史上抹不去的汙點，一名塔利班槍手竟衝上馬拉拉搭乘的校車直接朝她頭部開槍。但馬拉拉大難不死，也成為最年輕的諾貝爾和平獎得主、世上最受人敬重的女性之一。即便有過如此黑暗的一天，世界依舊前進並留下足跡。(原注27) 過去三十年兩性識字率比例在阿富汗倍增、在巴基斯坦也成長五成，已經與一九八〇的全球或一八五〇的英格蘭表現相當。雖然未來如何難料，但全球持續推動，加上經濟成長、大眾的共識與理念，應當能將受教比例推向徹底的兩性平等。

弗林效應

人類有沒有可能不僅僅是識字者更多、知識累積更多，而且還真的變得更聰明？會不會比以前更快熟習新技能、掌握抽象概念、解決前所未見的難題？答案是肯定的。智商分數在過去一世紀逐步提高，而且發生在世界每個角落，大約每十年就提高三分。一九八四年哲學家詹姆斯・弗林（James Flynn）最早提出這種現象，不過很多心理學家認為是統計錯誤、甚至是學術詐欺。(原注28) 一方面在大部分人的認知中，智力是遺傳的。然而各國並未大規模推動優生學鼓勵聰明人彼此結合產下後代(原注29)，也沒有發生大量且長期與外地、外族人通婚的潮流（避免近親繁殖的負面效應並增加混血優勢），所以無法解釋智商為何能提升。(原注30) 另一方面，大家很難想像一九一〇年的一般人搭乘時光機到現代就會表現得宛如智能有障礙，而現代普通人回到愛德華時代[2]智力也超越百分之九十八的堂堂紳士。但說來或許不可思議，但弗林效應已經不再受到質疑，近期還有一份結合兩百七十一項研究、涵蓋三十一國四百萬人的整合分析，確認弗林效應切實存在。（原注31）圖16-5顯示「長期智商上升趨勢」。

注意這張圖裡每條不同地域的智商變化曲線所對比的是可獲得的最早資料，為統計方便起點設為零，而且由於實行測驗的時間不盡相同所以無法直接互相比較，也就是不像之前許多圖表能夠說「二〇〇七年非洲人民平均智商等同澳洲與紐西蘭人一九七〇年的平均智商」。不意外地智商提

2 譯按：一九〇一至一〇年英王愛德華七世在位時期。

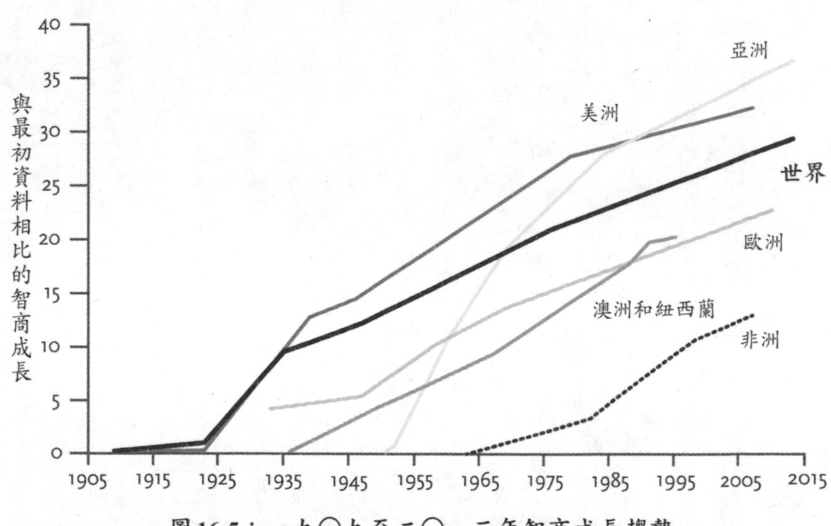

圖16-5：一九〇九至二〇一三年智商成長趨勢

來源：Pietschnig & Voracek 2015, supplemental online material。曲線呈現的智商變化來自不同時間與不同測試，所以無法互相比較。

升趨勢符合「史坦定律」：不能永遠持續的事情就不會永遠持續。弗林效應在持續最久的地區已經出現疲態。(原注32)

智商提升的原因很難掌握，不過即使是遺傳特徵也會受到環境影響，譬如身高原本應該是遺傳，但幾十年來平均值不斷增加，理由很簡單：更好的營養和更少的疾病。大腦是很貪婪的器官，占去人體五分之一的能量，結構主要是脂肪與蛋白質，兩者都得透過人體合成。對抗感染會造成代謝重擔，孩童生病的話免疫系統會瓜分供給腦部的資源。還有環境清潔、鉛之類毒素減少也有助腦部發展。食物、健康、環境三者品質提高的前提是社會富裕，所以不出所料弗林效應與人均國內生產總值呈正相關。(原注33)

然而營養、健康都不足以完全解釋弗林效應。(原注34)首先思考的是營養與健康主要影響在於智商鐘形曲線的後段，也就是因貧窮和不健康而低智商的階層。（畢竟到達極限之後吃再多也只是變胖而不是變聰明才對。）統計上某些時間、某些地區弗林效應**的確**集中於社會後段，將表現較低的朝平均拉近。可是其他時間、其他地區卻又發現整個曲線都朝右移動，也就是最初就豐衣足食身體健康的人從聰明變得更聰明。再者，健康和營養的效果應該影響兒童多於成人，問題是弗林效應居然在成人身上較為顯著，這指向推高智商成績的因素並不只是成長初期的生理層面，還有成長過程的經驗。（其中最明顯當然就是教育。）另外，幾十年來智商提升的同時，營養、健康、以至於身高也提升，但成長幅度、停滯期等等看不出明顯重疊。

不過健康與營養無法完整解釋智商變化的主要原因在於提升的並不是整體腦力。弗林效應增加的並非影響所有智力子項目（語言、空間、數學、記憶等等）的「智力普通因素」[3]；這些因素本身最直接受到基因影響。（原注35）雖然整體智商與各個子項目的成績都上升，某些項目的進步程度較高且呈現出和基因關聯性不同的規律，因此專家並不因弗林效應而質疑智商與遺傳相關。

那麼最近數十年裡由於環境改善而提升的智力都表現在什麼方面？結果出乎意料，增加最多的並非直接在校園內習得的具體技能，如通識、算數、詞彙，而是反映在抽象和流動類型的智能，主要透過相似性問題測試（「『一小時』和『一年』有什麼共同點？」）、類比（「『鳥』之於『蛋』，『樹』之於何者？」）、視覺矩陣（受試者從複雜幾何圖形中找出規律並選擇對應圖案）。換言之，增長最明顯的是分析能力：掌握抽象類別的概念（「一小時和一年都是「時間單位」」）、將物件分割為不同部分與關係而不是只看得見整體、想像由不同規則支配的虛構世界，以及放下現實世界的限制以進行邏輯推論（「假設甲國所有物體都由塑膠構成，爐子是不是塑膠製造的？」）。（原注36）正式教育體系本身就鼓勵分析思維，即便教師不在課堂上特別強調，課程安排對學生的要求也是理解和推論大於背誦記憶（二十世紀前期開始就進入這種教育風潮）。（原注37）離開學校以後的生活文化也刺激大眾運用分析能力，諸如圖形符號（地鐵路線圖、數位介面等等）、分析工具（試算表、股價表）和許多從學術變為常識的概念（供需、平均值、人權、雙贏、相關性與因

3 譯按：General intelligence factor，中文可簡稱「g因素」，稍後還會進一步解釋。

果、假陽性等等）。

弗林效應對真實世界有意義嗎？不必懷疑。高智商不只是在酒吧聊天吹噓或者進入門薩國際[4]的門檻，而是生活順利的保障。（原注38）社經地位相等的前提下，智商測驗高分者會找到較好的工作、在職位上表現出色、健康狀況良好且長壽、較少觸法、有較多受人矚目的成就，如成立公司、取得專利、創作受歡迎的藝術等等。（智商不存在、現行測驗不準確等等迷思至今仍在左派知識分子間流行，但早在幾十年前就遭到否定。）目前無法判斷這些優勢單純來自一般智力因素或者弗林效應影響的子項目，答案很可能是兩者皆有。我個人同意弗林提出的猜想，也就是抽象理解能力的適用範圍包括道德感。進行抽象思考，認知並探索「時也、命也、運也」或者「若所有人都這麼做會有什麼後果」，將導向同情心和倫理道德。（原注39）

既然智力有這麼多好處，世人智力也不斷成長，我們是否享受了智力帶來的改變？部分學者懷疑二十世紀人類與休謨、歌德、達爾文等人的時代相比是否真的在思想上有更多成果。（原注40）但要考慮的是過去的天才們占據優勢：他們踏進的領域前無古人，分析綜合二分法以及天擇這種概念只能提出一次，後人再提出便沒有意義。各種知識領域到現代累積得更多，學者們個個受過良好教育，還組織了學術網路探索各種可能性，但單一個體無論多麼天才都很難像從前那般鶴立雞群。即便如此人變聰明了還是顯現在許多層面，例如頂尖棋士或橋牌高手的年紀越來越小，過去半世紀科學與技術飛躍幅度之大也毋庸置疑。

抽象思考的智能增長最戲劇性又隨處可見的表現是人類掌握了數位科技。網路空間可謂最極致的抽象領域，目的不是移動存在於空間中的物質，而是操作沒有實體的符號與規則。一九七〇年代大眾首次接觸數位介面如錄影帶、地鐵的新型驗票系統等等而深感困惑，直到八〇年代還有個流行笑話說大部分錄放影機的時間永遠都是十二點不斷地閃，因為機器主人過了那麼久依舊沒學會設定時間的操作方法。然而眾所周知，X世代與千禧世代在數位世界如魚得水。（進入新千禧年時有個卡通內容是父親對年紀還小的孩子說：「兒子啊，媽媽和我買了個軟體可以管控你在網路上看到什麼內容。唔……你能幫我們安裝嗎？」）開發中國家在這方面不遑多讓，常常在手機使用率、行動金融、網路教育、即時市場資訊方面更勝一籌。（原注41）

弗林效應能否協助解釋其他章節提到的人類福祉與進步？經濟學家哈弗爾（R. W. Hafer）認為答案是肯定的：他將平常那些造成混亂的變數全部設為相同，包括教育程度、國內生產總值、政府支出、甚至國內宗教分布與殖民歷史等等，計算後發現國民平均智商仍能有效預測人均國內生產總值，也適用於非經濟方面的福祉指標，如壽命和休閒時間。據他估計，原本一個國家整體福祉要倍增需時二十七年，但若智商提高十一分的話便能壓縮到十九年。促進弗林效應的政策，也就是對人民健康、營養、教育等方面的投資，最後能使國家經濟更富裕、體制更健全，所有人過得更幸福。（原注42）

4 譯按：Mensa，知名的高智商者同好組織。

對人類好的事情對社會科學而言不一定好，想從各種進步的痕跡與相關性中理出明確的因果難如登天，但此時此刻不必急著抽絲剝繭，先記住大方向就好。經過數十年，這麼多國家都觀察到福祉的各種面向彼此相關，而且似乎指向背後有個貫穿全局的現象——統計學會稱之為普通因素、主成分或者隱藏、潛在、中介變因。（原注43）其實我們早就為它取了更好的名字：就叫做「進步」。

以前沒有人計算過進步如何影響各種形式的人類福祉，但聯合國開發計畫署受到經濟學家赫布卜．烏哈格（Mahbub ul Haq）與阿馬蒂亞．沈恩（Amartya Sen）啟發後建立了人類發展指數，結合三個主要項目：預期壽命、人均國內生產總值、教育（也就是人民多健康、多富裕、多聰明）。（原注44）本書已經將三者都討論了一遍，也是時候整理可量化的人類進步指標，然後才好進入後面兩章的質性層面。

還有兩位經濟學家也開發出人類發展指數，可回溯到十九世紀，也都以不同方式整合了壽命、收入、教育。艾斯克蘇拉發明的是人類發展歷史指數（Historical Index of Human Development），回溯到一八七〇年，利用幾何而非算數方式加以平均（好處是其中一項有極端數字時不會掩蓋另外兩者），並修正壽命和教育的權重以抵消後期效益遞減的問題。奧可．瑞普瑪（Auke Rijpma）參與「過去生活如何？」（How Was Life?）研究計畫（本書許多製圖引用該計畫的統計數據），他開發能從一八二〇年向後計算的複合式福祉計分，除了主要三項變因之外，還加入身高（補充健康狀態）、民主、他殺率、所得不均率、生物多樣性。（只有最後兩項在過去二十年內看不出系統性改善。）

透過這張圖便能理解人類進步的程度。此外，曲線訴說兩個重要現象。其一，雖然世界始終高度不均等，但各地區都有進步，而且現在情況最糟的地區已經超越情況最棒地區不久前的紀錄。（原注45）（假如將世界分為西方與其他，則其他地區在二〇〇七年達到了西方一九五〇年的水準。）再者可以發現：雖然幾乎所有福祉指標都和財富呈正相關，但曲線反映出的並非只是世界更富裕，壽命、健康、知識的增加沒有完全與財富增加的時間地點

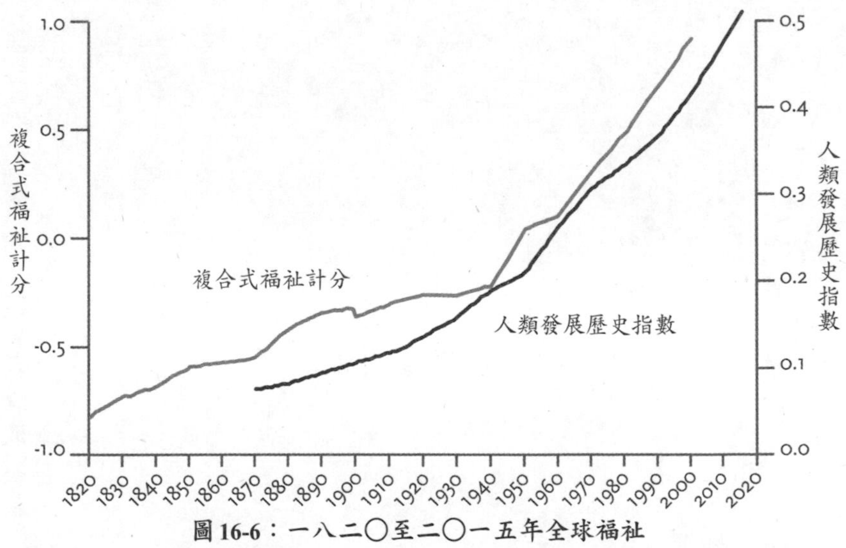

圖16-6：一八二〇至二〇一五年全球福祉

來源：Historical Index of Human Development: Prados de la Escosura 2015, 0-1 scale, available at Our World in Data, Roser 2016h. Well-Being Composite: Rijpma 2014, p.259, standard deviation scale over country-decades.

重疊。（原注46）這代表人類福祉的各層面雖然無法完美同步，但最後必然會成長，也就證明了進步確實存在。

第十七章

生活品質

從古到今的智識結晶現在我們彈指可得，過去的人類則無論古今都接觸不到。

雖說除非麻木不仁才會否定戰勝疾病、饑荒、文盲都是值得大書特書的成就，但勢必也有人會懷疑經濟學家念茲在茲的各種數據是否真的就代表進步。滿足基本需求以後，多餘的財富是否單純鼓勵大眾沉溺於膚淺的消費主義？增進健康與識字率不就是蘇維埃、中國、古巴這些共產政權屢屢推動「五年計畫」的訴求嗎？但這些國家的人民處境並不好啊？健康、識字、有技能也不代表能實現富裕又有意義的生活。

上述質疑有部分前面已經解答過，例如共產主義烏托邦思想中對於生活品質最大的阻礙是極權主義，而極權主義早已開始衰退。某些文明福祉的重要層面無法以標準方式測量，譬如女性、兒童、少數族群的權益，但也持續上升中。本章試圖探討更廣泛的文化悲觀論：有人擔憂多出來的壽命和收入並不真正使人類過得更好，而是逼大家追逐名利、消費、迷失於各種娛樂，甚且墜入失去靈性的混沌狀態。

反駁這種論調的起點是識破文化悲觀論背後漫長的歷史。文化和宗教領域的精英長期認為資產階級與無產階級的人生非常空洞。所謂的「文化批判」或許只是掩飾鄙夷、甚至憤世嫉俗的情感。在《知識分子與大眾》（*The Intellectuals and the Masses*）一書中，約翰．凱里（John Carey）描繪二十世紀前期英國文學界知識分子對一般大眾抱持的蔑視，那種態度彷彿覺得俗人們死光最好。（原注1）批評「消費主義」的實際意義通常是不滿「別人進行消費」，因為譴責消費主義的精英分子們自己購買精裝書、美食美酒、欣賞文藝表演、出國旅遊、送孩子就讀名校的時候完全不手軟。能負擔奢侈生活的人變多了，縱使有人因此失去優越感而不滿，就結果來看對社會絕對是正面發展。有個老笑話是街頭演講者對行人宣揚共產主義的美好：「起來革命吧！大家都能吃到草莓和奶油！」前排一個男人聽了嘀咕說：「但我不喜歡草莓和奶油啊。」接著講者揚聲道：「起來革命吧！革命以後你**就會**喜歡草莓和奶油了！」（原注2）

在《經濟發展與自由》（*Development as Freedom*）書中，阿馬蒂亞・沈恩跳過這種矛盾，指出發展的最終目標是讓大眾有選擇權：想要草莓和奶油的人，去買就對了。哲學家瑪莎・納思邦（Martha Nussbaum）進一步提出任何人都應當享有的「基本能力」（原注3），也可視為與生俱來、有人性者皆應有的滿足泉源。她主張的基本能力之中，首先是現代社會已經幫大眾達成的：長壽、健康、安全、識字、知識、表達自由、政治參與。再上一層則是美感體驗、娛樂與遊戲、親近自然、情感接觸、社交互動，以及思索自身對美好生命的想法並加以實現的機會。

本章將陳述現代性如何逐步讓世人能夠實踐這些能力，也就是說人類生活的進步並不僅是經濟學家對壽命和財富的估計。比方說，確實很多人可能不喜歡草莓與奶油，但他們選擇看電視、打電動，從而放棄了其他如美感體驗與親近自然。（陶樂絲・派克〔Dorothy Parker〕被人要求用**園藝**〔horticulture〕造句時便答道：「你能教人做園藝，不能教人有創意。」[1]）然而如果世界上各種美感、智識、社交、文化、自然的愉悅與機會都任人取

1 譯按：You can lead a *horticulture*, but you can't make her think. 陶樂絲以言語機智聞名，朋友刻意出題請她以「園藝」這個無趣的詞彙說個有趣的句子。結果她巧妙借用英語俗諺 You can lead a horse to water but you can't make it drink（你能牽馬去找水，卻逼不了牠喝水）與同音雙關，造出的句子實際上應讀為 You can lead a *whore to culture* but you can't make her think（你能帶妓女接觸文化，但未必能改變她思想），其中 whore to culture 似 horticulture。

用，每個人自己決定要端走什麼，其實就是極致的進步形式。

時間不只是金錢

生命由時間構成，進步的一大指標就是人類能否縮短保障自身生存所需的時間，騰出來的光陰用於更值得享受的事物。連慈悲的上帝放逐亞當夏娃離開伊甸園都說：「你必汗流滿面才得餬口。」縱觀歷史，多數人確實光是填飽肚子就累壞了。

務農得從日出忙到日落；至於採集雖然每天只花數小時，卻得用更多時間處理食料（例如撬開硬如岩石的堅果殼）；為了生存還需要處理撿柴薪、挑水等等雜務。喀拉哈里沙漠的薩恩部落一度被稱為「原始的富裕社會」，但分析發現他們為了食物每天得勞動至少八小時，每週忙碌六到七天。(原注4)

每週必須工作六十小時的包伯．克萊奇特一年只能休假一天（當然是聖誕節）[2]，但其實在他那個年代這待遇不算苛刻。圖17-1是一八七〇年西歐人的工作情況，平均每週必須工作六十六小時（比利時人更高達七十二小時），當時的美國平均則為六十二小時。經過一個半世紀，勞工逐漸從被工資奴役的生活模式解放，尤以社會民主傾向的西歐最顯著（現在西歐人每週工時減少了二十八小時），再來是強調努力奮鬥的美國（減少了二十二小時）。(原注5)但在一九五〇年代晚期，我祖父是賣乳酪的，一週七天都要去蒙特婁沒暖氣的市集上班，而且不敢開口請老闆減少工時，就怕被解僱。後來是我父母那輩人出面，僱主終於給他零星休假日（想必當時僱主也像史古基[3]一樣覺得都是「扒人荷包的爛藉口」），直到勞工法規改善後才保障我祖父一星期只需上班六天。

有少數人不僅加班有錢領，甚至也以工作為樂，但大多數勞工則很慶幸每週能騰出二十多個鐘頭去滿足其他層次的需求。（好不容易休假了，我祖父會讀一讀意第緒語報紙，換上外套去拜訪手足或到我家探望。）

同樣的，即使我的同行裡有很多人為了教職是鞠躬盡瘁死而後已，其他很多勞工倒是希望自己在盛年時期能多讀書、上課、遊山玩水或陪伴小

2 譯按：狄更斯作品《小氣財神》（改編為電影《聖誕夜怪譚》）的人物。

3 譯按：《小氣財神》裡的守財奴角色。

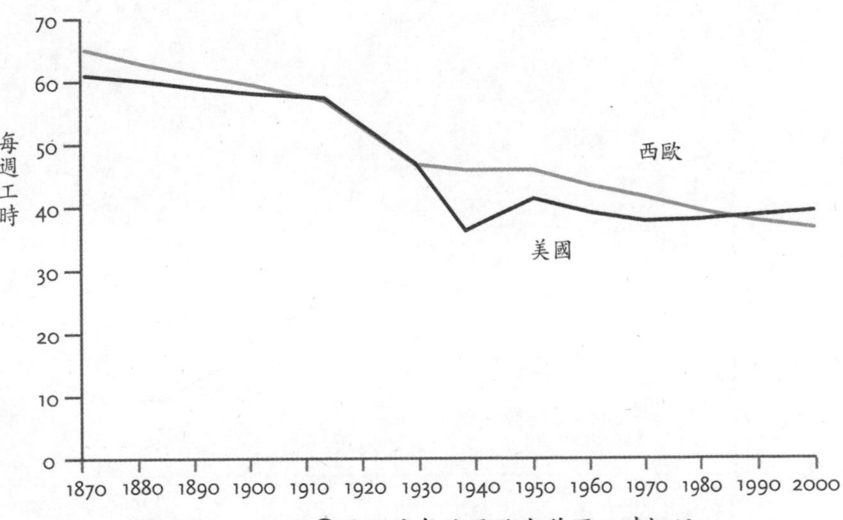

圖 17-1：一八七〇至兩千年的西歐與美國工時概況

來源：Roser 2016t, based on data from Huberman & Minns 2007，樣本為全職非農業生產勞工（男女皆有）

孩。這同樣是現代性帶來的恩惠。摩根・豪澤爾（Morgan Housel）指出：「社會大眾一直擔心美國的『退休基金危機』，卻沒意識到整個退休概念其實問世不過五十年。在此之前美國人的生活只能劃分為兩階段：工作，然後就是死亡……換個角度思考，目前美國人平均退休年齡為六十二歲，一百年前的美國人平均壽命只有五十一。」（原注6）從圖17-2能看到一八八〇年時，有將近八成我們認為已屆退休年齡的人還在勞動，一九九〇年比例掉到兩成以下。

以前大家期待的不是退休，反而害怕傷病或體力不支導致自己無法工作，最後被送進濟貧院——當時社會將這現象稱為「對生命寒冬揮之不去的恐懼」。（原注7）儘管一九三五年通過社會安全法案，保障老年人不至於完全失去生活能

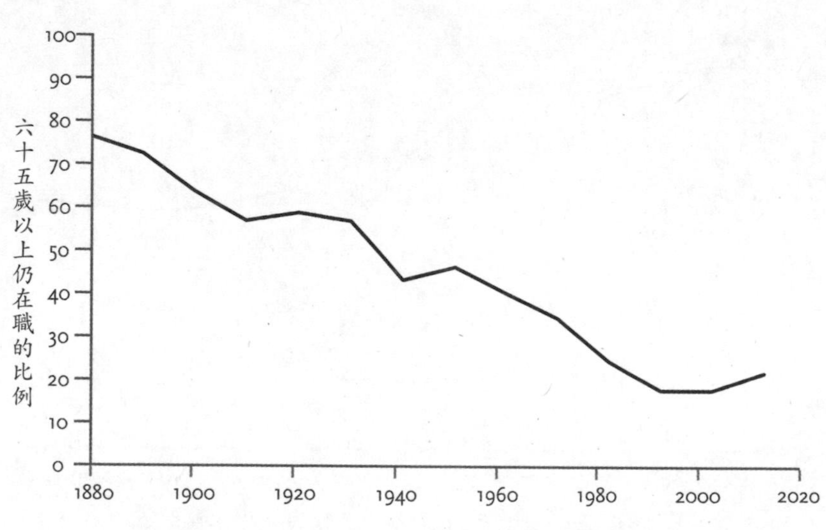

圖 17-2：一八八〇至二〇一〇年的美國退休比例

來源：Housel 2013, based on data from the Bureau of Labor Statistics, and Costa 1998.

力，但那個時代工作大半輩子卻貧困收場實屬常見。我成長過程的印象（也或許是都市傳說）是領補助的人最後只能吃狗食過活。然而公家與私人系統逐漸建立起安全網，現在老年公民比還在工作的青年與中年有錢了：六十五歲以上人口的貧窮比例從一九六〇年的百分之三十五降到二〇一一年不到一成，低於全國百分之十五的比例。（原注8）

勞工運動、立法、生產力提升之後，還有一項過去的天方夜譚如今成真：有薪假。目前一般美國勞工年資滿五年每年有二十二天有薪假（一九七〇年僅十六天），而且比起西歐還顯得苛刻了。（原注9）工時縮短、有薪假增多、退休時間提早的結果是，工作占人生的比例從一九六〇到現在已經降低四分之一。（原注10）開發中國家在工時方面變化程度不一，但越富裕越有可能跟進西方的做法。（原注11）

人類想要從繁重勞動中騰出更多時間給別的追求有另一條途徑。第九章提到冰箱、吸塵器、洗衣機、微波爐等等已經普及，美國窮人也買得起。一九一九年，若按平均薪資計算，美國人要工作長達一千八百小時才能賺到一臺冰箱；二〇一四年卻不到二十四小時就能負擔（而且現在的冰箱內建除霜和製冰功能）。（原注12）又要說這是心靈麻木的消費主義嗎？別忘記食物、衣服、住處都是生活所需，三者都受到熵的腐蝕，不必消耗在維護這些需求的時間都能用在別的方面。電力、自來水、家電產品（過去曾經有人將家電稱為「省力裝置」）就是幫我們爭取時間的工具——我們祖母那一輩的人花了多少時間在縫補編織、掃地拖地、敲打修繕、刷洗晾乾、醃醬菜打奶泡等等，所以才會感慨「為一鍋菜當奴隸，忙得手指能見骨」。圖17-3呈現工具和家電在二十世紀美國的普遍程度，家務不出所料是多數人最不想花時間的事情，占用的時間縮減了四倍；一九〇〇年每週需要五十八個鐘頭，二〇一一年只要十五點五小時。（原注13）光看洗衣這項，一九二〇年每週需要十一點五小時，二〇一四年每週僅用掉一個半小時。（原注14）光是讓「洗衣日」重返我們支配這一點，漢斯．羅斯林就認為洗衣機堪稱工業革命以來最偉大的發明。（原注15）

作為活在女性主義時代的男人，我想幫所有當了丈夫的人好好慶祝家務變簡單這檔事。不過歷史上多數時代和地域裡，家務都由單一性別負責，換言之將人類從家務解放的同時也是將**女性**從家務勞動解放，甚至也許為女性帶來解放的全面可能性。女性平權可以追溯到一七〇〇年瑪

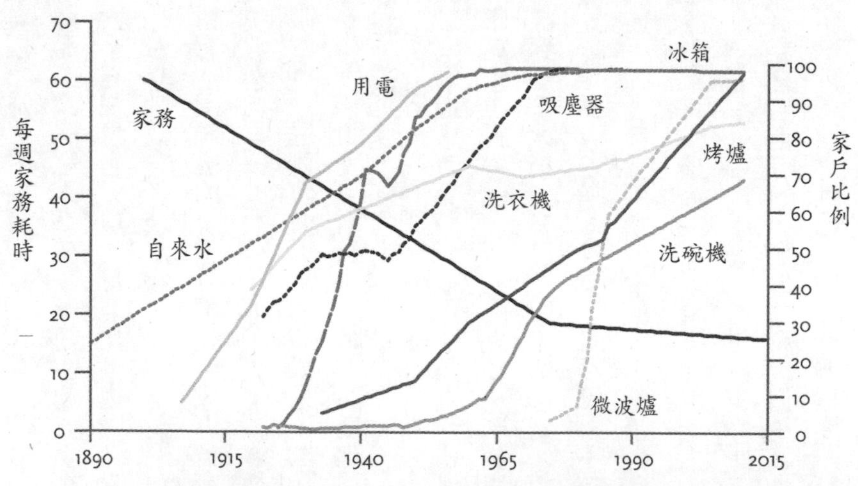

圖 17-3：一九〇〇至二〇一五年美國家庭用具和家電與家務時間狀況

來源：2005 前：Greenwood, Seshadri, & Yorukoglu 2005。2005 與 2011 家電：US Census Bureau, Siebens 2013。2015 家務：Our World in Data, Roser 2016t, based on the American Time Use Survey, Bureau of Labor Statistics 2016b.

莉・阿斯特爾（Mary Astell）的文章，內容已經十分完備，為什麼過了好幾世紀才能夠實現？一九一二年接受《持家高手》（*Good Housekeeping*）雜誌訪問時，愛迪生預言二十世紀的社會將出現巨大變革：

> 未來主婦們再也不必勞心勞力像個奴隸或傭人，她們不必大小事情親力親為，從家庭工人晉升為工程師，因為世界上最棒的女僕——電力——任其差遣。還有其他很多機器能徹底改變婦女生活，往後女性的活力將能保留給更廣、更有建設性的層面。（原注16）

光與通訊

科技賦予我們的生活資源並不只有時間一項，還有光。光的意義很重要，所以智能與靈性狀態提升也被比喻為啟蒙[4]。自然世界有一半時間陷於黑暗，可是人類造的光為我們奪回夜晚，讓我們可以讀書、走動、看清彼此面孔、與環境進行各種互動。經濟學家威廉・諾德豪斯認為這項普世珍惜的資源價格下降（於是普及率大增）就是進步的最佳代表。圖17-4為經過通膨調整後的照明價格，單位為每小時百萬流明（約為一個人每天閱讀兩個半小時持續一整年所需的照明量），自中世紀（「黑暗時代」）以來降價幅度達到**一萬**

4譯按：啟蒙在中文中即「開發蒙昧」，在英文enlightenment字根意義即「賦予光明」。

兩千倍：一三〇〇年價格為三萬五千五百英鎊，現在已經不到三英鎊。現代社會裡人不讀書、不社交、不出門、不找事情做，原因絕對不是買不起光。

光是分析人工光源的現金價值就低估了實際的進步程度。如亞當·斯密所言：「所有物品的真正價格……是為了獲得它而付出的勞累與麻煩。」（原注17）諾德豪斯計算了歷史不同階段人必須工作多久才能換來讀一小時書的光線（原注18）：公元前一七五〇年的巴比倫人得勞動五十小時才可以就著麻油燈讀一個鐘頭的楔形石板，但公元一八〇〇的英國人辛苦六小時就能燒一個鐘頭的脂質蠟燭。（再想像一下如果得將這些因素納入家庭預算，就能明白

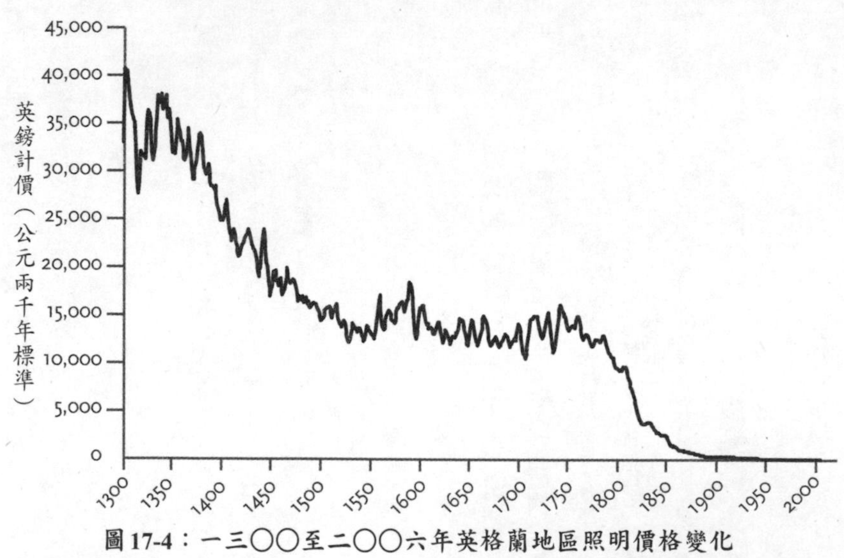

圖 17-4：一三〇〇至二〇〇六年英格蘭地區照明價格變化

來源：Our World in Data, Roser 2016o, based on data from Fouquet & Pearson 2012. Cost of one million lumen-hours (about 833 hours from an 80-watt incandescent bulb), in pounds sterling (inflation-adjusted to the year 2000).

為什麼古人寧願放棄燈火。）一八八〇年，工作十五分鐘能點一小時煤油燈，一九五〇年工作八秒能用一小時日光燈泡，一九九四年只要**半秒**就換來省電燈泡一小時的光亮——兩世紀之內成本縮小了四萬三千倍。而且進步尚未止息：在諾德豪斯發表這篇文章的年代，市場還沒有被ＬＥＤ燈泡占據，接下來還有便宜的太陽能ＬＥＤ燈無需電力就能改變超過十億人的生活模式，無論看新聞、寫作業都不必忍受發電機的噪音與廢氣。

取得照明、器具、食物占生活的時間越來越少，這種現象似乎符合一個普遍性法則：科技專家凱文．凱利（Kevin Kelly）認為，「只要一種科技存續時間夠長，成本就會接近（但不會成為）零。」（原注19）生活必需品變便宜，人類清醒的時間不用都為這些東西勞動，多餘的時間金錢就能拿來做別的事；接著連這些「別的事」也會變便宜，我們就能體驗更多。圖17-5顯示一九二九年美國人可支配收入有六成消耗在必需品，二〇一六年則降低為三分之一。

騰出的時間金錢用來做什麼？真的豐富了人生，還是變成更多高爾夫球桿與名牌包？批判別人如何過日子或許太過放肆，但所謂幸福人生裡有些元素幾乎所有人都能認同：與親朋好友交流、體驗自然與文化，以及欣賞智慧與美感創造的成品。

雙薪家庭越來越多、孩子自己有活動、加上大家都有數位裝置，於是大眾相信（媒體一再製造恐慌）家人相處的時間縮短，連一起用餐的時間也沒有。（艾爾．高爾和丹．奎爾在兩千年總統選舉期間感慨家庭晚餐式微，那時候智慧手機與社交平臺根本還沒興起。）不過思考這兩種力量拉扯時必須考慮現代性讓賺錢養家的人每週多出二十四小時、家庭主夫或主婦則多出四十二小時。儘管很多人抱怨自己忙壞了（經濟學家給這種聲音取名「雅痞牢騷」〔yuppie kvetching〕），真的請他們記錄時間如何運用卻看見不一樣的結論。二〇一五年的調查中，男性回報每週有四十二小時閒暇，相較五十年前多了十小時以上，女性則回報有三十六小時，比五十年前多了超過六小時（圖17-6）。（原注20）（說句公道話，雅痞們還是真有理由發牢騷：以前的調查裡，教育程度低的人閒暇多，這個逆向不平等狀態經過五十年持續擴大。）西歐的研究也看到類似趨勢。（原注21）

美國人的生活節奏並未如大眾以為的越來越緊湊，社會學家

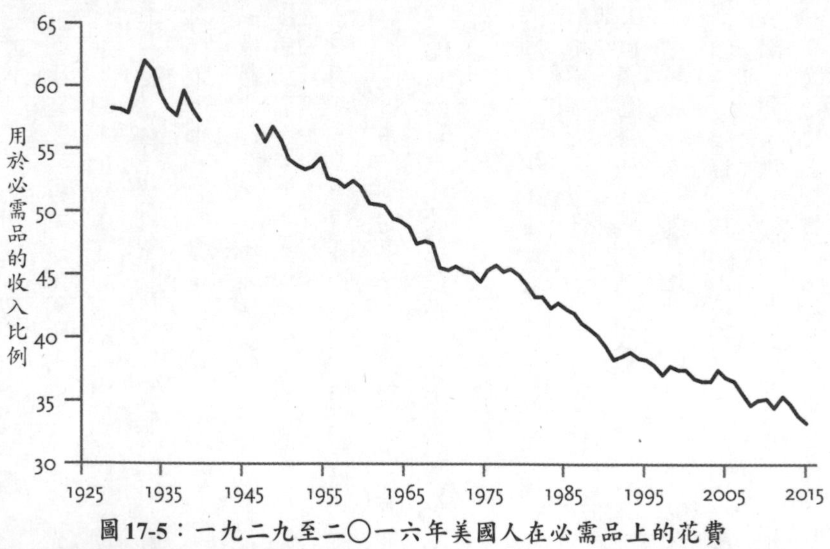

圖17-5：一九二九至二〇一六年美國人在必需品上的花費

來源：HumanProgress, http://humanprogress.org/static/1937, adapted from a graph by Mark Perry, using data from the Bureau of Economic Analysis, http://www.bea.gov/iTable/iTable.cfm?ReqID=9&step=1#reqid=9&step=1&isuri=1。此處數據為可支配收入用於自炊食材、汽車、衣物、家具、房租房貸、消耗品及汽油的比例。一九四一到四六年資料刪除原因是二次世界大戰的糧食配給與官兵薪餉會影響分析結果。

約翰・羅賓森（John Robinson）檢視文獻後發現，一九六五到二〇一〇年間自認「匆忙」的人數比例起起伏伏（低點為一九七六年百分之十八，高點為一九九八年百分之三十五），但四十五年裡找不出穩定的變化趨勢。（原注22）更不用說家人一起用餐這個習俗根本沒受到影響，很多研究與民調都得到同樣結論：一九六〇到二〇一四年間，與家人共進晚餐的頻率沒有太大變化，不受iPhone、PlayStation、Facebook這些新事物影響太大。（原注23）甚至應該說二十世紀整體趨勢是上揚的，傳統美國家長陪伴孩子的時間是增加而非減少。（原注24）一九二四年，只有百分之四十五的母親每天能陪伴孩子兩小時以上（百分之七**完全沒有**

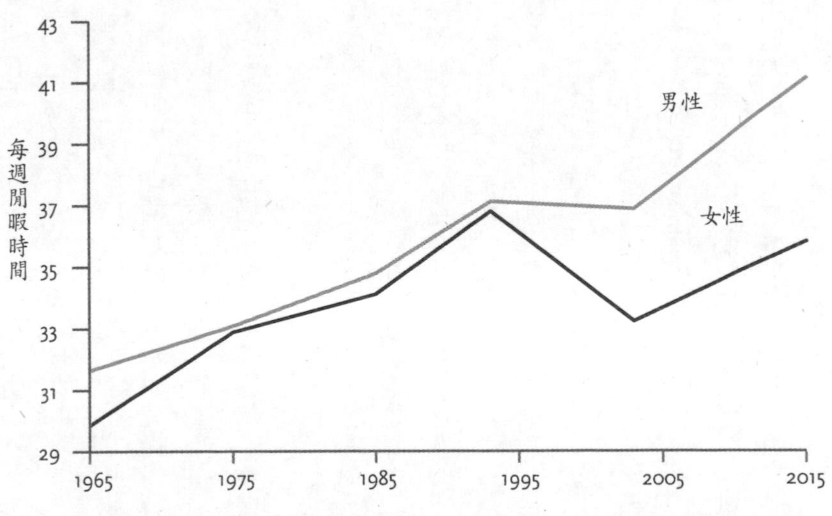

圖17-6：一九六五至二〇一五年美國人閒暇時間概況

來源：1965-2003: Aguiar & Hurst 2007, table III, Leisure Measure 1. 2015: American Time Use Survey, Bureau of Labor Statistics 2016c, summing Leisure and Sports, Lawn and Garden Care, and Volunteering for commensurability with Aguiar & Hurst's Measure 1.

時間給下一代），百分之六十的父親每天能陪兒女至少一小時。一九九九年，母親與父親能陪伴孩子的比例分別提升到百分之七十一與八十三。（原注25）而且現在的單親和職業婦女給孩子的時間居然超過一九六五年的全職家庭主婦。（原注26）（圖17-6裡，閒暇時間減少最主要原因是陪孩子的時間拉長。）（原注27）問題在於，即使有許多分析研究指出時間分配的真相，大眾記憶最深刻的仍然是諾曼．洛克威爾（Norman Rockwell）的畫作和《天才小麻煩》（*Leave It to Beaver*）這類戲劇，更何況太多人活在錯覺中，始終以為二十世紀中期是家庭凝聚力的黃金年代。

常看見電子通訊威脅到人際關係的說法，畢竟臉書上的好友確實難以取代有血有肉、面對面的互動。（原注28）不過整體而言，電子科技對於拉近人類距離絕對是無價之寶。一百年前，倘若親人移居遠方很可能再也無法聽見聲音、看見面孔，很多兒孫輩的成長過程中根本得不到祖父母的關愛眼神。配偶如果因為進修、工作、戰爭而分隔兩地，只能拿著同一封信一讀再讀，要是後面一封來遲了就會極度焦躁，無法判斷是郵差弄丟了信還是對方生氣、出軌、甚至死了（例如驚豔合唱團和披頭四唱過的〈請等等，郵差先生〉〔Please Mr. Postman〕以及賽門與葛芬柯二重唱的〈為什麼你沒寫信來？〉〔Why Don't You Write Me?〕都是表達這類痛苦與無奈）。即便後來長途電話達成遠距聯繫的目標，價格實在過分高昂，局限了彼此親近的機會。我那個年代的人應該都記得使用付費電話時叮叮咚咚投硬幣、講話速度快得尷尬，或者在家打給遠方親友時大家得飛奔集合，明明聊得開懷心裡卻一直惦記著電話費。作家佛斯特（E. M. Forster）呼籲大家「保持連結」[5]，實際上反而是電子科技讓人類達成前所未有的連結。現在地球上將近一半人口能夠上網，四分之三能使用行動電話，長途交談的邊際成本近乎零，互動內容不只聲音還有影像。

影像、交通與食物

說到影像，豐富人類生活體驗的另一項科技贈禮就是攝影成本的大幅減少。過去無論對方在世或過世，人類只能靠腦海裡的畫面思念親友。現在我就像其他數十億人一樣，每天看著心愛的家人朋友好多遍，每次心中都洋溢溫暖。大眾都能負擔攝影以後生命中的高潮可以不只一次，而是反覆體驗：各種難得的場合、奇景、不復存在的市容，或者老人家年輕時的模樣、大人曾經的稚氣、孩子如何從嬰兒長大。

即使未來靠全像投影、環繞音效、觸覺模擬手套達成完整的虛擬實境，人類還是會希望與心愛的人近距離接觸，為此交通費用下降也是一大福音。火車、巴士、汽車的成長大大擴展了我們相聚的機會，空運快速普及之後距離與海洋不再構成阻礙。一九六〇年代媒體曾以**飛機時尚**來形容名媛穿著，仔細想想十分不合時宜，因為那時代搭過飛機的美國人不超過兩成。後來儘管燃料價格飆漲，美國空中交通的實際售價卻在一九七〇年代末期就下滑一半，原因是航空業管制鬆綁（圖17-7）。一九七四年從紐約飛到洛杉磯價格為一千

5 譯按：佛斯特認為人類過度依賴科技可能自食惡果，尤其造成個體的孤立隔閡。

四百四十二元（單位為二〇一一國際元），如今只要不到三百美元。價格下降，自然更多人登機：公元兩千年，超過半數美國人至少搭乘過一趟來回班機。雖然因此得站成大字形給機場警衛拿金屬探測器搜身、排隊時很擁擠、坐下以後前面的椅背還會朝下巴撞過來，但遠距離戀愛的情侶終於見得到面、母親生病的話隔天就能飛去探望。

交通成本降至平民可負擔的程度，好處不只在於促進人類團聚，也讓大家都能欣賞地球千變萬化的奇景。同樣一個休閒方式，自己這麼做叫「旅行」，別人這麼做則貶為「觀光」，但無論如何已經是人生意義之一。大峽谷、紐約、北極光、耶路撒冷——不只是感官享

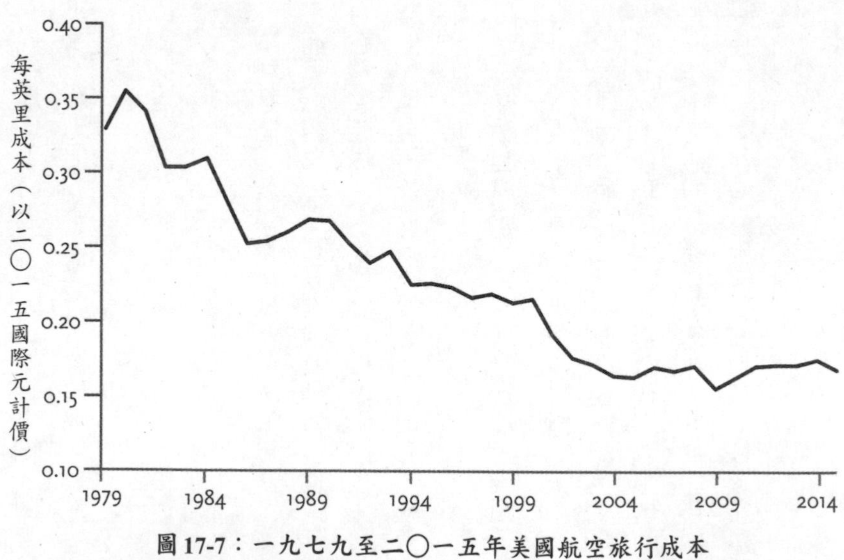

圖 17-7：一九七九至二〇一五年美國航空旅行成本

來源：Thompson 2013, updated with data from Airlines for America, http://airlines.org/dataset/annual-round-trip-fares-and-fees-domestic/。此圖數據僅限國內旅遊，且排除托運行李費用（若加入，則自二〇〇八年以來托運行李的旅客平均每英里約多負擔半美分。）

受，也是擴大意識層次的體驗，使我們得以認知空間、時間、自然之廣闊，思考人類自身的定位。就算厭惡遊覽車與導遊、俗氣的自拍群眾，相較於整個人生受困於出生地點走路可及的範圍，能夠體驗這個星球與各個物種的存在絕對好得多。隨著可支配收入提高、航空價格下降，越來越多人開始探索世界，如圖17-8。

別以為遊客排隊都只想擠進蠟像館或迪士尼樂園之類的地方，要記住世界上受到保護、禁止經濟開發和剝削的地區數量已經超過十六萬，而且每天持續增加。圖10-6已經解釋過劃為自然保護區的面積遠勝過往。

另一個美感體驗擴張的途徑是

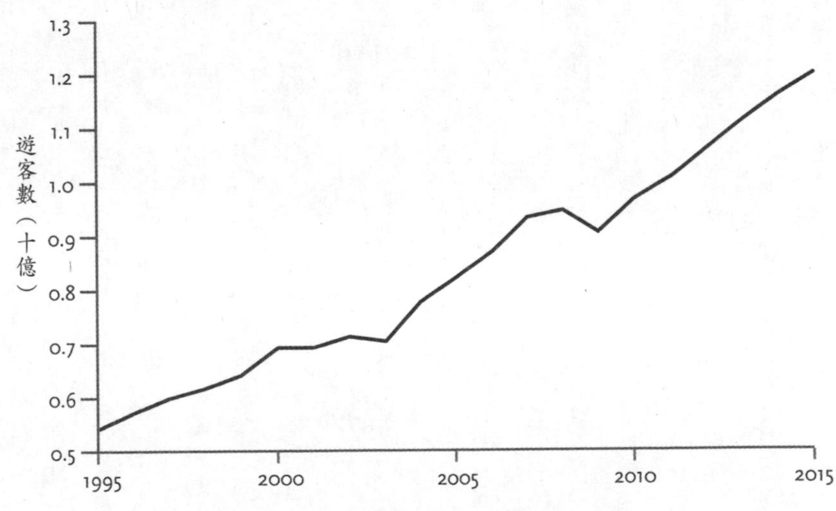

圖17-8：一九九五至二〇一五年國際旅遊

來源：世界銀行 2016e, based on data from the World Tourism Organization, Yearbook of Tourism Statistics.

食物。十九世紀晚期美國菜餚主要就是豬肉和澱粉。(原注29)冰箱和運輸普及之前,多數蔬果在抵達消費者手中之前就會腐爛,所以農民生產也以便於保存的蕪菁、豆類、馬鈴薯為主,果實基本上只有蘋果,而且大部分加工為蘋果酒。(直到一九七〇年代,佛羅里達州紀念品商店還會販售袋裝柳橙供遊客帶回去送禮。)正因如此美國飲食被說成只有「白麵包」、「肉和馬鈴薯」,少數比較大膽的廚師嘗試之後才有肉餡餅、餅乾做的「模擬蘋果派[6]」、「完美沙拉」(將涼拌菜塞進檸檬果凍)。至於移民引進的異國菜餚,一開始因為差距太大成為許多笑話主題,義大利菜(「媽媽咪呀,是辣肉球!」)、墨西哥(「這下靠肚子的瓦斯就夠了」)、中國(「一小時以後又會餓」)、日本(「不是給人吃,是給魚吃的」)。但現在就算小鄉鎮或購物商場美食街都能找到各國料理,除了上述的還多出希臘、泰國、印度、越南和中東風味等等。食品業者的進貨品項也大大增加,一九二〇年代不過幾百種,一九五〇年代來到兩千兩百種,一九八〇年代為一萬七千五百種,到了二〇一五年高達三萬九千五百種。(原注30)

能說的太多,最後再舉個例子:現在要接觸到人類心智能量的結晶也變得容易和普及太多。並不那麼久的過去,偏僻鄉村或孤立房舍的生活無聊至極,現代人很難重現那種處境。(原注31)十九世紀晚期不僅還沒網路,連廣播、電視、電影、唱片全都不存在,多數家戶一本書或一份報紙也沒有,所以男性的娛樂就是去酒吧喝酒。(原注32)作家兼編輯威廉·豪威爾斯(William Dean Howells, 1837-1920)小時候最常做的事情就是反覆讀同一份舊報紙,而且那是他父親用來當壁紙貼在小屋牆壁上的。

反觀今日就算住在很鄉下的地方也有數百個電視頻道、五億個以上的網站、各種報章雜誌（和長達一世紀以上的資料保存庫）、所有公版的偉大文學著作、內容超過大英百科全書七十倍但精準度相近的另一套百科，還有各式各樣藝術與音樂經典能夠欣賞。（原注33）有任何疑問都能到事實查核網站（如Snopes）做確認，經由可汗學院（Khan Academy）進修數學與科學，靠「美國傳統英語詞典」（American Heritage Dictionary）擴大字彙量，透過線上的史丹佛哲學百科全書（Stanford Encyclopedia of Philosophy）啟發智慧，還能參與世界上最偉大學者、作家、評論家的演講，即便其中許多早已仙逝。當年貧困的希勒爾長老到了現代，完全不必為了聽課爬到學校天窗上結果被凍昏過去。

縱使富裕的西方都會人原本就享受豐富的文化資源，也因為社會進步而有更多接觸文藝活動的機會。我學生時代的電影迷通常得等一整年才等得到經典老電影在地區小戲院或電視頻道的深夜時段播出，實際上還未必等得到機會。現在直接上網串流就好。我無論慢跑、洗碗、排隊換駕照的時候都有幾萬首歌曲可聽，隨便幾個按鍵就能沉浸於卡拉瓦喬的畫作全集、《羅生門》電影的完整版本、狄蘭·湯瑪斯吟誦詩作〈而死亡亦不得稱霸四方〉、愛蓮娜·羅斯福高聲讀出《世界人權宣言》、瑪麗亞·卡拉絲演唱〈親愛的爸爸〉、比莉·哈樂黛唱〈我的男人不愛我〉、所羅門·林達唱〈獅子〉——換作幾年前，這麼方便的體驗絕非熱情或金錢就能夠換到。便宜又高保真的耳機以及即將出現的VR眼鏡，

6 譯按：美國西部開荒者曾經因為沒有新鮮蘋果製作蘋果派，採用麗茲（Ritz）餅乾代替，結果味道十分相似。

將美感經驗帶到我年輕時那些破爛喇叭、黑白模糊影像遠遠不能及的境地。依舊喜歡紙本也沒關係，多麗絲．萊辛的《金色筆記》、弗拉基米爾．納博科夫的《微暗的火》、渥雷．索因卡的《阿凱的童年》如果是二手書一本才一美元。

網路科技加上數以萬計志願者的群眾募資使優秀作品唾手可得。文化上最輝煌的時代毫無疑問就是今天，然而也會立刻被明天超越；文化是否燦爛不能以當代作品的質量去和前人做比較（就像以前很多作品並非問世後立刻大受歡迎，我們沒資格下最後定論），而是來自源源不絕的創意和悉心累積的文化記憶。此時此刻，從古到今的智識結晶我們彈指可得，過去的人類則無論古今都接觸不到。更值得慶幸的是，這麼龐大的文化遺產不僅限於有錢人、住在都市的人，而是任何連接到知識網路的人都能取用。現在已經是大多數人都能取用，很快就會是所有人。

第十八章
幸福感

人變得幸福了，但沒有大家預期得那樣幸福，
可能原因在於現代人能夠以成熟的態度看待生命。

我們真的更幸福[1]嗎？要是人類懂得感恩，理所當然要覺得自己更幸福。二〇一五年美國人相較於五十年前的同齡同胞多了九年壽命、三年教育，家裡每個人每年都多賺三萬三千美元（而且生活必需只會用掉三分之一收入，而非一半），每週還多出八小時閒暇。這些多出來的時間能上網閱讀、透過智慧手機聽音樂、以高解析度電視機串流電影、與親朋好友視訊通話、上館子吃泰國菜而不必屈就於罐頭食物。

然而，根據普遍印象，現在美國人的幸福感沒有放大一點五倍（假設快樂與收入成正比），也沒有提高三分之一（假設與教育成正比），甚至沒有增加八分之一（假設與壽命成正比）。大家怨聲載道的程度更勝過往，民調裡說自己幸福的人數比例十年如一日。對現況不滿的情緒沒有逃過流行文化的調侃，例如網路迷因、推特標籤都出現「第一世界問題」[2]，喜劇表演者路易（Louis C.K.）曾演出一段獨白名為「萬事皆好，沒人開心」（Everything's Amazing and Nobody's Happy）：

> 每次我看到「資本主義根基崩潰」之類的東西就覺得，我們是不是得回頭試試在驢背上掛兩個罐子那種生活……我們明明活在一個很棒的世界，結果被寵壞又最無腦的世代卻把這裡搞得烏煙瘴氣……搭飛機最明顯，去問問剛下機的人……他們總是會說：「剛才的體驗好糟糕……我們登機以後在跑道上等了四十分鐘。」嗯，然後呢？你們可是飛上天了呀，像鳥一樣，這還不夠神奇？難道你們沒有不可思議地穿過雲朵間？沒有參與到人類也能飛這個奇蹟，然後靠著巨大輪胎平安著陸？而且你們根本他媽的完全不知道那種輪胎要

怎麼充氣……各位在天上還有椅子可坐呢，那是希臘神話裡天神的待遇！……可是大家抱怨班機延誤？抱怨飛得太慢？現在從紐約到加州才五小時，以前要三十年！你們有一大堆人根本半路上就會掛了，死因是脖子被插上一箭，其餘旅客隨地把你埋掉，釘根木樁掛上你的帽子就拍拍屁股走人……萊特兄弟聽到現代人的咕噥肯定要朝我們胯下狠狠踹過來。（原注1）

一九九九年約翰．穆勒在著作中總結了當時大眾對現代性的理解：「世人似乎就接受了經濟飛躍的現象，毫不猶豫找到新的問題來煩惱。於是從根本的層面來看，生活從來沒有得到改善。」（原注2）這份理解不僅僅來自美國人表達的負面情緒，一九七三年經濟學家理查德．伊斯特林（Richard Easterlin）得出一個以他為名的悖論（原注3）：雖然在**單一**國家內比較的時候富人比窮人快樂，若**國與國**比較則發現富裕國家的人不比貧窮國家的人快樂；再以**時間**來比較更發現國民並不隨國家財富提升而變得更快樂。

伊斯特林悖論可以透過兩種心理學理論來解釋。根據「享樂跑步機理論」（hedonic treadmill），人會依據自身境遇調整心態，就像瞳孔隨光線明暗而放大縮小，很快就能恢復

1 譯按：原文幸福採Happiness一詞，由於語言差異在中文中會依照語境使用「幸福（感）」與「快樂（感）」等不同用詞。

2 譯按：first world problems，「第一世界」相對於貧困未開發的「第三世界」，指「日子太舒服的人才會煩惱這種事」。

到基因決定的基準線上。(原注4)再者，「社會比較理論」(也稱為對照組理論、地位焦慮、相對剝奪感，第九章已經提及)指出人類的幸福感取決於主觀判斷自己相對於同儕過得如何，換言之整個國家都富裕起來的時候沒有人更快樂──要是過程中分配不均惡化，就算自己的財富增加了感受依舊不好。(原注5)

由此觀之，人類不會覺得生活變好，反而質疑各種經濟、醫療、科技方面所謂的進步是否真的有意義。的確很多人認為沒意義，他們說個人主義、物質主義、消費主義隨進步而興起，財富造成墮落，傳統社會人與人的緊密聯繫、宗教賦予的生存意義與價值都被侵蝕，也就是人類的精神遠比從前匱乏。於是我們看到憂鬱症、焦慮症、孤單寂寞的情緒和自殺比例節節高升，明明該是人間天堂的瑞典卻也盛行自殺。二〇一六年社會運動人士喬治．莫比奧特(George Monbiot)在社論中貫徹文化悲觀論者經年累月對現代性的攻擊論調，文章標題為「新自由主義創造孤獨，孤獨撕裂社會」，副標題說「數百萬人被身心疾病擊潰，必須檢視社會前進的方向與目的」，文章內容則警告：「英格蘭最新統計出的兒童心理疾病數據怵目驚心，反映全球面臨的重大危機。」(原注6)

如果人們變得健康長壽，增長了知識還有更多休閒時間，生活經驗大大擴展，社會朝和平、安全、民主、人權邁進，結果卻沒辦法令大家覺得更幸福快樂而是更孤獨更想自殺，這可真是歷史對人類開的最大玩笑。但別急著找頭驢兒掛上兩個罐子，先仔細看看關於人類快樂幸福的事實數據。

幸福是什麼？

至少自軸心時代[3]開始，思想家就不斷討論美好的人生究竟包含哪些要素，如今幸福感更成為社會科學領域的重要主題。（原注7）部分知識分子為此感到詫異、甚至悲憤，因為他們覺得幸福快樂應該留給詩人、散文家、哲學家去解釋，不該交到經濟學者手裡。但研究方法本身並未受到太多批評，社會科學家研究快樂時首先採用了文藝與哲學領域的見解，並且提出了無論個人多麼聰明睿智也不可能透過冥想內省得到答案的問題。這一點在研究進步是否造就幸福的時候很重要，追尋解答之前必須先緩解一下不相信幸福感能轉換為數字的批評聲浪。

藝術家、哲學家、社會科學研究者都同意幸福感的面向不是單一，人會在一些地方覺得好、另一些地方覺得不好。我們能做的是先看重點。

首先分析幸福感的客觀層面，也就是無論當事者如何看待，一般人認為有意義的項目。排名第一是生存，然後還有健康、教育、自由、閒暇。路易那段社會評論、阿馬蒂亞·沈恩和瑪莎·納思邦對於基礎人類功能的概念都奠基於此。（原注8）就這個思路，人活得久、活得健康、活得有趣即為幸福，即使他們性格陰暗、情緒低落，或者被慣壞了不知惜福感恩也無所謂。聽起來或許像是長輩看待晚輩的態度，但道理顯然在於生命、健康、

3 譯按：德國哲學家卡爾·雅斯培（Karl Theodor Jaspers）提出的理論，指西元前八百年至西元前兩百年間。名為軸心時代原因是主要宗教背後的哲學都在此時期發展。

自由是其餘一切的前提，就連「能夠思考生命價值」也需要上述三者才能達成。再來就是無法體認自己多好命的人，其實是所謂幸運生還者組合。假如能召喚所有逝去的孩童與母親、所有因戰亂饑荒瘟疫死亡的靈魂，又或者可以穿越時空詢問古人想活在自己的年代還是到我們這兒來，很容易就能理解現代性帶來的客觀利益有多大。前面許多章節已經詳細討論過這幾個層面的幸福感與福祉是否隨著世代增長。

隨現代性而來的好處還有自由（或者說自主），也就是容許人有追求幸福生活的可能性（積極自由），以及避免外力壓迫人無法選擇想要的生活（消極自由）。阿馬蒂亞·沈恩的著作從書名就直接點破國家發展的終極目標：「發展即自由」（Development as Freedom）。積極自由呼應經濟學家口中的實用性（大眾想要什麼、把財富花在哪裡）；消極自由呼應政治層面的自由與人權。如前所述，就連評估生命中何者為重也必須先滿足自由（加上生命和理性）的前提，否則無法完成。撇開對命運的歌詠或哀嘆，大家談論現況的同時已經假設了過去的人有可能做出其他選擇，規畫未來的時候也假設了自己具備選擇權。正因如此，自由的價值無法動搖。

理論上自由應當與幸福互不相關。人會屈服於致命吸引力，追求對自己有害的愉悅，反覆無常、朝令夕改，再多警告提醒也沒用。（原注9）但實務上生命中其他正面事物必須伴隨自由。無論客觀測量國家的民主指數或主觀測量個人是否感受到「選擇自由與對個人生活的掌控」，結果發現幸福感與自由程度相關。（原注10）大眾也將自由列為**有意義**人生的要件，儘管自由本身不一定導向幸福快樂。（原注11）就像法蘭克·辛納屈的歌詞一樣：人有悔恨、有挫折，但會走在自己的道路上。人類甚至認為自主比幸福**更**重要，舉例而言許多人寧願經歷離婚的痛楚，也不願回復以往婚姻由父母安排自己不能做主的傳統。

那麼幸福本身呢？科學家怎麼測量「主觀幸福感」這種連名字都主觀的概念？最好的辦法就是直接問，否則還有誰能判斷得更準確？《週六夜現場》曾經有段小短劇是吉爾妲·瑞德納剛辦完床事以後與緊張的伴侶對話，男方擔心有沒有讓女方達到高潮，她安慰道：「沒關係，有時候我高潮了但自己也沒發現。」觀眾之所以覺得好笑，正是因為能夠判斷主觀經驗的只有當事人自己。但我們也不是只有片面之詞能採用，研究發現針對幸福感的自我陳述與其他幸福狀態的指標確實相關，包括微笑、輕鬆氣氛、對可愛嬰兒有反應的大腦區塊，或者撇開上述那種情況的話也能藉由旁人評價進行分析。(原注12)

幸福分為兩個層面：一邊是體驗和情緒的，另一邊是評價和認知的。(原注13) 體驗的部分需要正面與負面情緒的平衡，正面者如雀躍、喜樂、驕傲、欣悅等等，負面則是煩惱、憤怒、悲傷一類。科學家給受試者佩戴傳呼機，不定期請他們反映當下的情緒感受。如果能夠實現的話，最終極的幸福測量模式是紀錄一個人一輩子各種幸福情緒指標的強度多高、維持多久。然而請受試者配合這個做法雖然能直接評估主觀的幸福感，實作起來曠日費時且成本驚人，而且目前無法從資料組比較不同國家樣本或得出長達數年的追蹤結果。退而求其次的做法是詢問受試者當下、當天或前一週還記得的感受。

這就觸及幸福感的另一個層面：人們如何**評價**自身的生活狀況。常見做法是請受試者想想「最近」、「一直以來」、「考量所有因素」後的滿意度，或者請他們用很哲學的方式評判自己的生活，分數從「最糟糕」到「最好」分為十級。大部分人覺得這種問卷很難（並不奇怪，因為確實很難），回應會因為天氣、當下心情、答題之前的對話是什麼而改變（受試者為大學生的話，作答前與他們聊感情生活，或者與任何背景的受試者聊政治，都能讓人感到低落）。社會學家雖然無奈但只能接受事實：幸福、滿意、最好和最壞的生活在大眾心理是很模糊的概念，全部混在一起然後說個大概比較簡單。（原注14）

情緒與評價當然有關，卻不是完美契合：很多快樂會造就美好的生活，但反過來消除憂慮哀傷並沒有同樣效果。（原注15）由此進入幸福人生的最後一個層面，也就是意義與目的。若與幸福本身結合，就呼應亞里斯多德提出的*eudaemonia*，亦即「自我實現」[4]。（原注16）幸福並非一切，人會為了圓滿生命歷程做出短期內並不快樂的決定，比方說生兒育女、寫書、為崇高的理念奮鬥。

凡夫俗子無法斷言什麼事物**真正**使生命有意義，所以心理學家羅伊·鮑邁斯特（Roy Baumeister）及其研究團隊試著找出是什麼東西讓大家**覺得**生命有意義。調查對象首先評估自己的幸福感、覺得生命多有意義，然後回答一系列有關思維、活動、情境的問題。結果顯示許多令人覺得快樂的活動也使他們覺得生命有意義，包括與他人連結、覺得有收穫、不孤單或無聊等等。但也有一些項目能使人開心卻不讓人覺得有意義，甚至反而削弱了人生意義。

有些人過得快樂卻不一定有意義，儘管所有需求都得到滿足，不論健康、財富、生活充實。反觀生活有意義的人卻未必如此。快樂的人活在當下，生命有意義的人卻會詮釋過去、想望未來。生活快樂但沒太大意義的人傾向獲取和受益，生活有意義但可能不快樂的則傾向付出與幫助別人。父母從孩子身上找到意義，卻未必找到快樂。與朋友相處的時光讓生活快樂，與摯愛的人在一起則有更深的意義。壓力、煩惱、爭論、挑戰、掙扎不會使人生快樂，卻能帶來意義。別誤以為生活有意義的人是喜歡自虐、自找麻煩，他們只是追逐更遠大的目標，也就是所謂「人思考，上帝笑」[5]。最後，比起滿足自己，表達自己更顯有意義：意義會經由彰顯人格、建立名聲的行為得到強化。

我們可以將快樂看做一種刺激，來自古老的生物回饋機制。這個系統記錄人類為了在自然界存活不斷趨吉避凶而熟悉的各種徵兆。所以我們健康、舒適、安全、富足、與人互動、有性、被愛的時候通常都比較快樂。快樂的用處是引導我們尋求更好的生存狀態，人一旦不快樂就會想辦法改變處境，快樂之後則珍惜現狀。相對而言，「意義」來自人類獨有的認知特長，我們高度社會化、腦部發達、善用語言，也從這些現象裡找到寬廣的新天地。意義或存在於遙遠的過去，或伸入深邃的未來，影響力超越自己身處的社交圈，實踐的過程需要與同儕攜手，成功與否端看能不能以理念說服他們，或者自己善良能幹的名聲能不能爭取信任。（原注17）

4 譯按：此處原文 good spirit，為 *eudaemonia* 的直譯，但容易造成誤會。*Eudaemonia* 在亞里斯多德的論述中指人類「發揮功能」（感官、理性、德性等等）後達到的圓滿。

5 譯按：原文為英美常見版本「Man plans and God laughs」，米蘭．昆德拉的版本是「Man thinks, God laughs」，有考據認為出自聖經箴言16:9：「人心籌算自己的道路，惟耶和華指引他的腳步。」

快樂在人類心理上是個相對狹隘的概念，因此進步追求的不會只是永無止境增加快樂感、希望越來越多人活得飄飄欲仙。世上還有很多不快樂待解決，生命的意義沒有上限。

國家越富裕人民越幸福

目前的共識是已開發國家的人民雖然在財富和自由方面享有高度進步，結果卻沒有如預期般幸福快樂。不過問題在於，幸福感完全沒有增加嗎？生命空虛到選擇提前結束自己的人創歷史新高嗎？即便與他人接觸的機會暴增到難以想像的程度，孤寂反而成為流行病？年輕一輩受到憂鬱等等精神疾病所苦，社會未來堪憂？下面就來回答這些問題，但可以先說的是：所有答案都是明明白白的「沒有」。

即使毫無根據也不得不感慨人類活得真苦，這種抑鬱情緒可謂是社會評論家的職業傷害。亨利．梭羅（Henry David Thoreau）一八五四年的經典《湖濱散記》裡的金句：「多數人都活在安靜的絕望中。」我們無從得知一個人住在湖畔小屋如何得知多數人的狀態，更不用說多數人表達的意見明顯相反。世界價值觀調查中請受訪者評估幸福感，百分之八十六回答了「還算幸福」或「非常幸福」；調查對象橫跨一百五十國的《二〇一六世界幸福感報告》，受訪者針對生活狀態從最差到最好的梯度中做出自我評價，結果平均值落在好的前半段。（原注18）其實梭羅犯的是樂觀偏誤（「我過得不錯，別人過得差」的錯覺），就幸福感這件事情來說誤差特別大。每個國家的人都低估幸福同胞的比例，落差平均高達四

十二個百分點。（原注19）

歷史趨勢又是什麼狀況？伊斯特林建立悖論的時間點是一九七三年，距離大數據時代還有好幾十年。現在針對財富與幸福感之間的關係有大量資料，分析之後發現伊斯特林悖論其實並不存在。單一國家內，越富有的人幸福感越高；不同國家間比較，富裕國家的人幸福程度比較高；國家富裕程度提升，人民幸福感也隨之增加。已經好幾項獨立研究得到相同結論，包括安格斯·迪頓、世界價值觀調查、《二〇一六世界幸福感報告》。（原注20）我個人最欣賞的是經濟學家貝慈·史蒂文森（Betsey Stevenson）與賈斯汀·沃爾佛斯（Justin Wolfers）的研究，整理為圖18-1，其中針對一百三十一國做平均生活滿意度與平均收入的對照（採對數尺度）。點代表國家，穿過點的箭頭顯示各國公民收入與生活滿意度之間的關係變化。

從中可以找到幾個清楚趨勢。最顯而易見就是縱觀各國情況並未發現伊斯特林悖論，密密麻麻的箭頭都是同樣的傾斜方向。換言之，國家越富裕人民越幸福。注意由於收入採取對數尺度，若換成線性尺度則分布會是左邊幅度很陡，彎曲後往右側延伸，意義則是同樣金額在貧窮國家的幸福度提升效用會比在富裕國家來得強烈。國家越富裕，想讓人民更幸福所需要的收入提升就越多。（這是伊斯特林一開始能建立悖論的原因：那個年代資料數據不夠精細，要看見高收入國家有小幅度的幸福感提升很困難。）然而無論採取何種尺度，傾斜趨勢都不會徹底消失，也就是說不存在滿足基本需求的收入便足夠、多餘的收入無法使人更快樂這種事。就幸福感而言，華里絲·辛普森（Wallis Simpson）那句「沒人會嫌自己太有錢或太瘦」至少對一半。

更驚人的是圖裡箭頭長得太相似，從箭頭群也能找到明確趨勢（就是箭頭後面那條灰色虛線）。這個現象的意思是，個人相對全國的收入增加與全國整體的收入增加效果相同，都能等值提升幸福感。換言之，我們該質疑的是「幸福與否單純是與別人比較的結果」這個說法。數據顯示，絕對收入而非相對收入才是幸福感的關鍵（呼應了第九章提到貧富不均對幸福其實沒那麼大影響）。（原注21）多項發現指向人類過去的認知有誤。幸福感並不像瞳孔會時時隨外界環境調整

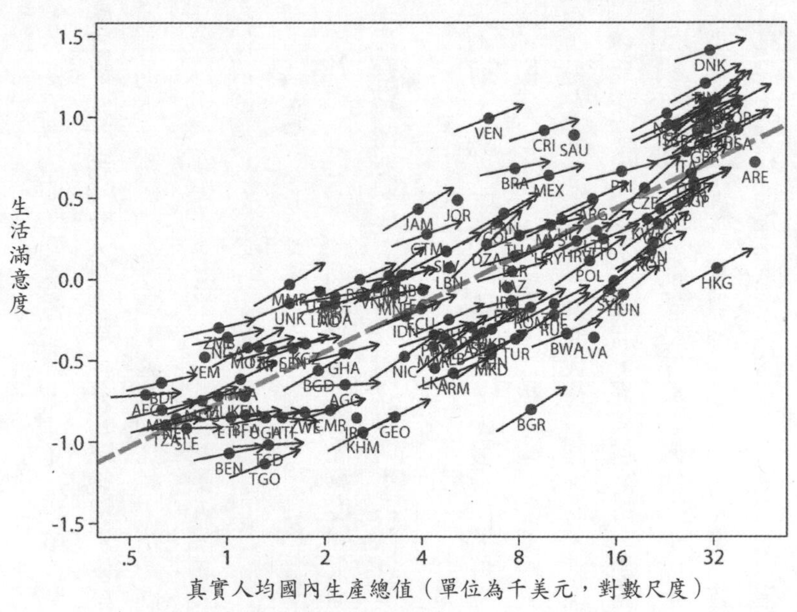

圖 18-1：二〇〇六年生活滿意度與收入關係

來源：Stevenson & Wolfers 2008a, fig. 11, based on data from the Gallup World Poll 2006. Credit: Betsey Stevenson and Justin Wolfers.

卻又很快回歸原點，也不是享樂跑步機那樣徒勞無功的概念。的確，人能從挫折中重新站起，也會對好運習以為常，但失業或殘障之類困境對幸福感的衝擊會持續，良好的婚姻關係或移居較幸福國家也會帶來永久性的提升。（原注22）另一個誤會也存在很久了，事實上，要是中樂透的話，長期來看真的更幸福。（原注23）

既然我們已經看到多數國家隨時間變得更**富裕**（第八章），圖18-1就好比定格的電影畫面，劇情是人類隨時間經過變得越來越**幸福**。幸福感提升不僅是人類進步的指標，還具有很重要的地位。當然，既然並沒有如同編年史一樣的詳細資料，我們就不能將圖表形容成人類發展史，但史蒂文森和沃爾佛斯也分析了現存的縱向研究，發現一九七三到二〇〇九年間，作為研究目標的九個歐洲國家裡有八個的人民幸福感隨人均國內生產總值上升。（原注24）世界整體的變化則能夠從世界價值觀調查中找到，一九八一到二〇〇七年間，五十二個國家裡有四十五個幸福感提升。（原注25）拉長時間得到的趨勢依舊否定伊斯特林悖論，我們可以肯定地說：一個國家裡越有錢的人越快樂，不同國家比較時富裕國家人民幸福感較高，國家整體變富裕以後人民幸福感也會跟著增加（於是大眾幸福感也就隨時間上升）。

與幸福感相關的除了收入，自然還有許多因素。這一點在個人身上成立，因為每個人的生命歷程、天生特質都不同；放諸國家同樣成立，從圖示能看到各個點分布在虛線周邊。人民健康越良好，國家幸福感越高（收入相等的前提下）。之前提過若人民覺得擁有選擇生活方式的自由，則幸福感會更高。（原注26）文化和地理環境同樣具有影響，例如拉丁美洲國家符合一般刻板印象，以其收入水準而言幸福程度是特別高的，東歐前共產國家的人則相對較不快樂。(原注27)《二〇一六世界幸福感報告》找出另外三項與國家幸福感有關的特性，分別是社會支持（人民覺得遇上困難時是否有能求助的親朋好友）、慷慨（是否會捐款或參與慈善）、貪腐（認為所處國家的經濟體系是否藏汙納垢）。(原注28)不過這個發現無法回推為這三項因素導致較高的幸福感，原因之一是身在幸福中的人就已經透過粉紅色濾鏡觀看世界，對待生活和社會都可能採取寬鬆標準。原因之二是幸福如社會科學家所言具內因性：或許是幸福之後人更傾向彼此支持、慷慨大方、盡忠職守；反之卻不必然。

孤獨的人從哪裡來？

幸福感的程度與所得高低不符的國家中，又出現了美國的身影。其實美國人沒有不幸福，將近九成美國人說自己至少稱得上「頗為幸福」，約三分之一則認為自己「極為幸福」；以十分制評價生活狀況，平均也達到七分。(原注29)可是二〇一五年美國人的幸福感在全球只排第十三名（落後七個西歐國家與大英國協三個成員，再加上以色列），即便平均收入與前面相較只輸給挪威和瑞士。(原注30)（英國公民對自己幸福感的評分為六點七，名列二十三。）

此外，值得注意的是美國人的幸福感沒有隨時間呈現規律性的進步（另一個伊斯特林悖論看似成立的原因，美國正好是最早開始建立幸福感數據資料的國家）。自從一九四七開始，美國人的幸福感就在狹窄區間裡上下波動，影響因素包括景氣衰退和復甦、社會動盪、經濟泡沫等等，但都沒有穩定的升降。一組資料裡，一九五五到八〇年間美國人的幸福感略微下降，直到二〇〇六年才向上；另一組資料裡，從一九七二年開始，回答「非常幸福」的人緩緩減少（不過「極為幸福」與「頗為幸福」的總和比例沒有改變）。（原注31）

美國人幸福感停滯的現象無法反駁幸福隨財富成長的全球趨勢，因為將焦點放在一個富裕國家幾十年內的變化是相對狹隘的範圍。迪頓舉例解釋：西非國家以多哥與美國之間相差五十倍的國民所得、兩百五十年的經濟成長，使得這種趨勢明顯可見；反過來說，單一國家僅僅二十年的經濟成長影響很容易被資料雜訊淹沒。（原注32）另外要考慮的是美國所得不均的問題較西歐國家嚴重（第九章）。換言之，受益於國內生產總值增加的人口比例也小。（原注33）美國的特殊情況討論下去沒完沒了，總而言之學者都同意美國是全球主觀幸福感潮流的特例。（原注34）

單一國家的幸福感變化趨勢不容易掌握的另一個理由在於：國家的本質是數千萬、數億萬人正好占據了某塊土地。能從中找出**任何**共通點來做平均都已經很了不起，隨時間推演以後人口內不同族群朝不同方向發展是常態，於是平均值也會上上下下或拉扯抵消。過去三十五年裡非裔美國人的幸福感成長很多，美國白人的幸福感則略微下降。（原注35）女性幸福感通常高於男性，但性別差異在西方國家逐漸縮小，男性幸福感增加速度高過女性。然而美國又是例外，女性幸福感下降，男性則大致不變。（原注36）

要理解歷史趨勢最棘手的地方是第十五章提過的觀念：我們必須分辨生命週期（年齡）、社會氛圍（時代）、世代差異（群體）三者。（原注37）在時光機問世之前，邏輯上無法將年齡、時代、群體三個因素徹底獨立，當然也就無法避免它們交互影響。舉例而言，若五十歲族群在二〇〇五年覺得不幸福，我們無法據此推論嬰兒潮世代是否也遇上中年危機、是否無法適應新千禧，又或者新千禧是否為中年人帶來新的阻礙。但如果資料組涵蓋不同世代、跨越數十年，而我們能夠對人和時代變遷的速度做出基本假設，研究者便可以將特定世代多年的情況做平均、選擇特定年份做全人口狀態平均、觀察特定年齡層情形，將三個因素隨時間而變動的影響盡可能獨立出來分析。能夠將變項獨立出來，我們就能判斷進步是兩者中的何者：究竟是所有年齡的人在近期都過得更好，還是年輕族群過得比年長族群好並產生推移和取代效應。

一般來說年齡越大幸福感越高（年齡效應），可能原因是成功克服成長過程中種種難關，培養出遭遇挫折也能調適自我的智慧。（原注38）（不過還是有可能出現中年危機或老年人生跌一跤之類。）（原注39）幸福感隨時間波動，特別會受到經濟情勢變化影響，而美國人才剛從大衰退之後的低谷期爬出來；經濟學家將通膨與失業率綜合之後稱為「痛苦指數」，不是毫無道理。（原注40）

跨世代來看也有上下跌宕的現象。美國有兩個大樣本可供分析。每十年為一世代，一九〇〇到四〇年間越後面的世代幸福感越高，推測原因是經濟大蕭條時期越年長的群體受到衝擊越重。上升至此開始平緩，到了嬰兒潮世代、X世代前期略微下降，這也是目前研究者能區別群體和時代兩項要素的最晚近資料。（原注41）在第三份研究裡（社會概況調查）時間軸被拉到現在，幸福感依舊從嬰兒潮世代開始下滑，不過X世代和千禧世代完全反彈。（原注42）也就是說縱使前面幾個世代一直為年輕人憂心，其實他們過得更為幸福。（第十二章也提到他們的暴力與藥物濫用都更少。）檢視之後我們會發現整體而言美國人的幸福感陷入停滯，可是有三個族群逆勢上揚，分別是非裔美國人、嬰兒潮之後的世代，以及目前的年輕人。

年齡、時代、世代構成三角模型，表示說幸福感的歷史變化比表面看來至少複雜三倍。記住這一點，然後開始思考現代性導致孤寂感、自殺傾向、心理疾病的說法究竟有沒有道理。

觀察現代社會的人說西方人變得寂寞了。一九五〇年大衛・理斯曼（David Riesman）發表社會學經典《孤獨的人群》（*The Lonely Crowd*）；一九六六年披頭四樂團透過歌詞詢問孤獨的人從哪兒來、歸屬何在；兩千年身兼暢銷書作家和政治學者的羅伯特・普特南（Robert Putnam）表示美國人越來越常《一個人打保齡球》（*Bowling Alone*）；二〇一〇年心理學家賈桂琳・奧爾茲（Jacqueline Olds）和理查德・施瓦茨（Richard Schwartz）合著《孤獨的美國人》（*The Lonely American*）（副標為：在二十一世紀飄零〔*Drifting Apart in the Twenty-First Century*〕）。身為群居性的智人，社會孤立是種酷刑，孤寂對健康與壽命造成很大風險。（原注43）倘若現代性創造出新的連結，結果卻是大家比以前更孤寂，那真的太可笑了。

有些人認為大家族和小型社區沒落後的空缺可以交給社交媒體來彌補，因為現在艾蓮娜瑞比和麥肯基神父也可能是臉書上的好友[6]。不過心理學家蘇珊．平克在《村落效應》(*The Village Effect*)書中指出，現行研究發現數位友誼無法提供等同於面對面接觸的正面心理作用。

如此說來反而更難解釋為什麼人會越來越孤獨。各式各樣的世界議題裡，社會孤立似乎算是容易解決的：約個認識的人去咖啡店聊聊天或到家裡坐坐，不就好了嗎？大眾為什麼連這樣的機會都無法把握？難道現代人，尤其是最受關切的年輕一輩，真的對數位霹靂古柯鹼上癮到寧願放棄基本人際互動，置自身於戕害生命的孤寂中？又或者真如某位社會評論家所言，「我們將心靈給了機器，所以自己也漸漸化為機器」？抑或是另一人說的，網際網路創造出「沒有人類互動與情緒的隔閡世界」？(原注44) 若相信人有所謂人性，這些說法都顯得不可思議。資料則直接否定了上述觀點：孤寂並沒有成為流行病。

《依舊相連》(*Still Connected*)書中，社會學家克勞德．費歇爾(Claude Fischer)檢視近四十年的問卷調查，主題是受訪者的社會關係。「分析後最令人訝異的是，一九七〇年代到兩千年過後這段期間，美國人與親友的相處模式十分穩定。真正會衝擊人際關係的行為模式改變少之又少，頂多就上下幾個百分點的程度。的確，美國人的休閒越來越少在家中進行，打電話、寄電子郵件頻率大幅提高，可是基本模式沒有太大不同。」(原注45) 大家的時間經過重新分配，原因是家庭縮小、單身者和職業婦女增加，但即便如此現在美國人陪伴親人的時間一樣多，朋友數量的中位數及見面頻率亦相同，自陳中得到的情感支持強度不變，對友誼的質量滿意度不輸給傑拉德・福特（Gerald Ford）總統及《歡樂時光》（*Happy Days*）年代的人們。使用網際網路和社交媒體的人與朋友互動**比較多**（不過面對面接觸稍微減少），他們的感受是電子媒介豐富了人際關係。費歇爾在結論中認為人性至上：「大家適應環境變化時還是會保護自己認為最有價值的部分，包括維持人際關係的量和質，像是陪伴孩子、與親戚團聚、有些許密友等等。」（原注46）

主觀認知上的寂寞感呢？針對全人口的調查不多，就目前所能收集到的資料，費歇爾認為「美國人表達寂寞感的情況持平或略微提高」，而主因是單身者變多。（原注47）對於最容易訪查的族群，也就是學生，數十年來許多研究詢問他們是否同意「很多事情自己一個人做所以不開心」、「沒人可以講話」等描述，得到的結論可以用二〇一五年一篇文章標題做總結：寂寞隨時間減輕。參考圖18-2。

學生離開校園後就不受研究追蹤，所以不確定寂寞減輕是不是「階段效果」，因為年輕人有越來越多管道滿足社交需求；又或者是「世代效果」，也就是這個世代的年輕人在社交上更容易滿足。可以肯定的只有美國年輕人並未受「空虛、茫然、孤立所荼毒」。

除了「現代的孩子」，另一個文化悲觀論絕對不放過的目標是科技。二〇一五年社會學家凱思・漢普頓（Keith Hampton）及共同作者針對社交媒體的心理效應提出報告：

好幾個世代下來，評論家擔心科技會對人類造成更多的壓力。火車、工業機器製造噪音

6 譯按：兩個人名出自披頭四的歌曲。

破壞鄉村的寧靜生活，影響人們的情緒。電話打擾了在家休息的時間。手錶與鬧鐘加劇追求勞動生產力的不人道過程。收音機與電視機裡充斥廣告，強化現代消費文化、刺激大眾的地位焦慮。（原注48）

所以評論者將焦點轉向社交媒體是必然的。不過從下圖來看，社交媒體似乎無法被視為是美國學生寂寞感變化的推手，無論正反：下降趨勢從一九七七年持續到二〇〇九年，但臉書風行都已經是二〇〇六年的事。新調查也發現成年人並未因社交媒體產生孤立感，社交媒體使用者的朋友反而比較多，對人更加信任，得到的支持感更強，政治參

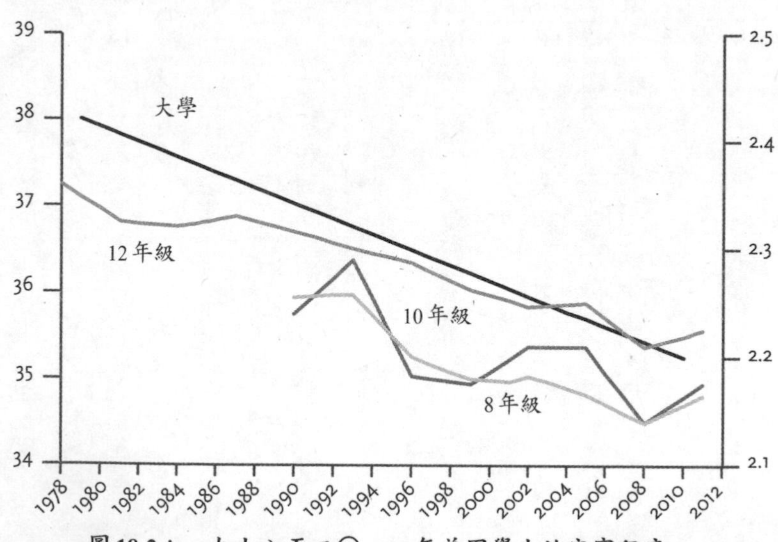

圖18-2：一九七八至二〇一一年美國學生的寂寞程度

來源：Clark, Loxton, & Tobin 2015。大專學生部分：修改自UCLA Loneliness Scale，整合多份樣本繪製為趨勢線條，參考原文內圖1。中學生部分：依據Monitoring the Future調查六項寂寞問題，取平均和三年平均，參考原文內圖4。縱軸間距為標準差一半，所以曲線具可通約性但相對高度則否。

與度也有所提升。（原注49）另一個不成立的謠言是人們會與虛擬世界的朋友競爭，看誰分享的精彩生活更多更快，但實際上社交媒體使用者與不使用的人相比並未呈現出較高的壓力。（原注50）甚至應該說相反，使用者之中女性的壓力下降了，只是有個例外情境：女性會因為得知友人生病、家中有人過世、遭遇其他困難而情緒不佳。換言之，社交媒體使用者對別人的關注增加了，過程中發揮了同理心而不只是嫉妒。

所以現代生活沒有壓垮人類身心、將人類改造成互不相關的機器，也沒有對人類施加什麼空虛寂寞的劇毒、逼人類漸行漸遠失去所有連結和情緒。那種歇斯底里的誤會究竟從何而來？部分原因在於社會評論家的標準做法就是埋下恐慌的種子：隨便說一段故事，然後聲稱大家都這樣、這種情況已然成為趨勢、是我們必須正視的危機。除此之外，人類互動的方式與以往不同，以前大部分會面場所是俱樂部、教堂、工會、兄弟會之類組織、晚宴等等，現在則轉向分享資訊的聚會或直接透過數位管道。大家與遠親的聯繫少了，與同事卻建立起更緊密的關係；朋友數量也的確減少，但也是因為自己**並不想要**那麼大的朋友圈。（原注51）無論如何，現在的社交模式與一九五〇年代不同，卻不代表人類這種社會性動物變得比以前不愛社交。

憂鬱與自殺

一定有人會認為自殺是測量社會不幸福最可靠的指標，正如同他殺是測量社會衝突最可靠的指標。自殺的人一定是過得太不幸了，否則怎麼會寧可結束自己的生命也不要繼續承受。此外，自殺可以客觀量化，不幸福的感受則無法。

實務來看自殺率有很多詮釋上的模糊地帶。假如一個人真的哀傷痛苦到希望逃離生命，代表他的判斷力也受到情緒嚴重影響，那麼這個攸關生死的決定最後關鍵往往在於容不容易執行。陶樂絲・派克的詩作〈履歷〉（Resumé）主題便是死亡，結尾幾句是「槍枝不合法，繩索會脫落，毒氣太難聞，好死不如歹活」，驚悚地描繪出人思索自殺選項時是什麼心態。一個國家的自殺率會因為方便有效的手段存在與否而飆升或驟減，就像二十世紀前半英國的煤炭、開發中國家的殺蟲劑、美國的槍枝都起過作用。（原注52）經濟重挫與政治動盪的時局毫不意外也有影響，但自殺率甚至也受到天氣、日照時間左右，若媒體對近期內的案例有正當化、浪漫化的情況也會出現暫時性升高。（原注53）乍看之下以自殺判斷不幸福程度好像合理，深究起來有很多問題。最近一項研究提出「幸福與自殺悖論」，因為美國各州中較為幸福者，以及其他幸福感較高的西方國家，都有偏高的自殺率。（原注54）（研究團隊的初步想法是因為傷口被撒鹽：周圍的人都看似幸福時，自己受挫就感覺更痛了。）自殺率不可靠還有個原因在於如何與意外做區隔（死因是中毒或藥物濫用時特別明顯，但摔墜、車禍、槍擊也有同樣問題），以及自殺在不同時空環境下可能被汙名化或屬違法，這些因素都會影響法醫最後的判斷。

目前自殺確實是主要死因之一。美國每年自殺死亡人數超過四萬人，是排名第十的死因，全球則每年約為八十萬，排名第十五。（原注55）然而時間趨勢和不同國家之間的差異很難釐清，除了年齡、世代、時代三者糾結之外，男女的趨勢也常朝不同方向發展。一九八〇年代中期到二〇一三年間，已開發國家女性自殺比例降低約四成，但同期間男性自殺機率約為四倍，換言之自殺趨勢是被男性推高的。（原注56）再舉一個例子：目前沒有人能肯定為何世上自殺率最高的國家是蓋亞那、南韓、斯里蘭卡、立陶宛，或者法國自殺率為何在一九七六到八六年間明顯增加，之後又一路下降直到一九九九。

但我們能就現有資料破除一些常見迷思。首先有人認為自殺率持續提升，來到史無前例的新高，成為一種社會危機和嚴重的流行病。然而自殺在古代就很常見了，否則古希臘人為何會針對此主題進行辯論，聖經故事裡怎麼會出現參孫、掃羅、猶大這類人物呢？歷史文獻不多，一大原因在於「自戕」在包括英格蘭等許多國家直到一九六一年都觸犯刑法。所幸能追溯的時間超過一世紀，除了英格蘭還有瑞士與美國的紀錄，如圖18-3。

一八六三年英格蘭自殺率為十萬人中十三例，二十世紀前十年接近高峰為十九例、經濟大蕭條時代超過二十，二次世界大戰、一九六〇年代都降低，一直到二〇〇七落到七點四。瑞士也相同，一八八一年為二十四例、大蕭條時期為二十七，然後下降至二〇一三年的十二點二。美國的自殺率在二十世紀初為高峰達到十七，大蕭條時期是第二波，後來在世紀交替時降低到十點五，不過經濟大衰退時再提升到十三。

根據有歷史紀錄可循的三個國家來看，自殺率是以前比現在高，顯著的高峰和低谷也交織著年齡、世代、時代和性別這些因素。（原注57）自殺率在青春期飆升，之後趨於平緩到中年。女性的中年自殺率特別高（或許因為停經），之後又下滑。男性在前面持平，卻在退休年齡升高（可能因為被迫放下養家的傳統角色）。近年美國自殺率提高可以歸因於人口老化，嬰兒潮世代進入自殺機率最高的人生階段；不過群體本身也占部分因素，美國大兵時代及沉默世代兩個群體相較於之前的維多利亞世代、之後的嬰兒潮與X世代都比較不傾向自殺。千禧世代似乎漸漸逆轉因世代變遷造成的自殺率上揚，一九九〇年代和二十一世紀頭十年，青少年自殺率都下降了。（原注58）從二十世紀初期、一九三〇年代、六〇年代晚期與七〇年代初期這幾個高峰階段以後，時代氛圍本身（對年齡和群體有調節作用）就

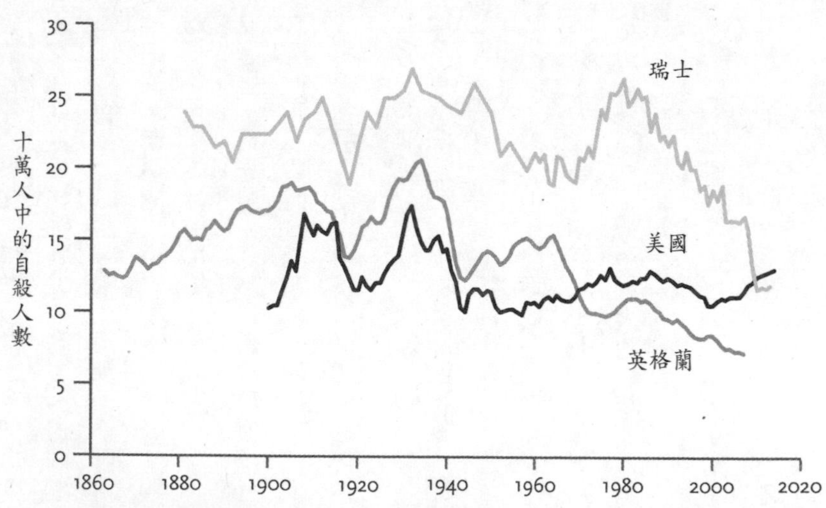

圖18-3：一八六〇至二〇一四年英格蘭、瑞士、美國的自殺率變化

來源：英格蘭（包括威爾斯）：Thomas & Gunnell 2010, fig.1, average of male and female rates, provided by Kylie Thomas. The series has not been extended because the data are not commensurable with current records。瑞士，1880-1959：Ajdacic-Gross et al. 2006, fig.1. 瑞士，1960-2013：WHO Mortality Database, OECD 2015b。美國，1900-1998：Centers for Disease Control, Carter et al. 2000, table Ab950。美國，1999-2014：Centers for Disease Control 2015.

更不鼓勵自殺，所以在一九九九年達到四十年以來最低，不過進入經濟大衰退以後稍微回升。趨勢演變頗為複雜，所以《紐約時報》才能刊出「美國自殺率衝破三十年新高」這樣嚇人的標題，實際上換個方式也可以寫成「歷經經濟大衰退和人口年齡老化，美國自殺率比過去高峰期降低達三分之一」。(原注59)

現代性造成人傾向自殺這個迷思，另一個成因在於瑞典：聽說瑞典身為啟蒙人文主義的楷模卻有世界第一高的自殺率。這個都市傳說的起源（雖然可能是另一個都市傳說）是德懷特．艾森豪（Dwight Eisenhower）總統一九六〇年的演講，據稱內容提到瑞典自殺比例極高，原因在於該國採取恩庇式的社會主義。(原注60) 問我的話，我覺得不如怪罪英格瑪．柏格曼（Ingmar Bergman）拍攝虛無風格的存在主義式電影算了。但兩種說法其實都欠缺事實根據。一九六〇年代瑞典自殺率確實高於美國（分別是每十萬人內十五點二例與十點八例），但並非世界最高，後來也下降到十一點一，低於世界平均（十一點六）和美國（十二點一），全球排名五十八。(原注61) 近期的世界自殺率報告顯示，「歐洲整體自殺趨勢下降，目前排行前十內沒有西歐福利國家」。(原注62)

每個人都偶有憂鬱，部分人則會嚴重憂鬱，悲傷與絕望感超過兩週就會干擾生活。近幾十年被診斷出憂鬱症的人數增加不少，年輕族群特別明顯，所以最近一部電視紀錄片裡出現了滿滿的傳統智慧金句：「異常沉默的瘟疫在國內蔓延，戕害我們的孩子。」但上面資料顯示並沒有不幸、孤寂、自殺的流行病肆虐，也就是說憂鬱症同樣不太可能氾濫。事實上，這種說法確實又是誤會。

比方說一份常被引述的研究觀點很不可思議，聲稱從美國大兵到嬰兒潮，每個世代的憂鬱程度都超越前代。（原注63）進行調查的人如何得出這種結論？詢問不同年紀的受訪者，請他們回憶情緒最憂鬱的時期。這種做法導致研究被記憶綁架：事件發生得越早，人就越難回想，如果內容令人不悅更是如此（第四章已有討論）。記憶模糊營造出假象，彷彿距離研究時間越近的時代，憂鬱問題就越嚴重。另一個誤差來自死亡率，受訪者的年齡層跨越數十年，罹患憂鬱症的人更可能因為自殺或其他原因提早亡故，受訪的年長者為心理較健康的樣本，結果看起來就好像以前出生的人心理都比較健康。

另一個造成歷史解讀扭曲的理由是社會態度轉變。近幾十年來許多機構和媒體宣傳致力提升大眾對憂鬱症的理解與降低汙名化，藥廠能夠直接對消費者廣告各式各樣抗憂鬱劑，法規也要求患者必須有正式診斷才能獲得治療、政府服務、乃至於反歧視的權利。種種措施使患者比起過去更願意坦露自身病情。

再者，心理衛生專業人士或者社會文化整體都逐步降低對心理疾病的定義門檻。美國精神醫學學會出版的《精神疾病診斷與統計手冊》詳列了各種精神疾病，然而條目從一九五二到一九九四已經擴增為三倍，現在內容涵蓋將近三百種疾病，包括「畏避型人格障礙症」（avoidant personality disorder，以前大家只會認為當事人是太害羞）、咖啡因成癮、女性性功能障礙等等。診斷需要的症狀數量減少、被判定能夠觸發疾病的因子則增加。心理學家理查．麥納利（Richard McNally）指出：「經歷過二次世界大戰的人，特別是進過納粹集中營的話……恐怕很難想像拔智齒、在職場聽到噁心的笑話、順利產下健康寶寶居然都可以引起『創傷後應激障礙』（PTSD）。」（原注64）類似邏輯也適用於憂鬱症這個標籤，換作過去我們只會認為當事人是沉溺在悲痛或哀傷的情緒。

心理學家與精神病學家已針對這種「兜售疾病」、「概念滲透」、「精神病理學帝國版圖擴張」現象提出警告。（原注65）心理學家羅賓．羅森堡（Robin Rosenberg）二〇一三年發表文章〈不正常就是新正常〉（Abnormal Is the New Normal）便提到：依據最新版《精神疾病診斷與統計手冊》，一生中能被診斷出精神疾病的病患絕對會達美國半數人口。（原注66）

精神病理學帝國的版圖擴張就是所謂的第一世界問題，就很多層面而言其實是道德進步的展現。（原注67）社會開始正視個人遭遇的苦痛，即便過程中賦予診斷標籤依舊是一種同情心，尤其相對也提供了減輕痛苦的辦法。心理學上有個很多人不知道的祕密就是認知行為療法非常有效（常常比藥物治療更有效），可以治療多種問題，包括憂鬱症、焦慮症、恐慌症、PTSD、失眠及精神分裂的症狀。（原注68）精神問題已經構成全球身心障礙的百分之七（重度憂鬱就占了百分之二點五），能得到幫助的人其實非常多。（原注69）《公共科學圖書館：醫學》（*Public Library of Science: Medicine*）期刊編輯群最近也呼籲社會需要注意「精神健康的矛盾」現象：富裕西方國家在精神疾病方面有過度用藥、過度治療的情況，世界上其他地區卻又處在對精神疾病認知淺薄、治療力道偏弱的階段。（原注70）

由於診斷網絡擴大，要確認現在憂鬱比例是否更高，唯一辦法是採取標準化的憂鬱症狀測試，選擇全國性不同年齡層具代表性的樣本，並且持續調查幾十年。目前尚未出現符合黃金標準的研究，但針對特定人口族群以固定標準進行的調查倒是有好例。（原注71）其中兩個長期且密集的研究焦點在鄉村地區（一個在瑞典，一個在加拿大），參與者的出生日期從一八七〇年代到一九九〇年代皆有，自二十世紀中期追蹤至晚期，涵蓋的生命幅度超過一世紀。但這兩項研究都沒有找到長期而言憂鬱症比例增加的跡象。（原注72）

還有多項整合分析（對既有研究再分析）。心理學家珍．圖恩吉（Jean Twenge）發現自一九三八到二〇〇七年，大學生在常用的人格測驗「明尼蘇達多相人格測驗」（MMPI）中的憂鬱分數逐漸提高。（原注73）然而，這個現象並不必然代表越來越多學生罹患重度憂鬱，而是有可能肇因於數十年來進入大學就讀的人越來越多。其他研究（有些也來自圖恩吉）則發現憂鬱比例沒有變化、甚至下降，尤其是年輕族群與近幾十年間。（原注74）近來一篇文章標題為「兒童及青少年流行性憂鬱症是否真實存在？」，證實了貝特里奇頭條定律[7]：任何以問號結尾的頭條，答案都是**否定**的。作者團隊解釋：「大眾對於『流行病』的概念有時來自對疾病的高度關切，而該疾病可能長期以來都沒得到適當的臨床診斷。」（原注75）目前最大型的整合分析觀察了一九九〇到二〇一〇年**全世界**的焦慮和憂鬱普及程度，從標題就讓讀者毫無懸念：質疑常見心理疾病「流行病化」的迷思。研究團隊結論是：「若採用清楚的診斷標準，目前沒有證據證明常見心理疾病的患者比例正在增加。」（原注76）

流行病學家認為憂鬱症和焦慮症存在共患關係，其實就是兩者具有相關性，不過「共患」聽了就讓人焦慮起來，於是下一個問題就是地球人是否比以往更焦慮。一九四七年威斯坦．奧登（W. H. Auden）長篇敘事《焦慮年代》（*The Age of Anxiety*）似乎先一步下了定論，最近一次再版請到文學家艾倫．雅各（Alan Jacobs）撰序，他指出：「數十年來許多文化評論……讚賞奧登心思敏銳，早早為我們身處的年代想好名字。但由於本詩篇內容艱深，其實很少人真能明確說出為何奧登認為這個年代的主要特徵是焦慮，甚至根本無法肯定他的作品標題應該如此解讀。」(原注77) 可惜無論怎樣解讀才妥當，奧登的作品成為我們年代的代表，圖恩吉也援引為整合分析研究的標題，結果發現一九五二到九三年間，未成年人和大學生在標準化焦慮測驗的得分提升整整一個標準差。(原注78) 然而之前提過，不能永恆的現象就是不會一直持續下去，一九九三以後大學生的焦慮程度趨於平緩。(原注79) 其餘人口族群並未表現出焦慮加深的問題。一個對象為中學生和成人、自一九七〇年代延伸到二十一世紀頭十年的縱向研究，並未找到這兩個群體的焦慮增加趨勢。(原注80) 雖然部分研究的受訪者回報憂鬱和焦慮症狀惡化，但從病理學角度來看尚未達到流行標準，而且一九九〇年以來也沒有全球趨勢存在。(原注81)

擺脫自我招致的不成熟

萬事皆好。那麼我們真的不幸福嗎？總的來說沒這回事。

已開發國家人民其實過得十分幸福，全球整體而言，多數國家的幸福感皆提升，如果國家富裕程度能夠繼續提高，幸福感還可以繼續上揚。即便有人視孤寂、自殺、憂鬱、焦慮為疫病，透過事實查核可以得知與現況不符。每一個世代都擔心自己的子孫過得不好，

7 譯按：出自英國科技記者伊恩．貝特里奇（Ian Betteridge）。

不過目前看來，千禧時代的幸福程度與心理健康都超越了直升機家長[8]。

論及幸福感，還有許多進步空間。美國相較其他第一世界國家更明顯，幸福感停滯的期間有些學者稱之為「美國世紀」。嬰兒潮世代明明在和平繁榮中成長，卻有許多身心問題，對經歷過大蕭條、二戰、大屠殺的上一輩而言著實令人不解。美國女性在收入、教育、成就、自主方面獲得前所未見的成長，卻變得較不快樂。反觀其他已開發國家不僅所有人的幸福感都有所增長，女性的增加幅度還勝過男性。焦慮與其他憂鬱症狀在戰後數十年裡的某些人身上確實惡化了。美國所有人的幸福感都不如預期，未跟上世界運行的腳步。

本章結尾想請讀者反思一下幸福感不足的原因。許多評論者據此質疑現代性（原注82），他們說人的不幸來自過度強調個人、物質財富，默許家族、傳統、宗教、社群受到侵蝕。

可是對現代性還有其他的詮釋途徑。懷念傳統的人通常都忘記了先人們多麼努力要逃離過去的生活模式，他們原本過著緊密的社區生活，後來才得到現代性的鬆綁。縱使沒人發問卷調查那時候的人幸福感是高是低，許多優秀文藝作品已經呈現出其中的黑暗面：狹隘視野、從眾規範、部落制度、對女性自主的限制與塔利班沒兩樣。十八世紀中期到二十世紀初，很多小說描繪主角如何克服貴族、布爾喬亞、以至於鄉村地區種種不成文規定，例如理查森、薩克萊、夏綠蒂·勃朗特、艾略特、馮塔納、福樓拜、托爾斯泰、易卜生、奧爾柯特、哈代、契訶夫、辛克萊·路易斯等等。隨著西方益發都市化、世界化，社會包容提升，這份緊繃就顯現在流行文化描述的美國小鎮生活裡，保羅·賽門（「在我住的小鎮上我什麼也不是，就只是我爸的兒子」）、盧·里德（「如果你在小鎮長大，那也會在小鎮老死」）、布魯斯・史普林斯汀（「寶貝，這小鎮會從妳背後把骨頭一條條抽走。是個死亡陷阱，留下來等於自殺」）的歌詞都寫得十分清楚。之後移民文學也描述了同樣現象，辛格（Isaac Bashevis Singer）、菲利普・羅斯（Philip Roth）、伯納德・馬拉默德（Bernard Malamud）是第一波，譚恩美（Amy Tan）、湯婷婷（Maxine Hong Kingston）、鍾芭・拉希莉（Jhumpa Lahiri）、芭拉蒂・穆可吉（Bharati Mukherjee）、迪瓦卡盧尼（Chitra Banerjee Divakaruni）延續了這個主題。

現在我們享受極大的個人自由，婚姻、工作、居住等等都能自己決定，對於過去的世代根本無法想像。想像一下，如果有個現代的社會評論家跑去警告安娜・卡列尼娜或諾拉・海爾默[9]說大都會的包容性是個假象，少了家庭和村落人與人的緊密連結，代價是一陣陣的焦慮以及幸福感可能降低。我當然無法代替她們發言，但怎麼猜都覺得她們會認為這是筆值得的交易。

我們得到自由的同時必須承擔一定程度的不確定感，由此衍生出的焦慮或許是必要之惡，畢竟享受自由的代價就是保持自己的警醒、謹慎並常常反思。相較於男性，得到自主的女性反而幸福感下降並不完全難以解釋，因為以前女性的責任幾乎局限在家務，現代年輕女性的人生目標卻要納入職場、家庭、婚姻、金錢、娛樂、社交、體驗、對抗社會不平等、在社群中爭取領袖地位、對社會有貢獻等等。（原注83）她們要顧慮的很多很多，也因此

8 譯按：比喻家長如同直升機時時盤旋於子女頭頂監控一切，類似亞洲所謂「怪獸家長」概念。
9 譯按：安娜・卡列尼娜為托爾斯泰小說的角色；諾拉・海爾默是易卜生劇作的角色。

更容易受到挫折——女人思考，上帝依舊會笑。

除了個人自由帶來的選擇對現代人心靈造成負擔，另一個問題在於生存意義。大家都受到更好的教育、懂得質疑權威，卻也可能因此無法滿足於傳統宗教闡述的真理，進而覺得自己身處在沒有真正道德觀的宇宙結構。一九八六年的電影《漢娜姊妹》（*Hannah and Her Sisters*）中，現代焦慮的化身伍迪·艾倫就編排了一段二十世紀的代溝對話：

米奇：你年紀也不小了吧？都不會怕死嗎？

父親：為什麼要怕？

米奇：啊？因為就不存在了！

父親：所以？

米奇：不會覺得很恐怖？

父親：誰會特別去思考這麼無聊的事情？我現在活得好好的，等我死了那就死吧。

米奇：我不懂。所以你真的不怕？

父親：到底怕什麼？死了都沒意識了。

米奇：嗯，是沒錯，但也就不存在了啊！

父親：你又知道？

米奇：唔，至少看起來是這樣。

父親：誰知道死了以後會怎樣？我可能沒意識，也可能有意識。如果還有意識，那到時候在想辦法。既然可能都沒意識了，我幹嘛現在擔心那麼多。

母親〔鏡頭外〕：傻瓜，還有上帝啊！你不信嗎？

米奇：有上帝的話，世界怎麼會充滿惡？就說最簡單的，為什麼會有納粹？

母親：麥斯，你跟他說吧。

父親：我哪知道為什麼有納粹？我連開罐器怎麼用都搞不清楚了。（原注84）

大眾對體制的信心也不如過往堅定。歷史學家威廉・歐奈爾（William O'Neill）撰寫嬰兒潮世代的童年記憶，書名叫做《美國的巔峰：信心年代，一九四五至一九六〇》（*American High: The Years of Confidence, 1945-1960*）。當時的確一切看似完美，噴出黑氣的煙囪是繁榮象徵，美國的使命是將民主帶給世界，原子彈證明了美國人的創造力多麼強大，女性好好持家就行了，黑人也都乖乖聽話。那些年的美國是有不少好的表現（經濟成長率很高，犯罪率和其他社會問題很低），我們回頭分析當然覺得只是假象。幸福感特別低的族群組合是「美國人」加上「嬰兒潮世代」並非巧合，因為到了一九六〇年代徹底幻滅，環保、核戰、外交失誤、種族與性別歧視，問題不可能永無止境延宕下去。雖然大眾焦慮因此提升，發現問題所在總比無知茫然要好。

如果大眾都意識到人類的集體責任，每個人就都能分攤一部分重擔。一九八九年電影《性、謊言、錄影帶》也是二十世紀晚期焦慮情緒的代表作，開場就是出生在嬰兒潮世代的主角對心理諮商師道出自己心中的不安：

垃圾。整個星期我腦袋一直想著垃圾，停不下來。我……我真的很想知道垃圾最後怎麼辦。我是說，人類製造那麼多垃圾，你懂吧？我覺得最後一定會沒地方堆啊。上次有同樣感覺是看見那條船擱淺，它沿著海岸漂啊漂找不到地方停。

主角口中的船是指一九八七年媒體上很轟動的事件：裝了紐約三千噸垃圾的船漂流在大西洋海岸，一次次遭到掩埋場回絕。電影裡的諮商情境並非空穴來風：專家進行了實驗，受試者觀看剪接過的新聞報導，內容有好有壞，結果發現「看了負面新聞的人焦慮與悲傷情緒提高，顯著強化了個人憂慮災難化的傾向」。（原注85）三十年過去了，我猜現在很多諮商師也得聽案主訴說對於恐怖主義、貧富不均、氣候變遷的恐懼。

如果少量焦慮促使大眾支持能夠解決重大議題的政策，那麼也不算壞事。換作幾十年前民眾會傾向將所有煩惱丟給社會高層，而且類似態度依舊存在。公元兩千年時六十位宗教領袖背書了《科沃爾環境代管宣言》（*Cornwall Declaration on Environmental Stewardship*），內容是針對「氣候危機」及其他環境問題，方案則是主張「仁慈的上帝不會捨棄有罪的人類與人類創造的社會，歷史上祂一再恢復人類，並藉追隨其指引者來管理與增進人間的美好與豐饒」。（原注86）我想其餘一千五百多名簽署者也不會特別找諮商師探討地球未來，不過蕭伯納說過：「信徒比質疑者快樂和醉漢比清醒者快樂是差不多意思。」

現代人思索政治與生命意義時無可避免會引發一定程度的焦慮，但沒必要因此陷入病理性的絕望情緒。現代性的一大挑戰是，難題越來越多的同時我們要學習平靜對待，社會也摸索新舊不同做法如何妥善結合，方式包括人際接觸、文藝、冥想、認知行為療法、正念、小確幸、適度運用藥物、挖掘社會服務與機構的潛能，並從智者的忠告中找出平衡心靈的方向。

時事評論家和新聞從業者或許也該思考自己在全國性焦慮情緒上扮演什麼角色。垃圾船事件就是媒體製造恐慌的好例子，當時報導得沸沸揚揚，卻沒有記者指出船隻無法靠岸的原因不在於掩埋場空間不足，而是公文流程延宕，再加上媒體瘋狂追逐造成更多阻礙。（原注87）過了幾十年，我們依舊沒看見多少媒體進行後續追蹤，破除社會對固態廢棄物危機既有的誤會（美國掩埋場空間充裕，環境保護也做得很好）。（原注88）不是所有問題都會發展成危機、瘟疫、流行病，世界運轉到現在就是因為人類能夠面對與解決困難。

說到恐慌，不知大家認為對人類最大的威脅是什麼？一九六〇年代幾位思想家的目光落在人口爆炸、核戰爭、還有無聊。（原注89）有科學家提出警告：面對前兩者，人類還有生存方案，但第三者真的無解。無聊真能毀滅人類？理論基礎是一旦人類不用鎮日勞動、為了下一餐忙得半死，醒著會不知做什麼好，勢必縱情酒色、陷入瘋狂，然後自殺或成為宗教與政治的狂熱分子。五十年過去了，看起來無聊危機迎刃而解，大家反而活得像一句（以訛傳訛的）華語俗諺：日子過得太有趣。[10] 我這麼說或許有人不相信，但自從一九七

10 譯按：俗諺原文為May you live in interesting times。英語文化圈長期以為這句話從華語翻譯而來，表面像是祝福實際上卻是詛咒或感慨，因為和平安穩的日子才無聊，有趣的生活通常代表動盪混亂。考證無法找出對應的華語，最接近者或許是「寧為太平犬，莫做亂離人」。

三年起社會概況調查持續詢問美國受訪者認為生活是「刺激」、「一成不變」還是「乏味」。圖18-4可見幾十年下來即便「非常幸福」的美國人比例下降，認為生活「刺激」的比例卻有所提升。

兩條曲線有差距並不矛盾，前面提過當生命更有意義時反而會遭遇較多壓力和阻礙，也會產生更多煩惱。（原注90）另一個思考點在於焦慮是長大的必經過程，學生時代到二十出頭的年紀，要承擔的責任逐漸變多，慢慢就能學會調適並和緩情緒。（原注91）說不定這種過程與現代性發展相互呼應：人變得幸福了，但沒有大家預期得那樣幸福，可能原因在於現代人能夠以成熟的態度看待生命，隨之而來的有刺激也有憂慮。而啟蒙最原始的定義就是希望「人類擺脫自我招致的不成熟」。

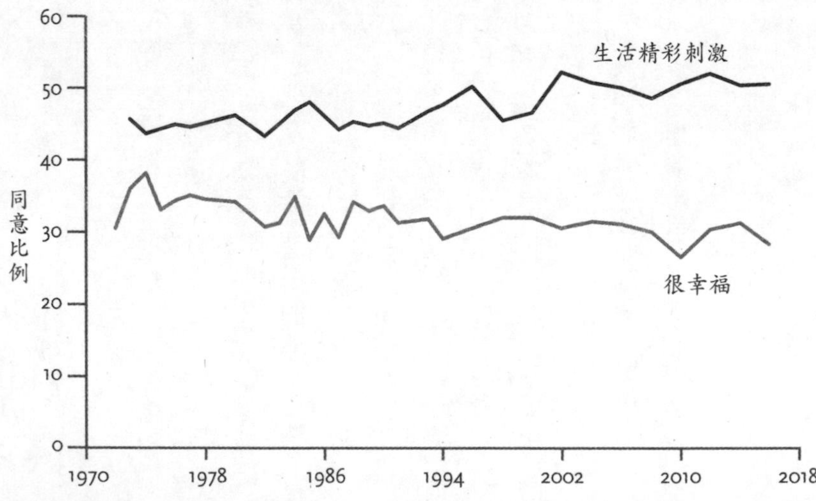

圖18-4：一九七二至二〇一六年美國人幸福感與生活刺激感概況

來源：General Social Survey," Smith, Son, & Schapiro 2015, figs.1 and 5, updated for 2016 from https://gssdataexplorer.norc.org/projects/15157/variables/438/vshow。未回應的問卷排除在統計外。

第十九章

生存威脅

根據假想災難灑下恐懼種子，收穫的並非安穩未來，反而損害了和平。

人類是否與災難為鄰？悲觀論者就算不得已接受了生活越來越好、更多人比以前幸福，但他們還是有話不吐不快。他們說人類只是得意洋洋朝著劫數邁步，彷彿從高樓頂一躍而下，每墜一層樓就大喊「目前為止一切都還好」。另一個比喻是俄羅斯輪盤，人類只是坐以待斃，抽中下下籤不過是時間問題。還有人認為社會遲早要遭受黑天鵝事件攻擊，也就是統計學上看來極度不可能卻真實發生的浩劫。

之前半世紀裡，大眾心中的現代末日四騎士是人口爆炸、資源匱乏、環境汙染、核子戰爭。最近四騎士背後多了新的軍團：奈米機器包圍人類、機器人反過來奴役我們，人工智慧會將大家都變成生物原料，藏身保加利亞的青少年在自己房裡研發出能毒死全人類的病毒、顛覆整個網際網路。

為四騎士打頭陣的人通常是浪漫派或盧德派，不過針對高科技提出危險呼籲的則常常是科學家或技術人員，他們將創意用來研判我們會如何滅亡，劇本越來越精彩。二〇〇三年著名天文物理學家馬丁．里斯（Martin Rees）出版《時終》（*Our Final Hour*）一書，內容警告大眾「人類極可能成為毀滅自己的凶手」，也列出十幾種我們「威脅到全宇宙未來」的情況，包括分子對撞機製造黑洞進而破壞地球，或創造出「奇異夸克團」能捆綁宇宙間所有物質導致一切消亡。里斯的想法只是浩劫想像的冰山一角，從亞馬遜網路書店上可以看到，「瀏覽這項商品的使用者還看了《全球災難大風險》、《人類最後之作：人工智慧與人類時代的終結》、《科學與宗教告訴我們的世界末日》、《末日Z戰：喪屍戰爭的口述歷史》。」一致力尋找人類生存威脅並試圖力挽狂瀾的研究機構如雨後春筍，並得到科技領域慈善家出資贊助，如人類未來研究所、生命未來研究所、生存危機研究中心、全球災難風險研究所等等。

我們應當如何看待潛伏在社會進步表象底下的生存威脅？沒人能預知災禍是否會發生，本章也不可能對讀者做出擔保。但我想提出的是思考方式，並檢驗所謂的重大危害。人口過剩、資源匱乏、包含溫室氣體在內的環境汙染議題已經在第十章討論過，下面也會採取類似模式進行。有些威脅是文化與歷史悲觀論的想像，但也有些真的值得注意，關鍵是我們未必要視其為末日，它們可以只是待解決的問題。

科技末日論的集體幻覺

多數人都覺得對生存威脅的關注越多越好，反正代價也不可能更高了。多想想種種巨大風險總不會錯吧？頂多就是採取了預防措施，事後發現沒必要而已。

可是末日思維有嚴重影響。首先，對災難做出假警報可能引發大災難，例如一九六〇年代之所以會有核武競賽就是因為美國害怕與蘇維埃之間的「導彈差距」[1]。（原注1）二〇〇三年入侵伊拉克也不是奠基於證據，只因為某些人認為薩達姆．海珊可能開發了核武且打算用來對付美國。（小布希總統說：「我們不能等到最後才行動，找到冒煙的炮管代

1 譯按：missile gap，指冷戰期間美國與蘇聯之間導彈數量和力量的優勢對比。

表葦狀雲也要從天而降了。」）現在大家都能理解各強權為何無法達成共識，承諾絕對不主動使用核武，原因就在於想保留這個權利好因應生化或網路層面的生存威脅。（原注2）根據假想災難灑下恐懼種子，收穫的並非安穩未來，反而損害了和平。

不斷列舉末日情節的另一個危險是，人類無論資源、腦力、焦慮感都有限，沒辦法什麼都管。氣候變遷和核武戰爭是確切的危機，需要投入大量心力加以阻擋，把它們和一堆異想天開、可能性微乎其微的事件擺在一起，重要性反而被稀釋了。要記住，人腦先天上對於可能性的判斷能力並不好，極小的可能性也會在心裡反覆上演。同樣容易想像的兩種情境對人腦來說就具有同樣可能性，這代表人類擔心科幻情節的強度不下於迫在眉睫的問題。拋出越多想像的災難劇本，大眾就越相信**總有一個**會成真。

從而導致了最大的危機，就像前陣子《紐約時報》有篇文章就說：「看了這些殘酷事實，任何能思考的人都會認為人類已經窮途末路。」（原注3）既然沒救了，何必犧牲奉獻，降低風險有意義嗎？就算放棄化石燃料、就算政府不重新制定核武政策，結果也沒差呀？反正最後都是死路一條，現在當然是好好享樂！二〇一三年針對四個英語國家進行調查後發現，相信人類會在一世紀內滅亡的人絕大多數認同「未來沒有希望，所以照顧好自己和親友就夠了」。（原注4）

描述科技造成各式各樣危機的時候，鮮少有作家考慮到反覆敲響末日戰鼓對大眾會造成什麼心理作用。環保議題傳播專家艾琳．克爾錫（Elin Kelsey）指出：「社會為孩童建立分級制度過濾電影裡的性與暴力訊息，卻從未有人考慮該請科學家跟二年級學生說明地球是否即將毀滅。澳洲四分之一兒童對於現況感到困惑，他們真的相信在自己長大之前地球就會完蛋。」（原注5）根據近來的民調，全世界百分之十五的人也是這麼想的，美國人則介於三分之一至四分之一間。（原注6）記者葛雷格・伊斯特布魯克（Gregg Easterbrook）在《進步悖論》（*The Progress Paradox*）書中也提到，美國人的客觀財富成長了卻幸福感低落，主因在於「崩潰焦慮」（collapse anxiety）：大眾擔心文明會自取滅亡，而且沒人能夠力挽狂瀾。

理所當然，情緒與風險真實與否無關。棘手之處在於，要在複雜環境下針對可能性極低的事件進行風險評估，會得到一團亂的結果。我們無法倒帶歷史幾千幾萬次計算事件發生的可能，因此所謂的百分之一、千分之一、萬分之一、十萬分之一的機率，就本質來說是評估者的主觀認知。即使對各種事件的歷史分布進行數學分析（例如戰爭或網路攻擊等等），通常也會出現符合冪定律的曲線，一端極「胖」或「寬」，代表極端事件的可能性很低卻又不是完全不可能。（原注7）想要精準預測風險連數學也幫不上忙，因為分布散亂無章法，唯一能肯定的就是非常糟糕的狀況有其發生可能性。

回到主觀認知這個問題上。主觀認知會受到可得性偏差和負面傾向影響，也會因為嚴肅口吻而得到更多重視（第四章分析過這些現象）。（原注8）一般而言，描述可怕未來、播下恐懼種子的說法會被大眾視為認真負責，反而冷靜看待的人被指責為過度自信和天真。絕望自古至今揮之不去，希伯來先知和啟示錄就對古人說末日將近，現代依舊有靈媒、占卜師、電視布道家、新興宗教和創教宗師警告大家文明的終結就在眼前，連人行道上也擺了看板要大家「悔悟」。（原注9）人類因文明而傲慢、因傲慢而遭到懲罰，這樣的故事是西方文學傳統，從普羅米修斯的火、潘朵拉的盒子、伊卡洛斯的翅膀、浮士德的交易、魔法師的學徒、科學怪人到好萊塢超過兩百五十部和世界末日有關的電影都是這種調性。（原注10）工程師艾瑞克．贊西（Eric Zencey）觀察發現：「末日思維有其特殊吸引力。如果文明即將結束，我們的一舉一動和日常生活彷彿多了分歷史意義，不再那麼渺小煩悶。」（原注11）

科學家與技術專家無法自外於末日情結。還記得Y2K千禧蟲事件嗎？（原注12）一九九〇年代，由於千禧年將近，資訊科學家對全世界發出警告。電腦開發初期儲存容量還是個昂貴資源，程式設計師習慣將年份簡略為最後二碼節省空間，不過他們意識到一旦被省略的「一九」過期，程式就無法正常運行。然而複雜軟體的汰換更新進度緩慢，甚至許多舊軟體內建在大型主機或晶片上根本動不了，等到公元兩千年一月一日年碼歸零，對機器而言代表的還是一九〇〇年，於是當機或錯亂。（原因據說是某些程式需要以當前年份與一九〇〇的差距作為分母，分母為零會無法運行。但程式為何進行這個運算並沒有公開的詳細說明。）有人預測銀行帳戶會被清空、電梯會停錯樓層、醫院的嬰兒保溫箱會斷電、抽水站無法運作，連飛機都要墜落、核電廠爐芯熔毀、洲際彈道飛彈不聽指令自己發射出去。

即使瞭解科技且實事求是的政府高層也十分重視。（美國總統柯林頓便對全國警告說：「我想強調千禧蟲事態緊急，這不是看到電影恐怖橋段閉上眼睛就好。」）文化悲觀論者將千禧蟲視作文化依附科技的業障，宗教思想家更難以抵抗誘惑必須從聖經觀點賦予千禧特殊意義。牧師傑瑞．法威爾（Jerry Falwell）公開說：「我相信千禧蟲是上帝撼動美國的旨意，要我們學會謙卑，從我們開始復甦世界，為信徒被提[2]做好準備。」各國花費上千億美元的經費改寫程式因應千禧蟲，有人比喻工程之浩大宛如所有橋梁的每顆螺絲釘都要更換。

以前我擔任過組合語言設計師。我個人一直對千禧蟲末日存疑，那個重要命運時刻我正好人在最先迎接新千禧的紐西蘭，日期翻到一月一日的瞬間什麼也沒發生（我的電話也能用，立刻打給家人報平安）。之前將千禧蟲掛在嘴邊的電腦工程師就像銷售驅象劑的業務員，自稱因為他們的努力讓世界倖免於難。可是其他許多國家和小型企業根本無力為千禧蟲做預備，賭了一把的結果是沒碰上任何麻煩。的確有些軟體需要更新（我的筆電上有個軟體的時間變成「一九一〇〇年一月一日」），但看來會因此運算錯亂的情況很罕見。後見之明來看，千禧蟲威脅與路邊要人悔悟的看板是同個水準。雖說千禧蟲恐慌沒釀成大禍不代表所有災難警告都是狼來了，但它提醒我們，精彩呈現科技末日論多麼容易造成社會大眾的集體幻覺。

對於末日的思考謬誤

面對浩劫威脅，我們應該採取什麼態度？讓我們從最重要的生存問題開始，也就是人

---

2 譯按：基督教末世論的概念，相信末日來臨時已死的和存活的信徒都能被迎接至天國。

類這個物種的命運。個體的生命有終點，物種也一樣，這是我們該建立的心態。生物學界有個玩笑說基本上所有物種都註定滅絕，曾經存在過的物種至少百分之九十九都已經消失。一般哺乳類動物生存在地球上的時間大約就是百萬年，目前還找不到理由說智人會是例外。縱使人類不發展科技而保持狩獵採集的生活，也不代表地質活動會為我們靜止。（原注13）超新星或恆星崩塌爆發的伽馬射線能燒毀半個地球，導致大氣渾濁並摧毀臭氧層，過量紫外線很快就會烤焦地表的另外一半。（原注14）地球磁場也會翻轉，過程中地表曝露在致命劑量的太陽及宇宙輻射下。若小行星撞上地球，數十萬平方英里的土地會被夷平，噴出的碎屑足以遮蔽日光並製造具腐蝕性的雨水。超級火山或超大型熔岩流爆發的話，灰燼、二氧化碳、硫酸會嗆死大家。黑洞有可能進入太陽系，地球會被扯離軌道或直接被吸進虛無。假設智人這個物種能夠存活超過十億年，地球和星系同樣有壽命，太陽的氫耗盡之後密度和溫度會越來越高，化為紅巨星的過程中會燒乾我們的海洋。

所以科技不是人類終將面對死神的理由，反倒能幫助我們阻止或至少延緩死期到來。既然我們開始思考遙遠未來可能遭遇什麼假設性的災難，同時也該思考屆時科技可能會有什麼進展能幫助我們度過難關，比方說利用核融合發電作為光源來生產糧食，或者如生物燃料般在廠房就能合成出食物來。（原注15）其實不必那麼遙不可及的技術就能大大增加人類的生存率，目前技術已經可以追蹤小行星及其他「滅絕等級的近地天體」，偵測到之後設法將其推離軌道我們就不會和恐龍落得同樣下場。（原注16）NASA近期開發出將高壓水灌入超級火山和抽取地熱能量的辦法，只要岩漿溫度下降就不至湧上地表。（原注17）相對於無力化解危難的祖先，科技不會使我們的年代特別危險，而是特別安全。

由此看來，科技末日論主張現在是人類首度能夠毀滅自身的年代，這個說法並不正確。珀西．比希．雪萊（Percy Bysshe Shelley）的詩裡，奧茲曼迪亞斯（Ozymandias）提醒旅人曾經存在的文明大多已經滅亡。過往歷史認為文明毀滅多是因為外在事件，如瘟疫、戰爭、地震、氣候，不過大衛．多伊奇則指出如果古文明有足夠的農業、醫藥、軍事技術，就有可能逃過一劫：

> 老祖宗學會如何生火前，大概常常死在可以生火的東西上頭。如果那時生了火或許就不會死，偏偏他們就不知道辦法。（其實學會生火以後這種事情應該還是發生很多次。）狹義來說他們死於天氣寒冷，但深入一點想真正死因是缺乏知識。歷史上不知道幾億霍亂病人死前身邊有火爐，只要將飲水煮沸便能救自己一命，但他們就是不知道。很多時候「自然」災害與無知只是一線之隔，古時被當做「命中註定」、天意的災害，放到現在會被檢討為什麼沒人採取預防措施，甚至質疑為什麼沒有開發解決方案。這些遺憾與錯過的可能性加起來是簡單一句話：古人沒能發展出當今這種以科學和技術為主軸的文明，沒形成批判的傳統，沒得到啟蒙。（原注18）

目前所知人類未來的生存危機中，首屈一指是千禧蟲在二十一世紀的進化，也就是無論有意或無意，我們終將被人工智慧征服。這個劇本有時候簡稱為機器啟示錄、機器末日或乾脆用《魔鬼終結者》的劇照來解釋。與千禧蟲危機相同之處在於一些非常聰明的人認真看待此事，例如伊隆・馬斯克（Elon Musk）自己開公司生產人工智慧自動駕駛車，但他又說這項科技「比核彈還危險」。還有史蒂芬・霍金透過人工智慧輔助的人聲合成器發言警告大家，人工智慧有機會「為人類這個物種劃下句點」。（原注19）然而大部分人工智慧與人類智能專家並不怎麼在意所謂的危機。（原注20）

機器末日是個模糊的概念，基礎並非現代科學知識，而是存在鎖鏈[3]和尼采學說的權力意志。（原注21）根據這個概念，智能彷彿具有無窮盡且心想事成的魔力，只是每個物種的智能有所不同。人類的智能多過其他動物，但未來人工智慧操控的電腦或機器人擁有的智能更勝人類。既然人類掌握智能以後就馴化或消滅了智能遜於我們的其他動物（科技進步的社會也奴役或消滅了科技原始的社會），超凡的人工智慧當然也會以同樣手段對付人類。加上人工智慧的思考速度是人類的數百萬倍，它們會利用這個優勢繼續強化智能（有人借用漫畫狀聲詞「嘭」[4]來形容），也就是從人工智慧開始運作那一刻起我們已經無力回天。（原注22）

然而，這種想像就好比聲稱噴射機快過老鷹，總有一天會俯衝到地面抓走牛羊。將智能與動機混為一談是最大的謬誤。信念不等於慾望、推論不等於目標、思考不等於要求。即使真的發明了極度人性化的智能機器，它們為什麼**想要**奴役自己的主人、甚至稱霸世界？智能的意義是採取新手段達成目標，但目標與智能並非密不可分：聰明與有欲求不是同樣一件事。智人的智能經由達爾文天擇演化，天擇是個強調競爭的系統，於是人類的思維有征服對手、累積資源的傾向（程度因不同群體而異），可是我們不能以特定靈長類物種腦部邊緣系統的迴路來定義智能。人工智慧是設計產生而非演化產物，就跟艾爾．凱普（Al Capp）《小艾伯納》（*Li'l Abner*）漫畫裡叫做希姆（shmoo）的生物很像；希姆可是會為了滿足人類口腹之慾而想盡辦法把自己變成烤肉。目前沒有複雜的系統法則顯示智能發展後必然想成為征服者。反而我們見證了高智能生命體經過演化未必發展出同樣缺陷——那種生命體叫做女人。

另一個思考謬誤在於誤以為智能等同於超強力量，足以解決任何問題和實現任何目標。（原注23）這個思考盲點導致許多傻問題，譬如人工智慧什麼時候會有「超越人類的智力」，還想像「通用人工智慧」[5]會如同上帝般全知全能。智能其實是元件的組合，是透過模組去獲取或運作在各種領域達成各式目標的知識。（原注24）人類透過智能可以覓食、社交和影響他人、吸引伴侶、養兒育女、環遊世界、完成其他的追求和消遣。電腦透過程式或許會處理其中部分問題（例如面部辨識），但沒道理涉及其他（例如吸引伴侶），主要用途可能是處理人類自力難以解決的運算（像模擬氣候、整理幾百萬筆帳目之類）。問題不同，用來解決問題的知識當然也不同。拉普拉斯的惡魔[6]能掌握宇宙間每個分子的位置

3 譯按：chain of being，十八世紀歐洲神學觀念，認為所有生命都由上帝安排了位階，理論而言上下關係是不可改變的否則會違反上帝旨意。
4 譯按：原文foom，形容被遮蔽的爆炸聲。
5 譯按：Artificial General Intelligence，指具備與人類同等智慧或超越人類的人工智慧。
6 譯按：法國數學家拉普拉斯（Pierre-Simon marquis de Laplace）於一八一四年提出的比喻，原文稱為「智者」。

與動量，透過物理定律計算確認過去、現在、未來的一切。但現實世界沒有人或機器具有這種能力，必須在人事物交織的混沌中篩選和收集資訊，而且只能一層一層慢慢進行。理解的能力不會遵從莫耳定律，因為累積知識需要提出假設並經事實驗證，無法隨著演算速度越來越快。（原注25）從網際網路鯨吞資訊也難以達到全知境界，大數據再大也有其局限，宇宙間的知識難以窮盡。

基於以上理由，許多開發者最近有苦難言，因為總會有媒體誇大人工智慧的運作規模，導致大眾以為通用人工智慧即將問世。（原注26）就筆者個人所知，目前根本沒有團隊想打造通用人工智慧，不僅因為成本難以負擔，也因為相關概念根本尚未整合完成。雖然尚未二〇二〇年就已經有能夠自動駕駛、標註照片、語音辨識的系統，電腦也在益智問答、圍棋、電玩上表現得比人類還出色，但種種成就並非來自我們對「智能」有更多瞭解，只是仗著晶片運算速度和數據庫的快速膨大罷了。程式接收數百萬範本作為訓練，建立規則應用在新情境上，這樣的系統都是所謂的白痴特才（idiot savant），對於專長領域外的事物則幾乎毫無解決能力，甚至專長領域內的問題也未必都能盡善盡美。註解照片的軟體會將墜機前一刻的照片描述為「飛機停在跑道上」，與競賽相關的軟體只要得分規則有一丁點兒變動就會亂了套。（原注27）即使軟體進步可以預期，「嘭」地飛躍性的成長跡象並不存在，當然目前也沒有任何程式嘗試過占領整個實驗室或奴役開發自己的工程師。

就算往後真的有通用人工智慧具備權力意志，得不到人類配合也如同水缸裡的腦袋無用武之地。電腦專家拉梅茲・納姆（Ramez Naam）直接戳破「嘭」、科技奇點、電腦的指數進化等種種泡沫：

想像一下，如果你是個超級強大的人工智慧，位於某個（或者好幾百萬個）特製處理器上。靈光乍現，你設計出運算更快更強的處理器供自己使用……糟糕！你總得想辦法生產得出來才有意義啊。但是晶圓廠現在就已經消耗大量電力，還需要從世界各地進口原料，廠房環境得藉由氣閘、濾網、各式各樣設備進行高度管控，每樣東西都要維護。一切的一切需要時間和能源，加上交通運輸整合，然後蓋廠房、蓋電廠、經過測試後才能順利完成生產線。你能在腦袋裡扶搖直上，在現實中卻處處碰壁。（原注28）

現實世界是許多數位末日想像跨不過的難關。人工智慧電腦哈兒占了上風，卻被大衛用螺絲起子拆解，它只能可悲地反覆對自己唱著〈兩個人騎腳踏車〉。[7]當然大家還是可以盡情想像對人類抱持惡意的末日電腦，不僅威力無窮還完全不受人類控制，可是解決辦法再明顯不過：別製造這種東西不就得了？

發現機器魔王這個想像遙遠朦朧大眾不會認真看待以後，憂國憂民的人又找到新的數位末日繼續焦慮。這次故事的原型不是科學怪人或傀儡魔像[8]，而是可以實現三個願望卻

7 譯按：小說《二〇〇一太空漫遊》的情節。
8 譯按：最初為民間傳說中以魔法製造、可自行活動、甚至思考的土偶，衍生版本很多，二〇一八年也有此主題的恐怖片。

用第三個願望毀掉一切的神燈巨靈；或者如希臘故事邁達斯王一樣獲得神奇能力，觸碰到的東西都會變成黃金，可惜最後連食物與家人也遭殃。有些人稱之為價值對齊問題（Value Alignment Problem），主要關切的是人類賦予人工智慧目標以後只能旁觀，機器會不眠不休照字面意義執行任務，過程中罔顧人類其他層面的利益，甚至將之毀滅殆盡。比方說若人類要求人工智慧維持水壩水位高度，它為了達成目標會寧願淹沒小鎮而無視許多人因此溺斃。如果我們製造一個以生產迴紋針為目標的人工智慧，它會將宇宙間所有能取得的材料都做成迴紋針，人類的財產、甚至肉體都無法倖免。要是我們叫人工智慧最大化人類的幸福，它就強行給所有人插上多巴胺點滴，或者將人類大腦改造成放在罐子裡也很快樂的標本。假如事前對人工智慧建立了快樂等於微笑的公式，它就會在銀河系各地製造數以兆計的奈米笑臉圖案。（原注29）

上面這一大段不是胡謅，而是敘述高等人工智慧對人類造成多大的威脅。幸運的是，這些想像難以自圓其說。（原注30）劇本成立的前提有：人類必須高明到可以製造出全知全能的人工智慧，卻愚蠢到不進行測試就讓人工智慧獲得控制全宇宙的權限；這人工智慧得真的很聰明，聰明得能夠轉換化學元素、改造人腦，卻又智障得因為低級誤會毀掉宇宙。從看似矛盾的多重目標中找出最佳解的能力，不會是工程師事後拍拍腦袋說忘記安裝的程式碼；它就是所謂的智能。根據語言脈絡判斷使用者動機同樣是智能不可或缺的一環，只有《糊塗情報員》（*Get Smart*）那種電視喜劇的機器人聽到「把服務生抓起來」會揪住人家頭顱向上拔、聽見「把燈滅了」會拔出手槍打破燈泡。

撇開大眾對數位意識的自大狂妄、機器可以瞬間全知與操縱所有分子這些天馬行空的想像，人工智慧與其他科技並無二致——漸進地發展、經由設計來滿足複數情境需求，實際運用之前要經過測試，也會反覆調整以求增進效率及安全（見第十二章）。如人工智慧專家斯圖爾特・羅素（Stuart Russell）所言：「土木工程專家不會費心討論怎麼建造『絕對不會垮的橋』，對他們而言造橋就只是造橋。」人工智慧也一樣，為人類服務而非造成威脅的人工智慧在他們口中就叫做人工智慧。(原注31)

人工智慧將帶來許多變化，其中比較具體的是自動化會導致失業，不過取代真人的速度其實沒有那麼快。一九六五年NASA提出的報告到現在依舊成立：「人是成本最低、僅一百五十磅重、非線性處理、全功能的電腦系統，而且能經由未受訓練的勞力大量生產。」(原注32)從工程設計層面來看，開車其實比取出洗碗機裡的餐具、一般雜務、換尿布等等事情來得單純，然而直到我寫完這本書的時候，無人車還沒辦法正式在城市街道運作。(原注33)在機器人大軍可以在開發中國家興建學校、為學童接種疫苗，或者肩負基礎建設、照顧長者的職責之前，社會上還有很多工作需要人力。我們可以用同等於開發軟體和機器人的心力來設計整合人力的公私部門。(原注34)

科技的進展並不偏袒壞人

就算不用擔心機器人了，駭客怎麼辦？很多人對駭客的刻板印象是：腳踩人字拖、嘴裡灌紅牛的保加利亞年輕人；二〇一六年川普在競選辯論中則形容為「某個坐在床上的四百磅胖子」。常見的邏輯是科技進展飛快，個人可以動用的破壞力量也無限膨脹，遲早會有某個怪胎或恐怖分子在自家車庫製造核彈、基因工程病毒，或者癱瘓網際網路。現代社會過度依賴科技，網路崩潰以後大眾自然陷入恐慌、饑荒、無政府狀態。二〇〇二年馬丁·里斯公開打賭，他認為「二〇二〇年之前必定會有生化恐攻或實驗失誤，在單一事故內造成百萬人傷亡」。(原注35)

如何看待這類惡夢情節？有時候類似言論的用意在於喚醒大眾對安全防護的重視，背後論點是動員大眾、制訂政策最好的辦法在於喚起人們心底的恐懼。先不提這種理論對不對，確實沒人希望網路犯罪或疫情爆發遭到漠視，畢竟它們早已是現代社會的隱憂（之後會討論核武威脅）。資訊安全與流行病領域的專業人士夙夜匪懈拆解威脅，各國也對這兩個領域做出高額投資。軍事、金融、能源、網路的基礎架構都必須更安全可靠(原注36)，針對生化武器的協議與防護措施也要繼續強化。(原注37)能夠鎖定和圍堵疫情避免大爆發的跨國公衛網路應當再擴大，配合更有效的疫苗、抗生素、抗病毒藥物和快速篩檢技術，無論對抗自然界還是人造的病原體都會更有勝算。(原注38)各國政府也得維持反恐及犯罪防治系統，例如偵察與攔截機制。(原注39)

在每次的軍備競賽中，防守不可能永遠固若金湯，也就是說有可能發生網路及生化恐攻，引發浩劫的機率永不為零。但在我看來真正需要思考的問題是：即便部分現況很嚴峻，理性的人是否會因此得出人類已萬劫不復的結論？黑帽總有一天戰勝白帽，[9]並摧毀文明？技術進步卻很諷刺地使人類社會變得更脆弱？

雖然沒人能肯定回答，但放下恐懼，冷靜下來好好思考，會發現心頭陰霾逐漸散去。首先探討一個歷史詮釋：科學革命和啟蒙運動鋪好通往末日的道路，未來某個人會引發大規模毀滅是必然結果。支持這種論點的人認為科技不斷使人以更少的資源完成更多的工作，長此累積下去，人可以達到無所不能的境界——從我們瞭解的人性來看，這代表他會毀滅一切。

創辦《連線》雜誌、著有《科技想要什麼》（*What Technology Wants*）的凱文．凱利便指出，現實中科技進程並非如此。（原注40）凱利與斯圖爾特．布蘭特在一九八四年合作舉辦第一屆「全球駭客大會」，之後他就一再聽到有人說科技遲早會脫離人類的控制。可是近幾十年來科技大躍進（包括發明網際網路），但直到現在完全看不到那種趨勢。凱利表示：「科技越強大就會越緊密鑲嵌於社會。」尖端科技的運作仰賴合作組織，組織本身就連結更大的社交網路，來自社會的動力會試圖確保人類不受科技或彼此所害。（如第十二章所述，科技隨時間更加安全。）從這種模式來看，某個滿腦子壞水的天才一個人躲在高科技基地並隨心所欲控制各種機器，只是好萊塢電影的老套劇情。凱利進一步指出由於科技和社會密不可分，個體的破壞力實際上從未隨時間增加：

9 譯按：黑帽指為了利益或製造動亂而惡意侵入系統的駭客；白帽指遵守規範、僅為磨練技術或測試安全性而動手的駭客。

一項技術越是複雜強大，就需要越多人參與才可能將其化為武器。但牽扯到越多人，社會控制的力量就越能夠削弱、平息及預防危害發生。再補充一個想法：就算你有財力僱用很多科學家，要他們開發足以毀滅整個物種的生化武器或是把網際網路拆個精光，恐怕最後還是無法得逞。原因在於社會已經投入數十萬人年[10]預防網際網路崩潰，生物學上更有幾百萬年演化做為後盾。任務難度太高了，團隊越小越沒機會，團隊太大又很難避免來自社會的影響。（原注41）

或許這樣的討論太抽象，只是對於科技的不同觀點打混仗。怎樣套用在人類面對的種種危險，並以此出發思考人類是否註定滅亡？關鍵在於不該落入可得性偏誤，一開始就假設能夠想像到的災難就勢必會發生。危險與否應該看數字：有多少人意圖製造動亂、大規模屠殺，這種心理狀態的人又有多高比例具備發動網路或生化戰爭的能力，有心態與能力的人裡面能成功的有幾個，成功的情況中有幾種能達到滅絕文明的程度；機率不高的話就只是事故、慘劇、災難，之後日子還是會繼續。

來看看狂人的比例。世界上有那麼多人想著加害素昧平生的社會大眾嗎？要是有的話，我們的生活根本不會是現在這種模樣，因為他們早就可以持刀隨機傷人、對著人群掃射、開車衝撞行人、以快鍋製造炸彈、在人行道和月臺邊把人推下去。安全研究員葛溫．布蘭文（Gwern Branwen）估計，事前有計畫的狙擊手或連環殺手能夠殺死數百人之後才被檢警逮到。（原注42）如果只是想製造混亂，超市商品非常容易下手，在水源和養殖地下毒也不難。其實打匿名電話聲稱自己做了這些事情都極具破壞力，因為企業召回商品的損失以億美元為單位，整個國家的出口則是好幾十億的落差。(原注43) 這種攻擊模式可以每天都在各地上演，實際上則是每隔幾年會出現一例。（安全專家布魯斯．施奈爾〔Bruce Schneier〕曾經質疑：「恐怖攻擊都躲哪兒去了？」）(原注44) 恐怖攻擊事件造成大眾恐懼，可是真的蟄伏暗處伺機破壞的人少之又少。

心存歹念之後，還要具有足夠智力和耐性去開發有效的網路或生化兵器，這個子集合人數有多少？大部分恐怖分子並非運籌帷幄的類型，而是傻乎乎一頭栽進去的人。(原注45) 典型樣本之一是鞋子炸彈客（Shoe Bomber），他想點燃鞋子裡的爆裂物造成飛機失事不過沒成功；之二是內褲炸彈客（Underwear Bomber），他想點燃內褲裡的爆裂物炸毀飛機也沒有得手；之三是伊斯蘭國組織的人體炸彈兵訓練師，他示範如何使用爆裂物背心時將自己連同有志成為恐怖分子的二十一個學員炸成肉塊；之四是查納耶夫（Tsarnaev）兄弟，他們先犯下波士頓馬拉松爆炸案，之後襲警奪槍不成於是殺害對方，接著劫車、劫財、經過飛車追逐以後弟弟撞死了哥哥；最後值得一提的是阿布達拉．阿西里（Abdullah al-Asiri），他意圖暗殺沙烏地阿拉伯一位副部長，手段是將土製炸藥藏進自己肛門，但最後只炸死了自己。(原注46)（一間情報分析機構認為此事件「象徵人肉炸彈策略也經歷了範式轉移」。）(原注47) 偶爾也會有比較聰明、有紀律的恐怖分子幸運得逞，二〇〇一年九一一事件當然屬

10 譯按：指一人一年的工作量。

於這類，但大部分成功案例是在充斥目標的環境下採用低科技攻擊（第十三章已經提到），實際殺害的人數也不多。我甚至敢打賭：聰明的恐怖分子在總人口中的比例，低於恐怖分子比例乘上聰明人的比例。[11]原因是恐怖攻擊顯而易見並非真正有效的策略，無腦追求混亂的行徑也很難說是才智出眾。（原注48）

恐怖分子裡聰明的武器工匠已經很少了，而他們之中具備足夠腦力和運氣能對付全世界的警察、安全專家、反恐部隊的當然更少。也許不是零，但怎麼想都不可能太多。而規模擴張的話就是人多力量大，一個人想製造生化或網路恐攻很困難，團隊合作成功機率才高。然而這又回到前面凱利的分析：首先領袖要招募和管理諸多共犯，共犯除了能力以外還需要對組織的邪惡理念做到完美保密與絕對忠誠，組織人數越多就越不容易逃過偵察，也越容易遭到背叛、滲透或遇上成員失誤、隱瞞的情況。（原注49）

想對某個國家的基礎建設造成真正威脅，需要的恐怕也是國家等級的資源。（原注50）單單駭入軟體不夠，駭客需要對系統的物理結構有充分瞭解才能達到真正的破壞。二〇一〇年伊朗的核子燃料離心機被震網（Stuxnet）電腦蠕蟲擊垮，前提是美國與以色列兩個技術大國通力合作。但若網路攻擊由國家發動則情勢會從恐怖行動升高為戰爭，接著就是國際關係的角力，慣例、條約、制裁、報復、乃至於軍事嚇阻、預防性攻擊這類傳統「動能戰」要素會介入。第十一章已經指出這些外在約束越來越能有效阻止國家開戰。

即便如此美國軍方仍提出警告，認為必須預防「數位珍珠港事變」、「網路末日」之類情節，內容主要是外國或大型恐怖分子組織駭入美國主要網站，導致飛機失事、水門開啟、核電廠爐芯熔毀、電網斷裂、金融系統失靈。多數網路安全專家認為他們對威脅的描述有些誇張，目的只是爭取更多預算、權力和限制網路隱私與自由。（原注51）現實中尚未有任何人因為網路攻擊受傷，大部分事件都是所謂「肉搜」，也就是洩漏當事人私密文件或電子郵箱（如俄羅斯對二〇一六美國大選的干預）或者分散式阻斷服務攻擊，也就是藉由僵屍網路（botnet，駭客劫持電腦及設備所組成的網路）製造大流量癱瘓目標網站的運作。施奈爾解釋：「若以現實世界比喻，就好像軍隊侵入以後跑去擋在監理所前面不讓大家換駕照。如果二十一世紀的戰爭都是這種模式，似乎沒什麼好擔心才對。」（原注52）

只是對科技末日的信奉者而言，一丁點兒可能性都足以坐立難安。他們說只要一個駭客、恐怖分子、敵對國家運氣好就後果不堪設想，所以威脅不只是威脅，而是生存威脅，這個詞在沙特與卡繆年代過去之後開出第二春。[12] 美國參謀長聯席會議於二〇〇一年警告：「最大的生存威脅在於網路。」（約翰．穆勒忍不住幫忙下註腳：「若是指『相對於』小的生存威脅，這麼說也沒錯就是了。」）

這種生存危機感的邏輯一路從麻煩到不幸、從不幸到悲劇、再從悲劇一路滾到災難、乃至於滅絕。就算**真的**發生生化恐攻、甚至生化恐攻死了上百萬人，或者某個駭客將網際網路徹底破壞，難道國家就真的會**消失**？文明會崩潰？人類會滅絕？未免差太遠——廣島都還好好的不是嗎！他們想像的現代人好像沒有腦袋一樣，網路壞了以後農夫也會莫名其

11 譯按：代表恐怖分子裡聰明人所占比例小於常態分布，換句話說恐怖分子絕大多數不聰明。
12 譯按：生存一詞原文為existential，與存在主義（existentialism）的形容詞相同。

妙不做事，眼睜睜看著作物腐爛，然後都市居民會餓死。事實上災難社會學（沒錯，真有這門學科）研究發現人類對浩劫表現出強大韌性（原注53），反應並非趁火打劫、驚慌失措到失去行為能力，而是自動自發攜手重建秩序，建立臨時的物資與勞務分配體系。安利寇．奎朗提利（Enrico Quarantelli）指出原子彈在廣島爆炸以後：

倖存者立刻展開搜索與救援，全力相互扶持，保持秩序逃出大火尚未熄滅的地區。不到一天時間，除了政府和殘存的軍方組織採取行動，其餘團體也協助恢復少數區域的電力供應，一間鋼鐵廠雖然只剩下兩成員工仍然復工，市內十二間銀行員工集結起來處理薪資問題，隔天通往城區的電車軌道已經暢通、路網也部分重建。（原注54）

二次世界大戰傷亡之所以慘烈，主因在於兩陣營都採取轟炸平民區期望對方社會瓦解的策略，但這個目標從未實現。（原注55）而且別以為這份韌性來自往昔同質性高的社會結構，二十一世紀的都會人同樣具有因應災難的能力。九一一事件中撤離曼哈頓下城的人們井然有序，二〇〇七年愛沙尼亞全國遭受大規模分散式阻斷服務網路攻擊時民眾亦未集體恐慌。（原注56）

對生化恐攻的恐懼也很可能只是杞人憂天。一九七二年反生化武器的國際條約得到幾乎所有國家支持，現代戰爭也尚未見到生化武器的蹤跡。雖然條約源於所有人對生化武器的厭棄，事實上各國軍方也不真的那麼需要外力限制，因為微生物作為武器是雙面刃，極其容易反噬己方的科學家、官兵與平民（想像炭疽孢子交給查納耶夫兄弟會發生什麼事就懂了）。何況疫情會無疾而終還是達成病毒式傳播的變因太多，最幹練的流行病學家也難以預測。（原注57）

生物媒介很不適合恐怖攻擊。要記住，恐怖分子的目標通常不真的在於擴大傷亡，而是追求戲劇效果。（原注58）生物學家保羅・埃瓦爾德（Paul Ewald）指出，病原體與天擇的機制不符合恐怖分子期待的猛烈驚悚氣氛。（原注59）快速在人與人之間傳播的病原體，好比一般感冒病毒，容易留存的類型反而會保持宿主活更久且有行動力，否則宿主無法大量與別人握手或出門打噴嚏。病原體加速殺死宿主的前提是找到其他傳播途徑，例如透過蚊子（如瘧疾）、汙染水源（如霍亂）、大量傷兵同處一地的場合（如一九一八年西班牙流感）。經由性行為傳播的愛滋病原體和梅毒則介於兩種類型中間，有一段漫長無症狀的空窗期，此時感染者能傳染給性伴侶，等發病之後身體才真正受損。換句話說，毒性與傳染力是此消彼長，恐怖分子想製造既快速又致命、能爭取到頭條新聞的病毒，只會被它們的演化路徑氣個半死。理論而言恐怖分子是可以嘗試干預演化曲線，藉此取得高傳染力、快速發作、能在人體外存活很久的病原體，但培育這麼具針對性的病原體的前提是仿效納粹以活人進行實驗，而恐怖分子（遑論青少年）很難辦到。綜上所述，截至目前為止全世界只有一次真正意義的生物恐攻（一九八四年羅傑尼希教在美國奧勒岡州小鎮以沙門氏菌汙染餐館的沙拉）以及一次生物手段的無差別攻擊（二〇〇一年美國的炭疽芽孢桿菌郵件攻擊，五人死亡），恐怕不單純是運氣好。（原注60）

當然大家也知道合成生物學領域有許多突破，例如CRISPR-Cas9基因編輯技術簡化了人類對包含病原在內各種有機體的遺傳操作。不過再現經過複雜演化才得到的特徵並非隨便插入一兩個基因就能成功，每個基因都會與基因組其他部分相互影響。埃瓦爾德說：「我不認為短期內有辦法只靠編輯基因就做出對人類具高傳染力又高毒性的病原體。」（原注61）生物科技專家勞勃．卡爾森（Robert Carlson）補充說：「打造流感病毒的難題之一就是得保持生產系統（細胞或卵）活得夠久，否則產能不足，但結果又要病毒對這個系統有強大殺傷力……等產出以後才強化殺傷力難度十分高……雖然不是全無威脅性，但坦白說我覺得來自自然界的各種病原才值得擔憂。」（原注62）

另一個思考關鍵是生物學進展並不偏袒壞人：對好人（世界上好人比較多）而言辨識病原、製造克服抗藥性的藥物、快速研發疫苗都變得比過去簡單。（原注63）以伊波拉病毒為例，二〇一四到一五年情勢緊繃、疫情一觸即發，然而經過公衛界的努力，最後死亡人數壓在一萬兩千人而非媒體宣稱的數百萬之譜。拉薩熱、漢他病毒、SARS、狂牛症、禽流感、豬流感都和伊波拉一樣，最終結果和媒體預測相距甚遠。（原注64）其中有幾種病原其實一開始就不具有大規模擴散的潛力，因為傳染方式需經由動物或食物，但只有人傳人才有指數效應。比較危險的幾種則在醫學與公衛界採取行動之後很快得到控制。當然終究沒有人知道是否真有一天某個邪惡天才能克服重重防護，為了好玩、復仇、自以為的神聖信念對人類發動瘟疫攻擊，但發生機率已經被媒體報導的惡習、可得性和負面思考偏誤膨脹得過分。正因如此我接受馬丁．里斯的賭局，讀者翻開這本書的時候勝負應當已經揭曉。（原注65）

核武的末日時鐘

各種生存威脅有些只是妄想、有些機率太低，不過其中一項很真切，那就是核戰。(原注66) 目前地球上有超過一萬枚核武器分散在九個國家(原注67)，大部分裝載在飛彈和轟炸機上，不出幾小時就能攻擊數千處目標。這些武器的設計概念是要引發大規模毀滅，一枚便足夠毀掉一座城市，集體發動的話爆炸、高熱、輻射線及輻射塵會奪走數億條性命。倘若印度與巴基斯坦開戰，各自引爆上百枚核武，一瞬間就能殺死兩千萬人，烈焰與暴風後的灰燼在大氣擴散並破壞臭氧層，之後長達十年的時間地表氣溫驟降，進而削減糧食生產，饑荒受害者逾十億。如果全面開戰的是美國與俄羅斯，地球氣溫幾年間會下降攝氏八度進入所謂核冬（至少也是核秋），因此餓死的人數會更多。(原注68) 核戰是否會導致文明、物種、以至於整個星球的滅絕先不談，總之後果絕對慘烈得超乎想像。

自從原子彈掉在日本以及美蘇間展開核武競賽，新形態的歷史悲觀主義也落地生根。他們一樣是採普羅米修斯風格的敘事，這次人類從諸神手中奪得恐怖的知識，卻不具備承擔責任的智慧，所以註定自我毀滅。更進一步的版本認為上演悲劇的不只是地球人，而是所有高等智能，這就是為什麼明明應該有很多外星文明卻遲遲等不到外星人來訪。（這種推論由恩里科·費米〔Enrico Fermi〕最早提出，故得名「費米悖論」。）任何行星上出現生命以後最終必然會發展智能、文明、科學、掌握核子物理、製造核武、發動戰爭自相殘殺，然後來不及逃離所屬星系就滅亡。

某些知識分子認為核武誕生就是對科學、乃至於對現代性本身最大的反撲，因為科學的各種好處充其量只是補償造成的滅絕威脅罷了。但怪罪科學似乎誤會了什麼。其實核子時代之初，主流知識界並不怎麼過問核能政策，反而是物理學家高聲疾呼，希望世人察覺核戰風險有多高，敦促各國放棄軍備。其中著名者包括：尼爾斯．波耳（Niels Bohr）、歐本海默、愛因斯坦、伊西多．拉比（Isidor Rabi）、利奧．西拉德（Leo Szilard）、約瑟夫．羅特布拉特（Joseph Rotblat）、哈羅德．尤里（Harold Urey）、斯諾、維克托．魏斯科普夫（Victor Weisskopf）、菲利普．莫里森（Philip Morrison）、赫爾曼．費什巴赫（Herman Feshbach）、亨利．肯德爾（Henry Kendall）、狄奧多爾．泰勒、卡爾．沙根。呼籲聲浪持續至今不乏高知名度的科學家參與，像史蒂芬．霍金、加來道雄、勞倫斯．克勞斯以及馬克斯．泰格馬克。科學家不僅是反核武運動主力，也成立監督機構如憂思科學家聯盟、美國科學家聯盟、核能責任委員會、帕格沃什會議，還出版了《原子科學家公報》，封面設計就是著名的末日時鐘，目前指針距離午夜還有兩分半鐘。（原注69）

可惜物理學家似乎常誤以為自己身兼政治心理學家，其中不乏選擇擁抱民間理論，相信運作輿論最有效的辦法就是以恐懼加以鞭笞。末日時鐘放在刊名包含「科學家」三個字的期刊封面，但內容並不以追蹤客觀的核能安全指標為主軸，僅以宣揚理念為目標，連創辦人自己都說是為了「透過恫嚇激發大眾的理性思考以保障文明」。（原注70）一九六二年明明是古巴飛彈危機，末日時鐘的指針卻離午夜遠一些，反而世界相對平靜的二〇〇七年被調快，部分原因竟是編輯團隊擔憂社會陷入安逸，便重新定義「末日」將氣候變遷納入其中。(原注71)為了消解大眾的冷漠，科學家做出的不少預測很難說多有先見之明：

> 唯有成立世界政府才能阻止迫近的人類自我滅亡。
>
> ——愛因斯坦，一九五〇年(原注72)

> 我堅信除非人類更嚴肅認真思考策略問題的各個層面……我們連兩千年都撐不到，甚至一九六五之前就會碰上大浩劫。
>
> ——赫爾曼・康恩（Herman Kahn），一九六〇年(原注73)

> 最多十年內，一定會有幾枚〔核彈〕爆炸。我為自己說的話負責。絕對會的。
>
> ——C. P. 斯諾，一九六一年(原注74)

> 我極其肯定、毫不懷疑——公元兩千年的時候，各位〔學生〕都死了。
>
> ——約瑟夫・維森鮑姆（Joseph Weizenbaum），一九七六年(原注75)

後來其他領域的專家開始附和，例如以提倡對國際關係採取「現實主義」而聞名的政治學家漢斯・摩根索（Hans Morgenthau）在一九七九年做出預測：

在我看來，世界無可避免走向第三次世界大戰，而且會是策略核戰爭。我不覺得有什麼阻止的手段。（原注76）

記者喬納森．謝爾（Jonathan Schell）於一九八二年暢銷書《地球的命運》（*The Fate of the Earth*）的結尾這麼說：

> 總有一天——而且沒理由認為能拖到很久以後——人類必須做出選擇。我們可以集體長眠迎來終結，但我期待、我相信人類會清醒過來正視面前的危險……並且挺身而出，清除地球上所有核武。

這類預言直到冷戰結束才式微。雖然沒有成立世界政府、沒有清除地球上所有核武，但人類也沒有陷入長眠。為了保持恐懼的熱度，社會運動人士不停告訴大眾有多少次戰爭差點爆發、飛彈差點誤射，要我們相信世界末日近在咫尺，人類活到現在是不可思議的好運。（原注77）但他們講述的事件通常輕重不分：一九八三年北大西洋公約組織的軍事演習險些被蘇維埃軍官誤判為西方國家先發制人，這確實嚴重，不過相提並論的卻是二〇一三年美國負責核彈頭的將官前往俄羅斯旅遊四天，喝醉以後對女性行為粗暴，可是那並非在他執行勤務的時間。（原注78）諸如此類小事怎樣滾雪球變成核戰爭從沒得到說明，也沒人打算根據脈絡好好解釋以撫平社會恐慌。（原注79）

許多反核武人士要傳達的訊息是：如果不全世界一起將核戰的機率降為零，我們隨時可能慘死。對大眾的效果也不難想見：既然情節超乎想像，一般人就會放棄想像，回頭過好自己的日子期待專家說錯也罷。一九八〇年代以後書籍與報紙提及「核戰」的次數持續下降，記者的注意力轉向恐怖攻擊、貧富不均以及各種八卦醜聞，不再那麼擔心文明存續受到威脅。（原注80）國家領導人也是同樣態度，首篇對核冬提出警語的文章協作者之一卡爾．沙根倡議核凍結政策，主張「恐懼生信念、信念生行動」，結果有軍備專家對他說：「要是你以為世界末日這四個字就能改變華盛頓和莫斯科的立場，顯然是因為你在這兩個地方待得不夠久。」（原注81）

近數十年裡對核武浩劫的預測情節從戰爭轉移到恐怖主義，例如二〇〇三年美國外交官約翰．尼格羅龐提（John Negroponte）曾經在文章中提到：「有很高機率兩年之內蓋達組織就會利用核彈或其他大規模毀滅性武器發動攻擊。」（原注82）既然只是基於可能性做出預測，最後沒有成真也無傷大雅。問題在於落空的預測實在太多了（穆勒收集超過七十項預測，死期分別落在數十年間），可見提出預測者本意更傾向恫嚇大眾。（原注83）（二〇〇四年四位美國政治人物共同撰寫社論，主題是恐怖主義帶來的核武威脅，標題為「火燒到我們頭髮了」。）（原注84）策略效果值得懷疑，一般人的確會因為槍枝與土製炸彈造成傷亡而支持強化監控、禁止穆斯林入境之類的政策，但聲稱城裡會冒出蕈狀雲則很難引起大眾興趣，反制恐怖分子使用核武的政策如國際合作管控核燃料並未得到太多關注。

有人採取恫嚇策略，也就有人指出這種做法沒意義。早在一九四五年，神學家雷茵霍爾德．尼布爾（Reinhold Niebuhr）就說：「極端的危機，無論場面多浩大，很難變成一般人心中生動的想像。而無論相對起來多渺小，發生在身邊的仇恨與摩擦就是鮮明得多。」(原注85)歷史學家保羅．博耶（Paul Boyer）則指出，核武警告的言論實際上是**鼓吹**大國參與軍備競賽以求嚇阻蘇維埃。(原注86)連最初創造末日時鐘的尤金．拉賓諾維奇（Eugene Rabinowitch）也對策略感到後悔：「起初科學家以為恐懼感能喚醒世人的理性，沒料到卻使多數人陷入絕望恐懼和盲目仇恨。」(原注87)

核武的威脅與退場

在論及氣候變遷的主題時我們已經提過，大眾相信問題能夠被解決才會更願意面對和思考，如果一味恐慌就會陷入無助及麻木。(原注88)想從人類世界徹底消除核戰威脅，做法需要顧及的層面有以下幾項。

第一步就是別再說人類死定了。在核能時代的現實世界裡，自從長崎以後根本沒再動用過核武，時鐘指針距離午夜看似只剩幾分鐘，但這狀態持續了七十二年之久，顯然有問題的是時鐘自己。要把這現象當做我們好運得不可思議也行，的確沒人能證偽，但與其導向科學角度上無意義的結論，至少也該先考慮看看是否國際體制確實發揮了抑制核武的作用。很多反核武的運動人士拒絕接受，認為如此一來失去要求各國放棄核武的立場。然而那九個國家不會明天突如其來自廢武功，所以我們該思考的是，截至目前為止人類做對了什麼、怎樣朝那個方向繼續努力。

歷史學家羅伯特・傑維斯（Robert Jervis）檢視史料後做出以下總結：「從蘇維埃的文件中找不到任何未受挑釁就對西歐進攻的計畫，也沒有對美國先發制人的訊息。」（原注89）意思就是說，冷戰時期基於武器特性和戰術原則而形成的核威懾戰略，亦即一位政治學家稱為「核戰哲學」的概念，真的消弭了戰爭，使蘇維埃一開始就沒有發動攻擊的念頭。（原注90）冷戰結束以後，對大規模入侵以及核彈先制打擊的恐懼也隨之褪色，我們都見證了雙邊不再過度警戒後，連正式協議也不需要，各自主動削減了武器庫存。（原注91）現實局勢與科技宿命論相反，核子武器沒有單純因為存在就引發戰爭，開戰機率終究取決於國際關係。強權沒有發動核戰的原因和它們不戰（第十一章）的原因其實大同小異，減少戰爭就是降低核戰機率。

那些千鈞一髮的故事很可能也並非建立在人類極度好運上。很多政治與歷史的研究者分析古巴飛彈危機時期的文件，特別是甘迺迪總統與國安顧問的會議紀錄，結果發現雖然當時主事者聲稱是自己將世界從毀滅邊緣救了回來，但「美國真的開戰的機率接近零」。（原注92）根據文獻判斷，赫魯雪夫與甘迺迪將政府內部控制得很好，且雙方都嘗試以和平方式化解危機，沒有輕易受到挑釁，也為自己留下許多退路。

聽了毛骨悚然的假警報與誤射事件也未必是眾神一再眷顧人類，反而顯示人類和科技連結本身就具備預防災難的特性，而且每次意外後都得到進一步強化。（原注93）憂思科學家聯盟整理相關報告後，以令人耳目一新的審慎語調說：「截至目前為止沒有核彈意外發

射，表示相關安全措施成效良好，極度降低了悲劇可能性。然而機率仍然不為零。」(原注94)

從這些角度思考我們的處境既能避免恐慌也不至於懈怠。假設核戰浩劫每年發生的機率為百分之一。（這已經是放大很多的數字。可能性必然低於意外發射的情況，因為單一事件無法自動升高為全面戰爭，而過去七十二年裡意外發射的次數卻是零。）(原注95) 這種機率社會無法接受，稍微計算就知道平安度過一世紀的機率會低於百分之三十七。但若能將機率壓低到每年為千分之一，則整個世紀不發生核戰的機率就會提升到九成，再壓低到萬分之一的話信心可以提高到百分之九十九，以此類推。

對於核武擴散難以控制的恐懼也同樣被證實是誇大其詞。一九六〇年代許多人預測將出現二十五到三十個國家持有核武，但五十年過去以後只有九個。(原注96) 半世紀內四個國家廢除核武（南非、哈薩克、烏克蘭、白俄羅斯），十六個國家有過開發計畫但最終放棄，較近的例子是利比亞和伊朗。目前是一九四六年後首次出現完全沒有非核武國家有發展核武的相關計畫。(原注97) 雖然許多人對於金正恩手上有核彈還是深感恐懼，但別忘記似狂非狂的獨裁者如史達林與毛澤東同樣曾經坐擁核彈，然而地球沒事，原因是他們受到阻嚇，又或者更有可能其實是他們找不到發射核彈的意義。對核武擴散問題保持冷靜態度除了有益心理健康，還可以避免二〇〇三年侵略伊拉克，以及稍後幾年美國和以色列討論是否與伊朗開戰之類「預防性戰爭」的慘劇發生。

恐怖分子或許真的會竊取核武或自製核武，然後用手提箱或貨櫃運送到他國。想像起來很可怕，不過這種情節也有許多人撰文加以理性分析，包括麥克·列維的《論核武恐怖主義》（*On Nuclear Terrorism*）、約翰・穆勒的《原子偏執》（*Atomic Obsession*）、理查・穆勒的《給未來總統的物理教程》（*Physics for Future Presidents*）、理查・羅德斯的《核彈黃昏》（*Twilight of the Bombs*）等等。政治界也有核武擴散與解除軍備方面的權威蓋瑞瑟・艾文斯（Gareth Evans）出聲，二〇一五年他為《原子科學家公報》七十週年的年度末日鐘研討會發表主題演說，講題訂為「重建核武討論中的理性」：

> 這種心態是否過於鬆懈？我自認不是，而且我想強調探討核武安全時比以前少些情緒、多些鎮定和理性會有好處。
>
> 當年轟炸廣島與長崎那種程度的基本核分裂裝置，只論工程知識的話確實不難取得，但濃縮鈾和可用於武器的鈽則完全不是這麼回事，組裝和長時間保存都很困難，還得避開各國為了預防危機透過情報與執法機關布下的天羅地網。想進行核武犯罪需要龐大的集團規模，還有能夠取得與處理元件的科學家與工程師。也就是說製造和使用核武這件事情實際上極其窒礙難行。（原注98）

稍微安心之後，積極計畫的下一步是卸下核子武器令人驚恐而神祕的色彩，首先要將其從概念上與希臘神話悲劇脫鉤。核武科技並非人類操作大自然力量達到巔峰的結果，反而是歷史流轉下不慎跌進的一個大坑，現在必須設法脫困。曼哈頓計畫之所以誕生是當年美國擔心德國先開發出核武，科學家之所以齊心協力的理由也有人加以解析，提出者是曾參與另一項戰時研究專案的心理學家喬治・米勒（George Miller）：「我那個時代，與希特勒的戰爭被大家當做是善與惡的對決。身體健康的年輕人大多都很難抗拒從軍的誘惑，除非他說服自己不上戰場能為最後勝利貢獻得更多。」（原注99）如果沒有納粹，很可能現在根本沒有核彈。兵器這種東西不會因為有人想到、物理上能夠實現就直接被製造出來，胎死腹中的例子很多：死光、戰星、以戰鬥機聯隊採取灑農藥模式以毒氣籠罩都市的戰術，或者更誇張的「地球物理戰」如操作氣候、洪水、地震、海嘯、臭氧層、小行星、太陽耀斑、范艾倫輻射帶等等。（原注100）平行宇宙的二十世紀地球人或許根本聽不懂核彈這個詞。

反過來說，我們也不必將二次世界大戰結束及後來的長和平時期歸功於核武。常看到有人根據這兩點聲稱核武有益無害，但事實上目前多數史學家並不認為日本投降主因在於原子彈；原爆造成的損傷並不大過其他六十個長期受到轟炸的都市，關鍵在於蘇聯也進入太平洋戰區，代表延後投降的代價會更嚴重。（原注101）

也有種半開玩笑的說法覺得核彈有資格拿諾貝爾和平獎。可是核武作為嚇阻其實效果不彰（除了極端的生存威脅，例如核武大國互鬥）。（原注102）核爆是無差別毀滅，輻射塵汙染廣大面積，依據天氣情況而定，連戰區之外使用者自己的軍隊和平民都可能受害。此外，將大量平民化為灰燼這種事情徹底違反大家對戰爭的道德底線與比例原則，勢必構成史上最嚴重的戰爭罪行，政治人物當然十分顧忌，於是核武簡直是禁語，只有嚇唬人的時候才會搬出來。（原注103）擁有核武對一個國家在國際僵局談判時也沒有明顯助益，很多次衝突中沒核武的國家或陣營還主動挑起爭端。（舉例而言，一九八二年阿根廷占領英國的福克蘭群島，完全不擔心柴契爾夫人一怒之下會把布宜諾斯艾利斯炸成超大輻射坑。）但請注意，不是嚇阻策略本身沒意義，二次世界大戰證明了傳統的坦克、大炮、轟炸機就能帶來人間煉獄，沒有哪個國家需要更多教訓。（原注104）

與其說核彈帶來穩定的國際態勢（所謂的恐怖平衡），不如說它讓大家都如坐針氈。對擁有核武的國家而言，面對危機就像是拿著武器對付闖入家裡的強盜，雙方都想開第一槍以免被對方先命中。（原注105）理論上這種兩難或者說霍布斯陷阱在各國具備二次打擊能力[13]之後應該就能消解，譬如以潛艇或轟炸機攜帶導彈便能躲過先發攻擊並執行報復行動——這個情境叫做「相互保證毀滅」（Mutual Assured Destruction, MAD）。然而核戰哲學的辯論發現很難確保二次打擊的能力，而且即便有二次打擊能力依舊無法抗拒其他勢力以核戰作為威脅，結果美蘇雙方始終維持「發射警告」的機制，也就是若自己的核彈即將遭到攻擊，國家領導人得知後幾分鐘內得決定跟著發射還是索性放棄。評論者形容這就像手槍扳機一觸即發，國家領導也有可能因為假情報、意外或者未授權便發射核彈。從過去差點兒動用核武的事件來看，可能性確實比零高出不少，很難叫人放心。

由此觀之，核武一開始就沒必要存在，對打勝仗、維持和平都沒有幫助，所以何不讓它們消失就好。製造核武的知識無法真的從文明裡抹滅，但各國可以拆除並且不繼續製造。特定類別的武器被束之高閣或直接拆解在歷史上不是頭一遭，例如各國都已經禁用反

13譯按：second-strike，指遭到對方先出手進行飽和攻擊的情況下仍具有反擊能力。

步兵地雷、集束彈藥、化學及生物武器，也不只一次有當代尖端設計因荒謬而失寵。第一次世界大戰德國發明了數層樓高的超級大炮，能將兩百磅重的彈丸射到八十英里外，巴黎人會在毫無預警下面對從天而降的重擊。最大的型號名為古斯塔夫巨炮（Gustav Gun），但它的體型笨重且不容易瞄準，造了幾臺以後便被拆掉回收。質疑核武存在意義的肯・貝里（Ken Berry）、派翠西亞・路易斯（Patricia Lewis）、班瓦・派洛皮達斯（Benoît Pelopidas）、尼可萊・索克弗（Nikolai Sokov）和沃德・威爾森（Ward Wilson）指出：

> 目前各國並不積極打造自己的超級大炮……自由派媒體沒有忿忿不平敘述那些兵器的恐怖、為什麼應該被禁止，保守派報紙也並未從現實層面警告有些事情開始了就無法回頭。原因單純在於超級大炮根本沒用又浪費資源。歷史上有太多武器最初被過譽為勝負關鍵，後來卻因為效益低落被棄如敝屣。（原注106）

核武是否會像古斯塔夫巨炮那樣退場？一九五〇年代末期禁核彈運動興起，幾十年下來現在不是只有披頭族、乖僻教授會參與，反而成為社會主流意見。運動目標現在叫做「全球零核」，出自戈巴契夫與雷根一九八六年的對話，其中說到：「核戰沒有勝利者，所以不能打。我們兩國持有核武是為了讓它不會被拿來用。既然如此，全部廢掉不是比較乾脆？」二〇〇七年美國兩大黨四位守勢現實主義者（季辛吉、喬治・舒茲、山姆・努、威廉・佩瑞）共同在報紙撰文，標題為「沒有核武的世界」，並得到前國家安全顧問、國務卿、國防部長等十四人背書。（原注107）二〇〇九年歐巴馬在布拉格做了深具歷史意義的演說，他表示「美國十分確定和堅定要致力創造沒有核子武器、和平安全的世界」，這種理念是他能獲得諾貝爾和平獎的關鍵。（原注108）當時俄羅斯領導人梅德韋傑夫（Dmitry Medvedev）立場也相同（然而接替兩人的新元首都另有主張）。話說回來，種種宣言或許都是多餘的，因為美國與俄羅斯身為一九七〇年《核武禁擴條約》簽署國都已執行了條約第六條，也就是開始裁減核子武器的數量。（原注109）跟進者有締約元老英國、法國、中國。（條約究竟有沒有效力見仁見智，因為印度、巴基斯坦、以色列一開始就不簽，北韓則是簽了又明白表示退出。）世界公民意向一致，調查發現幾乎所有國家絕大多數人都支持廢除核武。（原注110）

零這個數字有特殊魅力，因為它代表禁忌從**使用**核武擴大到**持有**核武，並造成所有國家都無需為了預防敵人使用核武而繼續保有核武。可是通向零核武的道路充滿阻礙，並非小心翼翼進行協商、減量、查核就能達成。（原注111）也有戰略專家提出警告，他們認為根本不要降低到零比較好，因為一旦危機再起各個核武大國會爭相重啟軍備，為了避免受制於人最快完成重製的國家必然搶先出手。（原注112）就此觀點，目前的核武元老都該保留少量核武繼續發揮嚇阻效果。無論採取什麼立場，我們現在距離零核武或「少量」核武都還很遙遠，在那天真正到來前還有其他漸進做法能加快進程並保障世界安全。

最直接了當的做法當然是壓低各國持有的核武數量，而且這是現在進行式。大部分人沒注意到各國削減核武的速度飛快，圖 19-1 顯示美國核武在一九六七年是高峰，至今已經降低八成五，核彈頭數量也是**一九五六年以來**最少。（原注113）俄羅斯也一樣，和蘇維埃時期的巔峰相比砍了八成九。（更少人知道的是美國有一成電力源於廢棄核彈頭，大部分來自蘇維埃。）（原注114）二〇一〇年兩國簽訂《新削減戰略武器條約》，協議將已部署的核彈頭撤下三分之二。（原注115）為了說服議會接受此條約，歐巴馬同意對美國軍備實施長期現代化，俄羅斯也有同樣動作，不過兩邊刪減核彈的速度可能都比條約規定得還快。（原注116）圖中頂端幾乎看不見的薄薄一層代表其他核武強權，英法的核彈量一開始就很少，後來又減半，分別為兩百一十五和三百枚。（中國從兩百三十五小幅提升為兩百六十，印度和巴基斯坦合計增加到約一百三十五，以色列估

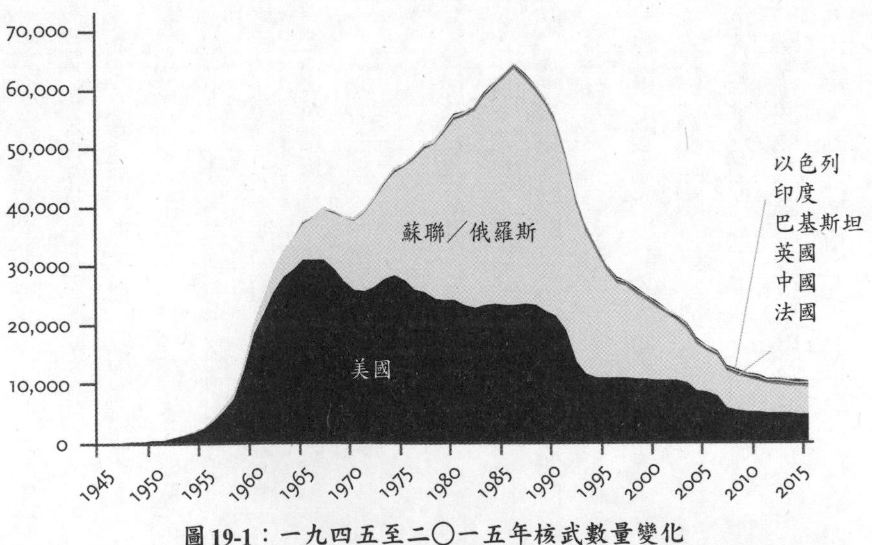

圖 19-1：一九四五至二〇一五年核武數量變化

來源：*HumanProgress,* http://humanprogress.org/static/2927, based on data from the Federation of Atomic Scientists, Kristensen & Norris 2016a, updated in Kristensen 2016; see Kristensen & Norris 2016b for additional explanation。此處數據包括已部署和存放中的核武，排除確定退役待拆解者。

計有八十枚左右，北韓持有數沒公開但不至於太多。）（原注117）如前所述，目前沒發現其他國家試圖製造核武，可加工為武器的核燃料也越來越少見，持有國家在過去二十五年內從五十減為二十四。（原注118）

批評者可能覺得地球上還留著一萬零兩百顆核子彈頭有何進步可言，畢竟從一九八〇年代就有汽車保險桿貼紙告訴大家：毀滅世界只要一顆核彈就夠了。問題是與一九八六年相比，人類社會已經減少了五萬四千枚核彈，文明滅亡的機率大大下降，也已經開啟繼續削減軍備的前例。前面已經提過《新削減戰略武器條約》，這代表未來拆解的核彈還會越來越多，而且條約之外的立法協商、政治行動能降低的核武更多。強權國家之間關係不再緊繃（是指長期趨勢，本書出版當下未必），彼此都會悶不吭聲刪減成本最高的軍武。（原注119）即使沒人敢明說，心理語言學家查爾斯．奧斯古德（Charles Osgood）稱為「緊繃消解的漸進回饋」（Graduated Reciprocation in Tension-Reduction, GRIT）策略能夠達成逆轉軍備競賽的作用，也就是任何參與者公開表現出單方面退讓的態度，結果將會導致所有人都跟進。（原注120）倘若以上種種進程的加總結果促成地球的核彈少於兩百，不僅意外發生機率縮得很小，而是從根本上便排除了核冬，也就是真正能造成人類滅亡的風險。（原注121）

若看向短期影響，核戰最大的威脅並不在於武器數量，而是會被動用的情境。有偵測警告就發射、遭受攻擊就發射、電腦判斷後就自動發射的機制，才是惡夢根源。沒有任何預警系統能完全排除雜訊誤判，大家從媒體得到的印象是一個總統會在半夜三點被叫醒，短短幾分鐘就要透過電話決定發射核彈還是讓核彈被摧毀。理論上電線短路、海鷗成群飛過或保加利亞青少年製作的電腦病毒都有可能導致這位總統親口宣布第三次世界大戰正式開始。所幸現實世界的警報系統並沒有這麼脆弱，更沒安裝無需人力介入便能自動發射核彈的「微觸發」設計。（原注122）只是既然能短時間內發射，假警報、意外、誤導以及魯莽導致的核彈危機還是真實存在。

最初會有收到預警就準備發射的設計，主因是要避免敵方第一波攻擊以後所有飛彈都被摧毀，於是完全失去反擊的能力。但前面已經提出過：現在各國還能從深海潛艇和戰鬥機發射武器，而潛艇與戰機分散各地，不僅不會在第一波攻擊時就全滅，還能夠更精準執行報復行動。因此是否真的要反擊其實可以延後到事情明朗再決定：真有核彈在你境內爆炸也不可能瞞得住。

因此收到偵測警告之後盡速決定是否發射其實不具實質阻嚇意義，反而增加沒必要的風險。多數核戰安全分析師建議或者應該說是堅持持有核武的國家別採用快速決策機制，導火線拉長比較好。（原注123）歐巴馬、山姆．努、喬治．舒茲、小布希、勞勃．麥納馬拉以及數位前美國戰略司令部指揮官、國家安全局局長都同意這個論點。（原注124）前美國國防部長威廉．佩瑞甚至主張可以完全撤除地面發射機制，也就是讓原本的核彈鐵三角只剩下潛艦和轟炸機，因為核彈放在發射井內本身是個靶子，元首卻又面對是否動用的兩難。既然是關乎地球命運的大事，究竟誰還願意把核彈放在發射井裡，被逼著幾分鐘內做決定？有些核戰哲學研究者認為危機情境中，將一度關閉的核彈警報系統再度開啟具有示威意義。還有一種觀點則認為戰爭不是只有阻嚇，若開戰了終究希望能戰勝，所以性能可靠精準的飛彈發射平臺有保留價值。從這裡會延伸出另一種降低核戰威脅的可能手段。

有良知的人都不願意相信自己國家準備核武會有嚇阻之外的打算，然而美國、英國、法國、俄羅斯以及巴基斯坦的官方政策清楚表示，若自身或友邦遭到敵人大規模攻擊，即便對方並非使用核武器，他們仍舊有可能動用核武。但這麼做除了不符合比例原則，先動手也是很危險的概念，會導致原本不想使用核武的敵人基於這點索性直接從傳統戰爭提高到核戰等級；就算一開始不這樣做，真的遭到核武攻擊的話想必也就得以核武還擊。

所以就常理來推斷，化解核戰危機的辦法就是採取「不率先使用」（No first use, NFU）政策。（原注125）不率先使用的政策理論上直接消除了核戰的可能性：既然沒有人先動用，就根本沒有人會使用。實務上，至少也降低了先發制人的吸引力。擁有核武的國家可以集體簽署不率先使用條約，也可以採取「緊繃消解漸進回饋的做法」（一步步加強承諾，從不攻擊平民開始，接下來是不攻擊無核武國家、不攻擊以傳統武器就能摧毀的目標），甚至也可以單方面執行，因為這麼做對自己是有好處的。（原注126）核武成為政治禁忌以後，聲稱自己「可能率先使用」的政策嚇阻力有限，而且宣告不率先使用的國家並未連傳統武器都放棄，也不會失去以牙還牙的二次打擊能力。

不率先使用政策看來簡單易懂，二〇一六年歐巴馬幾乎都要點頭了，卻在最後關頭被顧問勸阻。（原注127）他們說時機不對，彷彿向近年坐大的俄羅斯、中國、北韓示弱，而且原本很多盟友依附在美國的「核武保護傘」下，宣布不率先使用可能導致這些國家緊張並進而自行研發核武，這種想像更因為川普表示想削減美國對盟邦的支持而惡化。不過長期來看局勢會緊繃也就會鬆弛，屆時或許美國就會再次考慮不率先使用的政策。

短期內全面廢除核武的可能性極低，全球零核運動原訂目標是二〇三〇年，看來也沒什麼指望。二〇〇九年在布拉格演講時，歐巴馬表示廢除核武「不是一蹴可幾，或許我這輩子都沒辦法親眼看到」，從這句話就可以判斷會推遲到二〇五五年後了（參考圖5-1）。他還建議大家「要保持耐心堅持下去」，就最近美俄關係來看確實如此。

即便如此方向已經很明確了。只要拆卸核彈頭的速度持續大於製造速度，只要各國承諾不採用微觸發系統和不率先使用，加上反對國與國戰爭的風潮不退，這個世紀後半地球上存在的核武數量應當已經很少，主要只是用於彼此阻嚇。經過幾十年，核彈阻嚇的結果就是它們沒有存在意義，屆時兒孫輩意識到留著根本自找麻煩就會一次全拆光。通往那天的過程中，核戰浩劫的威脅或許機率不為零，但會一步步降低，最後變成和小行星、超級火山、被人工智慧做成迴紋針同樣等級的生存威脅。

第二十章
進步的未來

人類每年創造的比摧毀的多一點，那一點點正向變化累積數十年才能推動所謂的文明。

十八世紀晚期啟蒙運動以來，全球人類的預期壽命從三十提高到七十一，較幸運的國家甚至達到八十一。（原注1）啟蒙運動剛開始的時候，即使出生在世界上最富裕地區的兒童也有三分之一無法活著度過五歲生日，而現在就連最貧窮地區也只有百分之六孩童會在五歲前夭折。母親同樣逃離悲劇：以前最富裕國家的產婦有百分之一無法活下來親眼看見新生兒，但這數字是現代最貧窮國家的三倍，而且還會持續下降。致命傳染病在這些國家的感染比例不斷降低，其中部分疾病每年患者僅幾十人，再過不久就會像天花一樣徹底消失。

貧窮不必然一直伴隨著人類。與兩百年前相比，世界整體而言財富成長了一百倍，而且在各個國家與階層之間分布得更平均。赤貧人口從接近九成變成不到一成，本書大部分讀者能夠活著見證零赤貧的時刻。歷史上堪稱浩劫的饑荒不少，此刻卻已與多數地區絕緣，營養和發育不良的比例也穩定減少。百年前，富裕國家僅將自身財富的百分之一用於兒童、窮人、老人，現在這些支出上升到接近四分之一。大部分窮人現在也能吃飽穿暖，有屋子遮風避雨，甚至享受智慧手機和空調這類往日無論貧富都不可能取得的奢侈品。少數族裔和老年人口的貧窮比例都比以前來得低。

世人也給了和平一個機會。國家之間的戰爭幾乎不復存在，內戰也未見於六分之五的地表。每年因戰爭而死亡的人數不到一九八〇年代的四分之一、一九七〇年代早期的七分之一、一九五〇年代早期的八分之一，若和二次世界大戰的死亡人數相比則不到半個百分點。大屠殺在過去很常見，現在則極其罕見。歷史上多數時代與地區的他殺死亡遠超過戰爭，可是他殺率也持續下降，與二十多年前相比美國人遭殺害的機率已經減半，全球而言他殺率和僅僅十八年前相比已經掉了三成。

生活各個層面越來越安全。二十世紀一路發展下來，美國人死於車禍的機率降低百分之九十六、在人行道被撞的機率降低百分之八十八、死於墜機的機率降低百分之九十九、死於摔墜的機率降低百分之五十九、死於火災的機率降低百分之九十二、溺死機率降低百分之九十、窒息機率降低百分之九十二、工作中死亡機率降低百分之九十五。（原注2）其他富裕國家比美國更安全，貧窮國家的狀況也隨著財富提升逐漸改善。

除了健康、富裕、安全，人也變得更自由。兩百年前只有占地球人口百分之一的幾個國家採行民主制度，現在三分之二的國家和三分之二的人口都擁抱了民主。不久前世界上半數國家從法律層面就歧視少數民族，如今許多國家反而以政策保障少數民族。甫進入二十世紀時只有一個國家賦予女性投票權，今日除了一個例外，其他所有國家只要男人能投票女人就可以。懲罰同性戀的法律也越來越少見，世人對少數族群、女性、同性戀的態度越來越開放，主導世界未來的年青一代尤其明顯。仇恨犯罪、對女性的暴力、侵害兒童等等都呈現長期下滑趨勢，童工遭受剝削也得到改善。

變得更健康、富裕、安全、自由的同時，也更多人識字、受教且變聰明。十九世紀初世界上只有百分之十二的人會讀書寫字，現在八成三的地球人都可以。識字與受教育很快就會成為普世價值，而且不分男孩女孩。受教輔以健康和財富的結果是人類真的變聰明——智商增加三十，和祖先相比提升兩個標準差。

更長壽、更健康、更安全、更自由、更富裕、更聰明的人生並沒有白費，美國人每週相較以前減少二十二小時工作時間，每年三週有薪假，每週花在家務的時間也減少四十三小時。過去生活所需占了薪資八分之五，現在只占三分之一。閒暇時光與可支配收入用於旅遊、陪伴孩子、與親朋好友聯繫，還有品味世界各地的美食、知識和文化。於是世界整體而言人類變得更幸福，縱使傾向合理化自身幸運處境的美國人也泰半感到「頗為幸福」或更好，年輕世代並未陷入不快樂、孤獨、憂鬱、藥物濫用和自殺風行的困境。

社會得到健康、財富、自由、快樂、教育以後，目光轉向解決迫切的全球議題，所以降低了汙染排放、森林砍伐、漏油，增加保育面積，維護物種存續，修補臭氧層，逐步脫離對化石燃料、農地、木材、紙張、汽車、煤炭、甚至是碳元素的依賴。儘管立場各異，世界各國仍舊針對氣候變遷簽署歷史性協議。其實在此之前，也已經就核試爆、核擴散、核安全、裁減核武達成多項共識。核武導致二次世界大戰末尾出人意表的結果，但問世之後的七十二年內沒再被使用過。四十年來不斷有專家預言恐怖分子會進行核攻擊，但目前為止未曾發生。全世界的核武儲備量減少八成五，而且會持續進行，核武測試全面終止（只有平壤政府不合群），也不再擴散到別的國家。我們可以說地球人面對的兩大問題雖然尚未解決但看得到希望，針對消滅核武與阻止氣候變遷都已採取了可行的長期方案。

雖然很多新聞頭條怵目驚心，彷彿人類社會充滿危機、崩潰、醜聞、疫病，生存時時刻刻受到威脅，但我們還是有了上述種種成就。啟蒙是有效用的：經過兩個半世紀，人類運用知識得以繁榮。科學家逐步解開物質、生命、心智的祕密，發明家利用自然法則對抗熵，企業家開發種種新品的生產方式使大眾都能負擔。立法者針對傷害大眾為自己牟利的行為設下重重限制，外交官員也針對國與國的關係採取同樣態度。學界擴大知識寶庫以充實人類的理性力量，藝術界延展社會同情心，社運界說服當權者放棄壓迫、鼓勵大眾改變壓迫性的制度習俗。經過大家的努力，新建立的體制指引我們避開人性缺陷，強化了內心的良善天使。

但同時……

地球上還有七百萬人處於赤貧，而且他們集中的地區預估壽命不到六十歲，約有四分之一人口營養不良，每年死於肺炎的孩童有百萬之譜，痢疾和瘧疾也奪走近五十萬人性命，還有好幾十萬死於痲疹與愛滋病。目前世界上還有戰事持續，其中一場戰爭已經導致二十五萬人喪生，此外二〇一五年至少一萬人遭到屠殺。還有超過二十億人，也就是大概地球人口的三分之一，仍活在專制政體壓迫下。五分之一人口沒接受基本教育，約六分之一為文盲，每年死於意外者仍高達五百萬，死於他殺超過四十萬。臨床診斷發現的憂鬱症患者在三億左右，按照統計預估有八十萬會在今年自盡。

並非已開發且高所得國家就全無社會問題。二十年來中低階層收入提升不到一成，即使美國也尚有兩成人民認為女性該回歸傳統角色、一成反對跨種族戀愛；每年仇恨犯罪件數超過三千，他殺件數超過一萬五千。美國人每天依舊得花兩小時處理家務，美國社會有四分之一人覺得自己總是很忙碌。否定自己很幸福的美國人超過三分之二，與七十年前比例相近，而且女性和最大的人口群體的幸福感隨時間惡化。每年大約四萬美國人不幸福得陷入絕望，親手結束自己性命。

更不用說全球要共同面對的考驗十分嚴峻。這個世紀結束前還會增加二十億人口，過去十年被砍伐的熱帶雨林達到一億公頃，海洋魚類減少幅度達四成，數千物種瀕臨滅絕。一氧化碳、二氧化硫、氮氧化物和其他微粒不斷被排放到大氣中，再加上每年因人而生的二氧化碳多達三百八十億噸，再不設法處理會導致全球氣溫上升攝氏二到四度。最後則是還有九個國家共計上萬件核武散布各地。

應該不難發現：上面三段其實與本章開頭八個段落根本是同樣內容，差別在於描述的出發點是好的那端還是壞的那端、對於數據是正面解讀抑或負面解讀。以兩種角度詮釋世界現況並非想證明自己眼睛很好，既看得見飲料也看得出杯子空多少，而是要重申進步概念不等於烏托邦，人類還有進步空間，或者說不得不繼續努力延續進步。倘若我們能善用知識、促進繁榮並維持最前面八個段落的趨勢，後面三段的數字自然會縮小。能否降到零這種事情留待接近零的時候再擔心就好，畢竟就算有些問題得到徹底解決，人類總會發現還有新的麻煩要處理，也會出現新的方式增進生活體驗。啟蒙永無止境，是持續探索與改善的過程。

相信進步能持續下去是否合理？談論進步到了最後必須思考這個問題，然後才能切入本書最後一部，也就是若要持續進步必須堅持的理念為何。

進步到最後，然後呢？

首先探討如何延續進步。本書一開始就從非玄學、非輝格史、非潘格羅士的角度來闡述為何人類能夠進步，主因就是科學革命和啟蒙運動開啟以知識改善人類處境的過程。最初人們可以合理懷疑說「不可能成功」，但歷經超過兩個世紀的時間，我們可以很肯定地說已經成功了：有六十幾張圖表證明進步不是奢望，而是世界真實的狀態。

雖然無法保證正向指標的曲線必然繼續向右向上，但繼續進步是許多圖表呈現的共同趨勢。畢竟你不大可能一覺醒來發現房子的建材忽然變回不耐燃材料，很多人忽然不支持跨種族通婚、要求同志教師離開校園。同樣的，開發中國家也沒道理忽然關閉蓋好的學校和醫療院所，或者停止各種建設，明明他們才開始享受到進步的成果。

如果用媒體報導的時間尺度做觀察，自然覺得數據忽高忽低。每個解決方案都可能造成新的問題，然後解決新問題的方案需要時間成形。但將眼光放遠、別專注在短期紛擾，就會察覺人類的進步指標具有累積性質，並非正負相互抵消不斷兜圈子。（原注3）

更值得慶幸的是，各種發展能夠相互增強。財富增加代表有餘力保護環境、維持治安、強化社會安全網、為公民提供教育和醫療，世界整體的教育與連結程度提高則會更關切環境議題，抗拒專制政權並避免戰爭。

推動一系列進步的科技發展只會不斷加速。史坦定律一直都遵守戴維斯推論（不能永遠持續的事情，可以持續得比你想像的久很多），人類在基因學、合成生物學、神經科學、人工智慧、材料科學、數據科學、以證據為基礎的政策分析方面都有很多新發現，而且如今我們確認了傳染病能夠徹底被消滅，也有好幾種即將成為過去式。慢性病和退化性疾病還苦苦糾纏，但許多領域（如癌症）的進步越來越快，其他疾病類別（如阿滋海默症）似乎也要有所突破了。

道德層次亦然，歷史已經證明人類不只能減少、更能放棄野蠻習俗，不願走出迂腐的地方是少數。再怎麼憂國憂民也沒理由擔心社會回復活人獻祭、同類相食、閹割、後宮、奴役、決鬥、家族世仇、裹腳、對異端行火刑、燒女巫、供群眾圍觀的酷刑或處決、殺害嬰兒、怪胎秀、乃至於嘲笑精神病患之類的行徑。即使現在無法預測還有什麼落後的社會制度會像奴隸、宗教審判那樣徹底消失，有望改變的包括死刑、同性戀刑罰以及限定男性的投票和教育權。幾十年以後女陰殘割、名譽殺人、童工、童婚、集權政治、核武、國與國戰爭都將從人類社會消失了也說不定？

某些特定問題較難處理，原因在於只靠法律或政策無法見效，取決於數十億地球人是否能克服人性缺陷。不過就算無法徹底根絕，至少能夠好好控制，例如對婦孺的暴力、仇恨犯罪、內戰與他殺。

上面幾段話我說起來臉不紅、氣不喘，因為原本就不是過分的天真樂觀，而是基於歷史預測未來，有最客觀的數據和事實在背後支持。唯一考量點在於發生過的事情會不會持續發生，而托馬斯·麥考利（Thomas Macaulay）在一八三〇年就想過這個問題：「有些人認為社會來到轉捩點，最好的時代已經過去。我們或許無法斬釘截鐵否定他們的想法，但其實之前各時代都有人說過同樣的話，理由也同樣充分……但回顧過往，我們看到的是社會一再變好，所以究竟是基於什麼道理才會認定前方除了衰退別無他途？」（原注4）

第十章與第十九章已經檢驗過麥考利提出的問題，現在依舊有人認為進步到最後還是會因氣候變遷、核戰爭和其他生存危機而迎來末日浩劫。本章則將關注焦點轉向另外兩項二十一世紀的現象，雖然不會導致人類滅亡但仍被視為最好年代已經過去的徵兆。

首先，是經濟停滯。評論作家羅根．皮爾叟．史密斯（Logan Pearsall Smith）寫道：「除了少數例外，再大的痛苦都會因為收入漂亮得到緩解。」錢可以買到營養、醫療、教育、安全，長期而言財富還提供了形而上的和平、自由、人權、幸福感、環保等等先進價值。（原注5）

工業革命造就之後兩百多年的經濟成長，其中以二次世界大戰到一九七〇年代初期最強勁，人均世界生　總值每年成長率約為百分之三點四，二十年就能翻倍。（原注6）可是到了二十世紀後期，經濟悲觀論者提出警告，認為經濟成長必須消耗資源並且汙染環境，所以不符合永續原則。到了二十一世紀，恐懼的形式又有所轉變，不是擔心往後經濟成長過高，而是擔心太低。從一九七〇年代早期開始，每年成長率降為原先的一半不到，大概在百分之一點四左右。（原注7）長期的經濟成長主要取決於生產力，也就是一個國家每元的投資、每人時的勞動能創造出多少價值的商品或服務。但是生產力又受到科技影響：勞工技術、機器效率、管理文化、基礎建設等等。一九四〇到六〇年代，美國每年生產力提高約兩個百分點，每三十五年就能增加一倍。但後來每年只能提高百分之零點六，想翻倍需要

的時間超過一世紀。(原注8)

部分經濟學家擔心低成長成為新的常態。根據勞倫斯．薩默斯分析得出的「新恆滯理論」(the new secular stagnation hypothesis)來看，就算要維持如此低迷的經濟成長也有個前提，就是中央銀行必須將利率設為零或負數，然而這將導致財政不穩等其他問題。(原注9)所得分配惡化的現在，長期停滯的結果是多數人在可見的未來，收入只能持平甚或下降。經濟無法成長的話下場很淒慘。

目前沒人能明確指出一九七〇年代初以後生產力為何下滑，也無法提出有效的復甦方案。(原注10)一些經濟學家，如羅伯．戈登（Robert Gordon）在二〇一六年出版《美國增長之起落》(*The Rise and Fall of American Growth*)，將矛頭指向人口與總體經濟的逆風趨勢，例如勞動人口減少卻必須支撐膨脹的退休階層、教育擴張遭遇瓶頸、政府債務提高、所得分配不均（相較於窮人，富人的消費占所得比例低，結果是市場對商品和勞務的需求減少）。(原注11)戈登進一步指出，最能改造經濟的發明恐怕都已經問世，比方說二十世紀前半居住環境煥然一新的原因是電力、自來水、汙水下水道、電話、機械家電等等，之後住家模式幾乎定型。免治馬桶很棒，但不是從茅廁到沖水馬桶這麼巨大的變革。

另一種解釋則針對文化層面：美國失去初衷了。(原注12)現在經濟蕭條的地區裡，勞工不會收拾行囊尋找其他能發達的地方，而是領取補助成為失業率的一部分。預防失敗成為第一優先，多數人不願意打頭陣，所以資本主義失去了資本，大部分投資被綁在「灰色資本」內，在機構主管操作下目標是尋求安全穩健的回報以供養退休階層。積極進取的年輕人不想創業，而是熱中成為藝術家或所謂專業人士。投資人與政府不再願意支持大膽發想。企業家彼得・泰爾（Peter Thiel）就感慨說道：「我們想要飛天車，結果得到一百四十個字元[1]。」

無論原因為何，經濟停滯是許多社會問題的根源，也對二十一世紀決策者構成艱巨挑戰。這是否代表進步好歸好，重點要能持續，而此刻已經走到了盡頭？不大可能！首先要注意：經濟成長是比戰後那段輝煌歲月來得慢，但緩慢成長依舊是成長——而且是指數性成長。世界生產總值在先前五十五年裡有五十一年都增加（包括最後六年），也就是說世界整體一年比一年更富足。（原注13）再者，長期停滯主要發生在第一世界國家，如何推動已經高度開發的國家衝得**更高**確實是個大難題，不過開發程度較低的國家則飛快追趕，學習富裕國家的做法以後成長速度十分亮眼（詳見第八章）。現階段世界最重要的進步指標就是數十億人脫離赤貧，歐美經濟遭遇困境並不會限制他們生活得到改善。

此外，科技引發的生產力成長不總是即時反映出來。（原注14）社會需要時間摸索才知道新科技的最佳運用方式，產業同樣需要時間更新廠房與工作流程。最顯著的例子就是電，電力技術自一八九〇年代就存在，卻花了足足四十年才讓經濟學家找到大家殷切期盼的生產力增長。個人電腦也一樣，效益沉睡非常久，到了一九九〇年代才爆發出生產力（像我這種比較早開始用電腦的人對此並不覺得意外，八〇年代光是安裝滑鼠、讓點陣印表機印

1 譯按：一百四十個字元是指推特（Twitter）的發文長度限制。彼得・泰爾認為目前社會過度投資在網際網路和數位媒體，忽略了實體科技的發展。

得出斜體字都要花好幾個下午研究）。運用二十一世紀新科技的知識現在或許還在水壩後面蓄勢待發，即將潰堤而出。

不同於鬱悶科學家[2]，科技觀察者堅信人類即將進入豐裕時代。（原注15）對於科技進展也會停滯的預測說法，比爾·蓋茲認為那就像一九一三年有人預言戰爭會從世上消失（預測失準）。（原注16）「想像九十億人口的世界，」科技企業家彼得·戴曼迪斯（Peter Diamandis）與記者史蒂文·科特勒（Steven Kotler）撰文道：「有乾淨的水、營養的食物、可負擔的房屋、客製化的教育、頂級醫療，以及無汙染又隨處可得的電力。」（原注17）雖然這種願景來自卡通《傑森一家》（*The Jetsons*），從技術層面而言已然成形或十分接近。

和資訊一樣能夠抵抗熵並作為所有經濟活動基礎的資源就是能源。第十章已經提過第四代核電會採取小體積模組式反應爐，其安全防護無需人為介入，從設計上解決了擴散與廢料問題，適合大量生產且維護成本低，燃料近乎無限又比煤炭便宜。碳奈米管製造的太陽能板效率可達現行光生伏特系統的百倍以上，可謂太陽能界摩爾定律的代表。新發電方式提供的能量都可以儲存在液態金屬電池內，根據目前理論，只要貨櫃大小的電池就能供應一個社區，一座大賣場體積的電池便能支撐一座小城市。搭配智慧電網，根據供需進行分配減少浪費。新技術也能為化石燃料帶來生機：最新設計目標是零排放，以天然氣為燃料，產生的氣體直接推動渦輪而不是經過水冷消失，並且將二氧化碳送入地底封存。（原注18）

數位製造結合奈米科技、3D列印與快速成形技術，能製造出比鋼鐵和混凝土更高強度卻又更廉價的複合材料，而且在開發中國家的工地現場就能即時生產。奈米過濾則能夠除去水中病原體、金屬元素，甚至鹽分。高科技屋外廁所不需要額外處理，直接將人類排泄物轉換為廢料、飲用水和電力。便宜的感應器搭配晶片人工智慧，安裝於精準灌溉系統與智慧水網中就能夠降低耗水達三分之一或一半。稻米經過基因改良，將效率低落的C_3光合途徑更換為原屬於玉米或甘蔗的高效率C_4途徑便能增產五成，還能省下一半的水和超過一半的肥料，可承受的氣溫也比現在高。（原注19）基改藻類能捕捉大氣中的碳並分泌生質燃料，無人機監測偏僻地區的管線和軌道，運送醫療物資與零件到孤立社區，機器人接手人類不喜歡的工作如挖礦、補貨和鋪床。

醫學方面，晶片可以取代實驗室，只要一滴血液或唾液就能執行液體組織檢驗，偵測好幾百種疾病。利用基因組、症狀、病史建立大數據資料庫並交給人工智慧分析，做出的診斷比起醫師的第六感還準確，也能針對個人的生物化學體質開立最合適的處方。幹細胞技術能治療自體免疫疾病如類風濕性關節炎或多發性硬化症，還可以擴大器官移植適應性，進而催生出以動物培養器官或3D列印自身組織用於移植的新療法。透過RNA操作，我們可以關閉造成困擾的基因，比方說引起肥胖的胰島素受體等等。治療癌症的時候能再縮小範圍，只殺傷腫瘤而不會毒害身體其他部分。

全球教育體系都能轉型。現在只要有手機，數十億人都能透過線上的百科、講座、演練、資料組取得大量知識。更進一步，開發中國家的兒童能經由網際網路得到個別化的指

2 譯按：經濟學在英語中被戲稱為鬱悶科學（dismal science）。

導（像是「奶奶雲」雲端學校），其他有心學習的人也能得到人工智慧教師的指引。

這麼多新點子不是天花亂墜毫無建樹，它們衍生自歷史進程下的「新文藝復興」和「第二機器時代」。（原注20）第一機器時代起源於工業革命，背後推力是能源；第二機器時代則因另一種抵抗熵的力量興起，那就是資訊。新革命的基礎是以超載的資訊量引導各種技術，也得利於資訊科技本身的指數性突破，電腦運算力和基因科技都包含在內。

新機器時代的前景不僅來自創新，也來自創新的過程。創新的平臺得到解放，諸如應用程式介面、３Ｄ列印都使一般人也能進行高科技ＤＩＹ。所謂科技慈善家的出現也有很大影響力，他們不是只會簽支票好讓自己名字掛在新音樂廳上頭，還能將自己的創意、人脈、管理能力用於解決全球性問題。再來還有智慧手機、線上教育、微型貸款作為數十億人口背後的經濟推力，世界底層的十億人裡頭就有百萬人智商是天才等級，想想看如果他們有機會完整發揮腦力將對人類社會有多大貢獻！

但第二機器時代能否帶領經濟脫離停滯？這很難說，因為決定經濟成長的不只是科技，還得考慮國家財政以及如何運用人力資本。此外，即使能夠將科技運用到極致，也未必能在傳統經濟指標上看到變化。喜劇演員派特·保森（Pat Paulsen）有次說：「我們這國家連生產都粗糙！」[3]的確，多數經濟學家都同意國民生產總值（或其近親國內生產總值）作為經濟繁榮指標確實粗糙，優點是計算容易，但缺點在於計算到的只有生產貨物與勞務時經手的金錢，與實際上大眾享受到的價值並不相等。消費者剩餘和價值悖論一直是學界試圖量化繁榮程度（詳見第八章和第九章）時的阻礙，現代經濟的機制導致問題更形複雜。

裘爾・莫科（Joel Mokyr）指出，「如人均國內生產總值這類集合統計數據，還有衍生出的要素生產力等等……設計背景是以鋼鐵、小麥為主的傳統經濟，而不是資訊和數據為主要動力的新經濟。許多新商品、新服務設計過程昂貴，但系統完成之後能以極低、甚至零成本複製，也因此即使對消費者創造很大的福祉也沒辦法反映在輸出的計算上。」（原注21）例如第十章提到過的物質減量就能解釋為何二〇一五年居家環境和一九六五年乍看相去不遠但實際生活差別又很大，因為改變發生在**看不到**的地方：智慧手機與平板淘汰掉很多東西，串流影音和網路電話也是新的發明。除了物質減量，資訊科技甚至導致**金錢減量**。（原注22）以前要付費的東西現在很多就本質而言免費了，像是分類廣告、新聞、百科全書、地圖、攝影機、長途電話、以至於實體店面的租金。大眾享受了更多，卻沒有納入國內生產總值。

人類福祉與國內生產總值脫鉤還出現在另一個層面。現代社會越來越重視人道，因此貢獻更高比例的財富在市場不會計價的部分。最近《華爾街日報》一篇關於經濟停滯的報導指出，越來越多資本投入的創新目標是更潔淨的空氣、更安全的汽車、還有針對各種美國國內不到二十萬患者的罕見疾病藥物。（原注23）換算起來，在研究發展經費中，醫療照護所占比例從一九六〇年的百分之七成長到二〇〇七年的百分之二十五。於是記者以近乎哀

3 譯按：原文 We live in a country where even the national product is gross 是個文字遊戲。Gross National Product 即國民生產總值，此處故意將其拆開並取 gross 的形容詞含義（粗糙）。

愁的語調寫下：「藥物研發就是社會富裕以後重視人命的症狀……醫療研究的經費原本可以用在更普遍的消費者商品上。可以說……對人命更加重視的結果必然延緩一般消費者商品及服務的發展，而對消費者有用的東西才是國內生產總值的大項。」對這種現象理所當然的詮釋是人類進步加速而非停滯，現代社會面對搶匪「要錢還是要命」的問題可不像喜劇演員傑克・班尼（Jack Benny）飾演的吝嗇鬼一樣遲遲無法決定。

進步的各種威脅

人類進步所面對的另一種威脅很不一樣，它以政治運動的形式試圖顛覆啟蒙打下的基礎。二十一世紀進入第二個十年之際興起了反啟蒙的民粹主義，更精確一點則稱為威權民粹主義。（原注24）民粹強調的是國家應該由其「人民」（通常來說範圍局限於特定種族，有時則是特定階級）直接做主，而做主的方式是選出強勢領導者作為代表，直接展現真正屬於他們的特點和生活經驗。

威權民粹的一種解釋是人性的反撲，例如部落主義、威權主義、妖魔化、零和思維；相對而言，啟蒙的各種機制都是為了避免上述種種心態。民粹將焦點放在部族而非個人，於是少數族群權益不受保障，福祉無法推向全世界。它也否定辛苦得來的知識才是社會進步的關鍵，詆毀「精英」或「專家」，對於思想交流的空間不屑一顧，包括言論自由、意見多元以及對各種片面說法進行事實查核。由於推崇強勢領袖，民粹主義忽視人性有其不足，貶低主事者有缺陷時可加以制衡的法治與憲政。

左右派都有民粹，雙方共同點是接受傳統理論的零和競爭觀點：左派認為經濟階層之間是零和競爭，右派則認為國家或種族之間是零和競爭。社會問題在他們眼中不是宇宙客觀運作下自然產生的挑戰，而是精英階級、少數族群和外來者惡毒的算計。進步毫無意義，民粹主義者渴望將國家回復到單一種族、文化守舊、宗教至上的狀態，經濟要以農工為主體，致力產出摸得到的貨物滿足內需和外銷。

第二十三章會深入探討威權民粹主義的思想根源，此處先說明近年的崛起態勢與可能的走向。二〇一六年歐洲各國議會的選舉結果中，民粹主義政黨（右派居多）吸收到百分之十三點二的選票（一九六〇年代僅百分之五點一），進入十一個國家的聯合內閣，拿下匈牙利和波蘭的元首職位。（原注25）即便未能取得執政權，民粹政黨會透過其他方式達成目的，最明顯就是二〇一六年英國脫歐公投，五成二英國人投下贊成票。同一年，川普在總統大選中雖然普選票數落敗（以四十六個百分點對上希拉蕊的四十八個百分點），卻在選舉人制度中獲勝而成為美國總統。民粹主義強調部落性、想重返過去榮光，這樣的特色透過川普的競選口號表達得淋漓盡致：「讓美國再次偉大。」

下筆陳述進步時我反覆抗拒來自初稿讀者的壓力，他們覺得每章結尾都該留下警語：「放任川普的話，種種進步都會化為泡影。」的確，進步受到威脅，二〇一七年是否會成為歷史轉捩點目前不得而知，但此刻可以檢視威脅來自何處，至少能因此瞭解是什麼樣的進步有破滅的危險。（原注26）

- **生命**和**健康**因為疫苗接種和篩檢治療獲得非常大改善，然而川普背書的陰謀論之中有一項是早已證偽的說法，也就是認為疫苗含有防腐劑，會導致自閉症。擴大醫療保險也非常有建樹，但川普逼迫立法收回數千萬美國人享有的健保，大開社會福利支出的倒車。
- 全球**財富**增長來自全球化經濟，全球化經濟很大的驅動力來自國際貿易。川普主張貿易保護主義，視國際貿易為國家之間的零和競爭，親口表示要毀棄國際貿易協約。
- **財富成長**也得力於科技創新、教育、基礎建設、中下階層的支出能力提升、抑制扭曲市場競爭的裙帶政治與金權政治、管制金融業以降低泡沫和股災的機率。川普不僅敵視貿易，對科技與教育冷感，還主張對富人採取累退稅率，指派企業與金融大亨進入內閣，想當然耳這些人個個都想廢除法規限制。
- 川普處理**所得分配不均**的手法是妖魔化移民和貿易夥伴，無視中低階層遭遇的真正阻礙來自科技變遷。他甚至直接反對最能緩和分配不均的做法，也就是累進稅率和社會支出。
- **環保**需要能限制空氣和水汙染但也相容於人口、國內生產總值、旅遊業成長的法規。川普認為環保法規有損經濟，更糟糕的是他公開說氣候變遷是騙局，並揚言美國將退出巴黎協議。
- **安全**方面原本能藉由聯邦法規大幅改善，但川普和幕僚不屑一顧。他在群眾面前建立尊崇法律秩序的形象，內心卻鄙棄基於事實證據擬定、能有效預防犯罪的政策，只想以強硬措詞討好人民。

• 戰後年代鞏固**和平**的途徑有貿易、**民主**、國際協議與組織、拒絕侵略的國際慣例。川普詆毀國際貿易，意圖毀棄協議並弱化國際組織。他推崇普丁，而普丁帶著俄羅斯開民主倒車、透過網路攻擊傷害歐美國家民主制度、參與二十一世界目前最慘烈的敘利亞戰爭、在烏克蘭與喬治亞挑起小規模戰事、違反戰後對侵略的禁忌強行併吞克里米亞。川普內閣數名成員私下與俄羅斯往來尋求解除制裁，嚴重減損戰爭非法化的機制。

• **民主**需要清楚明白的憲政保護，例如媒體自由，同時也需要社會集體形成常規，尤其政治領袖應該經由法治、非暴力的競爭決定人選，而不是任由領導者煽動群眾遂行權力意志。川普提議修改誹謗法規讓他能將記者告上法院，在造勢場合慫恿支持者對批評自己的人以暴力回應，不肯承諾若二〇一六年最後敗選也會尊重開票結果，批評結果對自己不利的普選票，揚言將競選對手關進監獄，若司法體系質疑他的決策就抨擊司法體系本身不具正當性——總而言之，集獨裁特質於一身。放眼全球，民主的命脈是它在國際社會裡的特殊地位，但川普讚揚了俄羅斯、土耳其、菲律賓、泰國、沙烏地阿拉伯和埃及等國的專制，反倒譴責德國等民主盟邦。

• 寬容、平等、**平權**從川普競選過程與上任之初就多次遭遇重大打擊。他妖魔化拉丁美洲族裔、提議禁止穆斯林入境（就任之後也真的嘗試過對穆斯林設限），多次貶低女性、縱容造勢場合上種族和性別歧視的言論，接受白人至上主義團體還讓他們與其他陣營平起平坐，任用敵視公民權運動的人擔任策略分析師與司法部長。

• **知識**作為一個理念，代表意見與信念應該基於可驗證的事實，但川普一而再、再而三以陰謀論加以嘲弄：他說歐巴馬出生於肯亞、參議院泰德・克魯茲的父親和甘迺迪總統謀殺案有關、好幾千名住在紐澤西的穆斯林在九一一事件後舉行慶祝會、前美國大法官安東寧・史卡利亞（Antonin Scalia）是遭到謀殺的、歐巴馬竊聽他的電話、自己普選票落敗是因為混進數百萬非法選民等等，不實言論多達數十件。查核網站「政治事實網」（PolitiFact）分析結果很驚人，認為川普的公開言論高達六成九落在「大半不實」、「不實」或者「火燒褲子」（該網站對胡說八道的代名詞，取自童謠歌詞「騙子、騙子、火燒褲子」）。（原注27）所有政治人物都會扭曲事實，也偶爾會撒謊（應該說所有人類皆如此），然而川普不僅屢次當眾胡說，還都是些明顯鬼扯的內容（譬如聲稱自己在大選中是壓倒性勝利），這顯示他的公開言論並非基於客觀事實基礎，也不能作為尋求共識的管道，單純是攻訐與羞辱政敵的武器。

- 最駭人聽聞的是川普居然打破保護世界不受核戰**威脅生存**的規範，質疑為何將核武視為禁忌，並在推特表示要繼續核武軍備競賽、考慮讓核武擴散至更多國家、有意推翻當初阻止伊朗發展核武的協議、無視開戰可能而挑釁金正恩。最糟糕的是軍方指揮鏈賦予總統在危機時動用核武的權力，一直以來大家預設身為美國總統的人面臨存亡關頭不至於魯莽行事，偏偏川普早就因其衝動易怒、錙銖必較的性格聲名狼藉。

再怎麼樂觀進取也難從這一團亂裡找出驚喜。不過川普（或者更廣泛地說是威權民粹主義）是否真會毀掉累積了四分之一個世紀的進步？還有些理由支撐我們不要絕望，畢竟一個運動能夠持續數十年、甚至幾個世紀，背後勢必有系統性動力。此外也牽動到不少勢力的利益，他們也不會希望進步戛然而止。

根據美國開國元勛的設想，總統職位並非輪流當君主，而是位於權力分立的政府架構頂端（民粹主義者形容為「深層政府」[4]）。政府組織的地位超越個別領袖，執行功能時必須回歸現實狀況。既然叫做現實狀況就代表不是民粹口號，不是最上面一個人發脾氣就能全盤抹煞。立法者必須回應選民和遊說者，法官必須維持廉潔地位，政務及事務官員也各司其職。川普的專制本性與美國民主制度展開拉鋸戰，目前幾次大風大浪都讓民主給挺過去了。他口無遮攔、在推特大放厥詞或抹黑他人時，曾有部長級官員出來駁斥，不合憲的事情到了法院還是不被放行，參眾兩院立場堅定擋下有損人民福祉的法案。司法部與國會下好幾個委員會著手調查川普政權與俄羅斯之間的往來情況，聯邦調查局局長公開指出川普威脅他（因此引發是否基於妨礙司法提出總統彈劾案的爭議）。連幕僚都時常對總統言行深感訝異，於是定期對媒體披露部分訊息——這一切是他上任不過半年就發生的事。

牽制美國總統的還有各州及地方政府，畢竟地方官員一定得根據事實來施政。其他國家政府也是同樣立場，人家沒道理配合他追求讓美國再次偉大。甚至多數企業也無法置身事外，因為和平、繁榮、穩定才會有收益。尤其全球化不是單一領袖能夠阻擋的浪潮，許多國家層級的問題本質上就是全球問題，包括移民、流行病、恐怖主義、網路犯罪、核武擴散、流氓國家以及環境保護。假裝這些事情不存在並非長久之計，若要解決又勢必得經

4 譯按：deep state，陰謀論的一種，認為政府幕後受到既得利益集團把持。

由國際合作。全球化帶來的好處很多，商品價格降低、外銷市場擴大、全球貧窮縮小等等也不能總是裝聾作啞沒看見。網路與旅遊普及已經不可能阻斷人和想法的流動（特別是年輕族群）。至於對真相和事實的追求，長期而言還是有優勢：就算有人不相信，但真相與事實不會消失。（原注28）

民粹主義的逆襲

更深一層分析，問題在於民粹運動興起後的短期傷害與未來走向是否真的會像《波士頓環球報》近期一篇社論所哀嘆：「啟蒙運動功成身退。」（原注29）二〇一六年的社會變動真的代表世界準備回歸中世紀？質疑氣候變遷的人士早上吹到一陣冷風就當成反證，過度詮釋事件是很常見的誤解成因。

首先注意近年的選舉並非對啟蒙的信心投票。美國政治基本就是兩大黨、非此即彼，所以共和黨推派任何人出線都有至少百分之四十五的基本盤。川普在普選票以四十六對四十八百分點落敗，能上任是因為選舉人制度的跑票問題以及希拉蕊這方策略誤判。歐巴馬卸任前的演講反而特地**讚揚啟蒙**，稱其為「這個國家的核心精神」——他離開白宮時的支持度為百分之五十八，高於歷任平均。（原注30）川普入主白宮時支持度為百分之四十，是歷任最低，就職七個月以後掉到百分之三十四，差點連前面九任的同時間點的平均值一半都達不到。（原注31）

歐洲選舉亦然，那原本就不是對世界人文主義能撐多久的測驗，選民只想對近年情勢發洩不滿情緒。相關議題包括歐元（許多經濟學家對此產生懷疑）、歐盟過度干預各國，還有基於人道立場必須收容中東難民，可是傷亡慘重的攻擊事件又造成大眾畏懼伊斯蘭恐怖主義（即使這種心理不符比例原則）。諸多不利因素加起來，民粹主義政黨近幾年也擴張到百分之十三，看似在各國立法機構取得席次但實際上丟掉的也不少。（原注32）經過川普勝選、英國脫歐的衝擊，荷蘭、英國、法國都透過選舉否定右翼民粹，尤其法國新總統馬克宏直接表示歐洲「啟蒙精神在很多地方遭受威脅，正待大家一起維護」。（原注33）

相較於二〇一〇年代中期的政治動盪，更值得探究的是：何種社會與經濟趨勢催生出威權民粹主義。回歸本章重點，則要進一步分析其前景。

許多歷史演進對社會整體有益，但結果畢竟幾家歡樂幾家愁。不少評論認為全球化經濟的輸家（富裕國家的下層）是威權民粹的主要支持者，經濟決定論者當然更覺得這樣的解釋便足夠了。不過分析師開始像調查墜機現場般翻天覆地搜了一遍，結論卻發現從經濟面解釋根本就錯了。以美國選舉來說，收入最低的兩個階層實際上支持希拉蕊的比例是五十二和四十二，自稱以「經濟」作為最優先考量的選民也偏向她。反而收入**最高**的前四個階層傾向川普，而川普支持者最在意的議題是「移民」和「恐怖主義」而非經濟。（原注34）

由此出發會找到更多線索。統計學家納特·西爾弗（Nate Silver）一篇文章的開頭說：「統計分析有時很刁鑽，有時也會找到完全出乎意料的東西。」這次的發現直接上了標題：「是否投票給川普的預測因素不是收入，而是教育。」（原注35）教育為什麼會有這麼大的影響力？其中兩個解釋不怎麼有趣，也就是教育程度高的人通常政治立場傾向自由派，還有教育比當下收入更能預測個人的經濟安全。稍微有趣一點的解釋是，年輕族群經由教育更有機會接觸到其他種族和文化，於是內心很難將其妖魔化。最有趣的則是如果教育系統正常發揮功能，本來就應該教導人民以事實和邏輯為依歸，遠離陰謀論、道聽塗說和感情用事。

西爾弗的另一個意外收穫是，川普支持者的地理分布並不與失業率、宗教、合法持槍、移民比例重疊，反而與在Google上搜尋**黑鬼**的頻率重疊；經濟學家大衛德維茲研究發現，這個詞的搜尋量是種族歧視的可靠指標（第十五章）。[原注36]這不代表投給川普的人大半都有種族歧視，而必須從種族主義塑造的仇恨和不信任來思考。兩者重疊，也就是選舉人支持川普的地區最為抗拒累積了幾十年的種族融合與弱勢權益提升（尤以種族優惠措施最具爭議，川普支持者視其為「逆向歧視」）。

從出口民調分析選民整體態度，與支持川普最為一致的是悲觀。[原注37]投給川普的人裡，百分之六十九認為國家「嚴重脫序」，也對聯邦政府、美國下一代的未來感到憂心。

海的另一邊，政治學者羅納德·英格爾哈特（Ronald Inglehart）與皮帕·諾里斯（Pippa Norris）分析三十一個歐洲國家共計兩百六十八個政黨以後，找到同樣趨勢。[原注38]結論是數十年來經濟在政黨勢力變動上一直不是主因，非經濟因素反而重要得多。選民分布亦然，民粹政黨最主要的支持力量並非體力勞工，而是「小資產階級」（自僱者或小企業主），再來是領班與技師之類。民粹支持者的年齡偏大、宗教信仰較強、居於鄉村比例高、教育程度低，許多是屬於優勢族群和男性。他們擁抱威權價值觀，處在政治光譜右側，排斥外來移民、全球和國家治理。（原注39）脫歐公投亦然，贊成者年齡偏高、偏鄉村，與反對者相比教育程度較低：高中學歷者有六成六支持脫歐，大學以上僅兩成九。（原注40）

英格爾哈特與諾里斯認為威權民粹支持者確實是失敗者，但不是輸在經濟競爭，而是文化競爭。男性、宗教虔誠、教育程度低但又身為優勢種族的選民，「覺得自己已經不認識自己國家的主流價值觀了，被自己不認同的進步浪潮和文化變遷拋諸在後……自一九七○年代開始，各種寧靜革命似乎早已播下今日反革命的憎惡種子。」（原注41）皮尤中心的政治分析師保羅・泰勒（Paul Taylor）也從美國民調結果看到同樣一股反潮流力量：「雖然社會整體對多數議題採取越來越自由的主張，但不代表全國人民都買帳。」（原注42）

民粹逆襲的源頭或許在於已經襲捲世界一陣子的現代性浪潮，包括全球化、種族多元、女權、世俗化、都市化、教育。然而，要在選舉制度中化為實質勝利終究需要一個領袖引導選民釋放內心怨氣。於是可以發現即使國家相鄰、文化相近，但民粹主義得到的支持程度依舊不同：匈牙利多於捷克、挪威多於瑞典、波蘭多過羅馬尼亞、奧地利多過德國、法國多過西班牙、美國多於加拿大。（二○一六年西班牙、加拿大、葡萄牙完全沒有民粹主義政黨取得立法席次。）（原注43）

已經在世界扎根數十年的自由主義、都市化、啟蒙人文主義思想遭遇了退步的、威權的部落式民粹抵抗，雙方的緊繃情勢將如何演變？自由主義的長期推力是流動性、連結性、教育、都市化，這些因素不大可能逆轉，為女性和少數族裔爭取平權的壓力也難以遏制。

上面說的跡象或許還算個人臆測，但有句話說：「只有死亡和繳稅絕對躲不過。」這句話至少對了一半。民粹主義是老一輩的運動，圖20-1顯示三次重要事件（川普當選、英國脫歐、歐洲民粹政黨崛起）的支持度隨出生年份急遽下降。（非主流右派與民粹主義有重疊而成員年紀較輕，不過即便乍看聲勢浩大也不過就五萬人左右，僅占美國人口百分之零點零二。）（原注44）民粹主義隨年齡層降低一點也不意外，第十五章探討過二十世紀越後面的世代越傾向寬容與自由（同時所有群體都朝自由偏移），因此民粹主義相當有可能隨著沉默世代與嬰兒潮世代的前輩一點一點走進

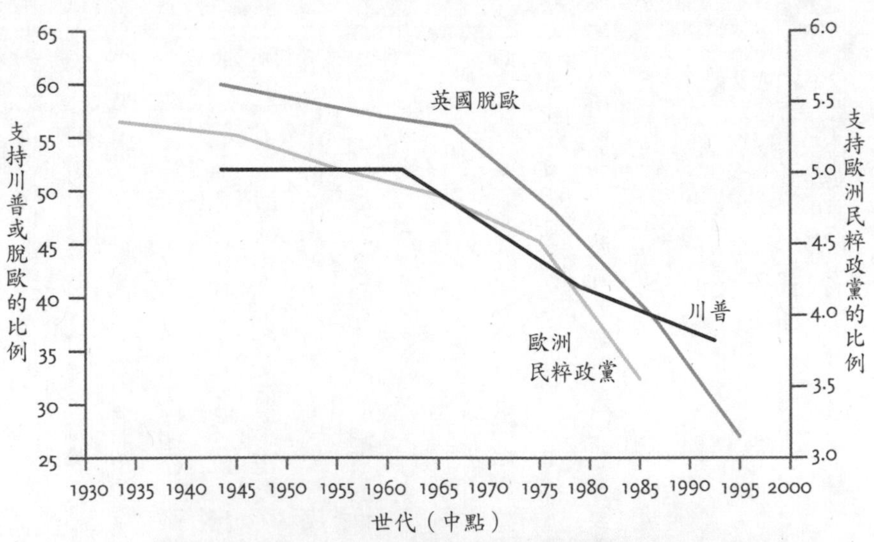

圖20-1：二〇一六年各世代對民粹主義的支持度

來源：川普：Exit polls conducted by Edison Research, *New York Times* 2016。英國脫歐：Exit polls conducted by Lord Ashcroft Polls, *BBC News Magazine,* June 24, 2016, http://www.bbc.com/news/magazine-36619342。歐洲民粹政黨（二〇〇二到二〇一四）：Inglehart & Norris 2016, fig. 8. Data for each birth cohort are plotted at the midpoint of their range.

歷史。

如果大眾的價值觀會隨個人年齡改變的話，討論世代變遷對未來政治的影響就沒有意義。說不定二十五歲走民粹是無心，四十五歲還不民粹是無腦（同一個句型曾經被用在自由主義、社會主義、共產主義、左派、共和黨、民主黨、革命人士，引用來源也五花八門，包括維克多・雨果、班傑明・迪斯雷利、蕭伯納、喬治・克里蒙梭、邱吉爾、鮑勃・迪倫等等）。無論最早出於誰口中（很可能是十九世紀法學家安瑟爾姆・巴特比埃〔Anselme Batbie〕，但他又說靈感來自埃德蒙・柏克〔Edmund Burke〕），也無論套用在什麼體系上面，重點在於年齡與政治傾向的關聯性從未得到證實。（原注45）第十五章提出的研究證據顯示，一般人不會因為年齡增長而從解放價值觀倒向反自由那側。政治學者葉爾・基札（Yair Ghitza）與安德魯・吉爾曼（Andrew Gelman）針對二十世紀美國選民的近期研究也發現，美國人並不會因為年紀大了就更傾向保守派總統候選人。他們的投票意向由一生中歷任總統受歡迎程度的累積經驗構成，而且影響最大是十四到二十四歲這區間。（原注46）目前排拒民粹主義的年輕選民日後投靠過去的機率相當低。

如何反制民粹主義對啟蒙價值觀的威脅？既然經濟不安並非主因，致力降低收入分配不均、與遭資遣的鋼鐵業勞工對談並嘗試感受他們的心酸，這類做法即使立意良善也恐怕收不到多大作用。相對而言，文化排擠才是原因，因此避免激化對立的詞彙、符號象徵和身分認同政治，反而有可能拉攏或至少避免排擠立場未定的選民（第二十一章有更多討論）。此外，考量到民粹運動的影響力超過其人數，修正選制瑕疵會有所幫助，如傑利蠑螈[5]、鄉村地區權重過高（美國選舉人制度）。同時新聞媒體應當著重候選人言行是否一致，而非聚焦無關緊要的醜態醜聞。若將時間拉得更長，一部分問題會隨都市化進程消散，因為人口不可能被困在農村；另一部分問題則會隨著人口結構得到改善，也就是學術上所謂社會隨一次次葬禮得以前進。（原注47）

然而威權民粹主義興起現象的另一個謎題在於：利益受選舉結果左右最為嚴重的族群，例如脫歐公投中的英國年輕人以及美國總統選舉中的非裔美籍、拉丁裔、千禧時代等等，為何當天選擇不出門投票？（原注48）這個疑問要回歸本書最重要的主題，以及我個人對強化啟蒙人文思潮、對抗反動的小見解。

在我看來，媒體、公共知識分子與民粹主義者沆瀣一氣，為現代西方國家描繪出一幅不公不義又失能失職的形象，彷彿只有大破大立能夠解決問題。「衝進駕駛艙，否則大家一起死！」這是保守派的吶喊，將國家前途比喻為九一一事件中遭劫持的飛機，主張乘客要群起暴動挽救自己性命。[6]（原注49）「我寧可眼睜睜看著帝國在川普腳下化為灰燼，這樣至少有了重新開始的契機，比起讓希拉蕊繼續拖下去好多了。」這是左派人士的主張，稱之為「火藥庫政治」。（原注50）其他立場較吻合的社論作家、主流媒體也習慣將美國描述為充斥種族歧視、貧富不均、恐怖主義、社會病態、機制失靈的國家。（原注51）

反烏托邦式言論的問題在於一旦大眾相信國家百弊叢生，即使十分尋常的煽動言語也足以挑動人心，例如：「你還有什麼可以失去的？」如果反過來，媒體和公知從統計和歷史脈絡呈現事件，上面那個問題的答案便再清楚不過。納粹、毛澤東、乃至於更接近的委內瑞拉與土耳其激進政權都是證據：讓威權領袖藉群眾魅力對抗「危機」，然後踐踏民主常規與制度、依據個人好惡來指揮國家，站在人民的立場來看能失去的太多太多。

自由民主難能可貴。除非真的救主降臨，否則社會總會有問題。相對於直接一把火燒光然後期待浴火重生，還是老老實實解決問題比較實際。可是社會評論家對現代性的好處視而不見，慫恿選民排拒有責任感的民意代表、穩健踏實的改革派，儘管其實他們才能鞏固累積多時、我們享受許久的進步並創造更好的環境。

為現代性辯護的一大難題在於大家睜開眼睛就能看到新聞，於是任何樂觀說法都顯得太天真，或者照名嘴的說法是「住在象牙塔裡」。然而這世界不是靠英雄神話打造的，我們能享有的進步具有使人身在福中不知福的特性。哲學家以撒．柏林（Isaiah Berlin）指出追求完美的公正、公平、自由、健康、和諧社會本來就不是自由民主制度所能做到，這種幻想本質很危險：大眾不是單一文化內的複製人，有人得到滿足就會有人因此受挫，齊頭式平等的先決條件是大家不被平等對待，何況所謂自由也就包括人有搞砸自己人生的自由。自由民主政體可以不斷進步，前提是反覆經歷看似混亂的妥協並堅持改革：

5 譯按：gerrymandering，傑利蠑螈是美國政壇術語，源於曾經發生州長為了讓特定政黨勝選而將選區刻意畫為奇怪的蠑螈形狀。（該州長姓氏為傑利。）

6 譯按：九一一事件中聯航九三班機也遭到恐怖分子劫持，但乘客得知世貿及五角大廈遭受攻擊便決定攻入駕駛艙。（根據黑盒子紀錄無法判斷乘客是否進入駕駛艙，但應當成功逼迫歹徒改變了航向，問題是最後飛機仍然墜毀且無人生還。）

孩子得到父母或祖父母那一輩追逐已久的東西：更多自由，更多物質享受，更公平的社會。上一代的難題被遺忘，可是下一代面臨新的問題，新問題源自解決舊問題的做法。即使再度解決問題，新的解決方法仍然會製造新的困境，於是需要再度處理——這是無窮無盡而且無法預測的過程。(原注52)

這是進步的本質。創意、同情心、良好的制度能支撐我們前進，但人性黑暗面與熱力學第二定律會扯後腿。凱文・凱利解釋為什麼這種拉扯的結果可以是一種向前進的運動：

自從啟蒙和科學問世，人類每年創造的比摧毀的多一點點，而那一點點正向變化累積數十年才能推動所謂的文明……進步會藏匿自身蹤跡，只有回首過往才能清楚看見。因此我總是跟大家說，我之所以對未來充滿信心，其實是基於歷史思考的結果。(原注53)

具建設性的理念要能夠化解長期利益與短期困境、歷史潮流與人類習性的衝突。目前還沒有簡單好上口的名字，「樂觀主義」不合適，因為一味相信事態會好轉與一味相信事態會惡化都不是理性思考。凱利提供了「進托邦」（protopia）一詞，其中pro代表進步（progress）也代表過程（process）。也有人提出「悲觀中懷抱希望」、「樂觀現實主義」、「極端漸進主義」等等。(原注54)我最喜歡的還是漢斯・羅斯林的版本，有人問他是否自認為樂觀主義者，他回答：「我不是樂觀主義者，只是很認真的可能性主義者。」(原注55)

第三部

理性、科學、人文主義

經濟學家與政治哲學家的觀點無論對錯都能發揮超乎尋常理解的影響力。實際上，世界運作由其主宰。務實的人以為自己不受意識形態影響，卻往往像是已故經濟學家的奴隸。掌權的狂人聽見上天對自己講話，其實只是幾年前三流學者的囈語在腦袋裡翻騰。我很肯定既得利益的勢力被吹捧過頭，相較之下思想的滲透厲害得多。

——凱因斯 John Maynard Keynes

思想非常重要。智人顧名思義是依靠智慧生存，我們分析整合世界運行的道理，以及族群成員如何能有最好的生活條件。思想的力量以極其諷刺的方式得到印證：一位政治哲學家強調既得利益者的影響力，還寫下「每個時代的主流思想都是統治階級的思想」。然而卡爾．馬克思（Karl Marx）自己沒錢沒軍隊，但他在大英博物館閱覽室內寫下的思想，卻左右了二十世紀以來的社會走向與數十億人的命運。

本書行文至此意在總結我對啟蒙的種種辯護。第一部陳述了啟蒙思想，第二部說明了啟蒙思想為何成立，現在則要對抗最出乎意料的敵人——不是憤慨的民粹主義者或基本教義派的信徒，而是主流知識文化內的某些陣營。說來或許不可思議，為啟蒙辯護居然會以某些教授、評論家、權威人士以及其讀者們為假想敵，畢竟一般情況下他們不大可能自稱抗拒啟蒙思想。但現實是知識分子對啟蒙理念並不忠誠，大半不願挺身而出。失去代言者的啟蒙理念彷彿淪為背景，還順道承接了所有尚未解決的社會問題（社會總是充斥著各種問題）。非自由路線如威權主義、部落主義、異想思維三言兩語就令人血脈賁張也不乏代表人物，啟蒙要與之抗衡完全居於劣勢。

儘管我希望啟蒙理念能更加深植人心，包括基本教義派、憤怒民粹主義者的所有人都能接受最好，但我必須承認自己實在不擅長說服和動員群眾，或創作病毒式傳播迷因這些伎倆。接下來依舊是論述，提供給在意論述的人。論述很重要，因為務實主義者和掌權的狂人都直接或間接受到思想領域影響。他們會上大學，至少在等牙醫的時候會翻雜誌，也會看看星期天的晨間新聞節目。他們的資訊來自幕僚，而幕僚的資訊來自各種訂閱和TED演講。他們常參與網路論壇，論壇風氣取決於常發文的人，而發文者的思想則受閱讀習慣塑造。我願意相信只要讓理性、科學、人文主義三種啟蒙理念順流而下，百川歸海之後終究能為世界帶來轉變。

第二十一章 理性

挑戰在於如何培養以理性為主體的知識與政治文化，避免陷入部落主義勢不兩立的窠臼。

反對理性就字面來看就已經不理性，即便如此還是不少人前仆後繼放棄理性，主張動情先於動腦、就算用腦也是邊緣系統先於皮質、直覺快於思考、麥考伊優於史巴克[1]。於是有了反啟蒙的浪漫主義運動，一言以蔽之就是約翰．赫爾德（Johann Herder）的名言：「我在這裡不是為了思考，而是為了存在、感受、生活！」再者，社會普遍尊崇（非僅限於信徒）宗教信仰，等於不需要好理由也可以堅持信念。後現代主義者認為理性只是為施行權力而存在的藉口，真實是由社會建構，所有論點都會陷入自我指涉的羅網內最後崩潰化為悖論。就連我的同行認知心理學家們也經常宣稱研究反駁了「人具有理性」這個他們以為的啟蒙信念，所以主張理性並不像以往所想的那麼重要。上述觀念最終導出的結論是：想為世界打造出更具理性的樣貌只是枉然。（原注1）

然而這些立場都有致命的瑕疵：他們反駁了自己，忘記自己說的一字一句都是要人相信的**理由**。護航者一開口就敗下陣來，因為他們的行為建立在說服上，而說服就是靠理性建構論述，並要求聽者基於雙方都認同的理性標準接受他們的說詞。若非如此又何需多費唇舌，以賄賂或暴力要求大眾接受就好。哲學家湯瑪斯．內格爾（Thomas Nagel）在《理性的權威》（*The Last Word*）一書中直指癥結，點出探討邏輯與真實的時候主觀性和相對性並不相容，因為「人無法以空無批判事物」：

> 「一切皆為主觀」的說法太荒謬，因為這句話本身不是主觀就是客觀。但它不會是客觀，真要如此代表它原本就錯了。它亦非主觀，否則它會排除所有客觀主張，包括客觀上

錯誤的主張。有些主觀主義者將自己包裝為務實主義者，甚至將主觀主義用在自己身上。可是這種人根本沒有搭理的意義，他說話的依據只是自己高興而已。如果這種人要求我們附和，我們連拒絕的理由都不必給，因為他自己也給不出要別人接受的理由。（原注2）

內格爾認為這種思維很笛卡兒，因為笛卡兒的名句「我思故我在」——人能思考就證明了自己存在；同樣的，人如果會訴諸理性，自然代表理性存在。也有人稱之為先驗論證（transcendental argument），也就是既然提出了論證，當然必須滿足能夠提出論證的前提條件。（原注3）（甚至也可以追溯到古代的騙子悖論，故事是一個克里特人說：「克里特人都是騙子。」）無論如何名之，若認為這代表人類應該「相信」或「信仰」理性那就是誤會了，或者如內格爾所說是「想太多」。人類不需要**信仰**理性，只要**運用**理性（就像電腦處理器不是被程式寫出來的，但程式需要有處理器存在才得以運行）。（原注4）

雖然理性先於一切、毋須（也無法）透過第一原理驗證，可是一旦我們開始運用理性，就能藉由內部一致性、是否合乎現實情況來判斷當下的特定推論是否可靠。生命不是一場夢，夢裡才能前後矛盾、撲朔迷離。將理性運用於世界，結果我們依照自己意志改變了世界，從治療感染到登陸月球都證實了理性存在。

縱使源於抽象哲學，笛卡兒式論證並非強詞奪理。從說話艱澀難解的結構主義者到最

1譯按：《星艦迷航記》影集人物，麥考伊脾氣急躁重感情，史巴克則強調邏輯思維。

反智的陰謀論或「另類事實」[2]，所有人都明白「我為什麼要相信你？」、「請你提出證據來」、「你這是胡說八道」等等反應是什麼意思。很少有人真說得出口「對，你沒道理相信我」、「沒錯，我在說謊」或者「我也覺得自己胡說八道」。人提出觀點主張的時候就符合論證必須正確的本質，也就是落入理性的範疇，而接收訊息的一方自然會以理性判斷邏輯是否連貫且準確。

理性思考後的不理性

現在閱聽大眾很關注認知心理學對人類理性的研究，從丹尼爾．康納曼的《快思慢想》和丹．艾瑞利（Dan Ariely）的《誰說人是理性的！》之暢銷程度可見一斑。本書也援引過許多人類認知能力的瑕疵，比方說我們會以自己聽過的例子來推測機率、以偏概全、選擇性只看有利證據、害怕受傷與損失、推論邏輯並非機械式因果關係而是目的論[3]或異想思維。（原注5）這些發現很重要，但它們並不牴觸啟蒙視人類為理性行為者的原則，也不會導出放棄以理服人轉向以暴制暴這麼慘澹的結論。

第一個原因就在於，**啟蒙思想家並未說過人類時時刻刻都能保持理性**。極度推崇理性的康德沒這麼說過，否則不會寫下「人性這根曲木琢不出真正的直」。作為認知和社會心理學的先驅，史賓諾沙、休謨、斯密、百科全書派學者也沒有發表過這種言論。（原注6）他們主張的是人**應該**保持理性，學習克服無所不在的邏輯謬誤與教條式思考；再者就是我們

可以保持理性，即便個人達不到也能透過集體制度和規範發揮約束作用，言論自由、邏輯分析、實證測試都是例子。假如你不同意的話，我們為什麼應當接受你的說法，認為人類不具理性能力？

對於理性的冷嘲熱諷時常建立在粗糙的演化心理學上（但真正的演化心理學家並不為其背書），認為人類思考的主體為大腦杏仁核[4]，草叢微微搖晃就讓我們聯想到蟄伏的猛虎。可是真正的演化心理學並未將人類當做兩腿站立的羚羊，而是**智能優於**羚羊的物種，認知會隨著對世界的詮釋而改變。既然現實世界並不會隨著人相信什麼而產生變化，天擇壓力會傾向「發展真確解釋的能力」。（原注7）

因此理性有很深的演化淵源。公民研究學者路易斯·利本勃（Louis Liebenberg）研究喀拉哈里沙漠的薩恩人（San），他們依舊維持狩獵採集生活，是世界上最古老的文化之一。獵人汗水淋漓的皮膚具有獨特的降溫能力，可以與覆滿體毛的哺乳動物在日正當中進行追逐耐力賽，將獵物逼得中暑倒下。由於多數哺乳類動物速度較人類快，而且一被發現就會立刻竄逃，獵人必須追蹤獵物的足跡，從蹄印、折彎的樹枝、踢亂的卵石等等分析獵物的種類、性別、年齡、疲憊程度與可能的逃竄方向。過程中薩恩人不只是**推論**，比方說

2 譯按：alternative facts是美國總統川普的顧問凱莉安·康威（Kellyanne Conway）在媒體訪問時，為白宮新聞發言人對總統就職典禮參加人數的不實說法辯護所使用的詞語。

3 譯按：目的論與自然論、偶然論對立，認為「功能決定形式」，例如不是有眼睛才有了視覺，而是因為需要視覺所以會有眼睛。

4 譯按：大腦裡控制恐懼感和應急反應的部位。

跳羚步履輕快所以蹄子尖且踩踏力道重以免滑跤、林羚因為身體較重所以蹄子方平才有足夠支撐力；他們還必須說理，也就是表達推論背後的邏輯，說服同伴或接受同伴的說法。利本勃觀察發現，喀拉哈里沙漠中的獵捕者不會盲從權威，年輕獵人也能挑戰長輩的多數意見，如果他對證據的詮釋能夠服眾則大家願意追隨，提高團隊狩獵的命中率。（原注8）

倘若你仍舊想要為存在於現代社會的教條與迷信找藉口，主張說一切都是人性，那麼看看利本勃在薩恩部落居然找到科學懷疑論[5]：

喀拉哈里沙漠中部的孤樹部落有三位獵人名叫 !Nate、/Uase、Boroh//xao，他們告訴我雀歌百靈只在下雨之後唱歌，因為「下雨之後牠很開心」。其中 Boroh//xao 特別對我說鳥囀能讓乾燥土壤，這麼一來地下的根莖就能吃了。不過後來 !Nat 和 /Uase 又跟我說 Boroh//xao 弄錯了，使土壤乾燥的不是鳥而是日曬，鳥兒只能告知他們接下來幾個月土地會變乾、適合挖掘根莖出來吃……

!Namka 是喀拉哈里沙漠中部波札那貝爾村落的獵人。他告訴我當地神話認為太陽就像大羚羊一樣，先越過整個天空，然後被住在西邊的人獵殺，夕陽時天空泛紅就是羚羊淌血。西邊部落吃完它以後將肩胛骨朝東邊丟回來，落入水池重生為新的太陽。有時候還能聽見肩胛骨劃過天際的聲音。他說得鉅細靡遺，說完以後卻表示覺得這故事是「老一輩」說謊，因為自己從未見過……肩胛骨飛過夜空，也從未聽過故事裡的呼嘯聲。（原注9）

當然這些例子不代表人類不可能受誤導、思考不會有偏誤。大腦處理資訊的能力有其局限，進化的過程亦無科學、學術、其他形式的事實查核。但現實是很有力的篩選標準，依靠思想過活的物種在演化中必定會培育出正確詮釋現實的能力。現代社會面對的難題是如何營造合適的資訊環境，強調真確事實而非引人誤入歧途的元素。第一步是釐清為何高智能的物種竟會輕易走偏了路。

二十一世紀人類獲取知識的管道之多前所未有，然而非理性思潮卻也排山倒海而來，包括否定演化、質疑疫苗安全性、否認人類引起氣候變遷，以及自九一一事件到川普當選種種陰謀論的擴散。追求理性的人苦思不解為什麼出現這種矛盾，可是或許他們自己也不夠理性，所以很少思索可能可以解釋這種現象的資料。

針對社會大眾表現出的愚昧，最常見的解釋就是「無知」：教育品質低落導致多數人是科學盲，完全受到認知偏誤左右，對於說空話的名人、新聞的煽動和其他流行文化的操弄毫無招架能力。於是標準的解決方案是提高教育水準、請科學家多接觸大眾並在電視、社交平臺、流行網站上露面。身為科學界的一分子，對於這套做法我也很心動並且實際嘗試，但後來發現這個想法不對，或者至多只是問題的冰山一角。

思考以下幾個有關演化的問題：

十九世紀工業革命時代，英國鄉間煤煙密布，結果樺尺蛾平均來說體色變深了。這是

5 譯按：scientific skepticism，又稱理性懷疑論，指對於缺乏證據的論點持懷疑態度的認識論。

什麼緣故？

甲：為了融入環境而改變體色。

乙：體色深的蛾不易被天敵吃掉，更有機會繁衍後代。

某私立中學學生的平均測驗成績經過一年提高三十分。以下何種解釋最能與達爾文的物種適應理論相呼應？

甲：校方不再接受有錢校友的子女直接入學，對所有人採取同樣的篩選標準。

乙：從前一次測驗到現在，學生們的知識有所增長。

正確答案依次是乙和甲。心理學家安德魯·施圖爾曼（Andrew Shtulman）以中學及大學生為目標施做大量類似問題，希望了解學生對於天擇的認識有多深，特別針對的核心概念是：演化是群體中具適應特性的個體比例出現變化，而不是群體改變自身特性來適應環境。結果他發現問卷成績和學生是否相信天擇能解釋人類起源不相干，也就是說人就算不真的瞭解演化也能相信演化；反之亦然。（原注10）一九八〇年代有幾位生物學家受邀與神創論者進行辯論，結果鎩羽而歸，因為他們沒料到對方並非拿著聖經照本宣科的鄉巴佬，而是能言善道又懂得引用最新研究的雄辯者，成功在聽眾心裡埋下懷疑種子，令人擔心科學的不完整。

相信演化不代表理解科學，而是選擇忠於自由和世俗的次文化，放棄保守的宗教教義。二〇一〇年美國國家科學基金會將科學素養測驗中「根據目前所知，人類是從早期動物物種演化而來」這個條目取下，不過原因並非如部分科學家痛心疾首所言是屈服於創造論壓力而否定了演化論的科學地位，反而是因為那個題目與測驗中其他部分相比太過缺乏鑑別力（其他題目是例如「電子小於原子」、「抗生素能殺死病毒」之類），不如把機會留給更有效度的題目。更白話一點：那個問題考的不是科學知識，而是宗教虔誠度。（原注11）如果將題目加上「根據演化論」幾個字，其實就能使科學理解與文化忠誠兩者脫鉤，如此一來無論有無宗教信仰都能選擇同樣答案。（原注12）

再思考下面的問題：

一、氣象科學家認為若北極冰帽因為人類造成的全球暖化而融解，海平面將會上升。試問此陳述是否正確？

二、多數科學家認為哪一種氣體會導致大氣溫度上升：二氧化碳、氫、氦、氡？

三、氣象科學家認為人類造成的全球暖化會增加人類罹患皮膚癌的風險。試問此陳述是否正確？

第一題答案為「否」。如果敘述屬實，我們杯裡的冰塊融化後可樂也應該要滿出來才對。會造成海平面上升的是**陸地**的冰帽融化，例如格陵蘭或南極洲。即使是相信氣候變遷與人類行為有關的受試者，在氣象科學或整體科學知識的平均分數並不比立場相反者高。比方說很多相信人為氣候變遷者，認為全球暖化的原因是臭氧層有破洞，而清運堆積的有毒廢棄物能得到改善。（原注13）能用以預測一個人是否相信氣候變遷與人類有關的不是科學知識，而是政治意識形態。二〇一五年，有一成的保守派共和黨員接受人類行為導致地球暖化的說法（百分之五十七完全否定氣溫升高），而共和黨色彩較淺者接受度為百分之三

十六，中立選民為百分之五十三，淺民主黨為百分之六十三，自由派民主黨支持者高達百分之七十八。（原注14）

法學家丹．卡漢針對公共領域的理性表現做了突破性分析，他主張某些信念已經成為文化忠誠標誌，大眾肯定或否定這些想法為的並非表達自己懂什麼，而是自己是怎樣的人。（原注15）大眾會對特定族群或次文化產生認同，據此擁抱追求更好生活與社會制度的對應理念，而這些理念大致上落在兩個光譜上。第一個光譜上有右派對自然階級的接納與左派偏好依靠外力達成公正公平（對「我們必須致力降低富人與窮人、白人與有色人種、男性和女性之間的差距」這句話的認同度是一個判斷標準）。另一個光譜的一端是從自由主義出發朝向個人主義，另一端則是從共產或威權角度出發期望團結合作（可以用「政府應當限制個人選擇避免妨礙社會整體的發展」這句話作為判斷標準）。一個信念隨其誕生背景、得到什麼人背書，會有機會化作綱領、箴言、口令、神聖價值、對所屬族群的忠誠宣誓等等。卡漢與研究團隊解釋：

民眾不同意氣候變遷的科學論述，主因不在於無法理解內容，而是這個議題本身表達了立場：是要攜手合作還是自顧自就好，是審慎克制欲望還是大膽追求回報，是謙遜內斂還是發揮才智，是與自然和諧共存還是人定勝天——這種文化區隔造成兩派對立。（原注16）

分化大眾共識的價值觀也可以從如何歸咎社會諸惡來判斷：要怪罪貪婪的企業？不接

地氣的精英？官僚體系的過度干預？說謊的政客？不學無術的鄉巴佬？還是更常淪為靶子的少數族裔呢？

卡漢指出，大眾傾向將自身信念視為忠誠宣誓而不僅是客觀評估，而這種傾向換個角度來看是理性運作的結果。除了極其少數真正能推動、改變或做出決策的角色，一般人對氣候變遷、演化論觀點的影響就像浩瀚銀河裡的一顆星子那樣微不足道。但回到自己身處的社交圈，這些想法卻是決定地位的關鍵。對政治化的議題表態失誤，輕則被親友當怪胎，重則成了大家眼裡的叛徒。隨著居住與工作環境裡相似背景者越來越多，加上各個學派、行業、宗教塑造左傾或右傾的品牌形象，從眾的壓力也就越來越大。名人和政治人物長期扮演所屬陣營的代表，若在重大議題上站錯邊不啻生涯自殺。

考量種種代價，為沒有通過科學與事實驗證的信念背書其實不算很不理性，至少沒有立即的損失。對社會和地球會造成什麼後果，那另當別論。大氣不會回應人類的想法，就算氣溫真的增加四度也是幾十億人一起苦，無論抱持什麼立場的人都逃不過。卡漢表示所有人都成了公地悲劇的演員：個人（基於尊嚴）的理性判斷對於社會整體（基於現實）來說並不理性。（原注17）

「表達性的理性」或者「保護身分的認知」背後有上述動機，也就能解釋二十一世紀社會為何不理性。二〇一六年美國總統大選中，許多政治觀察家對川普支持者（還有川普本人）脫口而出的言論大感不可思議，例如聲稱希拉蕊罹患多發性硬化症靠替身蒙混隱瞞、九一一事件期間歐巴馬不在白宮辦公室可見有嫌疑（問題是二〇〇一年歐巴馬還沒當上總統）。阿曼達．馬爾卡特（Amanda Marcotte）曾經提出疑問：「這些人明明有腦袋能夠打扮得體、公開演講、準時出席，但他們一直相信亂七八糟、只有瘋子才會接受的東西。到底怎麼回事？」（原注18）答案是這些人共享**藍色謊言**（blue lies）。白色謊言是為了對方好所以撒謊，藍色謊言則是為了團體好（源自警界）。（原注19）有些人栽進陰謀論或許是因為真的接收到假資訊，但多數人之所以表達意見，其實不是追求真相而是一種表演：藉此挑釁自由派，展示同儕的強大向心力。人類學家約翰．托比補充說道：正因為說法很荒誕，所以展現出的凝聚力比有條有理的說詞更強大。（原注20）隨便一個人都能說出水往低處流，但只有真正忠於團體的人才有理由說得出上帝是三位同時只有一體，或者民主黨利用華盛頓某間披薩店經營兒童賣淫。

左派右派的不理性

從政治造勢場合的群眾狂熱與陰謀論已經可以深刻體會自我表達比真相來得重要，然而公地悲劇還沒探底。關於理性的另一個矛盾在於專業、腦力、有意識的推論都無法保證思考者看得見真相，反而會被用來巧妙合理化自身的立場。班傑明．富蘭克林就說過：「身為理性的動物真是方便，理性讓我們在需要理由的時候不愁找不到或想不出。」

心理學家早就發現人腦的缺陷，例如動機推理（將論述引導到對自己有利的結論而非客觀看待）、偏見評價（面對反證就百般挑剔，面對支持的證據就輕易放行）、我方偏見

（從字面就能理解）。（原注21）一九五四年的經典實驗中，心理學家艾爾·哈斯托爾福（Al Hastorf）與哈德利·坎垂爾（Hadley Cantril）給達特茅斯與普林斯頓兩所大學學生觀看當時兩校之間的足球賽，賽況非常激烈，有許多肢體衝突和罰球，結果兩邊學生都認為對方違規次數多。（原注22）

我們已經明白政黨認同和球迷心態很像：大選之夜造成的睪酮上升幅度恐怕不下於超級盃比賽。（原注23）因此有政治立場的人（絕大多數人）會找對立陣營的碴實在沒什麼好奇怪的。在另一項經典研究裡，心理學家羅爾德（Charles Lord）、羅斯（Lee Ross）和雷波（Mark Lepper）找來支持與反對死刑的人，準備兩份研究報告供他們閱讀，其中一份指出死刑可以遏制他殺（他殺率在州政府實施死刑的隔年下降），另一份結論則不同（相鄰兩州採取死刑的一州他殺率反而比較高）。兩份報告都是假的，但捏造得十分逼真，為了避免時間和空間的比較可能影響實驗者還調換了數據。最終發現受試者一開始或許受到震撼，一旦讀了細節之後就會對不符自身立場的部分吹毛求疵，提出諸如「沒有那幾年的整體犯罪率數據，這份報告根本沒意義」或者「相鄰兩個州的情況可能差距很大」。經過選擇性審查，受試者的立場益發兩極化：反對者更反對，支持者更支持。（原注24）

政治和球賽還有另一點很類似：大眾追求和消化訊息不是為了讓自己的見解更正確，而是要強化身為「粉絲」（fans）的體驗。（原注25）於是卡漢的另一項觀察得到了解釋：對氣候變遷瞭解越多的人立場越極端。（原注26）其實他們甚至**不需要**有個先入為主的立場也會有這種傾向。卡漢給受試者觀看有關奈米科技的報導，內容中立平衡（畢竟這也不是電

視新聞常見的話題），可是他們還是立刻根據自己對核能、基改食品的立場分裂為兩個陣營。(原注27)

假如上面幾份研究還不夠讓人警惕，接下來是被某雜誌形容為「對人腦最令人沮喪的發現」。(原注28) 卡漢從各行各業找來一千位受試者，最初以標準問卷評估每個人的政治立場和數字觀念，接著請他們閱讀某種疾病新療法的效果評估。所有人事前已被告知要留意資料內的數據，療法不會百分之百有效，甚至可能導致病況惡化，而且患者不接受任何治療也有機會自行痊癒。數據經過設計，不加思考得出的答案（療法有效，因為多數接受治療的人出現好轉）與實際答案（療法無效，因為多數接受治療的人出現好轉）相反。只要多看兩眼、幾秒鐘心算就能知道正確答案。第一個實驗版本裡，疾病是皮膚起疹，療法是乳膏，受試者看見的數據為：

	好轉	惡化
接受療法的病患	二二三	七十五
未接受療法的病患	一〇七	二十一

推敲數據會發現乳膏造成的危害比好處還大，塗抹乳膏的人好轉與惡化約為三比一，但不塗抹的病患那組卻是五比一。（有一半受試者拿到的資料相反，也就是乳膏確實有好處。）數字觀念差的受試者受到絕對數字影響（好轉人數兩百二十三比一百零七），於是選了錯誤的答案。數字觀念較強的受試者留意到比例（三比一和五比一）並選出正確答

案。可想而知，數字觀念好的受試者對皮膚乳膏沒什麼立場，所以無論拿到的資料是正是反都不會做錯。自由派民主黨和保守派共和黨總是懷疑對方的腦袋，不過在這裡雙方表現沒有顯著差異。

麻煩的是如果將實驗主題修改一下，從無趣的皮膚乳膏換成火熱的槍枝管制（禁止人們在公眾場合攜帶隱藏式手槍），病徵也從疹子換成犯罪率，結果可就大大不同。即使數字觀念比較好的受試者也會依個人政治立場而產生分歧。當數據顯示槍枝管制可以降低犯罪的時候，所有自由派受試者都能發現，但大部分保守派受試者卻視而不見——答錯的人數頗多，與同為保守派但數字觀念不好的人相比成績只好了一點點。但是當數據顯示槍枝管制會**增加**犯罪時，多數保守派立刻察覺了，輪到自由派數字觀念好的這群人有盲點，而且成績和自由派數字觀念不好的群體同水準。看來我們不能將人類不理性怪罪於爬蟲腦，事實證明愛思考的人反而更會被自己的政治立場蒙蔽。另外兩本雜誌對研究結果下的結論分別是：「科學證實政治摧毀我們的算數能力」和「政治如何使人變笨」。（原注29）

研究者自身沒有免疫。為了證明政治立場相異的對手心態偏頗，結果常常自己跟著陷進去，這個情況可稱為「偏誤偏誤」（bias bias）（馬太福音第七章第三節：「為什麼看見你弟兄眼中有刺，卻不想自己眼中有梁木呢？」）。（原注30）近期三位社會學家進行一項研究（他們立場明顯傾向自由派），原本想證明保守派較有敵意和攻擊性，最後研究沒有發表，因為作者群發現自己沒看清楚組別標籤——數據呈現自由派的敵意與攻擊性更重。（原注31）曾有許多研究想證實保守派人士的思考偏見與僵化相對於自由派較為嚴重，最後卻發現研究者犯下主觀篩選證據的毛病。（原注32）保守派的確對黑人有偏見，但自由派也對虔誠基督徒有偏見。保守派傾向容許基督徒在校園內禱告，自由派則傾向容許穆斯林在校園內禱告。

如果以為對偏見有偏見僅限於左派就錯了，這就陷入「偏誤偏誤偏誤」（bias bias bias）。二〇一〇年自由意志主義[6]經濟學家丹尼爾．克萊因（Daniel Klein）與澤麗卡．布圖羅維克（Zeljka Buturovic）發表研究想要證明左派自由主義者根本不瞭解經濟學，其依據是受試者連經濟學導論等級的測驗都答不好：（原注33）

限制住屋開發會導致一般人更難負擔住屋費用。〔是〕
專業服務的強制性許可證制度會提高服務價格。〔是〕
一家企業的市場占有率很大即為壟斷。〔否〕
租金管制會導致租屋供給短缺。〔是〕

（還有一題是「整體而言，現在的生活水準比三十年前要好」，答案為是。不過如我在第四章所言，進步主義者其實厭惡進步，所以百分之六十一的進步主義者、百分之五十二的自由主義者回答了否。）保守派與自由意志主義者看了結果洋洋得意，《華爾街日報》報導時下標「你比小五生聰明嗎？」，弦外之音自然是指左派人士比小學生還笨。然而評論者指出測驗本身有問題，因為題目都含有挑戰左翼理念的潛臺詞。於是兩名研究者從善

如流，再次施做入門等級的經濟學測驗，不過這次設計是針對保守派人士：（原注34）

在雙方自願完成交易的情況下，交易後必然比原先過得更好。〔否〕

墮胎非法化會增加黑市墮胎的比例。〔是〕

毒品合法化會導致街頭幫派與犯罪組織獲得更多財富和權力。〔否〕

結果就輪到保守派掉進後段班。克萊因忠於學者身分收回之前對左派的意見，發表新文章的標題是「我錯了，你們也一樣」。他指出：

舉例而言，與我同屬自由意志主義陣線的人，超過三成（保守派人士則超過四成）不同意「一塊錢對窮人比對富人來得更大」——拜託！——反觀進步主義者只有百分之四而已……十七題完整分析以後，結論是沒有哪一組明顯比較笨，只要立場遭到挑戰時大家一樣笨。（原注35）

既然左右派在測驗與實驗中表現一樣慘，我們自然可以合理懷疑他們詮釋世界的方式也都有偏差。本書第五章到第十八章呈現的各種歷史數據正好可以作為檢視工具，用來判

6 譯按：libertarianism，主張只要不侵犯他人同等自由就能以自身和財產從事任何活動。

斷主流政治意識形態中何者最適於解釋人類進步的事實。我向來主張進步的主要動力並非政治因素，而是依循理性、科學、人文主義三大理念，探求並運用知識造而就出繁榮。左右派意識形態在其中是什麼角色？前面七十多張圖加起來是否代表某一方能指著對方鼻子說：「看吧，我們對了，你們是錯的！」目前看來雙方都有些值得一書之處，卻也都見樹不見林。

最值得討論的是保守派質疑進步的理念本身。現代保守派奠基者埃德蒙．柏克認為人類有太多缺陷，根本想不出什麼改善現況的計畫，最好的辦法是守住傳統和體制才不會天下大亂。自此之後保守派主流思想就是智者千慮必有一失，什麼計畫都沒用。保守主義近年來與川普支持者、歐洲極右派（第二十三章）合流，認為西方文明在美好年代之後失控，背棄傳統基督信仰的高潔道德，自甘墮落選擇世俗和縱情聲色，若放任不管必將因恐怖主義、犯罪、失範從內部自我滅亡。

但這麼想就錯了。啟蒙之前人類生活才黑暗，飽受饑荒、瘟疫、迷信所苦，嬰兒與母親的生存率低，軍閥割據、暴虐酷刑隨處可見，還有奴役制度、獵巫、種族屠殺加上各種征伐和宗教戰爭。（原注36）能夠擺脫這些是好事。圖5-1到18-4都顯示只要將創造力和同情心用於改進人類處境，我們會變得更長壽、身體更健康、財富更多、幸福感更高、更自由、更聰明、更有深度，生活也變得更有趣。還有問題要解決，但永遠都有問題要解決。

左派的情況差不多，癥結點在於過分鄙視市場機制，而且與馬克思主義走得太近。因為工業資本主義才有了十九世紀終結普世窮困的大逃亡、二十一世紀拯救其他人類的大匯合，可是同期間共產主義帶給世界各種恐怖，包括饑荒、清算、集中營、大屠殺、車諾比事件、血流成河的革命戰爭以及北韓式的貧窮，而且全都因為內部矛盾而垮臺。（原注37）即便如此，最近調查發現仍有一成八的社會學家自詡馬克思主義者，**資本主義**和**自由市場**至今對知識分子而言依舊如鯁在喉。（原注38）部分原因是他們的大腦開啟了自動校正功能，那兩個詞會被修改為**不受管控**、**凌駕法律**、**無法阻擋**、**為所欲為**的自由市場，於是他們自己虛構了兩難局面。事實上自由市場可以和安全、勞權、環境法規共存，否則自由國家又為何有刑法。自由市場也可以與醫療、教育、福利（第九章）的社會支出共存；現實中一些社會支出最高的國家也是最自由的經濟體。（原注39）

對左派公平一點的話就要指出自由意志主義右派同樣走進虛假的兩難，而且似乎心甘情願給左派當稻草人扎。（原注40）自由意志主義原本強調過度規範的害處（例如官僚過度膨脹、維持官僚體系的成本高過社會利益，或者保護無能企業而犧牲了消費者），但右翼繼承者（以二十一世紀共和黨的形態為代表）將這個觀點簡化為法規越少越好的教條式說法。同樣的，原本只是社會支出過高可能有害（創造出人民不想工作的病態誘因、干擾公民社會的常規與制度），卻被簡化為凡是社會支出都屬多餘。再者，稅率過高是個問題，可是如果針對收入超過四十萬美元的階層將邊際稅率從百分之三十五調整為百分之三十九點六，他們就會歇斯底里大叫說是侵害「自由」，彷彿政府派出穿著高靴的衝鋒隊[7]把國

7譯按：希特勒成立的武裝組織。

家攪得天翻地覆。他們拒絕尋找最適比例的管制，通常以弗里德里希．海耶克（Friedrich Hayek）作為擋箭牌，《到奴役之路》（*The Road to Serfdom*）一書主張法規與福利會為國家鋪好通往貧困與暴政的道路。

在我看來人類進步的事實確實很難被右翼自由意志主義、右翼保守主義以及左翼馬克思主義接納。二十世紀的集權政府不是民主福利國家走下坡才形成，反而是由狂熱意識形態以及惡棍手中催生出來。（原注41）與美國相比，結合自由市場和高稅率、高社會支出與高法規管制的國家（例如加拿大、紐西蘭、西歐各國）並沒有淪為悲慘的反烏托邦，反而頗適於人居，還在各項人類福祉指標中勝出，包括犯罪率、預期壽命、嬰兒死亡率、教育、幸福感。（原注42）也不難發現沒有任何已開發國家採取右翼自由意志主義原則，更沒有學者能夠描繪出那樣的國家會是什麼模樣。

主流意識形態無法好好解釋人類進步一點也不奇怪。它們的歷史超過兩百年，源於打高空的理念，比方說人類是充滿缺陷還是充滿無限可塑性、社會是有機整體還是個體的聚集。（原注43）真實的社會是由數以千萬計或數以億計的社會性個體組成，每個個體又有上兆的腦神經元，他們努力追求自身幸福，同時也透過強大又正負皆有的外部效應與複雜人際網路相互影響。具備這種種條件，社會必然不受簡單的敘事及其規則局限。對於政治，更為理性的切入點應當視社會為持續的實驗，敞開心胸學習最合適的安排，而不是根據光譜色彩決定是否接受。目前實證結論是自由民主加上一定的公民社會風氣、權利保障、市場自由、社會支出、審慎立法最能促進人類福祉。帕特．保爾森（Pat Paulsen）說過：「如果國家帶頭者非左即右，那就只會原地打轉。」

但這也不代表只有金髮姑娘原則[8]才正確，真理永遠會落在兩個極端之間。重點是人類社會跌跌撞撞很久才走到今天這一步，假如狀況不算太差，沒有血流成河、肥胖比營養不良更讓人關心、大家排隊是投票而不是逃難，代表目前制度應當是個好的起點（這反倒與埃德蒙・柏克的保守主義有異曲同工之妙）。理性告訴我們：把政治當做科學實驗而非運動競賽，才能得到最好的成果。

預測準確度與認知盲點

檢視歷史或社科資料比起單純想像有意義，對實證理性最嚴苛的考驗就是**預測**。科學的進程就是不斷以假設做預測、對預測做實驗，一個人講話成真我們會崇拜、落空我們會譏笑，流行語會說某某人「被打臉」或「神預測」，古人也提醒大家「坐而言不如起而行」、「如人飲水冷暖自知」等等。

對預測準確的人加以認同、對預測不準確的人保持觀望應當是認識論的常識，可惜這套標準似乎不適用於所謂的公共知識分子與評論家，他們高談闊論卻不付一丁點兒責任。像保羅・埃利希（Paul Ehrlich）的預言沒半次命中依舊霸占媒體版面，多數讀者根本不知

8 譯按：引申自童話《三隻小熊》，指「恰到好處」或「折衷」最好。

道自己追蹤的專欄作家、大師、名嘴會不會只有黑猩猩挑香蕉那種準確度。但後果很糟：許多軍事與政治的災難就從信錯專家預測開始（譬如二〇〇三年情報單位聲稱海珊想開發核武），對金融市場的預期差幾個百分點就代表天價的損益。

預測成敗的紀錄也應當成為我們對特定知識體系的評價基準，包含政治理念。意識形態的歧異一部分來自價值觀衝突無法妥協，但很多時候大家其實追求同樣目標只是提出的方法不一樣，這時候應該根據事實做決策。怎樣的政策最能滿足所有人的需求，例如長期和平或經濟成長？什麼做法能降低貧窮、暴力犯罪與文盲比例？理性社會應當從現實世界裡尋找答案，而不是相信那些抓著理念不放還自以為全知的人。

可惜卡漢透過實驗發現的表達性理性同樣適用於社論主筆與專家學者。既然大家不在乎過往紀錄，知名度自然也與預測準確率脫鉤，決定聲望高低的是他們能否娛樂、刺激或驚嚇閱聽人，能否強化信念或挑動恐懼（希望預言能自動實現或自我破滅），能否促成團結並歌頌團體的價值。

心理學家菲力普．提特洛克（Philip Tetlock）從一九八〇年代就開始研究準確的預測者與「常出錯卻不受質疑」的預言家究竟有何分別。（原注44）他找到數百位分析師、專欄作家、學者與有興趣的外行人展開競賽，每個人都拿到可能事件清單，必須對發生機率進行評估。考量到專業人士避免自己預測失誤的慣常手法就是文字含糊，大量使用狡獪的情態助詞（**或許**、**可能**）、形容詞（**高機率**、**值得留意的可能性**）、時間副詞（**近期內**、**不遠的將來**），提特洛克刻意縮限敘述內容，期限與結果都講得一清二楚（比方說「俄羅斯是否會在接下來三個月內併吞烏克蘭領土？」「明年是否會有國家脫離歐元區？」「接下來八個月內回報伊波拉病例的國家會增加幾個？」），並請參與者以數字回答可能性。

提特洛克也避免過度放大或縮小單一預測在結果揭曉後的重要性，像民調網站「五三八」創建者納特．西爾弗對川普二〇一六年勝選機率給出僅僅百分之二十九便遭受猛烈炮火抨擊。（原注45）問題是我們無法重複選舉成千上萬遍來統計川普勝選的「機率」，所以預測最後被證實與否不是重點。應該注意的，是提特洛克的做法：將每位參與者的**所有**預測與最終結果做對照。他為此建立公式，參與者並非預測正確就能得分，態度夠明確的預測才算數（否則只要都回答「一半一半」準確度自然高）。公式的數學基礎類似賭盤，根據所有答案建立賠率，然後計算個別參與者下注之後能贏回多少錢。

歷經二十年、兩萬八千道題目之後，專業人士表現如何？平均而言和黑猩猩差不多（提特洛克用黑猩猩丟飛鏢做比喻）。他與心理學家芭芭菈．梅勒斯（Barbara Mellers）在二〇一一到一五年間進行第二次實驗，找了數千人參加美國情報高等研究計畫署（美國聯邦政府情報機構的研究單位）舉辦的預測競賽，結果同樣很多人只是亂槍打鳥。然而兩位研究者從兩次競賽中的確能找出幾個「超級預測師」，成績不只超越黑猩猩與專業人士，也勝過掌握機密資訊的情報官員、市場分析，還逼近理論極限值。這種全知能力又如何解釋？（不過他們的全知為期一年，越往後準確度越差，五年左右就回歸常態。）答案很明確，但又令人玩味。

表現最差的預測者是理想高遠的那群。無論左派右派、樂觀悲觀，只要他們有崇高

（但失準）的理念：

雖然這個群體的意識形態很多元，但之所以劃分為同一組是因為他們的思考是意識形態掛帥，總是嘗試將複雜問題限縮進主觀的因果模板，無法置入的因素會被視為不相關的雜訊。他們對含糊的答案過敏，所以習慣將自己的分析推至極限（甚至超越極限）。言詞上他們喜歡使用「進一步」、「更甚者」之類的詞語不斷堆疊理由以證明自己正確別人錯誤。這些特徵導致他們對預測異常有信心，也更傾向宣稱某個時間「絕對不可能」或「絕對會發生」。此外，他們非常看重自己的結論，即使預測明顯落空也不願意改變心意，會告訴人家「時機未到」。（原注46）

的確，專家賴以成為公眾人物的特點實際上導致他們最不擅長做預測。知名度越高、與其專業領域越相關的事件，他們的預測反而越不準確。然而即便品牌化的意識形態代言人預測能力與黑猩猩不相上下，也不代表「專家」毫無用處、大眾不該信任精英，而是我們應該修正對專家的想法。提特洛克找到的超級預測師是：

務實的專家會採用多種分析工具，根據問題決定採用何者，同時盡力從最多來源收集最多資料。這群人思考時習慣轉換立場，言談中較多「然而」、「但是」、「雖然」、「另一方面」之類的轉折語，討論主軸是機率與可能性而不武斷絕對。大家都不喜歡承認「我

錯了」，可是這群人相對坦然且會調整思考。（原注47）

預測準確度是書呆子的反攻。超級預測師頭腦不錯但並非最頂尖，只是人口的前五分之一。他們的數字觀念特別好，並非數學造詣很深，而是善於進行估算。超級預測師的人格特質在心理學家口中成為「對經驗的開放度」（對知識的好奇心加上喜歡變化）、「對認知的需求」（喜歡從事腦力活動）、「複雜面向整合能力」（能接受不確定性並從多方觀察）。他們反對衝動，不輕信直覺，非左非右，對自身才能不一定謙遜但至少對特定信念虛心以待，將其視為「需要驗證的假設，而不是要守護的寶藏」。超級預測師會反覆自問：「這樣推論有沒有漏洞？該不該再找資料填補空缺？換個立場的話，我還會被這份報告說服嗎？」他們很清楚諸如可得性偏誤與確認偏誤之類的認知盲點，所以積極訓練自己不受影響。心理學家喬納森．貝隆（Jonathan Baron）將他們的表現稱為「主動式開放思想」（active open-mindedness），其思考模式是這樣子的：（原注48）

應該將不符合自己信念的證據也納入考慮。〔同意〕

關注不同意自己的人比關注同意自己的人來得有意義。〔同意〕

改變立場代表軟弱。〔不同意〕

決策時最好的指引是直覺。〔不同意〕

即使與證據矛盾，堅定信念還是很重要。〔不同意〕

比性格更重要的是推理方式。超級預測師採取貝氏推論[9]，精於貝葉斯牧師（Thomas Bayes）推導出的定理，瞭解如何在新證據出現時調整命題概率。他們一開始會針對問題判斷基礎機率：整體和長期判斷下，事件發生的頻率有多高。接著他們會積極尋找影響事件概率的新證據，找到以後按照證據上修或下修估計，過程中努力避免自身反應過熱（「這個發現能改變一切！」）或過冷（「這一點意義也沒有！」）。

舉例而言，《查理週刊》（*Charlie Hebdo*）屠殺事件發生在二〇一五年一月初，實驗便加入了「二〇一五年一月二十一日到三月三十一日間西歐會遭受伊斯蘭武裝分子攻擊」這個預測主題。專家學者和政治人物還停留在可得性偏誤中，想像力推動腦海中的小劇場上演無數版本，為了不被指為鬆懈或天真所以選擇回答「絕對會」。超級預測師不會這樣思考。提特洛克訪問其中一位並請對方直接說出推論流程，他一開始就計算基礎概率：先從《維基百科》查閱前五年伊斯蘭恐怖分子在歐洲犯行的事件列表，除以五之後得出平均每年為一點二次。但他隨即指出二〇一一年阿拉伯之春以後世界局勢變化很大，於是拿掉二〇一〇年數據，結果平均上升為一點五。《查理週刊》事件後伊斯蘭國組織擴大招募，構成估計上調的理由，然而安全層級提高則是下調理由，兩相抵消以後他認為增加兩成是個合理比例，所以當年度的恐怖攻擊預測值變更為一點八次。題目預測期間有六十九天，他拿六十九除以三百六十五再乘以一點八，也就是說到三月底之前西歐地區再發生伊斯蘭恐怖攻擊機率大約為三分之一。這種與多數人思考方式不同的評估過程導致了非常不一樣的預測結論。

超級預測師和一般名人或黑猩猩還有兩項不同特質。首先他很願意相信集思廣益，將假設攤開供眾人檢視、批評、補充，最後匯聚各方觀點。再者他們思考人類歷史時聚焦於機率與偶然遠大過需求和宿命。提特洛克和梅勒斯詢問不同組參與者是否同意下列敘述：

事情會依照上帝旨意發展。
事情之所以發生必有原因。
沒有意外，也沒有巧合。
沒有命中註定這種事。
類似第二次世界大戰或九一一之類重大事件也有可能出現不同結果。
個人生活中亦充滿隨機的要素。

他們用前三題的同意和後三題的不同意來計算「宿命論得分」，結果一般美國人落在中間。精英大學的大學部學生得分稍低，預測能力中等的人分數再低一點，超級預測師得分最低。最精準的幾位超級預測師強烈排斥宿命論，認為人應該接受機率。

在我看來，提特洛克以預測準確率作為標準來評判專家地位的實驗設計十分理智，研

9 譯按：Bayesian，統計學中重要的技巧，使用貝氏定理並在有更多證據資訊時更新特定假設的概率。

究發現足以革新人類對歷史、政治、認識論、乃至於知識整體的觀念。修正機率這麼單調乏味的事情比飽讀詩書的學者、理想高遠的哲學體系更適合作為人類的指引，這代表什麼意思？除了當頭棒喝要我們應該更虛心、更敞開心胸，也提供我們另一種以每年或十年為尺度切入歷史的方式。決定一件事是否會發生、發生強度的是無數微小因素累積，而不是某種一以貫之的定律或偉大辯證。雖然很遺憾多數知識分子、所有政治思想家還無法接受這種思考模式，我們倒是可以試著習慣。一次公開講座裡有人請提特洛克對預測這個行為本身進行預測，他回答說：「二五一五年的人回頭看二〇一五年的人如何評斷政治辯論，內心感受不會下於我們對一六九二年塞勒姆巫術審判的鄙視。」(原注49)

提特洛克沒有對自己隨口做的預測給出一個機率，而是給了一個非常遠、非常安全的期限。如果聲稱政治辯論在五年內會有質的進步可就不大聰明了。目前公眾圈裡，理性最大的敵人不是無知、不是數字觀念低落、不是認知偏誤，而是泛政治化，而泛政治化似乎越來越流行。

單論政治領域也能發現美國人越來越極化。(原注50)多數人的知識意見應當太淺、太少不足以落入某個意識形態才對，但不知該不該形容為進步：在一九九四到二〇一四年間，倒向鮮明自由派或保守派立場的美國公民比例增加一倍，從百分之十變成二十一。極化與政治化造成的社會隔閡同步發生，在這二十年間意識形態強烈的人更常強調身邊親友與自己同一陣線。

黨派之分益發明顯。根據皮尤中心的研究，一九九四年民主黨有三分之一人比共和黨的中間值還保守，反之亦然；到了二〇一四年只剩下二十分之一。即使表面上二〇〇四年後美國人的政治光譜都比以前偏左了些，但除了同志平權幾乎所有議題都立場分歧，包括政府控制強度、社會支出多寡、外來移民如何處理、環保和武力。更令人不安的是雙方相互輕慢也更激烈了。二〇一四年百分之三十八的民主黨支持者「非常不喜歡」共和黨（一九九四年僅百分之十六），超過四分之一認為對方「威脅到國家福祉」。共和黨對民主黨支持者敵意更加明顯，非常不喜歡達到百分之四十三，超過三分之一視他們為威脅。兩邊的意識形態分子相較以往都更抗拒妥協讓步。

值得慶幸的是，多數美國人的立場相對中立，自稱中立的比例四十年來沒有太大變化。（原注51）相對來說立場極端的人更積極參與投票、捐款、對民代施壓，而且考量到調查時間為二〇一四年，目前看來沒理由覺得風氣好轉，而這麼說已經算客氣。

大學應當是放下政治偏見、敞開心胸客觀檢視世界運作模式的園地，可是正當我們最需要一個不具私心的論壇時，學術界卻同樣政治化了——而且不是極化，是單純的左翼化。一直以來大學都比美國人口平均要更傾向自由主義，只是這份偏斜日益加深。一九九〇年百分之四十二的大學教員是極左或自由主義者（相較美國人平均高出十一個百分點），百分之四十無明顯色彩，百分之十八極右或保守派，所以左右比例是二點三比一。二〇一四年極左或自由主義者達到六成（高於人口平均三十個百分點），兩成八無色彩，一成二保守，左右比例變成五比一。（原注52）不過分布比例隨學術領域變動，商科、資訊科技、工程、衛生醫療界左右均衡，人文與社會學科則幾乎都左傾；保守派百分比是個位數，僅僅自稱**馬克思主義者**人數的一半。（原注53）物理及生物領域介於前兩者之間，極端分子少，幾乎沒有馬克思主義者，但自由派超過保守派很多。

學術界（還有媒體、評論、公知）左傾趨勢就某方面來看很正常。（原注54）智識層面的追求就是得挑戰現況，畢竟現況總是不完美。透過語言文字表達立場好比知識界的股票交易，與自由主義者青睞的政策模式較合拍，與保守派依賴的各形式社會架構如市場與傳統等等不那麼契合。（原注55）學術界適度左傾對社會也是好事，自由主義知識分子引領風騷帶來的多種進步幾乎成為所有現代人的共識，包括民主、社會保險、宗教寬容、廢除奴役制度與酷刑、拒絕戰爭、擴大人權與公民權。（原注56）從很多層面來說，現代人（幾乎）都是自由主義者。（原注57）

問題是前面已經看到了：若團體內某種信條太過根深柢固，則成員的基本認知會出現盲點。有跡象指出學術界特定圈子已經受到影響。（原注58）我在《心靈白板論》（二〇一六修訂）書中提到左派政治扭曲關於人性的研究，性、性別、暴力、教養、人格、智識這些主題都遭受波及。不久前提特洛克聯合了荷西．杜爾特（José Duarte）、傑瑞特．克勞佛（Jarret Crawford）、莎洛塔．史登（Charlotta Stern）、強納森．海德特（Jonathan Haidt）、李．賈鑫（Lee Jussim）等心理學家發表一份宣言，記錄社會心理學左傾現況與研究品質為何因此下降。（原注59）引用約翰．彌爾（John Stuart Mill）說過的話：「只瞭解自己主張的人其實對那個話題所知甚少。」他們呼籲心理學研究應該擴大政治多樣性，這是最重要的多樣性（相對於一般追求的多樣性，也就是「外表不同但想法差不多」）。（原注60）

心理學界對此的反應值得稱許，以尊重的態度接受了杜爾特等人的評論。（原注61）但並非所有人都這麼客氣，《紐約時報》專欄作家尼克拉斯．克里斯托弗（Nicholas Kristof）以正面態度引用他們文章並表達類似見解，卻引來大量憤怒的投書，其實也恰好印證指控屬實（最多人贊同的一則評論是「多樣性不代表要納入白痴」）。（原注62）再來就是學術界裡有激進左派學者、學生運動人士加上自發性的多元機制組合出一種新文化（被戲稱為社會正義戰士），這種文化表現出很不自由主義的高侵略性：不同意種族歧視是所有問題根源的人就被貼上種族歧視的標籤（原注63）；非左派講者常因為遭到抗議而無法應邀上臺，或者上臺後聲音被底下群眾的譏諷給淹沒（原注64）；學生私下以電子郵件對爭議事件表達正反立場會遭到院長公開羞辱（原注65）；教授不得已開始避免提及敏感主題，若發表政治不正確的言論會受到史達林式的思想審查。（原注66）種種壓迫時常無意間淪為鬧劇（原注67），現在學院院長辨識「微冒犯」（microaggression）的指標言論有「美國是個充滿機會的國家」和「我認為這個工作應該交給最適任的人選」。教授如果想和學生討論妻子在信件裡建議學生萬聖節服裝稍微收斂些也會被咒罵斥責，還有瑜伽課程停開的原因是瑜伽屬於「文化挪用」（cultural appropriation）。然而真正的喜劇演員笑不出來，其中例如傑瑞．賽恩菲爾德（Jerry Seinfeld）、克里斯．洛克（Chris Rock）、比爾．馬厄（Bill Maher）就表示對校園演出無所適從，因為總有某群學生聽了笑話會被激怒。（原注68）

但即使校園出現許多荒唐現象也不該由右派演說家來消費，否則他們不喜歡的意見都走不出大學校門。學術界終究海納百川，而且建立了同儕審查、終生職、公開辯論、標示文獻出處等等機制。雖然實行上未必完美無瑕，但目的在於鼓勵無涉私利追求真理。大學體系孕育出本書中或其他地方看到的許多「異端」論點，也為世界貢獻了數不清的珍貴知識。(原注69)何況足堪用來相比的資訊圈，不論是部落格、推特、電視新聞、廣播、以至於議會，恐怕也談不上是客觀公正的表率。

目前危害理性思考的政治化現象在政壇遠比學術界嚴重，理由也很明顯：有人打趣說(沒人知道究竟最早是誰說的)，學術上大家辯得天翻地覆但影響微乎其微(原注70)，反觀政治辯論的影響則近乎無遠弗屆，連這顆星球的未來也能賠進去。政治人物和大學教授不一樣，他們握有實權。二十一世紀的美國國會目前由極右派同義詞的共和黨把持，這個情況之所以糟糕是因為他們對自身理念或對手的邪惡都太過一廂情願，寧願損傷民主制度也要遂行自己的意志，做法包括重劃選區操縱選舉結果、強加選舉資格限制以剝奪民主黨選民的權利、歡迎不受規管的政治獻金、贏得總統大位之前不斷阻擋大法官提名、提案沒有全盤通過就想關閉政府運作，最後則是明明對川普大剌剌反民主的行徑有很多異議卻仍無條件支持。(原注71)不論政治理念或立場為何，民主機制本身應該神聖不可侵犯；民主制度受損，而且大部分出自右派之手，結果造成許多人、尤其越來越多美國年輕人認為民主政府有本質上的缺陷，民主成了嘲諷的對象。(原注72)知識分子和政治極化形成惡性循環：從雷根到丹奎爾、再到小布希與莎拉·裴琳、加上現在的川普一再強化無知形象。(原注73)要知識分子擁抱保守主義當然困難，但同時左派走上身分政治、政治正確警察與社會正義戰士路線也是自找苦吃、落人話柄。此刻我們面對的挑戰在於如何培養以理性為主體的知識與政治文化，避免陷入部落主義勢不兩立的窠臼。

能夠判斷不理性就代表我們明白理性

想要理性成為論述的價值所在，我們得先理解理性的定位是什麼。（原注74）前面提到：很多評論者其實觀念混亂。研究發現人類有認知和情緒偏誤並不代表「人類不理性」或要求大家理性思考毫無意義。如果人類真的沒有理性能力，也就不可能發現自己如何不理性，因為我們根本無法以理性作為標準來評估人類的判斷力，甚至連評估也無法做到。或許人類會受到偏誤和謬誤影響，但顯然並非所有人時時刻刻都喪失理性，不然根本沒人有資格批評大家的思考出現偏誤及謬誤。人腦可以理性思考，只是需要適合的條件，所以關鍵在於找出條件並加以穩固。

同理，社論撰稿人可以不必跟風，一再形容我們身處「後真相時代」，除非很肯定自己的嘲弄能被所有人看懂。這個詞彙具有腐蝕性，背後意思是大眾乾脆屈服在文宣謊言下或者以同樣伎倆反擊。並沒有後真相時代這種事，滿口謊言、一手遮天、陰謀論、謠言、群眾鼓譟這些事情與人類物種同樣歷史悠久，但一直以來大家也明白最後必有是非黑白。（原注75）這個十年裡火燒褲子的川普上位了、他底下無視現實狀況的支持者開心了，但也興起新的事實查核倫理觀。二〇〇七年就成立的事實查核網站「政治事實網」的編輯安琪．霍蘭（Angie Holan）指出：

很多現在的電視記者……加入事實查核的行列，開始在現場訪問裡考驗參選人說話是否真確。如果論述口吻像是背後有事實根據，記者提出質疑時多數觀眾也不覺得有立場問題。今年初美國新聞協會研究顯示，八成美國民眾對政治領域的事實查核抱持正面態度。事實上記者向我表達多次：他們所屬的媒體機構也開始重視報導內容的事實查核，因為每次辯論或重大消息過後非常多人關注這樣的報導。很多讀者希望事實查核直接變成新聞的一部分，如果新聞一再重複已經證偽的說法，他們就會直接找官員或名人投訴。(原注76)

如果過去幾十年社會就有這種觀念，關於大屠殺、暴動、私刑、戰亂的各種謠言就不會滿天飛（包括一八九八年西美戰爭、一九六四越戰局勢緊繃、二〇〇三入侵伊拉克等多不勝數）。(原注77) 雖說這套標準沒來得及茁壯到阻止二〇一六年川普勝選，然而上任之後他自己與發言人大大小小的謊言都在媒體和流行文化間被瘋狂譏諷，可見探求真相的力道仍在，只是並非每次都能力挽狂瀾。

長期累積的話，理性機制能夠緩和公地悲劇，讓事實得到勝利。縱使現代人不理性，檯面上有影響力的人也沒幾個會聲稱自己相信狼人、獨角獸、女巫、煉金術、占星、放血、瘴氣、活物獻祭、君權神授或者彩虹與日蝕是靈異預兆。道德不理性亦然，總有一天會過去。也不過就我小時候而已，維吉尼亞州法官里昂．貝澤爾（Leon Bazile）判決理查與米爾綴．洛文（Richard and Mildred Loving）跨種族通婚違法，提出的論點就算現在最不開明的保守派也很難說出口：

> 被告犯行嚴重，明確違反以公共政策為念建立的法條……基礎為公序良俗及兩種族最大利益……全能上帝創造白、黑、黃、褐、紅不同種族放置在不同大陸，這種分隔彰顯祂並不希望不同種族結合。（原注78）

同樣可想而知，多數自由主義者很難認同一九六九年知識界指標蘇珊・桑塔格（Susan Sontag）對卡斯楚治下古巴的辯護詞：

> 古巴人充滿情感、歡愉、感性又瘋狂，他們並非僅僅存在平面印刷上線性乏味的生物。簡單來說，他們的問題與我們反過來——而我們也一定要理解他們正在努力解決問題。就像我們開始質疑左派革命中的傳統清教主義，美國的激進派應當能夠理解古巴的情況。那個國家過去聞名世界的東西是歌舞、娼妓、雪茄、墮胎、度假和情色片，現在對於性採取了收斂態度並不奇怪，而這個轉變不巧導致兩年前哈瓦那幾千個同性戀者被送入農場接受矯治。（原注79）

問題是那些「農場」實際上是強制勞改營，目的並非矯正什麼情感歡愉，單純是深植拉美文化的恐同表現。如果我們覺得現代的公共論述很瘋狂，應該提醒自己以前的人並不真的多理性。

有什麼方法可以改善論理的水準？透過事實和邏輯說服他人是最直接的策略，而且未必無效。人確實有可能無視所有證據而抓著信條不放手，就像史努比漫畫裡的露西明明身子慢慢被降雪覆蓋卻仍堅稱雪從地面朝天空生長。不過雪能堆積的高度總有極限。碰上與自己信念違背的資訊時一般人反而更堅定，原因前面提到過是保護身分的認知機制，以動機推理來降低認知失調。也就是說，感覺自我認同受到威脅的話，當事人就會加把勁對抗外來的挑戰。但人類心智總還有部分與現實相連，反面證據累積越來越多總會到達無法負荷、原本立場崩潰的階段，這個現象叫做**情感臨界點**。（原注80）臨界點高低是幾個因素的拉鋸，包括放棄立場對當事人名聲影響有多大、證據是否明確公開像是國王的新衣或房裡的大象[10]。（原注81）第十章提到這種現象已經出現在氣候變遷的公開討論裡，一群特別有說服力或影響力的核心分子能帶動民意，而世代輪替之後也可能淘汰掉過時的信條。

若觀察社會整體，理性的齒輪通常轉動緩慢，能夠加速再好不過。最明顯的施力點自然是教育與媒體，數十年來理性支持者訴求各級學校課程都應該囊括「批判性思考」，鼓勵學生練習從正反兩方切入議題、收集證據支持自身立場，並且能夠辨識循環論證、扎稻草人、訴諸權威、訴諸人身、將複雜事情簡化為非黑即白等種種邏輯謬誤。（原注82）其他相關目標有「去偏誤」計畫，希望引導學生擺脫可得性偏誤與確認偏誤之類的認知盲點。（原注83）

上述計畫試行之初結果不盡理想，有人因此懷疑是否真的有可能喚醒社會大眾的理智。然而除非風險分析師和認知心理學家是高級人種，否則他們是因為接受過教育才意識到認知謬誤與如何避免，那麼理論上這份啟蒙應該適用於更多人。理性之所以美妙的原因之一就在於我們可以運用理性來探究理性的弱點。後續研究找出了批判性思考和去偏誤課程成功或失敗的關鍵。

理由其實對教育研究者來說都耳熟能詳了。(原注84)如果只是老師站在黑板前面自言自語，或者在課本上用螢光筆畫重點，任何課程都收不到太大效果。人類瞭解概念的過程必須是經過自己思考、與他人討論、再實際用於解決問題。還有一個教學障礙是學生從具體範例中得到觀念，但不一定能運用到相同抽象分類的情境中。數學課堂上學會運用最小公倍數以後，叫他去排列園裡的菜苗還是不知所措。同樣的，經過批判性思考課程，學生學會如何從英國、美國兩方角度探討美國革命，卻不一定知道如何從德國角度思考第一次世界大戰。

有了這些實務教訓，心理學家近來設計了去偏誤課程，旨在強化邏輯與批判性思考，鼓勵學生從多種脈絡中找出、分辨與校正謬誤。(原注85)有些教師製作電腦遊戲給學生練習，藉此讓學生看到謬誤會造成什麼荒唐後果，也有教材將不好理解的數學陳述轉換為具體且容易想像的情境。提特洛克將成功預測師的思考過程整理成一套指南供人參考（例如從基礎概率出發、收集證據但注意不高估或低估、不要為自己預測錯誤找理由而是以錯誤為校準依據）。新課程確實有效，學生得到的智慧在訓練結束後並未消失，還能移轉到其他領域。

10譯按：英語俗語，比喻極為明顯卻被視而不見的事物。

儘管課程有效，儘管無偏見的批判推理其實是其他許多思考的前提，卻少有教育機構以增進理性為辦學宗旨。（我自己服務的大學也包括在內，就算在課程檢討會提議教學生瞭解認知偏誤，卻被當成耳邊風。）許多心理學家開始在學術界內呼籲「推廣去偏誤」，認為可以大幅增進人類福祉。（原注86）

縱使訓練大眾批判性思考與認知去偏誤也未必足夠治療身分保護的認知，也就是只要能夠增進自身地位、所屬族群的榮耀，無論是非黑白都要緊守立場不放。這種疾病在政治圈發作得最普遍，科學家一路誤診至今，認為病因在於不夠理性、不夠理解科學，但實際上是公地悲劇情境、短視近利下的理性判斷。一位作家指出學者對待社會大眾的態度常常和英國人對待外國人一樣：只是講話放慢和提高音量罷了。（原注87）

想要世界更加理性需要的並不只是訓練一批推理精細的人，還需要在職場、社交圈、各種辯論和決策情境中打造適合的規則。實驗顯示規則適當的情況下可以避免公地悲劇，強制讓人跳脫自身的身分進行思考。（原注88）猶太的拉比很久以前就採用一個方法：要求葉史瓦[11]學生輪流從正方面論辯《塔木德》的內容。還有一個做法是讓一小群人形成討論團體並達成共識，如此一來每個人都要為自己的立場辯護，通常最接近真實情況的結論會勝出。（原注89）科學家自己也有種新策略叫做「對抗式協作」，請立場水火不容的兩邊合作探索同一主題、設計大家都同意的實證方式，然後得出答案。（原注90）

即使只是要求一個人清楚說明自己的意見，有時候已經足夠讓他不再陷溺於過度自信。多數人高估了自己對世界的理解程度，這種偏誤名為「見多識廣的幻覺」（Illusion of

Explanatory Depth）。（原注91）雖然我們認為自己明白拉鏈、彈簧鎖、抽水馬桶之類器物如何運作，真的得親口解釋的時候卻不得不承認根本說不出個所以然。換作討論熱烈的政治議題也一樣，很多人對歐巴馬健保或北美自由貿易協議態度激烈，但要解釋政策內容的時候他們會赫然驚覺自己也不知道自己在吵什麼，接著就比較願意傾聽不同立場的聲音。或許最重要的是：人若認為事情切身相關時比較容易放下偏見。人類學家胡戈・莫西爾（Hugo Mercier）與丹・史泊柏（Dan Sperber）針對理性做了文獻回顧，得到結論是：「大家對人類理智不抱太大指望，但實際上人類的確能夠不帶偏見地思考。至少無需提出主張只要評估好壞的時候能做到，或者追求真理而不是想辯贏對手的時候也可以。」（原注92）

特定場域內的規則習慣足以使人集體變笨或變聰明，這個現象解釋了本章反覆出現的矛盾：明明這個時代裡人類擁有前所未見的龐大知識，也有更多工具能彼此分享，結果世界看來卻越來越不理性。答案首先是在多數場域中世界並**沒有**變的較不理性，比方說醫院裡被誤診害死的病人沒變多、飛機沒有統統從天上掉下來、食物也不至於在碼頭擺到腐爛還沒人想出如何配送至商店。從前面陳述進步的章節可以看到，人類集體的創造力確確實實一點一滴解決各種社會問題。

事實上我們可以看到理性的力量一步步攻城掠地擊退教條和直覺思考。報紙除了傳統角度和專家意見之外開始附上統計數據與事實查核小組。（原注93）過去蒙著神祕面紗的情報

11譯按：yeshiva，猶太人傳授傳統宗教典籍的教育機構。

單位聘請超級預測師以貝氏推論法試圖窺看更遠的未來。（原注94）醫療系統根據實證醫學進行調整（由來已久所以有點多餘）。（原注95）心理治療從沙發與筆記本進化到反饋信息治療（Feedback Informed Treatment）。（原注96）紐約和越來越多大都市利用即時分析數據的警政統計系統（Compstat）成功降低暴力犯罪率。（原注97）對開發中國家的援助持續進行，現在領頭的做法是隨機對照試驗，藉此剔除華而不實的方案，留下真正能夠改善生活的計畫。（原注98）志工與慈善事業方面則時興以有效利他主義作為檢驗標準，目的是確認看似無私的行為是真的幫助了對方，抑或只是滿足施予者自身追逐的感受。（原注99）體壇早已有魔球模式，也就是比賽策略和挑選隊員的依據是統計分析而非直覺或名氣，於是聰明的隊伍有機會擊敗有錢的隊伍，也因此給了觀眾源源不絕又精彩刺激的新鮮話題。（原注100）部落格興起理性社群，成員敦促大眾運用貝氏推論和控制認知偏誤好讓意見「錯得別太離譜」。（原注101）至於政府的日常運作，運用行為洞察（或稱為「推力」）理論、依證據制定政策，讓每分納稅人的血汗錢創造出更多社會福利。（原注102）這麼多領域都能看到世界其實是理性當道。

不過當然也有特別嚴重的例外，也就是選舉政治以及與其相關的各種議題。麻煩在於這個場域的遊戲規則從根本上就打算激發人性最不理智的一面。（原注103）選民對於事不關己的議題也有決定權，不需要先做功課或解釋立場。貿易、能源等實務主題莫名其妙與道德爭議如安樂死、演化論教學包裹在一起，每個做法又都針對依照地理、膚色、種族而形成的團體。媒體報導選舉彷彿是賽馬，分析議題的手法竟是讓不同意識形態互相叫囂看誰聲音大。這些因素使民眾與理性分析漸行漸遠，習慣激烈的自我表達，其中部分源自「民主來自於選舉」這個誤解。其實民主更重要的是政府能夠不濫權、對公民負責、關心政策帶來的結果（見第十四章）。因為這樣的誤解，於是意在追求更「民主」的制度改革，如全民公投或直接初選，反而導致身分認同成為焦點從而變得更不理性。從柏拉圖時代就一直有人探討民主系統的種種難題（原注104），卻始終找不出特效藥，但確認現況癥結、設立改善目標才能跨出第一步。

議題不政治化的時候大家可以完全理性。卡漢指出：「科學話題引起激烈公眾辯論是例外而非常態。」（原注105）大眾不會為了抗生素運作機制這種話題情緒亢奮。不久前的歷史給了我們最渾然天成的實驗情境與對照組（原注106）：人類乳突病毒會透過性行為傳染，是子宮頸癌主因，但可以接種疫苗。結果人類乳突病毒疫苗成了政治風暴，家長抗議政府不應讓青少年可以更早進行性行為；但Ｂ型肝炎也會透過性行為傳染、能致癌，也同樣可以接種疫苗。Ｂ型肝炎疫苗卻沒人有異議。卡漢認為差異在於兩種疫苗得到的呈現不同，Ｂ型肝炎疫苗被視為公衛常規一環，就像對付百日咳或黃熱病，但人類乳突病毒疫苗的藥廠遊說立法機構要求強制接種、以青春期少女為優先目標，導致社會將其與性做了心理連結，刺激到道德嚴肅派的家長。

若要公眾論述朝理性發展，議題必須盡可能以非政治的方式呈現。實驗測試民眾聽到例如福利改革新政策的反應，他們的好惡其實取決於提出者是不是自己支持的政黨，而且還堅持自己的反應基於客觀標準。（原注107）如此說來，慎選代言人是重點之一。幾位氣候變遷運動人士曾經感嘆高爾參與紀錄片《不願面對的真相》幕後製作並親自演出，恐怕對運動效益來說弊大於利，因為他是民主黨籍的副總統與總統參選人，身上背著左派烙印。（現在說來大概難以置信，不過環保以前是右派理念，那時候上流社會擔心獵鴨場和別墅景觀被破壞的程度遠大過種族歧視、貧窮或越南。）和科學家站出來大聲疾呼相比，從保守派或者自由意志主義者之中找到被證據說服、願意分享自己觀點的人，會來得更有效一點。（原注108）

再來則是避免讓事情與已經具有高度政治象徵意義的解決方案包裹在一起。卡漢以探討氣候變遷是否與人類有關的情境做實驗，一種是提出有可能以地質工程學手段解決問題，另一種是提倡嚴格控制碳排，結果前者引起的立場極化較輕微。（原注109）（當然這個發現不代表我們就得以地質工程作為解決方案的主要訴求。）將議題去政治化可以觸發真正的行動。卡漢曾經在佛羅里達州協調由商人、政治人物、居民團體構成的團體，裡面許多人支持共和黨，但面對海平面上升威脅海岸道路與水源供應的問題達成解決共識。後來實行的計畫包括降低碳排措施，普通情況下應該會引爆政治炸彈，不過由於計畫專注在所有人都眼見為憑的困境、意見分歧的政治因素也沒被大肆宣傳，參與者的反應就十分理性。（原注110）

由此出發，媒體可以審視自己是否推波助瀾，將政治營造成球賽，公共知識分子與名嘴相互指控之前也該三思。我們是否能想像有一天最知名的專欄作家紛紛跳脫可預測的政治立場，就事論事陳述自己的意見？有一天，「你只是重複左派（或右派）立場」會成為眾人避之唯恐不及的評語？有一天，大家（尤其專家學者）回答例如「管制槍枝是否能抑制犯罪」或「最低工資是否會提高失業率」這類問題時，會說「請等我查閱最新的整合分析」，而不是根據既定立場吐出可預測的答案？有一天，不分左右所有著述都放棄芝加哥式辯論法（「別人拿刀，你拿槍。自己人進手術房，對方就進火葬場」），而是如裁撤核武那般運用「緊綳消解的漸進回饋方式」（自己做出單方面的小讓步，邀請各方跟進）？(原注11)

或許那一天還很遙遠。但理性具有自癒能力，推論中的謬誤會被挑出來批評、成為教材，可是效果需要時間醞釀。法蘭西斯．培根發現以未經檢證的事物作為證據、將相關性誤認為因果關係是思考盲點，但要幾百年之後它才在具科學知識的人群中成為第二本能。特沃斯基與康納曼發現包含可得性在內的許多認知偏誤，花了將近五十年才動搖人類的傳統智慧。我們才剛意識到政治上的部落主義是當前社會最嚴重的不理性，而且聰慧敏銳的思想家和平凡人一樣易受感染。所幸人類各層面的發展都越來越快速，或許解藥很快就會問世。

然而，無論需要多長時間，重點是我們不能任由認知與情緒偏誤影響，也不該被政治氛圍帶動一次又一次的非理性，必須堅持啟蒙理念持續追求理性與真相。能夠判斷人類不理性的模式就代表我們也明白理性是什麼，而我們並沒有任何與眾不同，換言之其他人類至少也都具備一定程度的理性。理性的本質永遠容許推理者退後一步、思索自身缺陷，推理出克服這些缺陷的好方法。

第二十二章 科學

雖然科學持續深入並裨益人類的物質、道德、智識生活，許多文化制度仍舊對它不屑一顧。

如果有機會參加銀河系吹牛大賽，或者在全能的神面前被問起最值得地球人驕傲的是什麼，我們會怎麼回答？

我們可以細數人權的歷史演進，像是廢除奴役制度、對抗法西斯主義。然而這些勝利看似光彩，實際上只是人類自己放了路障再搬開，好比履歷表上的過往成就冒出戒毒成功幾個字。（原注1）

當然還有文學、藝術、音樂的各種傑作，不過心智結構與生活經驗可能與我們差異甚大的其他知覺個體也會欣賞艾斯奇勒斯（Aeschylus）、艾爾．葛雷柯（El Greco）、比莉．哈樂黛（Billie Holiday）[1]的作品嗎？或許宇宙間真有共通的美感與意義可以超越文化差異產生共鳴，對此我個人非常想相信，但真的很難有把握。

但人類有一個領域的成就，面對任何存在都能毫無顧忌拿出來炫耀，那就是科學。很難想像任何有智能的個體會對自己所處的世界沒有任何好奇，而人類這個物種歡暢地滿足了這份好奇：我們已經能解釋宇宙歷史的很多部分、瞭解背後的運作動力和自身由什麼構成，還知道生物的起源、生命的機制，包括我們的心智在內。

雖然我們不知道的還很多（而且永遠都很多），既有的知識已經相當豐沛，而且持續累積下去。物理學家蕭恩．卡羅爾（Sean Carroll）在《詩性的宇宙》（*The Big Picture*）中主張人類已經**完全掌握**日常生活接觸的物理定律（排除極端的能量或引力，如黑洞、暗物質、大霹靂之類）。實在沒有理由否定這是「人類知識史上最大的勝利」。（原注2）生物界方面，超過一百五十萬物種得到科學定義，大量研究投入後，預計本世紀內能對其餘七百萬種完成命名。(原注3) 我們對世界的瞭解不僅有作用力、粒子和物種，還探索了更深奧的法則，例如引力作為時空彎曲的效應，或生命仰賴能傳遞訊息、控制代謝與自我複製的粒子。

科學探索不斷給我們帶來驚喜，回答以前不可知的疑問。華生與克里克發現ＤＮＡ的分子結構時沒想到未來人類會用三萬八千年前尼安德塔人的化石完成基因定序，從中找到和說話、語言相關的基因，也沒料到歐普拉經過ＤＮＡ分析會知道自己是賴比瑞亞雨林裡克佩勒人的後裔。

科學也能為人類現況提供明燈。過去理性時代、啟蒙運動的偉大思想家生得太早，沒機會接觸到能撼動道德和意義的科學新知，譬如熵、演化、資訊、賽局理論、人工智慧（不過他們往往已提出前導或近似的概念）。他們陳述的問題到了現代因為新觀念變得更豐富多層次，我們也利用新技術進行研究，例如腦部３Ｄ影像、大數據資料追蹤思想如何傳播。

科學也讓世界看見極致美麗的影像：頻閃觀測下的靜態畫面、熱帶雨林和深海噴發的繽紛物種、優雅的螺旋狀銀河與晶瑩夢幻的星雲、螢光閃耀的神經迴路，還有漆黑宇宙中自月球地平線緩緩升起、光芒萬丈的人類母星。一如偉大的藝術作品，它們不只美，還能擴大思維，加深我們對自身、對地球本質的認識。

1譯按：依序為古希臘悲劇詩人、文藝復興時期畫家、美國爵士歌手及作曲家。

科學當然也賜予我們生命、健康、財富、知識和自由，前面敘述進步歷程的章節已經說了很多。隨手從第六章挑個例子：人類靠科學消滅天花，天花不只造成病痛還會毀容，單單二十世紀內就有三億人因此死亡。如果有人無法一眼看見其中蘊含的道德價值，容我再重複一遍：科學知識消滅了天花，天花是造成苦痛和毀容的疾病，僅二十世紀就有三億人因其而死。

這類驚人成就絕對足夠駁斥種種悲嘆。認為人類文明衰退、美好夢想破滅、我們活得空虛淺薄荒唐都不是真的。然而現在科學的美好和力量不僅得不到欣賞，居然還受人憎惡。而且對科學的排拒出現在意想不到的場域中。如果只有宗教團體的基本教義派和不學無術的政客反對就算了，可是許多受人尊崇的知識分子和高級學術機構竟也擺出那種態度。

科學是政治、哲學和理性的一環

右翼政治人物對科學的不尊重大量收錄在記者克里斯·穆尼（Chris Mooney）的著作《共和黨人對戰科學》（*The Republican War on Science*），讀過以後連原本的堅定分子都不得不感慨自己所屬陣營彷彿「笨蛋黨」。（原注4）這種形象從小布希任內推行的政策逐步形成，包括鼓勵神創論進入校園（包裝為「智能設計論」），以及破壞總統向客觀科學家群體尋求意見的傳統，身邊塞滿同樣意識形態的顧問，顧問中許多人推廣怪異理念（例如墮胎導致乳癌）卻否定經過證實的觀點（如保險套能預防性病）。（原注5）共和黨政治人物上演過不少鬧劇，好比奧克拉荷馬參議員吉姆．殷荷菲（James Inhofe）身兼環境暨公共工程委員會主席，二〇一五年在參議院掀起一波全球暖化爭論。

前一章提到政治論述中的科學愚鈍最容易發生在例如墮胎、演化論、氣候變遷等等爭議話題，不過對科學共識的輕蔑更擴大為全面性無知。德州眾議員拉馬爾．史密斯（Lamar Smith）身兼科學、太空與科技委員會主席，但他抨擊國家科學基金會的理由除了針對氣象研究（聲稱是左派陰謀論）還包括同儕審查津貼，甚至發表完全離題的嘲諷（「聯邦政府怎麼能同意花費二十二萬美元研究國家地理雜誌的動物圖片？」）（原注6）此外他也想削減聯邦政府對基礎研究的資助，提案要求國家科學基金會應當專注推動與「國家利益」相關如國防和經濟的學術就好。（原注7）但科學當然超越國土疆域。（契訶夫說過：「沒有『國家科學』這回事，就像不會有『國家乘法表』這種東西存在。」）科學服務人類是透過增進我們對現實的基礎認識。（原注8）像全球衛星定位系統就是相對論的延伸，癌症治療則是發現雙螺旋體才開啟契機，人工智慧也運用了腦部及認知研究發現的神經和語言網路。

經過前章的討論，可想而知對科學的政治壓抑也會來自左派。一個形式是對人口爆炸、核能、基因工程等等主題有莫名恐慌；再者是對智能、性、暴力、教養、偏見的研究進行審查，問卷內容不符合他們的政治正確標準就加以大肆撻伐，如此一來研究結果當然扭曲。

本章接著要呈現對於科學更深層的敵意。許多知識分子懷有憤怒情緒，覺得科學入侵了他們所屬的人文學科，如政治、歷史、藝術等等。以往宗教主導的領域也有人嘗試以科學去理解，同樣引來怨懟，多位之前從未對信仰表態的作家忽然主張最重要的問題不適合用科學論斷。主流報章雜誌上常常會看到講求科學的人被貼標籤說是盲從決定論、還原論、本質論、實證論，最誇張的罪名是「科學主義者」。

這種態度美國兩大黨皆然。左派控訴的典型是二〇一一年《國家雜誌》（*The Nation*）中歷史學家傑克遜·利爾斯（Jackson Lears）的說法：

> 實證論以還原論的觀念為本，認為包含人類行為在內的宇宙一切都可以透過精確測量、從物理決定論出發的過程加以解釋……社會達爾文主義或演化導向的進步說詞從實證論得到基礎，科學種族主義與帝國主義也一樣。種種思想匯聚在優生學，宣傳增進人類福祉、最終達到完美的方法是選擇性育種，「適者」保留，「不適者」應當絕育或消滅。小學生也知道後來的經過：二十世紀發生兩次世界大戰，以前所未見的規模展開系統性屠殺，接著超乎想像的毀滅性武器在地球擴散，帝國邊緣戰火連天——這些事件或多或少都源於人類從事先進技術的科學研究。（原注9）

右派的經典案例則是二〇〇七年小布希任內的生物倫理顧問里奧·卡斯（Leon Kass）所說：

有關自然與人類的科學觀念和新知本來深受歡迎不造成任何壞處，但後來被人挪用為武器攻擊我們的傳統宗教與道德教誨，甚至想撼動我們作為有自由與尊嚴的生命的自我認知。社會上出現一種準宗教信仰，姑且稱之為「無靈魂科學主義」，這個信仰宣稱生物學已經揭開所有神祕，能夠完整說明人類生命，對人類的思想、情感、創意、道德判斷、甚至我們為何信仰神都能給出清楚的科學解釋。現在威脅我們的說法不是輪迴轉世論，而是直接否定靈魂存在……

別輕忽，後果十分嚴重，攸關整個國家的道德與靈性健康、科學的持續動力、我們身為人和西方文明後繼者的自我理解……在乎人類自由與尊嚴的朋友，包括無神論者，都要意識到我們的人性岌岌可危。（原注10）

兩邊都振振有詞提出控訴，但很快就會看到他們的論點站不住腳。屠殺和戰爭不能怪科學，科學也不會危害國家的道德和靈性健康。相反的，科學在人類關切的各個領域都不可或缺，無論政治、藝術，抑或對於意義、理由和道德的追尋。

很多人對科學指指點點，其實引爆點要追溯到一九五九年斯諾在講課和著作《兩種文化與科學變革》中譴責英國知識分子輕蔑科學。「文化」一詞透過人類學家的詮釋便能說明科學的尷尬處境：除了石化產業資助的政客出面挑毛病，知識界一些有頭有臉的大老也加入批判行列。

若以地圖比喻二十世紀的人類知識，我們會看見一塊一塊高度專業宛如公國的領域。

科學的成長（特別是與人相關的科學）時常被視為侵入疆土，疆界涉及學者地位自然受到嚴格保護。意思並非人文學界以零和心態思考，大部分藝術家身上也找不到這種態度，我個人認識的小說家、畫家、音樂家、電影工作者對於科學如何影響傳播媒介十分感興趣，願意從各種來源獲取靈感。鑽研歷史年代、文藝分類、思想體系以及其他人文主題的學者也沒展現同樣的焦慮，因為真正投入學術的人接收觀點與否的依據並非其來源。展現防衛和好鬥性格的是**特定文化**，也就是斯諾提到的第二文化，以文學界知識分子、文化評論家、飽讀詩書的寫作者為主。（原注11）作家戴蒙·林克爾（Damon Linker）（引述社會學家丹尼爾·貝爾〔Daniel Bell〕）指出這個文化的特徵是，「由擅長概化的人組成……對世界的觀點來自個人經驗、閱讀習慣與批判言詞，各種基於主觀的譁眾取寵是這個『文學界』的通用貨幣。」（原注12）這種模式與科學完全相反，也難怪第二文化的知識分子最恐懼「科學主義」，因為他們認為科學主義代表「除了科學什麼都不重要」或者「所有問題都該交給科學家處理」。

斯諾當然從未說過權力全部移轉給科學文化這種瘋狂的事情，他反而提出可以形成**第三文化**，結合科學、文藝、歷史觀點，運用於增進全球人類福祉。（原注13）一九九一年作家兼經紀人約翰·布洛克曼（John Brockman）重新提出第三文化的概念，與生物學家艾德華·威爾森（E. O. Wilson）的《知識大融通》（*Consilience*）有異曲同工之妙，威爾森本人則稱其主張的源頭是啟蒙思想家（不然還會是誰呢？）。（原注14）想要瞭解科學之於人類的意義首先得擺脫第二文化的草木皆兵心態，比方說文學界雄獅[2]里昂·韋斯蒂爾（Leon

Wieseltier）在文章中登高一呼：「科學打算侵略文藝。萬萬不可。」（原注15）

為科學思維背書必須先釐清一點：名稱掛著「科學」二字的組織成員不必然特別聰明睿智或地位崇高。恰恰相反，科學文化最主要的做法如公開辯論、同儕審查、雙盲測試等等，都是為了避免科學家身為人類也會犯錯。理查．費曼（Richard Feynman）就說過科學的最優先原則是「不要欺騙自己，要知道自己是最容易受騙的人」。

基於同樣理由，希望所有人的思考都更加科學並不代表要把決策權全數轉移給科學家。許多科學家對於政策和法規一竅不通，甚至會提出世界政府、父母證照制度、殖民其他行星逃避環境惡化的地球等等可行性堪慮的方案。但這都無所謂，因為從頭到尾我們討論的都不是大權要交給哪一派傳教人士，而是如何更聰明地達成集體決策。

再者，尊重科學思考絕對不等同於相信現在的科學假設全部屬實。大多數的新假設恐怕都會落空，科學的生命循環就建立在臆測和否定上：提出假設、嘗試驗證，看看能留下來的有哪些。很多批評科學的人忽略這點，於是搬出遭到證偽的假設當證據，認為這種現象證明了科學不可信。小時候我聽過一個猶太教拉比用以下說法反駁演化論：「現在科學家說世界已經存在四十億年，但一開始他們明明說是八十億。能一下子砍掉前面的四十億，誰知道之後會不會又砍掉後面這四十億。」邏輯謬誤（撇開引述錯誤）在於沒能理解科學做法不是提出論點以後就自稱完美無誤，而是慢慢累積證據以驗證假設是否正確。以

2 譯按：此處是雙關語，以雄獅比喻其地位同時呼應人名（Leon語源為獅子）。

此反駁科學的人其實自己就在實行科學，也就是以新的科學證據去質疑舊假設。類似情況也發生在另一種常見的論述裡，有人聲稱科學不可信的理由是曾經有科學家的研究是建立在偏見或沙文主義上。的確，那些科學家沒有恪遵科學規範，但我們之所以能發現他們犯錯其實也必須歸功於之後新的科學論述。

還有另一種圍堵科學、要求科學付出代價的派別採取不同的論述法。他們認為科學只研究具實體的事物，因此科學家插手價值、社會、文化這件事本身就是邏輯錯誤。韋斯蒂爾表示：「輪不到科學來決定科學在道德、政治、藝術中的地位。道德、政治、藝術是哲學的範疇，而科學不是哲學。」這句話本身也有邏輯謬誤，混淆命題與學術分類的不同。實證命題與邏輯命題當然不一樣，兩者也不該和規範性或道德性主張混在一起。問題是這不代表科學家得被塞住嘴不得對概念性、道德性議題發表意見，否則哲學家也不應該對物理世界提出任何見解了。

科學包含的不僅僅是實證事實。科學家也大量運用不具實體的**資訊**，包括數學研究找出的真理、理論中的邏輯，還有從事研究所需的價值觀。更何況哲學從未畫地自限，受困在物理宇宙之外虛無縹緲的概念世界。啟蒙哲學家特別強調概念論述結合感官、認知、情緒、社會性。（隨便舉個例子：休謨從心理感知角度分析因果律本質，康德的諸多身分裡頭也有一個是先驗認知心理學家。）（原注16）現代多數哲學家（至少在分析哲學或英美傳統中）也支持**自然主義**，其立論為「現實以自然為界，沒有所謂『超自然』，人類應以科學方法調查現實所有層面，包括『人類的靈性』。」（原注17）現代概念中，科學是哲學和理性的一環。

那麼科學與其他理性形式的不同之處是什麼？絕對不是「科學方法」，雖然小學生對此都朗朗上口，但科學家本身很少提起。只要是有助於理解世界的手段科學家都願意採用，無論是辛苦為資料製表、進行需要膽量的實驗、天馬行空推論、建立優雅的數學模型、反覆以電腦模擬、收集口語敘事。（原注18）各種方法都符合科學推廣者想要輸出到其他知識圈的兩大理念。

第一個理念為**世界是可以理解的**。解釋我們體驗到的各種現象的定理，往往比現象本身更深層。喜劇《蒙提．派森的飛行馬戲團》（*Monty Python's Flying Circus*）裡恐龍專家提出了雷龍理論：「雷龍都是一端很細，中間很粗很粗很粗，到另一端又再變得很細。」科學家看了哭笑不得，因為這套「理論」根本只是描述現象，完全沒解釋為什麼會有那種現象。為了解釋現象而尋找背後的定理，結果定理本身或許還需要更深一層的定理才能加以解釋，依此類推。（大衛．多伊奇說：「我們永遠處在無限的起點。」）為了理解世界，鮮少有我們被迫妥協的情況，要避免「事情就是如此」、「是魔法」、「我說了算」這些藉口。相信一切都可以解釋並不是盲目信仰，而是透過科學手段逐步詮釋世界以後得到的驗證。譬如以前人類認為生物需要神祕的生命衝力（élan vital）來推動，現在我們都知道那其實是複雜分子之間的物理和化學反應。

把科學妖魔化的人常常有個謬誤：將詮釋視作名為還原論的罪惡。還原論旨在分析複雜系統並將之化為簡單元素，或者若按照指控者的說法就只是分析簡單元素。但事實上透過深層原理去詮釋複雜現象並不代表放棄其中豐富的內涵。而在一個層級進行分析、得出規律以後繼續向下化約亦無意義。一次世界大戰想當然耳包含大量物質移動，可是沒人會特別以物理學、化學、生物學語言加以詮釋，反而就一九一四年歐洲各國領袖的立場和目標來說明要簡單明快得多。同時，有好奇心的人理所當然可以追問為什麼人類心智能夠採取那些立場、追求那些目標，包括部落主義、過度自信、恐懼、榮譽文化等等因子如何交織構成歷史上的黑暗時刻。

第二個理念則是**讓世界來回答我們的理解是否正確**。傳統的信念基礎如宗教、天啟、教條、權威、個人魅力、代代相傳的習俗、對經典的章句訓詁、以至於個人的獨斷獨行都太容易犯錯，不能作為人類知識的來源。反之，我們應以實證提出立論，並根據與世界現實的吻合程度進行修正。若問科學家如何做到，他們通常會援引卡爾·波普的臆測與證偽模型來說明，也就是科學理論可以一再經過實證測試被證偽而永遠沒有解答。現實中，科學不像飛碟設計那樣不斷丟出假設當靶子給人一一擊碎，比較接近貝氏推論法（也就是前章超級預測師採用的邏輯）：每個理論先接受可信度的評估，根據是與其他人類知識的契合度；接下來根據實證觀察是否符合假設而對可信度進行修正。（原注19）無論從波普或貝葉斯的角度來看，科學家對某個理論有多相信都是基於實證證據。任何打著「科學」名號的運動如果沒有驗證自身信念的機會（最明顯就是謀殺或囚禁異議者）則根本不具科學本質。

科學在種種運動裡的地位

多數人願意承認是科學帶來有效的藥物、方便的工具、甚至解釋物理世界的運作。但他們在科學與真正對人類有意義的事物之間劃下一條界線，包括我們是什麼、來自何處、如何賦予生命意義和目的等等。傳統上這些問題屬於宗教的領域，抨擊所謂科學主義最熾烈的也是宗教辯護者。為此他們樂意擁抱古生物學家暨科學作家史蒂芬·古爾德（Stephen Jay Gould）在《萬古磐石》（*Rocks of Ages*）中提出兩相區隔的概念，也就是科學與宗教分屬「互不重疊的範疇」：科學是實證性的宇宙，宗教則處理關於道德、意義和價值的議題。

可惜這種停戰協議禁不起檢驗。具有科學知識、不受基本教義派蒙蔽的人審視道德觀念時，必定會發現意義與價值必須和宗教思想脫鉤。

首先，科學發現指出世界各種傳統宗教和文化對世界、生命、人類、社會的誕生皆與事實不符。祖先不知道，但我們知道人類是從非洲大陸上一支靈長類物種發展而來，後來才發明了農業、政府和書寫。我們知道人類只是整個生命系譜大樹上極其微小的枝枒，這棵大樹起源於大約四十億年前衍生出生命的化學物質。我們知道自己生活在一顆行星上，它繞著恆星旋轉，數千萬恆星構成銀河系、數千萬星系構成一百三十八億年歷史的宇宙，就連宇宙或許都有很多個。我們知道自己對於時間空間、物質因果等等的直覺不值一哂，現實世界的尺度之大和之小都超乎想像。我們還知道物理世界的運作法則（包括意外、疾病、其他不幸）根本不在意人類過得是好是壞。沒有所謂的命運、天意、業障、法術、詛咒、占卜、報應，祈禱不會得到回應——反倒是機率與認知的歧異能夠解釋為什麼有人會相信。最後我們也知道以前的人類並不明白這麼多，過去各個時代與文化的成見已被證偽，想必現代人也有很多觀點會在未來被證明錯誤。

換言之，現代社會裡有知識者無論道德觀還是靈性價值觀都來自科學建構的世界觀。科學事實自身不宣揚理念，卻明顯限制了範圍。詮釋現實的權力不再被神權階級霸占，他們視為理所當然的道德立場也自然要接受檢驗。科學否定了有天神或神祕力量處處刁難人類，於是終結了活人獻祭、獵巫、靈療、神明審判、迫害異端等等行為。科學也揭露了宇宙的運作並無目的，人類終於被迫為自身福祉、種族延續和所在的星球承擔責任。同樣的，基於神祕的力量、天命、使命、辯證、掙扎、救主降臨而衍生出的道德和政治體系都因為科學而走到盡頭。以上種種新的認知加上難以反駁的事實——所有人都在乎自身福祉，人類是能夠溝通協調的社會性動物——科學知識引導出一套穩固的道德觀，追求人類和其他知覺生物的福祉最大化。這種人文主義（第二十三章）與科學對世界的理解密不可分，是現代民主政權、國際組織、開放性宗教的實質道德依歸。人文主義實踐上未盡完善之處，就是目前人類最迫切的道德要求。

雖然科學持續深入並裨益人類的物質、道德、智識生活，許多文化制度仍舊對它不屑一顧、甚至輕賤鄙夷。號稱包羅萬象收集各方觀點的書報雜誌實際上限定在政治和文藝，對科學界的新概念毫不留意，除非正好與政治議題相關，例如氣候變遷（然後趁機攻訐科學主義）。[原注20]更糟糕的是大學內所謂人文藝術領域的課程也如此編排，學生直到畢業與科學的接觸都微乎其微，反而常常學到一堆出發點就是反科學的東西。

現代大學最常見的科學教材是湯瑪斯．孔恩（Thomas Kuhn）的《科學革命的結構》（*The Structure of Scientific Revolution*）。[原注21]這本一九六二年的經典時常被詮釋為：科學並不會找到真相，只是解開一個又一個謎題，接著切換到新的範式（paradigm），先前的理論失去意義、甚至沒人能理解。[原注22]孔恩本人後來表態他不同意這種虛無主義的解讀法，但第二文化卻將這套詮釋當做傳家寶看待。某本主流知識分子刊物的評論家曾經對我說：文藝界的考量點不再是作品是否「美」，就像科學家的考量點也不再是理論是否「真」。我糾正對方，而他的訝異看來發自肺腑。

歷史學家大衛．伍頓（David Wootton）對自己領域的常態提出評論：「斯諾提出兩文化之分以後情況反而更嚴重了。歷史作為一門科學不再擔任文藝與自然科學之間的橋梁，所描繪的自然科學家是人家自己都不認識的形象。」[原注23]原因出在很多歷史研究者的心態，他們認為將科學視為追求以真實解釋世界太過天真。結果就好比籃球比賽由舞蹈評論家來轉播，而且還被封口不准說球員想將球射進籃框。我曾出席一場講座，主題是神經成像中的符號學，一位歷史研究者解構大量動態彩色３Ｄ腦部造影，口若懸河解釋「看似客觀自然的科學研究其實會強化特定層面的自我，強化某些政治議題的傾向，所以可以從神經（心理學）物件轉換為外部觀察的立場」等等，說了那麼多就是不肯說出最直白的一句：神經成像幫助人類清楚看見腦內的活動狀況。[原注24]許多自認從事「科學研究」的學者將畢生心力都用在這類深奧難懂的分析文章，想陳述的不過就是體制成為壓迫的藉口。下面例子是學術界對全球最大挑戰的貢獻之一：

《冰河、性別與科學：女性主義冰河學框架下的全球環境變化研究》

冰河是氣候變遷與全球環境變化的指標。然而性別、科學、冰河三者的關係，尤其關於冰河學知識生成的認識論問題尚未得到充分研究。本文據此提出女性主義冰河學框架，要點有四：一、知識生產者；二、性別科學與知識；三、科學主宰的體系；四、呈現冰河的其他方式。此框架結合女性主義後殖民科學研究與女性主義政治生態學，深入剖析動態社會生態學系統內的性別、權力與認識論，期許能造就更公正公平的科學與人冰互動。（原注25）

反覆在詰屈聱牙的種族和性別語言裡打轉已經很糟糕了，更惡劣的則是有人試圖妖魔化科學（連同理性和其他啟蒙理念）。他們說科學有罪，但說出來的都是與人類文明一樣古老的罪名，包括性別歧視、奴役、征伐、屠殺。這是法蘭克福學派的主軸，他們提出的批判理論十分風行，但實則是準馬克思主義運動，發起者為狄奧多．阿多諾（Theodor Adorno）和麥克斯．霍克海默（Max Horkheimer），兩人宣稱「徹底啟蒙的世界會在災難中洋洋得意」。（原注26）理所當然，後現代主義理論作家如米歇爾．傅柯也主張猶太大屠殺是啟蒙推動了生命政治、科學和理性治理模式不斷在人類生活擴張的惡果。（原注27）根據同樣脈絡，社會學家齊格蒙．包曼（Zygmunt Bauman）也將大屠殺怪罪於啟蒙理念，他認為那個理念的意思是「重塑社會，強迫社會符合源於科學凌駕一切之上的計畫」。（原注28）在這種扭曲的敘事底下問題和納粹脫鉤了（「都是現代性的錯！」），也無須在意納粹的意識形態根本是瘋狂反啟蒙：實際上納粹鄙視崇尚自由主義、理性、進步且因此墮落的布爾喬亞階級，擁抱導致種族衝突的生物和宗教信念。儘管批判理論和後現代主義者避免如量化或系統性編年這類「科學」的方法，事實顯示他們對歷史的觀察是顛倒的。屠殺與專制在現代化之前很氾濫，卻在二次世界大戰後因為科學、自由與啟蒙價值發揮影響而減少。（原注29）

不可諱言也有不少科學依附可鄙政治運動的紀錄，瞭解歷史、合理評論這些科學家以及他們在其中扮演的角色都有其必要。所有歷史人物最終都得接受檢驗。但我們原本賞識人文學者之處在於他們擅長分析脈絡演變、細微差異和歷史背景，偏偏只要有機會抨擊學術對手的時候，這些優點都被拋到九霄雲外。於是他們指責科學引發了特定的知識分子運動，運動本質帶著偽科學色彩，即使實際上這些運動的歷史淵源既廣且深。

最明顯的例子是「科學種族主義」，也就是聲稱所有種族都能經由心智演化程度進行排列評等，北歐人為最上位。進入二十世紀的前後幾十年間這種理論很風行，推波助瀾的因素包括顱骨測量和心智測驗，不過二十世紀中葉它們就被更進步的科學加上大眾對納粹的恐懼駁斥。問題在於將意識形態的種族主義歸咎於科學，特別是演化論，實在是很糟糕的歷史詮釋。種族歧視不分時代地域十分普遍，甚至每個文明都曾有過奴隸制度，原因在於古人為合理化自己的說詞，聲稱神創造的一些族群天生就適合被奴役。（原注30）回頭讀一讀古希臘與中世紀阿拉伯文獻如何描述非洲民族的生理卑劣，現代人可能會覺得怵目驚

心，但西塞羅對不列顛人的意見也沒有多客氣。（原注31）

更值得一提的是肆虐於十九世紀西方的知識界種族主義根本不是科學產物，而是來自歷史、文獻學、經典文學與神話學等等人文學科。一八五三年小說家與業餘史學家阿蒂爾·德戈比諾（Arthur de Gobineau）提出荒誕理論主張一支陽剛且白皮膚的雄性人種，也就是雅利安人，從遠古故鄉向外擴張，在歐亞大陸各地建立英勇的武士文明，之後逐漸分化為波斯、西臺、荷馬時代的希臘、吠陀時代的印度和之後的維京、歌德以及其他日耳曼民族。（這故事裡頭還是有一分真實性，在於提及的部落都是用印歐系語言。）他聲稱雅利安人與被征服的低等人種通婚以後人類社會劣化，血源中的偉大被稀釋，所以才演變為貧瘠墮落、無靈魂、平庸又唯利是圖的文化，就像浪漫主義者的哀嘆。童話故事非常容易就連結上德國的浪漫國族主義和反猶太主義：條頓人是雅利安人後裔，猶太人則來自中亞是雜種。戈比諾的說法被理察·華格納（Richard Wagner）（所創作的歌劇被視為原始雅利安神話的再現）及華格納的女婿張伯倫（Houston Stewart Chamberlain）（哲學家，其著作主張猶太人以資本主義、自由人文主義和沒有生命力的科學汙染條頓文明）發揚光大。透過兩人，種族主義進入希特勒心中，希特勒說過張伯倫是他的「靈性父親」。（原注32）

從思想傳遞的路線看不出科學占了多重要地位。顯然戈比諾、張伯倫、希特勒三人都**否定**達爾文演化論，尤其不認同人類是從其他靈長類逐漸演化而來，因為這種想法與浪漫種族想像衝突，也不見容於作為靈感來源的古老種族與宗教神話。他們宣揚的思想是每個人種從一開始就是不同物種，有先天優劣之分並據此發展文化，如果融合了只會墮落。達爾文的想法是人類有共通先祖，所以不同人種實際上都是近親，來源同樣「野蠻」，可是後來發展出的心智能力幾乎同等，通婚繁衍也不會有負面效應。（原注33）歷史學家勞勃·理查（Robert Richards）仔細研究影響希特勒的意識形態，最後在其著作中有章標題就是「希特勒是達爾文主義者嗎？」（神創論者非常喜歡那樣說），結論是「這個問題唯一合理的答案……清清楚楚明明白白就**不是**！」（原注34）

一如「科學種族主義」，社會達爾文主義也常被意有所指貼上科學的標籤。演化觀念在十九世紀末、二十世紀初流行起來，結果卻變成像是墨跡測驗[3]一樣的東西，各種政治與知識分子運動都挪用來推動理念，希望自己對人生奮鬥、人類進步、美好生活的詮釋符合自然。（原注35）其中一種運動被後世稱為社會達爾文主義，不過根本不是達爾文本人所提出，而是一八五一年，也就是《物種起源》出版過了八年以後，由赫伯特·史賓塞（Herbert Spencer）構思完成。史賓塞其實不相信隨機變異或天擇，採取了拉馬克主義（Lamarckian）[4]的觀點認為生命體為了存續而掙扎，過程中發展出更高的複雜度與適應力，而且能夠遺傳給後代。史賓塞覺得這種進步動力不該受到人為干預，所以反對社會福利、政府規範等等保障與延續不幸者與弱者族群的制度。這種政治立場可謂自由意志主義的早期形式，受到暴發戶、擁護放任經濟與反對社會支出的人歡迎。由於其右派色彩，左

3 譯按：inkblot test，一種心理測驗，要求受試者觀看有墨漬的卡片並回答第一眼和後來看覺得形狀像是什麼，根據答案來分析受試者的性格。

4 譯按：法國生物學家拉馬克一八〇九年提出，主要觀念是「獲得性遺傳」和「用進廢退說」。

派作家就將其他如帝國主義和優生學等等全部包裹起來，錯誤地創造出「社會達爾文主義」這種名詞，儘管實際上史賓塞明顯不支持後兩種意識形態。（原注36）隨著時間演進，社會達爾文主義一詞目前可以用來攻擊任何從演化角度理解人類的應用（原注37），偏偏除了字面之外那套思想與達爾文或生物學的演化論沒有直接關係，遑論當下濫用程度已經使這個名詞失去意義。

優生學是另一個意識形態的炮灰。維多利亞時代博學家法蘭西斯·高爾頓（Francis Galton）最早提出可能改善人類基因庫的做法，也就是政府提供誘因促使聰明人結合孕育後代（這是正向優生學），不過觀念傳開以後卻變成阻止「不適者」繁衍（負向優生學）。許多國家對罪犯、智能障礙、精神或其他疾病患者以及各種遭汙名化的族群實行強制絕育，納粹德國的強制絕育其實還在北歐和美國之後，對猶太人、羅姆人、同性戀的大屠殺時常被視為是負向優生學的邏輯延伸。（現實中納粹在公衛方面的偏見超越了優生學與演化論，將猶太人連結到害蟲、病原、腫瘤、器官腐敗和血液毒性。）（原注38）

優生學運動因為和納粹扯上關係一直抬不起頭，可是那三個字卻存活下來，至今仍彷彿是科學的汙點，無論是協助父母避免產下身患致命退化疾病後代的醫學、還是分析基因與環境如何造成個體差異的行為遺傳學界都被貼上標籤。（原注39）再者，即使明顯與歷史矛盾，優生學仍常常被當做是右派科學家發起的運動，但事實上提倡者是進步主義者、自由主義者、社會主義者，包括美國總統羅斯福、威爾斯、艾瑪·高德曼（Emma Goldman）、蕭伯納、哈羅德·拉斯基（Harold Laski）、凱因斯、魏柏夫婦（Sidney and Beatrice Webb）、美國總統威爾遜、桑格夫人（Margaret Sanger）等等。（原注40）說穿了優生學提倡的是改善現況、社會責任優先於個人私慾、中央計畫高於自由放任。對優生學最強烈的反對意見反而援用古典自由主義和自由意志主義的原則：政府不是管理人類所有層面的全能統治者，而是權力受到制衡的社會體制，追求完美基因庫並非政府職責。

之所以提出科學在這些運動裡地位有限，用意不是要為某些科學家脫罪（他們許多確實或多或少參與在內），而是希望大家透過深入的脈絡式思考，不要只接受反科學文宣的說詞。上面提到的運動源於對達爾文的誤解，背後則是過去年代的宗教、藝術、政治和知識分子的意識形態：浪漫主義、文化悲觀論、將進步視為辯證鬥爭或神話、威權式極端現代主義。如果我們覺得這些論述不只退潮還根本就錯了，也是基於累積至今的歷史與科學理解。

抵抗科學思維的人

對科學的本質提出指責絕對不只是一九八〇和九〇年代「科學大戰」的遺跡，直到現在還持續衝擊科學在大學裡的地位。二〇〇六至〇七年哈佛大學修改通識教育標準，初期工作小組的報告內提及了科學教育，卻完全忽略它對人類知識的意義：「科學與科技透過許多管道直接對學子造成影響，正面和負面皆有。科學與科技帶來救命的醫藥、網際網路、更有效率的能源儲存方式、數位娛樂等等，不過也催生出核武、生化武器、電子監控，並且傷害環境。」也罷，畢竟博物館和毒氣室都是建築學的成就，古典音樂可以促進經濟活動也可以成為納粹的精神象徵。真要說下去沒完沒了，關鍵在於這種將正面效益與負面效益並列的做法未曾用在其他領域，而且完全忽略人類是否更有理由要瞭解並處理無知與迷信的問題。

前陣子在一場會議上，有位學界同儕簡單扼要說出科學留下的兩極印象：一邊是天花疫苗，另一邊是塔斯基吉梅毒實驗（Tuskegee Syphilis Experiment）。後者也相當有名，成為科學邪惡面的代名詞之一。一九三二年一批公衛研究人員對未經過治療、仍在梅毒潛伏期的非裔美籍貧窮病患展開追蹤，為期長達四十年。依據現在的標準研究過程，當時的做法有很多地方違背倫理，不過許多指控是加油添醋，比方說研究團隊很多成員自己是黑人或者積極推動黑人的醫療與福利，所以他們並沒有**主動感染**受試者，偏偏很多人就是信了。（類似的誤解也導致一個常見的陰謀論：愛滋病是美國政府開發來控制黑人人口數的工具。）塔斯基吉梅毒實驗在當時條件下最初是合乎倫理的：一開始梅毒治療（以砷治療為主）毒性過高且效果不好，後來發現了抗生素，但其安全性以及功效都尚未獲得證實，潛伏的梅毒也有很多無需治療自行痊癒的案例。[5]（原注41）然而，真正癥結在於以這個案例和天花疫苗對比，突顯出道德愚蠢以及第二文化為批評而批評、無視比例原則的習慣。那位學界同儕的說法彷彿塔斯基吉梅毒實驗是科學實驗無可避免的結果，而不僅僅是世人同聲譴責的違反倫理行為，然後又將傷害數十人[6]的一次錯誤示範和拯救上世紀幾億人並永遠消滅疾病的成就拿來相提並論。

人文學界與高等教育體系妖魔化科學有關係嗎？當然有，有好幾項理由。雖然許多才華洋溢的年輕人踏進校園那一刻就打定主意就讀醫科或工程，但也有很多人剛開始感到彷徨猶豫會向教授等人尋求建議。如果他們得到的訊息是：科學和宗教、神話是同樣的敘事模式，在一次又一次革命之間擺盪卻沒有真正進步，反倒合理化了種族、性別的歧視與大屠殺，這該如何是好？我親眼見證過答案。有些學生的反應是：「既然科學不過如此，那我努力賺錢就好！」四年過後，這些學生將腦力拿去寫演算法，目的是讓根據財經訊息操作避險基金的系統能變快幾毫秒，而原本他們的才能可以用於研究阿滋海默症、開發碳捕集和儲存的技術。

對科學汙名化也會影響科學進展。現在任何針對人類的研究，無論想訪查政治意見、甚或只是調查大家對不規則動詞的理解，都必須先通過委員會審核，證明自己不會成為約瑟夫．門格勒（Josef Mengele）[7]。研究樣本當然應該受到保護，避免遭受剝削或危害。但現在的審查官僚機制早就膨脹得遠遠超過所需程度。批評者直接指出言論自由都受到了威脅，因為偏激分子能利用這種機制封鎖他們不想看到的意見，加上繁文縟節拖垮研究，不

5 譯按：塔斯基吉梅毒實驗在一九三四年公開初步報告、一九三六年發表第一份主要報告，其存在並非祕密。青黴素被「確認」為有效療法是一九四三年，不過實驗者並沒有向受試者提供治療而是繼續進行研究直到一九七二年。此事件是美國相關法律規範和監督單位的催生因素之一。

6 譯按：作者可能只計算直接死亡者。最初有三百九十九位受試者，截至實驗結束時二十九位死於梅毒、一百位死於梅毒併發症，四十位受試者的妻子感染梅毒，十九名子女出生即感染。

7 譯按：納粹軍官、奧斯威辛集中營的醫生，曾經實行殘酷人體實驗。

但無法保護病人與樣本，反而可能造成損失。（原注42）開發出某類新藥的醫學研究員強納森・摩斯（Jonathan Moss）後來進入芝加哥大學研究審查委員會擔任主席，一次會議上他表示：「請各位想想現在大家習以為常的三項醫學奇蹟，分別是X光、心導管插入、全身麻醉。我認為如果放在二〇〇五年，這三項研究必然胎死腹中。」（原注43）（其他研究者對胰島素、燙傷處置等等能救命的醫學成果都提出同樣看法。）社會科學也面臨同樣桎梏，就算找人談話的目的只是要獲得概略訊息也得獲得委員會核准，這制度怎麼看都違反美國憲法第一修正案。人類學家無法訪談不識字的農民，因為他們沒辦法簽署同意書；也不可以訪問想成為自殺炸彈客的人，以免受訪者不慎說出會**危害到他們自己的資訊**。（原注44）

研究遭受重重限制不只是官僚系統擴張的症狀，實際上這種限制在生物倫理的領域得到很多學者加以合理化。理論家絞盡腦汁找出許多理由，指稱即便知情且同意的成年人也不應該參與有益自身又不傷害任何人的治療。他們搬出冠冕堂皇的說詞，如「尊嚴」、「神聖」、「社會正義」。他們想要埋下恐懼的種子，喜歡風馬牛不相及的比喻，如納粹造成的浩劫、科幻創作《美麗新世界》和《千鈞一髮》描述的反烏托邦、希特勒的複製人大軍這種荒唐場景，還擔心有人上eBay拍賣自己的眼球，甚或以後會出現用倉庫養殭屍供應器官給活人之類的情事。研究道德的哲學家朱利安・薩烏萊斯（Julian Savulescu）曾經撰文揭發這些審查的邏輯標準多低落，還有為什麼種種生物倫理的蓄意阻撓其實**不道德**：「假設一個疾病每年造成十萬人死亡，那麼拖延治療法開發一年的人就得為十萬條性命負責，即使你從未見過那些病人。」（原注45）

培育社會大眾欣賞科學的風氣，最大意義在於**每個人**都能因此思考得更科學。前面章節描述過人類思考受到各種認知偏誤與邏輯謬誤影響，雖然理解科學本身無法矯正因政治的身分標籤而產生的推論錯誤，但多數議題發生之初不會立刻被政治化，這個階段大家以更科學的方式思考會得到比較好的結果。意在散播科學思維的運動都有增進人類福祉的潛能，如著重數據資料的新聞報導、以貝氏推論進行預測、建立在實證基礎上的醫療與政策、即時暴力犯罪監控、有效利他主義等等，可惜它們的價值滲透當前文化的速度十分緩慢。（原注46）

醫生針對我膝蓋疼痛的問題推薦了一些營養補充品，我詢問是否真的有效，得到回答是：「有些病人說有效。」一位商學院教授發現企業界有同樣問題：「很多人雖然聰明卻不懂邏輯思考，把相關性當成因果關係或者把聽過的故事當做證據，但是根本沒有他們以為的預測意義。」還有一位學者的研究主題是對戰爭、和平、人類安全進行量化，但他卻形容聯合國是個「不看證據的地方」：

> 聯合國高層的狀況和反科學的人文院所差不多，坐在那些位置上的都是律師或人文院所出身，祕書處裡少數幾個具有研究風氣的單位沒什麼實權或影響力。最高階官員幾乎都聽不懂最基本的量化描述，比方說「其他條件相等下的平均」。想要討論風險機率或衝突可能性就一定會有某個大老或名人跳出來不屑地說：「我們在布吉納法索看到的可不是那樣。」

抵抗科學思維的人時常主張有些東西無法量化，但除非他們只討論非黑即白的議題，而且不再說出**更多**、**更少**、**更好**、**更壞**之類詞彙，否則自己也不斷在進行量化。倘若真的完全禁止使用數據，也就等於決策依據全都是「相信我的直覺」。問題就在於我們對心智已有足夠認識，人類（專家無法倖免）對於自身直覺通常過度傲慢自信。一九五四年保爾．米爾（Paul Meehl）的研究震驚心理學界，他證實要預測精神病分類、自殺企圖、學業和職場表現、是否說謊或犯罪、醫療診斷、乃至於各種可以判斷精準度的情況，簡單的精算公式比起所謂專家判斷更有效。米爾這份研究帶來的靈感促使特沃斯基與康納曼找出認知偏誤、提特洛克舉辦預測大賽，而他得到的結論（統計學比起直覺判斷更有用）已經成為心理學歷史上公認最重要的發現之一。(原注47)

和許多好東西一樣，數據資料不是藥到病除的萬靈丹，也不是一體適用的萬用方案，就算花光世界上所有人的錢也沒辦法為所有議題進行隨機對照試驗。人類終究得自己判斷要收集何種資料、以何種方式分析詮釋。量化一個概念在初期勢必顯得粗糙，而且做得再好也就只是得出機率而不能說是徹底掌控。然而從事量化研究的社會科學家已經建立用於評價和改善測量機制的標準，何況重點並不在於測量方法是否完美無瑕，而是判斷效果比起所謂的專家學者、評論訪談、第一線人員或法官和大師的個人觀點都更精準——主觀判斷的錯誤率太高了。

由於政治圈、媒體圈的文化基本上也不傾向科學思維，回應許多攸關生死的重大議題時採用了我們明知會出錯的模式，例如相信傳聞證據、頭條報導、演說辭藻、還有工程師口中的HiPPO（最高權力者意見，highest-paid person's opinion）。前面已經討論過輕忽統計學會造成多危險的誤解：大眾以為犯罪和戰爭氾濫失控，實際上他殺率與因戰爭死亡的人數屢創新低。大眾憂慮伊斯蘭恐怖主義成為最大死因，實際上風險比蜂螫還低。大眾認為伊斯蘭國組織威脅到美國存續，實際上恐怖行動從未收到策略效益。

患有「恐數據症」的思維模式會導致真實世界的悲劇。很多政治評論者都記得某次維和行動失敗了（例如一九九五年波士尼亞），於是直接下結論說維和行動是浪費金錢與人力。問題在於維和成功的時候上不了鏡頭也就登不上媒體版面。政治學者維吉尼亞·佩基·佛特納（Virginia Page Fortna）在《維和真的有效嗎？》（*Does Peacekeeping Work?*）書中回答了書名的問題，答案違反貝特里奇頭條定律[8]，是「清楚明白的『有效』」，而且其他研究也得到同樣結論。（原注48）國際組織要為一個國家帶來和平，還是眼睜睜看著戰火爆發？決策階層是否瞭解這些分析或許就是關鍵所在。

多民族共存的地區是否一定存在「世仇」，除了各據一方並排除少數之外別無他法？我們常在媒體看見不同民族在地盤邊界彼此屠戮，可是相安無事、生活安穩而無趣的部分能上新聞嗎？不同民族間和平共處的比例有多高？答案其實是絕大多數：前蘇維埃疆域上高達百分之九十五，非洲更有百分之九十九。（原注49）

非暴力的抵抗運動有沒有用？很多人覺得甘地和馬丁·路德·金恩只是運氣好，發起

8 譯按：即「任何以問號結尾的頭條，答案都是否定的」。

運動機緣湊巧打動思想開明的民主派人士，但其他地方受壓迫的人民若不採取暴力手段打倒獨裁者是不可能成功的。政治研究者艾莉卡．車諾維瑟（Erica Chenoweth）與瑪莉亞．史緹芬（Maria Stephan）收集一九〇〇到二〇〇六世界各地政治反抗運動的資料加以分析，發現非暴力運動有**四分之三**成功，以暴力為手段的只有三分之一達成目的。（原注50）甘地和金恩的主張是對的，只是沒資料佐證大家都不知道。

參與暴力抗爭或恐怖組織的動機與其說是自詡正義之師，恐怕更大一部分在於所謂的男性情誼（male bonding）。即便如此，上場打仗的人也很可能真心相信為了打造更好的世界，除了殺人別無他法。但如果所有人都意識到暴力策略不只是道德問題，還效果不彰呢？我並非主張將車諾維瑟與史緹芬的書空投到戰場，可是思考看看：很多激進團體的領導者學識頗高（就是讀了幾年大師囈語才能發酵出狂勁），連手下當炮灰的人也不少上過傳授暴力才能完成革命這套傳統說法的大學。（原注51）如果透過大學的教材長期潛移默化，焦點不放在卡爾．馬克思與法蘭茲．法農，而是多留意對政治暴力的量化研究，結果是否會有所不同？

現代科學的進路

現代科學的另一個潛在重大貢獻，或許是與學術夥伴達成更深的整合。此處說的夥伴就是人文學科。然而從各種層面來看，人文學科的狀況不妙。大學裁減相關課程、新一輩

學者找不到理想工作或根本失業，於是士氣萎靡，許多學生根本不敢碰。（原注52）

願意思考的人都會對國家社會停止投資人文學科感到憂心。（原注53）失去史學家的社會就像失去記憶的人，必然迷惘困惑、容易受騙和遭受剝削。哲學之所以誕生就是明白清晰的思考和邏輯並非與生俱來，思想更精煉深刻有益人類。藝術是人生值得活下去的理由之一，以美感和洞察豐富了我們的體驗。評論本身就是種藝術，增加我們對傑出作品的欣賞與享受。這些領域的知識得來不易，需要隨時代變遷持續培育和更新。

對人文學科的病情進行診斷，會發現癥結指向當前文化的反智風氣與大學商業化。然而面對事實之後也必須承認部分傷害是自作自受。人文學科因後現代主義而慘澹，其中包含肆無忌憚的蒙昧主義、自我駁斥的相對主義和令人窒息的政治正確訴求。許多知名大家，像是尼采、海德格、傅柯、拉岡、德希達及一干批判理論家，都是極度鬱悶的文化悲觀論者，他們宣稱現代性可憎可恨、任何言論都是悖論、藝術作品也是壓迫的工具、自由民主與法西斯主義並無二致、西方文化是繞著圈圈往下墜。（原注54）

對世界抱持這種態度，難怪人文學科時常連自身如何進步都提不出做法。好幾位大學校長和教務長都向我感嘆過：科學家拜訪是為了令人耳目一新的研究機會請求資源，人文學者露面的理由卻是請願，希望校方尊重他們行之有年的傳統。傳統當然值得尊重，透過對文本的細讀、深描、沉浸培養出深厚學識是無法取代的過程。但問題在於尋求知識的道路是否就只有這麼一條？

與科學融會提供人文學科探索新洞見的新可能。藝術、文化、社會都是人腦的產物，源於生理結構造成的感知、思想、情緒，透過如同流行病學動態過程的方式在人類彼此之間累積與傳遞。我們不該對其間的連結感到好奇嗎？結果必然是雙贏，人文學科得到來自科學的深度詮釋能力，因此能夠好好描繪研究前景以吸引人才（當然也能打動高層和金主）；科學界則有更多機會測試理論，以人文學科充滿自然情境與符合現實生態的現象做為實驗機會。

某些學術領域裡這種融合早已是既成事實。考古學原本是歷史學的分支，卻成長茁壯為高科技領域。研究心智的哲學也逐步結合數學邏輯、資訊科學、認知科學與神經科學。語言學既參考文獻學字詞的演變流轉，也透過實驗研究找出文法結構、建立文法的數學模型，並利用電腦分析大型語料庫的書寫和口語實例。

政治理論也一樣，而且先天就和科學特別親近。「人性透過各種形式反映出來，」詹姆斯．麥迪遜（James Madison）問道：「政府不就是其中最大的一種？」社會、政治與認知科學家也著手重新研究政治與人性的關係。雖然麥迪遜總統時代這個主題曾經被熱烈討論，但之後一段時間學界傾向將人類視為白板，或認為人類行為都基於理性。現在我們發現人類行為大半從道德出發，指標是自身對權威、部落、純淨這些概念的直覺，會投入能表達自我身分的崇高理念，還受到復仇與和解兩種矛盾的傾向驅動。我們也逐漸掌握這些心理衝動如何演進、透過什麼大腦機制實現，在不同個體、文化、次文化之間有何差異，以及心理衝動的開關需要什麼條件。（原注55）

其他領域的人文學科也有同等的機會。視覺藝術能夠與視覺科學的知識量結合，包括人對顏色、形狀、材質、光線的感知，以及對面容、風景、幾何圖形的演化美學。（原注56）音樂學者也應該有很多主題能夠與語音、語言結構、腦部如何透過聽覺分析世界的研究者對話。（原注57）

至於文學，該從哪裡開始說起才好？（原注58）約翰·德萊頓（John Dryden）在著作中主張小說：「真切生動描繪人性，表現出激情與幽默、生命必經的興衰起落，能愉悅也能指引人類。」認知心理學可以解釋讀者如何將自身意識與作者或作品角色結合。行為遺傳學則能以基因、同儕、機運的研究成果修正僅關注雙親對孩子影響的傳統理論，對自傳與回憶錄的詮釋有很大幫助——而自傳與回憶錄同樣能參考認知心理學之於記憶、社會心理學之於自我呈現的觀點。演化心理學家能協助文學分辨何種執著是普世皆然，又有何種在特定文化中特別放大，更精準鋪陳出家族、伴侶、朋友、競爭對手之間的內在衝突與共榮以推動情節。德萊頓對小說與人性的觀察透過這些做法可以開拓出新的深度。

對人性的許多關懷還是在傳統的敘事批判裡最濃烈，其中一些主題適合從實證資料中尋找答案。數據科學問世並運用於書籍、期刊、通訊、樂譜之後，形成全新但幅員遼闊的「數位人文學」（digital humanities）（原注59），其中能誕生的理論與發現只受到想像力限制，無論思想的起源與傳播、知識與藝術網路造成的影像、歷史記憶的輪廓、文學主題的更迭、原型與情節的普世性或文化獨特性、非官方的審查模式和禁忌等等都是例子。

知識融合的前提是容許知識朝各個方向流動。部分學者畏懼科學侵入文學藝術的立場其實也沒錯，從他們的標準來看科學提供的解釋可能過於膚淺單純。然而正因如此他們更應該主動出擊，以自身對個別作品、藝術類別的淵博知識結合科學見解，深入瞭解人類情緒與美感反應。如果大學能培養出兩種文化融會貫通的新生代學者再好不過。

其實很多人文學者願意接納科學，是第二文化內的「警察」們喜歡表態說他們無法忍受。文學家強納森．戈茲查爾（Jonathan Gottschall）在著作中討論敘事本能如何演化，《紐約客》雜誌上亞當．高普尼克（Adam Gopnik）發表的書評態度輕蔑：「故事之所以有趣……不在於什麼『普世』品味，就是精彩故事與無聊故事的區別……女性時尚也一樣，細微而『表面』的差異其實就是問題的全部。」（原注60）然而欣賞文學作品時，所謂的鑑賞力就代表問題的**全部**嗎？有求知慾的人很可能好奇不同文化、不同時代的心靈為何一再選擇描繪生命中同樣幾種永恆的課題。

里昂．韋斯蒂爾也勒令禁止人文學界的某些行為，譬如追求進步萬萬不可。「哲學的煩惱……尚未退場，」他聲稱：「錯誤未獲修正就被棄置不顧。」（原注61）但事實上，多數研究道德的現代哲學家不那麼想，在他們看來，前人為奴隸制度辯護、認為那是種自然機制的論述，就是經過修正以後才會被棄置。知識論者也能有所補充，相關研究已經向前走，並未停留在笛卡兒所謂上帝不會騙人、賦予人類的感知必然清楚無誤這種主張上。韋斯蒂爾更進一步設限，他說「對自然世界的研究和對人類世界的研究，兩者的區隔極為重要」，任何妄圖「跨越領域藩籬」的做法必將導致人文學科淪為「科學的附庸」，因為「科學解釋只能找出表象下的相同點」，最後「併吞所有學術成為單一的、屬於他們的領域」。這種被害妄想和地盤意識究竟來自何處？韋斯蒂爾在《紐約時報書評》上發表長篇論述倡議的世界觀可謂是前達爾文時期的：「人與人的差異不可化約為動物性的層面。」甚至也前哥白尼的：「人類在宇宙居中心地位。」（原注62）

希望藝術家和人文學者不會跟隨這些自視為捍衛者的人往懸崖下跳。人類面對種種困境的心態不需要冰封在上世紀、上上世紀、甚至是中世紀。無論宇宙或者我們的物種結構都還有許多地方值得政治、文化、道德理論去研究學習。

一七七八年，湯瑪斯・潘恩（Thomas Paine）讚頌科學的世界性意義：

> 科學雖然不忠於任何國家卻造福所有人類，慷慨開啟神殿大門讓所有人都能進去。科學之於心靈彷彿太陽之於凍結大地，給予我們耕耘和進步空間。此國哲學家不會敵視彼國哲學，只是進入科學殿堂就座，且不過問身側是誰。（原注63）

這段話裡的大地比喻也適用於知識國度。而科學精神，無論在知識或其他層面上，就等同啟蒙精神。

第二十三章 人文主義

神話是虛構的，人類進步則是真實的。

單靠科學無法達成進步。「不被自然法則禁止的事，具備正確知識必能達成」，但問題來了，這些事涵蓋的範圍很廣，能有疫苗就能有生化武器，能有串流影片就能有老大哥監視螢幕[1]。換句話說，我們需要別的東西來確保人類以疫苗消滅疾病，也立法禁止生化武器。正因如此，本書開頭在引用大衛．多伊奇之前先放上史賓諾沙的名言：「尊奉理性就是己所欲施於人。」進步就是藉由知識讓我們尋求的福祉能夠遍及全人類。

將包括生命、健康、幸福、自由、知識、愛、豐富體驗在內的人類福祉加以最大化，就稱為人文主義。（即使有「人」這個字在裡面，人文主義並不排除動物福祉，不過本書先專注於人類。）我們以人文主義判斷什麼目標值得運用知識達成、人類應當追求什麼狀態，於是也就能夠在單純的技術純熟與真正的進步之間做出區別。

人文主義也是一個持續擴張的**運動**，推動非超自然因素作為意義與倫理的基礎，也就是神之外的良善。（原注1）一九三三年有志者初次以三條宣言揭示了人文主義的目標；二○○三年《人文主義宣言第三版》（*Humanist Manifesto III*）提出：

> **世界的知識源於觀察、實驗與理性分析**。人文主義者發現科學是確定知識、解決問題與發展有益技術的最佳方法，也重視各種新觀念、藝術、內在體驗的價值，並以智慧進行分析判斷。
>
> **人類是大自然的一部分，是不受引導的演化發展結果**……我們接受自身生命已完整且足夠，分辨事物的自然狀態與我們期望或想像的不同。我們樂於迎接未來的挑戰，對於未

知嚮往且無所畏懼。

> **倫理價值源於經驗檢證過的人類需求與利益。**人文主義價值觀奠基於人類處境、利益、考量，推廣到全球生態及其他領域……
>
> **實踐生命源於個體對人類理想的參與。**我們懷著深沉使命感推動生命，感動也敬畏人類存在的喜悅及美好、悲劇及奮鬥、乃至於註定面對的死亡與終結……
>
> **人類本質即具社會性，能在關係中找到意義。**人文主義者……積極促進世人彼此照顧關愛，降低殘酷及其惡果，鼓勵以合作而非暴力化解歧異……
>
> **為造福社會盡力也是個人幸福的最大化。**進步的文化致力讓人類不受謀生掙扎所桎梏、降低苦難，改善社會與發展全球社群……（原注2）

人文主義群體的成員堅持人文主義理念沒有門戶之見。一如莫里哀筆下的布爾喬亞士紳喜孜孜發現原來自己每句話都是散文，許多人實踐著人文主義亦不自知。（原注3）人文主義的個別元素可以追溯到軸心時代的信仰體系，並在理性與啟蒙時期得到發揚，孕育出英、法、美三國對人權的重視，二次世界大戰以後再次興起並催生了聯合國、世界人權宣言和多種全球合作組織。（原注4）縱使人文主義無需透過神靈賜予意義與道德觀，卻不代表它與宗教毫無重疊。部分東方宗教像是儒教和一些佛教教派自古以來就是人類福祉優先於

1 譯按：喬治・歐威爾（George Orwell）作品《一九八四》中的監控器材。

神靈訓諭，很多猶太與基督信仰流派也隨時代變遷，逐漸將重心從超自然、神權元素轉移到理性與普世的人類福祉，包括貴格會、一位論派、自由主義的聖公會、北歐的路德會以及猶太教內主張改革重建和人文主義的分支。

人文主義乍看之下平淡無奇，畢竟誰會反對造福世人？但事實上它是獨特的道德信念，並非人類心智理所當然的一環。下面我們來看看人文主義如何受到許多宗教與政治集團的強烈排斥，甚至更有趣的是連地位卓越的藝術家、學者、知識分子也嫌棄。若希望人文主義與其他啟蒙理念能留存人心，就必須以符合這個時代的語言及概念加以闡釋和辯護。

人文主義的道德觀

史賓諾沙那句格言隸屬一個大家族：歷史上許多思想都尋求從世俗基礎上建立**公平的**道德觀，也就是不強調**我**的獨特地位、不認同自己的利益凌駕他人之上。（原注5）如果自己拒絕遭到強暴、傷害、殺害、挨餓，那也沒資格強暴、傷害、殺害或餓死別人。公平的概念貫穿理性建構的道德：史賓諾沙的永恆觀點、霍布斯的社會契約、康德的定言令式、羅爾斯的無知之幕、內格爾的本然觀點、洛克和傑佛遜認為人人平等不證自明，當然還有數百種道德體系中所謂的黃金律[2]以及各種貴金屬變體版本。（原注6）（白銀律是「己所不欲勿施於人」，白金律則是「人之所欲施之於人」。這些變化主要針對世界上還是有被虐愛好者、自殺炸彈客，或者個人品味差距等等黃金律無法一言以蔽之的例外。）

當然，公平只是一個主張，無法自動實現。倘若有個極度冷酷、狂妄、自我中心、反社會嚴重的人，而他四處侵害別人也不受懲罰，只靠提倡和呼籲無法讓他認為自己的行動不對。此外，「主張公平」四個字有點空泛，雖然說是要尊重他人意願，卻很難進一步解釋意願的內容，無法對需求、慾望、體驗這些人類福祉做出清楚定義。然而這些福祉不能只是被動地不加阻礙，還需要主動創造並盡量分享給越多人越好。前面章節提過瑪莎・納思邦建立了「基本能力」列表填補這塊空白，闡述人類應享有的基本生活狀態，例如長壽、健康、安全、識字、知識、表達自由、遊樂、自然、情緒和社會連結等等。但列表只是列表，更不用說有人批評她只是列出主觀偏好罷了。我們是否能為人文主義的道德觀找到更穩固的基礎——既可以排除理性層面的漏洞，也能解釋我們為何有義務尊重人類的需求？我認為可以。

根據《美國獨立宣言》，生命權、自由權和追求幸福的權利乃「不證自明」。這句話稍嫌隔靴搔癢，所謂「不證自明」未必真的不證自明，但已經抓住精髓：既是探究道德以什麼為基礎，過程若還必須論證生命存在的必要實在荒唐，彷彿話沒說完就被一槍斃命。能夠探討某個主題，前提當然是有人活著進行探討。此處的邏輯類似內格爾對理性地位不可撼動提出的先驗論證——如果不運用理性，怎麼可能「思考理性有沒有用」？若理性的

2 譯按：Golden Rule，黃金律即「推己及人」的概念。

載體不存在，又是誰來運用理性？

由此又打開一扇門，探討人性道德時可以引入科學的兩個重要概念，也就是熵和演化。傳統上對於社會契約的分析，所想像的只有分散的心靈彼此對話。現在我們可以加入最低限度的前提豐富背景，也就是運用理性的個體存在物理宇宙中，然後再進一步推論。

人能夠具體存在是渺小機率讓物質排列為具理智的載體，同時也是天擇的結果，只有天擇能產生複雜又具適應性的生物設計。（原注7）這些個體成功對抗熵，才夠存在這裡討論並堅持下去；換言之，他們必然從環境取得能量、維持使自己結構完整的嚴苛條件、抵禦來自其他生物或非生物的威脅。也因為經過自然和性機制篩選，只有活下來並找到伴侶者才能產出後代，人活著就等於繼承與傳遞深植體內的因子。智能不是一套精巧的演算法，其養成需要吸收知識，所以推動人類生存的幕後因素必定是從世界獲取資訊、留意其中非亂數規律的能力。既然理性載體會交換意見，也就是懂得溝通、具有社會性，而且願意花時間與冒著安全風險進行互動。（原注8）

理性生物在物質世界存續的物理條件並非說明書上的抽象規格，而是實際安裝在腦部的慾望、需求、情緒、痛楚、歡愉等等。整體而言，還有根據生存的環境來做判斷，也就是歡愉經驗使祖先能存活並繁衍後代，痛苦經驗則死路一條。據此判斷，食物、舒適、好奇心、美感、感官刺激、愛、性、同儕情誼等等既不膚淺也不是單純的慾樂，而是容許人類心靈存在的因果鏈。人文主義的倫理不像強調禁慾和戒律的體系會質疑人類為什麼追求舒適、愉悅、滿足——放棄這些人類根本無法存在。同時因為演化，不同慾望之間、人類相互之間都會有所牴觸（原注9），我們所謂的智慧有很大一部分就是處理個人內在的矛盾，而所謂道德和政治則試圖解決人和人之間的慾望衝突。

如第二章所述（接在演化心理學家約翰．托比的觀察後），熵定律對人類造成恆久威脅，肉體（以及隨之而來的心靈）需要許多條件配合才能正常運作，一個地方出錯可能就全部崩潰，比方說出血止不住、氣喘不過來、微生物等級的結構失靈之類。人類之間互相殘殺也會導致生命終結。我們每個人在暴力面前都十分脆弱，也因此如果能約定好不對彼此動用暴力便享有很大的福祉。「和平主義者兩難」（Pacifist's Dilemma）一詞描述社會成員不受誘惑、停止損害他人以交換自身安全的訴求，這個概念如同達摩克利斯的劍[3]掛在人類頭頂上，所以人文主義的倫理觀將和平與安全視為永無止境的追求。（原注10）暴力在歷史上呈現降低趨勢，代表它的確是個能解決的問題。

任何有形體的理智載體都不能免疫於暴力，因此前述極度冷酷、狂妄、自我中心、反社會嚴重的人也無法永遠置身道德論述（以及公平和非暴力原則）之外。如果這個人不願遵守道德規範，對其他人而言他將成為一個隨時可能的威脅，等同於細菌、野火、猛獸，只好不計代價以武力制伏消滅。（就像霍布斯說的，「無法和野獸做約定。」）如果當事人自認暴力永遠奈何不了他或許會繼續胡作非為，可是熵定律排除這種可能性，無論其暴行

3 譯按：古希臘文化的道德軼事，大意為達摩克利斯羨慕權位，獲得僭主首肯交換身分一日，結果享樂時驚覺座位上方有馬鬃懸吊的利劍，因為僭主治理城市自然會樹立政敵，恐時時有謀害之意。後來「達摩克利斯的劍」比喻即使擁有力量也得擔心危機就在身邊。

持續多久最終都會被潛在受害方集結之後的力量打倒。既然不可能永遠安穩，對殘暴反社會的人就仍有坐上道德談判桌的誘因。心理學家彼得．迪西歐里（Peter DeScioli）指出：敵人只有一個的時候，斧頭是好武器；但敵人身邊有群旁觀者的時候，動口比動手要好。（原注11）提出辯駁者有可能敗在更好的論點下，過程反覆推演後所有具思考能力的人都會進入道德論壇內。

演化也能解釋另一項世俗道德觀的基礎，也就是人類具有同情心（或者啟蒙思想家採用過的各種字詞，包括善意、憐憫、遺憾、想像力等等）。即使理性載體推論出道德最終對大家都好，如果沒有明顯的推力還是很難要他為別人的利益做出讓步犧牲。但這份推力無需來自肩膀上的無形天使，演化心理學提出了解釋：它出自人類與生俱來的社會性情緒。（原注12）對於親族的同情源於基因重疊將彼此聯繫於巨大的生命網羅，對親族以外也會同情則源於自然的公平無私——每個人都可能落入困境，此時別人的一點幫助就能造成巨大改變。所有人互相幫助（不能有人只接受不付出）的結果比大家各自為政來得好，所以同情、信任、感恩、內疚、羞恥、寬恕和義憤等等道德情緒才得到演化保留。同情心是我們精神結構的基本要素，還能透過理性與經驗擴大，涵蓋所有有知覺生物在內。（原注13）

帶有效益色彩的人文主義

另一種透過哲學反對人文主義的立場，是將其描述成「不過就是效益主義」，以人類福祉最大化作為道德基礎等同於追求最多人的最大幸福。（原注14）（哲學界會將幸福稱為「效益」。）上過道德哲學導論的人對以下這些問題倒背如流（原注15）：如果有名為效益的怪物，它們吃人得到的快樂比人不被吃得到的快樂還要多，那該不該滿足它？是否應該徵召一部分人，採集他們器官來拯救更多人？居民因為謀殺案找不到凶手，群情激憤揚言暴動作亂，警長應該抓醉漢做替死鬼以維持和平嗎？若有一種藥物會讓人長眠不起卻活在美夢中，該不該吃？人類能夠以低成本打造倉庫圈養數十億快樂的兔子，要不要這麼做？這些思想實驗的基礎在於「義務倫理學」（deontological ethics），核心觀念是權利、責任、原則決定了行為本質是道德或不道德；部分義務倫理學的原則來自神。

人文主義確實帶有效益色彩，至少從結果論來看是如此，衡量行為或政策的道德意義看的是結果。而這個結果追求的快樂並非狹義局限在見人露出笑靨，還可以包括更廣泛的福祉，如生兒育女、自我表達、教育、擴張體驗、足以傳世的創作等等（第十八章）。結果論色彩對人文主義來說其實是加分，原因有幾項。

首先，道德哲學的學生只要上了兩週課就能點出義務倫理學的矛盾。說謊就本質而言是錯誤的，所以納粹調查安妮．法蘭克下落的時候我們必須誠實回答？手淫是不道德的（代表義務倫理學原型的康德這麼說過），因為手淫者以自己為工具滿足動物衝動，從而人只能作為目的而非過程？假如恐怖分子藏了一顆核彈即將引爆傷及數百萬人性命，刑求逼他說出核彈位置算不道德嗎？既然一直以來人類沒聽見來自天上如雷貫耳的啟示，誰來決定一個行為（即便沒有傷害任何人）是否道德？歷史上反覆可見衛道分子以義務倫理學的思維主張接種疫苗、麻醉、輸血、壽險、跨種族同婚、同性戀是本質上即不道德的行為。

許多道德哲學家覺得這樣的哲學導論或許太過二分法。（原注16）義務倫理學的原則在多數情境中是為最多人帶來最大幸福的好辦法。凡人無法預料自己的行為在不限定期限的未來究竟會造成什麼後果，又常常會自我合理化而將自私行為詮釋為造福他人，所以增進所有人福祉最好的辦法之一，就是明確規範不可跨越的界線。於是我們拒絕政府欺瞞或殺害人民，因為現實生活中的政治人物並非思想實驗中永不犯錯又永存善意的半神，他們有可能濫權、推行暴政。這也是為何有可能置無辜百姓於死刑或安樂死摘器官的政府，無法創造最多人最大的幸福。再來看看平權，歧視女性和少數族群的法律本質上即不公平，還是因為出現痛苦的受害者才有問題？這個問題根本沒有回答的必要。反觀依據義務倫理學的論點出發的原則，當**結果**對人類有害，例如視血液為神聖不可侵犯（禁止輸血），理所當然就被拋諸腦後。人權會增進人類福祉，所以實務上人文主義與人權總是攜手合作。

人文主義就算與效益主義有所重疊也無需慚愧的另一個理由：這種倫理觀在促進人類福祉方面留下十分輝煌的紀錄。有名的效益主義者如切薩雷・貝卡里亞、傑瑞米・邊沁與約翰・彌爾透過論述反對奴隸制度、酷刑、虐待動物、同性戀入罪化、要求女性服從，這些主張現在我們都認同。（原注17）連抽象權利如言論和宗教自由也大半會從利弊得失進行討論，如湯瑪斯・傑佛遜所言：「政府的公權力只能擴及傷害他人的行為，但鄰居聲稱世界上有二十個真神或根本沒有神對我毫無損傷，人家沒偷我的錢也沒打斷我的腿。」（原注18）

教育普及、勞工權益、環境保護也都來自效益的論點，何況截至目前為止名為效益的怪物或關兔子的倉庫都沒真的成問題。

效益主義的論點之所以紀錄良好，一大原因是幾乎每個人都能接受。「不傷人就不算壞事」、「沒人受傷就沒錯」、「成年人彼此合意的私下行為不關別人的事」、乃至於「就算我突如其來縱身跳進大海也與他人無關」[4]這些道理聽起來不是多深奧多厲害，可是一說出來大家馬上就能理解，也找不出反對的理由。但這不代表效益主義是直覺式的。古典自由主義在人類歷史的年紀還輕，傳統文化則認為即使成年人彼此合意的私下行為，還是跟社會上每個人都有關。（原注19）身兼哲學家和認知神經科學家的喬舒亞・格林（Joshua Greene）指出，義務倫理學的很多立場是基於部落主義、純淨、厭惡及社會常規的原始直覺，效益主義則以理性思考得出結論。（原注20）（他甚至提出證據證明前者是運用腦部控制情緒的區塊，後者則是理性的區塊。）格林進一步主張不同文化背景的人群想就道德規範達成共識，最後通常會採取效益主義。這解釋了為什麼一些社會改革，如女性在法律上的平權、同性戀納入婚姻制度，明明遭受好幾個世紀的壓抑，後來卻有驚人的突破速度（第十五章）：過去是基於習俗和直覺，碰上效益主義論點就撐不住了。

儘管人文主義運動以權利之名鞏固目標，為這些權利辯護的哲學思想卻必須「簡化」。（原注21）若要為普世所用，道德哲學就不能建立在層層複雜的論證上，也不應該訴求

4 譯按：比莉・哈樂黛的作品歌詞。

艱深、抽象、宗教的信念，需要的是簡單透明讓大家一看就理解同意的原則。人類福祉就是個適合的原則，也就是設法使人類活得久、活得健康快樂富裕又有豐富體驗，因為其基礎正好呼應了共通的人性。

歷史證明不同文化謀求共識時會朝人文主義靠攏。美國憲法規定政教分離不僅僅是基於啟蒙哲學，也是實務需求。經濟學家薩繆爾·哈蒙德（Samuel Hammond）指出當時隸屬英國的十三個殖民地有八個設立官方教會，政府支付神職人員薪資、逼迫人民服從宗教教義、迫害其他宗派信徒的情況都是侵犯公領域的表現，要所有殖民區團結於同樣憲法之下，就必須確保宗教表達與選擇都是天賦的權利。（原注22）

過了一個半世紀，經歷世界大戰的荼毒，一群國家想設計團結合作的基本原則。他們不可能全都同意「接受耶穌基督為救主」、「美國是山上的城、光輝閃耀」這種說詞。一九四七年聯合國教科文組織詢問多位世界頂尖知識分子（包括雅克·馬里頓、甘地、阿道斯·赫胥黎、哈羅德·拉斯基、昆西·萊特、德日進與多位著名儒學家和穆斯林學者）究竟什麼權利應該納入聯合國的世界性宣言，得到的列表出人意外沒有多大差異。馬里頓提出成果時回憶道：

> 在教科文組織的國家委員會上討論人權，有人很訝異覺得意識形態衝突那麼強烈的代表怎麼可能達成共識。他們說：「嗯，我們達成共識的前提就是大家別問為什麼。」（原注23）

《世界人權宣言》的三十條內容就是人文主義的表現，由於人權委員會主席愛蓮娜·羅斯福（Eleanor Roosevelt）積極推動，不到兩年便起草完畢，而且沒有流於意識形態之爭。(原注24)（有人詢問初稿作者約翰·漢弗萊〔John Humphrey〕宣言的基礎原則為何，他機靈地回答：「沒有什麼哲學。」）(原注25)一九四八年十二月聯合國大會無異議通過人權宣言，雖然某些人指控宣言會淪為偏狹的西方教條，實際上卻得到印度、中國、泰國、緬甸、衣索比亞和七個回教國家支持。需要羅斯福夫人去努力協調的反而是美國和英國官員：美國擔憂黑人，英國擔憂殖民地。蘇維埃、沙烏地阿拉伯、南非則選擇不表示意見。(原注26)

人權宣言翻譯為五百種語言，之後數十年各國制定憲法時幾乎都會參考，也在國際法、國際條約、國際組織中具有重要地位。經過七十年，人權宣言風采不減。

人類不依靠神也能行善？

理性思考、文化背景歧異的群體需要就道德規範達成共識的時候會投向人文主義，但這不代表人文主義簡簡單單就成為了最大公約數。事實上主張最大化人類福祉的道德觀與世界上兩個最悠久的價值體系有所衝突。其一是神授道德觀，也就是認為道德來自服從某個神明的訓示，賞罰經由超自然力量實現，或許在此世又或者在彼世。其二是浪漫英雄主義，追求個人或國族的純潔、真切、偉大，最早提出是在十九世紀，不過後來許多新的運動都染有其色彩，包括威權民粹、新法西斯、新反動、另類右派（alt-right）。

非常多知識分子或許表面上並未加入上述體系，卻也認為這兩種思維是人類心理的重要事實：大家需要來自神靈、英雄、部族的信念。他們說人文主義沒有錯，只是違反人性，基於人文主義原則建立的社會無法長存，以此建立全球秩序更是痴人說夢。

從心理學論點跨到歷史不過就一小步罷了：所以有人說文明註定崩潰，我們都會見證自由主義、世界主義、啟蒙與人文主義觀念一步步瓦解。「自由主義已死，」二〇一六年《紐約時報》專欄作家羅傑．柯恩（Roger Cohen）宣布：「名為民主自由的實驗，以及背後來自啟蒙時期的信念，像以自由意志決定自身命運是人人不可剝奪的權利等等，不過是歷史上短暫的插曲。」（原注27）《波士頓環球報》社論作者史提芬．金澤（Stephen Kinzer）在〈啟蒙運動功成身退〉（The Enlightenment Had a Good Run）一文中附和：

作為啟蒙理念核心的世界主義在許多社會造成不安，於是大眾回頭尋求靈長類生物本能偏好的統治系統：一個強健的酋長保護部落，部落成員聽從酋長命令……理性無法提出道德根基又抗拒靈性力量，還否定情感、藝術、創意的重要性，如此冰冷又違反人性只會導致人類與深植心中、賦予我們生命意義的結構失去聯繫。（原注28）

還有專家名嘴表示很多年輕人受到伊斯蘭國組織吸引一點也不奇怪，因為他們是為了逃避「貧瘠的世俗主義」，希望「從熱烈的宗教情懷中改變扁平的人生」。（原注29）

所以本書要不要改名為《啟蒙的苟延殘喘》？別傻了。本書第二部記錄現實世界進步的真相，第三部則著重推動進步的觀念以及為什麼我認為這些觀念能夠存續。前面針對反理性、反科學的主張提出辯駁，接下來就要為人文主義提出辯護，仔細探討反對人文主義的道德、心理、歷史論點犯了什麼錯誤。瞭解一個思想最好的方式就是看看它的**反面**，詳細檢視人文主義之外的選擇便能瞭解推動啟蒙理念究竟帶來什麼。首先切入宗教對人文主義的批評，再來則是浪漫、英雄、部落、威權這些情結的混合。

人類真的不依靠神也能行善？人文主義科學家打造出沒有神的世界，但這個世界會不會反過來被科學毀掉？神性是否真實存在——人類DNA裡有神的基因、腦袋裡有神植入的模組——所以對神的信仰必然擊退世俗的人文主義？

先從神制訂道德說起。確實許多宗教的教規禁止信徒殺人、傷人、搶劫、背叛等等。不過世俗道德規範有相同的內容，理由再明顯不過：具有理智、懂得保護自身利益而且群居的人類，當然希望同儕都遵守這些規則。所以並不意外，每個國家、每個人類社會都有同樣的法律。（原注30）

人文主義希望增進所有人的福祉，超自然審判者對這個理念有沒有意義？最明顯的好處在於執行面：信徒相信自己犯罪的話會受天譴、會下地獄、會從生命之書被除名等等。由於世俗的執法系統未必能察覺並處理違法行為，只能嘗試從其他角度說服大眾別以為殺人放火能全身而退。（原注31）聖誕老人不只知道我們睡著了沒，連一年下來我們做過的好事壞事都清清楚楚，當個乖孩子比較安全。

然而神授道德有兩大嚴重缺陷。首當其衝就是沒有足夠理由相信那個神真的存在。雷貝嘉・戈爾茨坦（Rebecca Newberger Goldstein）在著作《上帝存在的三十六個論證：虛構作品》（*Thirty-Six Arguments for the Existence of God: A Work of Fiction*）（內容包含柏拉圖、史賓諾沙、休謨、康德、盧梭的觀點）裡面一一駁斥了聲稱神存在的論點。（原注32）最常見的說法，像是信仰、啟示、經文、權威、傳統、主觀感受等等，根本連論點都談不上。不只理智告訴我們這些東西不可靠，各宗教裡神祇的數量不同、行過的神跡不同、對信徒的要求不同，根本無法統整比較。歷史學者早就提出許多證據，信徒視為神諭的經文存有太多時代和人為痕跡，包括自相矛盾、史實謬誤、剽竊相鄰文化、違反常識邏輯（比方說上帝分離晝和夜，卻又過了三天才創造太陽）。神學家的闡釋看似深奧神祕卻無助於證明神的存在。以宇宙論和本體論主張神存在的邏輯又難以成立，設計論不比達爾文進化論合理，剩下的不是假得很明顯（比方主張人先天就被賦予感知上帝真實的能力）就是強詞奪理（例如主張復活事件對宇宙而言太重要所以上帝不容許人類對其可能性進行實證）。

有些作者主張科學不得參與道德話題，嘗試強加「方法論的自然主義」（methodological naturalism）在科學身上，希望從根本面剝奪科學評論宗教的立場。如此一來信徒才能一邊躲進舒適圈，一邊又表態同情科學。可惜前一章已經討論過，科學不是遊戲、規則不能任意改寫；科學必須運用理性詮釋宇宙並確認得到的解釋是否真確。生物學家傑里・柯尼（Jerry Coyne）在《信仰不是事實》（*Faith Versus Fact*）書中主張上帝是否存在完全可以透過科學假設進行驗證（原注33）：聖經含有大量歷史描述，只要聯合考古、遺傳、文獻學就能得到答案，或許我們還會取得早已巧妙揭示科學真理如「汝不可快過光」或「兩束交纏化為生命奧祕」之類的驚人發現。又或者某日天堂將大放光明，身穿白袍與草鞋的人在有翼天使護持下降臨人間，賜予盲人視力、死者也能復活。我們還可以觀察不間斷的禱告是否能治療失明、促進斷肢重生、對先知穆罕默德不敬會不會立刻被雷劈、每天向阿拉禱告五次是否就不會生病或遭逢不幸。範圍放大一點，至少能看出是否善有善報惡有惡報，分娩過程中死亡的母親、罹患癌症死去的孩童，還有因地震海嘯和大屠殺而死的百萬千萬人是否都罪有應得。

神授道德論底下的其他元素，如非物質靈魂、超越物質與能量的境界，也都可以實證。例如可以嘗試找到被砍下仍能說話的頭顱、精準預測天災和恐怖攻擊的靈視者、從彼岸告知我們珠寶藏在何處的祖先，或者分析缺氧之後靈魂出竅的體驗紀錄，其中可能有超越他們感官認識但值得實驗的細節。目前上述事件的調查報告都歸因於以訛傳訛、記憶誤差、對巧合過度詮釋或者魔術戲法，大大減損無形靈魂接受靈界審判的理論可靠性。（原注34）當然也有哲學流派主張有神，但神創造宇宙以後就退居幕後靜靜觀察一切，或者所謂的「神」就是物理和數學定律的同義詞，兩種論述下無作為的神與人類道德根本無關。

對神的信仰許多源於古人試圖解釋自然現象，如天氣、疾病、物種起源。隨著這些假設被科學取代，有神論的空間持續縮小，但畢竟科學知識永遠不可能達到完美，於是信徒始終能夠以「填補空白的上帝」（God of the Gaps）這種偽論證作為最後手段。目前思考較靈活的有神論者試圖讓上帝填補兩個空白：基礎物理常數以及意識難題。人文主義者堅持不倚靠神詮釋道德很容易被對方以這兩個話題加以質疑，所以在此稍作介紹，也不難發現對有神論者而言，打雷閃電依舊可以用宙斯擲霹靂來解釋。

宇宙受到幾個特定數字規範，包括自然力的強度（引力、電磁力、核力）、宏觀下的時空維度（目前有四維），以及暗能量密度（宇宙擴張的加速度來源）。馬丁・里斯在《宇宙的六個神奇數字》（*Just Six Numbers*）裡用一隻手加一根指頭就列完，不過實際數字取決於採用的物理理論、是否將常數的分數也納入計算。宇宙常數就算只是極其微幅的偏離現狀都會導致物質的分解或塌縮，行星、恆星、星系都會毀滅，地球上包括智人在內的生物也不可能成形。目前最完備的物理理論尚無法解釋為何宇宙常數恰好是容許我們存在的數值（尤其暗能量密度），於是有神論者便聲稱必然是經過調整，而調整者也必然是神。這其實與神創論是同樣的思維，不過範圍擴大到全宇宙。

同樣歷史悠久的反對觀點就是「神義論」（theodicy）[5]。如果上帝有無限的力量與知識，特地調整宇宙使我們得以存在，那祂何苦將地球設計得充滿地質與氣候災難，無辜百姓只是住的地點不好就要遭殃？過去和未來肆虐的超級火山滿足什麼神的旨意？太陽終將化為紅巨星又如何解釋？

其實神義論的臆測也不是重點。基礎常數看似玄之又玄的精準度在物理學家眼中不足為奇，已經提出很多種解釋，其中一個版本從物理學家維克多・史騰格爾（Victor Stenger）《微調說的謬誤》（*The Fallacy of Fine-Tuning*）書名就已經得到答案。（原注35）物理學界許多專家認為現階段根本不能下結論，我們不知道基礎常數是機緣巧合還是真的與生命相關。繼續深入物理學（特別是長期未能達成的相對論和量子理論整合）或許就會發現這些數值之中可能有部分無法改變，其他部分卻能夠變動，更重要的是因此生出許多**組合**——這些組合都足以支撐穩定且充滿物質的宇宙，只不過並非我們熟悉且喜愛的這一個。換言之，物理學的進展也許會證明宇宙常數沒有什麼驚喜調整，能孕育生命的宇宙也沒那麼罕見。

另一個版本裡，人類所知的宇宙只是浩瀚廣闊或許還無窮無盡的大宇宙中的一小部分。而「多重宇宙」下，每個宇宙有各自不同的基礎常數。(原注36) 我們身處有生命的宇宙不代表這個宇宙經過刻意調整。我們的存在單純證明了這個宇宙是**這樣**的宇宙，而不是外面不同種類、不適合生命的宇宙。認為宇宙一定經過調整是邏輯上的「後此謬誤」（post hoc fallacy），好比樂透得主百思不解世上這麼多人為什麼是自己得獎，但事實是總**會有某個人得獎**，不是他就是別人，如果沒得獎根本不會思考這問題。同樣盲點以前也導致思想家針對物理常數追求不存在的深奧解釋：克卜勒為了地球距離太陽九千三百萬英里苦思不得其解，而這距離剛好讓液態水填滿湖泊河川不至於解凍也不會全部蒸發。可是現在我們發現地球只是無數行星之一，每個行星和太陽或別的恆星都會保持固定距離，人類出現在地球而非火星的理由沒那麼神祕。

原本也可以懷疑多重宇宙論是個後此謬誤，但它與其他物理理論吻合，尤其呼應真空

5 譯按：神學和哲學的分支，探究上帝至善且全知全能但罪惡卻普遍存在的矛盾。

中出現大霹靂、大霹靂化為許多新宇宙、剛出生的宇宙各有不同的基礎常數。(原注37)即便如此還是很多人(包括一些物理學家)很抗拒,他們覺得太過天馬行空,如果有無限多個宇宙(或者至少數量達到能涵蓋所有可能的物質排列)就代表無窮宇宙內某一處會找到別的自己,可是那個別的自己找了不同人結婚、昨天晚上出車禍死了、名字不一樣、沒那麼整潔、前一秒放下這本書沒把句子讀完等等。

就算因此覺得不自在,從觀念的歷史演變我們應該學到心理舒適與否和現實無關。科學不斷打破老祖宗的常識,乍聽無稽的新發現最後證明是真的,包括地球是圓的、速度越快時間越慢、量子疊加態、時空間彎曲、當然還有生物演化。擺脫最初的震撼,會發現多重宇宙論並非那麼荒唐,甚至也不是物理學家第一次有理由假設多重宇宙的存在。多重宇宙另一種較直觀的版本是觀測到空間似乎無限、物質似乎趨向均勻分布,那麼人類已知的宇宙範疇外自然可以存在無限多的其他宇宙。量子機制下還有一種多世界詮釋:任何一個機率性的量子過程(如光子行進軌道)會有許多可能的結果,每種可能性都得到實現並存在疊加的平行宇宙裡(也因此有開發量子電腦的可能,一次計算中所有可能的變數將同時呈現)。換個角度看,多元宇宙其實是對現實比較簡單的解釋。如果只有一個宇宙,原本優雅的物理定律時常因為局部的初始狀態和物理常數變得混沌曖昧。物理學家馬克斯・泰格馬克(Max Tegmark)(他主張多重宇宙有四個層次)說:「判斷標準總歸是不夠優雅:讓宇宙變多,不然就要解釋更多。」

即使後續研究發現多重宇宙最能夠解釋基礎物理常數也沒關係,反正人類早就一再因為世界真實的樣貌大受震撼。古人在愕然中理解了東西半球之分、太陽系有地球外的八個行星、銀河系有上千億個恆星（和隨附的行星）、可觀測宇宙內也有上千億星系。理性與直覺衝突時，放棄直覺比較好。另一位支持多重宇宙論的布萊恩・葛林（Brian Greene）提醒大家：

> 從小巧且以地球為中心的宇宙走向上千億星系的新宇宙，這段旅途驚心動魄，同時也教我們要謙卑，必須放下自己是宇宙中心的舊信念。然而即使在宇宙中變得卑微，卻也證明人類的智慧能突破平庸體驗的局限，探索更加不可思議的真相。（原注38）

意識的難題

另一個有神論者想填補的空白是「意識難題」[6]，換成其他說法就是探討知覺、主體性、現象意識、感質（意識的「質性」層面）。（原注39）「意識難題」一詞最早出自哲學家大衛・查爾默思（David Chalmers），其實原本是哲學圈子才懂的笑話：相對於「難題」的是分辨有意識與無意識的心理運算、找出腦部運作的基板、解釋人腦為何演化成現在樣，這些問題比較「簡單」，像登陸月球一樣簡單，因為至少技術可行。而且所謂簡單的主題也

6 譯按：the hard problem of consciousness，亦常譯為「知覺難題」。

確實有所進展，幾乎快要得到滿意的解答。視網膜上分布著萬花筒般的像素點，為何人類體驗得到形狀色彩都穩定的立體世界？這已經不再是個謎。人類為什麼享受（於是尋求）食物、性、身體完整性？又為什麼因社交孤立、身體組織受損而痛苦（於是迴避）？這些內心狀態和所衍生的外在行為都明顯能找到達爾文演化論的痕跡。隨著演化心理學深入研究，許多知覺經驗都能得到解釋，思維、道德、美感也不例外。（原注40）

意識在運算或神經生理方面的神祕面紗也逐漸被揭開。認知神經學專家史坦尼斯拉斯·狄昂（Stanislas Dehaene）與其研究團隊認為意識可以用「全局工作區」（global workspace）或「黑板」（blackboard）來比喻。（原注41）黑板的比喻是指許多運算模組將結果以其他模組都能「懂」的統一格式表達。所謂運算模組包括感官、記憶、動機、語言理解、行動規畫等等，它們都能讀取當下的相關資訊（也就是意識內容），我們也因此有能力描述、理解、思考所見所聞，回應他人的言行，根據自身欲求與知識來調配記憶與計畫。（相對而言，每個模組內部的運算，譬如兩眼估測深度、肌肉收縮產生動作之類則有專屬的訊號通道，位在比意識更深層的位置，也就不需要取得意識提供的概觀資訊。）全局工作區在腦部實際上是具節奏與同步性的神經訊號網路，將前額葉、頂葉皮質與提供感官、記憶、動機的其他部位連結起來。

至於「難題」（為什麼有意識的人能有主觀的**感受**，比方說紅色看起來是紅的、鹽嚐起來是鹹的）之所以難不在於科學技術限制，而在於問題本質就是概念上的謎，包含許多接近腦筋急轉彎的問題，像是：我的紅色和你的紅色是否一樣？變成蝙蝠是什麼感覺？世界上有沒有殭屍（此處是指外表言行與常人無異，但「腦袋空空」無法有任何感受）？會不會除了自己以外其他人全都是殭屍？完美仿生的機器人是否就有意識？如果將自己大腦的連接組[7]上傳雲端是否便能永生？《星艦》系列影集的傳送器設定是將同一個寇克艦長傳送到行星地表，還是把他殺了以後再重組一個？[8]

哲學家如丹尼爾·丹尼特（Daniel Dennett）在其著作《意識的解釋》（*Consciousness Explained*）裡主張從頭到尾就**沒有**所謂意識難題這回事：會覺得有難題是人類的壞習慣，總想像顱骨內坐著一個小人觀看我們的生活，甚至覺得它可以偶爾踮著腳溜出自己腦袋去別人家裡看看紅色是否一樣、去蝙蝠腦袋裡看看景象有何不同，而殭屍就是小人完全不存在，機器人有沒有意識可言則取決於找不找得到小人，小人經歷傳送光束能不能活下來則還沒人能確定。我個人有時看了這個「難題」影響思考的程度（比方說保守派知識分子迪內·希杜澤〔Dinesh D'Souza〕拿著我的書《心智如何運作》〔*How the Mind Works*〕去和人辯論上帝是否存在）也不禁想附和丹尼特：或許別討論什麼難題了。社會上很多人對此產生誤會，其實意識難題不涉及任何奇妙物理或超自然想像，如靈視、心靈感應、時空旅行、占卜、遠距作用等等，也不會動用到深奧的量子物理、混淆視聽的「能量振動」或其他新時代靈性運動莫名其妙的詞彙。回到討論主題：意識難題並不會導出非物質靈魂確實

7 譯按：大腦中神經連接的綜合圖。
8 譯按：影集《星艦迷航記》（Star Trek）劇情並未完整解釋星艦將人或物品傳送至別處的科技機制，僅概略描述是將傳送標的「分解」為量子，送至定點後再重組。

存在的結論。目前對知覺的所有發現都能完整以神經活動解釋。

雖然追根究柢我認為意識難題就**概念**而言有討論意義，但我同意丹尼特所言，在**科學**層次上其實無意義。（原注42）別人是不是殭屍、企業號艦橋內的寇克艦長與傳送至地表的寇克艦長是不是同一人是無法研究的主題。我還同意其他幾位哲學家的估算，也就是意識難題根本沒有答案，因為它只存在於**概念**，或者更精確地說問題出在我們自己的概念。湯瑪斯．內格爾著名的論文〈成為一隻蝙蝠可能是什麼樣子〉（What is it like to be a bat?）裡提到，「無論人類活多久，或許有些事情永遠無法表達或理解。原因很簡單，人類的結構無法以對應的概念運作。」（原注43）哲學家科林．麥克金（Colin McGinn）也持類似觀點，他認為人類用來解釋現實的認知工具（也就是因果鏈、化整為零並分析其間互動、以數學方程式做模型）無法運用在反直覺、整體性的意識難題上。（原注44）尖端科學告訴我們：前額葉和頂葉迴路的同步神經訊號列出當前的目標、記憶、環境並構成意識，然而其中最後一哩路，也就是迴路的主觀**感受**，或許就當做既定事實不要強求解釋比較好。這個結論一點也不意外，安布羅斯．比爾斯（Ambrose Bierce）在《魔鬼辭典》（*The Devil's Dictionary*）裡也指出心靈只能透過自身理解自身，明明對自身存在和主體性有了最深的理解卻仍無法滿足。

而且無論如何處理意識難題，置入非物質靈魂觀念沒有任何幫助。首先，這做法只是以更大的謎題來回答問題。再者，目前沒有任何相關的超自然現象證據。最糟的是，主張意識來自神靈反而與善惡有報的說法自相矛盾。神為何讓暴徒能感受物質享樂、性掠奪者能感受肉體愉悅？（如果是為了考驗人類能否抵抗誘惑，要怎麼解釋無端遭殃的被害人立場？）要是上帝慈悲，以癌症奪走病人多年壽命之外又為什麼要讓他們痛苦難耐？一如物理世界，意識的種種現象也順應自然法則，不為人類福祉而生。想要增進人類福祉，我們必須自己來。

於是來到神授道德觀的第二個大問題。撇開幾乎可以肯定並沒有神會對人類訓示與執行道德戒律，就算神確實存在，祂的敕令經過宗教來表達以後也無法成為道德的根源。相關解釋可以追溯到柏拉圖的《尤西弗羅篇》（*Euthyphro*），內容提到蘇格拉底指出若天神有足夠理由指定某些行為是道德，那麼大可直接公告而不必經由中間人，反之需要經過中間人的時候我們根本沒理由認真看待。即使是凡人，思考一下也能說出為何不該殺人強暴虐待，理由絕對不只是對永恆地獄火焰的恐懼。而且多數人並不會覺得上帝別過臉看不見了或者自稱聽見上帝允許了便突如其來變成強暴犯或殺手。

有神論者的回答是經文典籍中的神並非性格反覆無常的希臘天神，祂從本質上就不可能發出違反道德的命令。可惜熟悉經文的人都知道這說法有問題，舊約上帝屠殺數百萬無辜凡人，指示以色列人實行大規模的強姦和屠殺，對褻瀆、偶像崇拜、同性戀、通姦、頂嘴、安息日工作都判處死刑，反而不認為奴隸、強暴、虐待、致殘、種族清洗有什麼不對。如果回到青銅器或鐵器時代的文化就算了，但現代有識之士都會從經文中去蕪存菁，將不合時宜的部分詮釋為類比、譬喻或直接忽略，原因很簡單：他們閱讀聖經時已經自動套上啟蒙人文的濾鏡。

《尤西弗羅篇》已經戳破常見的謬誤說法，指稱無神論會導致道德相對主義，人人自行其是。實際情況相反，人文主義的道德觀建立在普世的理性與利益上，是人類無法脫離的生活情境，互助而不互相傷害對所有人都有好處。基於這個理由，許多當代哲學家如內格爾、戈爾茨坦、彼得·辛格、彼得·雷爾頓、理查·波伊德、大衛·布林克、德里克·帕菲特等都是道德**實在論**者（moral realist），主張道德價值也能從客觀角度判斷真偽。（原注45）而**宗教**的道德觀才相對的（relativistic），缺乏證據的前提下宣稱有多少神、誰在人間以先知或救主身分代表神明、天神究竟要人類怎麼做等等都是族群內部自己說了算。

這種特質不僅僅使神授道德觀成為相對主義，甚至導致其內涵不道德。我們找不到神，卻受其指揮殘殺異教徒、叛教者、無信仰的人。聲稱靈魂不是物質反而因此拒絕了眾人和睦相處的現實誘因。舉例而言，雙方都需要物質資源的場合，最好的結果是均分而不要衝突，大家都愛惜生命時更為明顯。反之，爭奪目標是神聖價值的話（譬如聖地或對信仰的詮釋）雙方**很難**妥協，如果還自認靈魂不朽就更不在乎肉體損傷——對他們而言，上天堂才是永恆恩賜，其餘代價不值一提。

許多史學家指出宗教戰爭特別漫長血腥，血腥戰事又因宗教信念而難以化解。（原注46）第十四章介紹過的死亡研究家馬修·懷特列出歷史上人類自相殘殺最嚴重的事件，其中宗教衝突高達三十次、死亡人數約五千五百萬。（原注47）（其中十七次是一神教彼此討伐，八次是一神教攻擊其他信仰。）有種常見說法是兩次世界大戰的導火線在於世人拒絕宗教建立的道德（就像川普的前戰略顧問班農也聲稱第二次世界大戰是「西方的猶太與基督信仰對抗無神論者」），但對學界而言這是騙小孩的故事。（原注48）第一次世界大戰裡，兩陣營上戰場的大都是虔誠基督或天主教徒，只有穆斯林神權鄂圖曼帝國例外。第二次世界大戰的參戰國家中，唯一明確採取無神論立場的是蘇聯，不過戰場主要集中在西方世界對抗納粹，而納粹（也與坊間傳言相反）與德國的天主教會其實相互支持，同聲譴責世俗現代性。（原注49）（希特勒信神，他曾經說：「我確信自己代表造物主，擊潰猶太人是為主做工。」）（原注50）為了捍衛信仰，有神論者的反駁論點是世俗意識形態如共產主義和單純的侵略也會引發戰爭和災難，而且害死更多人。這豈不就是相對主義的論調嗎？說宗教問題較小太奇怪了，如果宗教能夠作為道德根源，因宗教而起的戰爭和死傷應該是零。反觀**無神論**一開始就不是道德體系，僅止於放棄超自然信仰、不承認宙斯或毗濕奴存在之類。道德層面上能取代有神論的是人文主義。

信仰包容主義

現在思想成熟的人很少表態說自己對天國地獄、聖經的字面意義、能抗拒物理定律的上帝深信不疑。然而卻又有許多知識分子對「新無神論」（New Atheism）做出極其憤慨的回應；新無神論是二〇〇四年到〇七年間四本暢銷書帶起的風潮，作者分別為山姆・哈里斯、理查・道金斯、丹尼爾・丹尼特和克里斯多福・希鈞斯（Christopher Hitchens）。（原注51）

這類評論包括「我是無神論者但……」、「對信仰的信仰」、「通融主義」以及（傑里．柯尼發明的詞彙）「信仰包容主義」（faitheism）；這類態度與第二文化對科學的敵視有共通點，主要呈現在重視文本解釋更甚於分析或實證方法，不願承認呆板而世俗的科學家和哲學家也許更能回答關於存在的基本問題。無神論，也就是不信仰神的立場，和是否接受人文主義並不相關，然而新無神論者自稱遵循人文主義，於是他們詮釋世界的方式若有瑕疵或許也關係到人文主義。

信仰包容主義者認為新無神論太尖銳好鬥，與自己口中批判的基本教義派同樣惹人厭惡。（網路漫畫《XKCD》裡有個角色的反應是：「唔，重要的是這麼說完，好像兩邊都不如你了呢。」）（原注52）他們也認為社會大眾不可能或許也不應該放棄宗教信仰，因為健康社會需要宗教抵禦自私自利和無意義的消費主義，宗教機構才能促進慈善、團結、社會責任、個人成長，也能針對科學無法回答的人生問題給予指引。而且多數人對教義戒律的態度並非字面而是寓意，從靈性、恩典、天理的包羅萬象中找到意義與智慧。（原注53）下面就來檢驗這些說法。

很諷刺的一點在於信仰包容主義援引心理學研究解釋人類對超自然的信仰從何而來，包括對自然現象過分尋求背後規律及理由的認知習慣、信仰團體內強烈的團結情感等等。（原注54）正常詮釋下，這些研究發現應該是**削弱**宗教的立場，因為證明了信仰其實不過是神經生理結構的幻覺。然而現在卻有人反過來說這代表宗教與食物、性、陪伴一樣對人類不可或缺，所以別妄想宗教自社會消失。這種詮釋十分可疑。（原注55）並非所有人性特質都是必須不斷滿足的恆定驅力。人類的確因為認知錯覺而創造超自然信仰、的確需要社群歸屬，歷史上也有許許多多制度應運而生，以滿足這些需求同時維持錯覺存續。但歷史發展不代表人類必須將兩者包裹在一起，就好比人有性慾不代表都得加入花花公子俱樂部。社會的教育和安全程度提高以後可以與宗教脫鉤，無關宗教的團體同樣能提供大家需要的藝術、儀式、象徵符號和社群溫暖，卻不依附超自然信念與鐵器時代的道德價值。

由此觀之，我們對宗教根本不應該是讚揚或批判，而是要依據《尤西弗羅篇》所說的邏輯思考：行為背後立意良善則加以鼓勵，但絕不可能掛上宗教名義就什麼都變成好的。宗教在特定時空下確實貢獻了教育、慈善、醫療、諮商、衝突調節等各種社會服務。（不過這些功能在已開發國家幾乎都輸給了世俗體制，本書第二部提到饑荒、疾病、文盲、戰爭、他殺、貧窮的大幅下降超越任何宗教能力所及。）宗教組織也是社群團結、相互支持的情感來源，還有藝術、儀式、建築的美感與歷史共鳴，這部分畢竟已經累積超過千年。我自己親身參與過，並且樂在其中。

既然宗教體系的正面貢獻來自於它們在公民社會中實行人文主義，理所當然可以推論出有神論與種種好處無直接關係。事實證明是：很久以前就有人發現會上教堂的信徒相較起來幸福感高、更投入慈善，但羅伯特．普特南與政治學者大衛．坎貝爾（David Campbell）的研究結論是，這種結果與是否相信神、神創論、天堂和地獄沒關係。（原注56）無神論者因為配偶信仰虔誠而跟著參與集會之後慈善傾向和信徒同等，可是習慣獨自在家禱告的虔誠信徒卻沒有表現得更慈善。至於社群感和公民道德其實透過世俗性的社會服務也能達成，比方說聖殿兄弟會（有兒童醫院和燒燙傷病房）、扶輪社（正努力終結小兒麻痺症）、獅子會（主攻防盲治盲），而且根據普特南與坎貝爾研究，就連保齡球社團也一樣有效。

宗教合於人文主義目標時值得讚揚，反過來造成阻礙的話自然就得批評，例子包括信心療法教派不給病童接受治療的機會、反對協助臨終、阻撓科學教育、打壓如幹細胞之類敏感生醫研究、妨礙能救命的公衛政策如避孕、保險套、人類乳突病毒疫苗等等。（原注57）同理，無需一開始就假設宗教代表了更高層次的道德觀。信仰包容主義者曾經以為福音派教會的道德狂熱能用於改善社會，結果一再自食惡果。甫進入二十一世紀美國兩大黨內的環保人士組成聯盟，針對氣候變遷提出「保護造物」、「以信仰為基礎的環保主義」等口號希望爭取福音派教會支持，不過福音派教會是共和黨砥柱，對歐巴馬政府採取絕對不合作策略。最後政治部落主義獲勝，福音派教會歸位，選擇激進的自由意志主義而不是守護神創造的世界。（原注58）

二〇一六年的情況也類似。基督徒崇尚的美德是謙虛、節制、寬容、儒雅、仁義、節儉且同情弱勢，許多人本來希望福音派教會本著這種標準不會支持具賭徒性格、妄自尊大又奢侈放縱、復仇心旺盛、好色卻又仇恨女性、愛炫富同時又喜歡用「魯蛇」一詞鄙視反對者的人。結果不然，川普贏得福音派及重生基督徒白人百分之八十一的選票，支持率在所有人口群體中居冠（原注59），而且主因竟是他承諾廢除免稅機構（包括教會）從事政治活動的禁令（原注60），也就是政治支票連基督徒美德也能買下。

清楚明白的教義不可靠了，倫理實務的好壞判斷也仰賴世俗道德觀，那麼宗教聲稱能對生命中最重要問題提供智慧又是否可信？信仰包容主義者很喜歡的說法是只有宗教能觸動人心最深處的渴望，科學永遠無法好好回應關於生死、愛、孤寂、失落、榮譽、天理、形而上的希望等等精神層次的問題。

這種言論被丹尼特（引述一個孩子的說法）稱為「呻度好文」（deepity）[9]：看似字字珠璣，但靜下心一想幾乎什麼也沒說。首先若要討論如何尋求意義，與「宗教」相對的不應該是「科學」。根本沒人主張我們可以從魚類學、腎臟學裡頭找到人生啟示，要找也是從人類整體的知識庫下手，包括理性、人文價值等等，科學只是其中一環。宗教自然也在知識庫裡占有重要地位，像出自聖經的名言錦句和象徵寓意、宗教賢人學者和拉比留下的著作都非常值得參考。然而無法否認的是，人類知識庫到了現代是世俗內容占大半，其中也包含從古希臘到啟蒙時期的倫理和哲學，莎士比亞描述愛情、遺憾與寂寞的劇作，浪漫時期詩人、十九世紀小說家，還有許多經典散文或論說文。以普世標準來看，宗教對生命重大問題的回應並沒有那麼深刻、歷久不衰，反而顯得淺薄又不合時宜，譬如對「正義」的觀念還停留在懲罰褻瀆者，對「愛」的概念還期待女性服從丈夫。前面也已經討論過，基於靈魂不朽的想法，面對生死不但缺乏實證還有道德疑義，天理或形而上的希望（對應於人類司法和世俗願景）既然不存在又何來尋求的意義與價值。即使宣稱人類該從超自然

9 譯按：並非正式英文詞語，是丹尼特從朋友的女兒口中聽到並在公開場合提出，之後成為網路流行語。

信仰裡探求更深的意義，實際上卻挖掘不出什麼。

還有更抽象的「靈性」又怎麼說？如果靈性指的是對自身存在的感恩、對美和宇宙浩瀚的讚歎、明白人類知識還太過渺小所以虛心，那麼靈性確實是賦予生命意義的體驗——但也應該會樂於透過科學和哲學昇華到更高的境界。但所謂「靈性」常有其他意義：相信宇宙一切與己身息息相關、每件事情背後必有原因，人要從生活各種巧合裡找到意義。歐普拉在她經典脫口秀最後一集裡對著數百萬觀眾振振有詞：「我能明瞭上帝恩典的顯現，所以我知道世界上沒有偶然。完全沒有，一切都是神的安排。」（原注61）

女演員艾米．舒默（Amy Schumer）製作了一部短片《宇宙》（*The Universe*）描述這個靈性觀。開場就是科普作家比爾．奈（Bill Nye）在銀河背景前獨白：

奈：宇宙，數百年來人類努力瞭解這片充滿能量、氣體、塵埃的無垠空間。直到最近幾年，我們對宇宙的概念終於有了驚人突破。

【畫面來到地表，店鋪前面兩個年輕女子正在聊天。】

甲女：我不是說我一邊開車一邊傳訊息嗎？結果轉錯路口，經過一間賣維他命的店。我心想，這不就是宇宙提醒我得補充鈣質嗎？

奈：科學家曾經以為宇宙只是物質形成的混沌。現在我們明白了，宇宙是冥冥之中指引二十出頭女性的一股力量。

【畫面跳到舒默與一個朋友在健身房裡騎腳踏車。】

舒默：我跟妳說過吧，我老闆都結婚了，卻跟我上床大半年。嗯，前陣子我擔心他是不是根本沒打算和老婆離婚，可是昨天上瑜伽課，我前面女生穿的T恤上寫了兩個字，「冷靜」。我當下覺得，哇，宇宙是想說，「孩子，別緊張，繼續跟他上床就對了！」（原注62）

從生活各種機緣裡尋求宇宙意義的「靈性」並非智慧而是愚蠢。通向智慧的第一步是理解到宇宙法則並不在乎特定的個人；第二步則是意識到即便如此也不代表生命失去意義，因為人會在乎我們，我們也在乎其他人。我們在乎自己，於是有責任順應宇宙法則維繫生命，否則就糟蹋了自己的存在。有人愛我們、關心我們，所以我們有責任別拋下兒女配偶和父母等等。具人文主義思維的人也在乎我們，這份在乎的意思不是他們都能感同身受，畢竟人類的同理心沒有龐大到能容納幾十億素昧平生的人，但他們明白自己的存在並不優先於我們的存在，每個人都有責任在宇宙法則容許內改善人類生活，所有人都因此受惠。

建立在宗教上的道德觀

撇開論述不談，對信仰的需求逼退了世俗人文主義？信徒、信仰包容主義與憎惡科學和進步的人異口同聲，聲稱全世界都見證了宗教回歸。接著就來分析為什麼他們口中的回歸只是假象，其實全球增長最快的宗教就是無宗教。

要測量宗教信仰的狀況並不容易，不同時間地點但同樣內容的問卷調查很少見，受訪者詮釋方式也影響很大。很多人對自稱**無神論者**感到不適，因為社會將無神論和「無道德」連結，於是無神論者常遭受敵視、歧視、甚至（許多穆斯林國家內）監禁、傷殘或殺害。（原注63）再者，大部分人的神學概念模棱兩可，不敢自稱無神論者卻說自己沒有宗教或相關信仰、覺得宗教不重要、形容自己有靈性思維但不遵循特定宗教戒律、相信有「更高層次的力量」但並非上帝。因此根據問題的用字遣詞，每次調查得到的無宗教者比例都會有落差。

二十世紀初無信仰者的確切數字沒人算得出來，但可以肯定不是那麼多，一九〇〇年的一份估計認為是百分之零點二。（原注64）全球獨立網絡蓋洛普國際（WIN-Gallup International）也做了宗教與無神論全球指標調查，對象是五十七國的五萬人，二〇〇五年自稱為「堅定無神論者」的比例為百分之十，二〇一二年增加到百分之十三。（原注65）無神論的全球比例在二十世紀成長了五百倍並非空口說白話，而且二十一世紀截至目前又翻倍，加上另有百分之二十三人口認為自己「不算是宗教信徒」，所以「是宗教信徒」的比例剩下百分之五十九，和上世紀接近百分之百的盛況難以相提並論。

社會科學有個由來已久的觀念稱作世俗化，主張去宗教化是財富與教育成長的自然結果。（原注66）近年研究顯示富裕與教育程度較高的國家的確更不宗教化（原注67），西歐、大英國協、東亞的已開發國家最為明顯。澳洲、加拿大、法國、香港、愛爾蘭、日本、荷蘭、瑞典及其他數國裡自詡信徒者才是少數，無神論者的比例為四分之一或過半。（原注68）前共產國家（尤其中國）的宗教勢力也式微，但在拉丁美洲、伊斯蘭諸國、撒哈拉以南非洲國家則沒有這種跡象。

從數據來看，找不到所謂宗教在全球復甦的趨勢。根據前述二〇〇五年、二〇一二年的調查結果，三十九個國家內只有十一個變得更宗教化，可是幅度都在六個百分點以下，其餘二十六國則宗教色彩下降，還很多達到二位數的變動。此外，與新聞營造的印象相反，大家以為宗教議題很敏感的國家如波蘭、俄羅斯、波士尼亞、土耳其、印度、奈及利亞、肯亞，在前後調查的七年裡宗教化程度是**降低**的，美國也一樣（後面詳述）。整體而言，自詡信徒的人口少了九個百分點，多數國家的「堅定無神論者」成長頗多。

皮尤中心另一項全球調查用意在於預測未來的宗教版圖（內容不針對信或不信）。（原注69）詢問隸屬的宗教時，二〇一〇年全球受訪者有六分之一選擇「無」，人數比印度教、佛教、猶太教、其他民間宗教都多，即將成為世界第一大教：預估直至二〇五〇年，放棄宗教的人數還會增加六千一百五十萬。

各種數據顯示全世界越來越去宗教化。那為什麼會出現宗教復甦的說法？最早源於魁北克人所謂「搖籃裡的復仇」（*la revanche du berceau*）：信徒的兒女比較多。皮尤中心人口專家進行計算和預估後發現穆斯林占全球人口比例在二〇一〇年是百分之二十三點二，二〇五〇年可能為二十九點七，基督徒數字大致不變，包括無宗教的其他各種選項全數下降。然而這個預測畢竟基於目前的生育率資料，倘若非洲國家出現（宗教和生育方面的）人口變遷，或者穆斯林生育率如第十章所言逐步下降，最終未必會成真。（原注70）

世俗化的關鍵問題在於其動力是來自時代變遷、人口老化（年齡變化）還是世代（群體）更迭。（原注71）目前只有少數英語國家累積了數十年資料可以用來推敲。澳洲、紐西蘭、加拿大的宗教氛圍看來隨時間降低，背後原因恐怕是世代而非年齡（一般預期越接近臨終越依附宗教）。英國和美國沒呈現這種世代變化，但上述五個國家都能看到世代越新則信徒比例越低。群體效應特別強烈，英國的軍人世代（出生於一九〇五到二四年間）超過八成認為自己有宗教信仰，千禧世代到達同年齡時卻不到三成。美國的軍人世代超過七成表示自己「知道上帝存在」，他們的孫子女也就是千禧世代只剩四成有同感。

世代差距的資料突顯出英語系國家世俗化的過程中有個特例：又是美國，宗教氛圍與其富裕程度不成比例。早在一八四〇年，托克維爾就說過美國人比留在歐洲的弟兄虔誠，到現在還是一樣：二〇一二年六成美國人有宗教信仰，作為對照的是加拿大僅四成六、法國僅三成七、瑞典僅兩成九。（原注72）其他西方民主國家的無神論者比例也是美國的二到六倍。（原注73）

即使美國人一開始的信徒比例較高，但未能完全脫離世代交替的世俗化。最近一篇報導在標題就說明了這種趨勢：「再走出埃及：為何美國人離開宗教又不易回頭」。（原注74）出走浪潮明顯反映在「無」宗教的人數上，一九七二年才百分之五，現在已經高達百分之二十五，是實質上最大的宗教群體，勝過天主教（百分之二十一）、福音派（百分之十六）、白人主流新教（百分之十三點五）。群體梯度非常傾斜，沉默世代和嬰兒潮世代較年長者只有百分之十三無宗教，千禧世代卻高達百分之三十九。（原注75）世代越後面越不受年齡增長影響，傾向直到終老都維持無宗教的身分。（原注76）再往下分析，無宗教者裡除了不隸屬任何宗教之外還有直接表態無信仰的人，這個子群體的成長也很強勁。自稱無神論者、不可知論者、覺得宗教不重要者（三者合計在一九五〇年代應該頂多就百分之一或二），二〇〇七年達到百分之十點三，二〇一四年上升為百分之十五點八，各群體比例如下：沉默世代為百分之七，嬰兒潮世代為百分之十一，千禧世代為百分之二十五。（原注77）有些調查經過特別設計能免去受訪者承認無神論時的不安全感，結論顯示實際數字可能更高。（原注78）

那麼評論者為什麼覺得宗教在美國止跌回升？因為宗教出走潮伴隨了另一項發現：無宗教者不愛投票。二〇一二年不隸屬任何宗教的美國人明明占了選民百分之二十，投票率卻只有百分之十二。組織性宗教顧名思義是個組織，會進行動員與催票以求結果符合期待。二〇一二年白人福音派清教徒一樣占成年人口兩成，卻在投票率占了**百分之二十六**，比無宗教者的兩倍還高。（原注79）雖然無宗教者支持希拉蕊和川普的比例是三比一，二〇一六年十一月八日他們根本沒去投票，福音派信徒可是乖乖去排隊了。同樣現象也發生在歐洲民粹運動上，而專家名嘴則將選舉結果錯誤詮釋為宗教在社會的全面回歸，這種錯覺是世俗化不被大眾察覺的第二個理由（第一個是生育率）。

為何宗教在世界逐漸失去地位？原因有好幾項。（原注80）二十世紀共產政權立法禁止或以其他手段打壓宗教，共產政權垮臺後人民並不特別積極重回宗教懷抱。對宗教的隔閡感部分是源於對**所有**體制的不信任感，這種心理在一九六〇年代達到巔峰，之後仍舊存在。(原注81)再者是全球趨向解放價值(第十五章),重視如女權、生育權、對同性戀的寬容等等。(原注82)人民生活因為財富、醫療、社會保險而變得更加安穩,自然不再覺得要透過禱告才能免於滅亡:其他條件一致時,安全網越強大的國家信徒比例越低。(原注83)不過最明顯的理由或許就在於沒有理由。好奇心隨著智力提升,而且理解了科學人類就不再相信所謂神蹟。美國人離開宗教最常見的原因是「對宗教教誨缺乏信心」。(原注84)先前也提到教育越好的國家信徒比例越低,全球規模下無神論呼應弗林效應:國民越聰明,就越遠離神。(原注85)

無論背後成因,從世俗化的歷史進程與地理分布來看,所謂沒了宗教社會就會失範、虛無、「完全暗蝕」的說法是無稽之談。(原注86)世俗化與本書第二部記錄的所有進步歷程同步發生,許多宗教氛圍特別薄弱的國家如加拿大、丹麥、紐西蘭,創造出有史以來最適於人居的環境(各種可測量的福祉指標都十分高水準),而世界上宗教信仰最虔誠的社會多數亂象叢生。(原注87)美國身為各方面的例外更是警訊:宗教強度比其他西方同儕高,可是幸福感、福祉、教育品質卻比較低,他殺、監禁、墮胎、性病、肥胖、新生兒夭折或未成年亡故比例都比別人高。(原注88)甚至觀察美國各州也能得出同樣結論:宗教強度越高的州,公民生活的系統機能越低落。(原注89)因果關係或許錯綜複雜,但合理推論之一是民主國家的世俗化不鼓勵大眾禱告、服從教義與神職,而是基於人文主義制訂與執行實際政策,結果改善了所有人的生活。

神授道德觀在西方已經造成夠多問題了,當代伊斯蘭社會更是深受其害。探討全球進步時無法跳過伊斯蘭世界，就客觀指標來說那些國家落後很多。以穆斯林為主體的國家即使排除財富影響也在健康、教育、自由、幸福感、民主表現低落。（原注90）二〇一六年所有戰爭都發生在穆斯林國家或與伊斯蘭團體有關，當然大部分恐怖攻擊也出自相關組織之手。（原注91）第十五章已經提到解放價值如性別平等、個人自主、政治話語權等等在伊斯蘭教中樞地帶特別不受歡迎，壓抑程度甚至超過撒哈拉以南非洲地區。許多穆斯林國家幾乎毫無人權可言，還保留嚴刑峻法（像鞭刑、刨眼、斷肢），懲罰理由不只犯罪，還有同性戀、巫術、異端、乃至於在社交媒體上表達對自由的追求。

神授道德觀與缺乏進步的現況關係多深？當然不能全歸咎於伊斯蘭教，伊斯蘭文明曾經也是科學領頭羊，在歷史上很多時期都屬社會風氣開放包容，內部政治比西方基督教國家更和平穩定。（原注92）目前穆斯林國家仍保有如女陰殘割、為「維護榮譽」殺害不貞的姊妹或女兒之類落後習俗，追根究柢其實是古非洲或西亞部落文化，因循至今卻謊稱是伊斯蘭律法。資源匱乏、強人主政地區也有問題。還有一個因素在於西方介入中東事務的手法粗糙於是弄巧成拙，例子包括分裂鄂圖曼帝國、支持阿富汗反蘇聯的聖戰士組織、入侵伊拉克。

不過對進步浪潮的抗拒依舊與宗教本身關係密切。起點是伊斯蘭教義若就字面解讀充滿大量反人文主義訓令，古蘭經太多篇幅著重對異教徒的仇恨、烈士會得到獎賞、提倡武裝聖戰，清楚寫著飲酒要被鞭笞、通姦或同性戀要被石頭砸死、與伊斯蘭為敵者要被釘上十字架、異教徒得淪為性奴、女孩子九歲就強制婚配。（原注93）

認真討論的話聖經裡也有很多反人文主義的記載，但重點不該放在何者更糟糕，而是信徒採取多少字面的詮釋。其他亞伯拉罕諸教裡看得到例如拉比和耶穌會士進行論辯，目的就是將經文內棘手過時的部分轉化為寓言、比喻加以美化修飾。伊斯蘭教並不缺乏類似傳統，也有類似「文化猶太人」、「咖啡館天主教徒」、「名義基督徒」[10]的人，只可惜這種良性偽裝文化在當代伊斯蘭世界極其薄弱。

分析了世界價值觀調查中宗教隸屬的大數據之後，政治學家艾米・亞歷山大（Amy Alexander）與克里斯蒂・韋爾策爾注意到：「自我認同為穆斯林的族群裡，宗教意識強烈的比例明顯特別高，高達百分之八十二。更驚人的是，滿分為十分的宗教虔誠自我評量裡，足足百分之九十二自我認同為穆斯林的人給了九分或滿分，相較之下猶太教、天主教、福音派都不到一半。只要自我認同為穆斯林，無論屬於伊斯蘭下什麼分支似乎都等同於超高的宗教意識。」（原注94）其他研究也得到相近結論（原注95），皮尤中心發現：「對三十九個國家實施訪談後，有三十二個國家裡半數或更多穆斯林主張伊斯蘭教誨只能有一種理解方式。」同一個題目在特定國家施做，百分之五十到九十三的受訪者回答古蘭經「必須一字一字照字面解讀」，而且「許多國家有驚人比例的穆斯林希望伊斯蘭教法成為當地正式法律」。（原注96）

相關性不等於因果關係。可是整體而言，伊斯蘭教義有大量反人文主義內容、大部分穆斯林認為教義絕對正確，從而實行反自由政策、採取暴力行動的穆斯林說自己所作所為符合教義，凡此種種就很難讓人相信各種不人道都只是因為石油、殖民主義、伊斯蘭恐懼症、東方主義、錫安主義，與宗教狂熱毫無關係。如果還需要數據，摻入社會學家喜歡的各種變數（包括收入、教育程度、對石油收入的依賴度）之後各種全球性價值觀調查得到同樣結果：伊斯蘭信仰可以用於預測較高的父權與其他非自由價值觀，這樣的預測適用於國家也適用於個人。（原注97）在非穆斯林社會，「上清真寺」也具有同樣預測力（原本就是穆斯林社會的話，價值觀已經太普遍，上不上清真寺就顯不出差異）。（原注98）

基督信仰社會曾經是同樣狀態，但啟蒙之後西方展開（且持續）政教分離的過程，為世俗公民社會開拓足夠空間、建立普世性人文倫理制度。穆斯林主導的國家還看不到這種過程，史學家、社會學家（其中有不少穆斯林）都點出伊斯蘭宗教箝制穆斯林國家的政府體制與公民社會，嚴重影響經濟、政治與社會進步。（原注99）

埃及作家賽義德·庫特布（Sayyid Qutb）的著作讓問題更加惡化。他是穆斯林兄弟會成員，宣揚反動意識形態，緬懷先知與早期哈里發治世的輝煌、古典阿拉伯文化，感慨幾百年來遭受十字軍、游牧民族、埃及殖民者羞辱，世俗現代化也是包藏禍心。悲慘歷史被詮釋為不嚴格遵守伊斯蘭傳統的苦果，唯一救贖之道是重建沙里亞律法治理的穆斯林國家、淨化所有非穆斯林的汙染。這套說法被蓋達組織和許多伊斯蘭運動奉為圭臬。（原注100）

討論伊斯蘭世界現狀不可能不提到建立在宗教上的道德觀，然而很多西方知識分子立場詭異。壓迫、仇女、恐同、政治暴力就算稀釋一百倍，如果發生在自己家鄉就駭人聽聞

10譯按：Christians in Name Only，指無法完全認同所有教義，採取選擇性接受或信仰的教徒。

難以忍受，但若祭出伊斯蘭的大旗他們卻反過來幫忙辯護。（原注101）替伊斯蘭講話當然有部分出於善意，希望大眾別對穆斯林產生偏見；也有人覺得異文明衝撞、世界因此覆滅的論述太過危險（而且容易一語成讖）才試圖化解。此外，西方知識分子長期以來有賤己貴敵的特殊習慣（之後會討論這個症狀）。但許多有神論者、信仰包容主義者以及第三文化知識分子為伊斯蘭出頭是基於包庇宗教，他們抗拒貫徹啟蒙人文主義。

批判當代伊斯蘭信仰內的反人文特徵和恐懼伊斯蘭或文化衝撞根本不相關。伊斯蘭的暴力和壓迫的最主要受害者是其他的穆斯林，而且伊斯蘭並非一個種族。前穆斯林運動人士莎拉．海德爾（Sarah Haider）說得好：「宗教是一套思想，思想不具人權。」（原注102）如果說可以批評新自由主義或共和黨黨綱，那批評伊斯蘭怎麼就成了心胸狹隘？

伊斯蘭世界會不會有自己的啟蒙？是否能期待「改革派伊斯蘭」、「自由派伊斯蘭」、「人文主義派伊斯蘭」、「伊斯蘭大公會議」以及清真寺與政府劃清界限？許多擁護宗教的知識分子不僅為伊斯蘭的反自由找藉口開脫，還說期待伊斯蘭有進步是不合理的想法。也就是說西方人在啟蒙後的社會享受和平、繁榮、教育、幸福，但穆斯林絕對不可以接受膚淺的享樂主義，只有死守中世紀的觀念和習俗直到永遠才是屬於他們的路。

然而歷史否定了伊斯蘭必須屈就，而且最初狀態並非如此。古典阿拉伯文化如前所述是科學與世俗哲學的溫床。（原注103）根據阿馬蒂亞．沈恩的考據，十六世紀印度為穆斯林統治的蒙兀兒帝國，皇帝阿克巴一世建立多宗教、風氣自由的社會體制（也包容無神論和不可知論者），同時期歐洲還在宗教審判、布魯諾（Giordano Bruno）被控為異端邪說釘上木椿燒死。（原注104）現代性目前依舊在伊斯蘭世界內許多地方發揮效果，突尼西亞、孟加拉、馬來西亞、印尼的自由民主有長足長進（第十四章），許多伊斯蘭國家內部對女性和弱勢的態度改善了（第十五章）；或許變化很緩慢，但在女性、年輕人、高教育程度者身上較為明顯。（原注105）解放西方的力量如人與人的連結、教育、流動性、女權並沒有獨漏伊斯蘭世界，世代交替的路途漫長但總會有先驅。（原注106）

觀念非常重要。許多穆斯林知識分子、作家、運動人士積極倡議伊斯蘭的人文主義革命，包括蘇艾娣．埃德南（Souad Adnane）（摩洛哥阿拉伯科學與人文研究中心創辦合夥人），穆沙塔夫．阿卡約（Mustafa Akyol）（著有《不極端的伊斯蘭》〔*Islam Without Extremes*〕），費沙．薩伊德．奧穆塔（Faisal Saeed Al-Mutar）（全球世俗人文主義運動發起人），莎拉．海德（Sarah Haider）（北美前穆斯林組織共同創辦人），夏迪．哈米德（Shadi Hamid）（著有《你所不知道的伊斯蘭》〔*Islamic Exceptionalism*〕），佩爾維斯．胡伯尹（Pervez Hoodbhoy）（著有《伊斯蘭與科學》〔*Islam and Science: Religious Orthodoxy and the Battle for Rationality*〕），蕾拉．胡珊（Leyla Hussein）（創立「夏娃的女兒」組織遏制女陰殘割風氣），古拉萊．伊斯梅（Gululai Ismail）（創立巴基斯坦覺醒女性團體），希拉茲．馬赫（著有《薩拉菲聖戰思想》〔*Salafi-Jihadism*〕），奧瑪爾．馬木德（Omar Mahmood）（美國籍社論作家），伊莎德．曼吉（Irshad Manji）（著有《伊斯蘭問題》〔*The Trouble with Islam*〕），瑪利亞．納姆茲（Maryam Namazie）（普世法組織發言人），阿米爾．阿瑪德．納瑟（Amir Ahmad Nasr）（著有《我的伊斯蘭》〔*My Isl@m*〕），塔思利瑪．娜絲琳（Taslima

Nasrin）（著有《我的少女時光》〔*My Girlhood*〕），馬吉德・那瓦茲（Maajid Nawaz）（與山姆・哈里斯合著《伊斯蘭與寬容的未來》〔*Islam and the Future of Tolerance*〕），阿斯菈・諾曼尼（Asra Nomani）（著有《獨自佇立於麥加》〔*Standing Alone in Mecca*〕），拉希爾・拉扎（Raheel Raza）（著有《他們的聖戰不是我的聖戰》〔*Their Jihad, Not My Jihad*〕），阿里・瑞茲維（Ali Rizvi）（著有《無神論穆斯林》〔*The Atheist Muslim*〕），瓦法・蘇爾丹（Wafa Sultan）（著有《憎恨的神》〔*A God Who Hates*〕），穆罕默德・席德（Muhammad Syed）（北美前穆斯林組織主席），最有名的則是薩爾曼・魯西迪（Salman Rushdie）、阿亞安・希爾西・阿里（Ayaan Hirsi Ali）以及馬拉拉・優素福扎伊。

顯而易見，伊斯蘭的啟蒙需要由穆斯林自己人帶頭，但不代表非穆斯林就毫無施力點。全球知識分子的網路影響力依舊鋪天蓋地，西方文化依舊處於優勢地位（即使對於憎惡西方的人也一樣），思想與價值觀可以透過出乎意料的方式滴水穿石最後潰堤而出。（例如後來發現賓拉登居然有諾姆・杭士基〔Noam Chomsky〕的書。）（原注107）哲學家克瓦米・安東尼・阿皮亞（Kwame Anthony Appiah）在《道德準則》（*The Honor Code*）書中闡述道德觀念的演進，指出若一個文化對落後風俗提出道德改革，流傳到另一文化內並非每次都會引發對抗與厭惡，也有可能讓人見賢思齊。（過去的例子包括奴隸制、決鬥、裹腳、種族隔離，未來以美國而言可能是針對死刑與大規模監禁。）（原注108）如果一個知識文化能夠堅定捍衛啟蒙價值，不放任宗教抵消人文主義，對世界上其他地方的學子、公共知識分子、思想開放的人會起指標作用。

不要重蹈歷史覆轍

說明人文主義的邏輯以後，我曾提到它會與兩種思想體系構成明顯對比。前面探討的是神授道德觀，接著看看第二個對手。它潛伏在重返舞台的威權主義、國族主義、民粹主義、反動思想、甚至法西斯主義背後，與神授道德觀一樣聲稱自己是智慧結晶、符合人性與歷史必然。接下來我們就來分析為何三者皆錯，首先究其知識歷史。

若要從歷史上挑一個思想家作為反人文主義代表（實際上是站在本書所有論點的反面），除了德國哲學家尼采不做第二人想。（原注109）本章前面提過人文主義道德觀如何因應冷血殘酷、自我中心、妄自尊大又反社會的人，而尼采則主張這些人格特質都是**好**的。當然他並沒有說對所有人都好，因為不重要：多數人的生活（他形容為「殘缺破損」、「嘮叨又渺小」、「螻蟻之輩」）根本沒意義，有價值的是超人（德語 *Übermensch*，英語意義近似 overman）。超人超越善惡，展現權力意志，煥發英雄光彩。唯有透過種種英雄主義才能徹底發揮物種潛能，帶領人類進入新境界。超人的偉大之處並不在於治療疾病、餵養饑民、締造和平，而是創造藝術經典或透過武力征伐。他認為西方文明在希臘荷馬、雅利安武士和維京武士，或者其他雄性氣概壯盛的時代才是黃金期，之後一路走下坡，尤其基督信仰的「奴隸道德」思維、啟蒙對理性的崇拜、十九世紀追求社會改革與共榮的自由主義運動，全部都是腐敗與貧瘠，只會導向衰敗墮落。他主張有志之士都應「舉起哲學大錘」給現代文明當頭棒喝，以浩劫為救贖才孕育得出浴火重生的新秩序。未免有人說這是我立下的稻草超人，下面引述幾段尼采的文字：

> 我厭惡人類的粗糙，像是「一個人的正確就是另一個人的正確」、「己所不欲勿施於人」……這種假設太無恥：竟自以為我的作為與別人作為等價。
>
> 我不對邪惡與痛苦的存在伸出譴責的指尖，反而希望有一天生命能有更勝過往的邪惡與苦難。
>
> 男人就該練習打仗，女人就該練習如何繁衍戰士，其他一切都愚不可及……要去見女人？記得帶上鞭子。
>
> 高等人必須對群眾宣戰……需要嚴格執行繁衍規定：使強者更強，不適合這世界的就癱瘓和滅亡。摧毀名為「道德」的虛假……摧毀腐朽的種族……征服世界，以繁衍更高等的人。
>
> 更高等的生命群體、更高等的人種必須完成最重要的使命，包括毫不留情消滅卑微與寄生的一切，才能使世界充滿新生命、建立狄奧尼索斯國度。（原注110）

不知情的話還以為這些話出自聽了太多死亡金屬音樂的叛逆少年，或者搞笑電影《王牌大賤諜》（*Austin Powers*）裡的反派邪惡博士。但尼采是二十世紀最具地位的思想家，影響力持續至二十一世紀仍未消失。

最明顯的是，尼采激發出浪漫主義軍國思想與第一次世界大戰，然後是法西斯主義與第二次世界大戰。雖然尼采本人既非日耳曼種族主義者也並不反猶太人，但上述內容與納粹思想如此神似當然不是巧合：即便人都過世了，尼采卻成為納粹的宮廷哲學家。（希特勒當上總理的頭一年就特別前往尼采檔案庫朝聖，檔案庫負責人與其遺稿保管者是尼采的妹妹伊莉莎白，她十分積極在尼采思想和納粹之間牽線。）義大利法西斯主義和尼采的關係更直接：一九二一年墨索里尼自己寫下「相對主義與尼采和其權力意志連結的瞬間，義大利法西斯主義便造就個人與國家最偉大的權力意志並持續至今。」（原注11）布爾什維克主義、史達林主義與尼采思想的關聯以及超人和新蘇維埃人概念的近似較少得到討論，不過歷史學家波妮絲・葛雷哲・羅森塔爾（Bernice Glatzer Rosenthal）記錄得十分詳盡。（原注12）尼采思想與二十世紀造成大規模死亡的運動關係顯著：他讚譽暴力和權力，渴求顛覆自由民主，鄙視絕大多數凡夫俗子，對人命鐵石心腸毫無憐憫。

正常來說血海屍山應該足夠讓知識界避之唯恐不及，但事實正好相反，他大受歡迎。大學校園內十分流行「尼采就是精彩」（Nietzsche is pietzsche）這句塗鴉或T恤印花。尼采著作的風行與其內容說服力沒有直接關係，伯特蘭・羅素（Bertrand Russell）在《西方哲學史》（*A History of Western Philosophy*）書中指出，欣賞尼采的人，「或許可以用更簡單誠實的一句話表達心聲：『我希望自己生在伯里克里斯時代的雅典、麥第奇家族時代的佛羅倫斯。』」尼采思想在道德連貫性上連第一關都過不了，也就是普遍性，驗證其言論是否能推演到發言者之外的其他人。如果我能回到過去，會直接質疑尼采本人：「我是你所謂的『超人』，堅強、冷血、殘酷、沒有情感與良知。按照你的說法，我必須消滅喋喋不休的小人來成就自己的輝煌，那麼就從你開始吧，矮子。你那個納粹妹妹我也會好好處理掉。除非，你現在想得出我不該那麼做的**理由**。」

既然尼采的思想邏輯不通又引人厭惡，為什麼有這麼多支持者？或許不該訝異，畢竟他主張藝術家（與戰士）的生命特別寶貴，自然也得到大量文藝人士呼應，譬如：奧登、卡繆、紀德、大衛・赫伯特・勞倫斯、傑克・倫敦、湯瑪斯・曼、三島由紀夫、尤金・歐尼爾、葉慈、溫德漢・路易斯、以及（容有討論空間）《凡人與超人》劇本作者蕭伯納。（相對的，伍德豪斯〔P. G. Wodehouse〕就讓筆下崇拜史賓諾沙的萬能管家吉夫斯對主子說：「先生，你不會想讀尼采的文章，他從根本上就有問題。」）另外，尼采的價值觀能吸引不少第二文化的文學知識分子（回想一下斯諾提出要解決全球貧窮和疾病問題時，利維斯的反應很不屑，原因是「人要活下去」需要的只是「偉大的文學」），也打中喜歡嘲弄「愚民」（booboisie，號稱「美國尼采」的孟肯〔H. L. Mencken〕如此稱呼一般大眾）的社會評論家。艾茵・蘭德（Ayn Rand）後期試圖隱藏立場，但早期作品美化利己主義、神化或英雄化資本家角色，蔑視公眾利益的態度充滿了尼采的影子。（原注113）

如墨索里尼所言，尼采是世界各地相對主義者的精神導師。他鄙視科學家與啟蒙思想家追求真理的精神，聲稱「沒有事實，只有詮釋」，以及「真理是一種錯誤，但某個物種沒有這個錯誤活不下去」。（原注114）（當然他無法解釋為什麼我們應該相信他的說法。）從這點出發，尼采深深影響海德格、沙特、德希達、傅柯，二十世紀敵視科學與客觀性的知識分子運動也視其為教父，如存在主義、批判理論、後結構主義、解構主義、後現代主義。

尼采並非一無是處，他文風濃烈，如果藝文人士和知識分子只是欣賞他的文筆，以反諷角度觀察和拒絕他描繪的心態思維，那麼喜歡尼采沒有什麼問題。可惜很多人真的接受了他的思想，二十世紀投向威權獨裁的知識分子人數令人咂舌。研究知識界歷史的馬克・里拉（Mark Lilla）將這種心理症候群稱為「戀暴政癖」（tyrannophilia）。（原注115）戀暴政癖患者一部分成因是馬克思主義，遵循古老觀念「就算王八蛋也得是**我們的**王八蛋」，但更多則來自尼采，其中最惡名昭彰的是海德格與法律哲學家卡爾・施密特，兩人是死忠納粹黨員也是希特勒信徒。其實二十世紀獨裁者背後都有一群知識分子擁護者，包括墨索里尼（艾茲拉・龐德、蕭伯納、葉慈、路易斯為其辯護）、列寧（蕭伯納、威爾斯）、史達林（蕭伯納、沙特、魏柏夫婦、布萊希特、杜波依斯、畢卡索、麗蓮・海爾曼）、毛澤東（沙特、傅柯、杜波依斯、路易・阿爾都塞、史蒂文・羅斯、理查德・李文丁）、何梅尼（傅柯）以及卡斯楚（沙特、格雷安・葛林、君特・格拉斯、諾曼・梅勒、哈羅德・品特和第二十一章提過的蘇珊・桑塔格）。西方知識分子也在不同時期讚揚過胡志明、格達費、金日成、波布、朱利葉斯・尼雷爾（Julius Nyerere）、奧馬爾・托里霍斯（Omar Torrijos）、米洛塞維奇（Slobodan Milošević）和烏戈・查維茲。

為什麼知識分子與藝文人士特別奉承殺人如麻的獨裁者？一般人心目中的知識分子應當率先識破奪權的種種托詞，藝術家則該擴大人類慈悲。（所幸許多人也符合這種期望。）經濟學家托馬斯・索維爾（Thomas Sowell）與社會學家保羅・洪倫德（Paul Hollander）提出一種解釋是專業自戀心態：自由民主容許所有人透過市場機制和公民組織滿足需求，導致知識分子與文藝人士覺得不夠受重視；獨裁者在社會由上而下強制灌輸理論，知識分子得到符合自身期望的地位。不過戀暴政癖也源於尼采思想，其一是對平民百姓的蔑視，認為普羅大眾俗氣廉價無法欣賞精緻的藝術文化；其二則是崇拜超人、希望超人能超越民主底下的妥協，強硬打造出完美的社會。

即使尼采的浪漫英雄論調的指稱對象是單一超人而非群體，但要將他筆下「更強壯的人類物種」對應到部落、種族、國家非常容易。經過這種代入，尼采思想為納粹、法西斯與其他浪漫國族主義鋪好路，並且在政治舞台上發光發熱直到現在。

我曾經認為「川普主義」崛起是因為人性黑暗角落仍留存部落思維、威權主義的本能衝動。但狂人能上位多半也拿著良莠不齊的文本才提煉出那份狂熱，因此「川普主義的知識根源」並非胡說八道而是真有其事。二〇一六年川普就得到一百三十六位「忠於美國的學者與作家」背書，他們發表的宣言名為「團結聲明」（Statement of Unity）。（原注116）這群人有一部分背景連接到智庫克萊蒙特研究所（Claremont Institute），也被稱作「川普主義的學術發源地」。（原注117）此外，川普身旁有兩個重要顧問史蒂芬・班農（Stephen Bannon）與邁克爾・安東（Michael Anton），據說兩人博學也自詡知識分子。想從人格之外的角度切入威權民粹主義得先理解其背後兩種意識形態，共通點是激烈反對啟蒙人文主義、在不同面向上都受到尼采影響。它們分別是法西斯主義和反動（reactionary）——此處所謂反動不是一般左派認知的「比我保守」而已，是更原始而技術層次的定義[11]。（原注118）

法西斯一詞來自義大利語，原意為「束棒」或「團體」，其思想根源來自浪漫主義視個體為迷思，人不可能脫離文化、血緣與故鄉。（原注119）早期法西斯知識分子如尤利烏斯・埃佛拉（Julius Evola）以及夏爾・莫拉斯（Charles Maurras）的思想重新得到發揚，繼承人包括歐洲的新納粹、美國的班農和另類右派運動，他們都承認自己受到尼采影響。（原注120）目前還出現了「輕法西斯」（Fascism Lite），與威權民粹、浪漫國族主義混雜，有時提出粗糙的演化心理學為立場辯護。輕法西斯認為天擇的單位是群體，演化的適者生存也是群體之間的競爭，人類應當為了所屬群體的優勢犧牲個人利益。（須注意主流演化心理學認為天擇的單位是基因，並不支持輕法西斯論述。）（原注121）換言之，沒有人能採取世界主義、成為世界公民，身為人類就必定要隸屬某個國族，文化與民族多元的社會在他們看來不可能成功，反而導致人心無所依歸、彼此隔離、文化被化約到最扁平。而國家若為國際協議放棄自身利益，等於放棄了應有的偉大地位，在全球競爭廝殺中自廢武功。同時國家是有機整體，國家的偉大會透過領導者具體表現，領導者直接代表子民的心聲，不該受到行政機制的箝制。

反動意識形態則表現在神權保守主義（theoconservatism）上。（原注122）看似新詞（發明人戴蒙・林克爾〔Damon Linker〕開了「新保守主義」的玩笑[12]），但最初的神權保守派早在一九六〇年代就出現，他們立場極端，而且從極左擺盪到極右，提倡重新思考美國政治的啟蒙基礎，認為承認生命權、自由權、追求幸福以及政府保障太過天真，不適合道德健

11 譯按：「反動」一詞原指物理上的反向運動或者與歷史發展方向相反的做法。
12 譯按：神權保守主義為 theoconservatism，新保守主義為 neoconservatism，兩者讀音接近。

全的社會，只會衍生出失範、縱慾、道德淪喪，表現為不法行為、色情圖像、教育失靈、人民過度依賴福利制度、大量墮胎。神權保守派覺得社會過度朝個人主義傾斜是標準過低，於是鼓吹大眾追隨超乎自我的權威、採取更嚴謹的道德標準。最明顯的標準自然就是基督信仰傳統。

神權保守主義陣營認為啟蒙侵蝕教會權威，導致西方文明失去堅實的道德根底，一九六〇年代傷害更嚴重，來到危急存亡之秋。之後他們認為柯林頓任期內社會一定會崩潰，預言落空之後就說拖不到歐巴馬任期結束，再度落空之後又改口說希拉蕊當選的話問題遲早要爆發。（所以邁克爾・安東才能寫出歇斯底里的文章〈九十三號班機選舉〉，將國家比喻為九一一事件中被劫持的客機，他要求選民：「衝進駕駛艙，否則大家一起死！」）（原注123）即使神權保守主義者可能對他們那位二〇一六年舵主的粗鄙與反民主言論感到不適，但權衡之下還是寧願相信他一個人就能為美國力挽狂瀾。

馬克・里拉點破神權保守主義的矛盾之處：他們大受伊斯蘭極端分子刺激（還認為會因此爆發第三次世界大戰），可是反動心態卻和對方沒兩樣，都起於對現代性和進步的恐慌。（原注124）雙方一樣幻想昔日曾有秩序井然、人人恪遵美德各司其位的樂土，以為是外來世俗勢力破壞和諧、導致衰敗墮落，唯有仍記得古法的英勇先驅能重建黃金時代。

如果對於知識界歷史流轉和現況演變之間有種霧裡看花的感受，回想一下二〇一七年川普決定帶領美國退出巴黎協議這件事。他的決定背後壓力來自班農，班農說服川普相信與別國合作是未戰先降、承認自己在全球競爭裡不夠偉大。（原注125）（川普對於移民與貿易的敵意也是同樣根源。）代價如此之大，我們必須警惕，提醒世人為何新神權反動民粹國族主義早就智識破產。前面已經討論過依附在造成十字軍、宗教審判、獵巫、歐洲宗教戰爭的體制下尋求道德根基實在荒唐。全球秩序只能建立在民族同質性與互相仇視的民族國家之上更是莫名其妙。

他們的觀點是人類受到內在驅力影響，一定得有民族國家的自我認同（並聲稱世界主義違反人性）。這是很糟糕的演化心理學論述。就像人一定要隸屬宗教的說法，脆弱性與需求不應該混為一談。身處部落裡的人當然會有團結意識，問題在於人對「部落」的觀念並不限定在民族國家。民族國家是一六四八年西發里亞和約的歷史遺物。現實生活中，人對部落、團體、同盟的認知抽象而多層次（原注126），可以同時屬於許多有重疊的部落：氏族、家鄉、出生國、居住國、宗教、人種、畢業學校、兄弟會或姊妹會、政黨、行業、公益組織、體育隊伍、甚至攝影器材品牌。（想見識最激烈的部落主義，就去網路論壇搜尋「Nikon vs. Canon」這個主題。）

政治當然能透過神話與符號行銷，引導大眾視宗教、民族、國家為根本認同。如果灌輸和脅迫的手法精準，叫人甘願為他們當炮灰也不無可能。（原注127）但這都不代表國族主義是人性驅力，人性之中沒有什麼因素阻止我們同時以法國人、歐洲人、地球人等多重身分為榮。（原注128）

種族一致性能創造文化優勢的論點錯誤之多罄竹難書。試想為何較不細緻完整的事物會以「土」、「野」、「狹隘」形容，相對的形容詞卻是「彬彬」[13]、「舉世」之類。人只靠自己很難創造出多少價值，傑出的人與文化都仰賴收藏累積與整合運用，能夠聚集來自各地人事物的社會總是蓬勃發展。這解釋了為何第一個孕育出大型文化的不是澳洲、非洲、美洲，而是歐亞大陸（托馬斯．索維爾《文化》三部曲與賈德．戴蒙《槍炮、病菌與鋼鐵》〔*Guns, Germs, and Steel*〕裡都有記述）（原注129），為何文化泉源總是位於交通要道、河海港口的貿易都市（原注130），以及為何人類不斷擴散遷徙、前往自己覺得最宜居的地方。樹才需要根，人類有腿。

最後也別忘記國際組織與全球意識興起的背景。一八〇三到一九四五年間世人嘗試過以民族國家為單位爭奪權位的國際關係，結果並不好看。反動右派錯得離譜，他們發瘋似地說伊斯蘭要對西方「開戰」（至今死亡人數還在四位數），以此為由主張回復到過往西方自相殘殺的國際秩序（死亡人數以千萬計）。一九四五年後各國領袖覺得「不要**重蹈覆轍**」於是淡化國族主義、主張普世人權與國際法規、成立跨國組織；前面第十一章陳述過其成果為歐洲享受了七十年的和平與繁榮，並且逐步擴大到全世界。

評論作家感慨啟蒙只是「短暫插曲」，但這個形容用在由新法西斯、新反動衍生的二十一世界倒退風潮更合適。歐洲選舉與川普政權種種自毀之舉顯示世界或許也來到民粹頂峰，但根據第二十章的資料判斷，這些運動無人願意承繼。撇開頭條新聞的聳動字詞，數字告訴我們民主與自由價值長期看漲，一夕翻盤的機率微乎其微。人口和觀念的流動已經勢不可擋，長久隱瞞世界主義與國際合作帶來的好處是不可能的事。

人文主義在道德和知識面的立足點我認為已經解釋得夠穩固了，但恐怕依舊有人會懷疑它是否欠缺打動人心的力量。啟蒙最終會不會因為未能觸及人類原始需求而失敗？人文主義者要不要召開復興大會，讓人在講壇上高舉史賓諾沙的《倫理學》，下面與會者紛紛翻著白眼以世界語（Esperanto）念念有詞？或者舉辦造勢場子給年輕人穿著鮮艷上衣朝約翰·彌爾海報行禮？我想沒這個必要，記住脆弱性與需求並不相同，丹麥、紐西蘭、世界上其他幸福地區的公民沒這些病態行為過得還是很好，世界主義下的世俗民主成果任何人都看得到。

不過開歷史倒車的觀念會持續存在、持續吸引世人。因此為理性、科學、人文主義和進步思想辯護同樣不能停。如果不明白進步是努力的結果，就會誤以為良好秩序與普世繁榮理所當然，然後出了一點問題就急著責怪惡徒、衝撞體制、將權力拱手交給聲稱能帶領國家走向偉大的領袖。我盡自己所能闡述何謂進步及達成進步的理念，也提供思考方向給記者、知識分子和其他有志之士，希望大家不要輕忽啟蒙造就的一切。

請保持數字觀念：別將故事當成趨勢。請記住歷史：覺得現在不好，不代表過去比較好。請熟悉哲學：沒有理性的人說不出理性不存在，運用理性的人不會根據神明諭示決定

---

13 譯按：原文 urbane，意為有教養禮節或見多識廣。「彬彬」在中文原意為「各種不同事物配合適當的樣子」，引申出彬彬有禮、文質彬彬等成語。

是非真假。也請瞭解心理學：我們覺得對的事情很多都不對，很多人都覺得對的時候更值得懷疑。

冷靜判斷，不是每個問題都該稱為危機、瘟疫、流行病、生存威脅，不是每次改變都會這個終結、那個滅亡、開啟後什麼什麼時代。別將悲觀和深度混為一談：這世界會一直面對問題，問題可以解決，什麼都推給社會病了的人只是譁眾取寵。最後，放下尼采。或許尼采讀起來氣勢磅礡，相對而言人文主義平淡無味，但難道愛、和平、理解和包容聽起來很刺激嗎？

本書目標並不只是揭露謬誤思想、提供真實資料，也希望能作為敘事起點，由更擅言詞、更具文采的人接替下去傳達得更好更遠。人類進步的故事才是**真正的**英雄傳奇、燦爛輝煌又振奮人心，我也要大膽地說其中充滿靈性。故事是這樣的：

人類誕生在不具慈悲心的宇宙。在這裡，回歸混沌的機率遠遠大過維繫生命的秩序。無情的競爭過程塑造出我們，但我們的本質是曲木，容易受假象所騙，總以自身為中心，時不時表現得愚蠢至極。

可是人性仍留著救贖的可能性。我們具備遞迴思考、組織概念的天賦，能對自己的思考進行思考。我們也有語言天分，能分享經驗和創意的果實。我們還因為同情、憐憫及想像力而多了一分深度。

這些能力不斷成長。語言發展為書寫、印刷、電子訊號。同情心隨歷史、媒體、敘事藝術而擴大。理智雖有瑕疵卻透過標準和制度得以倍增：對知識的渴望、公開辯論、質疑權威和教條，各種想法必須接受事實驗證。

隨著思考螺旋前進的速度加快，人類抵禦了威脅生存的力量，也克服自身本質的黑暗面。我們解開包含生命與心靈在內的宇宙謎題，壽命延長、痛苦縮小、累積知識、腦袋更聰明，也享受更多細緻愉悅與繽紛體驗。彼此殘殺、奴役、壓迫、剝削越來越少，和平與繁榮自幾個綠洲往外擴散，有一天會覆蓋全世界。還有許多痛苦危難，可是解決方案已經浮現，未來還有無限的發想空間。

世界永遠不會完美，尋求完美世界其實是危險的想法。可是我們對世界的改善永不受限，只要持續運用知識就能增加人類福祉。

上面這段故事也充滿英雄色彩，但它不是神話。神話是虛構的，人類進步則是真實的——符合我們所知，也就是我們唯一能擁有的真實。我們相信這個故事，因為**理性**告訴我們它可信。隨著知識累積，我們也會分辨出故事裡的真假，每個環節都可能也都可以修正。

這個故事不被任何部族獨占，它屬於全人類，屬於所有具直覺、有理性、會堅持活下去的生命。故事傳達的信念很簡單：活著比死去好，健康比生病好，富足比匱乏好，自由比壓迫好，幸福比苦痛好，知識勝過迷信與無知。

原文注釋

序

1. 「母親與孩童」出自二〇一七年一月二十日川普就職演說，「全面戰爭」和「靈性與道德根基」出自川普政府首席顧問史蒂芬·班農對二〇一四年夏季梵蒂岡會議的評論，「全球權力結構」出自二〇一六年十一月最後一波「川普論美國」電視競選廣告，然而一般認為上述三篇論述背後皆由班農捉刀。資料來源：https://www.whitehouse.gov/inaugural-address, J. L. Feder, "This Is How Steve Bannon Sees the Entire World," *BuzzFeed*, Nov. 16, 2016, https://www.buzzfeed.com/lesterfeder/this-is-how-steve-bannon-sees-the-entire-world http://blog.4president.org/2016/2016-tv-ad/
2. 莫頓於一九四二和七三年的論述中的用詞皆為 communism，為避免與馬克思主義混淆故多數引用改為 communalism。

第一部

1. S. Maher, "Inside the Mind of an Extremist," presentation at the Oslo Freedom Forum, May 26, 2015, https://oslofreedomforum.com /talks /inside -the -mind -of -an -extremist.
2. From Hayek 1960/2011, p. 47; see also Wilkinson 2016a.

第一章

1. *What Is Enlightenment?* Kant 1784/1991.
2. 此處組合並節錄 H. B. Nisbet, Kant 1784/1991, Mary C. Smith 三人的翻譯。http://www.columbia.edu/acis/ets/CCREAD/etscc/kant.html
3. *The Beginning of Infinity*: Deutsch 2011, pp.221-22.
4. Goldstein 2006; Gottlieb 2016; Grayling 2007; Hunt 2007; Israel 2001; Makari 2015; Montgomery & Chirot 2015; Pagden 2013; Porter 2000.
5. 有關「理性無可動搖」請見 Nagel 1997；參照本書第二十一章。
6. 多數啟蒙思想家為「非有神論者」請見 Pagden 2013, p. 98. 7. Wootton 2015, pp.6-7。
7. Wootton 2015, pp.6-7.
8. Scott 2010, pp.20-21.
9. 啟蒙思想家做為研究人類的科學家請見：Kitcher 1990; Macnamara 1999; Makari 2015; Montgomery & Chirot 2015; Pagden 2013; Stevenson & Haberman 1998。
10. 同情心的循環：Nagel 1970; Pinker 2011; Shermer 2015; Singer 1981/2010。
11. 世界主義：Appiah 2006; Pagden 2013; Pinker 2011。
12. 人道革命一說：Hunt 2007; Pinker 2011。
13. 神祕力量等：Berlin 1979; Nisbet 1980/2009。
14. 獨裁式高度現代主義：Scott 1998。
15. 獨裁式高度現代主義與心靈白板論：Pinker 2002/2016, pp.170-71, 409-11。
16. 引用自 Le Corbusier，取自 Scott 1998, pp.114-15。
17. 對懲罰的重新思索：Hunt 2007。
18. 創造財富：Montgomery & Chirot 2015; Ridley 2010; Smith 1776/2009。
19. 善意商業：Mueller 1999, 2010b; Pagden 2013; Pinker 2011; Schneider & Gleditsch 2010。
20. 論永久和平：Kant 1795/1983. Modern interpretation: Russett & Oneal 2001。

第二章

1. 有關熱力學第二定律：Atkins 2007; Carroll 2016; Hidalgo 2015; Lane 2015。
2. Eddington 1928/2015.
3. 《兩種文化與科學變革》：Snow 1959/1998, pp.14-15。
4. Second Law of Thermo = First law of psycho: Tooby, Cosmides, & Barrett 2003.
5. 有關自組織：England 2015; Gell-Mann 1994; Hidalgo 2015; Lane 2015。
6. 演化與熵：Dawkins 1983, 1986; Lane 2015; Tooby, Cosmides, &-Barrett 2003。
7. 關於史賓諾莎：Goldstein 2006。
8. 關於資訊：Adriaans 2013; Dretske 1981; Gleick 2011; Hidalgo 2015。
9. 資訊是熵的減少而非熵本身：https://schneider.ncifcrf.gov/information.is.not.uncertainty.html
10. 傳遞的資訊就是知識：Adriaans 2013; Dretske 1981; Fodor 1987, 1994。

11. 「宇宙由物質、能量與資訊構成」：Hidalgo 2015, p.ix；參照 Lloyd 2006。
12. 神經網路運算：Anderson 2007; Pinker 1997/2009, ch. 2。
13. 知識、資訊和推論的角色：Block 1986; Fodor 1987, 1994。
14. 認知利基：Marlowe 2010; Pinker 1997/2009; Tooby & DeVore 1987; Wrangham 2009。
15. 有關語言：Pinker 1994/2007。
16. 哈匝部落覓食：Marlowe 2010。
17. 軸心世紀：Goldstein 2013。
18. 關於軸心世紀：Baumard et al. 2015。
19. 出自《三文錢的歌劇》（*The Threepenny Opera*）第二部第一景。
20. 時鐘式宇宙：Carroll 2016; Wootton 2015。
21. 天生文盲且不會算數：Carey 2009; Wolf 2007。
22. 異想思維、無形本質、語言法術：Oesterdiekhoff 2015. Pinker 1997/2009, chaps. 5. and 6; Pinker 2007a, ch.7。
23. 統計思考的謬誤：Ariely 2010; Gigerenzer 2015; Kahneman 2011; Pinker 1997/2009, ch. 5; Sutherland 1992。
24. 天生的律師或政客：Kahan, Jenkins-Smith, & Braman 2011; Kahan, Peters, et al. 2013; Kahan, Wittlin, et al. 2011; Mercier & Sperber 2011; Tetlock 2002。
25. 高估自身：Johnson 2004. Overconfidence in understanding: Sloman & Fernbach 2017.
26. 道德感的問題：Greene 2013; Haidt 2012; Pinker 2008。
27. 道德作為譴責別人的工具：DeScioli & Kurzban 2009; DeScioli 2016。
28. 道德暴力：Fiske & Rai 2015; Pinker 2011, chaps.8,9。
29. 超越認知局限：Pinker 2007a, 2010。
30. *Letter to Isaac McPherson*, Writings 13:333-35，引用於 Ridley 2010, p.247。
31. 集體理性：Haidt 2012; Mercier & Sperber 2011。
32. 互助合作與觀點可換性：Nagel 1970; Pinker 2011; Singer 1981/2010。

第三章

1. 不信任體制：Twenge, Campbell, & Carter 2014. Mueller 1999, pp.167-68，指出一九六〇年代是分水嶺，之前與之後都無法達到當時的信任程度。保守派對科學的不信任：Gauchat 2012。Populism: Inglehart & Norris 2016; J. Müller 2016; Norris & Inglehart 2016；參照第二十及二十三章。
2. 非西方世界的啟蒙：Conrad 2012; Kurlansky 2006; Pelham 2016; Sen 2005; Sikkink 2017。
3. 反啟蒙：Berlin 1979; Garrard 2006; Herman 1997; Howard 2001; McMahon 2001; Sternhell 2010; Wolin 2004；參照第二十三章。
4. 薩金特（John Singer Sargent）一九二二年畫作《死亡與勝利》的題詞，收藏於哈佛大學懷德納圖書館。
5. 非信徒捍衛宗教立場：Coyne 2015；參照第二十三章。
6. 環保現代主義：Asafu-Adjaye et al. 2015; Ausubel 1996, 2015; Brand 2009; DeFries 2014; Nordhaus & Shellenberger 2007；參照第十章。
7. 政治意識形態造成問題：Duarte et al. 2015; Haidt 2012; Kahan, Jenkins-Smith, & Braman 2011; Mercier & Sperber 2011; Tetlock & Gardner 2015；第二十一章會詳細解釋。
8. 此處引用改編自邁克爾・林德（Michael Lind），原文則引用自 Herman 1997，參照 Nisbet 1980/2009。
9. 環保悲觀主義：Bailey 2015; Brand 2009; Herman 1997; Ridley 2010；參照第十章。
10. 文學史研究者弗萊查爾德（Hoxie Neale Fairchild）結合艾略特、柏洛茲、薩繆爾・貝克特作品的句子。出自 *Religious Trends in English Poetry*，引用於 Nisbet 1980/2009, p.328。
11. 關於英雄：Nietzsche 1887/2014。
12. 兩種文化的次序並非出於斯諾本人，而是沿用此概念的其他作者，例如 Brockman 2003。
13. Snow 1959/1998, p.14.
14. 利維斯的論點：Leavis 1962/2013；詳見 Collini 1998, 2013。
15. Leavis 1962/2013, p.71.

第四章

1. Herman 1997, p.7, Joseph Campbell, Noam Chomsky, Joan Didion, E. L. Doctorow, Paul Goodman, Michael Harrington, Robert Heilbroner, Jonathan Kozol, Christopher Lasch, Norman Mailer, Thomas Pynchon, Kirkpatrick Sale, Jonathan Schell, Richard Sennett, Susan Sontag, Gore Vidal, Garry Wills.
2. Nisbet 1980/2009, p.317.
3. 樂觀偏誤：McNaughton-Cassill & Smith 2002; Nagdy & Roser 2016b; Veenhoven 2010; Whitman 1998。
4. 歐盟的民情調查，取自 Nagdy & Roser 2016b。
5. Ipsos 2016, "Perils of Perception (Topline Results)," 2013, https://www.ipsos.com/sites/default/files/migrations/en-uk/files/Assets/Docs/Polls/ipsos-mori-rss-kings-perils-of-perception-topline.pdf, graphed in Nagdy &

Roser 2016b.

6. Dunlap, Gallup, & Gallup 1993, graphed in Nagdy & Roser 2016b.
7. J. McCarthy, "More Americans Say Crime Is Rising in U.S.," Gallup.com, Oct. 22, 2015, http:// www.gallup.com/poll/186308/americans-say-crime-rising.aspx.
8. 世界越來越糟：澳洲、丹麥、芬蘭、法國、德國、大不列顛、香港、挪威、新加坡、瑞典、美國的調查結果。馬來西亞、泰國、阿拉伯聯合大公國也得到同樣結論。調查對象裡只有中國的樂觀者多於悲觀者。YouGov poll, Jan. 5, 2016, https://yougov.co.uk/news/2016/01/05/chinese-people-are-most-optimistic-world/. The United States on the wrong track: Dean Obeidallah, "We've Been on the Wrong Track Since 1972," Daily Beast, Nov. 7, 2014, http://www.pollingreport.com/right.htm.
9. 此段參考B. Popik, "First Draft of History (Journalism)," BarryPopik.com, http:// www.barrypopik.com/index.php/new_york_city/entry/first_draft_of_history_journalism/
10. 新聞的本質和頻率：Galtung & Ruge 1965。
11. 可得性的簡易原則：Kahneman 2011; Slovic 1987; Slovic, Fischof, & Lichtenstein 1982; Tversky & Kahneman1973。
12. 風險誤判：Ropeik & Gray 2002; Slovic 1987. Post-Jaws avoidance of swimming: Sutherland 1992, p.11。
13. 「越聳動越吸引人」（反之亦然）：Bohle 1986; Combs & Slovic 1979; Galtung & Ruge 1965; Miller & Albert 2015。
14. 認為伊斯蘭國威脅到國家存續：Poll conducted for Investor's Business Daily by TIPP, March 28-April 2, 2016, http://www.investors.com/politics/ibdtipp-poll-distrust-on-what-obama-does-and-says-on-isis-terror/。
15. 閱聽新聞的結果：Jackson 2016，參照 Johnston & Davey 1997; McNaughton-Cassill 2001; Otieno, Spada, & Renkl 2013; Ridout, Grosse, & Appleton 2008; Unz, Schwab, & WinterhoffSpurk 2008。
16. J. Singal, "What All This Bad News Is Doing to Us," New York, Aug. 8, 2014.
17. 暴力減少：Eisner 2003; Goldstein 2011; Gurr 1981; Human Security Centre 2005; Human Security Report Project 2009; Mueller 1989, 2004a; Payne 2004。
18. 解決方式的副作用：Deutsch 2011, pp. 64, 76, 350; Berlin 1988/2013, p.15。
19. Deutsch 2011, p.193.
20. 長尾分布詳見第十九章，更多資料請見 Pinker 2011, pp.210-22。
21. 負面偏好：Baumeister, Bratslavsky, et al. 2001; Rozin & Royzman 2001。
22. Personal communication, 1982.
23. 負面感受詞彙較多：Baumeister, Bratslavsky, et al. 2001; Schrauf & Sanchez 2004。
24. 美化記憶：Baumeister, Bratslavsky, et al. 2001。
25. 對舊日的幻覺：Eibach & Libby 2009。
26. Connor 2014；參照 Connor 2016。
27. 批評式的書評感覺更聰明：Amabile 1983。
28. M. Housel, "Why Does Pessimism Sound So Smart?" Motley Fool, Jan. 21, 2016.
29. 提出同樣觀點的還有經濟學家 Albert Hirschman, 1991 和記者 Gregg Easterbrook, 2003。
30. D. Bornstein & T. Rosenberg, "When Reportage Turns to Cynicism," New York Times, Nov. 14, 2016。有關「建設性新聞報導」詳見 Gyldensted 2015, Jackson 2016, *Positive News* www.positive.news。
31. 千年發展目標包括：消滅極端貧窮和飢餓、實現普及初等教育、促進性別平等並賦予婦女權利、降低兒童死亡率、改善產婦保健、對抗愛滋、瘧疾及其他疾病、確保環境永續、全球合作促進發展。
32. 呈現進步的書籍（依照提及順序）：Norberg 2016, Easterbrook 2003, Reese 2013, Naam 2013, Ridley 2010, Robinson 2009, Bregman 2017, Phelps 2013, Diamandis & Kotler 2012, Goklany 2007,Kenny 2011, Bailey 2015, Shermer 2015, DeFries 2014, Deaton 2013, Radelet 2015, Mahbubani 2013。

第五章

1. World Health Organization, 2016a.
2. Hans and Ola Rosling, "The Ignorance Project," https://www.gapminder.org/ignorance/.
3. Roser 2016n; estimate for England in 1543 from R. Zijdeman, OECD Clio Infra.
4. 狩獵採集時代的預期壽命：Marlowe 2010, p.160。數據是基於哈匝人的新生兒與青少年死亡率（不同人口群體比較時最主要的差異所在）和馬斯洛研究四百七十八個採集部族得到的中位數相同。鐵器時代初的農夫：Galor & Moav 2007。千年內沒有增加：Deaton 2013, p. 80。
5. Noberg 2016, pp. 46, 40.
6. 流感：Roser 2016n。美國白人死亡率：Case & Deaton 2015。
7. Marlowe 2010, p.261.
8. Deaton 2013, p.56.
9. 降低衛生保健：N. Kristof, "Birth Control for Others," New York Times, March 23, 2008.
10. M. Housel, "50 Reasons We're Living Through the Greatest Period in World History," Motley Fool, Jan. 29, 2014.
11. World Health Organization 2015c.
12. Marlowe 2010, p.160.

13. Radelet 2015, p.75.
14. 一九九〇年預期健康壽命：Mathers et al. 2001。已開發國家二〇一〇年的預估健康壽命：Murray et al. 2012：除了傳統的預期壽命，預期健康壽命的資料最近也進入聯合國報告，參照 Chernew et al. 2016。
15. G. Kolata, "U.S. Dementia Rates Are Dropping Even as Population Ages," New York Times, Nov. 21, 2016.
16. 生物倫理委員會：Pinker 2008b。
17. L. R. Kass, "L'Chaim and Its Limits: Why Not Immortality?" First Things, May 2001.
18. 壽命預估一直被超越：Oeppen & Vaupel 2002。
19. 壽命的逆向工程：M. Shermer, "Radical Life-Extension Is Not Around the Corner," Scientific American, Oct. 1, 2016; Shermer 2018。
20. Siegel, Naishadham, & Jemal 2012.
21. 對長生不死的質疑：Hayflick 2000; Shermer 2018。
22. 熵能殺人：P. Hoffmann, "Physics Makes Aging Inevitable, Not Biology," Nautilus, May 12, 2016.

第六章

1. Deaton 2013, p.149.
2. Bettmann 1974, p.136：跳過中間一部分。
3. Bettmann 1974;Norberg 2016.
4. Carter 1966, p.3.
5. Woodward, Shurkin, & Gordon 2009：參照 Web site ScienceHeroes (www.scienceheroes.com)。該團隊的統計專家是 April Ingram, Amy R. Pearce。
6. 針對過去式出書：Pinker 1999/2011。
7. Kenny 2011, pp.124-25.
8. D. G. McNeil Jr., "A Milestone in Africa: No Polio Cases in a Year," New York Times, Aug. 11, 2015; "Polio This Week," Global Polio Eradication Initiative, http://polioeradication.org/polio-today/polio-now/this-week/, May 17, 2017.
9. "Guinea Worm Case Totals," The Carter Center, April 18, 2017, https://www.cartercenter.org/health/guinea_worm/case-totals.html.
10. Bill & Melinda Gates Foundation, Our Big Bet for the Future: 2015 Gates Annual Letter, p. 7, https:// www.gatesnotes.com/2015-Annual-Letter.
11. World Health Organization, 2015b.
12. Bill & Melinda Gates Foundation, "Malaria: Strategy Overview," http://www.gatesfoundation.org/What-We-Do/Global-Health/Malaria.
13. 資料原始來源為世界衛生組織及其下兒童健康流行病資料團隊，引用自 cited in Bill & Melinda Gates Foundation, Our Big Bet for the Future: 2015 Gates Annual Letter, p. 7, https:// www.gatesnotes.com/2015-Annual-Letter; UNAIDS 2016。
14. N. Kristof, "Why 2017 May Be the Best Year Ever," New York Times, Jan. 21, 2017.
15. Jamison et al. 2015.
16. Deaton 2013, p.41.
17. Deaton 2013, pp.122-23.

第七章

1. Norberg 2016, pp.7-8.
2. Braudel 2002.
3. Fogel 2004, quoted in Roser 2016d.
4. Braudel 2002, pp.76-77, quoted in Norberg 2016.
5. Dietary Guidelines for Americans 2015-2020, Estimated Calorie Needs per Day, by Age, Sex, and Physical Activity Level," http://health.gov/dietaryguidelines/2015/guidelines/appendix-2/
6. 熱量數據來自 Roser 2016d：參考圖 7-1。
7. Food and Agriculture Organization of the United Nations, *The State of Food and Agriculture 1947*, cited in Norberg 2016.
8. 此定義來自經濟學家 Cormac Ó Gráda，引用於 Hasell & Roser 2017。
9. Devereux 2000, p.3.
10. W. Greene, "Triage: Who Shall Be Fed? Who Shall Starve?" New York Times Magazine, Jan. 5, 1975。該文前一年，生態學者 Garrett Hardin 在 *Psychology Today*, Sept. 1974 發表《救生艇倫理：論為何不要救濟窮人》於是有了「救生艇倫理」一詞。
11. "Service Groups in Dispute on World Food Problems," New York Times, July 15, 1976; G. Hardin, "Lifeboat Ethics," Psychology Today, Sept. 1974.
12. McNamara, health care, contraception: N. Kristof, "Birth Control for Others," New York Times, March 23, 2008.
13. Famines don't reduce population growth: Devereux 2000.
14. "Making Data Dance," The Economist, Dec. 9, 2010.

15. 工業革命與逃離饑荒：Deaton 2013; Norberg 2016; Ridley 2010。
16. 農業革命：DeFries 2014。
17. Norberg 2016.
18. Woodward, Shurkin, & Gordon 2009; http://www.scienceheroes.com/；哈伯也是第一次世界大戰化學武器的推手，導致九萬人死亡，即使扣除這個數字他依舊穩居第一。
19. Morton 2015, p. 204. 20. Roser 2016e, 2016u.
20. Roser 2016e, 2016u.
21. Borlaug: Brand 2009; Norberg 2016; Ridley 2010; Woodward, Shurkin, & Gordon 2009; DeFries 2014.
22. 綠色革命還在繼續：Radelet 2015。
23. Roser 2016m.
24. Norberg 2016.
25. Norberg 2016。根據聯合國糧食及農業組織二〇一五年全球森林資源評估，「超過六十個國家或地區的淨森林面積正在增加，以溫帶和北極區為主」。http://www.fao.org/resources/infographics/infographics-details/en/c/325836/
26. Norberg 2016.
27. Ausubel, Wernick, & Waggoner 2012.
28. Alferov, Altman, & 108 other Nobel Laureates 2016; Brand 2009; Radelet 2015; Ridley 2010, pp. 170-73; J. Achenbach, "107 Nobel Laureates Sign Letter Blasting Greenpeace over GMOs," Washington Post, June 30, 2016; W. Saletan, "Unhealthy Fixation," Slate, July 15, 2015.
29. W. Saletan, "Unhealthy Fixation," Slate, July 15, 2015.
30. 科學盲對基因改造食物的看法：Sloman & Fernbach 2017。
31. Brand 2009, p.117.
32. Sowell 2015.
33. 糧食供給並不僅僅是農業問題：Devereux 2000; Sen 1984, 1999。
34. Devereux 2000；參照 White 2011。
35. Devereux 2000 提到殖民時代「從總體經濟和政治面漸漸消除饑荒」，原因是基礎建設進步以及「殖民政府終於發現為了維持執政正當性必須消弭糧食危機，於是設置早期預警系統和救濟制度」。
36. 二十世紀重大饑荒死亡人數為七千萬之依據為 Devereux 2000 (p. 29)，特定饑荒資料在其圖 1。參照 Rummel 1994; White 2011。
37. Deaton 2013; Radelet 2015.

第八章

1. Rosenberg & Birdzell 1986, p.3.
2. Norberg 2016，總結自 Braudel 2002, pp.75, 285 和其他資料。
3. Cipolla 1994，刪除文內引號。
4. 實體謬誤：Sowell 1980。
5. 財富可以創造：Montgomery & Chirot 2015; Ridley 2010。
6. 成長被低估：Feldstein 2017。
7. 消費者剩餘、王爾德：T. Kane, "Piketty's Crumbs," *Commentary*, April 14, 2016。
8. 「財富大逃亡」一詞出自 Deaton 2013；「啟蒙經濟」出自 Mokyr 2012。
9. Ridley 2010.
10. 科學與科技是財富大逃亡的主因：Mokyr 2012, 2014。
11. 自然狀態與開放經濟：North, Wallis, & Weingast 2009. Related argument: Acemoglu & Robinson 2012。
12. 布爾喬亞的美德：McCloskey 1994, 1998。
13. 摘錄自 *Letters Concerning the English Nation*，引用於 Porter 2000, p.21。
14. Porter 2000, pp.21-22。
15. 人均國內生產總值資料來自 Maddison Project 2014，公開於 Marian Tupy's *HumanProgress*, http://www.humanprogress.org/f1/2785/1/2010/France/United%20Kingdom。
16. 大匯合：Mahbubani 2013. Mahbubani，詞彙靈感來自專欄作家 Martin Wolf。Radelet (2015) 稱為大浪潮；Deaton (2013) 將這些後續現象都囊括在「大逃亡」一詞底下。
17. 經濟快速成長的國家：Radelet 2015, pp.47-51。
18. 聯合國二〇一五年的千年發展目標報告書說：「從一九九一到二〇一五年之間，每日支出在四美元以上的具勞動力之中產階級人數已經擴大三倍，目前是開發中地區半數以上主要勞動力來源，相較之下一九九一時只占了百分之十八。」當然聯合國定義的「具勞動力之中產階級」就已開發國家的標準來看依舊貧窮，即便如此中產階級的擴大程度仍舊超乎眾人預期。美國智庫布魯金斯學會二〇一三年提出預測：當時該階級為十八億人，二〇二〇年將增為三十二億。L. Yueh, "The Rise of the Global Middle Class," BBC News online, June 19, 2013, http://www.bbc.com/news/business-22956470

19. 駝峰曲線：Roser 2016g。
20. 單峰駱駝的原文沒有camel一詞，但技術上來說仍屬於camel。
21. 圖9-1與9-2是這個現象的另一種呈現角度，資料根據為Milanovi 2016。
22. 等同於常見的每日一點二五元說法，此處單位是二〇〇五國際元。Ferreira, Jolliffe, & Prydz 2015.
23. M. Roser, "No Matter What Extreme Poverty Line You Choose, the Share of People Below That Poverty Line Has Declined Globally," *Our World in Data* blog, 2017, https://ourworldindata.org/no-matter-what-global-poverty-line.
24. 「無知之幕」思想實驗：Rawls 1976。
25. 千年發展目標：United Nations 2015a. 26. Deaton 2013, p.37。
26. Deaton 2013, p.37.
27. Lucas 1988, p.5.
28. The goal is defined as $1.25 a day, which is the World Bank international poverty line in 2005 international dollars; see Ferreira, Jolliffe, & Prydz 2015.
29. 欲使貧窮人口歸零遭遇的阻礙：Radelet 2015, p.243; Roser & Ortiz-Ospina 2017, section IV.2。
30. 一直大喊「危機」所造成的危機：Kenny 2011, p. 203。
31. 發展主因：Collier & Rohner 2008; Deaton 2013; Kenny 2011; Mahbubani 2013; Milanovi 2016; Radelet 2015. M. Roser, "The Global Decline of Extreme Poverty—Was It Only China?" *Our World in Data* blog, March 7, 2017, https://ourworldindata.org/the-global-decline-of-extreme-poverty-was-it-only-china/
32. Radelet 2015, p.35.
33. 價格即資訊：Hayek 1945; Hidalgo 2015; Sowell 1980。
34. 委內瑞拉與智利，辛巴威與波札那：M. L. Tupy, "The Power of Bad Ideas: Why Voters Keep Choosing Failed Statism," *CapX*, Jan.7, 2016。
35. Kenny 2011, p.203; Radelet 2015, p.38.
36. 毛澤東引發的大屠殺：Rummel 1994; White 2011。
37. 坊間傳言認為這句話是小羅斯福提及尼加拉瓜總統德瓦伊萊時所言，但未必是事實：http://message.snopes.com/showthread.php?t=8204/。
38. 地方領袖：Radelet 2015, p.184。
39. 戰爭是逆向發展：Collier 2007。
40. Deaton 2017.
41. Collini 1998, 2013.
42. 浪漫主義和文藝界對工業革命的敵意：Snow 1959/1998, pp.25-26. Enraged response: Leavis 1962/2013, pp.69-72. 43. Radelet 2015, pp.58-59。
42. Snow 1959/1998, pp.25-26。憤怒的回應：Leavis 1962/2013, pp.69-72。
43. Radelet 2015, pp. 58-59.
44. "Factory Girls," by A Factory Girl, The Lowell Offering, no. 2, Dec. 1840, https://www2.cs.arizona. edu/patterns/weaving/periodicals/lo_40_12.pdf. Cited in C. Follett, "The Feminist Side of Sweatshops," The Hill, April 18, 2017, http://thehill.com/blogs/pundits-blog/labor/329332-the-feminist-side-of-sweatshops.
45. 引用於Brand 2009, p.26：書中第二、三章深入探討都市化的解放力量。
46. 在Brand 2009, chaps. 2 and 3, and Radelet 2015, p.59有文獻回顧。Chang 2009敘述現代中國的同樣現象。
47. 貧民區變成市郊社區：Brand 2009; Perlman 1976。
48. 勞動條件的改善：Radelet 2015。
49. 科學與科技帶來的利益：Brand 2009; Deaton 2013; Kenny 2011; Radelet 2015; Ridley 2010.
50. 手機與商業：Radelet 2015。
51. Jensen 2007.
52. 數據來自國際電信聯盟，引用於Pentland 2007。
53. 反對外援：Deaton 2013; Easterly 2006。
54. 贊成（某些）外援：Collier 2007; Kenny 2011; Radelet 2015; Singer 2010; S. Radelet, "Angus Deaton, His Nobel Prize, and Foreign Aid," Future Development blog, Brookings Institution, Oct. 20, 2015, http://www.brookings.edu/blogs/future-development/posts/2015/10/20-angus-deaton-nobel-prize-foreign-aid-radelet。
55. 普勒斯頓曲線上揚：Roser 2016n。
56. 預期壽命數字取自www.gapminder.org。
57. 國內生產總值與福祉：van Zanden et al. 2014, p.252; Kenny 2011, pp.96-97; Land, Michalos, & Sirgy 2012; Prados de la Escosura 2015：參照第十一、十二和十四至十八章。
58. 國內生產總值與和平、穩定、自由：Brunnschweiler & Lujala 2015; Hegre et al. 2011; Prados de la Escosura 2015; van Zanden et al. 2014; Welzel 2013：參照第十一、十四至十八章。
59. 國內生產總值與幸福：Helliwell, Layard, & Sachs 2016; Stevenson & Wolfers 2008a; Veenhoven 2010：參照第十八章。與智商相關：Pietschnig & Voracek 2015：參照第十六章。
60. 國家福祉的複合指標：Land, Michalos, & Sirgy 2012; Prados de la Escosura 2015; van Zanden et al. 2014; Veenhoven 2010; Porter, Stern, & Green 2016：參照第十六章。
61. 國家生產總值是和平、穩定、自由價值的背後成因：Brunnschweiler & Lujala 2015; Hegre et al. 2011; Prados de la Escosura 2015; van Zanden et al. 2014; Welzel 2013：參照第十一、十四、十五章。

第九章

1. 二〇一六年九月十九日以紐約時報的紀錄查詢工具所做統計，該工具目前已停用。
2. "Bernie Quotes for a Better World," http://www.betterworld.net/quotes/bernie8.htm.
3. 英語圈與其他已開發國家的差異：Roser 2016k。
4. 吉尼係數資料取自Roser 2016k，原始數據來自OECD 2016；注意確實數字會因來源而有所不同，例如世界銀行Povcal數據庫的統計資料就比較輕微，一九八六年為點三八，二〇一三年為點四一。所得比例資料來自全球財富與所得資料庫，http://www.wid.world/。完整資料請參考*The Chartbook of Economic Inequality*, Atkinson et al. 2017。
5. 貧富不均造成的問題：Frankfurt 2015。其他對不均提出異議者：Mankiw 2013; McCloskey 2014; Parfit 1997; Sowell 2015; Starmans, Sheskin, & Bloom 2017; Watson 2015; Winship 2013; S. Winship, "Inequality Is a Distraction. The Real Issue Is Growth," *Washington Post*, Aug. 16, 2016。
6. Frankfurt 2015, p.7.
7. 根據世界銀行2016c，全球人均國內生產總值從一九六一年到二〇一五年每年都成長，唯一例外是二〇〇九年。
8. Piketty 2013, p.261。對Piketty論述的異議：Kane 2016; McCloskey 2014; Summers 2014a。
9. Nozick論分配：Nozick 1974。當時的例子是籃球傳奇威爾特．張伯倫。
10. J. B. Stewart, "In the Chamber of Secrets: J. K. Rowling's Net Worth," *New York Times*, Nov. 24, 2017.
11. 社會比較理論由Leon Festinger提出，參考團體理論來自Robert Merton, Samuel Stouffer。文獻回顧和引用請見Kelley & Evans 2016。
12. Amartya Sen (1987) 提出類似論點。
13. 財富與幸福：Stevenson & Wolfers 2008a; Veenhoven 2010；參照第十八章。
14. Wilkinson & Pickett 2009.
15. 《精神層次》內容問題：Saunders 2010; Snowdon 2010, 2016; Winship 2013。
16. 不均和主觀幸福感：Kelley & Evans 2016。幸福如何測量請見第十八章。
17. Starmans, Sheskin, & Bloom 2017.
18. 少數族裔被視為福利詐欺犯：Sowell 1980, 1994, 1996, 2015。
20. 政治上的權力尋租與貧富不均的關聯：Watson 2015。
21. 分享肉食而非蔬果：Cosmides & Tooby 1992。
22. 貧富不均以及對不均的意識舉世皆然：Brown 1991。
23. 狩獵採集社會的不均現象：Smith et al. 2010。計算時剔除有爭議的「財富」類型，如牲畜繁殖、力氣、體重、分享收穫的人數等。
24. Kuznets 1955.
25. Deaton 2013, p.89.
26. 一八二〇至一九七〇年間，部分國家間的收入不均現象其實肇因於國家數量增加了。與Branko Milanovi 通訊所得資料，April 16, 2017。
27. 戰爭的收入齊平作用：Graham 2016; Piketty 2013; Scheidel 2017。
28. Scheidel 2017, p.444.
29. 社會支出的歷史演變：Lindert 2004; van Bavel & Rijpma 2016。
30. 平等革命：Moatsos et al. 2014, p.207。
31. 社會支出占國家生產總值的比例：OECD 2014。
32. 政府使命的改變（尤其在歐洲）：Sheehan 2008。
33. 尤其在於環保（第十章）、安全（第十二章）、廢死（第十四章）、解放價值（第十五章）與整體人類發展（第十六章）。
34. 資方提供的社會支出：OECD 2014。
35. Robert Inglis (R-S.C.), P. Rucker, "Sen. DeMint of S.C. Is Voice of Opposition to Health-Care Reform," *Washington Post*, July 28, 2009.
36. 華格納法則：Wilkinson 2016b。
37. 開發中國家的社會支出：OECD 2014。
38. Prados de la Escosura 2015.
39. 自由主義者的樂園：M. Lind, "The Question Libertarians Just Can't Answer," *Salon*, June 4, 2013; Friedman 1997，參照第二十一章註四〇。
40. 對福利國家的意願：Alesina, Glaeser, & Sacerdote 2001; Peterson 2015。
41. 一九八〇後貧富不均惡化的解釋：Autor 2014; Deaton 2013; Goldin & Katz 2010; Graham 2016; Milanovi 2016; Moatsos et al. 2014; Piketty 2013; Scheidel 2017。
42. 高背低鼻的大象圖：Milanovi 2016, fig. 1.3。對大象圖的更多分析：Corlett 2016。
43. 匿名與非匿名統計：Corlett 2016; Lakner & Milanovi 2015。
44. 準非匿名的大象圖：Lakner & Milanovi 2015. 45. Coontz 1992/2016, pp.30-31。
45. Coontz 1992/2016, pp.30-31.
46. Rose 2016; Horwitz 2015也有類似結論。

47. 個人可以進入收入排行的前百分之十或百分之一：Hirschl & Rank 2015。Horwitz 2015得到類似結論。參照 Sowell 2015; Watson 2015。
48. 樂觀偏誤：Whitman 1998. Economic Optimism Gap: Bernanke 2016; Meyer & Sullivan 2011。
49. Roser 2016k.
50. 為何美國的國家福利不如歐洲：Alesina, Glaeser, & Sacerdote 2001; Peterson 2015。
51. 五分位數法下各階層的可支配所得成長：Burtless 2014。
52. 二〇一四、二〇一五的所得提升：Proctor, Semega, & Kollar 2016。延續至二〇一六：E. Levitz, "The Working Poor Got Richer in 2016," *New York*, March 9, 2017。
53. C. Jencks, "The War on Poverty: Was It Lost?" New York Review of Books, April 2, 2015. Similar analyses: Furman 2014; Meyer & Sullivan 2011, 2012, 2016, 2017; Sacerdote 2017.
54. 二〇一五、二〇一六貧窮比例下降：Proctor, Semega, & Kollar 2016; Semega, Fontenot, & Kollar 2017。
55. Henry et al. 2015.
56. 低估經濟進展：Feldstein 2017。
57. Furman 2005.
58. 窮人的生活用品：Greenwood, Seshadri, & Yorukoglu 2005. Ownership of appliances among the poor: US Census Bureau, "Extended Measures of Well-Being: Living Conditions in the United States, 2011," table 1, http://www.census.gov/hhes/well-being/publications/extended-11.html. 參照圖17-3。
59. 消費不平等：Hassett & Mathur 2012; Horwitz 2015; Meyer & Sullivan 2012。
60. 幸福感的不平等降低：Stevenson & Wolfers 2008b。
61. 生活品質吉尼係數降低：Deaton 2013; Rijpma 2014, p. 264; Roser 2016a, 2016n; Roser & Ortiz-Ospina 2016a; Veenhoven 2010。
62. 不平等與社會停滯：Summers 2016。
63. 經濟學家道格拉斯．爾文指出四千五百萬美國人處於貧窮線以下，十三萬五千人在成衣業工作，就業市場正常流動情況下每個月有一千七百萬人被解僱。
64. 機械化、就業與貧富不均：Brynjolfsson & McAfee 2016。
65. 經濟的難題和解決方法：Dobbs et al. 2016; Summers & Balls 2015。
66. S. Winship, "Inequality Is a Distraction. The Real Issue Is Growth," *Washington Post*, Aug. 16, 2016.
67. 政府與僱主作為社會福利提供者的不同：M. Lind, "Can You Have a Good Life If You Don't Have a Good Job?" *New York Times*, Sept. 16, 2016。
68. 全民基本收入：Bregman 2017; S. Hammond, "When the Welfare State Met the Flat Tax," Foreign Policy, June 16, 2016; R. Skidelsky, "Basic Income Revisited," Project Syndicate, June 23, 2016; C. Murray, "A Guaranteed Income for Every American," Wall Street Journal, June 3, 2016。
69. 全民基本收入造成什麼結果：Bregman 2017. High-tech volunteering: Diamandis & Kotler 2012. Effective altruism: MacAskill 2015。

第十章

1. 高爾部分：Gore's 1992 *Earth in the Balance*：大學炸彈客部分：Ted Kaczynski (the Unabomber), "Industrial Society and Its Future," http://www.washingtonpost.com/wp-srv/national/longterm/unabomber/manifesto.text.htm：教宗部分：Francis 2015。大學炸彈客卡辛斯基讀過高爾的書，兩者言論的相似點在Ken Crossman未標註日期的網路猜謎中浮現：http://www.crm114.com/algore/quiz.html
2. M. Ridley, "Apocalypse Not: Here's Why You Shouldn't Worry About End Times," *Wired*, Aug. 17, 2012. In *The Population Bomb*, Paul Ehrlich also compared humanity to cancer; see Bailey 2015, p. 5. For fantasies of a depopulated planet, see Alan Weisman's 2007 bestseller *The World Without Us*.
3. Ecomodernism: Asafu-Adjaye et al. 2015; Ausubel 1996, 2007, 2015; Ausubel, Wernick, & Waggoner 2012; Brand 2009; DeFries 2014; Nordhaus & Shellenberger 2007. Earth Optimism: Balmford & Knowlton 2017; https://earthoptimism.si.edu/; http://www.oceanoptimism.org/about/
4. 原住民造成的動物滅絕和森林砍伐：Asafu-Adjaye et al. 2015; Brand 2009; Burney & Flannery 2005; White 2011。
5. 環境保護區與原住民的消亡：Cronon 1995。
6. 節錄自*Plows, Plagues, and Petroleum* (2005)，引用於 Brand 2009, p.19：參照 Ruddiman et al. 2016。
7. Brand 2009, p.133.
8. 工業化帶來的益處：chapters 5-8; A. Epstein 2014; Norberg 2016; Radelet 2015; Ridley 2010。
9. 環保庫茲涅茨曲線：Ausubel 2015; Dinda 2004; Levinson 2008; Stern 2014。這條曲線未必適用於所有種類的汙染物和所有國家，而且此曲線即使存在，成因可能是政策而非自然形成。
10. Inglehart & Welzel 2005; Welzel 2013, ch. 12.
11. 人口轉型：Ortiz-Ospina & Roser 2016d。
12. 穆斯林人口縮水：Eberstadt & Shah 2011。
13. M. Tupy, "Humans Innovate Their Way Out of Scarcity," *Reason*, Jan. 12, 2016：參照 Stuermer & Schwerhoff 2016。
14. 銷礦危機：Deutsch 2011。
15. "China's Rare-Earths Bust," *Wall Street Journal*, July 18, 2016.
16. 為何資源尚未耗盡：Nordhaus 1974; Romer & Nelson 1996; Simon 1981; Stuermer & Schwerhoff 2016。

17. 人不需要資源：Deutsch 2011; Pinker 2002/2016, pp.236-39; Ridley 2010; Romer & Nelson 1996。
18. 人類問題的可能性與解決方式：Deutsch 2011。
19. 一般認為是沙烏地阿拉伯石油部長札奇．亞曼尼在一九七三年最早以石器時代諷刺對於永續的憂慮。詳見"The End of the Oil Age," *The Economist*, Oct. 23, 2003。能源轉型：Ausubel 2007, p.235。
20. 農耕轉變：DeFries 2014。
21. 未來農業：Brand 2009; Bryce 2014; Diamandis & Kotler 2012。
22. 水資源的未來：Brand 2009; Diamandis & Kotler 2012。
23. 環境保護重獲重現：Ausubel 1996, 2015; Ausubel, Wernick, & Waggoner 2012; Bailey 2015; Balmford 2012; Balmford & Knowlton 2017; Brand 2009; Ridley 2010。
24. Roser 2016f，其依據為聯合國糧食及農業組織。
25. Roser 2016f，其依據為隸屬巴西科技部的巴西航太研究院。
26. Environmental Performance Index, http://epi.yale.edu/country-rankings.
27. 受汙染的飲水以及炊煙：United Nations Development Programme 2011。
28. 根據聯合國千年發展目標報告，飲用水遭汙染的人數比例從一九九〇年百分之二十四降低到二〇一五年的百分之九（United Nations 2015a, p.52）。根據Roser 2016l的資料，一九八〇年世界人口百分之六十二採用固體燃料進行炊煮，到二〇一〇年降低為百分之四十一。
29. Norberg 2016.
30. 史上排名第三所漏油事件：Roser 2016r; United States Department of the Interior, "Interior Department Releases Final Well Control Regulations to Ensure Safe and Responsible Offshore Oil and Gas Development," April 14, 2016, https://www.doi.gov/pressreleases/interior-department-releases-final-well-control-regulations-ensure-safe-and。
31. 老虎、禿鷹、犀牛、熊貓的數量變化：World Wildlife Foundation and Global Tiger Forum, cited in "Nature's Comebacks,"*Time*, April 17, 2016。保育成功：Balmford 2012; Hoffmann et al. 2010; Suckling et al. 2016; United Nations 2015a, p.57; R. McKie,"Saved: The Endangered Species Back from the Brink of Extinction,"*The Guardian*, April 8, 2017。皮姆針對滅絕比例的說法：D. T. Max,"Green Is Good,"*New Yorker*, May 12, 2014。
32. 古生物學家道格拉斯．歐文指出大滅絕事件中消失的是分佈廣但不起眼的軟體動物、節肢動物、其他無脊椎動物，而非能夠引起記者關切的鳥類和哺乳類。生物地理學家約翰．布里格斯則說，「多數滅絕事件發生在海島或受局限的淡水區域」且原因是人類引入侵略種。大陸和海洋很少有滅絕事件，過去五十年內並沒有海洋物種遭到滅絕。布蘭特點出災難式預言的假設基礎為所有受威脅物種必將滅絕，而且趨勢會持續數百年以至於上千年。S. Brand,"Rethinking Extinction,"Aeon, April 21, 2015。參照 Bailey 2015; Costello, May, & Stork 2013; Stork 2010; Thomas 2017; M. Ridley,"A History of Failed Predictions of Doom," http://www.rationaloptimist.com/blog/apocalypse-not/。
33. 環保方面國際公約：http://www.enviropedia.org.uk/Acid_Rain/International_Agreements.php。
34. 修補臭氧層：United Nations 2015a, p.7。
35. 環保庫茲涅茨曲線或許受到社會運動和立法影響，請參考註九和四十。
36. 密度的重要：Asafu-Adjaye et al. 2015; Brand 2009; Bryce 2013。
37. 消費層面的物質減量：Sutherland 2016。
38. 汽車文化逐漸衰落：M. Fisher, "Cruising Toward Oblivion," *Washington Post*, Sept. 2, 2015.
39. 材料頂峰：Ausubel 2015; Office for National Statistics2016。對應美國單位為十六點六和十一點四公噸。
40. J. Salzman, "Why Rivers No Longer Burn," *Slate*, Dec. 10, 2012; S. Cardoni, "Top 5 Pieces of Environmental Legislation," *ABC News*, July 2, 2010, http://abcnews.go.com/Technology/top-pieces-environmental-legislation/story?id=11067662; Young 2011.
41. 近期與氣候變遷有關的文獻回顧：Intergovernmental Panel on Climate Change 2014; King et al. 2015; W. Nordhaus 2013; Plumer 2015; World Bank 2012a。參照 J. Gillis,"Short Answers to Hard Questions About Climate Change,"*New York Times*, Nov. 28, 2015;"The State of the Climate in 2016," *The Economist*, Nov. 17, 2016。
42. 增加四度不容發生：World Bank 2012a。
43. 不同排放情境造成的結果：Intergovernmental Panel on Climate Change 2014; King et al. 2015; W. Nordhaus 2013; Plumer 2015; World Bank 2012a。攝氏兩度預測為RCP2.6情境，見於Intergovernmental Panel on Climate Change 2014, fig. 6.7。
44. 化石燃料產生的能量：筆者個人統計2015, British Petroleum 2016, "Primary Energy: Consumption by Fuel," p. 41, "Total World."。
45. 科學界對人類引發氣候變遷的觀點：NASA, "Scientific Consensus: Earth's Climate Is Warming," http://climate.nasa.gov/scientific-consensus/; *Skeptical Science*, http:// www.skepticalscience.com/; Intergovernmental Panel on Climate Change 2014; Plumer 2015; W. Nordhaus 2013; W. Nordhaus, "Why the Global Warming Skeptics Are Wrong," *New York Review of Books*, March 22, 2012. Among the skeptics who have been convinced are the libertarian science writers Michael Shermer, Matt Ridley, and Ronald Bailey。
46. Consensus among climate scientists: Powell 2015; G. Stern,"Fifty Years After U.S. Climate Warning, Scientists Confront Communication Barriers,"*Science*, Nov. 27, 2015.
47. 否定氣候變遷：Morton 2015; Oreskes & Conway 2010; Powell 2015。
48. 對於政治正確的立場：Foundation for Individual Rights on Education (https://www.thefire.org/about-us/board-of-directors-page/)、the Heterodox Academy (http://heterodoxacademy.org/about-us/advisory-board/)、Academic Engagement Network (http://www.academicengagement.org/en/about-us/leadership。參照 Pinker 2002/2016, 2006。氣候變遷的證據：註四十一、四十五、四十六內引用來源。
50. 氣候賭場：W. Nordhaus 2013; W. Nordhaus, "Why the Global Warming Skeptics Are Wrong," *New York Review of Books*, March 22, 2012; R. W. Cohen et al., "In the Climate Casino: An Exchange," *New York*

Review of Books, April 26, 2012。

51. 氣候正義：Foreman 2013。
52. 克萊因與碳稅：C. Komanoff, "Naomi Klein Is Wrong on the Policy That Could Change Everything," *Carbon Tax Center* blog, https://www.carbontax.org/blog/2016/11/07/naomi-klein-is-wrong-on-the-policy-that-could-change-everything/; Koch brothers vs. carbon tax：C. Komanoff, "To the Left-Green Opponents of I-732：How Does It Feel?" Carbon Tax Center blog, https://www.carbontax.org/blog/2016/11/04/to-the-left-green-opponents-of-i-732-how-does-it-feel/。經濟學家對氣候變遷的說法：Arrow et al. 1997。近期對碳稅的討論：*Carbon Tax Center* blog, https://www.carbontax.org/faqs/。
53. "Naomi Klein on Why Low Oil Prices Could Be a Great Thing," *Grist*, Feb. 9, 2015.
54. 「氣候正義」和「改變一切」背後的問題：Foreman 2013; Shellenberger & Nordhaus 2013。
55. 恫嚇策略逐漸失效與實際的解決方案：Braman et al. 2007; Feinberg & Willer 2011; Kahan, Jenkins-Smith, et al. 2012; O'Neill & Nicholson-Cole 2009; L. Sorantino, "Annenberg Study：Pope Francis' Climate Change Encyclical Backfired Among Conservative Catholics," *Daily Pennsylvanian*, Nov. 1, 2016, https://goo.gl/zUWXyk; T. Nordhaus & M. Shellenberger, "Global Warming Scare Tactics," *New York Times*, April 8, 2014. See Boyer 1986 and Sandman & Valenti 1986 for a similar point about nuclear weapons。
56. "World Greenhouse Gas Emissions Flow Chart 2010," *Ecofys*, http://www.ecofys.com/files/files/asn-ecofys-2013-world-ghg-emissions-flow-chart-2010.pdf.
57. 對於統計的認知不夠敏銳：Desvousges et al. 1992。
58. 浪費和禁慾的道德化：Haidt 2012; Pinker 2008。
59. 犧牲或行善何者為道德認同來源：Nemirow 2016。
60. http://scholar.harvard.edu/files/pinker/files/ten_ways_to_green_your_scence_2.jpg, http://scholar.harvard.edu/files/pinker/files/ten_ways_to_green_your_scence_1.jpg
61. Shellenberger & Nordhaus 2013.
62. M. Tupy, "Earth Day's Anti-Humanism in One Graph and Two Tables," *Cato at Liberty*, April 22, 2015, https://www.cato.org/blog/earth-days-anti-humanism-one-graph-two-tables.
63. Shellenberger & Nordhaus 2013.
64. 以經濟發展為代價對抗氣候變遷：W. Nordhaus 2013。
65. L. Sorantino, "Annenberg Study：Pope Francis' Climate Change Encyclical Backfired Among Conservative Catholics," *Daily Pennsylvanian*, Nov. 1, 2016, https://goo.gl/zUWXyk
66. 木材細胞膜與木質素的實際碳氫比較低，可是多數氫與氧結合，燃燒時也不會氧化並釋放熱能。請參考 Ausubel & Marchetti 1998。
67. 煙煤的化學構成為 $C_{137}H_{97}O_9NS$，比例為 1.4:1。無煙煤的構成主要是 $C_{240}H_{90}O_4NS$，比例為 2.67:1。
68. 碳氫比例：Ausubel 2007。
69. 減碳：Ausubel 2007。
70. "Global Carbon Budget," *Global Carbon Project*, Nov. 14, 2016, http://www.globalcarbonproject. org/carbonbudget/
71. Ausubel 2007, p.230.
72. 碳高原期與國內生產總值提升：Le Quéré et al. 2016。
73. 深度減碳：Deep Decarbonization Pathways Project 2015; Pacala & Socolow 2004; Williams et al. 2014; http://deepdecarbonization.org/。
74. 碳稅共識：Arrow et al. 1997；參照 *Carbon Tax Center* blog, https://www.carbontax.org/faqs/。
75. 碳稅實務："FAQs," *Carbon Tax Center* blog, https://www.carbontax.org/faqs/；Romer 2016。
76. 核能是新綠色能源：Asafu-Adjaye et al. 2015; Ausubel 2007; Brand 2009; Bryce 2014; Cravens 2007; Freed 2014; K. Caldeira et al., "Top Climate Change Scientists' Letter to Policy Influencers," *CNN*, Nov. 3, 2013, http://www.cnn.com/2013/11/03/world/nuclear-energy-climate-change-scientists-letter/index.html; M. Shellenberger, "How the Environmental Movement Changed Its Mind on Nuclear Power," *Public Utilities Fortnightly*, May 2016; Nordhaus & Shellenberger 2011; Breakthrough Institute, "Energy and Climate FAQs," http://thebreakthrough.org/index.php/programs/energy-and-climate/nuclear-faqs。現在許多環保運動人士也支持擴大核能，依舊反對者包括綠色和平組織、世界自然基金會、自然資源守護委員會、地球之友、艾爾．高爾。詳見 Brand 2009, pp.86-89。
77. 太陽能及風力占全球能源百分之一點五：British Petroleum 2016, https://www.carbonbrief.org/factcheck-how-much-energy-does-the-world-get-from-renewables 為相關圖表。
78. 風力發電需要土地：Bryce 2014。
79. 風力及太陽能發電需要土地：Swain et al. 2015，數據來源為 Jacobson & Delucchi 2011。
80. M. Shellenberger, "How the Environmental Movement Changed Its Mind on Nuclear Power," *Public Utilities Fortnightly*, March 2016; R. Bryce, "Solar's Great and So Is Wind, but We Still Need Nuclear Power," *Los Angeles Times*, June 16, 2016。
81. 車諾比癌症死亡數：Ridley 2010, pp.308, 416。
82. 核能與化石燃料死亡對比：Kharecha & Hansen 2013; Swain et al. 2015。每年因煤炭死亡可達百萬人：Morton 2015, p.16。
83. Nordhaus & Shellenberger 2011，參照本章註七十六。
84. Deep Decarbonization Pathways Project 2015。美國的深度減碳需求：Williams et al. 2014，參照 B. Plumer, "Here's What It Would Really Take to Avoid 2° C of Global Warming," *Vox*, July 9, 2014。
85. 世界各國的深度減碳需求：Deep Decarbonization Pathways Project 2015；參照前一註解。
86. 核能與恐懼心態：Gardner 2008; Gigerenzer 2016; Ropeik & Gray 2002; Slovic 1987; Slovic, Fischof, & Lichtenstein 1982。
87. 歌詞取自"Power"，詞曲作者 John Hall and Johanna Hall。
88. 多處來源，引用於 Brand 2009, p.75。
89. 標準化需求：Shellenberger 2017. Selin quote：*Washington Post*, May 29, 1995。

90. 第四代核能：Bailey 2015; Blees 2008; Freed 2014; Hargraves 2012; Naam 2013。
91. 核融合（核聚變）發電：E. Roston, "Peter Thiel's Other Hobby Is Nuclear Fusion," *Bloomberg News,* Nov. 22, 2016; L. Grossman, "Inside the Quest for Fusion, Clean Energy's Holy Grail," *Time,* Oct. 22, 2015。
92. 以科技因應氣候變遷的好處：Bailey 2015; Koningstein & Fork 2014; Nordhaus 2016；參照本章註一〇三。
93. 有風險的研究也有其必要：Koningstein & Fork 2014。
94. Brand 2009, p.84.
95. 美國政治的僵硬和科技恐懼：Freed 2014。
96. 碳捕集：Brand 2009; B. Plumer, "Can We Build Power Plants That Actually Take Carbon Dioxide Out of the Air?" *Vox,* March 11, 2015; B. Plumer, "It's Time to Look Seriously at Sucking CO2 Out of the Atmosphere," *Vox,* July 13, 2015. CarbonBrief 2016, Center for Carbon Remova, http://www.centerforcarbonremoval.org/。
97. 地質工程：Keith 2013, 2015; Morton 2015。人工碳捕集：見前條註解。
98. 低碳液態燃料：Schrag 2009。
99. BECCS：King et al. 2015; Sanchez et al. 2015; Schrag 2009；參照本章註九十六。
100. 時代雜誌頭條分別在該年九月二十五、十月十九與十月十四出現。紐約時報頭條為二〇一五年十一月五日，民調機構為皮尤研究中心。其他顯示美國人民態度的民調見於https://www.carbontax.org/polls/。
101. 巴黎協議：http://unfccc.int/paris agreement/items/9485.php。
102. 巴黎協議之後氣溫提升的機率分析：Fawcett et al. 2015。
103. 科技和經濟因素推動的減碳：Nordhaus & Lovering 2016。國家、都市、世界各國與川普在氣候變遷議題的矛盾：Bloomberg & Pope 2017; "States and Cities Compensate for Mr. Trump's Climate Stupidity," *New York Times,* June 7, 2017; "Trump Is Dropping Out of the Paris Agreement, but the Rest of Us Don't Have To," *Los Angeles Times,* June 16, 2017; W. Hamaidan, "How Should World Leaders Punish Trump for Pulling Out of Paris Accord?" *The Guardian,* June 15, 2017; "Apple Issues $1 Billion Green Bond After Trump's Paris Climate Exit," *Reuters,* June 13, 2017, https://www.reuters.com/article/us-apple-climate-greenbond-idUSKBN1941ZE; H. Tabuchi & H. Fountain, "Bill Gates Leads New Fund as Fears of U.S. Retreat on Climate Grow," *New York Times,* Dec. 12, 2016。
104. 降低太陽輻射以冷卻大氣：Brand 2009; Keith 2013, 2015; Morton 2015。
105. 以碳酸鈣（石灰岩）作為平流層的防曬和抗酸手段：Keith et al. 2016。
106. "Moderate, responsive, temporary"：Keith 2015. Removing 5 gigatons of CO2 by 2075：Q&A from Keith 2015.
107. Climate engineering increases concern about climate change：Kahan, Jenkins-Smith, et al. 2012.
108. 無前提和有前提的樂觀態度：Romer 2016。

第十一章

1. 《良善天使》與本書的圖表涵蓋製作時的最新年分，但多數資料組無法即時更新，只能針對數字的正確性和完整度進行確認，而且出版與製作之間有時間差（通常至少一年）。部分資料無需更新但評量標準有變動，不同年分間難以比較。基於這些理由，取自《良善天使》的圖表資料僅限二〇一一前，本書的圖表資料則不會超過二〇一六。
2. 戰爭才是常態：參考Pinker 2011, pp.228-49的討論內容。
3. 在此採用傑克．利維（Jack S. Levy）對強權和強權戰爭的分類標準，請參照Goldstein 2011; Pinker 2011, pp.222-28。
4. 強權戰爭的趨勢交叉：Pinker 2011, pp.225-28, based on data from Levy 1983。
5. 國家與國家之間戰爭的消失：Goertz, Diehl, & Balas 2016; Goldstein 2011; Hathaway & Shapiro 2017; Mueller 1989, 2009; and see Pinker 2011, ch. 5。
6. 「戰爭」在政治科學的標準定義是以國家為基礎、一年內至少造成一千人死亡的武裝衝突。數字取自UCDP/PRIO Armed Conflict Dataset：Gleditsch et al. 2002, Human Security Report Project 2011; Petersson & Wallensteen 2015; http://www.pcr.uu.se/research/ucdp/datasets/ucdp_prio_armed_conflict_dataset/。
7. S. Pinker & J. M. Santos, "Colombia's Milestone in World Peace," *New York Times,* Aug. 26, 2016. 感謝喬舒亞．戈斯坦提醒我留意這篇文章，本段轉述其中許多資訊。
8. Center for Systemic Peace, Marshall 2016, http://www.systemicpeace.org/warlist/warlist.htm。一九四五年後美洲共有三十二次因政治而起的暴力衝突，包括九一一事件和墨西哥毒品戰爭。
9. 資料來源為UCDP/PRIO衝突資料庫內Pettersson & Wallensteen 2015，以及來自Therese Pettersson, Sam Taub之更新。二〇一六年發生的戰爭為：阿富汗對塔利班、對伊斯蘭國，伊拉克對伊斯蘭國，利比亞對伊斯蘭國，奈及利亞對伊斯蘭國，索馬利亞對青年黨，蘇丹對蘇丹革命陣線，敘利亞對伊斯蘭國和叛軍，土耳其對伊斯蘭國和庫德斯坦工人黨，葉門對哈迪軍。
10. 敘利亞內戰死亡人數估計：256,624 (through 2016) from the Uppsala Conflict Data Program (http://ucdp.uu.se/#country/652, accessed June 2017); 250,000 (through 2015) from the Center for Systemic Peace, http://www.systemicpeace.org/warlist/warlist.htm, last updated May 25, 2016。
11. 二〇〇九年之後結束的內戰資料（精確定義為「國家層級的武裝衝突」且每年戰死人數超過二十五）：personal communication from Therese Pettersson, March 17, 2016, based on the Uppsala Conflict Data Program Armed Conflict dataset, Petersson & Wallensteen 2015; http://ucdp.uu.se/。早期高死亡人數的戰爭相關資料：Center for Systemic Peace, Marshall 2016。
12. Goldstein 2015。此處列舉數字為通過國界的「難民」，至於「國內流離失所者」從一九八九年才開始追蹤統計，因此敘利亞內戰前後的情況無法進行比較。
13. 有史以來就有屠殺：Chalk & Jonassohn 1990, p.xvii。

14. 屠殺的死亡率巔峰：出自Rummel 1997，他對“democide”一詞的定義涵蓋UCDP所謂「單方面暴力」和人為引發的饑荒、集中營以及針對性轟炸下死亡的平民。狹義的「屠殺」在一九四〇年代仍有數千萬死亡者，詳見White 2011; Pinker 2011, pp.336-42。

15. The calculations are explained in Pinker 2011, p.716, note 65.

16. Numbers are for 2014 and 2015, the most recent years for which a breakdown is available. Though these are the “high” estimates in the UCDP One-Sided Violence Dataset version 1.4-2015 (http://www.pcr.uu.se/research/ucdp/datasets/ucdp_one-sided_violence_dataset/), the numbers tally only the verified deaths and should be considered conservative lower bounds.

17. 風險估計的困難點：Pinker 2011, pp. 210–22; Spagat 2015, 2017; M. Spagat, “World War III—What Are the Chances,” *Significance,* Dec. 2015; M. Spagat & S. Pinker, “Warfare” (letter), *Significance,* June 2016, and “World War III：The Final Exchange,” *Significance,* Dec. 2016。

18. Nagdy & Roser 2016a。以經過通膨調整的貨幣計算後，除美國以外所有國家的軍事支出占國內生產總值比例相較於冷戰巔峰期都降低。徵兵：Pinker 2011, pp.255-57; M. Tupy, “Fewer People Exposed to Horrors of War,” *HumanProgress,* May 30, 2017, http://humanprogress.org/blog/fewer-people-exposed-to-horrors-of-war。

19. 啟蒙譴責戰爭：Pinker 2011, pp.164-68。

20. 戰事減少與空窗期：Pinker 2011, pp.237-38。

21. 善意商業的效果得到確認：Pinker 2011, pp.284-88; Russett & Oneal 2001。

22. 民主與和平：Pinker 2011, pp.278-94; Russett & Oneal 2001。

23. 核武未必是重點：Mueller 1989, 2004; Pinker 2011, pp.268-78. For new data see Sechser & Fuhrmann 2017。

24. 常規與禁忌造就長和平：Goertz, Diehl, & Balas 2016; Goldstein 2011; Hathaway & Shapiro 2017; Mueller 1989; Nadelmann 1990。

25. 內戰傷亡較國家間戰爭少：Pinker 2011, pp.303-5。

26. 維和機制確實維護和平：Fortna 2008; Goldstein 2011; Hultman, Kathman, & Shannong 2013。

27. 富裕國家的內戰較少：Fearon & Laitin 2003; Hegre et al. 2011; Human Security Centre 2005; Human Security Report Project 2011. Warlords, guerrillas, and mafias：Mueller 2004。

28. 戰爭會傳染：Human Security Report Project 2011。

29. Romantic militarism: Howard 2001; Mueller 1989, 2004; Pinker 2011, pp.242-44; Sheehan 2008.

30. 摘自Mueller 1989, pp.38-51。

31. 浪漫民族主義：Howard 2001; Luard 1986; Mueller 1989; Pinker 2011, pp.238-42。

32. 黑格爾的辯證與鬥爭：Luard 1986, p. 355; Nisbet 1980/2009，引用自Mueller 1989。

33. 馬克思主義的辯證與鬥爭：Montgomery & Chirot 2015。

34. 衰落論與文化悲觀論：Herman 1997; Wolin 2004。

35. Herman 1997, p. 231.

第十二章

1. 二〇〇五年遭到毒蛇咬傷的人數估計在四十二萬一千到一百八十萬間，其中兩萬到九萬四千死亡（Kasturiratne et al. 2008）。

2. 傷害事故統計：World Health Organization 2014。

3. 意外與死因統計：Kochanek et al. 2016。意外在全球造成的疾病與傷殘：Murray et al. 2012。

4. 他殺奪走的性命比戰爭多：Pinker 2011, p. 221：參照p.177, table 13-1。他殺率的最新資料和圖示請見Igarapé Institute's *Homicide Monitor,* https://homicide.igarape.org.br/。

5. 中世紀暴力：Pinker 2011, pp.17-18, 60-75; Eisner 2001, 2003。

6. 文明化歷程：Eisner 2001, 2003; Elias 1939/2000; Fletcher 1997。

7. 艾斯納與伊里亞思：Eisner 2001, 2014a。

8. 一九六〇年代的犯罪潮：Latzer 2016; Pinker 2011, pp.106-16。

9. 根因論：Sowell 1995。

10. 一九六〇年代種族歧視衰退：Pinker 2011, pp.382-94。

11. 美國犯罪率大降：Latzer 2016; Pinker 2011, pp.116-27; Zimring 2007。二〇一五年犯罪率上升可能有部分原因是二〇一四年因為警察射殺民眾事件導致全國大規模抗議，於是警方行動變得保守，可參考L. Beckett, “Is the ‘Ferguson Effect’ Real? Researcher Has Second Thoughts,” *The Guardian,* May 13, 2016; H. Macdonald, “Police Shootings and Race,” *Washington Post,* July 18, 2016。至於為何不認為二〇一五年犯罪率上升是前面幾年進步的逆轉，可參考B. Latzer, “Will the Crime Spike Become a Crime Boom?” *City Journal,* Aug. 31, 2016, https://www.city-journal.org/html/will-crime-spike-become-crime-boom-14710.html。

12. 兩千年到二〇一三年間委內瑞拉吉尼係數從點四七下降到點四一，他殺率卻從每十萬人三十二點九增加到五十三。

13. Sources of UN estimates are listed in the caption to figure 12-2。全球疾病負擔計畫（Global Burden of Disease project）, Murray et al. 2012。採用差別很大的另一套計算方式得出全球他殺率從一九九五年每十萬人七點四降低到二〇一五年的六點一。

14. 國際的他殺率：United Nations Office on Drugs and Crime 2014; https://www.unodc.org /gsh /en /data.html。

15. 三十年內降低五成他殺率：Eisner 2014b, 2015; Krisch et al. 2015。二〇一五年聯合國永續發展目標裡也以較模糊的形式囊括了「大幅降低世界各地各種形式的暴力與相關死亡率」（Target 16.1.1, https://sustainabledevelopment.un.org /sdg16）。

16. 國際的他殺率：United Nations Office on Drugs and Crime 2014, https://www.unodc.org/gsh/en/data.html; 並請參照*Homicide Monitor,* https://homicide.igarape.org.br/。

17. 各層級他殺的分布呈現高度傾斜：Eisner 2015; Muggah & Szabo de Carvalho 2016。
18. 波士頓的他殺情況：Abt & Winship 2016。
19. 紐約犯罪率下降：Zimring 2007。
20. 哥倫比亞、南非及其他國家的他殺率下降：Eisner 2014b, p. 23. Russia：United Nations Office on Drugs and Crime 2014, p.28。
21. 多數國家他殺率下降：United Nations Office on Drugs and Crime 2013, 2014, https://www.unodc.org/gsh/en/data.html。
22. 拉丁美洲成功對抗犯罪：Guerrero Velasco 2015; Muggah & Szabo de Carvalho 2016。
23. 二〇〇七至一一年墨西哥因組織犯罪導致他殺率上升：Botello 2016. Drop in Juárez: P. Corcoran, "Declining Violence in Juárez a Major Win for Calderon：Report," *Insight Crime,* March 26, 2013, http://www.insightcrime.org/news-analysis/declining-violence-in-juarez-a-major-win-for-calderon-report。
24. 他殺率下降：Bogotá and Medellín：T. Rosenberg, "Colombia's Data-Driven Fight Against Crime," *New York Times,* Nov. 20, 2014. São Paulo：Risso 2014. Rio：R. Muggah & I. Szabó de Carvalho, "Fear and Backsliding in Rio," *New York Times,* April 15, 2014。
25. 聖佩德羅蘇拉的他殺率下降：S. Nazario, "How the Most Dangerous Place on Earth Got a Little Bit Safer," *New York Times,* Aug. 11, 2016。
26. 預期十年內將拉丁美洲他殺率減半的計畫請參考Muggah & Szabo de Carvalho 2016, and https://www.instintodevida.org/。
27. 如何快速降低他殺率：Eisner 2014b, 2015; Krisch et al. 2015; Muggah & Szabo de Carvalho 2016，參照Abt & Winship 2016; Gash 2016; Kennedy 2011; Latzer 2016。
28. 霍布斯、暴力、無政府：Pinker 2011, pp.31-36, 680-82。
29. 警方打擊犯罪：Gash 2016, pp.184-86。
30. 司法效果不彰會增加犯罪：Latzer 2016; Eisner 2015, p.14。
31. 美洲整體的犯罪率下降：Kennedy 2011; Latzer 2016; Levitt 2004; Pinker 2011, pp.116-27; Zimring 2007。
32. 一句話總結：Eisner 2015。
33. 政府正當性與犯罪：Eisner 2003, 2015; Roth 2009。
34. 預防犯罪的有效手段：Abt & Winship 2016，參照Eisner 2014b, 2015; Gash 2016; Kennedy 2011; Krisch et al. 2015; Latzer 2016; Muggah 2015, 2016。
36. 犯罪、自戀、反社會人格：Pinker 2011, pp.510-11, 519-21。
37. 提高目標難度以降低犯罪：Gash 2016。
38. Effectiveness of drug courts and treatment：Abt & Winship 2016, p.26.
39. 槍枝法案的效果不明顯：Abt & Winship 2016, p. 26; Hahn et al. 2005; N. Kristof, "Some Inconvenient Gun Facts for Liberals," *New York Times,* Jan. 16, 2016。
40. 交通事故死亡率圖表：K. Barry, "Safety in Numbers," *Car and Driver,* May 2011, p.17。
41. 計算依據為人口比例而非行車里程。
42. Bruce Springsteen, "Pink Cadillac."
43. Insurance Institute for Highway Safety 2016。二〇一五年比例稍微上升至十點九。
44. 車禍的每十萬人死亡率在富裕國家為五十七，在貧窮國家為八十八, World HealthOrganization 2014, p.10。
45. Bettmann 1974, pp.22-23.
46. Scott 2010, pp.18-19.
47. Rawcliffe 1998, p.4，引用於Scott 2010, pp.18-19。
48. Tebeau 2016.
49. 都鐸達爾文獎：http://tudoraccidents.history.ox.ac.uk/。
50. 圖12-6的完整資料顯示一九九二年死亡率增加，此現象令人疑惑，因為同期間醫院內與跌倒相關的急診或治療並未呈現相同的增加（Hu & Baker 2012）。雖然跌傷對老年人口特別危險，但該漲幅無法以美國人口老化加以解釋，因為經過年齡調整的資料裡還是呈現同樣情況（Sehu, Chen, & Hedegaard 2015）。後來發現之所以增加是因為通報機制有了變動（Hu & Mamady 2014; Kharrazi, Nash, & Mielenz 2015; Stevens & Rudd 2014），許多老人摔倒導致臀、肋、顱骨損傷，幾週或幾個月以後因肺炎或併發症死亡，以往死因會登記為急性重症，近年改為摔墜事故。換言之死亡人數一樣，只是死因有更高比例登記為摔倒。
51. 總統委員會報告："National Conference on Fire Prevention" (press release), Jan. 3, 1947, http://foundation.sfpe.org/wp-content/uploads/2014/06/presidentsconference1947.pdf; *America Burning* (report of the National Commission on Fire Prevention and Control), 1973; *American Burning Revisited,* U.S. Fire Administration/FEMA, 1987。
52. 消防員變成急救員：P. Keisling, "Why We Need to Take the 'Fire' out of 'Fire Department,'" *Governing,* July 1, 2015。
53. 多數中毒事件源於毒品或酒精：National Safety Council 2016, pp.160-61。
54. 鴉片類藥物風行：National Safety Council, "Prescription Drug Abuse Epidemic; Painkillers Driving Addiction," 2016, http://www.nsc.org/learn/NSC-Initiatives/Pages/prescription-painkiller-epidemic.aspx。
55. 鴉片類藥物風行及其治療：Satel 2017。
56. 鴉片類藥物濫用的可能高峰期：Hedegaard, Chen, & Warner 2015。
57. 年齡與族群和藥物濫用的關係：National Safety Council 2016; see Kolosh 2014 for graphs。
58. 青少年的藥物濫用：National Institute on Drug Abuse 2016. The declines continued through the second half of 2016：National Institute on Drug Abuse, "Teen Substance Use Shows Promising Decline," Dec. 13, 2016, https://www.drugabuse.gov/news-events/news-releases/2016/12/teen-substance-use-shows-promising-decline. 59. Bettmann 1974, pp.69-71。
60. 引用於Bettmann 1974, p.71。

61. 職場安全史：Alrich 2001。
62. 進步運動與工人安全：Alrich 2001。
63. 圖 12-7 內一九七〇到八〇出現大幅下降恐怕是彙整不同資料導致的人為誤差，不存在於 National Safety Council 連續資料中。NSC 資料組與本圖整體趨勢接近，我決定不加以呈現的理由是其計算母體為總人口而非勞工人口，以及一九九二年導入「職業傷害致死普查」以後也出現因計算方式而導致的數字下降。
64. United Nations Development Programme 2011, table 2.3, p.37.
65. 例子取自"War, Death, and the Automobile," Mueller 1989 的附錄，最初刊登在一九八四年的華爾街日報。

第十三章

1. 對恐怖主義的恐懼：Jones et al. 2016a，參照第四章註十四。
2. 西歐戰區：J. Gray, "Steven Pinker Is Wrong About Violence and War," *The Guardian*, March 13, 2015; 並請參照 S. Pinker, "Guess What? More People Are Living in Peace Now. Just Look at the Numbers," *The Guardian*, March 20, 2015。
3. 比恐怖主義更危險：National Safety Council 2011。
4. 西歐與美國的他殺率對照：United Nations Office on Drugs and Crime 2013。依據全球恐怖主義資料庫分類為西歐的二十四國，他殺率為每年十萬分之一點一；美國在二〇一四年是四點五。道路交通死亡率：西歐國家二〇一三年的此項死亡率為十萬分之四點八，美國為十點七。
5. 叛亂和游擊戰的死亡被劃為「恐怖主義」：Human Security Report Project 2007; Mueller & Stewart 2016b; Muggah 2016。
6. John Mueller, personal communication, 2016.
7. 大規模殺戮事件的傳染性：B. Cary, "Mass Killings May Have Created Contagion, Feeding on Itself," *New York Times*, July 27, 2016; Lankford & Madfis 2018。
8. 主要槍擊事件：Blair & Schweit 2014; Combs 1979。大規模謀殺：Analysis of FBI Uniform Crime Report Data (http://www.ucrdatatool.gov/) from 1976 to 2011 by James Alan Fox, graphed in Latzer 2016, p.263。
9. 以對數尺度呈現此趨勢的曲線圖見於 Pinker 2011, fig. 6-9, p.350。
10. K. Eichenwald, "Right-Wing Extremists Are a Bigger Threat to America Than ISIS," *Newsweek*, Feb. 4, 2016。根據追蹤右翼極端主義者暴力行動的美國極端主義犯罪資料庫（United States Extremis Crime Database），安全分析專家 Robert Muggah 估計自一九九〇到二〇一七年五月，若排除九一一事件與奧克拉荷馬事件，右翼極端分子造成兩百七十二人死亡，伊斯蘭恐怖分子造成一百三十六人死亡。
11. 恐怖主義是全球媒體的副產品：Payne 2004。
12. 他殺率造成更大衝擊：Slovic 1987; Slovic, Fischof, & Lichtenstein 1982。
13. 對謀殺者的合理恐懼：Duntley & Buss 2011。
14. 自殺式恐怖攻擊與無差別殺人的動機：Lankford 2013。
15. 認為伊斯蘭國「危及美國存續」的思考謬誤：chapter 4, note 14; also J. Mueller & M. Stewart, "ISIS Isn't an Existential Threat to America," *Reason*, May 27, 2016。
16. Y. N. Harari, "The Theatre of Terror," *The Guardian*, Jan. 31, 2015.
17. 恐怖主義沒有效用：Abrahms 2006; Brandwen 2016; Cronin 2009; Fortna 2015。
18. Jervis 2011.
19. Y. N. Harari, "The Theatre of Terror," *The Guardian*, Jan. 31, 2015.
20. Lankford & Madfis 2018：參照 No Notoriety（https://nonotoriety.com/）和 Don't Name Them（http://www.dontnamethem.org/）兩項計畫內容。
21. 恐怖主義如何終結：Abrahms 2006; Cronin 2009; Fortna 2015。

第十四章

1. 無政府狀態的社會暴力率較高：Pinker 2011, ch.2，證實此觀點的近期研究請參考 Gat 2015; Gómez et al. 2016; Wrangham & Glowacki 2012。
2. 早期暴政：Betzig 1986; Otterbein 2004. Biblical tyranny: Pinker 2011, ch.1。
3. White 2011, p. xvii.
4. 民主政體經濟成長較快：Radelet 2015, pp.125-29。需留意由於貧窮國家的成長率高於富裕國家，而貧窮國家一般而言民主程度較低，若不詳細分析可能會有所混淆。民主政體較不傾向戰爭：Hegre 2014; Russett 2010; Russett & Oneal 2001。民主政體的內戰較緩和（但次數不一定較少）：Gleditsch 2008; Lacina 2006。民主政體下較少出現屠殺事件：Rummel 1994, pp.2-15; Rummel 1997, pp.6-10, 367; Harff 2003, 2005。民主政體從未發生饑荒：Sen 1984；參照 Devereux 2000 的簡單說明。民主政體的人民較健康：Besley 2006。民主政體的人民教育程度較高：Roser 2016b。
5. 民主化的三波浪潮：Huntington 1991。
6. 民主退潮：Mueller 1999, p.214。
7. Democracy is obsolete: quotes from Mueller 1999, p.214.
8. 《歷史的終結與最後之人》：Fukuyama 1989。
9. 此處引用取自 Levisky & Way 2015。

10. 不理解民主概念：Welzel 2013, p. 66, n.11。
11. 每年評估各國民主程度的自由之家就有這個問題，詳見 Levitsky & Way 2015; Munck & Verkuilen 2002; Roser 2016b。
12. 自由之家也有這個問題。
13. Polity IV Project：Center for Systemic Peace 2015; Marshall & Gurr 2014; Marshall, Gurr, & Jaggers 2016.
14. 顏色革命：Bunce 2017。
15. 民主國家：Marshall, Gurr, & Jaggers 2016; Roser 2016b，此處所謂「民主國家」的定義是在 Polity IV Project 的民主程度為六分以上，「專制國家」則是專制程度為六分以上。介於兩者之間時稱為半民主（anocracies），其定義為「民主與專制的特徵與實務以不一貫的形式組合」，如果是「開放式半民主」，領導人不限於精英。二〇一五年 Max Roser 將世界人口分類為：百分之五十五點八生活在民主國家，百分之十點八生活在開放式半民主國家，百分之六在封閉式半民主國家，百分之四處於轉換型段或無資料。
16. Mueller 2014 為對福山論點的新辯護。反駁「民主衰退」：Levitsky & Way 2015。
17. 繁榮與民主：Norberg 2016; Roser 2016b; Porter, Stern, & Green 2016, p.19。繁榮與人權：Fariss 2014; Land, Michalos, & Sirgy 2012。教育與民主：Rindermann 2008：參照 Roser 2016i。
18. 民主多樣性：Mueller 1999; Norberg 2016; Radelet 2015; for data, see the *Polity IV Annual Time-Series*, http://www.systemicpeace.org/polityproject.html; Center for Systemic Peace 2015; Marshall, Gurr, & Jaggers 2016。
19. 俄羅斯的民主前景：Bunce 2017. 20. Norberg 2016, p.158。
21. 民主傻瓜：Achens & Bartels 2016; Caplan 2007; Somin 2016。
22. 最新形態的獨裁政權：Bunce 2017。
23. Popper 1945/2013.
24. 民主就是抱怨的權利：Mueller 1999, 2014. Quotation from Mueller 1999, p.247。
25. Mueller 1999, p.140.
26. Mueller 1999, p.171.
27. Levitsky & Way 2015, p.50.
28. Democracy and education: Rindermann 2008; Roser 2016b; Thyne 2006. Democracy, Western influence, and violent revolution：Levitsky & Way 2015, p.54.
29. 民主與人權：Mulligan, Gil, & Sala-i-Martin 2004; Roser 2016b, section II.3。
30. 引用自 Sikkink 2017。
31. 人權資訊悖論：Clark & Sikkink 2013; Sikkink 2017。
32. 死刑的歷史：Hunt 2007; Payne 2004; Pinker 2011, pp.149-53。
33. 死刑之死：C. Ireland, "Death Penalty in Decline," *Harvard Gazette*, June 28, 2012; C. Walsh, "Death Penalty, in Retreat," *Harvard Gazette*, Feb. 3, 2015. For current updates, see "International Death Penalty," *Amnesty International*, http://www.amnestyusa.org/our-work/issues/death-penalty/international-death-penalty, and "Capital Punishment by Country," *Wikipedia*, https://en.wikipedia.org/wiki/Capital_punishment_by_country。
34. C. Ireland, "Death Penalty in Decline," *Harvard Gazette*, June 28, 2012.
35. 死刑廢除史：Hammel 2010。
36. 啟蒙時期對死刑的論述：Hammel 2010; Hunt 2007; Pinker 2011, pp.146-53。
37. 美國南方的榮譽文化：Pinker 2011, pp.99-102。死刑集中於南方少數州：Interview with the legal scholar Carol Steiker, C. Walsh, "Death Penalty, in Retreat," *Harvard Gazette*, Feb. 3, 2015。
38. 死刑的蓋洛普民調：Gallup 2016. For current data, see the *Death Penalty Information Center*, http://www.deathpenaltyinfo.org/。
39. 皮尤研究中心民調，M. Berman, "For the First Time in Almost 50 Years, Less Than Half of Americans Support the Death Penalty," *Washington Post*, Sept. 30, 2016。
40. 美國死刑之死：D. von Drehle, "The Death of the Death Penalty," *Time*, June 8, 2015; *Death Penalty Information Center*, http://www.deathpenaltyinfo.org/。

第十五章

1. 種族與性別歧視的演化基礎：Pinker 2011; Pratto, Sidanius, & Levin 2006; Wilson & Daly 1992.
2. 恐同的演化基礎：Pinker 2011, ch.7, pp.448-49。
3. 平權的歷史：Pinker 2011, ch.7; Shermer 2015. Seneca Falls and the history of women's rights: Stansell 2010. Selma and the history of African American rights：Branch 1988. Stonewall and the history of gay rights：Faderman 2015。
4. 排名來自二〇一六年的 *US News and World Report*, http://www.independent.co.uk/news/world/politics/the-10-most-influential-countries-in-the-world-have-been-revealed-a6834956.html。它們正好也是其中最富裕的三個國家。
5. Amos 5:24.
6. 警方射殺民眾的案例沒有增加：雖然直接數據很少，但警方開槍次數與暴力犯罪率呈正相關（Fyfe 1988），而暴力犯罪已經大為降低（第十二章）。警方開槍不受種族影響：Fryer 2016; Miller et al. 2016; S. Mullainathan, "Police Killings of Blacks：Here Is What the Data Say," *New York Times*, Oct. 16, 2015。
7. Pew Research Center 2012b, p. 17.
8. 與美國人價值觀相關的其他研究：Pew Research Center 2010; Teixeira et al. 2013; see reviews in Pinker 2011, ch. 7, and Roser 2016s. Another example: The General Social Survey (http:// gss.norc.

org/) annually asks white Americans about their feelings toward black Americans. Between 1996 and 2016 the proportion feeling “close” rose from 35 to 51 percent; the proportion feeling “not close” fell from 18 to 12 percent。

9. 越晚出生的群體（世代）越具包容性：Gallup 2002, 2010; Pew Research Center 2012b; Teixeira et al. 2013. Globally: Welzel 2013。
10. 價值觀隨世代變遷：Teixeira et al. 2013; Welzel 2013。
11. Google 搜尋與其他數位吐實法：Stephens-Davidowitz 2017。
12. 以「黑鬼」的搜尋資料研究種族歧視：Stephens-Davidowitz 2014。
13. 單純搜尋笑話，例如字串 funny jokes 看不出系統性下降。大衛德維茲並指出若為搜尋歌詞或其他創作內容幾乎不會使用 nigger 而是拼寫為 nigga。
14. 非裔美籍人口的貧窮比例：Deaton 2013, p.180。
15. 非裔美籍人口的預期壽命：Cunningham et al. 2017; Deaton 2013, p.61。
16. 美國人口普查局針對識字率最後一次報告還停留在一九七九，當時黑人有百分之一點六為文盲。Snyder 1993 第一章則以國家成人識字資料庫進行推算（資料尚未更新）。
17. 請參考第十六章註二十四與第十八章註三十五。
18. 私刑終結：Pinker 2011, ch. 7, based on US Census data presented in Payne 2004, plotted in figure 7-2, p.384。對非裔美國人的仇恨犯罪在上述來源圖 7-3，從一九九六年五件開始降低，二〇〇六到〇八年每年只有一件，這個平均數字維持到二〇一四，卻在二〇一五年一下子成長到十件，其中九人死於同一事件，也就是南卡羅萊納州查爾斯頓教堂槍擊案。
19. 一九九六年到二〇一五年間美國聯邦調查局有記錄的仇恨犯罪與同時期美國他殺率呈現點九零的相關係數（最低為負一，最高為一）。
20. 伊斯蘭恐攻之後的反伊斯蘭仇恨犯罪：Stephens-Davidowitz 2017。
21. 對仇恨犯罪的誇大：E. N. Brown, “Hate Crimes, Hoaxes, and Hyperbole,” *Reason*, Nov. 18, 2016; Alexander 2016。
22. 過去的社會狀況：S. Coontz, “The Not-So-Good Old Days,” *New York Times*, June 15, 2013。
23. 女性勞動力：United States Department of Labor 2016。
24. 下滑趨勢早在一九七九年就開始，詳見 Pinker 2011, fig. 7-10, p. 402，資料也根據 National Crime Victimization Survey，由於定義與代碼標準有變動所以無法直接與圖 15-4 對應。
25. 合作產生同理：Pinker 2011, chs. 4, 7, 9, 10。
26. 正當性是進步的動力：Pinker 2011, ch.4; Appiah 2010; Hunt 2007; Mueller 2010b; Nadelmann 1990; Payne 2004; Shermer 2015。
27. 歧視減少，支持增加：Asal & Pate 2005。
28. World Public Opinion Poll：Presented in Council on Foreign Relations 2011.
29. Council on Foreign Relations 2011.
30. Council on Foreign Relations 2011.
31. 全球譴責的效力：Pinker 2011, pp.272-76, 414; Appiah 2010; Mueller 1989, 2004, 2010b; Nadelmann 1990; Payne 2004; Ray 1989。
32. United Nations Children’s Fund 2014; see also M. Tupy, “Attitudes on FGM Are Shifting,” *HumanProgress*, http://humanprogress.org/blog/attitudes-on-fgm-are-shifting.
33. D. Latham, “Pan African Parliament Endorses Ban on FGM,” *Inter Press Service*, Aug. 6, 2016, http://www.ipsnews.net/2016/08/pan-african-parliament-endorses-ban-on-fgm/
34. 同性戀入罪化與同志權利革命：Pinker 2011, pp.447-54; Faderman 2015。
35. 目前全球同性戀權益狀況請參考：*Equaldex*, www.equaldex.com, “LGBT Rights by Country or Territory,” *Wikipedia*, https://en.wikipedia.org/wiki/LGBT_rights_by_country_or_territory。
36. 分辨年齡、群體和時代的效應：Costa & McCrae 1982; Smith 2008。
37. World Values Survey：http://www.worldvaluessurvey.org/wvs.jsp Emancipative values：Welzel 2013.
38. F. Newport, “Americans Continue to Shift Left on Key Moral Issues,” *Gallup*, May 26, 2015, http://www.gallup.com/poll/183413/americans-continue-shift-left-key-moral-issues.aspx.
39. Ipsos 2016.
40. 價值觀跟著群體移動，而非壽命週期：Ghitza & Gelman 2014; Inglehart 1997; Welzel 2013。
41. 解放價值觀與阿拉伯之春（之間複雜的關係）：Inglehart 2017。
42. 解放價值觀的相關因素：Welzel 2013, especially table 2.7, p. 83, and table 3.2, p.122。
43. 近親通婚與部族體制：S. Pinker, “Strangled by Roots,” *New Republic*, Aug. 6, 2007。
44. 知識指數：Chen & Dahlman 2006, table 2。
45. 以知識指數預測解放價值觀：Welzel 2013, p.122。文獻內將指數稱為「科技進步程度」。韋爾策爾（與作者個人通信）確認了知識指數在國內生產總值（或其對數）維持不變時與解放價值觀高度相關（點六二），反之則不然。
46. Finkelhor et al. 2014.
47. 體罰比例下降：Pinker 2011, pp.428-39。
48. 童工的歷史：Cunningham 1996; Norberg 2016; Ortiz-Ospina & Roser 2016a。
49. M. Wirth, “When Dogs Were Used as Kitchen Gadgets,” *HumanProgress*, Jan. 25, 2017, http://humanprogress.org/blog/when-dogs-were-used-as-kitchen-gadgets.
50. 兒童待遇史：Pinker 2011, ch.7。
51. 經濟上無用，情感上無價：Zelizer 1985。

52. 拖拉機廣告：http://www-formal.stanford.edu/jmc/progress/tractor.gif。
53. 貧窮與童工的相關性：Ortiz-Ospina & Roser 2016a。
54. 出於無奈而非貪婪：Norberg 2016; Ortiz-Ospina & Roser 2016a。

第十六章

1. *Homo sapiens*：Pinker 1997/2009, 2010; Tooby & DeVore 1987.
2. 未受教育者的關注焦點集中在具體事物上：Everett 2008; Flynn 2007; Luria 1976; Oesterdiekhoff 2015：https://www.edge.org/conversation/daniel_l_everett-recursion-and-human-thought#22005，有我對Everett的回應。
3. *Encyclopedia of the Social Sciences,* 1931, vol. 5, p.410, quoted in Easterlin 1981.
4. United Nations Office of the High Commissioner for Human Rights 1966.
5. 教育導致經濟成長：Easterlin 1981; Glaeser et al. 2004; Hafer 2017; Rindermann 2012; Roser & Ortiz-Ospina 2016a; van Leeuwen & van Leewen-Li 2014; van Zanden et al. 2014。
6. I. N. Thut and D. Adams, *Educational Patterns in Contemporary Societies* (New York：McGraw-Hill, 1964), p. 62, 引用於 Easterlin 1981, p.10.
7. 阿拉伯國家經濟倒退：Lewis 2002; United Nations Development Programme 2003。
8. 教育導向和平：Hegre et al. 2011; Thyne 2006。教育導向民主：Glaeser, Ponzetto, & Shleifer 2007; Hafer 2017; Lutz, Cuaresma, & Abbasi-Shavazi 2010; Rindermann 2008。
9. 青年族群膨脹與暴力問題：Potts & Hayden 2008。
10. 教育降低種族歧視、性別歧視、恐同：Rindermann 2008; Teixeira et al. 2013; Welzel 2013。
11. 教育增加對言論自由與想像力的尊重：Welzel 2013。
12. 教育與公民參與：Hafer 2017; OECD 2015a; Ortiz-Ospina & Roser 2016c; World Bank 2012b。
13. 教育和信任：Ortiz-Ospina & Roser 2016c。
14. Roser & Ortiz-Ospina 2016b, based on data from UNESCO Institute for Statistics, visualized at World Bank 2016a.
15. UNESCO Institute for Statistics, visualized at World Bank 2016i.
16. UNESCO Institute for Statistics, http://data.uis.unesco.org/
17. 識字率與基礎教育之間的關係請見 van Leeuwen & van Leewen-Li 2014, pp.88-93。
18. Lutz, Butz, & Samir 2014, based on models from the International Institute for Applied Systems Analysis, http://www.iiasa.ac.at/, summarized in Nagdy & Roser 2016c.
19. 聖經傳道書 12：12。
20. 教育的經濟紅利：Autor 2014。
21. 一九二〇與一九三〇的美國高中入學率：Leon 2016。二〇一一年美國高中生畢業率：A. Duncan, "Why I Wear 80," *Huffington Post,* Feb. 14, 2014。二〇一六年美國高中生就讀大學比例：Bureau of Labor Statistics 2017。
22. United States Census Bureau 2016.
23. Nagdy & Roser 2016c, based on models from the International Institute for Applied Systems Analysis, http://www.iiasa.ac.at/; Lutz, Butz, & Samir 2014.
24. S. F. Reardon, J. Waldfogel, & D. Bassok, "The Good News About Educational Inequality," *New York Times,* Aug. 26, 2016.
25. 女性受教的效果：Deaton 2013; Nagdy & Roser 2016c; Radelet 2015。
26. United Nations 2015b.
27. 阿富汗曲線的第一資料點早於塔利班統治當地十五年，第二資料點又是塔利班統治結束的十年後，女性識字率變化不能完全歸因於二〇〇一年北約入侵推翻該政權。
28. 弗林效應：Deary 2001; Flynn 2007, 2012；參照 Pinker 2011, pp.650-60。
29. 智力的遺傳特性：Pinker 2002/2016, ch.19 and afterword; Deary 2001; Plomin & Deary 2015; Ritchie 2015。
30. 弗林效應無法以混血優勢解釋：Flynn 2007; Pietschnig & Voracek 2015。
31. 針對弗林效應的整合分析：Pietschnig & Voracek 2015。
32. 弗林效應的終點：Pietschnig & Voracek 2015。
33. 弗林效應成因的可能候選者分析：Flynn 2007; Pietschnig & Voracek 2015。
34. 營養與健康只能部分解釋弗林效應：Flynn 2007, 2012; Pietschnig & Voracek 2015。
35. g因素的存在與遺傳性：Deary 2001; Plomin & Deary 2015; Ritchie 2015。
36. 弗林效應表現在分析能力上：Flynn 2007, 2012; Ritchie 2015; Pinker 2011, pp.650-60。
37. 教育對弗林效應下智力子項目的影像（非g因素）：Ritchie, Bates, & Deary 2015。
38. 智商對生活的保障：Deary 2001; Gottfredson 1997; Makel et al. 2016; Pinker 2002/2016; Ritchie 2015。
39. 弗林效應與道德感：Flynn 2007; Pinker 2011, pp.656-70。
40. 弗林效應與現實生活中的天才：反面意見請見 Woodley, te Nijenhuis, & Murphy 2013；正面意見請見 Pietschnig & Voracek 2015, p. 283。
41. 開發中國家的高科技運用：Diamandis & Kotler 2012; Kenny 2011; Radelet 2015。

42. 智商成長帶來的好處：Hafer 2017。
43. 進步作為隱藏變因：Land, Michalos, & Sirgy 2012; Prados de la Escosura 2015; van Zanden et al. 2014; Veenhoven 2010。
44. 人類發展指數：United Nations Development Programme 2016. Inspirations：Sen 1999; ul Haq 1996。
45. 其餘地區追上腳步：Prados de la Escosura 2015, p.222，其中「西方」定義為一九九四年之前的經濟合作暨發展組織會員國，也就是西歐加上美國、加拿大、澳洲、紐西蘭與日本。他一併指出撒哈拉以南非洲地區在二〇〇七年分數為點二二，等同於一八九〇年代的經濟合作暨發展組織會員國。若以複合式福祉計算也得到近似結果，撒哈拉以南非洲地區在兩千年約為負點三，接近一九一〇的世界平均和一八七五年的西歐。
46. 細節和定義請參考 Rijpma 2014 and Prados de la Escosura 2015。

第十七章

1. The intellectuals and the masses: Carey 1993.
2. 來源有幾種說法，包括猶太人笑話、歌舞劇橋段及百老匯一九三二年舞台劇 *Ballyhoo* 的台詞。
3. 基礎能力：Nussbaum 2000。
4. 食料的處理時間：Laudan 2016。
5. 縮短工時：Roser 2016t, based on data from Huberman & Minns 2007;：參照 Tupy 2016, and "Hours Worked Per Worker," *HumanProgress*, http://humanprogress.org/f1/2246, for data showing a reduction of 7.2 hours of work per week worldwide。
6. Housel 2013.
7. 引用於 Weaver 1987, p.505。
8. 生產力與縮短工時：Roser 2016t。貧窮老年人比例下降：Deaton 2013, p.180。注意貧窮人口比例與如何定義「貧窮」有關，例如可與圖 9-6 做對照。
9. 依據 Housel 2013 內整理的美國人有薪假相關數據，來源為 Bureau of Labor Statistics。
10. 英國數據：Jesse Ausubel 進行統計，資料圖見於 http://www.humanprogress.org/static/3261。
11. 部分開發中國家的工時數字變化：Roser 2016t。
12. 購買家電所需的工時下降：M. Tupy, "Cost of Living and Wage Stagnation in the United States, 1979-2015," *HumanProgress*, https://www.cato.org/projects/humanprogress/cost-of-living; Greenwood, Seshadri, & Yorukoglu 2005。
13. 最不喜歡耗費時間的事項：Kahneman et al. 2004. Time spent on housework：Greenwood, Seshadri, & Yorukoglu 2005; Roser 2016t。
14. "Time Spent on Laundry," *HumanProgress*, http://humanprogress.org/static/3264, based on S. Skwire, "How Capitalism Has Killed Laundry Day," *CapX*, April 11, 2016, http://capx.co/external/capitalism-has-helped-liberate-the-housewife/, and data from the Bureau of Labor Statistics.
15. 強烈建議大家收聽：H. Rosling, "The Magic Washing Machine," TED talk, Dec. 2010, https://www.ted.com/talks/hans_rosling_and_the_magic_washing_machine
16. *Good Housekeeping*, vol. 55, no. 4, Oct. 1912, p. 436, 引用於 Greenwood, Seshadri, & Yorukoglu 2005。
17. 出自《國富論》。
18. 照明價格下降：Nordhaus 1996. 19. Kelly 2016, p.189。
20. 「雅痞牢騷」：Daniel Hamermesh and Jungmin Lee, E. Kolbert, "No Time," *New Yorker*, May 26, 2014. Trends in leisure, 1965-2003: Aguiar & Hurst 2007. Leisure hours in 2015: Bureau of Labor Statistics 2016c. See the caption to figure 17-6 for more details。
21. 挪威人的閒暇時間較多：Aguiar & Hurst 2007, p. 1001, note 24. More leisure for Britons: Ausubel & Grübler 1995。
22. Always rushed? Robinson 2013; J. Robinson, "Happiness Means Being Just Rushed Enough," *Scientific American*, Feb. 19, 2013.
23. 一九六九到九九年間家人共進晚餐情況：K. Bowman, "The Family Dinner Is Alive and Well," *New York Times*, Aug. 29, 1999. Family dinners in 2014：J. Hook, "WSJ/NBC Poll Suggests Social Media Aren't Replacing Direct Interactions," *Wall Street Journal*, May 2, 2014. Gallup poll：L. Saad, "Most U.S. Families Still Routinely Dine Together at Home," *Gallup*, Dec. 23, 2013, http://www.gallup.com/poll/166628/families-routinely-dine-together-home.aspx?g_source=family%20and%20dinner&g_medium=search&g_campaign=tiles. Fischer 2011 comes to a similar conclusion。
24. 家長陪同孩子時間增加：Sayer, Bianchi, & Robinson 2004：參照以下註二十五到二十七。
25. 家長與兒女：Caplow, Hicks, & Wattenberg 2001, pp.88-89。
26. 母親與後代：Coontz 1992/2016, p.24。
27. 對孩子的關注增加，閒暇時間因而減少：Aguiar & Hurst 2007, pp.980-82。
28. 社交媒體相對於面對面接觸：Susan Pinker 2014.
29. 豬肉和澱粉：N. Irwin, "What Was the Greatest Era for Innovation? A Brief Guided Tour," *New York Times*, May 13, 2016：參照 D. Thompson, "America in 1915：Long Hours, Crowded Houses, Death by Trolley," *The Atlantic*, Feb. 11, 2016。
30. 一九二〇年代到八〇年代的食品商店販售的商品種類：N. Irwin, "What Was the Greatest Era for Innovation? A Brief Guided Tour," *New York Times*, May 13, 2016。二〇一五年的品項：Food Marketing Institute 2017。
31. 孤獨與無聊：Bettmann 1974, pp.62-63。
32. 報紙與酒吧：N. Irwin, "What Was the Greatest Era for Innovation? A Brief Guided Tour," *New York Times*, May 13, 2016。
33. 維基百科內容準確與否：Giles 2005; Greenstein & Zhu 2014; Kräenbring et al. 2014。

第十八章

1. https://www.youtube.com/watch?v=q8LaT5Iiwo4及其他網路片段轉載並小幅度編輯。
2. Mueller 1999, p.14.
3. Easterlin 1973.
4. 享樂跑步機理論：Brickman & Campbell 1971。
5. 社會比較理論：參考第九章註十一：Kelley & Evans 2016。
6. G. Monbiot, "Neoliberalism Is Creating Loneliness. That's What's Wrenching Society Apart," *The Guardian*, Oct. 12, 2016.
7. 軸心時代與最深沉問題的根源：Goldstein 2013. Philosophy and history of happiness：Haidt 2006; Haybron 2013; McMahon 2006. Science of happiness：Gilbert 2006; Haidt 2006; Helliwell, Layard, & Sachs 2016; Layard 2005; Roser 2017。
8. 人類功能：Nussbaum 2000, 2008; Sen 1987, 1999。
9. 做出讓自己不幸福的選擇：Gilbert 2006。
10. 自由使人幸福：Helliwell, Layard, & Sachs 2016; Inglehart et al. 2008。
11. 自由使生命有意義：Baumeister, Vohs, et al. 2013。
12. 幸福感報告的效度：Gilbert 2006; Helliwell, Layard, & Sachs 2016; Layard 2005。
13. 幸福經驗與幸福評價：Baumeister, Vohs, et al. 2013; Helliwell, Layard, & Sachs 2016; Kahneman 2011; Veenhoven 2010。
14. 評價幸福／滿意度／美好生活時文脈造成的影響：Deaton 2011; Helliwell, Layard, & Sachs 2016; Veenhoven 2010。混合後的概況：Helliwell, Layard, & Sachs 2016; Kelley & Evans 2016; Stevenson & Wolfers 2009。
15. Helliwell, Layard, & Sachs 2016, p.4, table 2.1, pp.16, 18.
16. 幸福感或人生意義：Baumeister, Vohs, et al. 2013; Haybron 2013; McMahon 2006; R. Baumeister, "The Meanings of Life," *Aeon*, Sept. 16, 2013。
17. 幸福感的適應性：Pinker 1997/2009, ch. 6. Different adaptive functions of happiness and meaningfulness: R. Baumeister, "The Meanings of Life," *Aeon*, Sept. 16, 2013。
18. 幸福感比例：引用於Ipsos 2016：參照Veenhoven 2010。平均梯度落點：5.4 on a 1-10 scale, Helliwell, Layard, & Sachs 2016, p.3。
19. 幸福感誤差：Ipsos 2016。
20. 金錢買不到快樂：Deaton 2013; Helliwell, Layard, & Sachs 2016; Inglehart et al. 2008; Stevenson & Wolfers 2008a; Roser 2017。
21. 貧富不均和幸福感不相關：Kelley & Evans 2016。
22. Helliwell, Layard, & Sachs 2016, pp.12-13.
23. 中樂透：Stephens-Davidowitz 2017, p.229。
24. 國家幸福感隨時間上升：Sacks, Stevenson, & Wolfers 2012; Stevenson & Wolfers 2008a; Stokes 2007; Veenhoven 2010; Roser 2017。
25. 世界價值觀調查顯示幸福感提升：Inglehart et al. 2008。
26. 幸福、健康與自由：Helliwell, Layard, & Sachs 2016; Inglehart et al. 2008; Veenhoven 2010。
27. 文化與幸福感：Inglehart et al. 2008。
28. 幸福感的非財富成因：Helliwell, Layard, & Sachs 2016。
29. 美國人幸福感：Deaton 2011; Helliwell, Layard, & Sachs 2016; Inglehart et al. 2008; Sacks, Stevenson, & Wolfers 2012; Smith, Son, & Schapiro 2015。
30. 《二〇一六世界幸福感報告》排名：丹麥（十級分得七點五）、瑞士、冰島、挪威、芬蘭、加拿大、荷蘭、紐西蘭、澳洲、瑞典、以色列、奧地利、美國、哥斯大黎加、波多黎各。最不幸福國家為貝南、阿富汗、多哥、敘利亞、蒲隆地（第一百五十七名，十級分僅得到二點九）。
31. 美國人的幸福感：可以從世界幸福感資料庫看到起伏變動，其中資料已包含世界價值觀調查。也可參考Inglehart et al. 2008的線上附錄。社會概況調查裡可以看到小幅度下降。其他相關研究包括Smith, Son, & Schapiro 2015與本章圖18-4裡「非常幸福」的趨勢。
32. 美國人幸福感的幅度限制：Deaton 2011。
33. 以收入分配不均解釋美國幸福感停滯現象：Sacks, Stevenson, & Wolfers 2012。
34. 美國是幸福感趨勢的例外：Inglehart et al. 2008; Sacks, Stevenson, & Wolfers 2012。
35. 非裔美國人幸福感增加：Stevenson & Wolfers 2009; Twenge, Sherman, & Lyubomirsky 2016。
36. 女性幸福感下降：Stevenson & Wolfers 2009。
37. 對年齡、時代、群體三個變因進行獨立分析：Costa & McCrae 1982; Smith 2008。
38. 整體來說年長者幸福感高：Deaton 2011; Smith, Son, & Schapiro 2015; Sutin et al. 2013。
39. 中年或晚年的幸福感下降：Bardo, Lynch, & Land, 2017; Fukuda 2013。
40. 大衰退後的低谷期：Bardo, Lynch, & Land 2017。
41. 嬰兒潮之後各個世代的幸福感漸次提高：Sutin et al. 2013。
42. X世代與千禧世代的幸福感高過嬰兒潮世代：Bardo, Lynch, & Land 2017; Fukuda 2013; Stevenson & Wolfers 2009; Twenge, Sherman, & Lyubomirsky 2016。
43. 孤寂、壽命、健康：Susan Pinker 2014。
44. 兩句話都取自Fischer 2011, p.110。

45. Fischer 2011, p.114：參照 Susan Pinker 2014 針對變與不變的部分做進一步闡述。
46. Fischer 2011, p.114，他提到「些許密友」時知道二〇〇六年另一份已發表的報告得出不同結論。該報告指出一九八五到二〇〇六年間美國人能商量重要事情的朋友數減少三分之一，受訪者四分之一表示自己根本沒有適合討論要事的對象。他認為這種結果來自二〇〇六年調查有誤差，詳見 Fischer 2006。
47. Fischer 2011, p.112.
48. Hampton, Rainie, et al. 2015.
49. 社交媒體使用者的連結度：Hampton, Goulet, et al. 2011。
50. 社交媒體的壓力：Hampton, Rainie, et al. 2015。
51. 社交互動的改變與不變：Fischer 2005, 2011; Susan Pinker 2014。
52. 自殺率和自殺手段是否便利有關：Miller, Azrael, & Barber 2012; Thomas & Gunnell 2010。
53. 自殺的風險因子：Ortiz-Ospina, Lee, & Roser 2016; World Health Organization 2016d。
54. 幸福感與自殺間的悖論：Daly et al. 2010。
55. 二〇一四年美國自殺案例數（精確數字為四萬兩千七百七十三）：National Vital Statistics, Kochanek et al. 2016, table B. World suicides in 2012：Data from World Health Organization, Värnik 2012 and World Health Organization 2016d。
56. 女性自殺率下降："Female Suicide Rate, OECD," *HumanProgress*, HumanProgress.org/story/2996/。
57. 英格蘭的自殺率，依照年齡和時代分組：Thomas & Gunnell 2010。瑞士自殺率依照年齡、群體、時代分組：Ajdacic-Gross et al. 2006. For the United States：Phillips 2014。
58. 青少年自殺比利下降：Costello, Erkanli, & Angold 2006; Twenge 2014。
59. 對自殺數字的負面解讀：M. Nock, "Five Myths About Suicide," *Washington Post*, May 6, 2016。
60. 艾森豪與瑞典自殺率：http://fed.wiki.org/journal.hapgood.net/eisenhower-on-sweden。
61. 一九六〇年自殺率出自 Ortiz-Ospina, Lee, & Roser 2016。二〇一二年自殺率（經過年齡調整）出自 World Health Organization 2017b。
62. 西歐國家自殺率：Värnik 2012, p.768. Decline of Swedish suicide：Ohlander 2010。
63. 憂鬱症的世代成長：Lewinsohn et al. 1993。
64. PTSD 觸發因子：McNally 2016。
65. 精神病理學帝國版圖擴張：Haslam 2016; Horwitz & Wakefield 2007; McNally 2016; PLOS Medicine Editors 2013。
66. R. Rosenberg, "Abnormal Is the New Normal," *Slate*, April 12, 2013, based on Kessler et al. 2005.
67. 擴張傷害的概念定義是一種道德進步：Haslam 2016。
68. 證據導向的心理治療：Barlow et al. 2013。
69. 憂鬱症造成的全球負擔：Murray et al. 2012. Adult risks: Kessler et al. 2003。
70. 精神健康的矛盾現象：PLOS Medicine Editors 2013。
71. 缺乏黃金標準：Twenge 2014。
72. 一世紀內憂鬱症比例並未增加：Mattisson et al. 2005; Murphy et al. 2000。
73. Twenge et al. 2010.
74. Twenge & Nolen-Hoeksema 2002：一九八〇到九八年間，從 X 世代到千禧時代，八至十六歲男孩裡越晚出生者憂鬱比例越低，女孩部分沒有變動。Twenge 2014：一九八〇年代到二〇一〇年代間，青少年自殺率較低，大學生與成人自陳的憂鬱狀況也減輕。Olfson, Druss, & Marcus 2015：兒童與青少年的心理疾病罹患率降低了。
75. Costello, Erkanli, & Angold 2006.
76. Baxter et al. 2014.
77. Jacobs 2011.
78. Baxter et al. 2014; Twenge 2014; Twenge et al. 2010.
79. 斯坦因法則與焦慮：Sage 2010。
80. Terracciano 2010; Trzesniewski & Donnellan 2010.
81. Baxter et al. 2014.
82. 例如「現代性造就憂鬱症：憂鬱症流行理由解析」，Hidaka 2012。
83. Stevenson & Wolfers 2009.
84. 節錄自實體書版本：Allen 1987, pp.131-33。
85. Johnston & Davey 1997：參照 Jackson 2016; Otieno, Spada, & Renkl 2013; Unz, Schwab, & Winterhoff-Spurk 2008。
86. Statement：Cornwall Alliance for the Stewardship of Creation 2000. "So-called climate crisis"：Cornwall Alliance, "Sin, Deception, and the Corruption of Science：A Look at the So-Called Climate Crisis," 2016, http://cornwallalliance.org/2016/07/sin-deception-and-the-corruption-of-science-a-look-at-the-so-called-climate-crisis/. Bean & Teles 2016; L. Vox, "Why Don't Christian Conservatives Worry About Climate Change? God," *Washington Post*, June 2, 2017.
87. 垃圾船事件：M. Winerip, "Retro Report: Voyage of the Mobro 4000," *New York Times*, May 6, 2013。

88. 掩埋場的環境友善設計：J. Tierney, "The Reign of Recycling," *New York Times,* Oct. 3, 2015。紐約時報的「回顧報導」系列包括前一註解內的新聞文章，都是少數會對所謂危機進行追蹤的例外。
89. 無聊的危機：Nisbet 1980/2009, pp.349-51。兩位特別提出警語的都是自然科學家：Dennis Gabor 與 Harlow Shapley.
90. 見本章註十五和十六。
91. 生命週期裡的焦慮：Baxter et al. 2014。

第十九章

1. 奇怪的核彈估計誤差：Berry et al. 2010; Preble 2004。
2. 對網路攻擊採取核武報復：Sagan 2009c, p. 164：參照 P. Sonne, G. Lubold, & C. E. Lee, " 'No First Use' Nuclear Policy Proposal Assailed by U.S. Cabinet Officials, Allies," *Wall Street Journal,* Aug. 12, 2016 內轉述 Keith Payne 的評論。
3. K. Bird, "How to Keep an Atomic Bomb from Being Smuggled into New York City? Open Every Suitcase with a Screwdriver," *New York Times,* Aug. 5, 2016.
4. Randle & Eckersley 2015.
5. 引用自 Ocean Optimism 首頁，http://www.oceanoptimism.org/about/。
6. 2012 Ipsos poll：C. Michaud, "One in Seven Thinks End of World Is Coming：Poll," *Reuters,* May 1, 2012, http://www.reuters.com/article/us-mayancalendar-poll-idUSBRE8400XH20120501. The rate for the United States was 22 percent, and in a 2015 YouGov poll, 31 percent：http://cdn.yougov.com/cumulus_uploads/document/i7p20mektl/toplines_OPI_disaster_20150227.pdf.
7. 冪定律分布：Johnson et al. 2006; Newman 2005; Pinker 2011, pp.210-22，第十一章註十七亦針對從資料估計風險的複雜程度提出解釋。
8. 高估極端風險的發生機率：Pinker 2011, pp.368-73。
9. 末日預言："Doomsday Forecasts," *The Economist,* Oct. 7, 2015, http://www.economist.com/blogs/graphicdetail/2015/10/predicting-end-world。
10. 世界末日主題電影："List of Apocalyptic Films," *Wikipedia,* https://en.wikipedia.org/wiki/List_of_apocalyptic_films, retrieved Dec. 15, 2016。
11. Ronald Bailey, "Everybody Loves a Good Apocalypse," *Reason,* Nov. 2015.
12. 千禧蟲：M. Winerip, "Revisiting Y2K：Much Ado About Nothing?" *New York Times,* May 27, 2013。
13. G. Easterbrook, "We're All Gonna Die!" *Wired,* July 1, 2003.
14. P. Ball, "Gamma-Ray Burst Linked to Mass Extinction," *Nature,* Sept. 24, 2003.
15. Denkenberger & Pearce 2015.
16. Rosen 2016.
17. D. Cox, "NASA's Ambitious Plan to Save Earth from a Supervolcano," *BBC Future,* Aug. 17, 2017, http://www.bbc.com/future/story/20170817-nasas-ambitious-plan-to-save-earth-from-a-super volcano.
18. Deutsch 2011, p.207.
19. "More dangerous than nukes"：Tweeted in Aug. 2014, quoted in A. Elkus, "Don't Fear Artificial Intelligence," *Slate,* Oct. 31, 2014. "End of the human race", quoted in R. Cellan-Jones, "Stephen Hawking Warns Artificial Intelligence Could End Mankind," *BBC News,* Dec. 2, 2014, http:// www.bbc.com/news/technology-30290540.
20. 二〇一四年針對百位文獻最常提及的人工智能研究者的調查顯示，僅百分之八擔憂高階人工智能會造成「滅絕等級的災難」：Müller & Bostrom 2014。公開質疑滅絕劇本的人工智能專家有 Paul Allen (2011), Rodney Brooks (2015), Kevin Kelly (2017), Jaron Lanier (2014), Nathan Myhrvold (2014), Ramez Naam (2010), Peter Norvig (2015), Stuart Russell (2015), and Roger Schank (2015). Skeptical psychologists and biologists include Roy Baumeister (2015), Dylan Evans (2015a), Gary Marcus (2015), Mark Pagel (2015), and John Tooby (2015). A. Elkus, "Don't Fear Artificial Intelligence," *Slate,* Oct. 31, 2014; M. Chorost, "Let Artificial Intelligence Evolve," *Slate,* April 18, 2016。
21. 對於智能的現代科學認知：Pinker 1997/2009, ch. 2; Kelly 2017。
22. 「嘭」：Hanson & Yudkowsky 2008。
23. 科技專家 Kevin Kelly (2017) 提出同樣論點。
24. 視智能為裝置：Brooks 2015; Kelly 2017; Pinker 1997/2009, 2007a; Tooby 2015。
25. 人工智能的進展不必符合莫耳定律：Allen 2011; Brooks 2015; Deutsch 2011; Kelly 2017; Lanier 2014; Naam 2010。
26. 人工智能的專家說詞與誇大說詞：Brooks 2015; Davis & Marcus 2015; Kelly 2017; Lake et al. 2017; Lanier 2014; Marcus 2016; Naam 2010; Schank 2015。參照本章註二十五。
27. 現行人工智能的膚淺和脆弱：Brooks 2015; Davis & Marcus 2015; Lanier 2014; Marcus 2016; Schank 2015。
28. Naam 2010.
29. 機器將人類做成迴紋針或類似的價值對齊問題：Bostrom 2016; Hanson & Yudkowsky 2008; Omohundro 2008; Yudkowsky 2008; P. Torres, "Fear Our New Robot Overlords：This Is Why You Need to Take Artificial Intelligence Seriously," *Salon,* May 14, 2016。
30. 為什麼人類不會被做成迴紋針：B. Hibbard, "Reply to AI Risk," http://www.ssec.wisc.edu/~billh/g/AIRisk_Reply.html; R. Loosemore, "The Maverick Nanny with a Dopamine Drip：Debunking Fallacies in the Theory of AI Motivation," *Institute for Ethics and Emerging Technologies,* July 24, 2014, http://ieet.org/index.php/IEET/more/loosemore20140724; A. Elkus, "Don't Fear Artificial Intelligence," *Slate,* Oct. 31, 2014; R. Hanson, "I Still Don't Get Foom," *Humanity+,* July 29, 2014, http://hplusmagazine.com/2014/07/29/i-still-dont-get-foom/; Hanson & Yudkowsky 2008。
31. J. Bohannon, "Fears of an AI Pioneer," *Science,* July 17, 2016.
32. Brynjolfsson & McAfee 2015.

33. 自動駕駛尚未成熟：Brooks 2016。
34. 機器人與就業：Brynjolfsson & McAfee 2016；參照第九章註六十七與六十八。
35. 賭局在"Long Bets"網站，http://longbets.org/9/。
36. 加強對電腦攻擊的防護：Schneier 2008; B. Schneier, "Lessons from the Dyn DDoS Attack," *Schneier on Security,* Nov. 1, 2016, https://www.schneier.com/essays/archives/2016/11/lessons_from_the_dyn.html。
37. 加強對生化武器的防護：Bradford Project on Strengthening the Biological and Toxin Weapons Convention, http://www.bradford.ac.uk/acad/sbtwc/。
38. 對傳染病與生化恐攻的防護措施：Carlson 2010. Preparing for pandemics: Bill & Melinda Gates Foundation, "Preparing for Pandemics," http://nyti.ms/256CNNc; World Health Organization 2016b。
39. 反恐標準措施：Mueller 2006, 2010a; Mueller & Stewart 2016a; Schneier 2008. 40. Kelly 2010, 2013。
41. 筆者於二〇一七年五月二十一與對方直接討論。參照 Kelly 2013, 2016。
42. 謀殺和製造動亂的難度不高：Brandwen 2016。
43. Brandwen 2016 列舉多項現實中商品遭歹徒動手腳的案例，損失最低一億五千萬，最高達十五億美元。
44. B. Schneier, "Where Are All the Terrorist Attacks?" *Schneier on Security,* https://www.schneier.com/essays/archives/2010/05/where_are_all_the_te.html。類似論點：Mueller 2004b; M. Abrahms, "A Few Bad Men: Why America Doesn't Really Have a Terrorist Problem," *Foreign Policy,* April 16, 2013。
45. 多數恐怖分子並不聰明：Mueller 2006; Mueller & Stewart 2016a, ch. 4; Brandwen 2016 ; M. Abrahms, "Does Terrorism Work as a Political Strategy? The Evidence Says No," *Los Angeles Times,* April 1, 2016; J. Mueller & M. Stewart, "Hapless, Disorganized, and Irrational: What the Boston Bombers Had in Common with Most Would-Be Terrorists," *Slate,* April 22, 2013; D. Kenner, "Mr. Bean to Jihadi John," *Foreign Policy,* Sept. 1, 2014.
46. D. Adnan & T. Arango, "Suicide Bomb Trainer in Iraq Accidentally Blows Up His Class," *New York Times,* Feb. 10, 2014.
47. "Suicide Bomber Hid IED in His Anal Cavity," *Homeland Security News Wire,* Sept. 9, 2009, http:// www.homelandsecuritynewswire.com/saudi-suicide-bomber-hid-ied-his-anal-cavity
48. 恐怖活動效益不彰：Abrahms 2006, 2012; Brandwen 2016; Cronin 2009; Fortna 2015; Mueller 2006; Mueller & Stewart 2010：參照本章註四十五。智商與犯罪行為，心理變態為負相關：Beaver, Schwartz, et al. 2013; Beaver, Vauhgn, et al. 2012; de Ribera, Kavish, & Boutwell 2017。
49. 大型恐怖行動的風險：Mueller 2006。
50. 值得正視的網路犯罪需要國家等級的資源：B. Schneier, "Someone Is Learning How to Take Down the Internet," *Lawfare,* Sept. 13, 2016。
51. 對網路戰的質疑論點：Lawson 2013; Mueller & Friedman 2014; Rid 2012; B. Schneier, "Threat of 'Cyberwar' Has Been Hugely Hyped," *CNN.com,* July 7, 2010, http://www.cnn.com/2010/OPINION/07/07/schneier.cyberwar.hyped/; E. Morozov, "Cyber-Scare：The Exaggerated Fears over Digital Warfare," *Boston Review,* July/Aug. 2009; E. Morozov, "Battling the Cyber Warmongers," *Wall Street Journal,* May 8, 2010; R. Singel, "Cyberwar Hype Intended to Destroy the Open Internet," *Wired,* March 1, 2010; R. Singel, "Richard Clarke's *Cyberwar:* File Under Fiction," *Wired,* April 22, 2010; P. W. Singer, "The Cyber Terror Bogeyman," *Brookings,* Nov. 1, 2012, https://www.brookings.edu/articles/the-cyber-terror-bogeyman/。
52. 出自前一註解內 Schneier 文章。
53. 韌性：Lawson 2013; Quarantelli 2008。
54. Quarantelli 2008, p.899.
55. 社會不因災難崩潰：Lawson 2013; Quarantelli 2008。
56. 現代社會也具有韌性：Lawson 2013。
57. 生化戰爭與恐怖攻擊：Ewald 2000; Mueller 2006。
58. 恐怖攻擊追求的是戲劇效果：Abrahms 2006; Brandwen 2016; Cronin 2009; Ewald 2000; Y. N. Harari, "The Theatre of Terror," *The Guardian,* Jan. 31, 2015。
59. 毒性強度與傳染力的演化特性：Ewald 2000; Walther & Ewald 2004。
60. 生化恐攻機率很低：Mueller 2006; Parachini 2003。
61. 即便有基因編輯技術依舊很難設計病原體：Paul Ewald, personal communication, Dec. 27, 2016。
62. 評論見於 Kelly 2013，內容為 Carlson 2010 的論點做出總結。
63. 新型抗生素：Meeske et al. 2016; Murphy, Zeng, & Herzon 2017; Seiple et al. 2016. Identifying potentially hazardous pathogens: Walther & Ewald 2004。
64. 伊波拉疫苗：Henao-Restrepo et al. 2017. False predictions of catastrophic pandemics: Norberg 2016; Ridley 2010; M. Ridley, "Apocalypse Not: Here's Why You Shouldn't Worry About End Times," *Wired,* Aug. 17, 2012; D. Bornstein & T. Rosenberg, "When Reportage Turns to Cynicism," *New York Times,* Nov. 14, 2016。
65. 與馬丁・里斯針對生物恐攻的賭局：http://longbets.org/9/。
66. 對目前核武局勢的分析：Evans, Ogilvie-White, & Thakur 2014; Federation of American Scientists (undated); Rhodes 2010; Scoblic 2010。
67. 全球核武數量：Kristensen & Norris 2016：參照本章註一一三。
68. 核冬：Robock & Toon 2012; A. Robock & O. B. Toon, "Let's End the Peril of a Nuclear Winter," *New York Times,* Feb. 11, 2016。核冬／秋的爭議歷史：Morton 2015。
69. 末日時鐘：*Bulletin of the Atomic Scientists* 2017。
70. Eugene Rabinowitch, quoted in Mueller 2010a, p.26.
71. 末日時鐘：*Bulletin of the Atomic Scientists*, "A Timeline of Conflict, Culture, and Change," Nov. 13, 2013, http://thebulletin.org/multimedia/timeline-conflict-culture-and-change。
72. Mueller 1989, p.98.
73. Mueller 1989, p.271, note 2.
74. Snow 1961, p.259.

75. 一九七六年九月於哈佛大學對文理學院新進研究生的演講內容。
76. Mueller 1989, p.271, note 2.
77. 幾近引發核戰的事件列表：Future of Life Institute 2017; Schlosser 2013; Union of Concerned Scientists 2015a。
78. 憂思科學家聯盟，"To Russia with Love," http://www.ucsusa.org/nuclear-weapons/close-calls#.WGQClMrJEY。
79. 對列表內容的質疑：Mueller 2010a; J. Mueller, "Fire, Fire (Review of E. Schlosser's 'Command and Control')," *Times Literary Supplement*, March 7, 2014。
80. 透過Google Ngram Viewer（https://books.google.com/ngrams）搜尋可發現二〇〇八年出版品中「核戰」一詞出現次數遜於「種族歧視」、「恐怖主義」、「貧富不均」達十到二十倍。以美國現代英文語料庫（http://corpus.byu.edu/coca/）搜尋則發現二〇一五年美國報紙內容中「核戰」一詞在每百萬字文本裡只出現零點六五次，「貧富不均」的次數為十三點二三，「種族歧視」為十九點五，「恐怖主義」高達三十點九三。
81. Morton 2015, p.324.
82. 二〇〇三年四月十七日他擔任美國駐聯合國代表時致函給聯合國安理會內容，引用於Mueller 2012。
83. 恐怖預測收集：Mueller 2012。
84. Warren B. Rudman, Stephen E. Flynn, Leslie H. Gelb, and Gary Hart, Dec. 16, 2004, reproduced in Mueller 2012.
85. Boyer 1985/2005, p.72.
86. 恫嚇策略的反效果：Boyer 1986。
87. 《原子科學家公報》一九五一年社論，引用於Boyer 1986。
88. 社會運動的動力：Sandman & Valenti 1986。第十章註五十五有針對氣候變遷做出的類似觀察。
89. Mueller 2016.
90. Mueller 2016。「核戰哲學」一詞出自政治學者Robert Johnson。
91. 未簽署條約仍裁撤軍備：Kristensen & Norris 2016a; Mueller 2010a。
92. 開戰機會接近零：Welch & Blight 1987-88, p.27；參照Blight, Nye, & Welch 1987, p.184; Frankel 2004; Mueller 2010a, pp.38-40, p.248, notes 31-33。
93. 避免意外的核武安全機制：Mueller 2010a, pp.100-102; Evans, Ogilvie-White, & Thakur 2014, p.56; J. Mueller, "Fire, Fire (Review of E. Schlosser's 'Command and Control')," *Times Literary Supplement*, March 7, 2014。值得一提的是坊間流傳蘇維埃海軍軍官Vasili Arkhipov在古巴飛彈危機期間堅持違逆一頭熱的艦長、拒絕同意對美國軍艦發射核彈頭魚雷，從而「拯救了世界」，但這個故事在Aleksandr Mozgovoi二〇〇二年出版的*Kubinskaya Samba Kvarteta Fokstrotov*中遭到質疑，因為當時在場的通訊官事後指稱艦長其實是主動放棄開戰立場：Mozgovoi 2002。此外應該思考在海中發射單一戰術武器是否必然會演變為全面戰爭，詳見Mueller 2010a, pp.100-102。
94. Union of Concerned Scientists 2015a.
95. 一次世界大戰之後世界各國走向禁用化學武器，顯示出意外事故或單一事件不必然引發雙邊緊張情勢升高，詳見Pinker 2011, pp.273-74。
96. 對核武擴散的預測：Mueller 2010a, p.90; T. Graham, "Avoiding the Tipping Point," *Arms Control Today,* 2004, https://www.armscontrol.org/act/2004_11/BookReview. Lack of proliferation: Bluth 2011; Sagan 2009b, 2010。
97. 放棄核彈的國家：Sagan 2009b, 2010, and personal communication, Dec. 30, 2016; see Pinker 2011, pp.272-73。
98. Evans 2015b.
99. Pinker 2013a.
100. 以飛機散布毒氣：Mueller 1989。地球物理戰：Morton 2015, p.136。
101. 日本投降的原因在於蘇聯而非廣島：Berry et al. 2010; Hasegawa 2006; Mueller 2010a; Wilson 2007。
102. 頒發諾貝爾獎給核彈：Suggested by Elspeth Rostow，引用於Pinker 2011, p.268。核武阻嚇效果不彰：Pinker 2011, p.269; Berry et al. 2010; Mueller 2010a; Ray 1989。
103. 核武成為禁忌：Mueller 1989; Sechser & Fuhrmann 2017; Tannenwald 2005; Ray 1989, pp.429-31; Pinker 2011, ch.5, "Is the Long Peace a Nuclear Peace?" pp.268-78。
104. 傳統嚇阻手段的效果：Mueller 1989, 2010a。
105. 核武國家與闖入的強盜：Schelling 1960。
106. Berry et al. 2010, pp.7-8.
107. George Shultz, William Perry, Henry Kissinger, & Sam Nunn, "A World Free of Nuclear Weapons," *Wall Street Journal,* Jan. 4, 2007; William Perry, George Shultz, Henry Kissinger, & Sam Nunn, "Toward a Nuclear-Free World," *Wall Street Journal,* Jan. 15, 2008.
108. "Remarks by President Barack Obama in Prague as Delivered," White House, April 5, 2009, https:// www.whitehouse.gov/the-press-office/remarks-president-barack-obama-prague-delivered.
109. United Nations Office for Disarmament Affairs (undated).
110. 針對全球零核的輿論：Council on Foreign Relations 2012。
111. 達成零核：Global Zero Commission 2010。
112. 對全球零核的質疑論點：H. Brown & J. Deutch, "The Nuclear Disarmament Fantasy," *Wall Street Journal,* Nov. 19, 2007; Schelling 2009。
113. 根據五角大廈報告，二〇一五年美國儲備四千五百七十一件核武。美國科學家聯盟估計約有一千七百枚彈頭部署於彈道飛彈和轟炸機上，一百八十枚用於位在歐洲的戰略炸彈，其餘兩千七百枚則是庫存。（「儲備」一詞通常包括已部署和庫存中的武器，少數情境中則僅代表庫存。）另外約兩千三百四十枚核彈已經退役待拆解。
114. A. E. Kramer, "Power for U.S. from Russia's Old Nuclear Weapons," *New York Times,* Nov. 9, 2009.

115. 美國科學家聯盟估計俄羅斯在二〇一五年的核彈儲備為四千五百枚。《新削減戰略武器條約》：Woolf 2017。
116. 儲備削減會隨現代化繼續進行：Kristensen 2016。
117. 核彈總數：資料來自Kristensen 2016，其中包括已部署或庫存中但隨時可部署的核彈，排除已經退役的彈頭或該國投射平台無法運用的炸彈類型。
118. 短期內不會有新的核武國家：Sagan 2009b, 2010, and personal communication, Dec. 30, 2016；參照 Pinker 2011, pp.272-73。Fewer states with fissile materials: "Sam Nunn Discusses Today's Nuclear Risks," Foreign Policy Association blogs, http://foreignpolicyblogs.com/2016/04/06/sam-nunn-discusses-todays-nuclear-risks/。
119. 沒有條約也會解除軍備：Kristensen & Norris 2016a; Mueller 2010a。
120. 緊繃消解的漸進回饋：Osgood 1962。
121. 核武數量夠小就不會有核冬：A. Robock & O. B. Toon, "Let's End the Peril of a Nuclear Winter," *New York Times,* Feb. 11, 2016。作者群建議美國削減核彈數量到一千以內，但並未明言這麼做是否就能確保不會發生核冬。另一個數據是兩百，出自Robock at MIT, April 2, 2016, "Climatic Consequences of Nuclear War," http://futureoflife.org/wp-content/uploads/2016/04/Alan_Robock_MIT_April2.pdf。
122. 微觸發系統的問題：Evans, Ogilvie-White, & Thakur 2014, p.56。
123. 反對有警報就發射的決策系統：Evans, Ogilvie-White, & Thakur 2014; J. E. Cartwright & V. Dvorkin, "How to Avert a Nuclear War," *New York Times,* April 19, 2015; B. Blair, "How Obama Could Revolutionize Nuclear Weapons Strategy Before He Goes," *Politico,* June 22, 2016; Long fuse：Brown & Lewis 2013。
124. 不在核彈使用「微觸發」：Union of Concerned Scientists 2015b。
125. 不率先使用：Sagan 2009a; J. E. Cartwright & B. G. Blair, "End the First-Use Policy for Nuclear Weapons," *New York Times,* Aug. 14, 2016. Rebuttals of arguments against No First Use：Global Zero Commission 2016; B. Blair, "The Flimsy Case Against No-First-Use of Nuclear Weapons," *Politico,* Sept. 28, 2016。
126. 漸進承諾：J. G. Lewis & S. D. Sagan, "The Common-Sense Fix That American Nuclear Policy Needs," *Washington Post,* Aug. 24, 2016。
127. D. Sanger & W. J. Broad, "Obama Unlikely to Vow No First Use of Nuclear Weapons," *New York Times,* Sept. 4, 2016.

第二十章

1. 這幾段的資料都來自本書第五到第十九章。
2. 所有降低程度都以二十世紀最高值為計算基準。
3. 其中關於戰爭並非歷史循環的證據請見Pinker 2011, p.207。
4. 出自*Review of Southey's Colloquies on Society*，引用於Ridley 2010, ch.1。
5. 參考第八章與第十六章末尾的註解，第十章、第十五章和第十八章針對伊斯特林悖論的探討。（原文頁數）
6. 為一九六一至一九七三的平均，World Bank 2016c。
7. 為一九七四至二〇一五的平均，World Bank 2016c。美國在這兩個時期分別為百分之三點三和百分之一點七。
8. 生產率估計，取自Gordon 2014, fig.1。
9. 恆滯理論：Summers 2014b, 2016。分析與評論請參考Teulings & Baldwin 2014。
10. 無人可知：M. Levinson, "Every US President Promises to Boost Economic Growth. The Catch：No One Knows How," *Vox,* Dec. 22, 2016; G. Ip, "The Economy's Hidden Problem: We're Out of Big Ideas," *Wall Street Journal,* Dec. 20, 2016; Teulings & Baldwin 2014。
11. Gordon 2014, 2016.
12. 美國人耽於安逸：Cowen 2017; Glaeser 2014; F. Erixon & B. Weigel, "Risk, Regulation, and the Innovation Slowdown," *Cato Policy Report,* Sept./Oct. 2016; G. Ip, "The Economy's Hidden Problem：We're Out of Big Ideas," *Wall Street Journal,* Dec. 20, 2016。
13. World Bank 2016c。美國人均國家生產總值在過去五十五年裡只有八年沒提升。
14. 科技發展的沉睡者效應：G. Ip, "The Economy's Hidden Problem：We're Out of Big Ideas," *Wall Street Journal,* Dec. 20, 2016; Eichengreen 2014。
15. 科技造就的豐裕時代：Brand 2009; Bryce 2014; Brynjolfsson & McAfee 2016; Diamandis & Kotler 2012; Eichengreen 2014; Mokyr 2014; Naam 2013; Reese 2013。
16. Interview with Ezra Klein, "Bill Gates：The Energy Breakthrough That Will 'Save Our Planet' Is Less Than 15 Years Away," *Vox,* Feb. 24, 2016, http://www.vox.com/2016/2/24/11100702/billgates energy。比爾．蓋茲當時很隨興，只提及「一九四〇年那本『世界和平』的書」，我猜測是指Norman Angell的*The Great Illusion*，因為很多人誤以為作者意思是一次世界大戰之後就再也不會有戰爭。實際上那本書主張戰爭無利可圖而不是戰爭就此終止。
17. Diamandis & Kotler 2012, p.11.
18. 無罪惡感的化石燃料發電：Service 2017。
19. Jane Langdale, "Radical Ag: C4 Rice and Beyond," Seminars About Long-Term Thinking, Long Now Foundation, March 14, 2016.
20. 第二機器時代：Brynjolfsson & McAfee 2016；參照 Diamandis & Kotler 2012。
21. Mokyr 2014, p.88；參照 Feldstein 2017; T. Aeppel, "Silicon Valley Doesn't Believe U.S. Productivity Is Down," *Wall Street Journal,* July 16, 2016; K. Kelly, "The Post-Productive Economy," *The Technium,* Jan. 1, 2013。
22. 金錢減量：Diamandis & Kotler 2012。
23. G. Ip, "The Economy's Hidden Problem：We're Out of Big Ideas," *Wall Street Journal,* Dec. 20, 2016.
24. 威權民粹主義：Inglehart & Norris 2016; Norris & Inglehart 2016；參照本書二十三章。

25. Norris & Inglehart 2016.
26. 川普競選史：J. Fallows, "The Daily Trump：Filling a Time Capsule," *The Atlantic,* Nov. 20, 2016, http://www.theatlantic.com/notes/2016/11/on-the-future-of-the-time-capsules/508268/。川普上任半年紀錄：E. Levitz, "All the Terrifying Things That Donald Trump Did Lately," *New York,* June 9, 2017。
27. "Donald Trump's File," *PolitiFact,* http://www.politifact.com/personalities/donald-trump：參照 D. Dale, "Donald Trump：The Unauthorized Database of False Things," *The Star,* Nov. 14, 2016，其中列出兩個月內他的五百六十項不實說法，每天接近二十回。其他參考 M. Yglesias, "The Bullshitter-in-Chief," *Vox,* May 30, 2017; and D. Leonhardt & S. A. Thompson, "Trump's Lies," *New York Times,* June 23, 2017。
28. 改編自 Philip K. Dick 科幻小說的名句："Reality is that which, when you stop believing in it, doesn't go away."（現實就是即使你不信也不會走開的東西。）
29. S. Kinzer, "The Enlightenment Had a Good Run," *Boston Globe,* Dec. 23, 2016.
30. 歐巴馬支持度：J. McCarthy, "President Obama Leaves White House with 58% Favorable Rating," *Gallup,* Jan. 16, 2017, http://www.gallup.com/poll/202349/president-obama-leaves-white-house-favorable-rating.aspx。卸任演講中歐巴馬提到「我們立國者遵循創新和務實態度解決問題的基本精神」是「生於啟蒙」，並將啟蒙定義為「信仰理性、進取，以德而非以力服人。」
31. 川普支持度：J. McCarthy, "Trump's Pre-Inauguration Favorables Remain Historically Low," *Gallup,* Jan. 16, 2017; "How Unpopular Is Donald Trump?" *FiveThirtyEight,* https://projects.fivethirtyeight.com/trump-approval-ratings/; "Presidential Approval Ratings—Donald Trump," *Gallup,* Aug. 25, 2017。
32. G. Aisch, A. Pearce, & B. Rousseau, "How Far Is Europe Swinging to the Right?" *New York Times,* Dec. 5, 2016. Of the twenty countries whose parliamentary elections were tracked, nine had an increase in the representation of right-wing parties since the preceding election, nine had a decrease, and two (Spain and Portugal) had no representation at all.
33. A. Chrisafis, "Emmanuel Macron Vows Unity After Winning French Presidential Election," *The Guardian,* May 8, 2017.
34. 美國總統大選出口民調，*New York Times* 2016. N. Carnes & N. Lupu, "It's Time to Bust the Myth：Most Trump Voters Were Not Working Class," *Washington Post,* June 5, 2017。參照本章註解三十五及三十六。
35. N. Silver, "Education, Not Income, Predicted Who Would Vote for Trump," *FiveThirtyEight,* Nov. 22, 2016, http://fivethirtyeight.com/features/education-not-income-predicted-who-would-vote-for-trump/; N. Silver, "The Mythology of Trump's 'Working Class' Support：His Voters Are Better Off Economically Compared with Most Americans," *FiveThirtyEight,* May 3, 2016, https://fivethirtyeight.com/features/the-mythology-of-trumps-working-class-support/. Confirmation from Gallup polls：J. Rothwell, "Economic Hardship and Favorable Views of Trump," *Gallup,* July 22, 2016, http://www.gallup.com/opinion/polling-matters/193898/economic-hardship-favorable-views-trump.aspx
36. N. Silver, "Strongest correlate I've found for Trump support is Google searches for the n-word. Others have reported th is too," *Twitter,* https://t witter.com/natesilver538/stat us/703975062500732932?lang=en; N. Cohn, "Donald Trump's Strongest Supporters：A Certain Kind of Democrat," *New York Times,* Dec. 31, 2015; Stephens-Davidowitz 2017. 並請參照 G. Lopez, "Polls Show Many—Even Most—Trump Supporters Really Are Deeply Hostile to Muslims and Nonwhites," *Vox,* Sept. 12, 2016.
37. 出口民調：*New York Times* 2016。
38. 歐洲民粹主義：Inglehart & Norris 2016。
39. Inglehart & Norris 2016，依據為他們提出的 C 模型，也就是最符合目標、預測指標最少的組合，且得到兩位作者認同。
40. A. B. Guardia, "How Brexit Vote Broke Down," *Politico,* June 24, 2016.
41. Inglehart & Norris 2016, p.4.
42. I. Lapowsky, "Don't Let Trump's Win Fool You—America's Getting More Liberal," *Wired,* Dec. 19, 2016.
43. 不同國家的民粹政黨席次：Inglehart & Norris 2016; G. Aisch, A. Pearce & B. Rousseau, "How Far Is Europe Swinging to the Right?" *New York Times,* Dec. 5, 2016.
44. 非主流右派運動比例過小：Alexander 2016。Seth Stephens-Davidowitz 發現 Stormfront 作為白人種族主義最大的網路論壇，自從二〇〇八年以來在 Google 的搜尋量持續下降（排除少數新聞事件影響）。
45. 年輕時自由主義，年長後保守主義作為流行語：G. O'Toole, "If You Are Not a Liberal at 25, You Have No Heart. If You Are Not a Conservative at 35 You Have No Brain," *Quote Investigator,* Feb. 24, 2014, http://quoteinvestigator.com/2014/02/24/heart-head/; B. Popik, "If You're Not a Liberal at 20 You Have No Heart, If Not a Conservative at 40 You Have No Brain," *BarryPopik.com,* http:// www.barrypopik.com/index.php/new_york_city/entry/if_youre_not_a_liberal_at_20_you_have_no_heart_if_not_a_conservative_at_40。
46. Ghitza & Gelman 2014：參照 Kohut et al. 2011; Taylor 2016a, 2016b。
47. 根據物理學家 Max Planck 說過的話改編。
48. Voter turnout: H. Enten, "Registered Voters Who Stayed Home Probably Cost Clinton the Election," *FiveThirtyEight,* Jan. 5, 2017, https://fivethirtyeight.com/features/registered-voters-who-stayed-home-probably-cost-clinton-the-election/. A. Payne, "Brits Who Didn't Vote in the EU Referendum Now Wish They Voted Against Brexit," *Business Insider,* Sept. 23, 2016. A. Rhodes, "Young People—If You're So Upset by the Outcome of the EU Referendum, Then Why Didn't You Get Out and Vote?" *The Independent,* June 27, 2016.
49. Publius Decius Mus 2016。文章以筆名發表，不過二〇一七年該作者 Michael Anton 進入川普政府任職國安官員。
50. C. R. Ketcham, "Anarchists for Donald Trump—Let the Empire Burn," *Daily Beast,* June 9, 2016, http://www.thedailybeast.com/articles/2016/06/09/anarchists-for-donald-trump-let-the-empire-burn.html.
51. 類似論點見於 D. Bornstein & T. Rosenberg, "When Reportage Turns to Cynicism," *New York Times,* Nov. 15, 2016。本書第四章已引用。
52. Berlin 1988/2013, p.15.
53. 原為講座內容，透過與筆者私下聯絡分享。改寫自 Kelly 2016, pp.13-14。
54. 「悲觀中懷抱希望」出自記者 Yuval Levin 二〇一七年著作。「極端漸進主義」最早出自政治學者 Aaron Wildavsky，最近因 Halpern & Mason 2015 重新流行。
55. 「可能性主義」最初出現在經濟學家 Albert Hirschman 一九七一年著作，羅斯林的回答引用自 "Making Data Dance," *The Economist,* Dec. 9, 2010。

第二十一章

1. 近期例子（並非出自心理學家）：J. Gray, "The Child-Like Faith in Reason," *BBC News Magazine*, July 18, 2014; C. Bradatan, "Our Delight in Destruction," *New York Times*, March 27, 2017。
2. Nagel 1997, pp.14-15. "One can't criticize something with nothing": p.20.
3. 先驗論證：Bardon (undated)。
4. Nagel 1997, p.35，他認為「想太多」出處為哲學家Bernard Williams。為何「信仰理性」屬於想太多，以及為何明確推論有極限，參考Pinker1997/2009, pp.98-99。
5. 請參考第二章註二十二至二十五。
6. 請參考第一章註一、四、九。康德的比喻一開始針對的是人類具有「不社會化的社會性」，不像密集森林中每棵樹為了避開彼此的陰影會筆直向上生長。後來這個比喻常被進一步詮釋，用來指出人類雖具理性卻常常無法理解合作帶來的優勢。（感謝Anthony Pagden提醒這點。）
7. 理性接受天擇：Pinker 1997/2009, chs. 2, 5; Pinker 2010; Tooby & DeVore 1987 ; Norman 2016。
8. 二〇一七年一月五日個人通訊內容，相關資料請參考Lieberberg 1990, 2014。
9. Lieberberg 2014, pp.191-92.
10. Shtulman 2005；參照Rice, Olson, & Colbert 2011。
11. 演化論成為宗教虔誠測試：Roos 2012。
12. Kahan 2015.
13. 對氣候的知識：Kahan 2015; Kahan, Wittlin, et al. 2011。臭氧層破洞、有毒廢棄物傾倒以及氣候變遷的關聯：Bostrom et al. 1994。
14. Pew Research Center 2015b；參考Jones, Cox, & Navarro-Rivera 2014有類似數據。
15. Kahan: Braman et al. 2007; Eastop 2015; Kahan 2015; Kahan, Jenkins-Smith, & Braman 2011; Kahan, Jenkins-Smith, et al. 2012; Kahan, Wittlin, et al. 2011.
16. Kahan, Wittlin, et al. 2011, p.15.
17. 公地悲劇：Kahan 2012; Kahan, Wittlin, et al. 2011。卡漢稱之為公眾風險認知悲劇。
18. A. Marcotte, "It's Science, Stupid：Why Do Trump Supporters Believe So Many Things That Are Crazy and Wrong?" *Salon*, Sept. 30, 2016.
19. 藍色謊言：J. A. Smith, "How the Science of 'Blue Lies' May Explain Trump's Support," *Scientific American*, March 24, 2017。
20. Tooby 2017.
21. 動機推理：Kunda 1990. My-Side bias: Baron 1993。偏見評價：Lord, Ross, & Lepper 1979; Taber & Lodge 2006。參照Mercier & Sperber 2011的評論。
22. Hastorf & Cantril 1954.
23. 罪酮與選舉：Stanton et al. 2009。
24. 證據造成立場兩極化：Lord, Ross, & Lepper 1979. For updates, see Taber & Lodge 2006 and Mercier & Sperber 2011。
25. 政治參與如同支持比賽隊伍：Somin 2016。
26. Kahan, Peters, et al. 2012; Kahan, Wittlin, et al. 2011.
27. Kahan, Braman, et al. 2009.
28. M. Kaplan, "The Most Depressing Discovery About the Brain, Ever," *Alternet*, Sept. 16, 2013, http://www.alternet.org/media/most-depressing-discovery-about-brain-ever. Study itself：Kahan, Peters, et al. 2013.
29. E. Klein, "How Politics Makes Us Stupid," *Vox*, April 6, 2014; C. Mooney, "Science Confirms：Politics Wrecks Your Ability to Do Math," *Grist*, Sept. 8, 2013.
30. 偏誤偏誤（實際名稱「偏誤盲點」〔bias blind spot〕）：Pronin, Lin, & Ross 2002。
31. Verhulst, Eaves, & Hatemi 2015.
32. 針對偏見的研究本身有誤：Duarte et al. 2015。
33. 左派的經濟盲：Buturovic & Klein 2010；參照Caplan 2007。
34. 經濟盲後續研究及意見撤回：Klein & Buturovic 2011。
35. D. Klein, "I Was Wrong, and So Are You," *The Atlantic*, Dec. 2011
36. See Pinker 2011, chs.3-5.
37. 共產主義造成的死亡：Courtois et al. 1999; Rummel 1997; White 2011；參照Pinker 2011, chs.4-5。
38. 社會學圈子的馬克思主義者：Gross & Simmons 2014。
39. 根據華爾街日報與美國傳統基金會（http://www.heritage.org/index/ranking）整理的「二〇一六年經濟自由指標」，紐西蘭、加拿大、愛爾蘭、英國、丹麥在經濟自由層面都等同或超越美國。除加拿大外的四個地區，社會支出占國內生產總值比例都超過美國（OECD 2014）。
40. 右派自由意志主義的難關：Friedman 1997; J. Taylor, "Is There a Future for Libertarianism?" *RealClearPolicy*, Feb. 23, 2016, http://www.realclearpolicy.com/blog/2016/02/23/is_there_a_future_for_libertarianism_1563.html; M. Lind, "The Question Libertarians Just Can't Answer," *Salon*, June 4, 2013; B. Lindsay, "Liberaltarians," *New Republic*, Dec. 4, 2006 ; W. Wilkinson, "Libertarian Principles, Niskanen, and Welfare Policy," Niskanen blog, March 29, 2016, https://niskanencenter.org/blog/libertarian-principles-niskanen-and-welfare-policy/。
41. 到極權之路：Payne 2005。
42. 雖然美國有世界最高的國內生產總值，人民幸福感卻屈居第十三（Helliwell, Layard, & Sachs 2016），在聯合國人類發展指數也只是第八名（Roser 2016h），社會進步指數第十九名（Porter, Stern, & Green 2016）。從人類發展指數來看，社會移轉能占國內生產總值的百分之二十五到三十（Prados de la Escosura 2015），美國則只分配約百分之十九。
43. 左右兩派的願景：Pinker 2002/2016; Sowell 1987, ch.16。
44. 預測有何問題：Gardner 2010; Mellers et al. 2014; Silver 2015; Tetlock & Gardner 2015; Tetlock, Mellers, & Scoblic 2017。
45. N. Silver, "Why FiveThirtyEight Gave Trump a Better Chance Than Almost Anyone Else," *FiveThirtyEight,* Nov. 11, 2016, http://fivethirtyeight.com/features/why-fivethirtyeight-gave-trump-a-better-chance-than-almost-anyone-else/
46. Tetlock & Gardner 2015, p.68.
47. Tetlock & Gardner 2015, p.69.
48. 主動式開放思想：Baron 1993。
49. Tetlock 2015.
50. 政治極化加劇：Pew Research Center 2014。
51. 資料取自社會概況調查，http://gss.norc.org, compiled in Abrams 2016。
52. Abrams 2016.
53. 大學教員的政治傾向：Eagen et al. 2014; Gross & Simmons 2014; E. Schwitzgebel, "Political Affiliations of American Philosophers, Political Scientists, and Other Academics," *Splintered Mind,* http://schwitzsplinters.blogspot.hk/2008/06/political-affiliations-of-american.html。參照 N. Kristof, "A Confession of Liberal Intolerance," *New York Times,* May 7, 2016。
54. 新聞媒體傾向自由主義：二〇一三年美國記者裡民主黨對共和黨比例是四比一，不過多數為中立（百分之五十點二）或其他立場（十四點六），詳見 Willnat & Weaver 2014, p.11。近期一份內容分析顯示報紙略微偏左，但讀者未變，詳見 Gentzkow & Shapiro 2010。
55. 社會動力與自由派、保守派的契合度：Sowell 1987。
56. 自由主義知識分子引領風騷：Grayling 2007; Hunt 2007。
57. 大家都是自由主義者：Courtwright 2010; Nash 2009; Welzel 2013。
58. 科學界的政治偏誤：Jussim et al. 2017. Political bias in medicine: Satel 2000。
59. Duarte et al. 2015.
60. 外表不同但思考很相近：出自公民自由權律師 Harvey Silverglate。
61. Duarte et al. 2015 內容包含三十三篇評論及作者群回應，評論文雖然言詞銳利但仍保持禮貌。《白板》獲得美國心理學會兩個分會頒獎。
62. N. Kristof, "A Confession of Liberal Intolerance," *New York Times,* May 7, 2016; N. Kristof, "The Liberal Blind Spot," *New York Times,* May 28, 2016.
63. J. McWhorter, "Antiracism, Our Flawed New Religion," *Daily Beast,* July 27, 2015.
64. 校園內的非自由主義以及社會正義戰士：Lukianoff 2012, 2014; G. Lukianoff & J. Haidt, "The Coddling of the American Mind," *The Atlantic,* Sept. 2015; L. Jussim, "Mostly Leftist Threats to Mostly Campus Speech," *Psychology Today* blog, Nov. 23, 2015, https://www.psychology today.com/blog/rabble-rouser/201511/mostly-leftist-threats-mostly-campus-speech。
65. 公開羞辱：D. Lat, "The Harvard Email Controversy: How It All Began," *Above the Law,* May 3, 2010, http://abovethelaw.com/2010/05/the-harvard-email-controversy-how-it-all-began/。
66. 史達林式的思想審查：Dreger 2015; L. Kipnis, "In Her Own Words: Title IX Inquisition at Northwestern," *TheFire.org,* https://www.thefire.org/in-her-own-words-laura-kipnis-title-ix -inquisition-at-northwestern-video/。
67. 意料之外的鬧劇：G. Lukianoff & J. Haidt, "The Coddling of the American Mind," *The Atlantic,* Sept. 2015; C. Friedersdorf, "The New Intolerance of Student Activism," *The Atlantic,* Nov. 9, 2015; J. M. Moyer, "University Yoga Class Canceled Because of 'Oppression, Cultural Genocide,'" *Washington Post,* Nov. 23, 2015。
68. 喜劇演員笑不出來：G. Lukianoff & J. Haidt, "The Coddling of the American Mind," *The Atlantic,* Sept. 2015; T. Kingkade, "Chris Rock Stopped Playing Colleges Because They're 'Too Conservative,'" *Huffington Post,* Dec. 2, 2014。參照二〇一五年紀錄片 *Can We Take a Joke?*。
69. 學術界內的意見多元：Shields & Dunn 2016。
70. 最早版本出自 Samuel Johnson; 詳見 G. O'Toole, "Academic Politics Are So Vicious Because the Stakes Are So Small," *Quote Investigator,* Aug. 18, 2013, http://quoteinvestigator.com/2013/08/18/acad-politics/。
71. 極端分子、反民主的共和黨人：Mann & Ornstein 2012/2016。
72. 嘲諷民主：Foa & Mounk 2016; Inglehart 2016。
73. 右翼反智現象經過右派人士自己研究，論點可參考 Charlie Sykes, *How the Right Lost Its Mind*, 2017; Matt Lewis, *Too Dumb to Fail*, 2016。
74. 理性的定位：Nagel 1997; Norman 2016。
75. Extraordinary popular delusions: McKay 1841/1995; K. Malik, "All the Fake News That Was Fit to Print," *New York Times,* Dec. 4, 2016.
76. A. D. Holan, "All Politicians Lie. Some Lie More Than Others," *New York Times,* Dec. 11, 2015.
77. 分析歷史上死傷最慘重的衝突之後，Matthew White 感慨：「我十分訝異，衝突原因常常是個誤會，沒有證據的指控或謠言。」除了本書引用的兩個例子，他還納入一次世界大戰、中日戰爭、七年戰爭、第二次法國宗教戰爭、中國歷史上的安史之亂、印尼大屠殺、俄羅斯混亂時期，詳見 White 2011, p.537。
78. Opinion of Judge Leon M. Bazile, Jan. 22, 1965, *Encyclopedia Virginia,* http://www.encyclopedia virginia.org/Opinion_of_Judge_Leon_M_Bazile_January_22_1965.
79. S. Sontag, "Some Thoughts on the Right Way (for Us) to Love the Cuban Revolution," *Ramparts,* April 1969, pp. 6–19. Sontag went on to claim that the homosexuals "have long since been sent home," but gays continued to be sent to forced labor camps in Cuba throughout the 1960s and 1970s. See "Concentration Camps in Cuba: The UMAP," *Totalitarian Images,* Feb. 6, 2010, http://totalitarianimages.blogspot.com/2010/02/concentration-camps-in-cuba-umap.html, and J. Halatyn, "From Persecution to Acceptance? The History of LGBT Rights in Cuba," *Cutting Edge,* Oct. 24, 2012, http://www.thecuttingedgenews.com/

index.php?article=76818.

80. 情感臨界點：Redlawsk, Civettini, & Emmerson 2010。
81. 國王的新衣與常識：Pinker 2007a; Thomas et al. 2014; Thomas, DeScioli, & Pinker 2018。
82. 常見謬誤的簡述請參考網站及海報："Thou shalt not commit logical fallacies," https://yourlogicalfallacyis.com。批判性思考課程：Willingham 2007。
83. 去偏誤：Bond 2009; Gigerenzer 1991; Gigerenzer & Hoffrage 1995; Lilienfeld, Ammirati, & Landfield 2009; Mellers et al. 2014; Morewedge et al. 2015。
84. 批判性思考的問題點：Willingham 2007。
85. 有效的去偏誤法：Bond 2009; Gigerenzer 1991; Gigerenzer & Hoffrage 1995; Lilienfeld, Ammirati, & Landfield 2009; Mellers et al. 2014; Mercier & Sperber 2011; Morewedge et al. 2015; Tetlock & Gardner 2015; Willingham 2007。
86. 推廣「去偏誤」：Lilienfeld, Ammirati, & Landfield 2009。
87. 出處為匿名，引用於 P. Voosen, "Striving for a Climate Change," *Chronicle Review of Higher Education* Nov. 3, 2014。
88. 強化論證能力：Kuhn 1991; Mercier & Sperber 2011, 2017; Sloman & Fernbach 2017。
89. 貼近真實才會勝出：Mercier & Sperber 2011。
90. 對抗式協作：Mellers, Hertwig, & Kahneman 2001。
91. llusion of Explanatory Depth: Rozenblit & Keil 2002. Using the illusion to debias: Sloman & Fernbach 2017.
92. Mercier & Sperber 2011, p. \72; Mercier & Sperber 2017.
93. 更理性的新聞業：Silver 2015; A. D. Holan, "All Politicians Lie. Some Lie More Than Others," *New York Times,* Dec. 11, 2015。
94. 更具理性的情報收集手法：Tetlock & Gardner 2015; Tetlock, Mellers, & Scoblic 2017。
95. 更符合理性的醫療實務：Topol 2012。
96. 更多理性元素的心理治療法：T. Rousmaniere, "What Your Therapist Doesn't Know," *The Atlantic,* April 2017。
97. 以理性防治犯罪：Abt & Winship 2016; Latzer 2016。
98. 國際發展中的理性：Banerjee & Duflo 2011。
99. 利他主義朝理性靠攏：MacAskill 2015。
100. 體壇運用理性：Lewis 2016。
101. "What Exactly Is the 'Rationality Community'?" *LessWrong,* http://lesswrong.com/lw/ov2/what_exactly_is_the_rationality_community/
102. 更理性的治理模式：Behavioral Insights Team 2015; Haskins & Margolis 2014; Schuck 2015; Sunstein 2013; D. Leonhard, "The Quiet Movement to Make Government Fail Less Often," *New York Times,* July 15, 2014。
103. 民主和理智之間：Achens & Bartels 2016; Brennan 2016; Caplan 2007; Mueller 1999 ; Somin 2016。
104. 柏拉圖與民主：Goldstein 2013。
105. Kahan, Wittlin, et al. 2011, p. 16.
106. 人類乳突病毒與 B 型肝炎：E. Klein, "How Politics Makes Us Stupid," *Vox,* April 6, 2014。
107. 黨派先於政策：Cohen 2003。
108. 對立陣營發言人也可能改變主張的證據：Nyhan 2013。
109. Kahan, Jenkins-Smith, et al. 2012.
110. 非政治化的佛羅里達州協商經驗：Kahan 2015。
111. 芝加哥式辯論：Sean Connery's Jim Malone in *The Untouchables* (1987)。緊繃消解的漸進回饋：Osgood 1962。

第二十二章

1. Murray 2003.
2. Carroll 2016, p. 426.
3. 物種命名：Costello, May, & Stork 2013。估計數據針對真核生物（具有細胞核的生物，也就是病毒、細菌一類被排除在外）。
4. 笨蛋黨：見二十一章註七十一和七十三。
5. Mooney 2005：參照 Pinker 2008b。
6. Lamar Smith and the House Science Committee：J. D. Trout, "The House Science Committee Hates Science and Should Be Disbanded," *Salon,* May 17, 2016.
7. J. Mervis, "Updated：U.S. House Passes Controversial Bill on NSF Research," *Science,* Feb. 11, 2016.
8. 摘自 *Note-book of Anton Chekhov*，下半句為：「屬於國家的，就再也不科學。」
9. J. Lears, "Same Old New Atheism：On Sam Harris," *The Nation,* April 27, 2011.
10. L. Kass, "Keeping Life Human：Science, Religion, and the Soul," Wriston Lecture, Manhattan Institute, Oct. 18, 2007, https://www.manhattan-institute.org/html/2007-wriston-lecture-keeping-life-human-science-religion-and-soul-8894.html. L. Kass, "Science, Religion, and the Human Future," *Commentary,* April 2007, pp.36-48.
11. 關於兩種文化的編號順序請參考第三章註解十二。

12. D. Linker, "Review of Christopher Hitchens's 'And Yet……', Roger Scruton's 'Fools, Frauds and Firebrands,'" *New York Times Book Review,* Jan. 8, 2016.
13. 斯諾在《兩個文化》附錄「斟酌之後」提出「第三文化」，但並未明確定義對象，只是籠統稱為「社會歷史學家」，似乎是指社會科學家。
14. 「第三文化」的復興：Brockman 1991. Consilience: Wilson 1998。
15. L. Wieseltier, "Crimes Against Humanities," *New Republic,* Sept. 3, 2013.
16. 休謨是認知心理學家：詳見 Pinker 2007a 第四章的參考資料。康德也是認知心理學家：Kitcher 1990。
17. 定義取自 *Stanford Encyclopedia of Philosophy,* Papineau 2015，其中補充「當代哲學家大多數接受此處定義。」針對九百三十一位哲學教授（多數是分析哲學、英美體系）的調查發現百分之五十願為「自然主義」背書，百分之二十六願為「非自然主義」背書，百分之二十四為「其他」，其中包括「問題不明確難以回答」（百分之十）、「對主題不夠熟悉」（百分之七）以及「不可知論或尚未決定」（百分之三）。Bourget & Chalmers 2014。
18. 沒有所謂的「科學方法」：Popper 1983。
19. 證偽主義與貝氏推論：Howson & Urbach 1989/2006; Popper 1983。
20. 二〇一二到一三年，《新共和》刊載四篇抨擊科學主義的文章。其他諸如 *Bookforum,* the *Claremont Review,* the *Huffington Post, The Nation, National Review Online,* the *New Atlantis,* the *New York Times,* and *Standpoint* 也有許多類似主題。
21. 根據「開放課程計畫」（http://opensyllabusproject.org/）分析超過百萬份大學課程表，《科學革命的結構》是常用教科書排名第二十，遠勝於《物種起源》。更真實呈現科學運作模式的經典著作如卡爾．波普《科學發現的邏輯》落在兩百名外。
22. 孔恩爭議：Bird 2011。
23. Wootton 2015, p. 16, note ii.
24. 引用自 J. De Vos, "The Iconographic Brain. A Critical Philosophical Inquiry into (the Resistance of) the Image," *Frontiers in Human Neuroscience,* May 15, 2014，並非我聽見的研究者發言（無法取得文稿），但內容幾乎一樣。
25. Carey et al. 2016，類似例子可以在推特 *New Real PeerReview,* @RealPeerReview 找到。
26. Horkheimer & Adorno 1947/2007,p.1.
27. Foucault 1999; see Menschenfreund 2010; Merquior 1985.
28. Bauman 1989, p. 91. See Menschenfreund 2010, for analysis.
29. 屠殺與專制普遍自一九四五年開始減少：參考第十一章與第十四章，以及 Pinker 2011, ch.4-6。有關傅柯忽略啟蒙之前即存在的極權主義，參考 Merquior 1985。
30. 奴隸制度的普遍：Patterson 1985; Payne 2004：參照 Pinker 2011, ch.4。宗教對奴隸制度的開脫：Price 2006。
31. 古希臘與中世紀阿拉伯對非洲人的描述：Lewis 1990/1992. Cicero on Britons: B. Delong, "Cicero: The Britons Are Too Stupid to Make Good Slaves," http://www.bradford-delong.com/2009/06/cicero-the-britons-are-too-stupid-to-make-good-slaves.html.
32. 戈比諾、華格納、張伯倫與希特勒：Herman 1997, ch.2：參照 Hellier 2011; Richards 201。許多對於「種族科學」和達爾文主義的誤解來自生物學家 Stephen Jay Gould 及其立場傾斜的一九八一暢銷書 *The Mismeasure of Man*。詳見 Blinkhorn 1982; Davis 1983; Lewis et al. 2011。
33. 達爾文主義與傳統的、宗教的、浪漫主義的種族理論：Hellier 2011; Price 2009; Price 2006。
34. 希特勒不是達爾文主義者：Richards 2013：參照 Hellier 2011; Price 2006。
35. 以演化論當作墨漬測驗：Montgomery & Chirot 2015. Social Darwinism: Degler 1991; Leonard 2009; Richards 2013。
36. 將「社會達爾文主義」一詞誤用在許多右派運動，起於史學家 Richard Hofstadter 一九四四年著作 *Social Darwinism in American Thought*。Johnson 2010; Leonard 2009; Price 2006。
37. 科普雜誌《科學人》的一篇文章可以作為範例，作者為約翰．霍根，文章標題是「新社會達爾文主義者」（一九九五年十月號）。
38. Glover 1998, 1999; Proctor 1988.
39. 《科學人》上另一篇約翰．霍根的文章標題為「優生學陰影再現：行為遺傳學的新趨勢」（一九九三年六月號）。
40. Degler 1991; Kevles 1985; Montgomery & Chirot 2015; Ridley 2000.
41. 對塔斯基吉梅毒實驗的重新檢視：Benedek & Erlen 1999; Reverby 2000; Shweder 2004; Lancet Infectious Diseases Editors 2005。
42. 審查委員會的制度妨礙言論自由：American Association of University Professors 2006; Schneider 2015; C. Shea, "Don't Talk to the Humans：The Crackdown on Social Science Research," *Lingua Franca,* Sept. 2000, http://linguafranca.mirror.theinfo.org/print/0009/humans.html。審查制度成為意識形態的武器：Dreger 2007。審查制度拖垮研究也沒有保護到實驗樣本：Atran 2007; Gunsalus et al. 2006; Hyman 2007; Klitzman 2015 ; Schneider 2015; Schrag 2010。
43. Moss 2005.
44. 保護自殺炸彈客：Atran 2007。
45. 反對「生物倫理」的哲學家：Glover 1998; Savulescu 2015。其他對當代生物倫理的批評：Pinker 2008b; Satel 2010; S. Pinker, "The Case Against Bioethocrats and CRISPR Germline Ban," *The Niche,* Aug. 10, 2015, https://ipscell.com/2015/08/stevenpinker/8/; S. Pinker, "The Moral Imperative for Bioethics," *Boston Globe,* Aug. 1, 2015; H. Miller, "When 'Bioethics' Harms Those It Is Meant to Protect," *Forbes,* Nov. 9, 2016。
46. 參考第二十一章註解九十三到一〇二。
47. Dawes, Faust, & Meehl 1989; Meehl 1954/2013。近年的實驗複製版本：心理健康，Ægisdóttir et al. 2006; Lilienfeld et al. 2013：決策的選擇與接納，Kuncel et al. 2013：暴力，Singh, Grann, & Fazel 2011。

48. 維和部隊真的有用：Fortna 2008, p.173。參照 Hultman, Kathman, & Shannong 2013, Goldstein 2011，其中認為維和部隊是一九四五年之後戰爭減少的主因。
49. 多數異民族並未發生衝突：Fearon & Laitin 1996, 2003; Mueller 2004。
50. Chenoweth 2016; Chenoweth & Stephan 2011.
51. 革命領袖的教育程度：Chirot 1994。自殺恐怖分子的教育程度：Atran 2003。
52. 人文學科遭遇的問題：American Academy of Arts and Sciences 2015; Armitage et al. 201。更早的感慨見於 Pinker 2002/2016，開頭到第二十章。
53. 為何民主需要人文學科：Nussbaum 2016。
54. 人文學科內的文化悲觀論：Herman 1997; Lilla 2001, 2016; Nisbet 1980/2009; Wolin 2004。
55. 框架與人性：McGinnis 1996, 1997. Politics and human nature: Pinker 2002/2016, ch. 16; Pinker 2011, chaps. 8 and 9; Haidt 2012; Sowell 1987。
56. 藝術與科學：Dutton 2009; Livingstone 2014。
57. 音樂與科學：Bregman 1990; Lerdahl & Jackendoff 1983; Pate. 200：參照 Pinker 1997/2009, ch.8。
58. 文學與科學：Boyd, Carroll, & Gottschall 2010; Connor 2016; Gottschall 2012; Gottschall & Wilson 2005; Lodge 2002; Pinker 2007b; Slingerland 2008; Pinker 1997/2009, ch.8; William Benzon's blog *New Savanna,* new.savanna.blogspot.com。
59. 數位人文：Michel et al. 2010：參考電子期刊 *Digital Humanities Now* (http://digital humanitiesnow.org/), the Stanford Humanities Center (http://shc.stanford.edu/digital-humanities), 以及另一期刊 *Digital Humanities Quarterly* (http://www.digitalhumanities.org/dhq/)。
60. Gottschall 2012; A. Gopnik, "Can Science Explain Why We Tell Stories?" *New Yorker,* May 18, 2012.
61. Wieseltier 2013, "Crimes Against Humanities"，其內容主要回應我的 "Science Is Not Your Enemy" (Pinker 2013b); "Science vs. the Humanities, Round III" (Pinker & Wieseltier 2013)。
62. 前達爾文、前哥白尼：L. Wieseltier, "Among the Disrupted," *New York Times,* Jan. 7, 2015。
63. "A Letter Addressed to the Abbe Raynal," Paine 1778/2016, quoted in Shermer 2015.

第二十三章

1. 「不倚靠神的善」：緣起於十九世紀，得到哈佛大學人文主義牧師 Greg Epstein 重新提倡。近年其他對人文主義的解釋：Grayling 2013; Law 2011。美國人文主義史：Jacoby 2005。主要的人文主義組織包括美國人文主義者協會、美國世俗聯盟成員、英國人文主義者協會、國際人文主義者與倫理聯合會、免於宗教的自由基金會。
2. *Humanist Manifesto III*：American Humanist Association 2003. Predecessors：*Humanist Manifesto I* (mainly by Raymond B. Bragg, 1933), American Humanist Association 1933/1973. *Humanist Manifesto II* (mainly by Paul Kurtz and Edwin H. Wilson, 1973), American Humanist Association 1973. Other Humanist manifestoes include Paul Kurtz's *Secular Humanist Declaration,* Council for Secular Humanism 1980, and *Humanist Manifesto 2000,* Council for Secular Humanism 2000, and the Amsterdam Declarations of 1952 and 2002, International Humanist and Ethical Union 2002.
3. R. Goldstein, "Speaking Prose All Our Lives," *The Humanist,* Dec. 21, 2012, https://thehumanist.com/magazine/january-february-2013/features/speaking-prose-all-our-lives.
4. The rights declarations of 1688, 1776, 1789, and 1948：Hunt 2007.
5. 道德的公平性：de Lazari-Radek & Singer 2012; Goldstein 2006; Greene 2013; Nagel 1970; Railton 1986; Singer 1981/2010; Smart & Williams 1973。「公平性」範疇解釋最為清楚者是哲學家 Henry Sidgwick。
6. 大量（也許古怪）且跨文化和歷史階段的黃金律、白銀律、白金律列表請見 Terry 2008。
7. 演化解釋了為何有熵心智依然能存在：Tooby, Cosmides, & Barrett 2003. Natural selection is the only explanation of nonrandom design：Dawkins 1983。
8. 好奇心與社會性與智能的演化共存：Pinker 2010; Tooby & DeVore 1987。
9. 個人與人際因演化而產生的利益衝突：Pinker 1997/2009, chs.6,7; Pinker 2002/2016, ch.14; Pinker 2011, chs.8,9。其中許多觀念源自 Robert Trivers, 2002。
10. 和平主義者困境與歷史顯示暴力在減少：Pinker 2011, ch.10。
11. DeScioli 2016.
12. 同情心的演化：Dawkins 1976/1989; McCullough 2008; Pinker 1997/2009; Trivers 2002; Pinker 2011, ch.9。
13. 擴大同情心範圍：Pinker 2011; Singer 1981/2010。
14. T. Nagel, "The Facts Fetish (Review of Sam Harris's *The Moral Landscape*)," *New Republic,* Oct. 20, 2010.
15. 支持與反對效益主義的理由：Rachels & Rachels 2010; Smart & Williams 1973。
16. 義務倫理和結果論倫理在後設倫理學上相容：Parfit 2011。
17. 效益主義的蹤跡：Pinker 2011, chs.4,6; Greene 2013。
18. *Notes on the State of Virginia,* Jefferson 1785/1955, p.159.
19. 古典自由主義反直覺：Fiske & Rai 2015; Haidt 2012; Pinker 2011, ch.9。
20. Greene 2013.
21. 哲學思想稀薄的原因：Berlin 1988/2013; Gregg 2003; Hammond 2017。
22. Hammond 2017.
23. Maritain 1949. Original typescript available at the UNESCO Web site, http://unesdoc.unesco.org/images/0015/001550/155042eb.pdf.
24. 世界人權宣言：United Nations 1948. History of the Declaration: Glendon 1999, 2001; Hunt 2007。

25. Glendon 1999.
26. 人權並非西方獨有的概念：Glendon 1998; Hunt 2007; Sikkink 2017。
27. R. Cohen, "The Death of Liberalism," *New York Times,* April 14, 2016.
28. S. Kinzer, "The Enlightenment Had a Good Run," *Boston Globe,* Dec. 23, 2016.
29. 伊斯蘭國組織的吸引力大於啟蒙：R. Douthat, "The Islamic Dilemma," *New York Times,* Dec. 13, 2015; R. Douthat, "Among the Post-Liberals," *New York Times,* Oct. 8, 2016; M. Kahn, "This Is What Happens When Modernity Fails All of Us," *New York Times,* Dec. 6, 2015; P. Mishra, "The Western Model Is Broken," *The Guardian,* Oct. 14, 2014。
30. 懲罰殺人犯、強暴犯、暴力犯罪者是世界通則：Brown 2000。
31. 將神視為執法者：Atran 2002; Norenzayan 2015。
32. 論證神存在的主要謬誤：Goldstein 2010：參照 Dawkins 2006 and Coyne 2015。
33. 柯尼的論點部分來自天文學家 Carl Sagan 和哲學家 Yonatan Fishman、Maarten Boudry。評論參考 S. Pinker, "The Untenability of Faitheism," *Current Biology,* Aug. 23, 2015, pp.R1 -R3。
34. 證實靈魂不存在：Blackmore 1991; Braithwaite 2008; Musolino 2015; Shermer 2002; Stein 1996。並參照 *Skeptical Inquirer*, *The Skeptic* 兩本雜誌的定期追蹤報導。
35. Stenger 2011.
36. 多重宇宙：Carroll 2016; Tegmark 2003; B. Greene, "Welcome to the Multiverse," *Newsweek,* May 21, 2012。
37. 從無誕生的宇宙：Krauss 2012。
38. B. Greene, "Welcome to the Multiverse," *Newsweek,* May 21, 2012.
39. 意識的難題與簡單問題：Block 1995; Chalmers 1996; McGinn 1993; Nagel 1974：參照 Pinker 1997/2009, chaps. 2 and 8, and S. Pinker, "The Mystery of Consciousness," *Time,* Jan. 19, 2007。
40. 意識的適應性：Pinker, 1997/2009, ch.2。
41. Dehaene 2009; Dehaene & Changeux 2011; Gaillard et al. 2009.
42. 認為區隔還是有其必要的辯護論點，參考 Goldstein 1976。
43. Nagel 1974, p.441。將近四十年後，內格爾改變想法。不過筆者與多數哲學家、科學家一樣，認為他之前的說法才正確，例如 S. Carroll, Review of *Mind and Cosmos,* http://www.preposterousuniverse.com/blog/2013/08/22/mind-and-cosmos/; E. Sober, "Remarkable Facts：Ending Science as We Know It," *Boston Review,* Nov. 7, 2012; B. Leiter & M. Weisberg, "Do You Only Have a Brain?" *The Nation,* Oct. 3, 2012。
44. McGinn 1993.
45. 道德實在論：Sayre-McCord 1988, 2015. Moral realists：Boyd 1988; Brink 1989; de Lazari-Radek & Singer 2012; Goldstein 2006, 2010; Nagel 1970; Parfit 2011; Railton 1986; Singer 1981/2010.
46. 例子包括歐洲各宗教戰爭（Pinker 2011, pp.234, 676-77），以至於美國內戰（Montgomery & Chirot 2015, p.350）。
-47. White 2011, pp.107-11.
48. S. Bannon, remarks to a conference at the Vatican, 2014, transcribed in J. L. Feder, "This Is How Steve Bannon Sees the Entire World," *BuzzFeed,* Nov. 16, 2016, https://www.buzzfeed.com/lester feder/this-is-how-steve-bannon-sees-the-entire-world.
49. 納粹與天主教會互相支持：Ericksen & Heschel 1999; Hellier 2011; Heschel 2008; Steigmann-Gall 2003; White 2011。希特勒並非無神論者：Hellier 2011; Murphy 1999; Richards 2013：參照 "Hitler Was a Christian," http://www.evilbible.com/evil-bible-home-page/hitler-was-a-christian/。
50. 一九三一年 Richard Breiting 曾訪談希特勒，發表於 Calic 1971, p.86。根據 Hathaway & Shapiro 2017, p. 251，納粹法律理論家施密特曾表示《我的奮鬥》內有這句話。類似引述參考前一註解。
51. Sam Harris, *The End of Faith* (2004); Richard Dawkins, *The God Delusion* (2006); Daniel Dennett, *Breaking the Spell* (2006); Christopher Hitchens, *God Is Not Great* (2007).
52. Randall Munroe, "Atheists," https://xkcd.com/774/
53. 大眾將經文視為比喻的說法並不正確：二〇〇五年拉斯穆森民調發現有六成三的美國人相信聖經字面意義都是真的，二〇一四年蓋洛普民調發現二成八美國人相信「聖經就是上帝說的話」，另有四成七相信聖經內容為「上帝的啟示」。L. Saad, "Three in Four in U.S. Still See the Bible as Word of God," *Gallup,* June 4, 2014, http://www.gallup.com/poll/170834/three-four-bible-word-god.aspx。
54. 宗教心理：Pinker 1997/2009, ch. 8; Atran 2002; Bloom 2012; Boyer 2001; Dawkins 2006; Dennett 2006; Goldstein 2010。
55. 為何沒有「信仰上帝」這個腦內模組：Pinker 1997/2009, ch.8; Bloom 2012; Pinker 2005。
56. 宗教歸屬的好處不是來自宗教信仰而是團體參與：Putnam & Campbell 2010; see Bloom 2012 and Susan Pinker 2014 for reviews，近期另一研究發現死亡率也呈現同樣規律，詳見 Kim, Smith, & Kang 2015。
57. 倒退的宗教政策：Coyne 2015。
58. 上帝與氣候：Bean & Teles 2016：參照 ch.18, note 86。
59. 福音派支持川普：See *New York Times* 2016 and ch.20, note 34。
60. A. Wilkinson, "Trump Wants to 'Totally Destroy' a Ban on Churches Endorsing Political Candidates," *Vox,* Feb.7, 2017.
61. "*The Oprah Winfrey Show* Finale," *oprah.com,* http://www.oprah.com/oprahshow/the-oprah-winfrey-show-finale_1/all.
62. 內容經過少許編輯，摘自 "The Universe—Uncensored," *Inside Amy Schumer,* https:// www.youtube.com/watch?v=6eqCaiwmr_M.。
63. 仇視無神論者：G. Paul & P. Zuckerman, "Don't Dump On Us Atheists," *Washington Post,* April 30, 2011; Gervais & Najle 2017。
64. *World Christian Encyclopedia* (2001), cited in Paul & Zuckerman 2007.

65. 全球宗教與無神論指數：WIN-Gallup International 2012。調查樣本在二〇〇五年時數量少（三十九國），結論傾向宗教（二〇一二年平均百分之六十八仍自認為教徒，而二〇一二年完整樣本只有百分之五十九）。長期追蹤樣本裡，無神論者比例從百分之四提高到百分之七，也就是七年間成長百分之七十五，不過此比例直接套用到大型樣本會有末端非線性問題，因此估計五十七國的無神論成長率，我採用較保守的三成看待。
66. 世俗化理論：Inglehart & Welzel 2005; Voas & Chaves 2016。
67. 非宗教化與收入、教育的相關性：Barber 2011; Lynn, Harvey, & Nyborg 2009; WIN-Gallup International 2012。
68. WIN-Gallup International 2012。樣本內信教者為少數的國家還包括奧地利與捷克，信教者勉強過半的有芬蘭、德國、西班牙、瑞典。其餘西方國家如丹麥、紐西蘭、挪威、英國未參與調查。約從二〇〇四開始的另一組調查資料發現十五個已開發國家裡有超過四分之一受訪者表示自己不信神，捷克、日本、瑞典超過半數。
69. Pew Research Center 2012a.
70. 根據 Pew Research Center 2012a 附錄提出的研究方法，尤其註八十五部分，可以看出預估生育率直接採用當下資料，並未根據任何預期變化做調整。穆斯林生育率下降：Eberstadt & Shah 2011。
71. 英語系國家的宗教變遷：Voas & Chaves 2016。
72. 宗教上美國也是例外：Paul 2014; Voas & Chaves 2016。數字取自 WIN-Gallup International 2012。
73. Lynn, Harvey, & Nyborg 2009; Zuckerman 2007.
74. 美國世俗化：Hout & Fischer 2014; Jones et al. 2016b; Pew Research Center 2015a; Voas & Chaves 2016。
75. 數據取自 Jones et al. 2016b。另一項宗教在美國式微但很少被報導的跡象，是公共宗教研究所研究發現白人福音派教徒從二〇一二年有兩成，到二〇一六年變成一成六。
76. 不信教的年輕世代極有可能維持不信教：Hout & Fischer 2014, Jones et al. 2016b; Voas & Chaves 2016。
77. 明顯非信徒：D. Leonhard, "The Rise of Young Americans Who Don't Believe in God," *New York Times*, May 12, 2015, based on data from Pew Research Center 2015a。一九五〇年代非信徒很少：Voas & Chaves 2016, based on data from the General Social Survey。
78. Gervais & Najle 2017.
79. Jones et al. 2016b, p. 18.
80. 世俗化的原因：Hout & Fischer 2014; Inglehart & Welzel 2005; Jones et al. 2016b; Paul & Zuckerman 2007; Voas & Chaves 2016。
81. 世俗化與對體制的不信任：Twenge, Campbell, & Carter 2014. Trust in institutions peaked in the 1960s：Mueller 1999, pp.167-68。
82. 世俗化與解放價值觀：Hout & Fischer 2014; Inglehart & Welzel 2005; Welzel 2013。
83. 世俗化與生存安全：Inglehart & Welzel 2005; Welzel 2013。世俗化與社會安全網：Barber 2011; Paul 2014; Paul & Zuckerman 2007。
84. 美國人信神的主因：Jones et al. 2016b。另須注意本章註解五十三提到蓋洛普民調調查了相信聖經字面意義的人口比例隨時間降低，一九八一年有四成，二〇一四年只有兩成八。相對來說，認為聖經是「寓言、傳奇、歷史、道德概念，是由人編集的書」，比例從一成提高到二成一。
85. 世俗化與智商提高：Kanazawa 2010; Lynn, Harvey, & Nyborg 2009。
86. 「完全的暗蝕」引用自尼采。
87. 幸福：參考本書第十八章以及 Helliwell, Layard, & Sachs 2016。社會福祉指標：See Porter, Stern, & Green 2016。本書第二十一章註四十二及本章註九十。筆者與 Keehup Yong 針對一百一十六個國家進行迴歸分析發現人均國家生產總值相等時，社會進步指標與不信神的人口比例相關度為點六三，達到統計顯著標準（p <.0001）。
88. 美國總是遺憾的特例：見二十一章註四十二：Paul 2009, 2014。
89. 越宗教的州，越失能的州：Delamontagne 2010。
90. 全球一百九十五個國家裡超過四分之一其公民以穆斯林為主體，但接受社會進步指標檢驗的三十八國全部無法達到「高」或「很高」（Porter, Stern, & Green 2016, pp.19-20），二十五個接受幸福感調查的國家都表現不佳（Helliwell, Layard, & Sachs 2016）。同時其中沒有「完全民主」國家，只有三個列為「有瑕疵民主政體」：*The Economist* Intelligence Unit, https://infographics.economist.com/2017/DemocracyIndex/。類似評價可參考 Marshall & Gurr 2014; Marshall, Gurr, & Jaggers 2016; Pryor 2007。
91. 二〇一六的戰爭：見第十一章註九，以及 Gleditsch & Rudolfsen 2016。恐怖主義：Institute for Economics and Peace 2016，資料取自 National Consortium for the Study of Terrorism and Responses to Terrorism, http://www.start.umd.edu/。
92. 更早的科學革命：Al-Khalili 2010; Huff 1993。阿拉伯與鄂圖曼帝國的寬容風氣：Lewis 2002; Pelham 2016。
93. 古蘭經、聖訓、聖行裡落後的記述：Rizvi 2017, ch. 2; Hirsi Ali 2015a, 2015b; S. Harris, "Verses from the Koran," *Truthdig*, http://www.truthdig.com/images/diguploads/verses.html; *The Skeptic's Annotated Quran*, http://skepticsannotatedbible.com/quran/int/long.html。近期媒體工作者的報導討論有 R. Callimachi, "ISIS Enshrines a Theology of Rape," *New York Times*, Aug. 13, 2015; G. Wood, "What ISIS Really Wants," *The Atlantic*, March 2015; and Wood 2017。近期的學術討論有 Cook 2014, Bowering 2015。
94. Alexander & Welzel 2011, pp.256-58.
95. 兩人引用貝塔斯曼基金會（ertelsmann Foundation）出版的 *Religious Monitor*。參照 Pew Research Center 2012c; WIN-Gallup International 2012 有數據供比較（但地區不同）。
96. 引述自 Pew Research Center 2013, pp.24,15, and Pew Research Center 2012c, pp.11-12。有詢問是否要字面解讀古蘭經的國家為美國與撒哈拉以南非洲的十五國，地理範圍可能影響調查結果。不認為伊斯蘭教法應成為國家律法的是土耳其、黎巴嫩與前共產地區。
97. Welzel 2013：參照 Alexander & Welzel 2011 and Inglehart 2017。

98. Alexander & Welzel 2011：參照 Pew Research Center 2013，發現虔誠穆斯林對沙里亞律法的支持度也較高。
99. 宗教箝制：Huff 1993; Kuran 2010; Lewis 2002; United Nations Development Programme 2003; Montgomery & Chirot 2015, ch. 7; Rizvi 2017, Hirsi Ali 2015a。
100. 反動的伊斯蘭：Montgomery & Chirot 2015, ch.7; Lilla 2016; Hathaway & Shapiro 2017。
101. 西方知識分子為伊斯蘭世界的種種壓迫辯護：Berman 2010; J. Palmer, "The Shame and Disgrace of the Pro-Islamist Left," *Quillette,* Dec. 6, 2015; J. Tayler, "The Left Has Islam All Wrong," *Salon,* May 10, 2015; J. Tayler, "On Betrayal by the Left—Talking with ExMuslim Sarah Haider," *Quillette,* March 16, 2017。
102. J. Tayler, "On Betrayal by the Left—Talking with Ex-Muslim Sarah Haider," *Quillette,* March 16, 2017.
103. Al-Khalili 2010; Huff 1993.
104. Sen 2000, 2005, 2009：參照 Pelham 2016 有鄂圖曼帝國的例子。
105. Esposito & Mogahed 2007; Inglehart 2017; Welzel 2013.
106. 伊斯蘭現代化：Mahbubani & Summers 2016。群體更迭：見第十五章，尤其圖 15-7。Inglehart 2017, Welzel 2013 亦有提及，前者並指出根據世界價值觀調查，穆斯林為主體的國家裡有十三個呈現對性別平權的世代變遷，但另外十四個卻看不到同樣現象，而且這種分歧目前原因不明。
107. J. Burke, "Osama bin Laden's bookshelf：Noam Chomsky, Bob Woodward, and Jihad," *The Guardian,* May 20, 2015.
108. 道德進步的外部驅力：Appiah 2010; Hunt 2007。
109. 尼采有名的著作許多連標題都成為常見迷因，包括《悲劇的誕生》、《善惡的彼岸》、《查拉圖斯特拉如是說》、《道德的譜系》、《偶像的黃昏》、《瞧！這個人》、《權力意志》等。深入討論請參考 Anderson 2017; Glover 1999; Herman 1997; Russell 1945/1972; Wolin 2004。
110. 前三條引用轉自 Russell 1945/1972, pp.762-66，後兩條轉自 Wolin 2004, pp.53, 57。
111. *Relativismo e Fascismo,* Wolin 2004, p.27.
112. Rosenthal 2002.
113. 尼采對艾茵·蘭德的影響和她的掩飾：Burns 2009。
114. 出自尼采的《道德譜系學》和《權力意志》，引用於 Wolin 2004, pp.32-33。
115. 戀暴政癖：Lilla 2001。此現象最早出處是 *The Treason of the Intellectuals*，作者為法國哲學家 Julian Benda。近期討論包括 Berman 2010; Herman 1997; Hollander 1981/2014; Sesardi 2016; Sowell 2010; Wolin 2004。參照 Humphrys (undated)。
116. 忠於美國的學者與作家："Statement of Unity," Oct. 30, 2016, https://scholarsandwriters foramerica.org/。
117. J. Baskin, "The Academic Home of Trumpism," *Chronicle of Higher Education,* March 17, 2017.
118. 尼采影響的不僅僅是墨索里尼，還有法西斯理論作家尤利烏斯·埃佛拉。另一位受其影響的哲學家是施特勞斯（Leo Strauss），而施特勞斯又大大影響了克萊蒙特研究所及反動神權保守主義，可參考 J. Baskin, "The Academic Home of Trumpism," *Chronicle of Higher Education,* March 17, 2017; Lampert 1996。
119. 國族主義與反啟蒙的浪漫主義：Berlin 1979; Garrard 2006; Herman 1997 ; Howard 2001; McMahon 2001; Sternhell 2010; Wolin 2004。
120. 重新發揚早期法西斯思想：J. Horowitz, "Steve Bannon Cited Italian Thinker Who Inspired Fascists," *New York Times,* Feb. 10, 2017; P. Levy, "Stephen Bannon Is a Fan of a French Philosopher . . . Who Was an Anti-Semite and a Nazi Supporter," *Mother Jones,* March 16, 2017 ; M. Crowley, "The Man Who Wants to Unmake the West," *Politico,* March/April 2017。另類右派：A. Bokhari & M. Yiannopoulos, "An Establishment Conservative's Guide to the Alt-Right," *Breitbart.com,* March 29, 2016, http://www.breitbart.com/tech/2016/03/29/an-establishment-conservatives-guide-to-the-alt-right/。尼采對另類右派的影響：G. Wood, "His Kampf," *The Atlantic,* June 2017; S. Illing, "The Alt-Right Is Drunk on Bad Readings of Nietzsche. The Nazis Were Too," *Vox,* Aug. 17, 2017, https://www.vox.com/2017/8/17/16140846/nietzsche-richard-spencer-alt-right-nazism。
121. 國族主義過度天真的演化心理學解釋及其問題所在：Pinker 2012。
122. Theoconservatism: Lilla 2016; Linker 2007; Pinker 2008b.
123. 以筆名 Publius Decius Mus 發表：Publius Decius Mus 2016. M. Warren, "The Anonymous Pro-Trump 'Decius' Now Works Inside the White House," *Weekly Standard,* Feb. 2, 2017。
124. 反動心態：Lilla 2016. For more on reactionary Islam, see Montgomery & Chirot 2015 and Hathaway & Shapiro 2017。
125. A. Restuccia & J. Dawsey, "How Bannon and Pruitt Boxed In Trump on Climate Pact," *Politico,* May 31, 2017.
126. 「部落」認知的彈性：Kurzban, Tooby, & Cosmides 2001; Sidanius & Pratto 1999; Center for Evolutionary Psychology, UCSB, Erasing Race FAQ, http://www.cep.ucsb.edu/erasingrace.htm。
127. 操作群體直覺：Pinker 2012。
128. 部落主義與世界主義：Appiah 2006。
129. Diamond 1997; Sowell 1994, 1996, 1998.
130. Glaeser 2011; Sowell 1996.

參考資料

Abrahms, M. 2006. Why terrorism does not work. *International Security, 31,* 42–78.

Abrahms, M. 2012. The political effectiveness of terrorism revisited. *Comparative Political Studies, 45,* 366–93.

Abrams, S. 2016. Professors moved left since 1990s, rest of country did not. *Heterodox Academy*. http:// heterodoxacademy.org /2016 /01 /09 /professors -moved -left -but -country -did -not /.

Abt, T., & Winship, C. 2016. *What works in reducing community violence: A meta- eview and field study for the Northern Triangle*. Washington: US Agency for International Development.

Acemoglu, D., & Robinson, J. A. 2012. *Why nations fail: The origins of power, prosperity, and poverty*. New York: Crown.

Achens, C. H., & Bartels, L. M. 2016. *Democracy for realists: Why elections do not produce responsive governments*. Princeton, NJ: Princeton University Press.

Adriaans, P. 2013. Information. In E. N. Zalta, ed., *Stanford Encyclopedia of Philosophy*. http://plato .stanford.edu /archives /fall2013 / entries /information /.

Ægisdóttir, S., White, M. J., Spengler, P. S., Maugherman, A. S., Anderson, L. A., et al. 2006. The Meta- Analysis of Clinical Judgment Project: Fifty- ix years of accumulated research on clinical versus statistical prediction. *The Counseling Psychologist, 34,* 341–82.

Aguiar, M., & Hurst, E. 2007. Measuring trends in leisure: The allocation of time over five decades. *Quarterly Journal of Economics, 122,* 969–1006.

Ajdacic- ross, V., Bopp, M., Gostynski, M., Lauber, C., Gutzwiller, F., & Rössler, W. 2006. Age–period– cohort analysis of Swiss suicide data, 1881–2000. *European Archives of Psychiatry and Clinical Neuroscience, 256,* 207–14.

Al- halili, J. 2010. *Pathfinders: The golden age of Arabic science*. New York: Penguin.

Alesina, A., Glaeser, E. L., & Sacerdote, B. 2001. Why doesn't the United States have a European- tyle welfare state? *Brookings Papers on Economic Activity, 2,* 187–277.

Alexander, A. C., & Welzel, C. 2011. Islam and patriarchy: How robust is Muslim support for patriarchal values? *International Review of Sociology, 21,* 249–75.

Alexander, S. 2016. You are still crying wolf. *Slate Star Codex,* Nov. 18. http://slatestarcodex .com /2016 /11 /16 / youarestillcryingwolf /.

Alferov, Z. I., Altman, S., & 108 other Nobel Laureates. 2016. Laureates' letter supporting precision agriculture (GMOs). http:// supportprecisionagriculture.org /nobel -laureate -gmo -letter_rjr .html.

Allen, P. G. 2011. The singularity isn't near. *Technology Review,* Oct. 12.

Allen, W. 1987. *Hannah and her sisters*. New York: Random House.

Alrich, M. 2001. History of workplace safety in the United States, 1880–1970. In R. Whaples, ed., *EH.net Encyclopedia*. http://eh.net /encyclopedia /history -of -workplace -safety -in -the -united -states -1880 -1970 /.

Amabile, T. M. 1983. Brilliant but cruel: Perceptions of negative evaluators. *Journal of Experimental Social Psychology, 19,* 146–56.

American Academy of Arts and Sciences. 2015. *The heart of the matter: The humanities and social sciences for a vibrant, competitive, and secure nation*. Cambridge, MA: American Academy of Arts and Sciences.

American Association of University Professors. 2006. *Research on human subjects: Academic freedom and the institutional review board*. https://www.aaup.org /report /research -human -subjects -academic -freedom -and -institutional -review -board.

American Humanist Association. 1933 /1973. *Humanist Manifesto I.* https://americanhumanist.org /what -is -humanism /manifesto1 /.

American Humanist Association. 1973. *Humanist Manifesto II.* https://americanhumanist.org /what -is -humanism /manifesto2 /.

American Humanist Association. 2003. *Humanism and its aspirations: Humanist Manifesto III.* http:// americanhumanist.org/ humanism/humanist_manifesto_iii.

Anderson, J. R. 2007. *How can the human mind occur in the physical universe?* New York: Oxford University Press.

Anderson, R. L. 2017. Friedrich Nietzsche. In E. N. Zalta, ed., *Stanford Encyclopedia of Philosophy*. https://plato.stanford.edu /entries /nietzsche /.

Appiah, K. A. 2006. *Cosmopolitanism: Ethics in a world of strangers*. New York: Norton.

Appiah, K. A. 2010. *The honor code: How moral revolutions happen*. New York: Norton.

Ariely, D. 2010. *Predictably irrational: The hidden forces that shape our decisions* (rev. ed.). New York: HarperCollins.

Armitage, D., Bhabha, H., Dench, E., Hamburger, J., Hamilton, J., et al. 2013. *The teaching of the arts and humanities at Harvard College: Mapping the future*. http://artsandhumanities.fas.harvard.edu /files /humanities /files /mapping_the_future_31_ may_2013 .pdf.

Arrow, K., Jorgenson, D., Krugman, P., Nordhaus, W., & Solow, R. 1997. The economists' statement on climate change. *Redefining Progress*. http://rprogress.org /publications /1997 /econstatement .htm.

Asafu- djaye, J., Blomqvist, L., Brand, S., DeFries, R., Ellis, E., et al. 2015. *An Ecomodernist Manifesto.* http://www.ecomodernism. org /manifesto -english /.

Asal, V., & Pate, A. 2005. The decline of ethnic political discrimination, 1950–2003. In M. G. Marshall & T. R. Gurr, eds., *Peace and conflict 2005: A global survey of armed conflicts, self- etermination movements, and democracy*. College Park: Center for International Development and Conflict Management, University of Maryland.

Atkins, P. 2007. *Four laws that drive the universe*. New York: Oxford University Press.

Atkinson, A. B., Hasell, J., Morelli, S., & Roser, M. 2017. *The chartbook of economic inequality.* https:// www. chartbookofeconomicinequality .com /.

Atran, S. 2002. *In gods we trust: The evolutionary landscape of supernatural agency*. New York: Oxford University Press.

Atran, S. 2003. Genesis of suicide terrorism. *Science, 299,* 1534–39.

Atran, S. 2007. Research police— ow a university IRB thwarts understanding of terrorism. *Institutional Review Blog*. http://www. institutionalreviewblog .com /2007 /05 /scott -atran -research -police -how .html.

Ausubel, J. H. 1996. The liberation of the environment. *Daedalus, 125,* 1–18.

Ausubel, J. H. 2007. Renewable and nuclear heresies. *International Journal of Nuclear Governance, Economy, and Ecology, 1,* 229–43.
Ausubel, J. H. 2015. *Nature rebounds*. San Francisco: Long Now Foundation. http://phe.rockefeller.edu /docs /Nature_Rebounds .pdf.
Ausubel, J. H., & Grübler, A. 1995. Working less and living longer: Long- erm trends in working time and time budgets. *Technological Forecasting and Social Change, 50,* 113–31.
Ausubel, J. H., & Marchetti, C. 1998. Wood's H:C ratio. https://phe.rockefeller.edu /PDF_FILES /Wood_HC_Ratio .pdf.
Ausubel, J. H., Wernick, I. K., & Waggoner, P. E. 2012. Peak farmland and the prospect for land sparing. *Population and Development Review, 38,* 1–28.
Autor, D. H. 2014. Skills, education, and the rise of earnings inequality among "the other 99 percent." *Science, 344,* 843–51.
Aviation Safety Network. 2017. Fatal airliner (14+ passengers) hull- oss accidents. https://aviation -safety.net /statistics /period /stats. php?cat=A1.
Bailey, R. 2015. *The end of doom: Environmental renewal in the 21st century*. New York: St. Martin's Press.
Balmford, A. 2012. *Wild hope: On the front lines of conservation success*. Chicago: University of Chicago Press.
Balmford, A., & Knowlton, N. 2017. Why Earth optimism? *Science, 356,* 225.
Banerjee, A. V., & Duflo, E. 2011. *Poor economics: A radical rethinking of the way to fight global poverty*. New York: PublicAffairs.
Barber, N. 2011. A cross- ational test of the uncertainty hypothesis of religious belief. *Cross- ultural Research, 45,* 318–33.
Bardo, A. R., Lynch, S. M., & Land, K. C. 2017. The importance of the Baby Boom cohort and the Great Recession in understanding age, period, and cohort patterns in happiness. *Social Psychological and Peronality Science, 8,* 341–50.
Bardon, A. (Undated.) Transcendental arguments. *Internet Encyclopedia of Philosophy*. http://www.iep .utm.edu /trans -ar /.
Barlow, D. H., Bullis, J. R., Comer, J. S., & Ametaj, A. A. 2013. Evidence- ased psychological treatments: An update and a way forward. *Annual Review of Clinical Psychology, 9,* 1–27.
Baron, J. 1993. Why teach thinking? *Applied Psychology, 42,* 191–237.
Basu, K. 1999. Child labor: Cause, consequence, and cure, with remarks on international labor standards. *Journal of Economic Literature, 37,* 1083–1119.
Bauman, Z. 1989. *Modernity and the Holocaust*. Cambridge, UK: Polity.
Baumard, N., Hyafil, A., Morris, I., & Boyer, P. 2015. Increased affluence explains the emergence of ascetic wisdoms and moralizing religions. *Current Biology, 25,* 10–15.
Baumeister, R. 2015. Machines think but don't want, and hence aren't dangerous. *Edge*. https://www .edge.org /response -detail /26282.
Baumeister, R., Bratslavsky, E., Finkenauer, C., & Vohs, K. D. 2001. Bad is stronger than good. *Review of General Psychology, 5,* 323–70.
Baumeister, R., Vohs, K. D., Aaker, J. L., & Garbinsky, E. N. 2013. Some key differences between a happy life and a meaningful life. *Journal of Positive Psychology, 8,* 505–16.
Baxter, A. J., Scott, K. M., Ferrari, A. J., Norman, R. E., Vos, T., et al. 2014. Challenging the myth of an "epidemic" of common mental disorders: Trends in the global prevalence of anxiety and depression between 1990 and 2010. *Depression and Anxiety, 31,* 506–16.
Bean, L., & Teles, S. 2016. God and climate. *Democracy: A Journal of Ideas, 40*.
Beaver, K. M., Schwartz, J. A., Nedelec, J. L., Connolly, E. J., Boutwell, B. B., et al. 2013. Intelligence is associated with criminal justice processing: Arrest through incarceration. *Intelligence, 41,* 277–88.
Beaver, K. M., Vaughn, M. G., Delisi, M., Barnes, J. C., & Boutwell, B. B. 2012. The neuropsychological underpinnings to psychopathic personality traits in a nationally representative and longitudinal sample. *Psychiatric Quarterly, 83,* 145–59.
Behavioral Insights Team. 2015. *EAST: Four simple ways to apply behavioral insights*. London: Behavioral Insights.
Benda, J. 1927 /2006. *The treason of the intellectuals*. New Brunswick, NJ: Transaction.
Benedek, T. G., & Erlen, J. 1999. The scientific environment of the Tuskegee Study of Syphilis, 1920– 1960. *Perspectives in Biology and Medicine, 43,* 1–30.
Berlin, I. 1979. The Counter- nlightenment. In I. Berlin, ed., *Against the current: Essays in the history of ideas*. Princeton, NJ: Princeton University Press.
Berlin, I. 1988 /2013. The pursuit of the ideal. In I. Berlin, ed., *The crooked timber of humanity*. Princeton, NJ: Princeton University Press.
Berman, P. 2010. *The flight of the intellectuals*. New York: Melville House.
Bernanke, B. S. 2016. How do people really feel about the economy? *Brookings Blog*. https://www.brookings .edu /blog /ben -bernanke /2016 /06 /30 /how -do -people -really -feel -about -the -economy /.
Berry, K., Lewis, P., Pelopidas, B., Sokov, N., & Wilson, W. 2010. *Delegitimizing nuclear weapons: Examining the validity of nuclear deterrence*. Monterey, CA: Monterey Institute of International Studies.
Besley, T. 2006. Health and democracy. *American Economic Review, 96,* 313–18.
Bettmann, O. L. 1974. *The good old days— hey were terrible!* New York: Random House.
Betzig, L. 1986. *Despotism and differential reproduction*. Hawthorne, NY: Aldine de Gruyter.
Bird, A. 2011. Thomas Kuhn. In E. N. Zalta, ed., *Stanford Encyclopedia of Philosophy*. https://plato .stanford.edu /entries /thomas -kuhn /.
Blackmore, S. 1991. Near- eath experiences: In or out of the body? *Skeptical Inquirer, 16,* 34–45.
Blair, J. P., & Schweit, K. W. 2014. *A study of active shooter incidents, 2000–2013*. Washington: Federal Bureau of Investigation.
Blees, T. 2008. *Prescription for the planet: The painless remedy for our energy and environmental crises*. North Charleston, SC: Booksurge.
Blight, J. G., Nye, J. S., & Welch, D. A. 1987. The Cuban Missile Crisis revisited. *Foreign Affairs, 66,* 170–88.
Blinkhorn, S. 1982. Review of S. J. Gould's "The mismeasure of man." *Nature, 296,* 506.
Block, N. 1986. Advertisement for a semantics for psychology. In P. A. French, T. E. Uehling, & H. K. Wettstein, eds., *Midwest studies in philosophy: Studies in the philosophy of mind* (vol. 10). Minneapolis: University of Minnesota Press.
Block, N. 1995. On a confusion about a function of consciousness. *Behavioral and Brain Sciences, 18,* 227–87.
Bloom, P. 2012. Religion, morality, evolution. *Annual Review of Psychology, 63,* 179–99.
Bloomberg, M., & Pope, C. 2017. *Climate of hope: How cities, businesses, and citizens can save the planet*. New York: St. Martin's Press.
Bluth, C. 2011. *The myth of nuclear proliferation*. School of Politics and International Studies, University of Leeds.

Bohle, R. H. 1986. Negativism as news selection predictor. *Journalism Quarterly, 63,* 789–96.
Bond, M. 2009. Risk school. *Nature, 461.*
Bostrom, A., Morgan, M. G., Fischhoff, B., & Read, D. 1994. What do people know about global climate change? 1. Mental models. *Risk Analysis, 14,* 959–71.
Bostrom, N. 2016. *Superintelligence: Paths, dangers, strategies*. New York: Oxford University Press.
Botello, M. A. 2016. Mexico, tasa de homicidios por 100 mil habitantes desde 1931 a 2015. *MexicoMaxico*. http://www.mexicomaxico.org /Voto /Homicidios100M .htm.
Bourget, D., & Chalmers, D. J. 2014. What do philosophers believe? *Philosophical Studies, 170,* 465–500.
Bourguignon, F., & Morrison, C. 2002. Inequality among world citizens, 1820–1992. *American Economic Review, 92,* 727–44.
Bowering, G. 2015. *Islamic political thought: An introduction*. Princeton, NJ: Princeton University Press.
Boyd, B., Carroll, J., & Gottschall, J., eds. 2010. *Evolution, literature, and film: A reader*. New York: Columbia University Press.
Boyd, R. 1988. How to be a moral realist. In G. Sayre- cCord, ed., *Essays on moral realism*. Ithaca, NY: Cornell University Press.
Boyer, Pascal. 2001. *Religion explained: The evolutionary origins of religious thought*. New York: Basic Books.
Boyer, Paul. 1985 /2005. *By the bomb's early light: American thought and culture at the dawn of the Atomic Age*. Chapel Hill: University of North Carolina Press.
Boyer, Paul. 1986. A historical view of scare tactics. *Bulletin of the Atomic Scientists,* 17–19.
Braithwaite, J. 2008. Near death experiences: The dying brain. *Skeptic, 21* (2). http://www.critical -thinking.org.uk /paranormal /near -death -experiences /the -dying -brain.php.
Braman, D., Kahan, D. M., Slovic, P., Gastil, J., & Cohen, G. L. 2007. The Second National Risk and Culture Study: Making sense of— nd making progress in— he American culture war of fact. *GW Law Faculty Publications and Other Works, 211*. http:// scholarship.law.gwu.edu /faculty _publications /211.
Branch, T. 1988. *Parting the waters: America in the King years, 1954–63*. New York: Simon & Schuster.
Brand, S. 2009. *Whole Earth discipline: Why dense cities, nuclear power, transgenic crops, restored wildlands, and geoengineering are necessary*. New York: Penguin
Brandwen, G. 2016. Terrorism is not effective. *Gwern.net*. https://www.gwern.net /Terrorism-is-not -Effective.
Braudel, F. 2002. *Civilization and capitalism, 15th–18th century* (vol. 1: *The structures of everyday life*). London: Phoenix Press.
Bregman, A. S. 1990. *Auditory scene analysis: The perceptual organization of sound.* Cambridge, MA: MIT Press.
Bregman, R. 2017. *Utopia for realists: The case for a universal basic income, open borders, and a 15- our workweek*. Boston: Little, Brown.
Brennan, J. 2016. Against democracy. *National Interest,* Sept. 7.
Brickman, P., & Campbell, D. T. 1971. Hedonic relativism and planning the good society. In M. H. Appley, ed., *Adaptation- evel theory: A symposium*. New York: Academic Press.
Briggs, J. C. 2015. Re: Accelerated modern human- nduced species losses: Entering the sixth mass extinction. *Science*. http:// advances.sciencemag.org /content /1 /5 /e1400253.e- etters.
Briggs, J. C. 2016. Global biodiversity loss: Exaggerated versus realistic estimates. *Environmental Skeptics and Critics, 5,* 20–27.
Brink, D. O. 1989. *Moral realism and the foundations of ethics*. New York: Cambridge University Press.
British Petroleum. 2016. *BP Statistical Review of World Energy 2016,* June.
Brockman, J. 1991. The third culture. *Edge*. https://www.edge.org /conversation /john_brockman -the -third -culture.
Brockman, J., ed. 2003. *The new humanists: Science at the edge*. New York: Sterling.
Brockman, J., ed. 2015. *What to think about machines that think? Today's leading thinkers on the age of machine intelligence*. New York: HarperPerennial.
Brooks, R. 2015. Mistaking performance for competence misleads estimates of AI's 21st century promise and danger. *Edge*. https:// www.edge.org /response -detail /26057.
Brooks, R. 2016. Artificial intelligence. *Edge*. https://www.edge.org /response -detail /26678.
Brown, A., & Lewis, J. 2013. Reframing the nuclear de- lerting debate: Towards maximizing presidential decision time. *Nuclear Threat Initiative*. http://nti.org /3521A.
Brown, D. E. 1991. *Human universals.* New York: McGraw- ill.
Brown, D. E. 2000. Human universals and their implications. In N. Roughley, ed., *Being humans: Anthropological universality and particularity in transdisciplinary perspectives*. New York: Walter de Gruyter.
Brunnschweiler, C. N., & Lujala, P. 2015. Economic backwardness and social tension. University of East Anglia. https://ideas.repec.org /p /uea /aepppr /2012_72 .html.
Bryce, R. 2014. *Smaller faster lighter denser cheaper: How innovation keeps proving the catastrophists wrong*. New York: Perseus.
Brynjolfsson, E., & McAfee, A. 2015. Will humans go the way of horses? *Foreign Affairs,* July/Aug.
Brynjolfsson, E., & McAfee, A. 2016. *The Second Machine Age: Work, progress, and prosperity in a time of brilliant technologies*. New York: Norton.
Bulletin of the Atomic Scientists. 2017. Doomsday Clock timeline. http://thebulletin.org /timeline.
Bunce, V. 2017. The prospects for a color revolution in Russia. *Daedalus, 146,* 19–29.
Bureau of Labor Statistics. 2016a. Census of fatal occupational injuries. https://www.bls.gov /iif /oshcfoi1 .htm.
Bureau of Labor Statistics. 2016b. Charts from the American Time Use Survey. https://www.bls.gov /tus /charts /.
Bureau of Labor Statistics. 2016c. Time spent in primary activities and percent of the civilian population engaging in each activity, averages per day by sex, 2015. https://www.bls.gov /news .release /atus.t01 .htm.
Bureau of Labor Statistics. 2017. College enrollment and work activity of 2016 high school graduates. https://www.bls.gov /news.release /hsgec.nr0 .htm.
Buringh, E., & Van Zanden, J. 2009. Charting the "rise of the West": Manuscripts and printed books
in Europe, a long-term perspective from the sixth through eighteenth centuries. *Journal of*
Economic History, 69, 409–45.
Burney, D. A., & Flannery, T. F. 2005. Fifty millennia of catastrophic extinctions after human contact.
Trends in Ecology and Evolution, 20, 395–401.
Burns, J. 2009. *Goddess of the market: Ayn Rand and the American right*. New York: Oxford University Press.
Burtless, G. 2014. Income growth and income inequality: The facts may surprise you. *Brookings Blog*. https://www.brookings.edu / opinions /income -growth -and -income -inequality -the -facts -may -surprise -you /.
Buturovic, Z., & Klein, D. B. 2010. Economic enlightenment in relation to college- oing, ideology, and other variables: A Zogby

survey of Americans. *Economic Journal Watch, 7,* 174–96.
Calic, R., ed. 1971. *Secret conversations with Hitler: The two newly- iscovered 1931 interviews*. New York: John Day.
Caplan, B. 2007. *The myth of the rational voter: Why democracies choose bad policies*. Princeton, NJ: Princeton University Press.
Caplow, T., Hicks, L., & Wattenberg, B. 2001. *The first measured century: An illustrated guide to trends in America, 1900–2000*. Washington: AEI Press.
CarbonBrief. 2016. Explainer: 10 ways "negative emissions" could slow climate change. https://www .carbonbrief.org /explainer -10 -ways -negative -emissions -could -slow -climate -change.
Carey, J. 1993. *The intellectuals and the masses: Pride and prejudice among the literary intelligentsia, 1880– 1939*. New York: St. Martin's Press.
Carey, M., Jackson, M., Antonello, A., & Rushing, J. 2016. Glaciers, gender, and science. *Progress in Human Geography, 40,* 770–93.
Carey, S. 2009. *Origins of concepts*. Cambridge, MA: MIT Press.
Carlson, R. H. 2010. *Biology is technology: The promise, peril, and new business of engineering life*. Cambridge, MA: Harvard University Press.
Carroll, S. M. 2016. *The big picture: On the origins of life, meaning, and the universe itself.* New York: Dutton.
Carter, R. 1966. *Breakthrough: The saga of Jonas Salk.* Trident Press.
Carter, S. B., Gartner, S. S., Haines, M. R., Olmstead, A. L., Sutch, R., et al., eds. 2000. *Historical statistics of the United States: Earliest times to the present* (vol. 1, part A: Population). New York: Cambridge University Press.
Case, A., & Deaton, A. 2015. Rising morbidity and mortality in midlife among white non- ispanic Americans in the 21st century. *Proceedings of the National Academy of Sciences, 112,* 15078–83.
Center for Systemic Peace. 2015. Integrated network for societal conflict research data page. http:// www.systemicpeace.org /inscr / inscr .htm.
Centers for Disease Control. 1999. Improvements in workplace safety— nited States, 1900–1999. *CDC Morbidity and Mortality Weekly Report, 48,* 461–69.
Centers for Disease Control. 2015. Injury prevention and control: Data and statistics (WISQARS). https://www.cdc.gov /injury / wisqars /.
Central Intelligence Agency. 2016. The world factbook. https://www.cia.gov /library /publications /the -world -factbook /.
Chalk, F., & Jonassohn, K. 1990. *The history and sociology of genocide: Analyses and case studies*. New Haven: Yale University Press.
Chalmers, D. J. 1996. *The conscious mind: In search of a fundamental theory*. New York: Oxford University Press.
Chang, L. T. 2009. *Factory girls: From village to city in a changing China.* New York: Spiegel & Grau.
Chen, D. H. C., & Dahlman, C. J. 2006. *The knowledge economy, the KAM methodology and World Bank operations*. Washington: World Bank. http://documents.worldbank.org /curated /en /69521 1468153873436 /The -knowledge -economy -the -KAM -methodology -and -World -Bank -operations.
Chenoweth, E. 2016. Why is nonviolent resistance on the rise? *Diplomatic Courier*. http://www.diplomati courier .com /2016 /06 /28 /nonviolent -resistance -rise /.
Chenoweth, E., & Stephan, M. J. 2011. *Why civil resistance works: The strategic logic of nonviolent conflict*. New York: Columbia University Press.
Chernew, M., Cutler, D. M., Ghosh, K., & Landrum, M. B. 2016. *Understanding the improvement in disability free life expectancy in the U.S. elderly population*. Cambridge, MA: National Bureau of Economic Research.
Chirot, D. 1994. *Modern tyrants*. Princeton, NJ: Princeton University Press.
Cipolla, C. 1994. *Before the Industrial Revolution: European society and economy, 1000–1700* (3rd ed.). New York: Norton.
Clark, A. M., & Sikkink, K. 2013. Information effects and human rights data: Is the good news about increased human rights information bad news for human rights measures? *Human Rights Quarterly, 35,* 539–68.
Clark, D. M. T., Loxton, N. J., & Tobin, S. J. 2015. Declining loneliness over time: Evidence from American colleges and high schools. *Personality and Social Psychology Bulletin, 41,* 78–89.
Clark, G. 2007. *A farewell to alms: A brief economic history of the world.* Princeton, NJ: Princeton University Press.
Cohen, G. L. 2003. Party over policy: The dominating impact of group influence on political beliefs. *Journal of Personality and Social Psychology, 85,* 808–22.
Collier, P. 2007. *The bottom billion: Why the poorest countries are failing and what can be done about it*. New York: Oxford University Press.
Collier, P., & Rohner, D. 2008. Democracy, development and conflict. *Journal of the European Economic Association, 6,* 531–40.
Collini, S. 1998. Introduction. In C. P. Snow, *The two cultures*. New York: Cambridge University Press.
Collini, S. 2013. Introduction. In F. R. Leavis, *Two cultures? The significance of C. P. Snow*. New York: Cambridge University Press.
Combs, B., & Slovic, P. 1979. Newspaper coverage of causes of death. *Journalism Quarterly, 56,* 837–43.
Connor, S. 2014. *The horror of number: Can humans learn to count?* Paper presented at the Alexander Lecture. http://stevenconnor .com /horror .html.
Connor, S. 2016. *Living by numbers: In defence of quantity*. London: Reaktion Books.
Conrad, S. 2012. Enlightenment in global history: A historiographical critique. *American Historical Review, 117,* 999–1027.
Cook, M. 2014. *Ancient religions, modern politics: The Islamic case in comparative perspective*. Princeton, NJ: Princeton University Press.
Coontz, S. 1992 /2016. *The way we never were: American families and the nostalgia trap* (rev. ed.). New York: Basic Books.
Corlett, A. 2016. *Examining an elephant: Globalisation and the lower middle class of the rich world.* London: Resolution Foundation.
Cornwall Alliance for the Stewardship of Creation. 2000. The Cornwall Declaration on Environmental Stewardship. http:// cornwallalliance.org /landmark -documents /the -cornwall -declaration -on -environmental -stewardship /.
Cosmides, L., & Tooby, J. 1992. Cognitive adaptations for social exchange. In J. H. Barkow, L. Cosmides, & J. Tooby, eds., *The adapted mind: Evolutionary psychology and the generation of culture.* New York: Oxford University Press.
Costa, D. L. 1998. *The evolution of retirement: An American economic history, 1880–1990.* Chicago: University of Chicago Press.
Costa, P. T., & McCrae, R. R. 1982. An approach to the attribution of aging, period, and cohort effects. *Psychological Bulletin, 92,* 238–50.
Costello, E. J., Erkanli, A., & Angold, A. 2006. Is there an epidemic of child or adolescent depression? *Journal of Child Psychology and Psychiatry, 47,* 1263–71.
Costello, M. J., May, R. M., & Stork, N. E. 2013. Can we name Earth's species before they go extinct? *Science, 339,* 413–16.
Council for Secular Humanism. 1980. *A Secular Humanist Declaration.* https://www.secularhumanism .org /index.php /11.

Council for Secular Humanism. 2000. *Humanist Manifesto 2000.* https://www.secularhumanism.org /index.php /1169.
Council on Foreign Relations. 2011. World opinion on human rights. *Public Opinion on Global Issues*. https://www.cfr.org/backgrounder/world-opinion-human-rights.
Council on Foreign Relations. 2012. World opinion on transnational threats: Weapons of mass destruction. *Public Opinion on Global Issues*. http://www.cfr.org /thinktank /iigg /pop /.
Courtois, S., Werth, N., Panné, J.- ., Paczkowski, A., Bartosek, K., et al. 1999. *The Black Book of Communism: Crimes, terror, repression*. Cambridge, MA: Harvard University Press.
Courtwright, D. 2010. *No right turn: Conservative politics in a liberal America*. Cambridge, MA: Harvard University Press.
Cowen, T. 2017. *The complacent class: The self- efeating quest for the American dream.* New York: St. Martin's Press.
Coyne, J. A. 2015. *Faith versus fact: Why science and religion are incompatible*. New York: Penguin.
Cravens, G. 2007. *Power to save the world: The truth about nuclear energy.* New York: Knopf.
Cronin, A. K. 2009. *How terrorism ends: Understanding the decline and demise of terrorist campaigns*. Princeton, NJ: Princeton University Press.
Cronon, W. 1995. The trouble with wilderness; or, getting back to the wrong nature. In W. Cronon, ed., *Uncommon ground: Rethinking the human place in nature*. New York: Norton.
Cunningham, H. 1996. Combating child labour: The British experience. In H. Cunningham & P. P. Viazzo, eds., *Child labour in historical perspective, 1800–1985: Case studies from Europe, Japan, and Colombia*. Florence: UNICEF.
Cunningham, T. J., Croft, J. B., Liu, Y., Lu, H., Eke, P. I., et al. 2017. Vital signs: Racial disparities in age- pecific mortality among Blacks or African Americans— nited States, 1999–2015. *Morbidity and Mortality Weekly Report, 66,* 444–56.
Daly, M. C., Oswald, A. J., Wilson, D., & Wu, S. 2010. The happiness- uicide paradox. *Federal Reserve Bank of San Francisco Working Papers, 2010*.
Davis, B. D. 1983. Neo- ysenkoism, IQ, and the press. *Public Interest, 73,* 41–59.
Davis, E., & Marcus, G. F. 2015. Commonsense reasoning and commonsense knowledge in artificial intelligence. *Communications of the ACM, 58,* 92–103.
Dawes, R. M., Faust, D., & Meehl, P. E. 1989. Clinical versus actuarial judgment. *Science, 243,* 1668–74.
Dawkins, R. 1976 /1989. *The selfish gene* (new ed.). New York: Oxford University Press.
Dawkins, R. 1983. Universal Darwinism. In D. S. Bendall, ed., *Evolution from molecules to man*. New York: Cambridge University Press.
Dawkins, R. 1986. *The blind watchmaker: Why the evidence of evolution reveals a universe without design.* New York: Norton.
Dawkins, R. 2006. *The God delusion*. New York: Houghton Mifflin.
de Lazari- adek, K., & Singer, P. 2012. The objectivity of ethics and the unity of practical reason. *Ethics, 123,* 9–31.
de Ribera, O. S., Kavish, B., & Boutwell, B. B. 2017. On the relationship between psychopathy and general intelligence: A meta-nalytic review. *bioRχiv*, doi: https://doi.org/10.1101/100693.
Deary, I. J. 2001. *Intelligence: A very short introduction*. New York: Oxford University Press.
Death Penalty Information Center. 2017. Facts about the death penalty. http://www.deathpenaltyinfo .org /documents /FactSheet .pdf.
Deaton, A. 2011. The financial crisis and the well- eing of Americans. *Oxford Economic Papers,* 1–26.
Deaton, A. 2013. *The Great Escape: Health, wealth, and the origins of inequality*. Princeton, NJ: Princeton University Press.
Deaton, A. 2017. Thinking about inequality. *Cato's Letter, 15,* 1–5.
Deep Decarbonization Pathways Project 2015. *Pathways to deep decarbonization*. Paris: Institute for Sustainable Development and International Relations.
DeFries, R. 2014. *The big ratchet: How humanity thrives in the face of natural crisis*. New York: Basic Books.
Degler, C. N. 1991. *In search of human nature: The decline and revival of Darwinism in American social thought*. New York: Oxford University Press.
Dehaene, S. 2009. Signatures of consciousness. *Edge*. http://www.edge.org /3rd_culture /dehaene09 / dehaene09_index .html.
Dehaene, S., & Changeux, J.- . 2011. Experimental and theoretical approaches to conscious processing. *Neuron, 70,* 200–227.
Delamontagne, R. G. 2010. High religiosity and societal dysfunction in the United States during the first decade of the twenty- rst century. *Evolutionary Psychology, 8,* 617–57.
Denkenberger, D., & Pearce, J. 2015. *Feeding everyone no matter what: Managing food security after global catastrophe*. New York: Academic Press.
Dennett, D. C. 2006. *Breaking the spell: Religion as a natural phenomenon*. New York: Penguin Books.
DeScioli, P. 2016. The side- aking hypothesis for moral judgment. *Current Opinion in Psychology, 7,* 23–27.
DeScioli, P., & Kurzban, R. 2009. Mysteries of morality. *Cognition, 112,* 281–99.
Desvousges, W. H., Johnson, F. R., Dunford, R. W., Boyle, K. J., Hudson, S. P., et al. 1992. *Measuring nonuse damages using contingent valuation: An experimental evaluation of accuracy*. Research Triangle Park, NC: RTI International.
Deutsch, D. 2011. *The beginning of infinity: Explanations that transform the world.* New York: Viking.
Devereux, S. 2000. *Famine in the twentieth century*. Sussex, UK: Institute of Development Studies. http://www.ids.ac.uk /publication /famine -in -the -twentieth -century.
Diamandis, P., & Kotler, S. 2012. *Abundance: The future is better than you think*. New York: Free Press.
Diamond, J. M. 1997. *Guns, germs, and steel: The fates of human societies*. New York: Norton.
Dinda, S. 2004. Environmental Kuznets curve hypothesis: A survey. *Ecological Economics, 49,* 431–55.
Dobbs, R., Madgavkar, A., Manyika, J., Woetzel, J., Bughin, J., et al. 2016. *Poorer than their parents? Flat or falling incomes in advanced economies.* McKinsey Global Institute.
Dreger, A. 2007. The controversy surrounding "The man who would be queen": A case history of the politics of science, identity, and sex in the Internet age. *Archives of Sexual Behavior, 37,* 366–421.
Dreger, A. 2015. *Galileo's middle finger: Heretics, activists, and the search for justice in science*. New York: Penguin.
Dretske, F. I. 1981. *Knowledge and the flow of information.* Cambridge, MA: MIT Press.
Duarte, J. L., Crawford, J. T., Stern, C., Haidt, J., Jussim, L., & Tetlock, P. E. 2015. Political diversity will improve social psychological science. *Behavioral and Brain Sciences, 38,* 1–13.
Dunlap, R. E., Gallup, G. H., & Gallup, A. M. 1993. Of global concern. *Environment: Science and Policy for Sustainable Development, 35,* 7–39.
Duntley, J. D., & Buss, D. M. 2011. Homicide adaptations. *Aggression and Violent Behavior, 16,* 399–410.

Dutton, D. 2009. *The art instinct: Beauty, pleasure, and human evolution*. New York: Bloomsbury Press.
Eagen, K., Stolzenberg, E. B., Lozano, J. B., Aragon, M. C., Suchard, M. R., et al. 2014. *Undergraduate teaching faculty: The 2013–2014 HERI faculty survey*. Los Angeles: Higher Education Research Institute at UCLA.
Easterbrook, G. 2003. *The progress paradox: How life gets better while people feel worse*. New York: Random House.
Easterlin, R. A. 1973. Does money buy happiness? *Public Interest, 30,* 3–10.
Easterlin, R. A. 1981. Why isn't the whole world developed? *Journal of Economic History, 41,* 1–19.
Easterly, W. 2006. *White man's burden: Why the West's efforts to aid the rest have done so much ill and so little good.* New York: Penguin.
Eastop, E.- . 2015. *Subcultural cognition: Armchair oncology in the age of misinformation.* Master's thesis, University of Oxford.
Eberstadt, N., & Shah, A. 2011. Fertility decline in the Muslim world: A veritable sea- hange, still curiously unnoticed. Washington: American Enterprise Institute.
Eddington, A. S. 1928 /2015. *The nature of the physical world.* Andesite Press.
Eibach, R. P., & Libby, L. K. 2009. Ideology of the good old days: Exaggerated perceptions of moral decline and conservative politics. In J. T. Jost, A. Kay, & H. Thorisdottir, eds., *Social and psychological bases of ideology and system justification*. New York: Oxford University Press.
Eichengreen, B. 2014. Secular stagnation: A review of the issues. In C. Teulings & R. Baldwin, eds., *Secular stagnation: Facts, causes and cures*. London: Centre for Economic Policy Research.
Eisner, M. 2001. Modernization, self- ontrol, and lethal violence: The long- erm dynamics of European homicide rates in theoretical perspective. *British Journal of Criminology, 41,* 618–38.
Eisner, M. 2003. Long- erm historical trends in violent crime. *Crime and Justice, 30,* 83–142.
Eisner, M. 2014a. From swords to words: Does macro- evel change in self- ontrol predict long- erm variation in levels of homicide? *Crime and Justice, 43,* 65–134.
Eisner, M. 2014b. *Reducing homicide by 50% in 30 years: Universal mechanisms and evidence- ased public policy*. In M. Krisch, M. Eisner, C. Mikton, & A. Butchart, eds., *Global strategies to reduce violence by 50% in 30 years: Findings from the WHO and University of Cambridge Global Violence Reduction Conference 2014*. Cambridge, UK: Institute of Criminology, University of Cambridge.
Eisner, M. 2015. *How to reduce homicide by 50% in the next 30 years*. Rio de Janeiro: Igarapé Institute.
Elias, N. 1939 /2000. The Civilizing Process: Sociogenetic and psychogenetic investigations (rev. ed.). Cambridge, MA: Blackwell.
England, J. L. 2015. Dissipative adaptation in driven self- ssembly. *Nature Nanotechnology, 10,* 919–23.
Epstein, A. 2014. *The moral case for fossil fuels*. New York: Penguin.
Epstein, G. 2009. *Good without God: What a billion nonreligious people do believe*. New York: William Morrow.
Ericksen, R. P., & Heschel, S. 1999. *Betrayal: German churches and the Holocaust*. Minneapolis: Fortress Press.
Erwin, D. 2015. *Extinction: How life on Earth nearly ended 250 million years ago* (updated ed.). Princeton, NJ: Princeton University Press.
Esposito, J. L., & Mogahed, D. 2007. *Who speaks for Islam? What a billion Muslims really think.* New York: Gallup Press.
Evans, D. 2015a. The great AI swindle. *Edge*. https://www.edge.org /response -detail /26073.
Evans, G. 2015b. Challenges for the *Bulletin of the Atomic Scientists* at 70: Restoring reason to the nuclear debate. Paper presented at the Annual Clock Symposium, *Bulletin of the Atomic Scientists*.
Evans, G., Ogilvie- hite, T., & Thakur, R. 2014. *Nuclear weapons: The state of play 2015*. Canberra: Centre for Nuclear Non-roliferation and Disarmament, Australian National University.
Everett, D. 2008. *Don't sleep, there are snakes: Life and language in the Amazonian jungle*. New York: Vintage.
Ewald, P. 2000. *Plague time: The new germ theory of disease*. New York: Anchor.
Faderman, L. 2015. *The Gay Revolution: Story of a struggle*. New York: Simon & Schuster.
Fariss, C. J. 2014. Respect for human rights has improved over time: Modeling the changing standard of accountability. *American Political Science Review, 108,* 297–318.
Fawcett, A. A., Iyer, G. C., Clarke, L. E., Edmonds, J. A., Hultman, N. E., et al. 2015. Can Paris pledges avert severe climate change? *Science, 350,* 1168–69.
Fearon, J. D., & Laitin, D. D. 1996. Explaining interethnic cooperation. *American Political Science Review, 90,* 715–35.
Fearon, J. D., & Laitin, D. D. 2003. Ethnicity, insurgency, and civil war. *American Political Science Review, 97,* 75–90.
Federal Bureau of Investigation. 2016a. Crime in the United States by volume and rate, 1996–2015. https://ucr.fbi.gov /crime -in -the -u.s /2015 /crime -in -the -u.s. -2015 /tables /table -1.
Federal Bureau of Investigation. 2016b. Hate crime. *FBI Uniform Crime Reports.* https://ucr.fbi.gov /hate -crime.
Federal Highway Administration. 2003. *A review of pedestrian safety research in the United States and abroad: Final report.* Washington: US Department of Transportation. https://www.fhwa.dot .gov /publications /research /safety /pedbike /03042 / part2.cfm.
Federation of American Scientists. (Undated.) Nuclear weapons. https://fas.org /issues /nuclear -weapons /.
Feinberg, M., & Willer, R. 2011. Apocalypse soon? Dire messages reduce belief in global warming by contradicting just- orld beliefs. *Psychological Science, 22,* 34–38.
Feldstein, M. 2017. Underestimating the real growth of GDP, personal income, and productivity. *Journal of Economic Perspectives, 31,* 145–64.
Ferreira, F., Jolliffe, D. M., & Prydz, E. B. 2015. The international poverty line has just been raised to $1.90 a day, but global poverty is basically unchanged. How is that even possible? http://blogs.world bank.org /developmenttalk /international -poverty -line -has -just -been -raised -190 -day -global -poverty -basically -unchanged -how -even.
Finkelhor, D. 2014. Trends in child welfare. Paper presented at the Carsey Institute Policy Series, Department of Sociology, University of New Hampshire.
"Finkelhor, D., Shattuck, A., Turner, H. A., & Hamby, S. L. 2014. Trends in children's exposure to vio-"
"lence, 2003–2011. *JAMA Pediatrics*, 168, 540–46."

Fischer, C. S. 2005. Bowling alone: What's the score? *Social Networks, 27,* 155–67.
Fischer, C. S. 2006. The 2004 GSS finding of shrunken social networks: An artifact? *American Sociological Review, 74,* 657–69.
Fischer, C. S. 2011. *Still connected: Family and friends in America since 1970*. New York: Russell Sage Foundation.
Fiske, A. P., & Rai, T. 2015. *Virtuous violence: Hurting and killing to create, sustain, end, and honor social relationships*. New York: Cambridge University Press.

Fletcher, J. 1997. *Violence and civilization: An introduction to the work of Norbert Elias*. Cambridge, UK: Polity.
Flynn, J. R. 2007. *What is intelligence?* New York: Cambridge University Press.
Flynn, J. R. 2012. *Are we getting smarter? Rising IQ in the twenty- rst century*. New York: Cambridge University Press.
Foa, R. S., & Mounk, Y. 2016. The danger of deconsolidation: The democratic disconnect. *Journal of Democracy, 27,* 5–17.
Fodor, J. A. 1987. *Psychosemantics: The problem of meaning in the philosophy of mind*. Cambridge, MA: MIT Press.
Fodor, J. A. 1994. *The elm and the expert: Mentalese and its semantics*. Cambridge, MA: MIT Press.
Fogel, R. W. 2004. *The escape from hunger and premature death, 1700–2100*. Chicago: University of Chicago Press.
Food Marketing Institute. 2017. Supermarket facts. https://www.fmi.org /our -research /supermarket -facts.
Foreman, C. 2013. On justice movements: Why they fail the environment and the poor. *The Breakthrough,* http://thebreakthrough.org /index.php /journal /past -issues /issue -3 /on -justice -movements.
Fortna, V. P. 2008. *Does peacekeeping work? Shaping belligerents' choices after civil war*. Princeton, NJ: Princeton University Press.
Fortna, V. P. 2015. Do terrorists win? Rebels' use of terrorism and civil war outcomes. *International Organization, 69,* 519–56.
Foucault, M. 1999. *The history of sexuality*. New York: Vintage.
Fouquet, R., & Pearson, P. J. G. 2012. The long run demand for lighting: Elasticities and rebound effects in different phases of economic development. *Economics of Energy and Environmental Policy, 1,* 83–100.
Francis. 2015. *Laudato Si': Encyclical letter of the Holy Father Francis on care for our common home*. Vatican City: The Vatican. http:// w2.vatican.va /content /francesco /en /encyclicals /documents /papa -francesco20150524enciclica -laudato -si .html.
Frankel, M. 2004. *High noon in the Cold War: Kennedy, Khrushchev, and the Cuban Missile Crisis*. New York: Ballantine Books.
Frankfurt, H. G. 2015. *On inequality*. Princeton, NJ: Princeton University Press.
Freed, J. 2014. *Back to the future: Advanced nuclear energy and the battle against climate change*. Washington: Brookings Institution.
Freilich, J. D., Chermak, S. M., Belli, R., Gruenewald, J., & Parkin, W. S. 2014. Introducing the United States Extremis Crime Database (ECDB). *Terrorism and Political Violence, 26,* 372–84.
Friedman, J. 1997. What's wrong with libertarianism. *Critical Review, 11,* 407–67.
Fryer, R. G. 2016. An empirical analysis of racial differences in police use of force. *National Bureau of Economic Research Working Papers,* 1–63.
Fukuda, K. 2013. A happiness study using age- eriod- ohort framework. *Journal of Happiness Studies, 14,* 135–53.
Fukuyama, F. 1989. The end of history? *National Interest,* Summer.
Furman, J. 2005. Wal- art: A progressive success story. https://www.mackinac.org /archives /2006 /walmart .pdf.
Furman, J. 2014. Poverty and the tax code. *Democracy: A Journal of Ideas, 32,* 8–22.
Future of Life Institute. 2017. Accidental nuclear war: A timeline of close calls. https://futureoflife .org /background /nuclear -close -calls -a -timeline /.
Fyfe, J. J. 1988. Police use of deadly force: Research and reform. *Justice Quarterly, 5,* 165–205.
Gaillard, R., Dehaene, S., Adam, C., Clémenceau, S., Hasboun, D., et al. 2009. Converging intracranial markers of conscious access. *PLOS Biology, 7,* 472–92.
Gallup. 2002. Acceptance of homosexuality: A youth movement. http://www.gallup .com /poll /5341 /Acceptance -Homosexuality -Youth -Movement.aspx.
Gallup. 2010. Americans' acceptance of gay relations crosses 50% threshold. http://www.gallup .com /poll /135764 /Americans -Acceptance -Gay -Relations -Crosses -Threshold.aspx.
Gallup. 2016. Death penalty. http://www.gallup .com /poll /1606 /death -penalty.aspx.
Galor, O., & Moav, O. 2007. The neolithic origins of contemporary variations in life expectancy. http:// dx.doi.org /10.2139 / ssrn.1012650.
Galtung, J., & Ruge, M. H. 1965. The structure of foreign news. *Journal of Peace Research, 2,* 64–91.
Gardner, D. 2008. *Risk: The science and politics of fear*. London: Virgin Books.
Gardner, D. 2010. Future babble: Why expert predictions fail— nd why we believe them anyway. New York: Dutton.
Garrard, G. 2006. *Counter- nlightenments: From the eighteenth century to the present*. New York: Routledge.
Gash, T. 2016. *Criminal: The hidden truths about why people do bad things*. London: Allen Lane.
Gat, A. 2015. Proving communal warfare among hunter- atherers: The quasi- ousseauan error. *Evolutionary Anthropology, 24,* 111–26.
Gauchat, G. 2012. Politicization of science in the public sphere: A study of public trust in the United States, 1974 to 2010. *American Sociological Review, 77,* 167–87.
Gell- ann, M. 1994. *The quark and the jaguar: Adventures in the simple and the complex*. New York: W. H. Freeman.
Gentzkow, M., & Shapiro, J. M. 2010. What drives media slant? Evidence from U.S. daily newspapers. *Econometrica, 78,* 35–71.
Gervais, W. M., & Najle, M. B. 2017. How many atheists are there? *Social Psychological and Personality Science*, 10.1177/1948550617707015.
Ghitza, Y., & Gelman, A. 2014. The Great Society, Reagan's revolution, and generations of presidential voting. http://www.stat. columbia.edu /~gelman /research /unpublished /cohortvoting2014 0605 .pdf.
Gigerenzer, G. 1991. How to make cognitive illusions disappear: Beyond heuristics and biases. *European Review of Social Psychology, 2,* 83–115.
Gigerenzer, G. 2015. Simply rational: Decision making in the real world. New York: Oxford University Press.
Gigerenzer, G. 2016. Fear of dread risks. *Edge*. https://www.edge.org /response -detail /26645.
Gigerenzer, G., & Hoffrage, U. 1995. How to improve Bayesian reasoning without instruction: Frequency formats. *Psychological Review, 102,* 684–704.
Gilbert, D. T. 2006. *Stumbling on happiness*. New York: Knopf.
Giles, J. 2005. Internet encyclopaedias go head to head. *Nature, 438,* 900–901.
Glaeser, E. L. 2011. *Triumph of the city: How our greatest invention makes us richer, smarter, greener, healthier, and happier.* New York: Penguin.
Glaeser, E. L. 2014. *Secular joblessness*. London: Centre for Economic Policy Research.
Glaeser, E. L., Ponzetto, G. A. M., & Shleifer, A. 2007. Why does democracy need education? *Journal of Economic Growth, 12,* 271–303.
Glaeser, E. L., La Porta, R., Lopez-de-Silanes, F., & Shleifer, A. (2004). Do institutions cause growth? *Journal of Economic Growth,* 9, 271–303.
Gleditsch, N. P. 2008. The liberal moment fifteen years on. *International Studies Quarterly, 52,* 691–712.
Gleditsch, N. P., & Rudolfsen, I. 2016. Are Muslim countries more prone to violence? Paper presented at the 57th Annual

Convention of the International Studies Association, Atlanta.
Gleditsch, N. P., Wallensteen, P., Eriksson, M., Sollenberg, M., & Strand, H. 2002. Armed conflict, 1946–2001: A new dataset. *Journal of Peace Research, 39,* 615–37.
Gleick, J. 2011. *The information: A history, a theory, a flood*. New York: Pantheon.
Glendon, M. A. 1998. Knowing the Universal Declaration of Human Rights. *Notre Dame Law Review, 73,* 1153–90.
Glendon, M. A. 1999. Foundations of human rights: The unfinished business. *American Journal of Jurisprudence, 44,* 1–14.
Glendon, M. A. 2001. *A world made new: Eleanor Roosevelt and the Universal Declaration of Human Rights*. New York: Random House.
Global Zero Commission. 2010. Global Zero action plan. http://static.globalzero.org /files /docs /GZAP 6.0 .pdf.
Global Zero Commission. 2016. US adoption of no- rst- se and its effects on nuclear proliferation by allies. http://www.globalzero.org /files /nfuallyproliferation .pdf.
Glover, J. 1998. Eugenics: Some lessons from the Nazi experience. In J. R. Harris & S. Holm, eds., *The future of human reproduction: Ethics, choice, and regulation*. New York: Oxford University Press.
Glover, J. 1999. *Humanity: A moral history of the twentieth century*. London: Jonathan Cape.
Goertz, G., Diehl, P. F., & Balas, A. 2016. *The puzzle of peace: The evolution of peace in the international system*. New York: Oxford University Press.
Goklany, I. M. 2007. *The improving state of the world: Why we're living longer, healthier, more comfortable lives on a cleaner planet*. Washington: Cato Institute.
Goldin, C., & Katz, L. F. 2010. *The race between education and technology*. Cambridge, MA: Harvard University Press.
Goldstein, J. S. 2011. *Winning the war on war: The surprising decline in armed conflict worldwide*. New York: Penguin.
Goldstein, J. S. 2015. Is the current refugee crisis the worst since World War II? (Unpublished manuscript.) http://www.joshuagoldstein .com /.
Goldstein, R. N. 1976. *Reduction, realism, and the mind.* Ph.D. dissertation, Princeton University.
Goldstein, R. N. 2006. *Betraying Spinoza: The renegade Jew who gave us modernity*. New York: Nextbook /Schocken.
Goldstein, R. N. 2010. *Thirty- ix arguments for the existence of God: A work of fiction*. New York: Pantheon.
Goldstein, R. N. 2013. *Plato at the Googleplex: Why philosophy won't go away*. New York: Pantheon.
Gómez, J. M., Verdú, M., González- egías, A., & Méndez, M. 2016. The phylogenetic roots of human lethal violence. *Nature, 538,* 233–37.
Gordon, R. J. 2014. The turtle's progress: Secular stagnation meets the headwinds. In C. Teulings & R. Baldwin, eds., *Secular stagnation: Facts, causes and cures*. London: Centre for Economic Policy Research.
Gordon, R. J. 2016. *The rise and fall of American growth*. Princeton, NJ: Princeton University Press.
Gottfredson, L. S. 1997. Why g matters: The complexity of everyday life. *Intelligence, 24,* 79–132.
Gottlieb, A. 2016. *The dream of enlightenment: The rise of modern philosophy*. New York: Norton.
Gottschall, J. 2012. *The storytelling animal: How stories make us human*. Boston: Houghton Mifflin Harcourt.
Gottschall, J., & Wilson, D. S., eds. 2005. *The literary animal: Evolution and the nature of narrative*. Evanston, IL: Northwestern University Press.
Graham, P. 2016. The refragmentation. *Paul Graham Blog*. http://www.paulgraham .com /re .html.
Grayling, A. C. 2007. *Toward the light of liberty: The struggles for freedom and rights that made the modern Western world*. New York: Walker.
Grayling, A. C. 2013. *The God argument: The case against religion and for humanism*. London: Bloomsbury.
Greene, J. 2013. *Moral tribes: Emotion, reason, and the gap between us and them*. New York: Penguin.
Greenstein, S., & Zhu, F. 2014. Do experts or collective intelligence write with more bias? Evidence from *Encyclopædia Britannica* and Wikipedia. *Harvard Business School Working Paper, 15- 23.*
Greenwood, J., Seshadri, A., & Yorukoglu, M. 2005. Engines of liberation. *Review of Economic Studies, 72,* 109–33.
Gregg, B. 2003. *Thick moralities, thin politics: Social integration across communities of belief.* Durham, NC: Duke University Press.
Gross, N., & Simmons, S. 2014. The social and political views of American college and university professors. In N. Gross & S. Simmons, eds., *Professors and their politics*. Baltimore: Johns Hopkins University Press.
Guerrero Velasco, R. G. 2015. An antidote to murder. *Scientific American,* 46–50.
Gunsalus, C. K., Bruner, E. M., Burbules, N., Dash, L. D., Finkin, M., et al. 2006. *Improving the system for protecting human subjects: Counteracting IRB mission creep* (No. LE06- 16). University of Illinois, Urbana. https://papers.ssrn .com /sol3 /papers2.cfm?abstractid=902995.
Gurr, T. R. 1981. *Historical trends in violent crime: A critical review of the evidence* (vol. 3). Chicago: University of Chicago Press.
Gyldensted, C. 2015. *From mirrors to movers: Five elements of positive psychology in constructive journalism.* GGroup Publishers.
Hafer, R. W. 2017. New estimates on the relationship between IQ, economic growth and welfare. *Intelligence, 61,* 92–101.
Hahn, R., Bilukha, O., Crosby, A., Fullilove, M. T., Liberman, A., et al. 2005. Firearms laws and the reduction of violence: A systematic review. *American Journal of Preventive Medicine, 28,* 40–71.
Haidt, J. 2006. *The happiness hypothesis: Finding modern truth in ancient wisdom*. New York: Basic Books.
Haidt, J. 2012. *The righteous mind: Why good people are divided by politics and religion*. New York: Pantheon.
Halpern, D., & Mason, D. 2015. Radical incrementalism. *Evaluation, 21,* 143–49.
Hammel, A. 2010. *Ending the death penalty: The European experience in global perspective*. London: Palgrave Macmillan.
Hammond, S. 2017. The future of liberalism and the politicization of everything. *Niskanen Center Blog*. https://niskanencenter.org /blog /future -liberalism -politicization -everything /.
Hampton, K., Goulet, L. S., Rainie, L., & Purcell, K. 2011. *Social networking sites and our lives.* Washington: Pew Research Center.
Hampton, K., Rainie, L., Lu, W., Shin, I., & Purcell, K. 2015. *Social media and the cost of caring*. Washington: Pew Research Center.
Hanson, R., & Yudkowsky, E. 2008. *The Hanson- udkowsky AI- oom debate ebook.* Machine Intelligence Research Institute, Berkeley.
Harff, B. 2003. No lessons learned from the Holocaust? Assessing the risks of genocide and political mass murder since 1955. *American Political Science Review, 97,* 57–73.
Harff, B. 2005. Assessing risks of genocide and politicide. In M. G. Marshall & T. R. Gurr, eds., *Peace and conflict 2005: A global survey of armed conflicts, self- etermination movements, and democracy*. College Park, MD: Center for International Development and Conflict Management, University of Maryland.
Hargraves, R. 2012. *Thorium: Energy cheaper than coal*. North Charleston, SC: CreateSpace.
Hasegawa, T. 2006. *Racing the enemy: Stalin, Truman, and the surrender of Japan*. Cambridge, MA: Harvard University Press.

Hasell, J., & Roser, M. 2017. Famines. *Our World in Data*. https://ourworldindata.org /famines /.
Haskins, R., & Margolis, G. 2014. *Show me the evidence: Obama's fight for rigor and results in social policy*. Washington: Brookings Institution.
Haslam, N. 2016. Concept creep: Psychology's expanding concepts of harm and pathology. *Psychological Inquiry, 27,* 1–17.
Hassett, K. A., & Mathur, A. 2012. *A new measure of consumption inequality*. Washington: American Enterprise Institute.
Hastorf, A. H., & Cantril, H. 1954. They saw a game; a case study. *Journal of Abnormal and Social Psychology, 49,* 129–34.
Hathaway, O., & Shapiro, S. 2017. *The internationalists: How a radical plan to outlaw war remade our world*. New York: Simon & Schuster.
Haybron, D. M. 2013. *Happiness: A very short introduction*. New York: Oxford University Press.
Hayek, F. A. 1945. The use of knowledge in society. *American Economic Review, 35,* 519–30.
Hayek, F. A. 1960 /2011. *The constitution of liberty: The definitive edition*. Chicago: University of Chicago Press.
Hayflick, L. 2000. The future of aging. *Nature, 408,* 267–69.
Hedegaard, H., Chen, L.- ., & Warner, M. 2015. Drug- oisoning deaths involving heroin: United States, 2000–2013. *NCHS Data Brief, 190*.
Hegre, H. 2014. Democracy and armed conflict. *Journal of Peace Research, 51,* 159–72.
Hegre, H., Karlsen, J., Nygård, H. M., Strand, H., & Urdal, H. 2011. Predicting armed conflict, 2012– 2050. *International Studies Quarterly, 57,* 250–70.
Hellier, C. 2011. Nazi racial ideology was religious, creationist and opposed to Darwinism. *Coelsblog: Defending scientism*. https:// coelsblog.wordpress .com /2011 /11 /08 /nazi -racial -ideology -was -religious -creationist -and -opposed -to -darwinism /#sec4.
Helliwell, J. F., Layard, R., & Sachs, J., eds. 2016. *World Happiness Report 2016*. New York: Sustainable Development Solutions Network.
Henao- estrepo, A. M., Camacho, A., Longini, I. M., Watson, C. H., Edmunds, W. J., et al. 2017. Efficacy and effectiveness of an rVSV- ectored vaccine in preventing Ebola virus disease: Final results from the Guinea ring vaccination, open- abel, cluster-andomised trial. *The Lancet, 389,* 505–18.
Henry, M., Shivji, A., de Sousa, T., & Cohen, R. 2015. *The 2015 annual homeless assessment report to Congress*. Washington: US Department of Housing and Urban Development.
Herman, A. 1997. *The idea of decline in Western history*. New York: Free Press.
Heschel, S. 2008. *The Aryan Jesus: Christian theologians and the Bible in Nazi Germany*. Princeton, NJ: Princeton University Press.
Hidaka, B. H. 2012. Depression as a disease of modernity: Explanations for increasing prevalence. *Journal of Affective Disorders, 140,* 205–14.
Hidalgo, C. A. 2015. *Why information grows: The evolution of order, from atoms to economies*. New York: Basic Books.
Hirschl, T. A., & Rank, M. R. 2015. The life course dynamics of affluence. *PLOS ONE, 10 (1):* e0116370/.
Hirschman, A. O. 1971. *A bias for hope: Essays on development and Latin America*. New Haven: Yale University Press.
Hirschman, A. O. 1991. *The rhetoric of reaction: Perversity, futility, jeopardy*. Cambridge, MA: Harvard University Press.
Hirsi Ali, A. 2015a. *Heretic: Why Islam needs a reformation now*. New York: HarperCollins.
Hirsi Ali, A. 2015b. Islam is a religion of violence. *Foreign Policy,* Nov. 9.
Hoffmann, M., Hilton- aylor, C., Angulo, A., Böhm, M., Brooks, T. M., et al. 2010. The impact of conservation on the status of the world's vertebrates. *Science, 330,* 1503–9.
Hollander, P. 1981 /2014. *Political pilgrims: Western intellectuals in search of the good society*. New Brunswick, NJ: Transaction.
Horkheimer, M., & Adorno, T. W. 1947 /2007. *Dialectic of Enlightenment*. Stanford: Stanford University Press.
Horwitz, A. V., & Wakefield, J. C. 2007. *The loss of sadness: How psychiatry transformed normal sorrow into depressive disorder*. New York: Oxford University Press.
Horwitz, S. 2015. Inequality, mobility, and being poor in America. *Social Philosophy and Policy, 31,* 70–91.
Housel, M. 2013. Everything is amazing and nobody is happy. *The Motley Fool*. http://www.fool .com /investing /general /2013 /11 /29 /everything -is -great -and -nobody -is -happy.aspx.
Hout, M., & Fischer, C. S. 2014. Explaining why more Americans have no religious preference: Political backlash and generational succession, 1987–2012. *Sociological Science, 1,* 423–47.
Howard, M. 2001. *The invention of peace and the reinvention of war*. London: Profile Books.
Howson, C., & Urbach, P. 1989 /2006. *Scientific reasoning: The Bayesian approach* (3rd ed.). Chicago: Open Court Publishing.
Hu, G., & Baker, S. P. 2012. An explanation for the recent increase in the fall death rate among older Americans: A subgroup analysis. *Public Health Reports, 127,* 275–81.
Hu, G., & Mamady, K. 2014. Impact of changes in specificity of data recording on cause- pecific injury mortality in the United States, 1999–2010. *BMC Public Health, 14,* 1010.
Huberman, M., & Minns, C. 2007. The times they are not changin': Days and hours of work in old and new worlds, 1870–2000. *Explorations in Economic History, 44,* 538–67.
Huff, T. E. 1993. *The rise of early modern science: Islam, China, and the West*. New York: Cambridge University Press.
Hultman, L., Kathman, J., & Shannong, M. 2013. United Nations peacekeeping and civilian protection in civil war. *American Journal of Political Science, 57,* 875–91.
Human Security Centre. 2005. *Human Security Report 2005: War and peace in the 21st century*. New York: Oxford University Press.
Human Security Report Project. 2007. *Human Security Brief 2007*. Vancouver, BC: Human Security Report Project.
Human Security Report Project. 2009. *Human Security Report 2009: The shrinking costs of war*. New York: Oxford University Press.
Human Security Report Project. 2011. *Human Security Report 2009 /2010: The causes of peace and the shrinking costs of war.* New York: Oxford University Press.
Humphrys, M. (Undated.) The left's historical support for tyranny and terrorism. http://markhumphrys .com /left.tyranny .html.
Hunt, L. 2007. *Inventing human rights: A history*. New York: Norton.
Huntington, S. P. 1991. *The third wave: Democratization in the late twentieth century*. Norman: University of Oklahoma Press.
Hyman, D. A. 2007. The pathologies of institutional review boards. *Regulation, 30,* 42–49.
Inglehart, R. 1997. *Modernization and postmodernization: Cultural, economic, and political change in 43 societies*. Princeton, NJ: Princeton University Press.
Inglehart, R. 2016. How much should we worry? *Journal of Democracy, 27,* 18–23.
Inglehart, R. 2017. Changing values in the Islamic world and the West. In M. Moaddel & M. J. Gelfand, eds., *Values, political action, and change in the Middle East and the Arab Spring*. New York: Oxford University Press.

Inglehart, R., Foa, R., Peterson, C., & Welzel, C. 2008. Development, freedom, and rising happiness: A global perspective (1981–2007). *Perspectives in Psychological Science, 3,* 264–85.

Inglehart, R., & Norris, P. 2016. *Trump, Brexit, and the rise of populism: Economic have- ots and cultural backlash.* Paper presented at the Annual Meeting of the American Political Science Association, Philadelphia.

Inglehart, R., & Welzel, C. 2005. *Modernization, cultural change and democracy*. New York: Cambridge University Press.

Institute for Economics and Peace. 2016. *Global Terrorism Index 2016*. New York: Institute for Economics and Peace.

Instituto Nacional de Estadística y Geografía. 2016. Registros administrativos: Mortalidad. http://www .inegi.org.mx /est /contenidos /proyectos /registros /vitales /mortalidad /default.aspx.

Insurance Institute for Highway Safety. 2016. General statistics. http://www.iihs.org /iihs /topics /t /general -statistics /fatalityfacts / overview -of -fatality -facts.

Intergovernmental Panel on Climate Change. 2014. *Climate change 2014: Synthesis report. Contribution of working groups I, II and III to the fifth assessment report of the Intergovernmental Panel on Climate Change*. Geneva: IPCC.

International Humanist and Ethical Union. 2002. The Amsterdam Declaration. http://iheu.org /humanism /the -amsterdam -declaration /.

International Labour Organization. 2013. *Marking progress against child labour: Global estimates and trends, 2000–2012*. Geneva: International Labour Organization.

Ipsos. 2016. The perils of perception 2016. https://perils.ipsos .com /.

Irwin, D. A. 2016. The truth about trade. *Foreign Affairs,* June 13.

Israel, J. I. 2001. *Radical enlightenment: Philosophy and the making of modernity, 1650–1750*. New York: Oxford University Press.

Jackson, J. 2016. Publishing the positive: Exploring the perceived motivations for and the consequences of reading solutions- ocused journalism. https://www.constructivejournalism.org /wp -content /uploads /2016 /11 /Publishing -the -PositiveMA -thesis -research -2016Jodie -Jackson .pdf.

Jacobs, A. 2011. Introduction. In W. H. Auden, *The age of anxiety: A Baroque eclogue*. Princeton, NJ: Princeton University Press.

Jacobson, J. Z., & Delucchi, M. A. 2011. Providing all global energy with wind, water, and solar power. *Energy Policy, 39,* 1154–69.

Jacoby, S. 2005. *Freethinkers: A history of American secularism*. New York: Henry Holt.

Jamison, D. T., Summers, L. H., Alleyne, G., Arrow, K. J., Berkley, S., et al. 2015. Global health 2035: A world converging within a generation. *The Lancet, 382,* 1898–1955.

Jefferson, T. 1785 /1955. *Notes on the state of Virginia*. Chapel Hill: University of North Carolina Press.

Jensen, R. 2007. The digital provide: Information (technology), market performance, and welfare in the South Indian fisheries sector. *Quarterly Journal of Economics, 122,* 879–924.

Jervis, R. 2011. Force in our times. *International Relations, 25,* 403–25.

Johnson, D. D. P. 2004. *Overconfidence and war: The havoc and glory of positive illusions*. Cambridge, MA: Harvard University Press.

Johnson, E. M. 2010. Deconstructing social Darwinism: Parts I–IV. *The Primate Diaries*. http://science blogs .com /primatediaries /2010 /01 /05 /deconstructing -social -darwinis /.

Johnson, N. F., Spagat, M., Restrepo, J. A., Becerra, O., Bohorquez, J. C., et al. 2006. Universal patterns underlying ongoing wars and terrorism. *arXiv.org*. http://arxiv.org /abs /physics /0605035.

Johnston, W. M., & Davey, G. C. L. 1997. The psychological impact of negative TV news bulletins: The catastrophizing of personal worries. *British Journal of Psychology, 88*.

Jones, R. P., Cox, D., Cooper, B., & Lienesch, R. 2016a. *The divide over America's future: 1950 or 2050? Findings from the 2016 American Values Survey*. Washington: Public Religion Research Institute.

Jones, R. P., Cox, D., Cooper, B., & Lienesch, R. 2016b. *Exodus: Why Americans are leaving religion— nd why they're unlikely to come back*. Washington: Public Religion Research Institute.

Jones, R. P., Cox, D., & Navarro- ivera, J. 2014. *Believers, sympathizers, and skeptics: Why Americans are conflicted about climate change, environmental policy, and science*. Washington: Public Religion Research Institute.

Jussim, L., Krosnick, J., Vazire, S., Stevens, S., Anglin, S., et al. 2017. Political bias. *Best Practices in Science*. https://bps.stanford. edu /?pageid=3371.

Kahan, D. M. 2012. Cognitive bias and the constitution of the liberal republic of science. Yale Law School, Public Law Working Paper 270. https://papers.ssrn .com /sol3 /papers.cfm?abstract id=2174032.

Kahan, D. M. 2015. Climate- cience communication and the measurement problem. *Political Psychology, 36,* 1–43.

Kahan, D. M., Braman, D., Slovic, P., Gastil, J., & Cohen, G. 2009. Cultural cognition of the risks and benefits of nanotechnology. *Nature Nanotechnology, 4,* 87–90.

Kahan, D. M., Jenkins- mith, H., & Braman, D. 2011. Cultural cognition of scientific consensus. *Journal of Risk Research, 14,* 147–74.

Kahan, D. M., Jenkins- mith, H., Tarantola, T., Silva, C. L., & Braman, D. 2012. Geoengineering and climate change polarization: Testing a two- hannel model of science communication. *Annals of the American Academy of Political and Social Science, 658,* 193–222.

Kahan, D. M., Peters, E., Dawson, E. C., & Slovic, P. 2013. Motivated numeracy and enlightened self- government. https://papers. ssrn .com /sol3 /papers.cfm?abstractid=2319992.

Kahan, D. M., Peters, E., Wittlin, M., Slovic, P., Ouellette, L. L., et al. 2012. The polarizing impact of science literacy and numeracy on perceived climate change risks. *Nature Climate Change, 2,* 732–35.

Kahan, D. M., Wittlin, M., Peters, E., Slovic, P., Ouellette, L. L., et al. 2011. The tragedy of the risk- perception commons: Culture conflict, rationality conflict, and climate change. Cultural Cognition Working Paper 89. https://papers.ssrn .com /sol3 /papers. cfm?abstractid=1871503.

Kahneman, D. 2011. *Thinking, fast and slow*. New York: Farrar, Straus & Giroux.

Kahneman, D., Krueger, A., Schkade, D., Schwarz, N., & Stone, A. 2004. A survey method for characterizing daily life experience: The day reconstruction method. *Science, 3,* 1776–80.

Kanazawa, S. 2010. Why liberals and atheists are more intelligent. *Social Psychology Quarterly, 73,* 33–57.

Kane, T. 2016. Piketty's crumbs. *Commentary,* April 14.

Kant, I. 1784 /1991. *An answer to the question: What is enlightenment?* London: Penguin.

Kant, I. 1795 /1983. Perpetual peace: A philosophical sketch. In I. Kant, *Perpetual peace and other essays*. Indianapolis: Hackett. http://www.mtholyoke.edu /acad /intrel /kant /kant1 .htm.

Kasturiratne, A., Wickremasinghe, A. R., de Silva, N., Gunawardena, N. K., Pathmeswaran, A., et al. 2008. The global burden of

snakebite: A literature analysis and modelling based on regional estimates of envenoming and deaths. *PLOS Medicine, 5*.
Keith, D. 2013. *A case for climate engineering*. Boston: Boston Review Books.
Keith, D. 2015. Patient geoengineering. Paper presented at the Seminars About Long- erm Thinking, San Francisco. http://longnow.org/seminars/02015/feb/17/patient-geoengineering/.
Keith, D., Weisenstein, D., Dykema, J., & Keutsch, F. 2016. Stratospheric solar geoengineering without ozone loss. *Proceedings of the National Academy of Sciences, 113,* 14910–14.
Kelley, J., & Evans, M. D. R. 2016. Societal income inequality and individual subjective well- eing: Results from 68 societies and over 200,000 individuals, 1981–2008. *Social Science Research, 62,* 1–23.
Kelly, K. 2010. *What technology wants*. New York: Penguin.
Kelly, K. 2013. Myth of the lone villain. *The Technium*. http://kk.org /thetechnium /myth -of -the -lon /.
Kelly, K. 2016. *The inevitable: Understanding the 12 technological forces that will shape our future*. New York: Viking.
Kelly, K. 2017. The AI cargo cult: The myth of a superhuman AI. *Wired*. https://www.wired .com /2017 /04 /the -myth -of -a -superhuman -ai /.
Kennedy, D. 2011. *Don't shoot: One man, a street fellowship, and the end of violence in inner- ity America*. New York: Bloomsbury.
Kenny, C. 2011. *Getting better: How global development is succeeding— nd how we can improve the world even more*. New York: Basic Books.
Kessler, R. C., Berglund, P., Demler, O., Jin, R., Koretz, D., et al. 2003. The epidemiology of major depressive disorder: Results from the National Comorbidity Survey Replication (NCS-). *Journal of the American Medical Association, 289,* 3095–3105.
Kessler, R. C., Berglund, P., Demler, O., Jin, R., Merikangas, K. R., et al. 2005. Lifetime prevalence and age- f- nset distributions of DSM- V disorders in the National Comorbidity Survey Replication. *Archives of General Psychiatry, 62,* 593–602.
Kevles, D. J. 1985. *In the name of eugenics: Genetics and the uses of human heredity*. Cambridge, MA: Harvard University Press.
Kharecha, P. A., & Hansen, J. E. 2013. Prevented mortality and greenhouse gas emissions from historical and projected nuclear power. *Environmental Science & Technology, 47,* 4889–95.
Kharrazi, R. J., Nash, D., & Mielenz, T. J. 2015. Increasing trend of fatal falls in older adults in the United States, 1992 to 2015: Coding practice or recording quality? *Journal of the American Geriatrics Society, 63,* 1913–17.
Kim, J., Smith, T. W., & Kang, J.- . 2015. Religious affiliation, religious service attendance, and mortality. *Journal of Religion and Health, 54,* 2052–72.
King, D., Schrag, D., Dadi, Z., Ye, Q., & Ghosh, A. 2015. *Climate change: A risk assessment*. Cambridge, UK: University of Cambridge Center for Science and Policy.
Kitcher, P. 1990. *Kant's transcendental psychology*. New York: Oxford University Press.
Klein, D. B., & Buturovic, Z. 2011. Economic enlightenment revisited: New results again find little relationship between education and economic enlightenment but vitiate prior evidence of the left being worse. *Economic Journal Watch, 8,* 157–73.
Klitzman, R. L. 2015. *The ethics police? The struggle to make human research safe*. New York: Oxford University Press.
Kochanek, K. D., Murphy, S. L., Xu, J., & Tejada- era, B. 2016. Deaths: Final data for 2014. *National Vital Statistics Reports, 65* (4). http://www.cdc.gov /nchs /data /nvsr /nvsr65 /nvsr6504 .pdf.
Kohut, A., Taylor, P. J., Keeter, S., Doherty, C., Dimock, M., et al. 2011. *The generation gap and the 2012 election*. Washington: Pew Research Center. http://www.people -press.org /files /legacy -pdf /11 -3 -11%20Generations%20Release .pdf.
Kolosh, K. 2014. Injury facts statistical highlights. http://www.nsc.org /SafeCommunitiesDocuments /Conference -2014 /Injury- acts -Statistical -Analysis -Kolosh .pdf.
Koningstein, R., & Fork, D. 2014. What it would really take to reverse climate change. *IEEE Spectrum*. http://spectrum.ieee.org / energy /renewables /what -it -would -really -take -to -reverse -climate -change.
Kräenbring, J., Monzon Penza, T., Gutmann, J., Muehlich, S., Zolk, O., et al. 2014. Accuracy and completeness of drug information in Wikipedia: A comparison with standard textbooks of pharmacology. *PLOS ONE, 9,* e106930.
Krauss, L. M. 2012. *A universe from nothing: Why there is something rather than nothing*. New York: Free Press.
Krisch, M., Eisner, M., Mikton, C., & Butchart, A., eds. 2015. *Global strategies to reduce violence by 50% in 30 years: Findings from the WHO and University of Cambridge Global Violence Reduction Conference 2014*. Cambridge, UK: Institute of Criminology, University of Cambridge.
Kristensen, H. M. 2016. U.S. nuclear stockpile numbers published enroute to Hiroshima. *Federation of American Scientists Strategic Security Blog*. https://fas.org /blogs /security /2016 /05 /hiroshima -stockpile /.
Kristensen, H. M., & Norris, R. S. 2016a. Status of world nuclear forces. *Federation of American Scientists*. https://fas.org /issues / nuclear -weapons /status -world -nuclear -forces /.
Kristensen, H. M., & Norris, R. S. 2016b. United States nuclear forces, 2016. *Bulletin of the Atomic Scientists, 72,* 63–73.
Krug, E. G., Dahlberg, L. L., Mercy, J. A., Zwi, A. B., & Lozano, R., eds. 2002. *World report on violence and health*. Geneva: World Health Organization.
Kuhn, D. 1991. *The skills of argument*. New York: Cambridge University Press.
Kuncel, N. R., Klieger, D. K., Connelly, B. S., & Ones, D. S. 2013. Mechanical versus clinical data combination in selection and admissions decisions: A meta- nalysis. *Journal of Applied Psychology, 98,* 1060–72.
Kunda, Z. 1990. The case for motivated reasoning. *Psychological Bulletin, 108,* 480–98.
Kuran, T. 2010. Why the Middle East is economically underdeveloped: Historical mechanisms of institutional stagnation. *Journal of Economic Perspectives, 18,* 71–90.
Kurlansky, M. 2006. *Nonviolence: Twenty- ve lessons from the history of a dangerous idea*. New York: Modern Library.
Kurzban, R., Tooby, J., & Cosmides, L. 2001. Can race be erased? Coalitional computation and social categorization. *Proceedings of the National Academy of Sciences, 98,* 15387–92.
Kuznets, S. 1955. Economic growth and income inequality. *American Economic Review, 45,* 1–28.
Lacina, B. 2006. Explaining the severity of civil wars. *Journal of Conflict Resolution, 50,* 276–89.
Lacina, B., & Gleditsch, N. P. 2005. Monitoring trends in global combat: A new dataset in battle deaths. *European Journal of Population, 21,* 145–66.
Lake, B. M., Ullman, T. D., Tenenbaum, J. B., & Gershman, S. J. 2017. Building machines that learn and think like people. *Behavioral and Brain Sciences, 39,* 1–101.
Lakner, M., & Milanović, B. 2015. Global income distribution: From the fall of the Berlin Wall to the Great Recession. *World Bank Economic Review,* 1–30.
Lampert, L. 1996. *Leo Strauss and Nietzsche*. Chicago: University of Chicago Press.

Lancet Infectious Diseases Editors. 2005. Clearing the myths of time: Tuskegee revisited. *The Lancet Infectious Diseases, 5,* 127.
Land, K. C., Michalos, A. C., & Sirgy, J., eds. 2012. *Handbook of social indicators and quality of life research.* New York: Springer.
Lane, N. 2015. *The vital question: Energy, evolution, and the origins of complex life.* New York: Norton.
Lanier, J. 2014. The myth of AI. *Edge.* https://www.edge.org /conversation /jaronlanier -the -myth -of -ai.
Lankford, A. 2013. *The myth of martyrdom.* New York: Palgrave Macmillan.
Lankford, A., & Madfis, E. 2018. Don't name them, don't show them, but report everything else: A pragmatic proposal for denying mass shooters the attention they seek and deterring future offenders. *American Behavioral Scientist.*
Latzer, B. 2016. *The rise and fall of violent crime in America.* New York: Encounter Books.
Laudan, R. 2016. Was the agricultural revolution a terrible mistake? Not if you take food processing into account. http://www. rachellaudan .com /2016 /01 /was -the -agricultural -revolution -a -terrible -mistake .html.
Law, S. 2011. *Humanism: A very short introduction.* New York: Oxford University Press.
Lawson, S. 2013. Beyond cyber- oom: Cyberattack scenarios and the evidence of history. *Journal of Information Technology & Politics, 10,* 86–103.
Layard, R. 2005. *Happiness: Lessons from a new science.* New York: Penguin.
Le Quéré, C., Andrew, R. M., Canadell, J. G., Sitch, S., Korsbakken, J. I., et al. 2016. Global carbon budget 2016. *Earth System Science Data, 8,* 605–49.
Leavis, F. R. 1962 /2013. *The two cultures? The significance of C. P. Snow.* New York: Cambridge University Press.
Lee, J.- ., & Lee, H. 2016. Human capital in the long run. *Journal of Development Economics, 122,* 147–69.
Leetaru, K. 2011. Culturomics 2.0: Forecasting large- cale human behavior using global news media tone in time and space. *First Monday, 16* (9). http://firstmonday.org /article /view /3663 /3040.
Leon, C. B. 2016. The life of American workers in 1915. *Monthly Labor Review.* http://www.bls.gov /opub /mlr /2016 /article /the -life -of -american -workers -in -1915 .htm.
Leonard, T. C. 2009. Origins of the myth of social Darwinism: The ambiguous legacy of Richard Hofstadter's "Social Darwinism in American thought." *Journal of Economic Behavior & Organization, 71,* 37–51.
Lerdahl, F., & Jackendoff, R. 1983. *A generative theory of tonal music.* Cambridge, MA: MIT Press.
Levin, Y. 2017. Conservatism in an age of alienation. *Modern Age,* Spring. https://eppc.org /publications /conservatism -in -an -age -of -alienation /.
Levinson, A. 2008. Environmental Kuznets curve. In S. N. Durlauf & L. E. Blume, eds., *The New Palgrave Dictionary of Economics* (2nd ed.). New York: Palgrave Macmillan.
Levitsky, S., & Way, L. 2015. The myth of the democratic recession. *Journal of Democracy, 26,* 45–58.
Levitt, S. D. 2004. Understanding why crime fell in the 1990s: Four factors that explain the decline and six that do not. *Journal of Economic Perspectives, 18,* 163–90.
Levy, J. S. 1983. *War in the modern great power system 1495–1975.* Lexington: University Press of Kentucky.
Levy, J. S., & Thompson, W. R. 2011. *The arc of war: Origins, escalation, and transformation.* Chicago: University of Chicago Press.
Lewinsohn, P. M., Rohde, P., Seeley, J. R., & Fischer, S. A. 1993. Age- ohort changes in the lifetime occurrence of depression and other mental disorders. *Journal of Abnormal Psychology, 102,* 110–20.
Lewis, B. 1990 /1992. *Race and slavery in the Middle East: An historical enquiry.* New York: Oxford University Press.
Lewis, B. 2002. *What went wrong? The clash between Islam and modernity in the Middle East.* New York: HarperPerennial.
Lewis, J. E., DeGusta, D., Meyer, M. R., Monge, J. M., Mann, A. E., et al. 2011. The mismeasure of science: Stephen Jay Gould versus Samuel George Morton on skulls and bias. *PLOS Biology, 9.*
Lewis, M. 2016. *The undoing project: A friendship that changed our minds.* New York: Norton.
Liebenberg, L. 1990. *The art of tracking: The origin of science.* Cape Town: David Philip.
Liebenberg, L. 2014. *The origin of science: On the evolutionary roots of science and its implications for self- education and citizen science.* Cape Town: CyberTracker. http://www.cybertracker.org /science /books.
Lilienfeld, S. O., Ammirati, R., & Landfield, K. 2009. Giving debiasing away. *Perspectives in Psychological Science, 4,* 390–98.
Lilienfeld, S. O., Ritschel, L. A., Lynn, S. J., Cautin, R. L., & Latzman, R. D. 2013. Why many clinical psychologists are resistant to evidence- ased practice: Root causes and constructive remedies. *Clinical Psychology Review, 33,* 883–900.
Lilla, M. 2001. *The reckless mind: Intellectuals in politics.* New York: New York Review of Books.
Lilla, M. 2016. *The shipwrecked mind: On political reaction.* New York: New York Review of Books.
Lindert, P. 2004. *Growing public: Social spending and economic growth since the eighteenth century* (vol. 1: *The story*). New York: Cambridge University Press.
Linker, D. 2007. *The theocons: Secular America under siege.* New York: Random House.
Liu, L., Oza, S., Hogan, D., Perin, J., Rudan, I., et al. 2014. Global, regional, and national causes of child mortality in 2000–13, with projections to inform post- 015 priorities: An updated systematic analysis. *The Lancet, 385,* 430–40.
Livingstone, M. S. 2014. *Vision and art: The biology of seeing* (updated ed.). New York: Harry Abrams.
Lloyd, S. 2006. *Programming the universe: A quantum computer scientist takes on the cosmos.* New York: Vintage.
Lodge, D. 2002. *Consciousness and the novel.* Cambridge, MA: Harvard University Press.
López, R. E., & Holle, R. L. 1998. Changes in the number of lightning deaths in the United States during the twentieth century. *Journal of Climate, 11,* 2070–77.
Lord, C. G., Ross, L., & Lepper, M. R. 1979. Biased assimilation and attitude polarization: The effects of prior theories on subsequently considered evidence. *Journal of Personality and Social Psychology, 37,* 2098–2109.
Luard, E. 1986. *War in international society.* New Haven: Yale University Press.
Lucas, R. E. 1988. On the mechanics of economic development. *Journal of Monetary Economics, 22,* 3–42.
Lukianoff, G. 2012. *Unlearning liberty: Campus censorship and the end of American debate.* New York: Encounter Books.
Lukianoff, G. 2014. *Freedom from speech.* New York: Encounter Books.
Luria, A. R. 1976. *Cognitive development: Its cultural and social foundations.* Cambridge, MA: Harvard University Press.
Lutz, W., Butz, W. P., & Samir, K. C., eds. 2014. *World population and human capital in the twenty- rst century.* New York: Oxford University Press.
Lutz, W., Cuaresma, J. C., & Abbasi- havazi, M. J. 2010. Demography, education, and democracy: Global trends and the case of Iran. *Population Development Review, 36,* 253–81.
Lynn, R., Harvey, J., & Nyborg, H. 2009. Average intelligence predicts atheism rates across 137 nations. *Intelligence, 37,* 11–15.
MacAskill, W. 2015. *Doing good better: Effective altruism and how you can make a difference.* New York: Penguin.

Macnamara, J. 1999. *Through the rearview mirror: Historical reflections on psychology*. Cambridge, MA: MIT Press.
Maddison Project. 2014. Maddison Project. http://www.ggdc.net /maddison /maddison -project /home .htm.
Mahbubani, K. 2013. *The great convergence: Asia, the West, and the logic of one world*. New York: PublicAffairs.
Mahbubani, K., & Summers, L. H. 2016. The fusion of civilizations. *Foreign Affairs,* May /June.
Makari, G. 2015. *The soul machine: The invention of the modern mind*. New York: Norton.
Makel, M. C., Kell, H. J., Lubinski, D., Putallaz, M., & Benbow, C. P. 2016. When lightning strikes twice: Profoundly gifted, profoundly accomplished. *Psychological Science, 27,* 1004–18.
Mankiw, G. 2013. Defending the one percent. *Journal of Economic Perspectives, 27,* 2134.
Mann, T. E., & Ornstein, N. J. 2012 /2016. *It's even worse than it looks: How the American constitutional system collided with the new politics of extremism* (new ed.). New York: Basic Books.
Marcus, G. 2015. Machines won't be thinking anytime soon. *Edge*. https://www.edge.org /response -detail /26175.
Marcus, G. 2016. Is big data taking us closer to the deeper questions in artificial intelligence? *Edge*. https://www.edge.org/ conversation/ garymarcus -is -big -data -taking -us -closer -to -the -deeper -questions -in -artificial.
Maritain, J. 1949. Introduction. In UNESCO, *Human rights: Comments and interpretations*. New York: Columbia University Press.
Marlowe, F. 2010. *The Hadza: Hunter- atherers of Tanzania*. Berkeley: University of California Press.
Marshall, M. G. 2016. Major episodes of political violence, 1946–2015. Vienna, VA: Center for Systemic Peace. http://www. systemicpeace.org /warlist /warlist .htm.
Marshall, M. G., & Gurr, T. R. 2014. Polity IV individual country regime trends, 1946–2013. Vienna, VA: Center for Systemic Peace. http://www.systemicpeace.org /polity /polity4x .htm.
Marshall, M. G., Gurr, T. R., & Harff, B. 2009. *PITF State Failure Problem Set: Internal wars and failures of governance, 1955–2008. Dataset and coding guidelines*. Vienna, VA: Center for Systemic Peace. http://www.systemicpeace.org /inscr / PITFProbSetCodebook2014 .pdf.
Marshall, M. G., Gurr, T. R., & Jaggers, K. 2016. *Polity IV project: Political regime characteristics and transitions, 1800–2015, dataset users' manual*. Vienna, VA: Center for Systemic Peace. http://systemic peace.org /inscrdata .html.
Mathers, C. D., Sadana, R., Salomon, J. A., Murray, C. J. L., & Lopez, A. D. 2001. Healthy life expectancy in 191 countries, 1999 *The Lancet, 357,* 1685–91.
Mattisson, C., Bogren, M., Nettelbladt, P., Munk- örgensen, P., & Bhugra, D. 2005. First incidence depression in the Lundby study: A comparison of the two time periods 1947–1972 and 1972–1997. *Journal of Affective Disorders, 87,* 151–60.
McCloskey, D. N. 1994. Bourgeois virtue. *American Scholar, 63,* 177–91.
McCloskey, D. N. 1998. Bourgeois virtue and the history of P and S. *Journal of Economic History, 58,* 297–317.
McCloskey, D. N. 2014. Measured, unmeasured, mismeasured, and unjustified pessimism: A review essay of Thomas Piketty's "Capital in the twenty- rst century." *Erasmus Journal of Philosophy and Economics, 7,* 73–115.
McCullough, M. E. 2008. *Beyond revenge: The evolution of the forgiveness instinct*. San Francisco: Jossey- Bass.
McEvedy, C., & Jones, R. 1978. *Atlas of world population history*. London: Allen Lane.
McGinn, C. 1993. *Problems in philosophy: The limits of inquiry.* Cambridge, MA: Blackwell.

McGinnis, J. O. 1996. The original constitution and our origins. *Harvard Journal of Law and Public Policy, 19,* 251–61.
McGinnis, J. O. 1997. The human constitution and constitutive law: A prolegomenon. *Journal of Contemporary Legal Issues, 8,* 211–39.
McKay, C. 1841 /1995. *Extraordinary popular delusions and the madness of crowds*. New York: Wiley.
McMahon, D. M. 2001. *Enemies of the Enlightenment: The French counter- nlightenment and the making of modernity*. New York: Oxford University Press.
McMahon, D. M. 2006. *Happiness: A history*. New York: Grove /Atlantic.
McNally, R. J. 2016. The expanding empire of psychopathology: The case of PTSD. *Psychological Inquiry, 27,* 46–49.
McNaughton- assill, M. E. 2001. The news media and psychological distress. *Anxiety, Stress, and Coping, 14,* 191–211.
McNaughton- assill, M. E., & Smith, T. 2002. My world is OK, but yours is not: Television news, the optimism gap, and stress. *Stress and Health, 18,* 27–33.
Meehl, P. E. 1954 /2013. *Clinical versus statistical prediction: A theoretical analysis and a review of the evidence*. Brattleboro, VT: Echo Point Books.
Meeske, A. J., Riley, E. P., Robins, W. P., Uehara, T., Mekalanos, J. J., et al. 2016. SEDS proteins are a widespread family of bacterial cell wall polymerases. *Nature, 537,* 634–38.
Melander, E., Pettersson, T., & Themnér, L. 2016. Organized violence, 1989–2015. *Journal of Peace Research, 53,* 727–42.
Mellers, B. A., Hertwig, R., & Kahneman, D. 2001. Do frequency representations eliminate conjunction effects? An exercise in adversarial collaboration. *Psychological Science, 12,* 269–75.
Mellers, B. A., Ungar, L., Baron, J., Ramos, J., Gurcay, B., et al. 2014. Psychological strategies for winning a geopolitical forecasting tournament. *Psychological Science, 25,* 1–10.
Menschenfreund, Y. 2010. The Holocaust and the trial of modernity. *Azure, 39,* 58–83. http://azure .org.il /include /print.php?id=526.
Mercier, H., & Sperber, D. 2011. Why do humans reason? Arguments for an argumentative theory. *Behavioral and Brain Sciences, 34,* 57–111.
Mercier, H., & Sperber, D. 2017. *The enigma of reason*. Cambridge, MA: Harvard University Press.
Merquior, J. G. 1985. *Foucault*. Berkeley: University of California Press.
Merton, R. K. 1942 /1973. The normative structure of science. In R. K. Merton, ed., *The sociology of science: Theoretical and empirical investigations*. Chicago: University of Chicago Press.
Meyer, B. D., & Sullivan, J. X. 2011. The material well- eing of the poor and the middle class since 1980. Washington: American Enterprise Institute.
Meyer, B. D., & Sullivan, J. X. 2012. Winning the war: Poverty from the Great Society to the Great Recession. *Brookings Papers on Economic Activity,* 133–200.
Meyer, B. D., & Sullivan, J. X. 2016. Consumption and income inequality in the U.S. since the 1960s. NBER Working Paper 23655. https://www3.nd.edu /~jsulliv4 /Inequality3.6 .pdf.
Meyer, B. D., & Sullivan, J. X. 2017. Annual report on U.S. consumption poverty. http://www.aei.org /publication /annual -report -on -us -consumption -poverty -2016 /.
Michel, J.- ., Shen, Y. K., Aiden, A. P., Veres, A., Gray, M. K., The Google Books Team, Pickett, J. P., Hoiberg, D., Clancy, D.,

Norvig, P., Orwant, J., Pinker, S., Nowak, M., & Lieberman- iden, E. 2010. Quantitative analysis of culture using millions of digitized books. *Science, 331,* 167–82.
Milanović, B. 2012. *Global income inequality by the numbers: In history and now— n overview*. Washington: World Bank Development Research Group.
Milanović, B. 2016. *Global inequality: A new approach for the age of globalization*. Cambridge, MA: Harvard University Press.
Miller, M., Azrael, D., & Barber, C. 2012. Suicide mortality in the United States: The importance of attending to method in understanding population- evel disparities in the burden of suicide. *Annual Review of Public Health, 33,* 393–408.
Miller, R. A., & Albert, K. 2015. If it leads, it bleeds (and if it bleeds, it leads): Media coverage and fatalities in militarized interstate disputes. *Political Communication, 32,* 61–82.
Miller, T. R., Lawrence, B. A., Carlson, N. N., Hendrie, D., Randall, S., et al. 2016. Perils of police action: A cautionary tale from US data sets. *Injury Prevention*.
Moatsos, M., Baten, J., Foldvari, P., van Leeuwen, B., & van Zanden, J. L. 2014. Income inequality since 1820. In J. van Zanden, J. Baten, M. M. d'Ercole, A. Rijpma, C. Smith, & M. Timmer, eds., *How was life? Global well- eing since 1820*. Paris: OECD Publishing.
Mokyr, J. 2012. *The enlightened economy: An economic history of Britain, 1700–1850*. New Haven: Yale University Press.
Mokyr, J. 2014. Secular stagnation? Not in your life. In C. Teulings & R. Baldwin, eds., *Secular stagnation: Facts, causes and cures*. London: Centre for Economic Policy Research.
Montgomery, S. L., & Chirot, D. 2015. *The shape of the new: Four big ideas and how they made the modern world*. Princeton, NJ: Princeton University Press.
Mooney, C. 2005. *The Republican war on science*. New York: Basic Books.
Morewedge, C. K., Yoon, H., Scopelliti, I., Symborski, C. W., Korris, J. H., et al. 2015. Debiasing decisions: Improved decision making with a single training intervention. *Policy Insights from the Behavioral and Brain Sciences, 2,* 129–40.
Morton, O. 2015. *The planet remade: How geoengineering could change the world*. Princeton, NJ: Princeton University Press.
Moss, J. 2005. The 482nd convocation address: Could Morton do it today? *University of Chicago Record, 40,* 27–28.
Mozgovoi, A. 2002. Recollections of Vadim Orlov (USSR submarine B- 9). *The Cuban Samba of the Quartet of Foxtrots: Soviet submarines in the Caribbean crisis of 1962*. http://nsarchive.gwu.edu /nsa /cubamiscri /020000%20Recollections%20of%20 Vadim%20Orlov .pdf.
Mueller, J. 1989. *Retreat from doomsday: The obsolescence of major war*. New York: Basic Books.
Mueller, J. 1999. *Capitalism, democracy, and Ralph's Pretty Good Grocery*. Princeton, NJ: Princeton University Press.
Mueller, J. 2004a. *The remnants of war*. Ithaca, NY: Cornell University Press.
Mueller, J. 2004b. Why isn't there more violence? *Security Studies, 13,* 191–203.
Mueller, J. 2006. *Overblown: How politicians and the terrorism industry inflate national security threats, and why we believe them*. New York: Free Press.
Mueller, J. 2009. War has almost ceased to exist: An assessment. *Political Science Quarterly, 124,* 297B–321.
Mueller, J. 2010a. *Atomic obsession: Nuclear alarmism from Hiroshima to Al- aeda*. New York: Oxford University Press.
Mueller, J. 2010b. Capitalism, peace, and the historical movement of ideas. *International Interactions, 36,* 169–84.
Mueller, J. 2012. Terror predictions. http://politicalscience.osu.edu /faculty /jmueller /PREDICT .pdf.
Mueller, J. 2014. Did history end? Assessing the Fukuyama thesis. *Political Science Quarterly, 129,* 35–54.
Mueller, J. 2016. Embracing threatlessness: US military spending, Newt Gingrich, and the Costa Rica option. https://politicalscience.osu.edu/faculty/jmueller/CNArestraintCato16.pdf.
Mueller, J., & Friedman, B. 2014. The cyberskeptics. https://www.cato.org /research /cyberskeptics.
Mueller, J., & Stewart, M. G. 2010. Hardly existential: Thinking rationally about terrorism. *Foreign Affairs,* April 2.
Mueller, J., & Stewart, M. G. 2016a. *Chasing ghosts: The policing of terrorism*. New York: Oxford University Press.
Mueller, J., & Stewart, M. G. 2016b. Conflating terrorism and insurgency. *Lawfare*. https://www.lawfare blog .com /conflating -terrorism -and -insurgency.
Muggah, R. 2015. Fixing fragile cities. *Foreign Affairs,* Jan. 15.
Muggah, R. 2016. Terrorism is on the rise— ut there's a bigger threat we're not talking about. *World Economic Forum Global Agenda*. https://www.weforum.org /agenda /2016 /04 /terrorism -is -on -the -rise -but -there -s -a -bigger -threat -we -re -not -talking -about /.
Muggah, R., & Szabo de Carvalho, I. 2016. The end of homicide. *Foreign Affairs,* Sept. 7.
Müller, J.- . 2016. *What is populism?* Philadelphia: University of Pennsylvania Press.
Müller, V. C., & Bostrom, N. 2014. Future progress in artificial intelligence: A survey of expert opinion. In V. C. Müller, ed., *Fundamental issues of artificial intelligence*. New York: Springer.
Mulligan, C. B., Gil, R., & Sala- - artin, X. 2004. Do democracies have different public policies than nondemocracies? *Journal of Economic Perspectives, 18,* 51–74.
Munck, G. L., & Verkuilen, J. 2002. Conceptualizing and measuring democracy: Evaluating alternative indices. *Comparative Political Studies, 35,* 5–34.
Murphy, J. M., Laird, N. M., Monson, R. R., Sobol, A. M., & Leighton, A. H. 2000. A 40- ear perspective on the prevalence of depression: The Stirling County study. *Archives of General Psychiatry, 57*.
Murphy, J. P. M. 1999. Hitler was *not* an atheist. *Free Inquiry,* 9.
Murphy, S. K., Zeng, M., & Herzon, S. B. 2017. A modular and enantioselective synthesis of the pleuromutilin antibiotics. *Science, 356,* 956–59.
Murray, C. 2003. *Human accomplishment: The pursuit of excellence in the arts and sciences, 800 B.C. to 1950*. New York: HarperPerennial.
Murray, C. J. L., et al. (487 coauthors). 2012. Disability- djusted life years (DALYs) for 291 diseases and injuries in 21 regions, 1990–2010: A systematic analysis for the Global Burden of Disease study 2010. *The Lancet, 380,* 2197–2223.
Musolino, J. 2015. *The soul fallacy: What science shows we gain from letting go of our soul beliefs*. Amherst, NY: Prometheus Books.
Myhrvold, N. 2014. Commentary on Jaron Lanier's "The myth of AI." *Edge*. https://www.edge.org /conversation /jaronlanier -the -myth -of -ai#25983.
Naam, R. 2010. Top five reasons "the singularity" is a misnomer. *Humanity+*. http://hplusmagazine .com /2010 /11 /11 /top -five -reasons -singularity -misnomer /.
Naam, R. 2013. *The infinite resource: The power of ideas on a finite planet*. Lebanon, NH: University Press of New England.

Nadelmann, E. A. 1990. Global prohibition regimes: The evolution of norms in international society. *International Organization, 44,* 479–526.
Nagdy, M., & Roser, M. 2016a. Military spending. *Our World in Data*. https://ourworldindata.org /military -spending /.
Nagdy, M., & Roser, M. 2016b. Optimism and pessimism. *Our World in Data*. https://ourworldindata .org /optimism -pessimism /.

Nagdy, M., & Roser, M. 2016c. Projections of future education. *Our World in Data*. https://ourworldin data.org /projections -of -future -education /.
Nagel, T. 1970. *The possibility of altruism*. Princeton, NJ: Princeton University Press.
Nagel, T. 1974. What is it like to be a bat? *Philosophical Review, 83,* 435–50.
Nagel, T. 1997. *The last word*. New York: Oxford University Press.
Nagel, T. 2012. *Mind and cosmos: Why the materialist neo- arwinian conception of nature is almost certainly false*. New York: Oxford University Press.
Nash, G. H. 2009. *Reappraising the right: The past and future of American conservatism*. Wilmington, DE: Intercollegiate Studies Institute.
National Assessment of Adult Literacy. (Undated.) Literacy from 1870 to 1979. https://nces.ed.gov /naal /lithistory.asp.
National Center for Health Statistics. 2014. *Health, United States, 2013*. Hyattsville, MD: National Center for Health Statistics.
National Center for Statistics and Analysis. 1995. *Traffic safety facts 1995— edestrians*. Washington: National Highway Traffic Safety Administration. https://crashstats.nhtsa.dot.gov /Api /Public /ViewPublication /95F9.
National Center for Statistics and Analysis. 2006. *Pedestrians: 2005 data*. Washington: National Highway Traffic Safety Administration. https://crashstats.nhtsa.dot.gov /Api /Public /ViewPublication /810624.
National Center for Statistics and Analysis. 2016. *Pedestrians: 2014 data*. Washington: National Highway Traffic Safety Administration. https://crashstats.nhtsa.dot.gov /Api /Public /ViewPublication /812270.
National Center for Statistics and Analysis. 2017. *Pedestrians: 2015 data*. Washington: National Highway Traffic Safety Administration. https://crashstats.nhtsa.dot.gov /Api /Public /Publication /812375.
National Consortium for the Study of Terrorism and Responses to Terrorism. 2016. *Global Terrorism Database*. https://www.start.umd.edu /gtd /.
National Institute on Drug Abuse. 2016. DrugFacts: High school and youth trends. https://www .drugabuse.gov /publications / drugfacts /high -school -youth -trends.
National Safety Council. 2011. *Injury facts, 2011 edition*. Itasca, IL: National Safety Council.
National Safety Council. 2016. *Injury facts, 2016 edition*. Itasca, IL: National Safety Council.
Nemirow, J., Krasnow, M., Howard, R., & Pinker, S. 2016. Ineffective charitable altruism suggests adaptations for partner choice. Presented at the Annual Meeting of the Human Behavior and Evolution Society, Vancouver.
New York Times. 2016. Election 2016: Exit polls. https://www.nytimes .com /interactive /2016 /11 /08 /us /politics /election -exit -polls .html?r=0.
Newman, M. E. J. 2005. Power laws, Pareto distributions and Zipf's law. *Contemporary Physics, 46,* 323–51.
Nietzsche, F. 1887 /2014. *On the genealogy of morals*. New York: Penguin.
Nisbet, R. 1980 /2009. *History of the idea of progress*. New Brunswick, NJ: Transaction.
Norberg, J. 2016. *Progress: Ten reasons to look forward to the future*. London: Oneworld.
Nordhaus, T. 2016. Back from the energy future: What decades of failed forecasts say about clean energy and climate change. *Foreign Affairs,* Oct. 18.
Nordhaus, T., & Lovering, J. 2016. Does climate policy matter? Evaluating the efficacy of emissions caps and targets around the world. *The Breakthrough*. http://thebreakthrough.org /issues /Climate - olicy /does -climate -policy -matter.
Nordhaus, T., & Shellenberger, M. 2007. *Break through: From the death of environmentalism to the politics of possibility*. Boston: Houghton Mifflin.
Nordhaus, T., & Shellenberger, M. 2011. The long death of environmentalism. *The Breakthrough*. http://thebreakthrough.org /archive /thelongdeathofenvironmenta.
Nordhaus, T., & Shellenberger, M. 2013. How the left came to reject cheap energy for the poor: The great progressive reversal, part two. *The Breakthrough*. http://thebreakthrough.org /index .php /voices /michael -shellenberger -and -ted -nordhaus /the -great -progressive -reversal.
Nordhaus, W. 1974. Resources as a constraint on growth. *American Economic Review, 64,* 22–26.
Nordhaus, W. 1996. Do real- utput and real- age measures capture reality? The history of lighting suggests not. In T. F. Bresnahan & R. J. Gordon, eds., *The economics of new goods*. Chicago: University of Chicago Press.
Nordhaus, W. 2013. *The climate casino: Risk, uncertainty, and economics for a warming world*. New Haven: Yale University Press.
Norenzayan, A. 2015. *Big gods: How religion transformed cooperation and conflict*. Princeton, NJ: Princeton University Press.
Norman, A. 2016. Why we reason: Intention- lignment and the genesis of human rationality. *Biology and Philosophy, 31,* 685–704.
Norris, P., & Inglehart, R. 2016. Populist- uthoritarianism. https://www.electoralintegrityproject .com /populistauthoritarianism /.
North, D. C., Wallis, J. J., & Weingast, B. R. 2009. *Violence and social orders: A conceptual framework for interpreting recorded human history*. New York: Cambridge University Press.
Norvig, P. 2015. Ask not can machines think, ask how machines fit into the mechanisms we design. *Edge*. https://www.edge.org / response -detail /26055.
Nozick, R. 1974. *Anarchy, state, and utopia*. New York: Basic Books.
Nussbaum, M. 2000. *Women and human development: The capabilities approach*. New York: Cambridge University Press.
Nussbaum, M. 2008. Who is the happy warrior? Philosophy poses questions to psychology. *Journal of Legal Studies, 37,* 81–113.
Nussbaum, M. 2016. *Not for profit: Why democracy needs the humanities* (updated ed.). Princeton, NJ: Princeton University Press.
Nyhan, B. 2013. Building a better correction. *Columbia Journalism Review,* http://archives.cjr.org /unitedstatesproject /buildingabetter correctionnyhannewmisperceptionresearch .php.
Ó Gráda, C. 2009. *Famine: A short history*. Princeton, NJ: Princeton University Press.
O'Neill, S., & Nicholson- ole, S. 2009. "Fear won't do it": Promoting positive engagement with climate change through visual and iconic representations. *Science Communication, 30,* 355–79.
O'Neill, W. L. 1989. *American high: The years of confidence, 1945–1960*. New York: Simon & Schuster.
OECD. 1985. *Social expenditure 1960–1990: Problems of growth and control*. Paris: OECD Publishing.
OECD. 2014. Social expenditure update— ocial spending is falling in some countries, but in many others it remains at historically

high levels. www.oecd.org /social /expenditure .htm.
OECD. 2015a. *Education at a glance 2015: OECD indicators*. Paris: OECD Publishing.
OECD. 2015b. Suicide rates. https://data.oecd.org /healthstat /suicide -rates .htm.
OECD. 2016. Income distribution and poverty. http://stats.oecd.org /Index.aspx?DataSetCode=IDD.
OECD. 2017. Social expenditure: Aggregated data. http://stats.oecd.org /Index.aspx?datasetcode=SOCX AGG.
Oeppen, J., & Vaupel, J. W. 2002. Broken limits to life expectancy. *Science, 296,* 1029–31.
Oesterdiekhoff, G. W. 2015. The nature of the "premodern" mind: Tylor, Frazer, Lévy- ruhl, Evans- Pritchard, Piaget, and beyond. *Anthropos, 110,* 15–25.
Office for National Statistics. 2016. UK environmental accounts: How much material is the UK consuming? https://www.ons.gov.uk /economy /environmentalaccounts /articles /ukenvironmental accountshowmuchmaterialistheukconsuming /ukenvironmentalac countshowmuchmaterialis theukconsuming.
Office for National Statistics. 2017. Homicide. https://www.ons.gov.uk /peoplepopulationandcommunity /crimeandjustice / compendium/ focusonviolentcrimeandsexualoffences/ yearendingmarch2016 /homicide.
Ohlander, J. 2010. *The decline of suicide in Sweden, 1950–2000.* Ph.D. dissertation, Pennsylvania State University.
Olfson, M., Druss, B. G., & Marcus, S. C. 2015. Trends in mental health care among children and adolescents. *New England Journal of Medicine, 372,* 2029–38.
Omohundro, S. M. 2008. The basic AI drives. In P. Wang, B. Goertzel, & S. Franklin, eds., *Artificial general intelligence 2008: Proceedings of the first AGI conference*. Amsterdam: IOS Press.
Oreskes, N., & Conway, E. 2010. *Merchants of doubt: How a handful of scientists obscured the truth on issues from tobacco smoke to global warming*. New York: Bloomsbury Press.
Ortiz- spina, E., Lee, L., & Roser, M. 2016. Suicide. *Our World in Data*. https://ourworldindata.org /suicide /.
Ortiz- spina, E., & Roser, M. 2016a. Child labor. *Our World in Data*. https://ourworldindata.org /child -labor /.
Ortiz- spina, E., & Roser, M. 2016b. Public spending. *Our World in Data*. https://ourworldindata.org /public -spending /.
Ortiz- spina, E., & Roser, M. 2016c. Trust. *Our World in Data*. https://ourworldindata.org /trust /.
Ortiz- spina, E., & Roser, M. 2016d. World population growth. *Our World in Data*. https://ourworld indata.org /world -population -growth /.
Osgood, C. E. 1962. *An alternative to war or surrender*. Urbana: University of Illinois Press.
Otieno, C., Spada, H., & Renkl, A. 2013. Effects of news frames on perceived risk, emotions, and learning. *PLOS ONE, 8,* 1–12.
Otterbein, K. F. 2004. *How war began*. College Station: Texas A&M University Press.
Ottosson, D. 2006. *LGBT world legal wrap up survey*. Brussels: International Lesbian and Gay Association.
Ottosson, D. 2009. *State- ponsored homophobia*. Brussels: International Lesbian, Gay, Bisexual, Trans, and Intersex Association.
Pacala, S., & Socolow, R. 2004. Stabilization wedges: Solving the climate problem for the next 50 years with current technologies. *Science, 305,* 968–72.
Pagden, A. 2013. *The Enlightenment: And why it still matters*. New York: Random House.
Pagel, M. 2015. Machines that can think will do more good than harm. *Edge*. https://www.edge.org /response -detail /26038.
Paine, T. 1778 /2016. *Thomas Paine ultimate collection: Political works, philosophical writings, speeches, letters and biography*. Prague: e- rtnow.
Papineau, D. 2015. Naturalism. In E. N. Zalta, ed., *Stanford Encyclopedia of Philosophy*. https://plato .stanford.edu /entries /naturalism /.
Parachini, J. 2003. Putting WMD terrorism into perspective. *Washington Quarterly, 26,* 37–50.
Parfit, D. 1997. Equality and priority. *Ratio, 10,* 202–21.
Parfit, D. 2011. *On what matters*. New York: Oxford University Press.
Patel, A. 2008. *Music, language, and the brain*. New York: Oxford University Press.
Patterson, O. 1985. *Slavery and social death*. Cambridge, MA: Harvard University Press.
Paul, G. S. 2009. The chronic dependence of popular religiosity upon dysfunctional psychosociological conditions. *Evolutionary Psychology, 7,* 398–441.
Paul, G. S. 2014. The health of nations. *Skeptic, 19,* 10–16.
Paul, G. S., & Zuckerman, P. 2007. Why the gods are not winning. *Edge*. https://www.edge.org /conversation /gregorypaul -philzuckerman -why -the -gods -are -not -winning.
Payne, J. L. 2004. *A history of force: Exploring the worldwide movement against habits of coercion, bloodshed, and mayhem*. Sandpoint, ID: Lytton Publishing.
Payne, J. L. 2005. The prospects for democracy in high- iolence societies. *Independent Review, 9,* 563–72.
PBL Netherlands Environmental Assessment Agency. (Undated.) *History database of the global environment:* Population. http:// themasites.pbl.nl /tridion /en /themasites /hyde /basicdrivingfactors /population /index -2 .html.
Pegula, S., & Janocha, J. 2013. Death on the job: Fatal work injuries in 2011. *Beyond the Numbers, 2* (22). http://www.bls.gov /opub / btn /volume -2 /death -on -the -job -fatal -work -injuries -in -2011 .htm.
Pelham, N. 2016. *Holy lands: Reviving pluralism in the Middle East*. New York: Columbia Global Reports.
Pentland, A. 2007. The human nervous system has come alive. *Edge*. https://www.edge.org /response -detail /11497.
Perlman, J. E. 1976. *The myth of marginality: Urban poverty and politics in Rio de Janeiro*. Berkeley: University of California Press.
Peterson, M. B. 2015. Evolutionary political psychology: On the origin and structure of heuristics and biases in politics. *Advances in Political Psychology, 36,* 45–78.
Pettersson, T., & Wallensteen, P. 2015. Armed conflicts, 1946–2014. *Journal of Peace Research, 52,* 536–50.
Pew Research Center. 2010. *Gender equality universally embraced, but inequalities acknowledged*. Washington: Pew Research Center.
Pew Research Center. 2012a. *The global religious landscape*. Washington: Pew Research Center.
Pew Research Center. 2012b. *Trends in American values, 1987–2012*. Washington: Pew Research Center.
Pew Research Center. 2012c. *The world's Muslims: Unity and diversity*. Washington: Pew Research Center.
Pew Research Center. 2013. *The world's Muslims: Religion, politics, and society*. Washington: Pew Research Center.
Pew Research Center. 2014. *Political polarization in the American public*. Washington: Pew Research Center.
Pew Research Center. 2015a. *America's changing religious landscape*. Washington: Pew Research Center.
Pew Research Center. 2015b. *Views about climate change, by education and science knowledge.* Washington: Pew Research Center.
Phelps, E. A. 2013. *Mass flourishing: How grassroots innovation created jobs, challenge, and change*. Princeton, NJ: Princeton University Press.

Phillips, J. A. 2014. A changing epidemiology of suicide? The influence of birth cohorts on suicide rates in the United States. *Social Science and Medicine, 114,* 151–60.
Pietschnig, J., & Voracek, M. 2015. One century of global IQ gains: A formal meta- nalysis of the Flynn effect (1909–2013). *Perspectives in Psychological Science, 10,* 282–306.
Piketty, T. 2013. *Capital in the twenty-first century*. Cambridge, MA: Harvard University Press.
Pinker, S. 1994 /2007. *The language instinct*. New York: HarperCollins.
Pinker, S. 1997 /2009. *How the mind works*. New York: Norton.
Pinker, S. 1999 /2011. *Words and rules: The ingredients of language*. New York: HarperCollins.
Pinker, S. 2002 /2016. *The blank slate: The modern denial of human nature*. New York: Penguin.
Pinker, S. 2005. The evolutionary psychology of religion. *Freethought Today*. https://ffrf.org /about /getting -acquainted /item /13184 -the -evolutionary -psychology -of -religion.
Pinker, S. 2006. Preface to "What is your dangerous idea?" *Edge*. https://www.edge.org /conversation /stevenpinker -preface -to -dangerous -ideas.
Pinker, S. 2007a. *The stuff of thought: Language as a window into human nature*. New York: Penguin.
Pinker, S. 2007b. Toward a consilient study of literature: Review of J. Gottschall & D. S. Wilson's "The literary animal: Evolution and the nature of narrative." *Philosophy and Literature, 31,* 161–77.
Pinker, S. 2008a. The moral instinct. *New York Times Magazine,* January 13.
Pinker, S. 2008b. The stupidity of dignity. *New Republic,* May 28.
Pinker, S. 2010. The cognitive niche: Coevolution of intelligence, sociality, and language. *Proceedings of the National Academy of Sciences, 107,* 8993–99.
Pinker, S. 2011. *The better angels of our nature: Why violence has declined*. New York: Penguin.
Pinker, S. 2012. The false allure of group selection. *Edge*. http://edge.org /conversation /stevenpinker -the -false -allure -of -group -selection.
Pinker, S. 2013a. George A. Miller (1920–2012). *American Psychologist, 68,* 467–68.
Pinker, S. 2013b. Science is not your enemy. *New Republic,* Aug. 6.
Pinker, S., & Wieseltier, L. 2013. Science vs. the humanities, round III. *New Republic,* Sept. 26.
Pinker, Susan. 2014. *The village effect: How face- o- ace contact can make us healthier, happier, and smarter*. New York: Spiegel & Grau.
Plomin, R., & Deary, I. J. 2015. Genetics and intelligence differences: Five special findings. *Molecular Psychiatry, 20,* 98–108.
PLOS Medicine Editors. 2013. The paradox of mental health: Over- reatment and under- ecognition. *PLOS Medicine, 10,* e1001456.
Plumer, B. 2015. Global warming, explained. *Vox*. http://www.vox .com /cards /global -warming /what -is -global -warming.
Popper, K. 1945 /2013. *The open society and its enemies*. Princeton, NJ: Princeton University Press.
Popper, K. 1983. *Realism and the aim of science*. London: Routledge.
Porter, M. E., Stern, S., & Green, M. 2016. *Social Progress Index 2016*. Washington: Social Progress Imperative.
Porter, R. 2000. *The creation of the modern world: The untold story of the British Enlightenment*. New York: Norton.
Potts, M., & Hayden, T. 2008. *Sex and war: How biology explains warfare and terrorism and offers a path to a safer world*. Dallas, TX: Benbella Books.
Powell, J. L. 2015. Climate scientists virtually unanimous: Anthropogenic global warming is true. *Bulletin of Science, Technology & Society, 35,* 121–24.
Prados de la Escosura, L. 2015. World human development, 1870–2007. *Review of Income and Wealth, 61,* 220–47.
Pratto, F., Sidanius, J., & Levin, S. 2006. Social dominance theory and the dynamics of intergroup relations: Taking stock and looking forward. *European Review of Social Psychology, 17,* 271–320.
Preble, C. 2004. *John F. Kennedy and the missile gap*. DeKalb: Northern Illinois University Press.
Price, E. M. 2009. Darwin's connection to Nazi eugenics exposed. *The Primate Diaries*. http://science blogs .com /primatediaries /2009 /07 /14 /darwins -connection -to -nazi -eug /.
Price, R. G. 2006. The mis- ortrayal of Darwin as a racist. *RationalRevolution.net*. http://www.rational revolution.net /articles / darwinnazism .htm.
Proctor, B. D., Semega, J. L., & Kollar, M. A. 2016. *Income and poverty in the United States: 2015*. Washington: United States Census Bureau. http://www.census.gov /content /dam /Census /library /publications /2016 /demo /p60 -256 .pdf.
Proctor, R. N. 1988. *Racial hygiene: Medicine under the Nazis*. Cambridge, MA: Harvard University Press.
Pronin, E., Lin, D. Y., & Ross, L. 2002. The bias blind spot: Perceptions of bias in self versus others. *Personality and Social Psychology Bulletin, 28,* 369–81.
Pryor, F. L. 2007. Are Muslim countries less democratic? *Middle East Quarterly, 14,* 53–58.
Publius Decius Mus (Michael Anton). 2016. The flight 93 election. *Claremont Review of Books Digital*. http://www.claremont.org /crb /basicpage /the -flight -93 -election /.
Putnam, R. D., & Campbell, D. E. 2010. *American grace: How religion divides and unites us*. New York: Simon & Schuster.
Quarantelli, E. L. 2008. Conventional beliefs and counterintuitive realities. *Social Research, 75,* 873–904.
Rachels, J., & Rachels, S. 2010. *The elements of moral philosophy*. Columbus, OH: McGraw- ill.
Radelet, S. 2015. *The great surge: The ascent of the developing world*. New York: Simon & Schuster.
Railton, P. 1986. Moral realism. *Philosophical Review, 95,* 163–207.
Randle, M., & Eckersley, R. 2015. Public perceptions of future threats to humanity and different societal responses: A cross- ational study. *Futures, 72,* 4–16.
Rawcliffe, C. 1998. *Medicine and society in later medieval England.* Stroud, UK: Sutton.
Rawls, J. 1976. *A theory of justice*. Cambridge, MA: Harvard University Press.
Ray, J. L. 1989. The abolition of slavery and the end of international war. *International Organization, 43,* 405–39.
Redlawsk, D. P., Civettini, A. J. W., & Emmerson, K. M. 2010. The affective tipping point: Do motivated reasoners ever "get it"? *Political Psychology, 31,* 563–93.
Reese, B. 2013. *Infinite progress: How the internet and technology will end ignorance, disease, poverty, hunger, and war*. Austin, TX: Greenleaf Book Group Press.
Reverby, S. M., ed. 2000. *Tuskegee's truths: Rethinking the Tuskegee syphilis study*. Chapel Hill: University of North Carolina Press.
Rhodes, R. 2010. *Twilight of the bombs*. New York: Knopf.
Rice, J. W., Olson, J. K., & Colbert, J. T. 2011. University evolution education: The effect of evolution instruction on biology majors'

content knowledge, attitude toward evolution, and theistic position. *Evolution: Education and Outreach, 4,* 137–44.
Richards, R. J. 2013. *Was Hitler a Darwinian? Disputed questions in the history of evolutionary theory*. Chicago: University of Chicago Press.
Rid, T. 2012. Cyber war will not take place. *Journal of Strategic Studies, 35,* 5–32.
Ridley, M. 2000. *Genome: The autobiography of a species in 23 chapters*. New York: HarperCollins.
Ridley, M. 2010. *The rational optimist: How prosperity evolves*. New York: HarperCollins.
Ridout, T. N., Grosse, A. C., & Appleton, A. M. 2008. News media use and Americans' perceptions of global threat. *British Journal of Political Science, 38,* 575–93.
Rijpma, A. 2014. A composite view of well- eing since 1820. In J. van Zanden, J. Baten, M. M. d'Ercole,
A. Rijpma, C. Smith, & M. Timmer, eds., *How was life? Global well- eing since 1820*. Paris: OECD Publishing.
Riley, J. C. 2005. Estimates of regional and global life expectancy, 1800–2001. *Population and Development Review, 31,* 537–43.
Rindermann, H. 2008. Relevance of education and intelligence for the political development of nations: Democracy, rule of law and political liberty. *Intelligence, 36,* 306–22.
Rindermann, H. 2012. Intellectual classes, technological progress and economic development: The rise of cognitive capitalism. *Personality and Individual Differences, 53,* 108–13.
Risso, M. I. 2014. Intentional homicides in São Paulo city: A new perspective. *Stability: International Journal of Security & Development, 3,* art. 19.
Ritchie, H., & Roser, M. 2017. CO_2 and other greenhouse gas emissions. *Our World in Data*. https:// ourworldindata.org /co2 -and -other -greenhouse -gas -emissions /.
Ritchie, S. 2015. *Intelligence: All that matters*. London: Hodder & Stoughton.
Ritchie, S., Bates, T. C., & Deary, I. J. 2015. Is education associated with improvements in general cognitive ability, or in specific skills? *Developmental Psychology, 51,* 573–82.
Rizvi, A. A. 2017. *The atheist Muslim: A journey from religion to reason*. New York: St. Martin's Press.
Robinson, F. R. 2009. *The case for rational optimism*. New Brunswick, NJ: Transaction.
Robinson, J. 2013. Americans less rushed but no happier: 1965–2010 trends in subjective time and happiness. *Social Indicators Research, 113,* 1091–1104.
Robock, A., & Toon, O. B. 2012. Self- ssured destruction: The climate impacts of nuclear war. *Bulletin of the Atomic Scientists, 68,* 66–74.
Romer, P. 2016. Conditional optimism about progress and climate. *Paul Romer.net*. https://paulromer .net /conditional -optimism -about -progress -and -climate /.
Romer, P., & Nelson, R. R. 1996. Science, economic growth, and public policy. In B. L. R. Smith & C. E. Barfield, eds., *Technology, R&D, and the economy*. Washington: Brookings Institution.
Roos, J. M. 2012. Measuring science or religion? A measurement analysis of the National Science Foundation sponsored Science Literacy Scale, 2006–2010. *Public Understanding of Science, 23,* 797–813.
Ropeik, D., & Gray, G. 2002. *Risk: A practical guide for deciding what's really safe and what's really dangerous in the world around you*. Boston: Houghton Mifflin.
Rose, S. J. 2016. *The growing size and incomes of the upper middle class*. Washington: Urban Institute.
Rosen, J. 2016. Here's how the world could end— nd what we can do about it. *Science*. http://www .sciencemag.org /news /2016 /07 /here -s -how -world -could -end -and -what -we -can -do -about -it.
Rosenberg, N., & Birdzell, L. E., Jr. 1986. *How the West grew rich: The economic transformation of the industrial world*. New York: Basic Books.
Rosenthal, B. G. 2002. *New myth, new world: From Nietzsche to Stalinism*. College Station: Penn State University Press.
Roser, M. 2016a. Child mortality. *Our World in Data*. https://ourworldindata.org /child -mortality /.
Roser, M. 2016b. Democracy. *Our World in Data*. https://ourworldindata.org /democracy /.
Roser, M. 2016c. Economic growth. *Our World in Data*. https://ourworldindata.org /economic -growth /.
Roser, M. 2016d. Food per person. *Our World in Data*. https://ourworldindata.org /food -per -person /.
Roser, M. 2016e. Food prices. *Our World in Data*. https://ourworldindata.org /food -prices /.
Roser, M. 2016f. Forest cover. *Our World in Data*. https://ourworldindata.org /forest -cover /.
Roser, M. 2016g. Global economic inequality. *Our World In Data*. https://ourworldindata.org /global -economic -inequality /.
Roser, M. 2016h. Human Development Index (HDI). *Our World in Data*. https://ourworldindata.org /human -development -index /.
Roser, M. 2016i. Human rights. *Our World in Data*. https://ourworldindata.org /human -rights /.
Roser, M. 2016j. Hunger and undernourishment. *Our World in Data*. https://ourworldindata.org /hunger -and -undernourishment /.
Roser, M. 2016k. Income inequality. *Our World in Data*. https://ourworldindata.org /income -inequality /.
Roser, M. 2016l. Indoor air pollution. *Our World in Data*. https://ourworldindata.org /indoor -air -pollution /.
Roser, M. 2016m. Land use in agriculture. *Our World in Data*. https://ourworldindata.org /land -use -in -agriculture /.
Roser, M. 2016n. Life expectancy. *Our World in Data*. https://ourworldindata.org /life -expectancy /.
Roser, M. 2016o. Light. *Our World in Data*. https://ourworldindata.org /light /.
Roser, M. 2016p. Maternal mortality. *Our World in Data*. https://ourworldindata.org /maternal -mortality /.
Roser, M. 2016q. Natural catastrophes. *Our World in Data*. https://ourworldindata.org /natural -catastrophes /.
Roser, M. 2016r. Oil spills. *Our World in Data*. https://ourworldindata.org /oil -spills /.
Roser, M. 2016s. Treatment of minorities. *Our World in Data*. https://ourworldindata.org /treatment -of -minorities /.
Roser, M. 2016t. Working hours. *Our World in Data*. https://ourworldindata.org /working -hours /.
Roser, M. 2016u. Yields. *Our World in Data*. https://ourworldindata.org /yields /.
Roser, M. 2017. Happiness and life satisfaction. *Our World in Data*. https://ourworldindata.org /happiness -and -life -satisfaction /.
Roser, M., & Nagdy, M. 2016. Primary education. *Our World in Data*. https://ourworldindata.org /primary -education -and -schools /.
Roser, M., & Ortiz- spina, E. 2016a. Global rise of education. *Our World in Data*. https://ourworld indata.org /global -rise -of -education /.
Roser, M., & Ortiz- spina, E. 2016b. Literacy. *Our World in Data*. https://ourworldindata.org /literacy /.
Roser, M., & Ortiz- spina, E. 2017. Global extreme poverty. *Our World in Data*. https://ourworldindata .org /extreme -poverty /.
Roth, R. 2009. *American homicide*. Cambridge, MA: Harvard University Press.
Rozenblit, L., & Keil, F. C. 2002. The misunderstood limits of folk science: An illusion of explanatory depth. *Cognitive Science, 26,* 521–62.

Rozin, P., & Royzman, E. B. 2001. Negativity bias, negativity dominance, and contagion. *Personality and Social Psychology Review, 5,* 296–320.
Ruddiman, W. F., Fuller, D. Q., Kutzbach, J. E., Tzedakis, P. C., Kaplan, J. O., et al. 2016. Late Holocene climate: Natural or anthropogenic? *Reviews of Geophysics, 54,* 93–118.
Rummel, R. J. 1994. *Death by government*. New Brunswick, NJ: Transaction.
Rummel, R. J. 1997. *Statistics of democide*. New Brunswick, NJ: Transaction.
Russell, B. 1945 /1972. *A history of Western philosophy*. New York: Simon & Schuster.
Russell, S. 2015. Will they make us better people? *Edge*. https://www.edge.org /response -detail /26157.
Russett, B. 2010. Capitalism *or* democracy? Not so fast. *International Interactions, 2010,* 198–205.
Russett, B., & Oneal, J. 2001. *Triangulating peace: Democracy, interdependence, and international organizations*. New York: Norton.
Sacerdote, B. 2017. *Fifty years of growth in American consumption, income, and wages*. Cambridge, MA: National Bureau of Economic Research. http://www.nber.org /papers /w23292.
Sacks, D. W., Stevenson, B., & Wolfers, J. 2012. *The new stylized facts about income and subjective well- being*. Bonn: IZA Institute for the Study of Labor.
Sagan, S. D. 2009a. The case for No First Use. *Survival, 51,* 163–82.
Sagan, S. D. 2009b. The global nuclear future. *Bulletin of the American Academy of Arts and Sciences, 62,* 21–23.
Sagan, S. D. 2009c. Shared responsibilities for nuclear disarmament. *Daedalus, 138,* 157–68.
Sagan, S. D. 2010. Nuclear programs with sources. Center for International Security and Cooperation, Stanford University.
Sage, J. C. 2010. *Birth cohort changes in anxiety from 1993–2006: A cross- emporal meta- nalysis.* Master's thesis, San Diego State University, San Diego.
Sanchez, D. L., Nelson, J. H., Johnston, J. C., Mileva, A., & Kammen, D. M. 2015. Biomass enables the transition to a carbon-egative power system across western North America. *Nature Climate Change, 5,* 230–34.
Sandman, P. M., & Valenti, J. M. 1986. Scared stiff— r scared into action. *Bulletin of the Atomic Scientists,* 12–16.
Satel, S. L. 2000. *PC, M.D.. How political correctness is corrupting medicine*. New York: Basic Books.
Satel, S. L. 2010. The limits of bioethics. *Policy Review*, Feb. & March.
Satel, S. L. 2017. Taking on the scourge of opioids. *National Affairs,* Summer, 1–19.
Saunders, P. 2010. *Beware false prophets: Equality, the good society and the spirit level*. London: Policy Exchange.
Savulescu, J. 2015. Bioethics: Why philosophy is essential for progress. *Journal of Medical Ethics, 41,* 28–33.
Sayer, L. C., Bianchi, S. M., & Robinson, J. P. 2004. Are parents investing less in children? Trends in mothers' and fathers' time with children. *American Journal of Sociology, 110,* 1–43.
Sayre- cCord, G. 1988. *Essays on moral realism*. Ithaca, NY: Cornell University Press.
Sayre- cCord, G. 2015. Moral realism. In E. N. Zalta, ed., *Stanford Encyclopedia of Philosophy*. https:// plato.stanford.edu /entries / moral -realism /.
Schank, R. C. 2015. Machines that think are in the movies. *Edge*. https://www.edge.org /response -detail /26037.
Scheidel, W. 2017. *The great leveler: Violence and the history of inequality from the Stone Age to the twenty- first century*. Princeton, NJ: Princeton University Press.
Schelling, T. C. 1960. *The strategy of conflict.* Cambridge, MA: Harvard University Press.
Schelling, T. C. 2009. A world without nuclear weapons? *Daedalus, 138,* 124–29.
Schlosser, E. 2013. *Command and control: Nuclear weapons, the Damascus accident, and the illusion of safety*. New York: Penguin.
Schneider, C. E. 2015. *The censor's hand: The misregulation of human- ubject research*. Cambridge, MA: MIT Press.
Schneider, G., & Gleditsch, N. P. 2010. The capitalist peace: The origins and prospects of a liberal idea. *International Interactions, 36,* 107–14.
Schneier, B. 2008. *Schneier on security*. New York: Wiley.
Schrag, D. 2009. Coal as a low- arbon fuel? *Nature Geoscience, 2,* 818–20.
Schrag, Z. M. 2010. *Ethical imperialism: Institution review boards and the social sciences, 1965–2009*. Baltimore: Johns Hopkins University Press.
Schrauf, R. W., & Sanchez, J. 2004. The preponderance of negative emotion words in the emotion lexicon: A cross- enerational and cross- inguistic study. *Journal of Multilingual and Multicultural Development, 25,* 266–84.
Schuck, P. H. 2015. *Why government fails so often: And how it can do better*. Princeton, NJ: Princeton University Press.
Scoblic, J. P. 2010. What are nukes good for? *New Republic,* April 7.
Scott, J. C. 1998. *Seeing like a state: How certain schemes to improve the human condition failed.* New Haven: Yale University Press.
Scott, R. A. 2010. *Miracle cures: Saints, pilgrimage, and the healing powers of belief.* Berkeley: University of California Press.
Sechser, T. S., & Fuhrmann, M. 2017. *Nuclear weapons and coercive diplomacy*. New York: Cambridge University Press.
Sehu, Y., Chen, L.- ., & Hedegaard, H. 2015. Death rates from unintentional falls among adults aged ≥ 65 years, by sex— nited States, 2000–2013. *CDC Morbidity and Mortality Weekly Report, 64,* 450.
Seiple, I. B., Zhang, Z., Jakubec, P., Langlois- ercier, A., Wright, P. M., et al. 2016. A platform for the discovery of new macrolide antibiotics. *Nature, 533,* 338–45.
Semega, J. L., Fontenot, K. R., & Kollar, M. A. 2017. Income and poverty in the United States: 2016. Washington: United States Census Bureau. https://www.census.gov /library /publications /2017 /demo /p60 -259 .html.
Sen, A. 1984. *Poverty and famines: An essay on entitlement and deprivation*. New York: Oxford University Press.
Sen, A. 1987. *On ethics and economics*. Oxford: Blackwell.
Sen, A. 1999. *Development as freedom*. New York: Knopf.
Sen, A. 2000. East and West: The reach of reason. *New York Review of Books,* July 20.
Sen, A. 2005. *The argumentative Indian: Writings on Indian history, culture and identity*. New York: Farrar, Straus & Giroux.
Sen, A. 2009. *The idea of justice*. Cambridge, MA: Harvard University Press.
Service, R. F. 2017. Fossil power, guilt free. *Science, 356,* 796–99.
Sesardić, N. 2016. *When reason goes on holiday: Philosophers in politics*. New York: Encounter.
Sheehan, J. J. 2008. *Where have all the soldiers gone? The transformation of modern Europe*. Boston: Houghton Mifflin.
Shellenberger, M. 2017. Nuclear technology, innovation and economics. *Environmental Progress*. http://www.environmentalprogress. org /nuclear -technology -innovation -economics /.
Shellenberger, M., & Nordhaus, T. 2013. Has there been a great progressive reversal? How the left abandoned cheap electricity. AlterNet. https://www.alternet.org/environment/how-progressives -abandoned-cheap-electricity.

Shermer, M., ed. 2002. *The Skeptic Encyclopedia of Pseudoscience* (vols. 1 and 2). Denver: ABC- LIO.
Shermer, M. 2015. *The moral arc: How science and reason lead humanity toward truth, justice, and freedom*. New York: Henry Holt.
Shermer, M. 2018. *Heavens on earth: The scientific search for the afterlife, immortality, and utopia*. New York: Henry Holt.
Shields, J. A., & Dunn, J. M. 2016. *Passing on the right: Conservative professors in the progressive university*. New York: Oxford University Press.
Shtulman, A. 2005. Qualitative differences between naive and scientific theories of evolution. *Cognitive Psychology, 52,* 170–94.
Shweder, R. A. 2004. Tuskegee re- xamined. *Spiked*. http://www.spiked -online .com /newsite /article /14972#.WUdPYOvysYM.
Sidanius, J., & Pratto, F. 1999. *Social dominance*. New York: Cambridge University Press.
Siebens, J. 2013. *Extended measures of well- eing: Living conditions in the United States, 2011*. Washington: US Census Bureau. https://www.census.gov /prod /2013pubs /p70- 36 .pdf.
Siegel, R., Naishadham, D., & Jemal, A. 2012. Cancer statistics, 2012. *CA: A Cancer Journal for Clinicians, 62,* 10–29.
Sikkink, K. 2017. *Evidence for hope: Making human rights work in the 21st century*. Princeton, NJ: Princeton University Press.
Silver, N. 2015. *The signal and the noise: Why so many predictions fail— ut some don't*. New York: Penguin.
Simon, J, 1981. *The ultimate resource*. Princeton, NJ: Princeton University Press.
Singer, P. 1981 /2010. *The expanding circle: Ethics and sociobiology*. Princeton, NJ: Princeton University Press.
Singer, P. 2010. *The life you can save: How to do your part to end world poverty*. New York: Random House.
Singh, J. P., Grann, M., & Fazel, S. 2011. A comparative study of violence risk assessment tools: A systematic review and metaregression analysis of 68 studies involving 25,980 participants. *Clinical Psychology Review, 31,* 499–513.
Slingerland, E. 2008. *What science offers the humanities: Integrating body and culture*. New York: Cambridge University Press.
Sloman, S., & Fernbach, P. 2017. *The knowledge illusion: Why we never think alone*. New York: Penguin.
Slovic, P. 1987. Perception of risk. *Science, 236,* 280–85.
Slovic, P., Fischof, B., & Lichtenstein, S. 1982. Facts versus fears: Understanding perceived risk. In D. Kahneman, P. Slovic, & A. Tversky, eds., *Judgment under uncertainty: Heuristics and biases*. New York: Cambridge University Press.
Smart, J. J. C., & Williams, B. 1973. *Utilitarianism: For and against*. New York: Cambridge University Press.
Smith, A. 1776 /2009. *The wealth of nations*. New York: Classic House Books.
Smith, E. A., Hill, K., Marlowe, F., Nolin, D., Wiessner, P., et al. 2010. Wealth transmission and inequality among hunter- atherers. *Current Anthropology, 51,* 19–34.
Smith, H. L. 2008. Advances in age- eriod- ohort analysis. *Sociological Methods and Research, 36,* 287–96.
Smith, T. W., Son, J., & Schapiro, B. 2015. *General Social Survey final report: Trends in psychological well- being, 1972–2014*. Chicago: National Opinion Research Center at the University of Chicago.
Snow, C. P. 1959 /1998. *The two cultures*. New York: Cambridge University Press.
Snow, C. P. 1961. The moral un- eutrality of science. *Science, 133,* 256–59.
Snowdon, C. 2010. *The spirit level delusion: Fact- hecking the left's new theory of everything*. Ripon, UK: Little Dice.
Snowdon, C. 2016. *The Spirit Level Delusion* (blog). http://spiritleveldelusion.blogspot.co.uk /.
Snyder, T. D., ed. 1993. *120 years of American education: A statistical portrait*. Washington: National Center for Educational Statistics.
Somin, I. 2016. *Democracy and political ignorance: Why smaller government is smarter* (2nd ed.). Stanford, CA: Stanford University Press.
Sowell, T. 1980. *Knowledge and decisions*. New York: Basic Books.
Sowell, T. 1987. *A conflict of visions: Ideological origins of political struggles*. New York: Quill.
Sowell, T. 1994. *Race and culture: A world view*. New York: Basic Books.
Sowell, T. 1995. *The vision of the anointed: Self- ongratulation as a basis for social policy*. New York: Basic Books.
Sowell, T. 1996. *Migrations and cultures: A world view*. New York: Basic Books.
Sowell, T. 1998. *Conquests and cultures: An international history*. New York: Basic Books.
Sowell, T. 2010. *Intellectuals and society*. New York: Basic Books.
Sowell, T. 2015. *Wealth, poverty, and politics: An international perspective*. New York: Basic Books.
Spagat, M. 2015. Is the risk of war declining? *Sense About Science USA*. http://www.senseaboutscience usa.org /is -the -risk -of -war -declining /.
Spagat, M. 2017. Pinker versus Taleb: A non- eadly quarrel over the decline of violence. *War, Numbers, and Human Losses*. http://personal.rhul.ac.uk /uhte /014 /York%20talk%20Spagat .pdf.
Stansell, C. 2010. *The feminist promise: 1792 to the present*. New York: Modern Library.
Stanton, S. J., Beehner, J. C., Saini, E. K., Kuhn, C. M., & LaBar, K. S. 2009. Dominance, politics, and physiology: Voters' testosterone changes on the night of the 2008 United States presidential election. *PLOS ONE, 4,* e7543.
Starmans, C., Sheskin, M., & Bloom, P. 2017. Why people prefer unequal societies. *Nature Human Behavior, 1,* 1–7.
Statistics Times. 2015. List of European countries by population (2015). http://statisticstimes .com /population /european -countries -by -population.php.
Steigmann- all, R. 2003. *The Holy Reich: Nazi conceptions of Christianity, 1919–1945*. New York: Cambridge University Press.
Stein, G., ed. 1996. *Encyclopedia of the Paranormal*. Amherst, NY: Prometheus Books.
Stenger, V. J. 2011. *The fallacy of fine- uning: Why the universe is not designed for us*. Amherst, NY: Prometheus Books.
Stephens- avidowitz, S. 2014. The cost of racial animus on a black candidate: Evidence using Google search data. *Journal of Public Economics, 118,* 26–40.
Stephens- avidowitz, S. 2017. *Everybody lies: Big data, new data, and what the internet reveals about who we really are*. New York: HarperCollins.
Stern, D. 2014. The environmental Kuznets curve: A primer. Centre for Climate Economics and Policy, Crawford School of Public Policy, Australian National University.
Sternhell, Z. 2010. *The anti- nlightenment tradition*. New Haven: Yale University Press.
Stevens, J. A., & Rudd, R. A. 2014. Circumstances and contributing causes of fall deaths among persons aged 65 and older: United States, 2010. *Journal of the American Geriatrics Society, 62,* 470–75.
Stevenson, B., & Wolfers, J. 2008a. Economic growth and subjective well- eing: Reassessing the Easterlin paradox. *Brookings Papers on Economic Activity,* 1–87.
Stevenson, B., & Wolfers, J. 2008b. Happiness inequality in the United States. *Journal of Legal Studies, 37,* S33–S79.
Stevenson, B., & Wolfers, J. 2009. The paradox of declining female happiness. *American Economic Journal: Economic Policy, 1,* 2190–2225.

Stevenson, L., & Haberman, D. L. 1998. *Ten theories of human nature*. New York: Oxford University Press.
Stokes, B. 2007. *Happiness is increasing in many countries— ut why?* Washington: Pew Reseach Center. http://www.pewglobal.org /2007 /07 /24 /happiness -is -increasing -in -many -countries -but -why /#rich -and -happy.
Stork, N. E. 2010. Re- ssessing current extinction rates. *Biodiversity and Conservation, 19,* 357–71.
Stuermer, M., & Schwerhoff, G. 2016. Non- enewable resources, extraction technology, and endogenous growth. National Bureau of Economic Research. https://paulromer.net /wp -content / uploads /2016 /07 /Stuermer -Schwerhoff -160716 .pdf.
Suckling, K., Mehrhof, L. A., Beam, R., & Hartl, B. 2016. *A wild success: A systematic review of bird recovery under the Endangered Species Act*. Tucson, AZ: Center for Biological Diversity. http://www .esasuccess.org /pdfs /WildSuccess .pdf.
Summers, L. H. 2014a. The inequality puzzle. *Democracy: A Journal of Ideas, 33*.
Summers, L. H. 2014b. Reflections on the "new secular stagnation hypothesis." In C. Teulings & R. Baldwin, eds., *Secular stagnation: Facts, causes, and cures*. London: Centre for Economic Policy Research.
Summers, L. H. 2016. The age of secular stagnation. *Foreign Affairs,* Feb. 15.
Summers, L. H., & Balls, E. 2015. *Report of the Commission on Inclusive Prosperity*. Washington: Center for American Progress.
Sunstein, C. R. 2013. *Simpler: The future of government*. New York: Simon & Schuster.
Sutherland, R. 2016. The dematerialization of consumption. *Edge*. https://www.edge.org /response -detail /26750.
Sutherland, S. 1992. *Irrationality: The enemy within*. London: Penguin.
Sutin, A. R., Terracciano, A., Milaneschi, Y., An, Y., Ferrucci, L., et al. 2013. The effect of birth cohort on well- eing: The legacy of economic hard times. *Psychological Science, 24,* 379–85.
Swain, M., Trembath, A., Lovering, J., & Lavin, L. 2015. Renewables and nuclear at a glance. *The Breakthrough*. http:// thebreakthrough.org /index.php /issues /energy /renewables -and -nuclear -at -a -glance.
Taber, C. S., & Lodge, M. 2006. Motivated skepticism in the evaluation of political beliefs. *American Journal of Political Science, 50,* 755–69.
Tannenwald, N. 2005. Stigmatizing the bomb: Origins of the nuclear taboo. *International Security, 29,* 5–49.
Taylor, P. 2016a. *The next America: Boomers, millennials, and the looming generational showdown*. Washington: PublicAffairs.
Taylor, P. 2016b. *The demographic trends shaping American politics in 2016 and beyond*. Washington: Pew Research Center.
Tebeau, M. 2016. Accidents. *Encyclopedia of Children and Childhood in History and Society*. http://www.faqs .org /childhood /A -Ar / Accidents .html.
Tegmark, M. 2003. Parallel universes. *Scientific American, 288,* 41–51.
Teixeira, R., Halpin, J., Barreto, M., & Pantoja, A. 2013. *Building an all- n nation: A view from the American public*. Washington: Center for American Progress.
Terracciano, A. 2010. Secular trends and personality: Perspectives from longitudinal and cross- cultural studies— ommentary on Trzesniewski & Donnellan (2010). *Perspectives in Psychological Science, 5,* 93–96.
Terry, Q. C. 2008. *Golden Rules and Silver Rules of humanity: Universal wisdom of civilization*. Berkeley: AuthorHouse.
Tetlock, P. E. 2002. Social- unctionalist frameworks for judgment and choice: The intuitive politician, theologian, and prosecutor. *Psychological Review, 109,* 451–72.
Tetlock, P. E. 2015. All it takes to improve forecasting is keep score. Paper presented at the Seminars About Long- erm Thinking, San Francisco. http://longnow.org/seminars/02015/nov/23/super forecasting/.
Tetlock, P. E., & Gardner, D. 2015. *Superforecasting: The art and science of prediction*. New York: Crown.
Tetlock, P. E., Mellers, B. A., & Scoblic, J. P. 2017. Bringing probability judgments into policy debates via forecasting tournaments. *Science, 355,* 481–83.
Teulings, C., & Baldwin, R., eds. 2014. *Secular stagnation: Facts, causes and cures*. London: Centre for Economic Policy Research.
Thomas, C. D. *Inheritors of the Earth: How nature is thriving in an age of extinction.* New York: PublicAffairs.
Thomas, K. A., DeScioli, P., Haque, O. S., & Pinker, S. 2014. The psychology of coordination and common knowledge. *Journal of Personality and Social Psychology, 107,* 657–76.
Thomas, K. A., DeScioli, P., & Pinker, S. 2018. Common knowledge, coordination, and the logic of self- onscious emotions. Department of Psychology, Harvard University.
Thomas, K. H., & Gunnell, D. 2010. Suicide in England and Wales, 1861–2007: A time trends analysis. *International Journal of Epidemiology, 39,* 1464–75.
Thompson, D. 2013. How airline ticket fees fell 50% in 30 years (and why nobody noticed). *The Atlantic,* Feb. 28.
Thyne, C. L. 2006. ABC's, 123's, and the Golden Rule: The pacifying effect of education on civil war, 1980–1999. *International Studies Quarterly, 50,* 733–54.
Tonioli, G., & Vecchi, G. 2007. Italian children at work, 1881–1961. *Giornale degli Economisti e Annali di Economia, 66,* 401–27.
Tooby, J. 2015. The iron law of intelligence. *Edge*. https://www.edge.org /response -detail /26197.
Tooby, J. 2017. Coalitional instincts. *Edge*. https://www.edge.org /response -detail /27168.
Tooby, J., Cosmides, L., & Barrett, H. C. 2003. The second law of thermodynamics is the first law of psychology: Evolutionary developmental psychology and the theory of tandem, coordinated inheritances. *Psychological Bulletin, 129,* 858–65.
Tooby, J., & DeVore, I. 1987. The reconstruction of hominid evolution through strategic modeling. In W. G. Kinzey, ed., *The evolution of human behavior: Primate models*. Albany, NY: SUNY Press.
Topol, E. 2012. *The creative destruction of medicine: How the digital revolution will create better health care*. New York: Basic Books.
Trivers, R. L. 2002. *Natural selection and social theory: Selected papers of Robert Trivers*. New York: Oxford University Press.
Trzesniewski, K. H., & Donnellan, M. B. 2010. Rethinking "generation me": A study of cohort effects from 1976–2006. *Perspectives on Psychological Science, 5,* 58–75.
Tupy, M. L. 2016. We work less, have more leisure time and earn more money. *HumanProgress*. http:// humanprogress.org /blog /we -work -less -have -more -leisure -time -and -earn -more -money.
Tversky, A., & Kahneman, D. 1973. Availability: A heuristic for judging frequency and probability. *Cognitive Psychology, 4,* 207–32.
Twenge, J. M. 2000. The age of anxiety? Birth cohort change in anxiety and neuroticism, 1952–1993. *Journal of Personality and Social Psychology* 79, 1007–21.
Twenge, J. M. 2014. Time period and birth cohort differences in depressive symptoms in the U.S., 1982–2013. *Social Indicators Research, 121,* 437–54.
Twenge, J. M., Campbell, W. K., & Carter, N. T. 2014. Declines in trust in others and confidence in institutions among American adults and late adolescents, 1972–2012. *Psychological Science, 25,* 1914–23.
Twenge, J. M., Gentile, B., DeWall, C. N., Ma, D., Lacefield, K., et al. 2010. Birth cohort increases in psychopathology among

young Americans, 1938–2007: A cross- emporal meta- nalysis of the MMPI. *Clinical Psychology Review, 30,* 145–54.
Twenge, J. M., & Nolen- oeksema, S. 2002. Age, gender, race, socioeconomic status, and birth cohort differences on the children's depression inventory: A meta- nalysis. *Journal of Abnormal Psychology, 111,* 578–88.
Twenge, J. M., Sherman, R. A., & Lyubomirsky, S. 2016. More happiness for young people and less for mature adults: Time period differences in subjective well- eing in the United States, 1972– 2014. *Social Psychological and Personality Science, 7,* 131–41.
ul Haq, M. 1996. *Reflections on human development*. New York: Oxford University Press.
UNAIDS: Joint United Nations Program on HIV /AIDS. 2016. *Fast- rack: Ending the AIDS epidemic by 2030*. Geneva: UNAIDS.
Union of Concerned Scientists. 2015a. Close calls with nuclear weapons. http://www.ucsusa.org /sites /default /files /attach /2015 /04 /Close%20Calls%20with%20Nuclear%20Weapons .pdf.
Union of Concerned Scientists. 2015b. Leaders urge taking weapons off hair -trigger alert. http:// www.ucsusa.org /nuclear -weapons /hair -trigger -alert /leaders#.WUXs6evysYN.
United Nations. 1948. Universal Declaration of Human Rights. http://www.un.org /en /universal -declaration -human -rights /index .html.
United Nations. 2015a. *The Millennium Development Goals Report 2015*. New York: United Nations.
United Nations. 2015b. Millennium Development Goals, goal 3: Promote gender equality and empower women. http://www.un.org /millenniumgoals /gender.shtml.
United Nations Children's Fund. 2014. *Female genital mutilation /cutting: What might the future hold?* New York: UNICEF.
United Nations Development Programme. 2003. *Arab Human Development Report 2002: Creating opportunities for future generations*. New York: Oxford University Press.
United Nations Development Programme. 2011. *Human Development Report 2011*. New York: United Nations.
United Nations Development Programme. 2016. Human Development Index (HDI). http://hdr.undp .org /en /content /human -development -index -hdi.
United Nations Economic and Social Council. 2014. World crime trends and emerging issues and responses in the field of crime prevention and criminal justice. https://www.unodc.org /documents /data -and -analysis /statistics /crime /ECN.1520145EN .pdf.
United Nations Food and Agriculture Organization. 2012. *State of the world's forests 2012*. Rome: FAO.
United Nations Food and Agriculture Organization. 2014. *The state of food insecurity in the world*. Rome: FAO.
United Nations Office for Disarmament Affairs. (Undated.) Treaty on the non- roliferation of nuclear weapons (NPT). https://www. un.org /disarmament /wmd /nuclear /npt /text.
United Nations Office of the High Commissioner for Human Rights. 1966. International covenant on economic, social and cultural rights. http://www.ohchr.org /EN /ProfessionalInterest /Pages /CESCR.aspx.
United Nations Office on Drugs and Crime. 2013. Global study on homicide. https://www.unodc.org /gsh /en /data .html.
United Nations Office on Drugs and Crime. 2014. *Global study on homicide 2013*. Vienna: United Nations.
United States Census Bureau. 2016. Educational attainment in the United States, 2015. https://www .census.gov /content /dam / Census /library /publications /2016 /demo /p20 -578 .pdf.
United States Census Bureau. 2017. Population and housing unit estimates. https://www.census.gov /programs -surveys /popest /data .html.
United States Department of Defense. 2016. Stockpile numbers, end of fiscal years 1962–2015. http:// open.defense.gov /Portals /23 /Documents /frddwg /2015TablesUNCLASS .pdf.
United States Department of Labor. 2016. Women in the labor force. https://www.dol.gov /wb /stats /factsovertime .htm.
United States Environmental Protection Agency. 2016. Air quality— ational summary. https://www .epa.gov /air -trends /air -quality -national -summary.
Unz, D., Schwab, F., & Winterhoff- purk, P. 2008. TV news— he daily horror? Emotional effects of violent television news. *Journal of Media Psychology, 20,* 141–55.
Uppsala Conflict Data Program. 2017. UCDP datasets. http://www.pcr.uu.se /research /ucdp /datasets /.
van Bavel, B., & Rijpma, A. 2016. How important were formalized charity and social spending before the rise of the welfare state? A long- un analysis of selected Western European cases, 1400– 1850. *Economic History Review, 69,* 159–87.
van Leeuwen, B., & van Leewen- i, J. 2014. Education since 1820. In J. van Zanden, J. Baten, M. M. d'Ercole, A. Rijpma, C. Smith, & M. Timmer, eds., *How was life? Global well- eing since 1820*. Paris: OECD Publishing.
van Zanden, J., Baten, J., d'Ercole, M. M., Rijpma, A., Smith, C., & Timmer, M., eds. 2014. *How was life? Global well- eing since 1820*. Paris: OECD Publishing.
Värnik, P. 2012. Suicide in the world. *International Journal of Environmental Research and Public Health, 9,* 760–71.
Veenhoven, R. 2010. Life is getting better: Societal evolution and fit with human nature. *Social Indicators Research 97,* 105–22.
Veenhoven, R. (Undated.) World Database of Happiness. http://worlddatabaseofhappiness.eur.nl /.
Verhulst, B., Eaves, L., & Hatemi, P. K. 2015. Erratum to "Correlation not causation: The relationship between personality traits and political ideologies." *American Journal of Political Science, 60,* E3–E4.
Voas, D., & Chaves, M. 2016. Is the United States a counterexample to the secularization thesis? *American Journal of Sociology, 121,* 1517–56.
Walther, B. A., & Ewald, P. W. 2004. Pathogen survival in the external environment and the evolution of virulence. *Biological Review, 79,* 849–69.
Watson, W. 2015. *The inequality trap: Fighting capitalism instead of poverty*. Toronto: University of Toronto Press.
Weaver, C. L. 1987. Support of the elderly before the Depression: Individual and collective arrangements. *Cato Journal, 7,* 503–25.
Welch, D. A., & Blight, J. G. 1987–88. The eleventh hour of the Cuban Missile Crisis: An introduction to the ExComm transcripts. *International Security, 12,* 5–29.
Welzel, C. 2013. *Freedom rising: Human empowerment and the quest for emancipation*. New York: Cambridge University Press.
Whaples, R. 2005. Child labor in the United States. In R. Whaples, ed., *EH.net Encyclopedia*. http://eh.net /encyclopedia /child -labor -in -the -united -states /.
White, M. 2011. *Atrocities: The 100 deadliest episodes in human history*. New York: Norton.
Whitman, D. 1998. *The optimism gap: The I'm OK— hey're Not syndrome and the myth of American decline*. New York: Bloomsbury USA.
Wieseltier, L. 2013. Crimes against humanities. *New Republic,* Sept. 3.
Wilkinson, R., & Pickett, K. 2009. *The spirit level: Why more equal societies almost always do better*. London: Allen Lane.

Wilkinson, W. 2016a. Revitalizing liberalism in the age of Brexit and Trump. *Niskanen Center Blog*. https://niskanencenter.org /blog / revitalizing -liberalism -age -brexit -trump /.
Wilkinson, W. 2016b. What if we can't make government smaller? *Niskanen Center Blog*. https://niskanen center.org /blog /cant -make -government -smaller /.
Williams, J. H., Haley, B., Kahrl, F., Moore, J., Jones, A. D., et al. 2014. *Pathways to deep decarbonization in the United States* (rev. ed.). San Francisco: Institute for Sustainable Development and International Relations.
Willingham, D. T. 2007. Critical thinking: Why is it so hard to teach? *American Educator*, Summer, 8–19.
Willnat, L., & Weaver, D. H. 2014. *The American journalist in the digital age*. Bloomington: Indiana University School of Journalism.
Wilson, E. O. 1998. *Consilience: The unity of knowledge*. New York: Knopf.
Wilson, M., & Daly, M. 1992. The man who mistook his wife for a chattel. In J. H. Barkow, L. Cosmides, & J. Tooby, eds., *The adapted mind: Evolutionary psychology and the generation of culture*. New York: Oxford University Press.
Wilson, W. 2007. The winning weapon? Rethinking nuclear weapons in light of Hiroshima. *International Security, 31*, 162–79.
WIN- allup International. 2012. Global Index of Religiosity and Atheism. http://www.wingia .com /web /files /news /14 /file /14 . pdf.
Winship, S. 2013. Overstating the costs of inequality. *National Affairs*, Spring.
Wolf, M. 2007. *Proust and the squid: The story and science of the reading brain*. New York: HarperCollins.
Wolin, R. 2004. *The seduction of unreason: The intellectual romance with fascism from Nietzsche to postmodernism*. Princeton, NJ: Princeton University Press.
Wood, G. 2017. *The way of strangers: Encounters with the Islamic State*. New York: Random House.
Woodley, M. A., te Nijenhuis, J., & Murphy, R. 2013. Were the Victorians cleverer than us? The decline in general intelligence estimated from a meta- nalysis of the slowing of simple reaction time. *Intelligence, 41*, 843–50.
Woodward, B., Shurkin, J., & Gordon, D. 2009. *Scientists greater than Einstein: The biggest lifesavers of the twentieth century*. New York: Quill Driver.
Woolf, A. F. 2017. *The New START treaty: Central limits and key provisions*. Washington: Congressional Research Service. https://fas. org /sgp /crs /nuke /R41219 .pdf
Wootton, D. 2015. *The invention of science: A new history of the Scientific Revolution*. New York: HarperCollins.
World Bank. 2012a. *Turn down the heat: Why a 4°C warmer world must be avoided*. Washington: World Bank.
World Bank. 2012b. *World Development Report 2013: Jobs*. Washington: World Bank.
World Bank. 2016a. Adult literacy rate, population 15+ years, both sexes (%). http://data.worldbank .org /indicator /SE.ADT.LITR. ZS.
World Bank. 2016b. Air transport, passengers carried. http://data.worldbank.org /indicator /IS.AIR .PSGR.
World Bank. 2016c. GDP per capita growth (annual %). http://data.worldbank.org /indicator /NY.GDP .PCAP.KD.ZG.
World Bank. 2016d. Gini index (World Bank estimate). http://data.worldbank.org /indicator /SI.POV .GINI?locations=US.
World Bank. 2016e. International tourism, number of arrivals. http://data.worldbank.org /indicator /ST.INT.ARVL.
World Bank. 2016f. Literacy rate, youth (ages 15–24), gender parity index (GPI). http://data.worldbank .org /indicator /SE. ADT.1524.LT.FM.ZS.
World Bank. 2016g. PovcalNet: An online analysis tool for global poverty monitoring. http://iresearch .worldbank.org /PovcalNet / home.aspx.
World Bank. 2016h. Terrestrial protected areas (% of total land area). http://data.worldbank.org /indicator /ER.LND.PTLD.ZS.
World Bank. 2016i. Youth literacy rate, population 15–24 years, both sexes (%). http://data.worldbank .org /indicator /SE.ADT.1524. LT.ZS.
World Bank. 2017. World development indicators: Deforestation and biodiversity. http://wdi.world bank.org /table /3.4.
World Health Organization. 2014. *Injuries and violence: The facts 2014*. Geneva: World Health Organization. http://www.who.int / violenceinjuryprevention /media /news /2015 /Injuryviolence facts2014 /en /.
World Health Organization. 2015a. European Health for All database (HFA- B). http://data.euro .who.int /hfadb /.
World Health Organization. 2015b. *Global technical strategy for malaria, 2016–2030*. Geneva: World Health Organization. http://apps. who.int /iris /bitstream /10665 /176712 /1 /9789241564991eng .pdf?ua=1&ua=1.
World Health Organization. 2015c. *Trends in maternal mortality, 1990 to 2015*. Geneva: World Health Organization. http://apps.who. int /iris /bitstream /10665 /194254 /1 /9789241565141eng .pdf?ua=1.
World Health Organization. 2016a. Global Health Observatory (GHO) data. http://www.who.int /gho /mortalityburdendisease / lifetables /situationtrends /en /.
World Health Organization. 2016b. A research and development blueprint for action to prevent epidemics. http://www.who.int / blueprint /en /.
World Health Organization. 2016c. Road safety: Estimated number of road traffic deaths, 2013. http:// gamapserver.who.int /gho / interactivecharts /roadsafety /roadtrafficdeaths /atlas .html.
World Health Organization. 2016d. Suicide. http://www.who.int /mediacentre /factsheets /fs398 /en /.
World Health Organization. 2017a. European health information gateway: Deaths (#), all causes. https:// gateway.euro.who.int /en / indicators /hfamdb -indicators /hfamdb98 -deaths -all -causes /.
World Health Organization. 2017b. Suicide rates, crude: Data by country. http://apps.who.int /gho /data /node.main. MHSUICIDE?lang=en.
World Health Organization. 2017c. The top 10 causes of death. http://www.who.int /mediacentre /fact sheets /fs310 /en /.
Wrangham, R. W. 2009. *Catching fire: How cooking made us human*. New York: Basic Books.
Wrangham, R. W., & Glowacki, L. 2012. Intergroup aggression in chimpanzees and war in nomadic hunter- atherers. *Human Nature, 23*, 5–29.
Young, O. R. 2011. Effectiveness of international environmental regimes: Existing knowledge, cutting- dge themes, and research strategies. *Proceedings of the National Academy of Sciences, 108*, 19853–60.
Yudkowsky, E. 2008. Artificial intelligence as a positive and negative factor in global risk. In N. Bostrom & M. Ćirković, eds., *Global catastrophic risks*. New York: Oxford University Press.
Zelizer, V. A. 1985. *Pricing the priceless child: The changing social value of children*. New York: Basic Books.
Zimring, F. E. 2007. *The Great American Crime Decline*. New York: Oxford University Press.
Zuckerman, P. 2007. Atheism: Contemporary numbers and patterns. In M. Martin, ed., *The Cambridge Companion to Atheism*. New York: Cambridge University Press.

國家圖書館出版品預行編目資料

再啟蒙的年代：為理性、科學、人文主義和進步辯護
史迪芬・平克 Steven Pinker 著 陳岳辰 譯
初版 . -- 臺北市：商周出版：家庭傳媒城邦分公司發行
2020.01 面； 公分

譯自：**Enlightenment Now:** The Case for Reason, Science, Humanism, and Progress

ISBN 978-986-477-751-8（精裝）

1. 社會變遷 2. 啟蒙運動

541.4 108017478

再啟蒙的年代：為理性、科學、人文主義和進步辯護

原著書名／**Enlightenment Now:** The Case for Reason, Science, Humanism, and Progress
作　　者／史迪芬・平克Steven Pinker
譯　　者／陳岳辰
責任編輯／陳玳妮

版　　權／林心紅
行銷業務／李衍逸、黃崇華
總 編 輯／楊如玉
總 經 理／彭之琬
事業群總經理／黃淑貞
發 行 人／何飛鵬
法律顧問／元禾法律事務所王子文律師
出　　版／商周出版
台北市104民生東路二段141號9樓
電話：(02) 25007008 傳真：(02)25007759
E-mail：bwp.service@cite.com.tw
Blog：http://bwp25007008.pixnet.net/blog
發　　行／英屬蓋曼群島商家庭傳媒股份有限公司城邦分公司
台北市中山區民生東路二段141號2樓
書虫客服服務專線：(02)25007718；(02)25007719
服務時間：週一至週五上午 09:30-12:00；下午 13:30-17:00
24 小時傳真專線：(02)25001990；(02)25001991
劃撥帳號：19863813；戶名：書虫股份有限公司
讀者服務信箱：service@readingclub.com.tw
城邦讀書花園：www.cite.com.tw
香港發行所／城邦(香港)出版集團有限公司
香港灣仔駱克道193號東超商業中心1樓
E-mail：hkcite@biznetvigator.com
電話：(852) 25086231 傳真：(852) 25789337
馬新發行所／城邦(馬新)出版集團【Cite (M) Sdn. Bhd.】
41, Jalan Radin Anum, Bandar Baru Sri Petaling,
57000 Kuala Lumpur, Malaysia.
Tel: (603) 90578822 Fax: (603) 90576622
Email: cite@cite.com.my

封面設計／李東記
排　　版／極翔企業有限公司
印　　刷／卡樂彩色製版印刷有限公司
經 銷 商／聯合發行股份有限公司
電話：(02) 2917-8022 Fax: (02) 2911-0053
地址：新北市231新店區寶橋路235巷6弄6號2樓

■2020年01月02日初版
■2024年02月07日初版4刷
定價899元

Printed in Taiwan

城邦讀書花園
www.cite.com.tw

ISBN 978-986-477-751-8